Rainer Bendel

Die katholische Schuld?

WISSENSCHAFTLICHE PAPERBACKS

Band 14

Theologie

Ethnologie
Geschichtswissenschaft
Interdisziplinär
Kommunikationswissenschaft
Literaturwissenschaft
Philosophie
Politikwissenschaft
Psychologie
Rechtswissenschaft
Soziologie
Wirtschaftswissenschaft

LIT

Rainer Bendel

Die katholische Schuld?

Katholizismus im Dritten Reich –
Zwischen Arrangement und Widerstand

LIT

Gedruckt auf alterungsbeständigem Werkdruckpapier entsprechend
ANSI Z3948   DIN ISO 9706

Bibliografische Information der Deutschen Nationalbibliothek
Die Deutsche Nationalbibliothek verzeichnet diese Publikation in der
Deutschen Nationalbibliografie; detaillierte bibliografische Daten sind
im Internet über http://dnb.d-nb.de abrufbar.

3. Auflage 2019

ISBN 978-3-643-14468-3 (br.)
ISBN 978-3-643-34468-7 (PDF)

© LIT VERLAG Dr. W. Hopf Berlin 2019
  Verlagskontakt:
  Fresnostr. 2   D-48159 Münster
  Tel. +49 (0) 2 51-62 03 20
  E-Mail: lit@lit-verlag.de   http://www.lit-verlag.de

  Auslieferung:
  Deutschland: LIT Verlag, Fresnostr. 2, D-48159 Münster
  Tel. +49 (0) 2 51-620 32 22, E-Mail: vertrieb@lit-verlag.de

  E-Books sind erhältlich unter www.litwebshop.de

Inhalt

Zur zweiten Auflage 1

Einführung 4
Rainer Bendel

I Eine Auswahl aus den Positionen bisheriger deutschsprachiger Forschung

Katholische Kirche im nationalsozialistischen Deutschland – Aktuelle Forschungsergebnisse, Kontroversen und Fragen 25
Christoph Kösters

Die katholische Volksminderheit und der Aufstieg des Nationalsozialismus 1930–1933 47
Rudolf Morsey

Judenpogrom, Rassenideologie und katholische Kirche im Jahre 1938 60
Konrad Repgen

Nationalsozialistischer Kirchenkampf und deutscher Episkopat 96
Ludwig Volk

Gewissen im Konflikt 106
Heinz Hürten

Positionen der Bischöfe zum Nationalsozialismus und zur nationalsozialistischen Staatsautorität 122
Antonia Leugers

Der deutsche Katholizismus zwischen Widerspruch zur nationalsozialistischen Ideologie und nationaler Loyalität 143
Joachim Köhler

Katholische Dogmatik und Nationalsozialismus 177
Lucia Scherzberg

II Etappen der Auseinandersetzung

Der deutsche Katholizismus im Jahre 1933   195
Ernst-Wolfgang Böckenförde

Eugenio Pacelli, die Römisch-Katholische Kirche und das Christentum (1933–1945) in historisch-religiöser Kritik   224
Gerhard Besier

Schlaglichter auf den Umgang der deutschen Bischöfe mit der nationalsozialistischen Vergangenheit   245
Lydia Bendel-Maidl und Rainer Bendel

Der Entschädigungsfonds und der Versöhnungsfonds der katholischen Kirche   272
Rainer Ilgner

Unsere Hoffnung. Ein Bekenntnis zum Glauben in dieser Zeit. Beschluß der gemeinsamen Synode der Bistümer in der Bundesrepublik Deutschland 1975   281

III Theologische Perspektiven: Umgang mit Schuld

Kirche nach Auschwitz   285
Johann Baptist Metz

Schuldbewusstsein als praktisch-hermeneutische Kategorie zwischen Geschichte und Verantwortung   298
Ottmar Fuchs

"Es gibt keine Lehren von Auschwitz".   333
Reinhold Boschki

Religionspädagogik im Kontext jüdisch-christlicher Lernprozesse   354
Stephan Leimgruber

Katholische Tradition des Schuldbekenntnisses und der Vergebung vor neuen Herausforderungen.   369
Lydia Bendel-Maidl

Geleitwort zur dritten Auflage

Wenn wir im Kontext der Catholica derzeit von Schuld sprechen, denken wir zuerst an die Missbrauchsfälle und all die Opfer und deren Leid

Goldhagens Vorwurf der willigen Helfer und Vollstrecker, also die Frage nach der Rolle, nach dem Selbstverständnis der Kirche, der Katholikinnen und Katholiken im und gegenüber dem Nationalsozialismus, in dessen Kontext die vorliegenden Beiträge zuerst erschienen sind, ist scheinbar in weitere Ferne gerückt, wenigstens im breiteren öffentlichen Diskurs. So kann die Zeit Prioritäten verändern und Perspektiven verschieben – zumindest teilweise.

Und doch gibt es Themen, die quasi klassisch sind, dazu gehört auch das Verhalten der katholischen Kirche, der Gläubigen und nicht zuletzt der Amtsträger gegenüber dem Nationalsozialismus, gegenüber der Menschen verachtenden und sie vernichtenden Ideologie. Ein dreiviertel Jahrhundert nach dem Ende des Zweiten Weltkriegs, als sich die Fragen in ungeheurer Wucht und Dringlichkeit stellten, lohnt es, das Thema erneut aufzugreifen. Denn die Frage nach dem Versagen und dessen Gründen und Begründungen treibt auch heute um.

Genügte es, das „... Priester-, Lehrer- und Hirtenamt auszuüben, die kirchliche Lehre und ihre Werte unverfälscht zu bewahren und die Katholiken gegen die nationalsozialistische Weltanschauung zu immunisieren"?[1] Die Sorge um die Menschen, um ihre Würde, um ihr Leben rückt in den Hintergrund oder wird vom Glauben oder der Konfession abhängig gemacht. Das wirft die Frage nach dem Verständnis von Seelsorge auf. Kann Seelsorge unpolitisch sein, wenn wir den Mensch als zoonpolitikon, als soziales Wesen, ernst nehmen?

Grundsätzliche Themen bleiben, so sind auch die Texte des vorliegenden Bandes mit ihren Fragen und einordnenden, deutenden Aspekten, mit ihren Analysen der Texte aus den Jahren 1946 bis in die achtziger Jahre des 20. Jahrhunderts 15 Jahre nach ihrem ersten Erscheinen nach wie vor diskussionswürdig und -fähig.

Der fachwissenschaftliche Diskurs hat inzwischen eine Reihe neuer Perspektiven eröffnet, auch weitere Erträge und Zusammenschauen vorgelegt. Für Ein-

---

[1] Das wird in einer der neuesten Publikationen zum Thema katholische Bischöfe in der NS-Zeit als eigentliche Aufgabe der Bischöfe beschrieben. Vgl. Maria Anna Zumholz/Michael Hirschfeld (Hg.): Zwischen Seelsorge und Politik. Katholische Bischöfe in der NS-Zeit. Münster 2018, S. XI.

führungen und Überblicke sei auf die Publikationen von Hummel, Blaschke und Kösters verwiesen.²

Daher habe ich den Wunsch des Verlags, eine dritte Auflage vorzulegen, gern aufgegriffen, auch wenn zwischenzeitlich wichtige Publikationen erschienen sind, die hier allenfalls beispielhaft erwähnt werden können.³

Tübingen / Stuttgart im September 2019
Rainer Bendel

---

2 Karl-Joseph Hummel, Michael Kißener (Hg.): Die Katholiken und das Dritte Reich. Kontroversen und Debatten. Paderborn 2009. Olaf Blaschke: Die Kirchen und der Nationalsozialismus. Stuttgart 2014. Christoph Kösters, Mark Edward Ruff (Hg.): Die katholische Kirche im Dritten Reich. Eine Einführung. Freiburg 2. Akt. Auflage 2018.

3 Genannt sei die bereits angeführte Publikation von Zumholz und Hirschfeld, ebenso die Edition der Tagebücher des Münchner Erzbischofs Michael Kardinal Faulhaber (www.faulhaber-edition.de/bestand) und die anstehende Öffnung der Bestände aus dem Pontifikat Pius XII: in den vatikanischen Archiven im März 2020 (Angaben zu beiden Projekten in einem PDF-Dokument des Seminars für Mittlere und Neuere Kirchengeschichte der Katholisch-Theologischen Fakultät der Universität Münster: https://www.uni-muenster.de/imperia/md/content/fb2/b-historischetheologie/mittlereundneuerekirchengeschichte/2014vorlesungwolf/vl-nz1415-5.pdf).

Zur zweiten Auflage

Ein Jahr nach unsererm Diskussions- und Grundlagenband "Die katholische Schuld?" nutze ich die Gelegenheit der erweiterten zweiten Auflage zu einer Zwischenbilanz. Der von der Fachpresse vorwiegend positiv aufgenommene Band wird als eigenständiges Erschließungswerk komplexer Verhältnisse der deutschen Geschichte verstanden – mit eigenem Gewicht und nicht bloß als Entgegnung auf Goldhagens kirchenkritischen Band. Die Diskussion geht indessen weiter, ohne entscheidende Impulse von Goldhagens Arbeit zur katholischen Kirche im Nationalsozialismus erhalten zu haben.

Goldhagens Arbeit wurden methodische Mängel zuhauf zu Recht vorgeworfen; damit konnte man auf der formalen Ebene bereits die Diskussion unterbinden. So gesehen hat Goldhagen mit seiner Arbeit der Diskussion um die Bewertung der Haltung der Kirche im Dritten Reich eher geschadet als daß er sie befruchtet und befördert hätte.

Vielfältige Diskussionen wurden in den Medien geführt, entsprechende Akademieveranstaltungen durchgeführt, die aber grosso modo keine neuen Erkenntnisse und auch keine wesentlich veränderten Bewertungspositionen erkennen ließen.

Als ein Fokus der Debatte kann die Zeitschrift Menora, das Jahrbuch für deutsch-jüdische Geschichte mit seinem 14. Band/2003 angesehen werden: Kurze Interviews mit Daniel Goldhagen, mit Kardinal Karl Lehmann, dem Vorsitzenden der deutschen Bischofskonferenz, Reaktionen in großen Tages- und Wochenzeitungen, die hier zusammengetragen wurden, stellen wiederholt die bekannten Standpunkte vor – von der Mitschuld der Kirche am Antisemitismus bis zum polemischen Vorwurf an Goldhagen, er verbreite unlautere Pauschalurteile: "... das Kreuz sei das antisemitische Symbol schlechthin. Diese Behauptung ist schlechterdings absurd... Wenn immer der Bestseller-Autor im Weiteren suggeriert, das ganze katholische Kirchenwesen in Theorie und Praxis sei auf der Basis eines grundsätzlichen Antisemitismus errichtet, so verrät er damit, dass er vom Katholizismus ebenso viel Ahnung hat wie Fausts Gretchen von der Mikroelektronik." [1]

Die Diskussion über die Zahlen der von der katholischen Kirche geretteten Juden geht nach der Goldhagenpublikation ebenso weiter wie über die Frage

---

[1] Walter Brandmüller, Die katholische Kirche und der Holocaust. Das Schweigen des Papstes, in: Menora. Jahrbuch für deutsch-jüdische Geschichte 14 (2003) 43 f.

nach dem Ausmaß und den Folgen des christlichen und allen voran päpstlichen Antijudaismus – all diese Aspekte sind in den Beiträgen des Teils II 'Dokumente und Aufsätze' der Zeitschrift Philo in einem breiten Meinungsspektrum aufgegriffen.

Die wissenschaftliche Auseinandersetzung ging weiter und wäre wohl auch ohne Goldhagen so weiter gegangen: Das Thema des siebten der Laacher Hefte beispielsweise "Die Benediktiner und das Dritte Reich" ist sicher vor Erscheinen des Goldhagenbuches festgesetzt worden. Es zeugt vom verbreiteten Interesse, das Verhalten der Orden im Dritten Reich einer differenzierteren Untersuchung zu unterziehen.[2] Das Laacher Heft widmet sich schwerpunktmäßig der einflußreichen Abtei Maria Laach und deren Abt Ildefons Herwegen; ein Beitrag des tschechischen Historikers Jaroslav Sebek kontrastiert das Wirken der beiden Äbte des Prager Emausklosters Alban Schachleiter und Ernst Vykoukal: Zwischen nationalistischer und religiöser Erneuerung könnte man die beiden biographischen Beispiele ansiedeln, wobei Schachleiter der Kronzeuge für die Zerstörung religiöser Erneuerung und des Kosmopolitismus des Konvents durch seine Orientierung an der nationalistischen Ideologie wurde.

Ein weiteres eindrucksvolles Beispiel dieser Diskussion sind die Porträts, die der Bamberger Kirchenhistoriker Georg Denzler zu seiner Publikation "Widerstand ist nicht das richtige Wort" zusammen stellt. Zwischen autoritätsgläubiger Anpassung und dem ängstlichen Bemühen, alles für die institutionelle Selbsterhaltung zu tun, schwanken die Motive für die staatstragende Haltung weiter Teile der kirchlichen Hierarchie; die Begeisterung mancher Theologen freilich dürfte noch weiter gehende Ursachen haben – eine zumindest partielle Affinität auf weltanschaulicher Ebene ist anzunehmen. Demgegenüber sind die Kritiker allein gelassen, isoliert, wirken wie Fremdkörper. Biographisch fokussiert kann Denzler regionale Spezifika, vor allem für den bayerischen Raum, einfangen; es wäre zu begrüßen, wenn weitere Schwerpunktregionen untersucht würden.

Unabhängig von der Diskussion um Goldhagen gehen die Forschungen im Vatikanarchiv weiter; dort wurden im Februar 2003 Teile des Vatikanischen Geheimarchives geöffnet. Die Archive der Nuntiaturen von München und Berlin und die entsprechende Gegenüberlieferung im Staatssekretariat sind nun für die Forschung zugänglich. Erste Einblicke geben die Beiträge von Hubert Wolf und Dominik Burkard in der Frankfurter Allgemeinen Zeitung: "Welche Bedeutung diese Teilöffnung nicht nur für die Geschichtsschreibung, sondern auch für die Beurteilung von Pius XII. hat, wird klar, wenn man sich vor Augen hält, daß Pacelli von 1919 bis zu seiner Abberufung in das Kardinalstaats-

---

[2] Vgl. etwa P. Groothius OP: Im Dienste einer überstaatlichen Macht. Die deutschen Dominikaner in der NS-Diktatur, 2002.

sekretariat im Jahr 1929 Apostolischer Nuntius in München und Berlin war. Und auch wenn es knapp drei Wochen nach Zugänglichwerden der Archivalien noch zu früh für endgültige Urteile und auf gründlichem Quellenstudium beruhende historische Einsichten ist... lassen sich doch erste Eindrücke formulieren. ... Aber eines ist klar: Rom war stets aktuell über alles, was sich in Deutschland ereignete, präzise und unmittelbar informiert – bis hin zu dem, was etwa im KZ Dachau passierte."[3] Und es gab auch sehr früh bereits Bitten von Juden, der Papst möge gegen die Repressalien seine Stimme erheben.

Eine weitere Teilöffnung, nämlich der den Nationalsozialismus betreffenden Akten im Archiv des Sanctum Officium, der heutigen Kongregation für die Glaubenslehre scheint zu zeigen, daß man lieber die Auseinandersetzung auf der weltanschaulichen denn auf der politischen Ebene suchte.[4]

Diese zweite Auflage wurde um den Beitrag von Antonia Leugers erweitert, weil er die Instanz anleuchtet, wo politische und weltanschauliche Auseinandersetzung zusammen kommen müßten. Hatten sich die einen eine deutliche Stellungnahme des Papstes gewünscht, so hat Pius XII. die deutschen Bischöfe in ihrer Aufgabe ermutigen und bestärken wollen, in ihrer Verkündigung die Grund- und Menschenrechte zu verteidigen. Damit favorisierte der Papst die Partei in der Bischofskonferenz, die für die Konfrontation mit der nationalsozialistischen Regierung plädierte, ihr den Status einer von Gott gesetzten Obrigkeit absprach und damit den Gehorsam verweigern wollte. Das an oberste Stelle gesetzte Ziel der Einheit der Bischofskonferenz aber machte es äußerst schwierig, dass folgende Äußerung gemeinsam getragen werden konnte: "Wir deutschen Bischöfe könnten nicht vor Gott, vor der Geschichte, sowie vor unserem Gewissen bestehen, wenn wir bei klarer Erkenntnis der Wurzel aller Übel, unter denen die Menschheit leidet, schweigen würden, anstatt die Völker aufzurufen, dass sie heimkehren zu den Geboten des Herrn." Angesichts der Vorgänge 1943 eine Tragik, dass die Klarheit durch Taktieren und die Sorge um die Selbsterhaltung so vernebelt wurde, während viele "Söhne und Töchter der Kirche" zu klaren öffentlichen Stellungnahmen drängten.

---

[3] Hubert Wolf, Molto delicato. Antwort unwahrscheinlich: Die neu zugänglichen Akten zur Haltung des Heiligen Stuhls zum Nationalsozialismus, in: Frankfurter Allgemeine Zeitung, Nr. 60/12. März 2003, S. 40.

[4] Dominik Burkard, Die Bergpredigt des Teufels. Keine Gnade vor den Augen des Vatikans: Zur Indizierung von Rosenbergs "Mythus des 20. Jahrhunderts", in: Frankfurter Allgemeine Zeitung, Nr. 73/27. März 2003.

Einführung

Rainer Bendel

Von "Hitlers willigen Vollstreckern" bis zu heldenmütigem Widerstand gegen Hitler und die nationalsozialistische Weltanschauung reicht die Spannbreite der Feststellungen, Einschätzungen, Urteile und Verurteilungen der Position der katholischen Kirche im "Dritten Reich" bei Historikern und Publizisten. Diese Kontroversen werden so schnell nicht zu einer einvernehmlichen Lösung, zu einem Konsens in der Beurteilung geführt werden können. Daran wird auch die neue Publikation von Daniel Jonah Goldhagen nicht sehr viel ändern können. Was sie gedanklich weiterführen kann, wird sich erweisen müssen.

Um dieser zu erwartenden Diskussion einen möglichst breiten Informationshintergrund zu bieten, hat der Verlag die Initiative ergriffen, den vorliegenden Band anzuregen. Er soll den bisherigen Forschungs- und Diskussionsstand zum Thema in seinen groben Umrissen skizzieren und damit Informationsmaterial und Argumente für die Debatte um diese kontroversen Fragen liefern. Damit soll eine breite und verläßliche Argumentationsgrundlage für die Diskussion um die Rolle der Kirche - des Kirchenvolkes und der Amtsträger - im Nationalsozialismus geschaffen werden. Gleichzeitig soll dokumentiert werden, wie die Debatten zu diesem Kapitel in den letzten Jahrzehnten den öffentlichen Diskurs geprägt haben und wie die Kirche aktuell mit diesem Abschnitt ihrer Geschichte umgeht. Die theologischen Perspektiven für die Auseinandersetzung mit dieser Thematik im Schlußteil des Bandes wollen Wege für die zukünftige Diskussion und für den zukünftigen Umgang mit diesem Kapitel der Vergangenheit in der katholischen Kirche weisen.

Die Einführung will die Tradition, Kontinuitäten und Differenzierungen in der Spannbreite der Diskussion skizzieren: Mit dem Aufspüren, welche Fragen wann aufgeworfen und wie behandelt oder verdrängt wurden, eröffnet sich zugleich auch der aktuelle Fragehorizont und können die Positionen, die den Problemhorizont aufzeigen, abgesteckt werden. Der Forschungsstand wird im Beitrag von Christoph Kösters beschrieben, er braucht hier nicht ein weiteres Mal skizziert werden.

Zwei prägnante Repräsentanten der beiden angedeuteten Extrempositionen sind Daniel Goldhagen mit seinem Werk "Hitlers willige Vollstrecker" und Helmut Moll mit seiner Zusammenstellung der katholischen deutschen Märtyrer des 20. Jahrhunderts. [1]

Goldhagens Zielsetzung geht dahin, vor allem die Mentalität der Handelnden in den wesentlichen Fragen zum Holocaust gründlich zu untersuchen. [2] Er kommt damit nach seiner Einschätzung zu einem neuen Verständnis zentraler Aspekte des Holocaust, die im wesentlichen in folgenden Thesen zusammengefaßt sind: Lange vor dem Machtantritt der Nationalsozialisten habe es eine eliminatorische Variante des Antisemitismus in Deutschland gegeben – Positionen also, "die den Ausschluss des jüdischen Einflusses, ja der Juden selbst aus der deutschen Gesellschaft forderte(n)". [3] Diese Positionen haben sich nach der Machtübernahme durch die Nationalsozialisten sehr schnell für die Beseitigung der Juden mobilisieren lassen. Eine Konsequenz dieser These ist die Beobachtung, dass sich die Begeisterung für die Beseitigung der Juden nicht auf fanatische Parteigänger Hitlers und der SS-Gruppierungen beschränken lässt, sondern dass der Mordwille auch in Polizeiorganisationen, ja auch in breiteren Kreisen der Bevölkerung verankert war. Und dieser Antijudaismus hat auch vor der Kirchentür nicht Halt gemacht. "Wie viele deutsche Kirchenmänner waren in den 30er Jahren *nicht* der Meinung, dass die Juden eine Gefahr seien? Wo sind die *Beweise* für die Behauptung, dass eine beträchtliche Anzahl von ihnen den eliminatorischen Antisemitismus und das entsprechende Bild von den Juden zurückgewiesen hätten?" [4] Goldhagen weist hin auf die vereinzelten leidenschaftlichen, aber kaum hörbaren und wirkungslosen Stimmen des Protestes im Umfeld der beiden Kirchen im Hinblick auf die Vernichtung der Juden. Eindrucksvoll bleibe hingegen das öffentliche Schweigen. [5] "Die deutschen Kirchen bieten also wesentliches Material, wenn man Reichweite, Charakter und Einfluss des modernen eliminatorischen Antisemitismus der Deutschen untersuchen will. Von ihrer Leitung und ihren Mitgliedern hätte man aus einer Reihe von Gründen erwartet, dass sie sich noch am ehesten gegen dieses Übel resistent zeigen würden. Die Kirchen behielten weitgehend institutionelle Unabhängigkeit. Ihnen gehörten viele Menschen an, die bei anderen Fragen durchaus parteiunabhängige, wenn nicht gar gegen die NS-Ideologie gerichtete Meinungen vertraten. Außerdem standen die kirchlichen Lehren und ihre

---

[1] Daniel Jonah Goldhagen, Hitlers willige Vollstrecker. Ganz gewöhnliche Deutsche und der Holocaust. Berlin 1996 und Helmut Moll, Die katholischen deutschen Märtyrer des 20. Jahrhunderts. Ein Verzeichnis. Paderborn 1999.
[2] Vgl. Goldhagen im Vorwort, 6.
[3] Goldhagen, 39.
[4] Goldhagen, 503.
[5] Vgl. dazu Goldhagen, 511.

humanistischen Traditionen in krassem Widerspruch zu den zentralen Geboten des eliminatorischen Projekts. Die reichlich vorhandenen Quellen über die Einstellungen von Kirchenleitung und Kirchenvolk und deren Haltung zur eliminatorischen Verfolgung bestätigen die Auffassung, dass vom Nationalsozialismus beeinflusste Vorstellungen von den Juden außerordentlich weit verbreitet waren und dass das eliminatorische Programm große Unterstützung fand, ja geradezu selbstverständlich erschien." [6]

Goldhagen will auch die Einschätzung nicht gelten lassen, dass sich die Deutschen dem Schicksal der Juden gegenüber teilnahmslos verhalten hätten. Diese Behauptung übersehe die ganz große Menge gewöhnlicher Deutscher, die am Programm der Ausschaltung und der Vernichtung mitwirkten.

Von diesen Thesen hinsichtlich der Beteiligung der Katholiken auch an den antijudaistischen und antisemitischen Aktionen der nationalsozialistischen Revolution her stellt sich die Frage nach dem Widerstand der katholischen Kirche noch einmal neu. Denn Goldhagen spricht im Hinblick auf die antijudaistischen Traditionen und auf die Ausgestaltung dieser im Nationalsozialismus von einer der gründlichsten Revolutionen der Moderne, die die Nationalsozialisten in Deutschland während ihrer kurzen Herrschaft durchgesetzt hätten, eine Revolution, wie sie in der Geschichte der westlichen Zivilisation bislang nicht vorgekommen sei. [7] Es sei vor allem eine kognitiv moralische Revolution gewesen, die Prozesse, die Europa jahrhundertelang geformt hatten, auf den Kopf stelle, umkehre. Trotz allen Weltanschauungskampfes zwischen Kirche und Staat, der immer wieder unterstrichen wird, sei hier auf einem der wichtigsten Felder zumindest ein Teilkonsens festzustellen. "Außergewöhnlich war diese Revolution auch darin, dass sie im Innern - trotz aller Unterdrückung der politischen Linken in den ersten Jahren - ohne massiven Zwang und Gewalt durchgesetzt wurde. Sie war in erster Linie eine Transformation des Bewusstseins: Den Deutschen wurde ein neues Ethos eingepflanzt. Und im Großen und Ganzen war es auch eine friedliche Revolution, die das deutsche Volk vor allem innenpolitisch zustimmend verfolgte und mittrug." [8]

Goldhagen wendet sich gegen die Vorstellung, dass Deutschland in der nationalsozialistischen Ära eine normale Gesellschaft gewesen sei, der allenfalls das Unglück widerfahren war, üblen Herrschern in die Hände gefallen zu sein. Die Menschen wurden nicht zu Taten getrieben, die sie verabscheuten, sondern sie beteiligten sich aus eigenem Impetus. "Denn die damalige deutsche Gesellschaft unterschied sich in den wesentlichen Aspekten fundamental von unseren heutigen Gesellschaften. Sie orientierten sich an einer anderen

---

[6] Goldhagen, 512.
[7] Vgl. dazu Goldhagen, 534.
[8] Goldhagen, 534.

Ontologie und einem völlig anderen Weltbild. Hier lebten Menschen, deren Grundauffassung vom sozialen Leben nach unseren Maßstäben nicht "normal" war. Dass beispielsweise die bestimmenden Züge eines Menschen sich aus dessen Rasse ergäben und dass die Welt in unterschiedliche Rassen eingeteilt sei, galt in der deutschen Gesellschaft der NS-Zeit als selbstverständlich; zumindest war diese Auffassung außerordentlich weit verbreitet."[9] Vor allem das Lager und die Todesmärsche seien die Charakeristika dieser neuen Gesellschaft gewesen. Goldhagen bezeichnet das Lager als das Sinnbild des nationalsozialistischen Deutschland, das dessen Wesen offenbare - "so wie die Morde und die Barbarei der Täter die Bereitschaft ganz gewöhnlicher Deutscher offenbaren, Deutschland und das deutsche Volk vor seinem vermeintlich gefährlichsten Feind zu retten: DEM JUDEN."[10] Indem er die Lager und die Todesmärsche in das Zentrum rückt, geraten auch die Gruppen und Personen, die für das Funktionieren dieser "Institutionen" verantwortlich waren, in den Mittelpunkt. Es waren vor allem die Polizeibataillone und damit Deutsche, die weltanschaulich nicht eigens in der Nationalsozialistischen Deutschen Arbeiterpartei oder in den SS-Gruppierungen gebunden waren; es war, wie Goldhagen formuliert, der ganz gewöhnliche Deutsche, der nicht nur unter Zwang und im absoluten Gehorsam die Juden ermordete, sondern aus eigener Überzeugung und aus eigenem Antrieb. Beweis für diese These ist Goldhagen die Tatsache, dass die Mitglieder der Polizeibataillone und Einsatzkommandos in den Lagern und in der Begleitung der Todesmärsche in den letzten Tagen und Wochen des Krieges im allgemeinen Chaos durchaus hätten Befehlsverweigerung ausüben können, dies aber in der Regel nicht taten, sondern die Mordmaschinerie perfekt weiterwirken ließen. "Die Tatsache, dass die Täter weitermachten wie zuvor, bestätigt jedoch meine Arbeitshypothese, sie seien durch ihren Antisemitismus, durch ihre Überzeugung, der Mord an den Juden sei eine gerechte Sache, motiviert worden."[11] Dem ist freilich entgegenzuhalten, dass die Aussage, Fahnenflucht und Befehlsverweigerung seien in dieser Zeit wegen des allgemein herrschenden Chaos möglich gewesen, so pauschal nicht vertreten werden kann. Es gibt genügend Gegenbeispiele, dass selbst noch in den letzten Wochen und Tagen des Krieges Soldaten, die die Ausführung von Befehlen verweigert haben, standrechtlich erschossen wurden.

Goldhagens Thesen klingen schlüssig und eingängig, wie bei jeder Studie, die strikt von theoretischen Vorgaben dominiert wird und sich auf wenige Erklärungsmuster beschränkt. Dies ist auch ein Kritikpunkt vieler Rezensenten, etwa von Klaus Beckmann in der Zeitschrift Kirchliche Zeitgeschichte. Er

---

[9] Goldhagen, 538 f.
[10] Goldhagen, 539.
[11] Goldhagen, 544.

wirft Goldhagen vor, er postuliere häufig mehr als er analysiere.[12] "Die kirchengeschichtlichen Passagen beziehen mit gewissem Schwerpunkt auf den deutschen Reformator Luther zwei Jahrtausende Kirchengeschichte in die Vorgeschichte des Holocaust ein. Vermisst werden hier nicht nur Nuancierungen und differenzierende Analysen, sondern auch viele grundlegende Fakten."[13] "Hat es nicht - weniger öffentlich und spektakulär als Goldhagen es konstruiert - tatsächlich eine konzertierte Aktion ‚Genozid' in Deutschland gegeben und hat die Kooperationsbereitschaft ihrer Bürokratie die Kirchen nicht auch in dieser furchtbaren Beziehung als integrale Glieder der deutschen Gesellschaft erwiesen? Wenn man die Frage bejaht, scheint es indes fraglich, dass ein individuell bis zur Mordbereitschaft ausgeprägter Antisemitismus die angemessene und ausreichende Erklärung ist. Man vermisst etwa das Thema der in Deutschland (nicht ohne Einfluss eines abusus der lutherischen Zwei-Reiche-Theologie) lange vorhandenen Tendenz zu metaphysischer Überhöhung von ‚Obrigkeit' mit der implizierten Neigung, offizielle Sichtweisen individuell zu internalisieren."[14]

Ein Kontrastprogramm hinsichtlich seiner Intentionen bietet die Sammlung der Blutzeugen in der katholischen Kirche des 20. Jahrhunderts. Im Auftrag der deutschen Bischofskonferenz wurde für das Heilige Jahr 2000 ein Martyrologium des 20. Jahrhunderts zusammengestellt. Die Liste der Märtyrer soll das Leiden und damit auch die Widerständigkeit der katholischen Kirche gegenüber dem nationalsozialistischen Regime dokumentieren und den heutigen Menschen mit ihrem unbeirrbaren Glauben Ansporn und Vorbild sein.[15] Die Zusammenstellung soll vor allem der selektiven Erinnerung einer schnelllebigen Zeit entgegenwirken. "Diese Glaubenszeugen widerstanden der lauernden Versuchung, das elementare Recht auf Leben zu mißachten und die sittlichen Maßstäbe zu zerbrechen, weil ihnen das Apostelwort vor dem Hohen Rat vor Augen stand: ‚Man muss Gott mehr gehorchen als den Menschen' (Apostelgeschichte 5, 29)."[16] Damit soll dem Vergessen entrissen werden, dass es vielfältiges Versagen, aber auch heroische Glaubenszeugnisse von Christen gegeben hat. "Die *Blutzeugen unter Hitlers Terror* liegen uns bewusstseinsmäßig besonders nahe. Die Auseinandersetzung der katholischen Kirche im allgemeinen und ihrer Glieder im besonderen mit der in ihrem Kern mit dem

---

[12] Klaus Beckmann, Rezension zu Goldhagen, Hitlers willige Vollstrecker, in: KZG 10, 1997, 213–217; vgl. auch Julius H. Schoeps (Hg.), Ein Volk von Mördern? Die Dokumentation zur Goldhagenkontroverse um die Rolle der deutschen im Holocaust. Hamburg 1996.

[13] Beckmann, 215.

[14] Beckmann, 217.

[15] Helmut Moll, Die katholischen deutschen Märtyrer des 20. Jahrhunderts. Ein Verzeichnis. Paderborn 1999. – Helmut Moll (Hg.), Zeugen für Christus. Das deutsche Martyrologium des 20. Jahrhunderts. 2 Bände, Paderborn u.a. 1999.

[16] Moll, IX.

Christentum unvereinbaren Ideologie des Nationalsozialismus forderte in den Jahren 1933 bis 1945 einen enorm hohen Blutzoll von allen Ebenen. Trotz des am 20. Juli 1933 abgeschlossenen Konkordats wurde die Bedrohung von Jahr zu Jahr größer. Mögen auch Ursachen und Anlässe der feindlichen Bestrebungen unterschiedlich und regional sehr verschieden gewesen sein, so steht doch fest, dass die Unverhältnismäßigkeit der bestraften ‚Delikte' keine Systematik im Vorgehen der Machthaber erkennen läßt. Der Bonner Historiker Konrad Repgen unterscheidet vier Stufen des Widerstandes: die punktuelle Nonkonformität, die Verweigerung, den Protest und den aktiven Widerstand. Nach den bisherigen Untersuchungen beendeten mehr als 160 Diözesanpriester, knapp 60 Ordensmänner, mehrere Ordensfrauen und weibliche Mitglieder von Instituten des gottgeweihten Lebens sowie 110 Laien ihr Leben mit dem Martyrium." [17]

Konträr zu Goldhagen beurteilt weiterhin jüngst eine Publikation über das Verhältnis von Christen und Juden im Urteil der Nationalsozialisten und der Gegenwart das kirchliche Handeln. Das Buch setzt sich u.a. mit der Frage auseinander, wie weit die antijüdischen Vorurteile die Verfolgung der Juden durch die Nationalsozialisten begünstigt hätten, Vorurteile, die in den Köpfen und Herzen einiger Christen lebendig waren, wie dies mit den Schuldbekenntnissen gerade von offizieller kirchlicher Seite zum Verhalten im "Dritten Reich" anerkannt werde: "Von der geradezu manischen Schuldbesessenheit mancher Christen war eben die Rede. Diese Feststellung trifft auch auf viele Deutsche zu." [18] "Die Fungesellschaft unserer Tage, in der von eigener Schuld kaum noch die Rede ist, gefällt sich in Schuldzuweisungen an frühere Generationen. Die Kirchen bilden insofern keine Ausnahme. In ihnen ist von Sünde und Schuld mit Blick auf die Lebenden weit weniger die Rede als früher, wohingegen das Versagen in der Geschichte öffentlich und feierlich beklagt wird." [19] Schließlich kulminieren die Klagen in der Aufgabenformulierung, doch darüber nachzudenken, dass ein Schuldbekenntnis ohne Schuld nicht nur krankhaft oder unehrlich sei, sondern auch gefährlich. [20]

Dass solche Positionen, die auch dem Papst und den Bischöfen ein zu hohes Maß an Schuldeingeständnis und Schuldbewusstsein vorwerfen bzw. unterstellen, durchaus breitere Zustimmung finden, zeigt die Rezension dieses Buches im Regensburger Bistumsblatt: "Bekanntlich ist es hierzulande fast schon eine öffentliche Pflichtübung, mit der Vergangenheit ins Gericht zu gehen und die damaligen Zeitgenossen post mortem des politischen und mo-

---

[17] Moll, XII.
[18] Konrad Löw, Die Schuld. Christen und Juden im Urteil der Nationalsozialisten und der Gegenwart, Gräfelfing 2002, 301.
[19] Löw, 299.
[20] Vgl. Löw, 301.

ralischen Versagens anzuklagen. Erschien das eigene (deutsche) Volk durch das jahrzehntelange Schlagen auf die Brust der Väter bereits hinlänglich zerknirscht und im Stande immerwährender Reue, richteten die "Vergangenheitsbewältiger" den Bußruf fortan zunehmend lauter an die Kirche und ihre damaligen Hirten. ... Offensichtlich reizt eine moralische Instanz, wie die katholische Kirche, besonders zur Sündenzählerei und dienen die ihr nachgesagten Schwächen der Beruhigung des eigenen (schlechten) Gewissens. Denn um eine ausgewogene und objektive Würdigung der Kirche geht es den lautstarken Geschichtszensoren zumeist nicht." [21]

Die Kontroversen in der Beschreibung und Beurteilung des Verhaltens und des Schicksals der katholischen Kirche im "Dritten Reich" zeichneten sich bereits unmittelbar nach Kriegsende ab: Auf drei Beispiele sei kurz verwiesen: zum einen das bekannte und weit verbreitete Werk "Kreuz und Hakenkreuz" des Münchener Weihbischofs Johannes Neuhäusler [22] und andererseits auf die beiden Beiträge in den Stimmen der Zeit von Max Pribilla und Karl Rahner. [23] Neuhäusler skizzierte die Kirche eindeutig als Opfer des Nationalsozialismus. Er wollte unmittelbar nach Kriegsende demonstrieren, dass es den Widerstand in der katholischen Kirche gegen den Nationalsozialismus gegeben hat. Neuhäusler, der selbst im KZ Sachsenhausen und Dachau gewesen war, wollte damit die deutschen Bischöfe anregen, den Widerstand gegen die Hitler-Diktatur von katholischer Seite aus umfassend zu dokumentieren. Eine differenzierte Analyse des Schweigens des deutschen Volkes zur Entstehung des "Dritten Reiches" unter den grauenvollen Zuständen in den Konzentrationslagern forderte Max Pribilla in seinen beiden Beiträgen in den "Stimmen der Zeit". In Pauschalzuschreibungen an den Deutschen findet er bei ihnen wenig Zivilcourage, aber viel Bereitschaft, auf Befehl zu handeln. Der Mangel an Zivilcourage sei im Volk und im Klerus des Landes festzustellen. Dieser Mangel konnte vor allem deswegen so großes Unheil anrichten, weil er aus einem Mangel an lebendigem Christentum resultierte. Die dem christlichen Glauben entsprechenden Lebensformen hätten bereits im "Dritten Reich ihre gestaltende Kraft verloren gehabt und den unterirdischen Gewalten der Barbarei den Weg an die

---

[21] Alfred Schickel, Ein überzeugendes Plädoyer. Konrad Löw widerlegt in seiner jüngsten Arbeit mit Logik und Akribie die vorlaute Papst- und Kirchenschelte der nachgeborenen "Vergangenheitsbewältiger", in: Regensburger Bistumsblatt 71, Nr. 34, 25. August 2002, 24.

[22] Johann Neuhäusler, Kreuz und Hakenkreuz. Der Kampf des Nationalsozialismus gegen die katholische Kirche und der kirchliche Widerstand. München 1946.

[23] Max Pribilla, Das Schweigen des deutschen Volkes, in: Stimmen der Zeit 139 (1946/47), 15 – 33 und ebd., 81 – 101 und Karl Rahner, Die Kirche der Sünder, in: Stimmen der Zeit 140 (1947), 163 – 177. – Vgl. hierzu Vgl. dazu auch Rainer Bendel (Hg.), Kirche der Sünder - sündige Kirche? Beispiele für den Umgang mit Schuld nach 1945. Münster 2002. Einleitung 9 - 18.

Oberfläche frei gemacht."[24] Der geistigen Führung des Volkes wirft er Versagen vor, weil sie entweder aus Unverstand, Eigennutz oder Feigheit mit der nationalsozialistischen Partei einen faulen Frieden geschlossen und damit nicht den nötigen Nährboden für Zivilcourage bereitet habe. Zwischen der nationalsozialistischen und der christlichen Weltanschauung liege ein unüberbrückbarer Gegensatz, der aber gerade zu Beginn des "Dritten Reiches nicht eindeutig zu sehen gewesen sei. "Es ist Tatsache, dass der Einfluss der christlichen Kirchen nicht ausgereicht hat, die Grausamkeiten in den Konzentrationslagern und die sonstigen Greueltaten der Nazis zu verhindern. Ja, das Bekenntnis ist notwendig: Wäre das Christentum in Deutschland und im ganzen Abendland lebendiger gewesen, dann hätte es nie ein "Drittes Reich" mit all seinen Verfallserscheinungen gegeben. Es ist auch Tatsache, dass der Protest der christlichen Kirchen gegen den Nationalsozialismus nach Inhalt und Form nicht so eindeutig und scharf gewesen ist, wie wir es als Christen angesichts der ungeheueren Verbrechen in nachträglicher Rückschau wünschen möchten. Gleichwohl bleibt es wahr, dass das gläubige Christentum die einzige geistige Macht war, über die der Nationalsozialismus nicht Herr geworden ist und die - freilich mit vielen Wunden - noch aufrecht stand, als er zusammenbrach."[25]

Pribilla gesteht ein, dass man dem Grundsatz "Wehret den Anfängen!" nicht genügend nachgekommen sei, als man die Dinge anfangs nicht genügend klar gesehen habe. Es wurden Brückenschläge zwischen Christentum und Nationalsozialismus versucht. Wenn er auch von Verirrung des deutschen Volkes spricht, so zeigt seine Haltung doch ein deutliches Oszillieren zwischen einem Schuldeingeständnis und einem Triumphalismus. Er fordert vom deutschen Volk eine Kehrtwende, eine Metanoia: "Solcher Umkehr, nicht der Verstockung in den begangenen Fehlern ist die Hoffnung zugesellt. Wichtiger als laute Schuldbekenntnisse, die - dem Mißverständnis und Mißbrauch ausgesetzt - nur zu leicht unfruchtbaren Streitgesprächen, wechselseitigen Anklagen das Tor öffnen, ist stille Einkehr der Selbstbesinnung, die sich bewusst ist, dass alle verläßliche Besserung bei der eigenen Person zu beginnen hat."[26] Als Gegenreaktion zum "Dritten Reich" schärft Pribilla die persönliche Verantwortung ein. Dabei droht der Blick für ein gemeinschaftliches Versagen auf der Ebene der katholischen Kirche verstellt zu werden. Das deutsche Volk müsse endlich aus seiner eigenen Vergangenheit lernen und den dämonischen Mächten der Verlogenheit und Maßlosigkeit widerstehen. Nicht die Zuflucht zu billigen Ausreden genüge. Es müsse der Wucht der Wirklichkeit standgehalten werden. Die tieferen Ursachen, die das Emporkommen des Nationalsozialismus ermöglicht und

---

[24] Vgl. Pribilla, Das Schweigen des deutschen Volkes, 97.
[25] Pribilla, Das Schweigen des deutschen Volkes, 28.
[26] Pribilla, Das Schweigen des deutschen Volkes, 99.

begünstigt hatten, bedürften der Erforschung, damit aus einer solchen Gewissenserforschung die entsprechenden Folgerungen für Gegenwart und Zukunft gezogen werden könnten.

Karl Rahner hielt in seinem Aufsatz über die Kirche der Sünder 1947 fest, dass in der katholischen Dogmatik das Thema von der Kirche der Sünder meist nur flüchtig behandelt werde. Im gleichen Atemzug fügte er hinzu, dass es auch über die Kirche Wichtigeres und Herrlicheres zu sagen gebe.[27] "Die Tatsache, dass die Kirche eine Kirche der Sünder ist, steht vielleicht schon darum nicht sehr im Vordergrund des theologischen Interesses, weil sie nur zu deutlich eine Alltagserfahrung ist. Trotzdem ist dieses Thema sachlich von großer Bedeutung in der Lehre von der Kirche, nicht nur weil es hier um eine der qualvollsten Fragen der Kirchentheologie im Laufe der Dogmengeschichte geht, sondern auch weil diese Frage von solcher Tragweite für das Glaubensleben des einzelnen ist; endlich aber auch deswegen, weil die Frage hier gar nicht als eine Frage der alltäglichen und vordergründigen Erfahrung gemeint ist, sondern als eine dogmatische. Eine Frage also, die von der Offenbarung Gottes aus und nicht von der vorlauten und selbst so fragwürdigen, sündig verzerrten Erfahrung des Menschen her beantwortet werden will."[28] Das Bekenntnis des Glaubens an die heilige Kirche wurde für die Kirche im Laufe der Geschichte ihrer Lehre immer wieder zu einer Qual. Diesem Anspruch der Heiligkeit der Kirche stehe die konkrete sündige Kirche gegenüber; bei zu starker Betonung des Ideals wurde die Sündigkeit nicht selten abgelehnt. Diese Anstößigkeit spiele auch im Leben des Einzelmenschen in der Auseinandersetzung mit seinem Glauben immer wieder eine Rolle. Wie wenig Rahner jedoch den historischen Kontext und die Erfahrung ernst nimmt, zeigt sich in der Skizze der dritten Perspektive, die er in die Thematik Kirche der Sünder hineinrichtet: "Es handelt sich für uns gar nicht um die Frage, wie wir als Christen, die an die Heiligkeit der Kirche glauben, mit der rein menschlichen Erfahrung von der Unheiligkeit der Kirche fertig werden. Es ist vielmehr die dogmatische Frage gemeint: Was nämlich die Offenbarung selbst zur Unheiligkeit der Kirche sagt. Mit anderen Worten: Wir wollen nicht die Stimme der empörten Menschheit hören (wir wissen vielleicht wieder besser als frühere Zeiten, dass eine solche ‚öffentliche Meinung' auch bei ziemlicher Einmütigkeit eine sehr problematische Sache ist und dass gewöhnlich jeder die Erfahrung macht, die seinen Wünschen entspricht), sondern wir wollen das Selbstzeugnis der Kirche von ihrer eigenen Unheiligkeit vernehmen."[29]

Zwei Fragen stehen für Rahner zur Debatte. Zum einen, die Kirche der

---

[27] Karl Rahner, Die Kirche der Sünder, in: Stimmen der Zeit 140, 1947, 163–177.
[28] Rahner, Die Kirche der Sünder, 163 f.
[29] Rahner, Die Kirche der Sünder, 165.

Sünder, zum anderen der sündige Mensch vor der heiligen Kirche der Sünder. Es ist bezeichnend, dass er mit dem Sünder in der Kirche einsetzt. Rahner unterstreicht den Inhalt der Glaubenslehre, dass der Sünder in all seiner Sündigkeit wirklich Glied der Kirche ist, zwar nicht im vollen Sinn wie der Gerechtfertigte, aber doch in der Dimension, in der die Kirche eine äußere Gesellschaft ist. Wenn nun die Glieder auch, wenn sie nicht in voller Verbundenheit des Heiligen Geistes mit Gott stehen, Sünder sind und auch als Sünder Glieder bleiben, dann ist die Kirche eben nicht nur eine ideale, also eine heilige, sondern sie ist auch sündig. Rahner spricht von einer erschütternden Wahrheit. Die konkrete Kirche ist sündig, weil sich das unzulängliche Handeln ihrer Glieder, und zwar auch der amtlichen Vertreter der Kirche, auf ihr Sein auswirkt. "Wenn die Kirche handelt, leitet, Entscheidungen fällt oder nicht fällt, wo sie getroffen werden sollten, wenn sie verkündet, und zwar jeweils den Zeiten und geschichtlichen Lagen entsprechend verkünden soll, dann geschieht dieses Handeln der Kirche nicht durch ein abstraktes Prinzip und nicht durch den Heiligen Geist allein, sondern dieses ganze Handeln der Kirche ist zugleich Handeln von konkreten Menschen, und da diese eben sündigen können, da sie schuldhaft eng, schuldhaft egoistisch, bequem, eigensinnig, sinnlich, träg sein können, wird sich diese ihre sündige Haltung selbstverständlich auch in jenem Handeln auswirken, das sie als Kirchenmänner und im Namen der Kirche als Handlung der konkreten Kirche setzen."[30] Der Kirche und den Kindern der Kirche steht es nicht zu, sich gleichsam hochmütig und überlegen von der Sünde zu distanzieren, weil die Sünde nicht bloß in der Welt, sondern auch in der Kirche ist. Für die eigene Zeitsituation empfiehlt Rahner den Christen, erst die eigenen Sünden zu sehen und zu bereuen und nicht zuerst auf das Versagen der Kirche hinzuweisen.

Weitere theologische Deutungen der unmittelbaren Nachkriegszeit gehen vor allem der Perspektive entlang, den Nationalsozialismus als eine dämonische Macht zu charakterisieren oder die Eschatologie entsprechend zu interpretieren.[31] In einer an Endzeitstimmung erinnernden pessimistischen Sicht von Welt und Mensch wird bei Romano Guardini die Frage der Schuld auf die Ebene der gesamten neuzeitlichen Entwicklung gehoben. In seinem Fortschrittsoptimismus, in seiner Blindheit für das wirkliche Wesen des Menschen war der Mensch verführbar von "Führern", die selbst Werkzeuge dämonischer Mächte waren. Noch direkter und handgreiflicher wird das Wirken der guten und bösen Geister in der Argumentation des Passauer Dogmatikers Alois Winklhofer: Jeder Ungeist - wie auch jeder Geist - schafft sich seine Reprä-

---

[30] Rahner, Die Kirche der Sünder, 170.
[31] Vgl. dazu Rainer Bendel, Lydia Bendel-Maidl, Andreas Goldschmidt, Vergangenheitsbewältigung in theologischen Schriften Joseph Bernharts, Romano Guardinis und Alois Winklhofers, in: Kirchliche Zeitgeschichte 13, 2000, 138–177.

sentanten. Hingegen betont Joseph Bernhart, dass der Mensch in seiner Ambivalenz ein Konstitutivum der in Gottes Augen guten Schöpfung ist. Er ist versuchbar geschaffen. Für die Sicht der Geschichte und der Gegenwart zeigt sich das Kirchenverständnis bei diesen Theologen von grundlegender Bedeutung: Nur sehr verhalten und vereinzelt läßt Guardini im Angesicht der Katastrophe Kritik an Entwicklungen des Christentums, von Theologie und Kirche anklingen. Explizit spricht Guardini ein Versagen des Christentums und damit eine Verantwortung für die von ihm angeprangerte Entwicklung der Neuzeit nicht an. Alois Winklhofer setzt ein fraglos übernommenes System, das keine Fragen offenzulassen braucht, für die Erklärung des Erlebten ein. Er sieht die Wirksamkeit reiner Geistwesen, gute wie böse, als richtungsweisend für den Verlauf menschlicher Geschichte. Dieser Verlauf geht zielstrebig unter der Vorherbestimmung Gottes dem Kommen seines Reiches entgegen. Geschichte wird unter rein empirischen Betrachtungen als Unheilsgeschichte erfahren. Richtig gedeutet, auf der Ebene übersinnlicher Einflüsse und im Horizont von Heiliger Schrift und Tradition des katholischen Glaubens wendet sie sich zur Heilsgeschichte. Das erlaubt ihm die Kirche ohne Einschränkung zu entschuldigen, indem das Versagen auf die Ebene der geistigen Mächte projiziert wird und nur die Menschen - außerhalb der Kirche, die sich dem Bösen geöffnet haben - verantwortlich gemacht werden. Wie ernst wird die Wirklichkeit genommen, wo hinter der scheinbaren Fraglosigkeit, die arrogant wirkt, Ängstlichkeit und übermäßiges Sicherheitsstreben versteckt ist? Diese macht unfähig, aus Erfahrungen zu lernen, naturwissenschaftliche und psychologische Erkenntnisse anzuerkennen, Schuld einzugestehen, zu trauern und die Theodizee offen zu lassen. Hat man die Wirklichkeit im Blick, dann gibt es mit Bernhart keine fertige Antwort auf die Frage nach dem Sinn der Geschichte, auf die Frage nach der Deutung der Schrecken: Wo sich der Mensch mit der Geschichte beschäftigt, merkt er, dass er dem Mysterium unterliegt, wobei die Rede vom Mysterium menschliches Nachforschen nicht abwürgt, sondern eher anstachelt.

Die Spannbreite der Haltungen katholischer Christinnen und Christen und der kirchlichen Amtsträger gegenüber dem nationalsozialistischen Regime wird in allen Beiträgen der Forschung unterstrichen. Das dokumentieren auch die einzelnen Aufsätze des vorliegenden Bandes. Wiederum nur schlaglichtartig, aber doch beinahe paradigmatisch können die beiden Positionen des Vorsitzenden der Fuldaer Bischofskonferenz, Adolf Kardinal Bertram, und des Berliner Bischofs, Konrad Graf von Preysing, gelten. Bertrams Haltung hat in der Forschung bereits heftige Kontroversen ausgelöst. Das zeigt nicht zuletzt der in diesem Band vorliegende Beitrag von Joachim Köhler und die darin verarbeitete Literatur. Die Frage, ob seine von der Kulturkampfmentalität her geprägte Eingabenpolitik der Situation angemessen, der christlichen Forderung entsprechend und ausreichend war, wurde nicht erst aus der Retrospektive kontrovers beurteilt. Auch der Suffraganbischof der Breslauer Kirchenprovinz, der Berliner Bischof Konrad Graf von Preysing, schätzte die Situation ganz anders ein als Bertram. Diese unterschiedlichen Positionen sind sehr deutlich mitzuvollziehen an der Haltung der beiden Bischöfe gegenüber den Juden, auch den katholisch getauften Juden.[32] Bertram hatte sowohl zum Boykott jüdischer Geschäfte am 1. April 1933, wie auch zu den Nürnberger Rassegesetzen und zum Novemberpogrom von 1938 geschwiegen. "Nachdem Mitte Oktober 1941 die systematischen Deportationen eingesetzt hatten, wandte sich Faulhaber mit der Bitte um eine Eingabe an Betram, da die deutschen Bischöfe ‚verpflichtet' seien, für die katholischen ‚Nichtarier' einzutreten. Bertram reagierte verhalten, da ihm die über Berning und Wienken geführte Eingabepolitik auch in dieser Angelegenheit als ausreichend schien. Als Bertram wiederum über Dr. Margarete Sommer Ende 1942 Informationen übermittelt wurden, dass eine Gesetzesvorlage über die Scheidung ‚rassisch gemischter' Ehen bevorstände, reagierte er hingegen umgehend ‚namens des Gesamtepiskopates in pflichtmäßiger Wahrung der Rechte der katholischen Kirche und der Katholiken in Deutschland'. ‚Es bedarf dabei nicht der Versicherung, dass diese meine Vorstellungen nicht einem Mangel an Liebe zum Deutschtum, nicht einem Mangel an Gefühl nationaler Würde entspringen, auch nicht einer Geringschätzung der schädlichen Einflüsse eines Überwucherns jüdischer Einflüsse gegenüber deutscher Kultur und vaterländischer Interessen.' Aber nach ‚allgemein anerkannten Lebensgrundsätzen [bestehen] auch gegenüber den Angehörigen anderer Rassen unverrückbare Pflichten der Menschlichkeit.' Bertram sprach also nicht von Menschenrechten, sondern von ‚Pflichten der Menschlichkeit'. Sein Einspruch nahm aber implizit alle Juden, die nicht konvertiert waren oder aus Familien stammten, in der bereits die Eltern- oder Großelterngeneration konvertiert hatte, aus. Die Plenarkonferenz vom Sommer 1943 beauftragte Dr. Sommer mit der Ausarbeitung einer Eingabe zur ‚Erleichterung des Loses aller Nichtarier'. Aber weder die Eingabe Dr. Sommers, noch die an Bertram gerichteten erschütternden Briefe ließen es ihm gerechtfertigt erscheinen, im Namen der Bischofskonferenz öffentliche Anklage zu erheben."[33] Bertrams theologische und kirchenpolitische Konzepte brauchen an dieser Stelle nicht weiter

---

[32] Jana Leichsenring zeichnet diese anhand der Hilfstätigkeit im Auftrag der beiden Bischöfe sehr überzeugend nach in ihrer Studie über Gabriele Gräfin Magnis - Sonderbeauftragte Kardinal Bertrams für die Betreuung der katholischen "Nichtarier" Oberschlesiens: Auftrag - Grenzüberschreitung - Widerstand?, Stuttgart 2000 (Arbeiten zur schlesischen Kirchengeschichte 9).

[33] Leichsenring, Gabriele Gräfin Magnis, 46 f.. Bertram wird hier zitiert nach Ludwig Volk, Akten deutscher Bischöfe V, 944 f.

vorgestellt und erörtert werden. Hier genügt es, auf den Beitrag von Joachim Köhler im vorliegenden Band zu verweisen. Der Berliner Bischof Konrad Graf von Preysing hingegen hielt die Eingabenpolitik Kardinal Bertrams während der Zeit des Nationalsozialismus für eine zu willfährige Oppositionspolitik der Kirche gegenüber dem "Dritten Reich". Preysing hatte sich auch als einziger deutscher Bischof nicht dafür hergegeben, im Herbst 1939 für die ins Feld ziehenden Soldaten einen ermunternden Hirtenbrief verlesen zu lassen. Preysing hatte bereits in der Zeit des Abschlusses des Reichskonkordats 1933 gegen diesen Vertrag opponiert. Dem NS-Staat mit Kompromissen zu begegnen, hielt er für verhängnisvoll. Sein Grundsatz war, den Anfängen zu wehren.[34]

Die unterschiedliche Einschätzung der Situation und der Dissens über die zu ergreifenden Maßnahmen eskalierte schließlich im April 1940, als Bertram ohne vorherige Autorisierung durch die deutschen Bischöfe eine Glückwunschadresse zu Hitlers Geburtstag schickte. Preysing war über deren Formulierung ungehalten. Er trug sich mit dem Gedanken, aus der Fuldaer Bischofsgemeinschaft auszuscheiden. "Mochten so manche Oberhirten Preysings Schlussfolgerung teilen, mit dem Gratulationsschreiben an Hitler sei Bertram als Konferenzvorsitzender unmöglich geworden, so behielten nach einer dramatischen Szene auf der Plenartagung im August 1940 pragmatische Überlegungen doch die Oberhand. Dennoch war der Riss im Episkopat jetzt Tatsache und Preysing als Widerpart des Konferenzvorsitzenden für die Versammelten erkennbar hervorgetreten. Um ihn herum gruppierten sich fortan diejenigen Oberhirten, die eine energischere Abwehrhaltung befürworteten. So lange jedoch Bertram die Zügel in der Hand hielt und er tat dies, auch wenn er ab 1942 krankheitshalber der Jahrestagung fernbleiben musste, dauerte die Führungskrise im Episkopat an."[35] "Und in der Tat ist er [Preysing] unter den Deutschen der Hitlerzeit eine höchst seltene, im Kreis des Episkopats gar eine einmalige Erscheinung. Von keinem ,Anschluss' oder Blitzkrieg geblendet, von keinem Blick ins Führerauge aus der Balance gebracht, durch keine Loyalitätsskrupel verwirkt, hat er wie ganz wenige seiner Landsleute dem Nationalsozialismus von Anbeginn hinter das Visier geschaut und sich in seiner radikalen Ablehnung durch nichts und niemand beirren lassen. [...] Als Gegenpol zu Bertrams Überbedenklichkeit und Hinnahmebereitschaft, als geistiger Mittelpunkt der gegen den Kurs des Zuwartens Aufbegehrenden gebührt ihm innerhalb des deutschen Episkopats der Hitlerzeit ein eigentümlicher und hervorragender Platz."[36]

---

[34] Vgl. dazu auch Ludwig Volk, Konrad Kardinal von Preysing (1880 - 1950), in: Rudolf Morsey, Zeitgeschichte in Lebensbildern aus dem deutschen Katholizismus des 20. Jahrhunderts, Band 2, Mainz 1975, 88 – 100.
[35] Volk, Preysing, 96 f.
[36] Volk, Preysing, 100.

Der Wunsch, eine derart dezidierte Haltung - bei aller Würdigung situationsbezogenen Protestes und öffentlichen Einspruches der anderen Bischöfe - die Mehrheit der katholischen Würdenträger hätte bestimmen sollen, zeigt nicht zuletzt eine Formulierung einer Gläubigen nach der Verlesung eines Hirtenbriefes, die die Stimmung vieler Katholikinnen und Katholiken in der NS-Zeit zum Ausdruck und auf den Punkt gebracht hat: Die Bischöfe haben wieder einmal gesäuselt.

Die Tradition der Katholiken, die Kritik übten, speziell am Verhalten der Bischöfe gegenüber dem "Dritten Reich", ist auch in den Nachkriegsjahren ungebrochen. Das prominenteste Beispiel dafür ist Bundeskanzler Konrad Adenauer, der unverhohlen zum Ausdruck brachte, dass es dem Zeugnischarakter des bischöflichen Amtes gut angestanden hätte, wenn die Bischöfe sich deutlicher exponiert hätten, auch auf die Gefahr hin, dass sie mehr leiden hätten müssen. Insofern kam auch die neue Qualität der Auseinandersetzung mit der Vergangenheit der katholischen Kirchenleitung im "Dritten Reich" in der ersten Hälfte der 60er Jahre des 20. Jahrhunderts nicht völlig überraschend. Einen wichtigen Markstein in dieser Diskussion bildet der Artikel von Ernst Wolfgang Böckenförde im "Hochland" im Februar 1961. Böckenförde hatte in diesem Publikationsorgan für die gebildeten Schichten des Katholizismus Anfragen an das Verhalten der deutschen Bischöfe 1933 formuliert – der Artikel war ein Markstein in der Diskussion, deswegen wird er auch im vorliegenden Band nochmals dokumentiert.[37]

Böckenförde löste mit seinem Beitrag eine Kontroverse aus, die sich dann zwei Jahre später zuspitzen sollte an der Frage nach dem Verhalten Papst Pius' XII. gegenüber dem nationalsozialistischen Regime. Im Februar 1963 wurde in Berlin "Der Stellvertreter" von Rolf Hochhut uraufgeführt, gleichzeitig erschien er als Buchausgabe im Rowohlt-Verlag. Wie nachhaltig und langdauernd die dadurch ausgelöste Debatte war, zeigt sich bis in die publizistischen Kontroversen unserer Tage hinein[38]. Die einen klagen das Schweigen des Papstes angesichts der Judenverfolgungen im Deutschen Reich an, andere pochen auf die Gefährlichkeit solcher öffentlicher Anklagen durch kirchliche Repräsentanten für die Betroffenen, also für die Juden, und auf die stillen Hilfsmaßnahmen, die Pius XII. den Juden zukommen ließ.

Die päpstlichen Hilfsleistungen für die Juden kommentierte jüngst, noch kurz vor seinem Tod, der Generalsekretär des jüdischen Weltkongresses, Gerhard M. Riegner: "Sehr viele jüdische Äußerungen während des Krieges und unmittelbar danach, in denen dem Papst Danksagungen ausgesprochen wur-

---

[37] Ernst Wolfgang Böckenförde, Der deutsche Katholizismus im Jahre 1933. Eine kritische Betrachtung, in: Hochland 53, 1960/61, 217–239.

[38] Vgl. die Literatur zu dieser Auseinandersetzung im Beitrag von Christoph Kösters im vorliegenden Band.

den, geschahen unter dem Eindruck, dass man in Rom viel mehr getan hatte, als man in Wirklichkeit getan hat. Die Wahrheit war noch nicht klar. Denn man hatte dauernd in Rom zu uns gesagt, man tue alles, was man könne, und die jüdischen Organisationen hatten geglaubt, dass dies der Fall gewesen sei. Aber sie haben erst viel später gesehen, dass man in Wirklichkeit sehr wenig getan hat. Also diese Dankesbezeugungen waren zum großen Teil diplomatische Äußerungen des guten Willens der Juden gegenüber dem Papst."[39]

Diese Auseinandersetzungen über die Aufgaben und die Rolle Pius' XII. dokumentiert geradezu paradigmatisch, wie gegensätzlich die Positionen sind und mit welcher Vehemenz und welchem Einsatz gefochten wird; diese Auseinandersetzungen haben weltanschauliche Abschottungen und Lagerbildungen manifestiert, aber auch nach sich gezogen.

Um so wichtiger erscheint mir die Aufgabe, dezidierte Vertreter unterschiedlicher Standpunkte in diesem Diskussionsforum zusammen zu führen als eine vielgestaltige, inhaltlich facettenreiche und Diskussionsperspektiven aufzeigende Informations- und Argumentationsgrundlage. Sie lebt von der profunden Sachkenntnis und vom Engagement der Autorinnen und Autoren, denen für ihre Mitarbeit an dieser Stelle mein ganz herzlicher Dank ausgesprochen sei.

Die skizzierten Positionen lassen eine Konzentration des Interesses auf die Beurteilung des Widerstandes, auf die Untersuchung der Intensität der Schuldverstrickung und deren Ursachen und auf die daraus zu ziehenden Konsequenzen erkennen, letztlich also die Grundfragen, die auch die heutige Diskussion, nur in veränderten Dimensionen, bestimmen; das wiederum zeigen die in diesem Band zusammengeführten Aufsätze.

Freilich werden hierbei Fragen offenbleiben, wie beispielsweise die Frage nach dem Widerstandsbegriff, nach dem Selbst- und Seelsorgsverständnis der Kirche unter den Bedingungen eines totalitären Regimes, Fragen nach Kontinuitäten und Diskontinuitäten, nach der Haltung zu gesellschaftlichen Prozessen. Diese werden zwar wiederholt implizit reflektiert, aber nicht explizit und eigenwertig thematisiert; das würde auch den dokumentarischen Charakter übersteigen.

Der vorliegende Band soll vorrangig die derzeitige Diskussion in Umrissen aufzeigen und wird sicher zu weiteren Disputen anregen, das garantiert schon die Dezidiertheit und Unterschiedlichkeit der zusammengeführten Positionen.

---

[39] So der Generalsekretär des jüdischen Weltkongresses Gerhard M. Riegner auf einem Kolloquium über die Beziehung zwischen katholischer Kirche und Judentum im 20. Jahrhundert in der Katholischen Akademie Rabanus Maurus im September 2000 - vgl. dazu Ansgar Koschel (Hg.), Katholische Kirche und Judentum im 20. Jahrhundert, Münster 2002 (= Religion - Geschichte - Gesellschaft. Fundamentaltheologische Studien Band 26), 61.

Eine Auswahl pointierter gegenwärtiger Forschungspositionen im kirchlichen Raum und zugleich eine Skizze der Entwicklung der Ereignisse wollen *die Beiträge des ersten Themenfeldes* bieten:

Wie schwierig es für die Bischöfe war, den rasch wachsenden Erfolg der NSDAP Ende der 20er und Anfang der 30er Jahre zu taxieren und wirksam darauf zu reagieren, zeigt der Beitrag von Rudolf Morsey auf: Die Ablehung auf der weltanschaulichen Ebene fiel eindeutiger aus, in der seelsorgerlichen Praxis schwankte man.

Konrad Repgen fokussiert das Interesse auf das Jahr 1938, auf das Verhalten im Judenpogrom, das quasi als Schlüssel für die grundsätzliche Positionierung im Verhältnis Kirche – Juden dienen kann. Der Beitrag war, in der Reihe "Kirche und Gesellschaft" erstmals publiziert, für eine breitere Öffentlichkeit im Gedenkjahr 1988 bestimmt. Zusammen mit Klaus Gotto hat Konrad Repgen 1980 das Überblicksbändchen "Die Katholiken und das Dritte Reich" herausgegeben.[40] Innerhalb von zehn Jahren erlebte das Bändchen drei Auflagen.

Der Jesuit Ludwig Volk hat sich zur Thematik nicht nur durch die Herausgeberschaft der Akten der Deutschen Bischofskonferenz ausgewiesen, sondern auch als Biograph von Bischöfen aus der Zeit des "Dritten Reiches": so hat er etwa mit viel Einfühlsamkeit und Sympathie das Lebensbild des Berliner Bischofs Konrad Graf von Preysing entworfen. Für den vorliegenden Band ausgewählt wurde der Teil seines Beitrages zu "Nationalsozialistischer Kirchenkampf und deutscher Episkopat", der sich auf wichtige Punkte in der Kriegszeit bezieht: Kriegsausbruch, Euthanasie-Aktion, Klostersturm, "Endlösung" und die grundsätzliche Einschätzung von "Widerstand und Verfolgung" thematisiert.

Extensiv und intensiv wie nur wenige andere hat sich der Eichstätter Historiker Heinz Hürten mit der Geschichte der Katholiken in Deutschland in den letzten 100 Jahren befasst. In einem konzentrierten Überblick hat er die Erkenntnisse seiner Studien und seine Positionen präsentiert in dem Band "Deutsche Katholiken 1918 – 1945".[41] "Dabei hat er immer Wert auf ein eigenes Profil gelegt, das in der Auseinandersetzung mit seinem Forschungsobjekt kritischer gegenüberstehenden Positionen und Forschungen eine spürbare Loyalität gegenüber seiner konfessionellen Herkunft und Heimat erkennen ließ, die stets mit dem Willen zu solider historischer Arbeit verbunden war."[42] Die Streitpunkte zwischen der Kirche und dem nationalsozialistischen Staat werden im Aufsatz Hürtens gebündelt unter der Perspektive auf die Situation

---

[40] Klaus Gotto, Konrad Repgen (Hgg.) Die Katholiken und das Dritte Reich, Mainz 1980, ³1990.

[41] Heinz Hürten, Deutsche Katholiken 1918 - 1945, München/Wien/Zürich 1992.

[42] Jörg Haustein in seiner Rezension zu Hürten, Deutsche Katholiken, in: Theologische Literaturzeitung 121, 1996, 105 – 107; hier 105.

des einzelnen, der unter den Bedingungen des nationalsozialistischen Regimes lebte.

Pointiert und dezidiert fragt der Tübinger Kirchenhistoriker Joachim Köhler, der sich in zahlreichen Aufsätzen mit dem Breslauer Bischof Adolf Kardinal Bertram auseinandergesetzt hat, nach den Ursachen für die politische und strukturelle Unfähigkeit der Kirchen, Widerstand zu tragen. Er analysiert Denk- und Verhaltensmuster und Strukturen, die zu Blockaden werden konnten.

Exemplifiziert und für die Ebene der Theologie konkretisiert wird diese Frageperspektive in der Recherche von Lucia Scherzberg, die zwei führende Dogmatiker des 20. Jahrhunderts, Karl Adam und Michael Schmaus, in ihrem Anliegen, Kirche und Theologie zu reformieren, eine zeitgemäße Theologie zu treiben und in ihrer Begeisterung für den Nationalsozialismus untersucht.

Ein zweiter Bereich an Beiträgen weist, wiederum in Auswahl, auf die Entwicklung der Argumentation und des Umganges mit Schuld in Verlautbarungen der deutschen Bischöfe und des Papstes hin (Lydia Bendel-Maidl und Rainer Bendel) und dokumentiert zwei Verdichtungs- und Konkretionspunkte der Diskussion (E.W. Böckenförde und Rainer Ilgner zur jüngsten Debatte um die Zwangsarbeiter in katholischen Einrichtungen).

Der evangelische Kirchenhistoriker Gerhard Besier, der Klaus Scholders Forschungen zu den Kirchen im Dritten Reich weiter führt, setzt die in der neueren Literatur über Papst Pius XII. erhobenen Vorwürfe dem Vergleich mit dem Verhalten anderer Kirchen aus und schafft damit einen weiter ausgreifenden Beurteilungskontext als Goldhagen in seinem neuesten Werk "Die katholische Kirche und der Holocaust. Eine Untersuchung über Schuld und Sühne" (2002) Besier setzt sich im vorliegenden Beitrag eingehend mit der neuen Publikation Goldhagens auseinander, die in den Thesen und der Methodik "Hitlers willige Vollstrecker" fortsetzt.

Perspektiven und Prospektiven der Reflexionsebenen für zentrale Bereiche kirchlichen Lebens und für unterschiedliche Handlungsfelder bietet *der dritte Block der Beiträge*.

Johann Baptist Metz hat mit seinem Postulat einer zeitempfindlichen Theologie und mit der Berücksichtigung der politischen Dimension in der Theologie eine wichtige Basis geschaffen, Auschwitz als Zeichen der Zeit wahrnehmen zu lernen. Der vorliegende Beitrag ist ein Plädoyer dafür, daß die Ereignisse, die das Antlitz des 20. Jahrhunderts geprägt haben, als solche von der Kirche wahrgenommen und in ihren Konsequenzen bedacht werden. Metz will den apathischen, antlitzlosen Geschichtsidealismus verabschieden. Der Kreuzesschrei Jesu müsse wieder hörbar werden, die Erinnerung an Auschwitz müsse uns in unserem Christsein verändern. Der anamnetische Geist des

Judentums kann uns davor bewahren, das Vergangene vergangen sein zu lassen. Für den Dialog zwischen Juden und Christen hat sich Metz schon sehr bald, leidenschaftlich und nachhaltig eingesetzt, das dokumentiert nicht zuletzt der entsprechende Passus in "Unsere Hoffnung", dem Grundsatzdokument der Synode der Bistümer Deutschlands, der hier ebenfalls abgedruckt wird.

Konkretionen dieser Forderungen formuliert der Tübinger Praktische Theologe Ottmar Fuchs in seinen Reflexionen zum Schuldbewußtsein als hermeneutischer Kategorie. Mit dem Hinweis auf Habermas' Feststellung und Forderung, daß auch der liberale Staat sich an die religiöse Herkunft seiner moralischen Grundlagen erinnern müsse und auf der Grundlage der Geschichtsreflexion Ricoeurs entwickelt er Konsequenzen des Schuldbewußtseins für das Wissenschaftsverständnis, für das Selbstverständnis und das Zueinander einzelner theologischer Disziplinen, vor allem der Kirchengeschichte und der Pastoral, und erörtert die Kirchengeschichte und die Theologie in ihrer gesamtgesellschaftlichen zukunftsträchtigen Relevanz.

Deutlich zeigen sich in diesen Beiträgen die Kontinuitäten und Differenzierungen in Fragestellung und Problembewußtsein von den Aufsätzen Pribillas und Rahners bis zur Gegenwart.

Die junge Generation in ihrem Verhältnis zur Schoah und in ihrer Erinnerungsfähigkeit thematisiert der Religionspädagoge Reinhold Boschki, der sich in seinen Arbeiten eingehend mit dem Werk Elie Wiesels auseinandergesetzt hat. Auch im vorliegenden Beitrag dienen Wiesels Positionen als ein Beispiel dafür, wie theologische Motive aus der Tradition aufgenommen und angesichts der Todeserfahrungen von Auschwitz gebrochen werden. Erinnerung wird zur Mitteilung, nicht zur Unterweisung, wo im Erinnerungsprozeß die Eigenaktivität des Individuums ernst genommen wird, wo die Adressaten der Erinnerung als eigenständig handelnde Subjekte ihres Geschichtsverständnisses wahrgenommen werden.

Grundlegende Konsequenzen aus Metz' Forderungen zieht der Münchener Religionspädagoge Stephan Leimgruber. Er weist auf die Tradition des jüdisch-christlichen Dialogprozesses seit 1947 und die daraus erwachsende Erneuerung des Religionsunterrichtes hin, er analysiert die Auswirkungen neuerer universitärer Dialog- und Kooperationsprozesse für katechetische Schriften und für die Lehrpläne. Anamnetische Religionspädagogik werde die Vergangenheit nicht verklären, sondern Impulse zur Umkehr und zur befreienden Veränderung geben.

Den Schwierigkeiten im Aufbau einer Kultur der Vergebung als einen spezifisch christlichen Auftrag in den gesamtgesellschaftlichen Herausforderungen der Gegenwart geht im abschließenden Beitrag die Fundamentaltheologin Lydia Bendel-Maidl nach. Sie analysiert die Bedingungen eines Erinnerns, das auf Vergebung hofft, und denkt Konsequenzen an, die mit Bitten um Vergebung verbunden sein müssen, sollen sie wirklich Zukunft eröffnen können.

I Eine Auswahl aus den Positionen bisheriger deutschsprachiger Forschung

Katholische Kirche im nationalsozialistischen Deutschland – Aktuelle Forschungsergebnisse, Kontroversen und Fragen

Christoph Kösters

Nach wie vor zählen der Nationalsozialismus und seine Zeit zu den herausragenden Themen deutscher und internationaler Zeitgeschichtsforschung. 70 Jahre nach dem Untergang der Weimarer Demokratie und dem Beginn der NS-Diktatur hat dies seinen Grund weniger in der zeitgeschichtlichen [1] als in der besonderen identitätsstiftenden Relevanz, die das Thema auch für das Selbstverständnis des wiedervereinigten Deutschland hat [2]. Was für die Zeitgeschichtsforschung im allgemeinen gilt, trifft auch im besonderen für die zeitgeschichtlich fragende Katholizismusforschung zu. Die historisch wie theologisch beispiellose "Reinigung des Gedächtnisses", die Papst Johannes Paul II. am 12. März des Heiligen Jahres 2000 in sieben Bitten um Vergebung für Schuld und Fehler der Kirche in den vergangenen 2000 Jahren Christentum vorgenommen hat, hat für die katholische Christenheit Holocaust-Gedenken und Besinnung auf eigenes Versagen in besonderer Weise unterstrichen [3].

---

[1] Hans Rothfels hat 1953 Zeitgeschichte als die "Epoche der Mitlebenden und ihre wissenschaftliche Behandlung" bestimmt. Vgl. Hans Rothfels, Zeitgeschichte als Aufgabe, in: Vierteljahrshefte für Zeitgeschichte 1 (1953), S. 1–8, hier S. 2.

[2] Vgl. beispielsweise Klaus Hildebrand, Art. "Nationalsozialismus", in: Staatslexikon, hrsg. v. der Görresgesellschaft, Bd. 3, 7., völlig neu bearb. Aufl., Freiburg i.Br. 1995 (Sonderausg.), 1275–1291.

[3] Vgl. Katholische Nachrichtenagentur, Dokumentation Nr. 8 v. 14. März 2000, S. 1–4. Vgl. auch die sich anschließenden Diskussionen: Konrad Repgen, Kirche, Schuld, Geschichte. Eine aktuelle Ortsbestimmung in: Die Neue Ordnung 53 (1999), S. 293–301 sowie die Erwiderung von Eberhard Schockenhoff, "Weshalb ein Schuldbekenntnis der Kirche Sinn hat", in: FAZ vom 20. Oktober 1999; ders., Weshalb ein Schuldbekenntnis der Kirche Sinn hat in: Freiburger Rundbrief N.F. 7 (2000), S. 109–111. Gerhard Ludwig Müller Hgg.), Erinnerung und Versöhnen. Die Kirche und die Verfehlungen in ihrer Vergangenheit, Einsiedeln 2000. Eine historische Einordnung bei Karl-Joseph Hummel, Der deutsche Katholizismus und die "Vergangenheitsbewältigung" nach 1945, in: Leonid Luks Hgg.), Das Christentum und die totalitären Herausforderungen des 20. Jahrhunderts. Rußland, Deutschland,

Die historische Auseinandersetzung mit der Rolle der katholischen Kirche im nationalsozialistischen Deutschland ist unter besonderen Vorzeichen zu sehen. Die kontroverse wissenschaftliche Diskussion ist oftmals unentwirrbar verknüpft mit öffentlichen gesellschafts- und geschichtspolitischen sowie innerkirchlichen Debatten und Standortbestimmungen, die eine notwendig sachliche Auseinandersetzung nicht immer erleichtern[4]. Das gilt auch und gerade für die schwierigen Fragen des Verhältnisses zu den Juden.

Eine nüchterne Bilanz ergibt zunächst folgendes Bild[5]: Seitdem in den sechziger Jahren damit begonnen wurde, die Diskussion auf ein breites und wissenschaftlich zuverlässiges Quellenfundament zu stellen, ist die Rolle der katholischen Kirche in der NS-Diktatur in ihren einzelnen Phasen und Schattierungen intensiv untersucht worden[6]. Die regionalen und alltagsgeschichtli-

---

Italien und Polen im Vergleich, Köln 2002, S. 269–295.

[4] Daß sich durch unterschiedliche fachspezifische Zugänge etwa der Politischen Theologie, der Kirchengeschichtsschreibung und der Zeitgeschichtsforschung Kontroversen ergeben, kann nicht überraschen. Erschwert wird der notwendige Diskurs allzu oft durch aggressive Ausdrucksweisen und Gedankenführungen, die nicht historische Wahrheitsklärung, sondern prozessuale Schuldzuweisungen zu verfolgen scheinen. Vgl. Karl Egon Lönne, Katholizismus-Forschung, in: Geschichte und Gesellschaft 26 (2000), S. 128–170. Andere als die eigenen Forschungen und Urteile beispielsweise a priori und pauschal einem Apologieverdacht zu unterwerfen, wie dies in der aktuellen Auseinandersetzung um die katholische Kirche und den Antisemitismus geschieht, trägt zum Erkenntnisgewinn wenig bei und spricht für sich. Vgl. Olaf Blaschke, Die Anatomie des katholischen Antisemitismus. Eine Einladung zum internationalen Vergleich, in: Ders./Aram Mattioli Hgg.), Katholischer Antisemitismus im 19. Jahrhundert. Ursachen und Traditionen im internationalen Vergleich, Zürich 2000, S. 3–54; Olaf Blaschke, Das "Pianische Jahrhundert" als Blütezeit des katholischen Antisemitismus (1846–1945) – und die Blüten katholischer Apologetik heute, in: Hans Erler/Ansgar Koschel Hgg.), Der Dialog zwischen Juden und Christen. Versuche des Gesprächs nach Auschwitz, Frankfurt a. M. 1999, S. 115–126; Daniel J. Goldhagen, What Would Jesus Have done? Pope Pius XII., the Catholic Church and the Holocaust, in: The New Republic Jan. 2002, S. 21–45.

[5] Vgl. Ulrich von Hehl, Kirche, Katholizismus und das nationalsozialistische Deutschland. Ein Forschungsüberblick, in: Dieter Albrecht Hgg.), Katholische Kirche im Dritten Reich. Eine Aufsatzsammlung, Mainz 1976, S. 219–263; ders., Kirche und Nationalsozialismus. Ein Forschungsbericht, in: Rottenburger Jahrbuch für Kirchengeschichte 2 (1983), S. 11–29; ders., Nationalsozialismus und Region. Bedeutung und Probleme einer regionalen und lokalen Erforschung des Dritten Reiches, in: Zeitschrift für Bayerische Landesgeschichte 56, 1993, S. 111–129. Vgl. auch Cornelia Rauh-Kühne, Katholisches Sozialmilieu, Region und Nationalsozialismus, in: Horst Möller/Andreas Wirsching/Walter Ziegler Hgg.), Nationalsozialismus und Region. Beiträge zur regionalen und lokalen Forschung und zum internationalen Vergleich, München 1996, S. 213–235; Jochen Christoph Kaiser, Forschungsaufgaben im Bereich der Kirchlichen Zeitgeschichte nach 1945, in: Mitteilung der Evangelischen Arbeitsgemeinschaft für Kirchliche Zeitgeschichte 20 (2002), S. 27–42.

[6] Vgl. die 800 nachgewiesenen Titel bei Michael Ruck, Bibliographie zum Nationalsozialismus, Bd. 1, Darmstadt 2000, S. 551–582, Bisher von der Forschung kaum rezipiert wurden die Actes et Documents du Saint Siège relatifs à la Seconde Guerre mondiale. Édités par

chen Brechungen des Bildes vom Kirchenkampf wurden durch zahlreiche Einzelstudien deutlich, die Anstöße des von Martin Broszat zwischen 1973 und 1983 durchgeführten Forschungsprojektes "Bayern in der NS-Zeit" aufnahmen. Sie bestätigten die von Broszat konstatierte "Resistenz einer mächtigen traditionellen katholischen ‚Struktur', ... in die der Nationalsozialismus zwar immer wieder einbrechen, die er im ganzen aber nicht auflösen konnte"[7]. Vor allem Heinz Hürten hat in diesem Zusammenhang auf die Bedeutung innerkirchlicher Aufbruchsbewegungen der zwanziger und dreißiger Jahre hingewiesen, die das kirchliche Selbstverständnis zu verändern begannen, zugleich aber auch einen weitreichenden, sogenannten "Verkirchlichungsprozeß" einleiteten[8].

Die Ergebnisse der politikgeschichtlich wie regional- und alltagsgeschichtlich fragenden Studien sind in übergreifende, freilich unterschiedlich akzentuierende bzw. wertende Synthesen eingeflossen, unter denen die Studien von Klaus Scholder/Gerhard Besier (1977/1985/2002) bzw. Heinz Hürten (1992) herausragen[9]. Die Antworten von Bischöfen, Klerus und Gläubigen auf die verschiedenen Phasen totalitären nationalsozialistischen Weltanschauungsanspruchs bewegten sich "zwischen Anpassung, Selbstbehauptung und Widerstand" (Ulrich von Hehl).

Die als Sozialgeschichte des nationalsozialistischen Herrschaftsalltags angelegten Pionierstudien des Bayernprojekts sowie im besonderen die Kritik Hürtens an einem verengten, ausschließlich auf katholische Denk- und Verhaltensweisen konzentrierten Blickwinkel verweisen auf die Notwendigkeit, die Erforschung des katholischen Milieus perspektivisch zu erweitern[10]. Um nicht zu verkürzten Ergebnissen zu führen, müssen die Befunde über die Resistenz der "katholischen Struktur" eingebunden werden in die Entwicklung der ge-

---

Pierre Blet/Robert A. Graham/Angelo Martini/Burkhart Schneider, 12. Bde., Città del Vaticano 1965 – 1981. Zur Auswertung vgl. jetzt Pierre Blet SJ, Papst Pius XII. und der Zweite Weltkrieg. Aus den Akten des Vatikan, Paderborn 2000.

[7] So Martin Broszat, Resistenz und Widerstand, in: Ders. u.a. (Hgg.), Bayern in der NS-Zeit, Bd. 4: Herrschaft und Gesellschaft im Konflikt, Teil C, München – Wien 1981, S. 691 – 709, hier S. 703.

[8] Vgl. Heinz Hürten, Geschichte des deutschen Katholizismus 1800 – 1960, Mainz 1986.

[9] Klaus Scholder, Die Kirchen und das Dritte Reich, Bd. 1: Vorgeschichte und Zeit der Illusionen, Bd. 2: Das Jahr der Ernüchterung. 1934. Barmen und Rom, Frankfurt a. Main 1986 (TB-Ausg.); fortges. v. Gerhard Besier, Die Kirchen und das Dritte Reich. Spaltungen und Abwehrkämpfe. 1934 – 1937, München 2001; Heinz Hürten, Deutsche Katholiken 1918 – 1945, Paderborn 1992. Zusammenfassend Ulrich von Hehl, Die Kirchen in der NS-Diktatur. Zwischen Anpassung, Selbstbehauptung und Widerstand, in: Karl Dietrich Bracher/Manfred Funke/Hans-Adolf Jacobsen (Hgg.); Deutschland 1933 – 1945. Neue Studien zur nationalsozialistischen Herrschaft, Bonn 1992, S. 153 – 181.

[10] "Das katholische Milieu war für den Katholiken nicht die Welt." H. Hürten (wie Anm. 9), S. 25.

samten nationalsozialistischen Gesellschaft. Das Gegenüber von katholischer Kirche und NS-Staat bekommt erst Konturen durch das Ineinander von beidem. Zu denken ist beispielsweise an mentalitätsgeschichtliche Untersuchungen zum nationalen Bewußtsein der Katholiken. Auch der heftige Widerspruch auf die These von einem dem katholischen Bewußtsein immanenten Antisemitismus offenbart Forschungsbedarf [11].

Eine solche gesamtgesellschaftliche Perspektive kann jedoch nicht absehen von einer "Sozial- und Mentalitätsgeschichte des Terrors" im allgemeinen und der aus dem Selbstverständnis der Täter resultierenden kirchenpolitischen Konzepte im besonderen [12]. Andernfalls droht man in eine "Modernisierungsfalle" zu geraten, die das Besondere des NS-Regimes und seines Kirchenkampfes zugunsten eines vermeintlich "katholischen" Antimodernismus aus den Augen verliert [13].

Die folgenden Ausführungen können nur einen gerafften Überblick über die gegenwärtig erreichten Ergebnisse, Kontroversen und offenen Fragen geben. Der erreichte Forschungsstand legt drei Querschnitte nahe: Kirche und NS-Staat (I.), Kirche und nationalsozialistische Gesellschaft (II.) und Interpretationen (III.)

Kirche, Staat und Nationalsozialismus

"Nationale Erhebung" und Reichskonkordat

Zu den zentralen Fragen im Staat-Kirche-Verhältnis der NS-Zeit zählt die nach dem Kurswechsel der katholischen Kirche im Sommer 1933. Für die Abkehr von einer Verurteilung der Nationalsozialisten und ihrer Ideologie und die Hinwendung zu einer bedingten Anerkennung der neuen Machthaber wird ein Bündel von Gründen angeführt: der lautlose Untergang des politischen Katholizismus, welcher von der Blendfassade der "nationalen Erhebung" überstrahlt

---

[11] Vgl. Benjamin Ziemann, Der deutsche Katholizismus im späten 19. und im 20. Jahrhundert. Forschungstendenzen auf dem Weg zu sozialgeschichtlicher Fundierung und Erweiterung, in: Archiv für Sozialgeschichte 40 (2000), S. 402–439, hier S. 412.

[12] Vgl. dazu Hans Maier, Totalitarismus und Politische Religionen. Konzepte eines Diktaturvergleichs, Paderborn 1996; ders./Michael Schäfer (Hgg.), Totalitarismus und Politische Religionen. Konzepte eines Diktaturvergleichs, Bd. 2, Paderborn 1997; aufschlußreich für die Religionspolitik des Sicherheitsdienstes ist Wolfgang Dierker, Himmlers Glaubenskrieger. Der Sicherheitsdienst der SS und seine Religionspolitik 1933–1941, Paderborn 2002.

[13] Darauf hat v.a. Rauh-Kühne hingewiesen. Vgl. Cornelia Rauh-Kühne, Anpassung und Widerstand? Kritische Bemerkungen zur Erforschung des katholischen Milieus, in: Detlef Schmiechen-Ackermann Hgg.), Soziale Milieus, Politische Kultur und der Widerstand gegen den Nationalsozialismus in Deutschland im regionalen Vergleich, Berlin 1997, S. 145–163, hier S. 156.

wurde [14], die staatspolitischen Ordnungsvorstellungen in Theologie und Kirche (Röm 13) oder – deutlich weitergehend – eine innere Affinität der Kirche zum autoritären Regime [15]. Eine Schlüsselfunktion nimmt zweifelsohne der Abschluß des Reichskonkordats ein. Mit ihm sind gleichermaßen das Schicksal des politischen Katholizismus, die Positionierung des deutschen Episkopats und des Vatikans, das Verhalten der Katholiken in Deutschland, aber auch die Kirchenpolitik Hitlers eng verknüpft.

Vor diesem Hintergrund kommt der Kontroverse, die der Bonner Historiker Konrad Repgen 1978/79 mit dem Tübinger evangelischen Kirchenhistoriker Klaus Scholder führte, besondere Bedeutung zu [16]: Die von Scholder vorgetragene Argumentation, es gebe einen engen Zusammenhang zwischen der Zustimmung des Zentrums zum Ermächtigungsgesetz am 23. März und der Konkordatsofferte, wies vor allem Rom eine entscheidende Verantwortung für das Ende des politischen Katholizismus und die Zerstörung der katholischen Resistenz gegen den Nationalsozialismus zu. Repgen hat demgegenüber gezeigt, daß ein solches Junktim in der vorhandenen Quellenüberlieferung keinen Halt findet. Infolgedessen lasse sich aus dem Konkordatsabschluß auch nicht der von Scholder implizierte Konsens des Vatikans mit der Hitler-Regierung herauslesen [17].

Damit ist nicht gesagt, daß der Konkordatsabschluß 1933 nicht zunächst half, Reserven gegen den neuen Staat abzubauen. Sowohl Episkopat als auch Laienkatholizismus erhofften sich nach den turbulenten Auseinandersetzungen des Frühjahrs von der Einigung des Sommers ein maßgebliches Zeichen für ein einvernehmliches Nebeneinander von Kirche und Staat. Die doppelte

---

[14] Zum Untergang des Zentrums immer noch maßgebend Rudolf Morsey, Der Untergang des politischen Katholizismus. Die Zentrumspartei zwischen christlichem Selbstverständnis und "Nationaler Erhebung" 1932/33, Stuttgart 1977.

[15] Erstmals bei Ernst Wolfgang Böckenförde, Der deutsche Katholizismus im Jahre 1933. Eine kritische Betrachtung, in: Hochland 53 (1960/61), S. 215–239. Aufgenommen worden ist die These u.a. von K. Scholder (wie Anm. 9).

[16] Vgl. dazu Konrad Repgen, Die vatikanischen Strategie beim Reichskonkordat (Lit.!) sowie ders.: Der Historiker und das Reichskonkordat. Eine Fallstudie über historische Logik, in: Konrad Repgen. Von der Reformation zur Gegenwart. Beiträge zu den Grundfragen der neuzeitlichen Geschichte, hg. v. Klaus Gotto/Hans Günter Hockerts, Paderborn 1988, S. 167–195 bzw. 196–213. Eine knappe Übersicht der Diskussion von Karl Otmar von Aretin, in: Klaus Scholder. Die Kirchen zwischen Republik und Gewaltherrschaft. Gesammelte Aufsätze, hg. v. Karl Otmar von Aretin u. Gerhard Besier, Berlin 1988, S. 171–174. Vgl. auch H. Hürten (wie Anm. 9), S. 185–187, 231–235.

[17] Dies kann nicht nachdrücklich genug betont werden, da allein die Übersetzung des Scholderschen Werkes ins Englische dazu führt, daß seine These ungeprüft in der amerikanischen Forschung übernommen wird, ohne die Ergebnisse der Kontroverse mit Repgen zu rezipieren. So zuletzt bei John Cornwell, Pius XII. Der Papst, der geschwiegen hat, München 1999, S. 171–173.

defensive Bedeutung des Konkordats – als teils hingenommene, teils erzwungene Beschränkung auf den religiös-kirchlichen Binnenraum [18] einerseits und als bleibender Referenzpunkt kirchlicher Gravamina andererseits – sollte sich erst zeigen, als Wortlaut und Vollzug der Vereinbarungen in den folgenden Jahren immer deutlicher auseinanderklafften.

Weniger die verhandlungspolitischen Hintergründe zum Reichskonkordat als vielmehr die an diesen Brennpunkt des Staat-Kirche-Verhältnisses anknüpfende grundsätzliche Frage nach der Bedeutung der Theologie für die staatspolitischen Ordnungsvorstellungen des Episkopats ist ein dringendes Desiderat. Zu denken ist hier etwa an den bislang noch überhaupt nicht untersuchten Einfluß, den Domkapitel und Theologieprofessoren als Berater ihrer Bischöfe ausübten [19].

Die Jahre des Kirchenkampfes 1934 – 1939

Die Jahre des Kirchenkampfes gehören zu den am intensivsten erforschten Abschnitten kirchlicher Zeitgeschichte [20]. Die Verurteilung des Meißener Bischofs Petrus Legge im Rahmen der Devisenprozesse 1935 sowie die Ausweisung des Rottenburger Bischofs Joannes Baptista Sproll 1938 bildeten nur die episkopale Spitze von zahllosen weltanschaulich wie kirchenpolitisch bedingten Zusammenstößen: Die Auseinandersetzungen um Alfred Rosenbergs Mythus des 20. Jahrhunderts (1934), das Verbot gleichzeitiger Mitgliedschaft in katholischen und nationalsozialistischen Organisationen (1934), Devisen- und Sittlichkeitsprozesse (1935; 1936/37), die staatspolizeilichen Maßnahmen gegen ein öffentliches Auftreten und schließlich das Verbot ka-

---

[18] H. Hürten (wie Anm. 9), S. 259 spricht mit Blick auf die vereinbarte Entpolitisierung von Klerus und Laienorganisationen sogar von einer "stillschweigende(n) Hinnahme der vom Nationalsozialismus erstrebten Beseitigung des pluralistischen Staates".

[19] Zur Bedeutung der Theologie vgl. die Hinweise bei Antonia Leugers, Gegen eine Mauer bischöflichen Schweigens. Der Ausschuß für Ordensangelegenheiten und seine Widerstandskonzeption 1941 – 1945, Frankfurt a. M. 1996. Joachim Maier, Von Gott reden in einer zerrissenen Welt. Beobachtungen zu einer 'Theologie' Clemens August Graf von Galens in seinen Predigten und Hirtenbriefen, in: Joachim Kuropka Hgg.), Clemens August Graf von Galen. Neue Forschungen zum Leben und Wirken des Bischofs von Münster, Münster 1992, S. 273 – 296. Lydia Bendel-Maidl, Thomanische Staatslehre. Barriere oder Hilfe in einem totalitären Staat? Ausgewählte Themen aus Peter Tischleders katholischer Staats- und Gesellschaftslehre, in: Hans-Jürgen Karp/Joachim Köhler (Hgg.), Katholische Kirche unter nationalsozialistischer und kommunistischer Diktatur. Deutschland und Polen 1939 – 1989, Köln 2001, S. 41 – 73.

[20] Im Unterschied zum Protestantismus, wo der Begriff eine eigene, zunächst v.a. innerkirchliche Geschichte hat, bezeichnet er katholischerseits ausschließlich den "sich aus dem totalitären Verfügungsanspruch des NS-Regimes ergebenden Kampf gegen die katholische Kirche und die ihr verbundenen Organisationen und Organe". U. v. Hehl (wie Anm. 9); S. 154.

tholischer (Jugend-)Organisationen (1934 – 1937/39), die regional gestaffelten Schulkämpfe (Ausschluß des Klerus vom Religionsunterricht 1935/37, Aufhebung der Bekenntnisschule 1936 – 1939, regionale Entfernung von Schulkreuzen 1937) und die weitestgehende Kontrolle der kirchlichen Presse drängten die katholische Kirche sukzessiv auf ein "Sakristeichristentum" zurück.

Diese protestierte bei den Regierungs- (und nicht Partei-)stellen mit gleichermaßen geschliffenen wie letztlich erfolglosen Eingaben gegen die als neuen Kulturkampf aufgefaßten Maßnahmen. Es blieb Papst Pius XI. vorbehalten, auf dem Höhepunkt der Auseinandersetzungen 1937 in einer deutschsprachigen Enzyklika ("Mit brennender Sorge") ein weltweit nicht zu überhörendes Zeichen öffentlicher Verurteilung nationalsozialistischer Rassenideologie und Kirchenfeindschaft zu setzen. Innerkirchlich wuchsen dadurch die Spannungen im Episkopat über den richtigen Kurs gegenüber dem Regime [21].

Über dessen Kirchen- und Religionspolitik fehlt bisher immer noch eine umfassende Gesamtstudie. Allerdings ermöglichen neue Quellenbestände, das bisher nur in seinen Umrissen erkennbare Bild über Selbstverständnis und Wirksamkeit der beteiligten Verwaltungs-, Polizei- und Sicherheitsbehörden (Reichskirchenministerium, Gestapo, SD) und die besondere Rolle Hitlers in diesem Kontext wesentlich zu ergänzen [22]: Verhandlungen mit den Kirchen, schikanöse Verwaltungspraxis, Verhaftungsaktionen und gewaltsame Zerschlagung kirchlicher Organisationen waren demnach das Resultat einer kirchenpolitischen Polykratie. Sie konnte sich deshalb entfalten, weil Hitler das Kirchenproblem nach mißlungenen Lösungsversuchen seinen machtpolitischen Opportunitätsinteressen unterordnete und vor einer endgültigen Ausschaltung der Kirchen zurückschreckte. Er verhinderte es allerdings nicht, daß die Überwachungs- und Sicherheitsorgane von Partei und Staat das Vakuum, das seine wenigen kirchenpolitischen Initiativen hinterließen, für ein weiteres, radikaleres Vorgehen gegen die Kirchen nutzten [23]. Mit dem Kampf gegen den "politischen Katholizismus" von politisierter Verwaltung, Justiz und Gestapo

---

[21] Zu den Einzelheiten vgl. zusammenfassend H. Hürten und G. Besier (wie Anm. 9).

[22] Zum folgenden vgl. die Pionierstudie von Wolfgang Dierker (wie Anm. 12) sowie die organisationsgeschichtliche Untersuchung von Heike Kreutzer, Das Reichskirchenministerium im Gefüge der nationalsozialistischen Herrschaft, Düsseldorf 2000. Vgl. auch die älteren kirchenpolitischen Arbeiten von John S. Conway, Die nationalsozialistische Kirchenpolitik. Ihre Ziele, Widersprüche und Fehlschläge, München 1969 und von Hans Günter Hockerts, Die Sittlichkeitsprozesse gegen katholische Ordensangehörige und Priester 1936/1937. Eine Studie über nationalsozialistische Herrschaftstechnik und zum Kirchenkampf, Mainz 1971; ders., Die Goebbels-Tagebücher 1932 – 1941. Eine neue Hauptquelle zur Erforschung der nationalsozialistischen Kirchenpolitik. in: Politik und Konfession. Festschrift für Konrad Repgen, hg. v. Dieter Albrecht u.a., Berlin 1983, S. 359 – 392.

[23] Zu Hitlers "kirchenpolitischem Experiment" des Jahres 1936 vgl. H. G. Hockerts, Goebbels-Tagebücher (wie Anm. 22).

konkurrierte der "Kampf der Geister und der Weltanschauungen"[24], wie ihn der Sicherheitsdienst vorantrieb. Zwar gewann der auf Vernichtung v.a. der katholischen Kirche zielende Kurs von "Himmlers Glaubenskriegern" (Wolfgang Dierker) zunehmend die Oberhand über die auf eine sogenannte "Entkonfessionalisierung des öffentlichen Lebens" gerichteten Maßnahmen von Regierungs- und Polizeistellen. Moderierende Versuche des Reichskirchenministers waren in diesem Spannungsgefüge von vornherein Makulatur.

Die "Endlösung der Kirchenfrage" verschob man auf die Zeit nach einem erfolgreich bestandenen Krieg. Gleichwohl werden weitere Forschungen ihr Augenmerk auf die Frage richten müssen, inwieweit die kirchenpolitische Doppelstrategie aus repressiver Nadelstichpolitik und taktischer Zurückhaltung in den Kriegsjahren eine neuerliche Radikalisierung erfuhr.

Menschenrechte: "Lebensunwertes" Leben, katholische "Nichtarier", Widerstandskreise

Die Erkenntnisse darüber, wie sich vor allem der deutsche Episkopat im Schatten dieses "falschen Burgfriedens" (Heinz Hürten) verhielt, haben sich in den letzten Jahren verdichtet. Lange Zeit standen vor allem die Kanzelproteste des münsterischen Bischofs von Galen gegen den "Klostersturm" und die "Euthanasie" im Zentrum. Mittlerweile hat die Forschung theologisches Selbstverständnis, innerkirchliche Machtverhältnisse und Blockaden, Kommunikationsformen sowie den Arbeitsstil des deutschen Episkopats untersucht und auf diese Weise auch die Hintergründe des in seiner Art und politischen Bedeutung singulären Galen-Protests ausgeleuchtet[25]. Bis zum Bewußtsein einer kirchlichen Anwaltschaft für allgemeine menschliche Rechte und Würde war es ein ausgesprochen beschwerlicher Weg, der die Fuldaer Bischofskonferenzen an den Rand der Spaltung brachte. Im Hirtenbrief über die "zehn Gebote als Lebensgesetz der Völker" kam der erreichte Konsens im September 1943 endlich öffentlich zum Ausdruck.

Abseits des öffentlichen Protests autorisierten und deckten die Bischöfe von Berlin (von Preysing), Breslau (Bertram), Wien (Innitzer) und Freiburg (Gröber) kleine, bis auf die Wiener Ausnahme von Frauen initiierte Hilfsorganisationen für die sogenannten "katholischen Nicharier". Zwar ist die institutionalisierte kirchliche Hilfe mittlerweile in großen Zügen erkennbar, das Schicksal dieser aus rassischen Gründen verfolgten "nicht-arischen" Katholiken selbst ist bislang von der historischen Forschung schlicht ignoriert wor-

---

[24] W. Dierker (wie Anm. 12), S. 210.
[25] Vgl. A. Leugers (wie Anm. 15); Konrad Repgen, Die deutschen Bischöfe und der Zweite Weltkrieg, in: Historisches Jahrbuch 115 (1995), S. 410–452.

den[26]. Eine umfassende Untersuchung der damals wie offenbar noch heute "zwischen allen Stühlen" sitzenden Gruppe verspräche Aufschlüsse nicht nur über Art und Umfang dieser vorbehaltlosen, keineswegs nur auf Katholiken gerichtete kirchlichen Hilfe, sondern auch über Netzwerke der verschiedenen Hilfsorganisationen und deren Funktionsmechanismen[27].

Aktiver politischer Widerstand, insofern er auf den Sturz des Regimes zielte, blieb ebenso einem kleinen Kreis von wenigen Katholiken vorbehalten. Eine katholische Widerstandsbewegung gab es nicht, doch lassen die neueren Forschungen zu verschiedenen Oppositionszirkeln erkennen, wie sehr Katholiken die Vorstellungen von einem anderen Deutschland mitprägten. Das gilt insbesondere für den Kreisauer Kreis, aber auch für den wiederentdeckten Harnier-Kreis und die "Weiße Rose"[28]. In das konspirative Netzwerk des Kreisauer Kreises waren auch einzelne deutsche Bischöfe durch den nach dem sogenannten "Klostersturm" 1941 eingerichteten Ausschuß für Ordensangelegenheiten eingebunden, was wiederum auf die kirchenpolitischen Diskussionen innerhalb des Episkopats zurückwirkte[29].

Faßt man die Ergebnisse aus vierzig Jahren historisch-kritischer Forschung

---

[26] Vgl. Hans-Josef Wollasch, "Betrifft Nachrichtenzentrale des Erzbischofs Gröber in Freiburg", Konstanz 1999; Heinrich Herzfeld, Dienst am höheren Gesetz. Dr. Margarete Sommer und das "Hilfswerk beim Bischöflichen Ordinariat Berlin", Berlin 2000; Jana Leichsenring, Gabriele Gräfin Magnis: Sonderbeauftragte Kardinal Bertrams für die Betreuung der katholischen "Nichtarier" Oberschlesiens. Auftrag, Grenzüberschreitung, Widerstand? Stuttgart 2000; autobiographisch Ludger Born SJ, Die erzbischöfliche Hilfsstelle für "nichtarische" Katholiken in Wien, Wien 1978. Eine Übersicht über die institutionalisierte Hilfstätigkeit der katholischen Kirche bietet Lutz-Eugen Reutters, Katholische Kirche als Fluchthelfer im Dritten Reich. Die Betreuung von Auswanderern durch den St. Raphaels-Verein, Hamburg-Recklinghausen 1971. Zur evangelischen Kirche vgl. Ursula Büttner/Martin Greschat: Die verlassenen Kinder der Kirche. Der Umgang mit Christen jüdischer Herkunft im "Dritten Reich", Göttingen 1998.

[27] Jana Leichsenring geht im Rahmen einer Dissertation über das Berliner Hilfswerk für katholische Nichtarier solchen und ähnlichen Aspekten nach.

[28] Vgl. A. Leugers (wie Anm. 15); Michael Pope, Alfred Delp S.J. im Kreisauer Kreis. Die rechts- und sozialphilosophischen Grundlagen in seinen Konzeptionen für eine Neuordnung Deutschlands, Mainz 1994; Vera Bücker, Der Kölner Kreis und seine Konzeption für ein Deutschland nach Hitler, in: Historisch-politische Mitteilungen 2 (1995), S. 49–82; Frank Schindler, Paulus van Husen im Kreisauer Kreis: verfassungsrechtliche und verfassungspolitische Beiträge zu den Plänen der Kreisauer für einen Neuaufbau Deutschlands, Paderborn 1996; Christina M. Förster, Der Harnier-Kreis. Wiederstand gegen den Nationalsozialismus in Bayern, Paderborn 1996; Roman Bleistein, Augustinus Rösch. Leben im Widerstand. Biographie und Dokumente, Frankfurt 1998. Michaela Ellmann, Hans Lukaschek im Kreisauer Kreis: verfassungsrechtliche und verfassungspolitische Beiträge zu den Plänen des Kreisauer Kreises für einen Neuaufbau Deutschlands, Paderborn 2000; Barbara Schüler, "Im Geiste der Gemordeten ... ": die "Weiße Rose" und ihre Wirkung in der Nachkriegszeit, Paderborn 2000.

[29] Vgl. ausführlich A. Leugers (wie Anm. 15).

zum Spannungsverhältnis zwischen Kirche und NS-Regime zusammen, so ergibt sich ein eindeutiges Bild kirchlich-katholischer Selbstbehauptung und – partiell öffentlich geäußertem – Dissens gegenüber dem totalitären Weltanschauungsanspruch von Partei und Diktatur. Für die meisten Gläubigen und Bischöfe stand dies nicht im Widerspruch zu einer Loyalität gegenüber dem Staat als politischer Ordnungsmacht. Kirche und christlicher Glaube konnten allerdings ebenso Fundament sein für unkonventionelle Hilfen für Verfolgte und politischen Widerstand.

Kirche in nationalsozialistischer Gesellschaft

Katholisches Milieu

Der Begriff des "katholischen Milieus" zählt mittlerweile in zeitgeschichtlichen Studien zum Standard. In der Tat erweist sich der mit diesem Begriff verbundene methodische Zugang als ein wichtiger Schlüssel, wenn er denn nicht nur zum Stereotyp erstarrt, sondern genutzt wird, um die Geschichte von Kirche und Katholiken in ihren Reaktionen und Anpassungsversuchen an die Moderne des 19. und 20. Jahrhunderts gleichermaßen zu beschreiben wie zu analysieren. Politische, kulturelle, soziale und religiöse Langzeitprozesse werden als Ganzes, in ihren Wechselbeziehungen untereinander und zur modernen Gesellschaft in den Blick genommen und erklärt: der allen Katholiken gemeinsame, in hohem Maße auch gelebte, aber doch keineswegs exklusive religiös-kirchliche Kosmos, die Adaption und Umsetzung moderner Organisationsstrukturen, die Politisierung des Katholizismus, Anspruch und Bedeutung der strengkirchlichen Hierarchie, zumal gegenüber laikalem Selbstbewußtsein, und die regional unterschiedlich ausgeprägte, relative konfessionelle Abschottung gegenüber anderen religiösen Gruppen und sozialen Milieus [30].

Studien, die die NS-Zeit behandeln, zeigen deutlich, daß das geschlossene katholische Milieu quer zur politisch-sozialen Praxis der Nationalsozialisten lag, bestehende ständische und konfessionelle Traditionen und Normen aufzulösen. Das kirchlich-religiöse Resistenzpotential gegen eine letztlich auf totalitäre Durchdringung von Staat und Gesellschaft zielende Dynamisierung und Egalisierung sozialer und wirtschaftlicher Prozesse erschöpfte sich jedoch keineswegs nur in einem vermeintlich traditionellen, dem katholischen Ghetto eigenen Antimodernismus [31]. Die meßbaren kirchenstatistischen Entwick-

---

[30] Zum Forschungsstand Johannes Horstmann/Antonius Liedhegener (Hgg.), Konfession, Milieu und Moderne. Konzeptionelle Positionen und Kontroversen zur Geschichte von Katholizismus und Kirche im 19. und 20. Jahrhundert, Schwerte 2001; Benjamin Ziemann (wie Anm. 11).

[31] Daß die Modernisierungsprozesse im Dritten Reich nicht von ihrem politischen

lungen verweisen vielmehr auf einen innerkirchlichen, identitätsverändernden Paradigmenwechsel bei Teilen des Klerus und der Jugend [32].

Solche religiös begründete und Wandlungen unterworfene Resistenz des katholischen Milieus ist mittlerweile breit belegt. Gleichwohl wird man dieses Bild nicht für das Ganze halten dürfen [33]. Neben den "vielen kleinen Formen des zivilen Mutes" (Martin Broszat) im katholischen Milieu gab es auch die "vielen kleinen und größeren Kompromisse" (Thomas Fandel), Konsens und Resistenz lagen im lokalen Alltag der Katholiken eng beieinander [34]. Es gab katholische Sympathien für den NS-Staat, v.a. in den Phasen nationaler Euphorie 1933, 1938 und 1940, es gab Katholiken, die Spitzeldienste leisteten, und es gab eine Minderheit "brauner Priester" und Sympathisanten [35]. Für sich genommen sind diese Gesichtspunkte bislang unterbelichtet und bedürfen weiterer Nachforschungen.

Im Blick auf das katholische Milieu im nationalsozialistischen Deutschland ist ebenso wie nach Abgrenzungen auch nach sozial- und mentalitätsgeschichtlichen Verschränkungen und ihrer Bedeutung zu fragen. Dem lebensbeeinflussenden religiös-kirchlichen Kosmos der Katholiken stand beispielsweise deren national-patriotische Gesinnung keineswegs entgegen [36]; Resistenz gegenüber dem Nationalsozialismus war auch nicht gleichbedeutend mit einem demokratischen Bewußtsein [37]; umgekehrt erlaubt ein katholischer Antibolschewismus keinen direkten Rückschluß auf Sympathien für den Nationalsozialismus. Besonders umstritten ist die Relevanz des Antisemitismus bei Katholiken und ihrer Kirche.

Schließlich ist aus der Feststellung, daß die deutsche Gesellschaft zwischen Kaiserreich und Bundesrepublik sozial wie konfessionell segmentiert

---

Entstehungs- und Wirkungszusammenhang losgelöst betrachtet werden dürfen, darauf hat jüngst Hans-Ulrich Thamer nachdrücklich hingewiesen. Vgl. Hans Ulrich Thamer, Der Nationalsozialismus, Stuttgart 2002, S. 420, 429.

[32] Gegen Thomas Breuer, Verordneter Wandel? Der Widerstreit zwischen nationalsozialistischem Herrschaftsanspruch und traditioneller Lebenswelt im Erzbistum Bamberg, Mainz 1992. Vgl. aber auch B. Ziemann (wie Anm. 11), S. 413.

[33] Vgl. H. Hürten (wie Anm. 9), S. 271; ebenso C. Rauh-Kühne (wie Anm. 5), S. 217.

[34] Vgl. C. Rauh-Kühne (wie Anm. 5), S. 216 f.

[35] Vgl. W. Dierker (wie Anm. 12); Thomas Fandel, Konfession und Nationalsozialismus. Evangelische und katholische Pfarrer in der Pfalz 1930–1939, Paderborn 1997; Lucia Scherzberg, Kirchenreform mit Hilfe des Nationalsozialismus. Karl Adam als kontextueller Theologe, Darmstadt 2001; Kevin Spicer, Gespaltene Loyalität: Braune Priester im Dritten Reich, in: Historisches Jahrbuch 122 (2002) (im Druck).

[36] Barbara Stambolis, Nationalisierung trotz Ultramontanisierung oder "Alles für Deutschland. Deutschland aber für Christus". Mentalitätsleitende Wertorientierung deutscher Katholiken im 19. und 20. Jahrhundert, in: Historische Zeitschrift 269 (1999), S. 57–97.

[37] Vgl. Vera Bücker, Die KAB-Zeitung und das Dritte Reich, in: Kirchliche Zeitgeschichte 14 (2001), S. 175–196.

war, kaum einmal der naheliegende Schluß gezogen worden, die wechselseitige Wahrnehmung konkurrierender Milieus zu untersuchen. Dies überrascht auch deshalb, weil sich aus solchen vergleichenden Untersuchungen ergibt, wie begründet oder irrational die Abschottung des eigenen Milieus war[38]. Überdies ließe sich erhellen, daß das Motiv solcher Abgrenzung vermutlich weniger in einem "Milieuegoismus"[39] zu suchen ist. Vielmehr spielen tief verwurzelte, mentale Verhaltensdispositionen gegenüber den "fremden anderen" eine wichtige Rolle, welche im Falle der Juden religiös, im Falle der Kommunisten weltanschaulich und im Falle der Protestanten konfessionell überlagert sind.

Die "anderen": Juden, Kommunisten, Protestanten

Die Frage, wie die Juden aus der Perspektive des katholischen Milieus wahrgenommen wurden, war und ist Gegenstand intensiver Forschungen und heftiger Kontroversen. Angesichts des Grauens des Völkermordes an den Juden besitzt die Auseinandersetzung zweifellos eine besondere, geschichtspolitische Virulenz[40]. Die teilweise heftige Polemik ist aber dem Gegenstand der Debatte unangemessen[41].

Bezogen auf Judentum als Religion hat Konrad Repgen resümiert, die Katholiken seien "weder prinzipiell judenfreundlich noch -feindlich, sondern prinzipiell nicht-judenfeindlich gewesen" und hat damit auch die Gleichzeitigkeit von alltäglichem Nebeneinander und religiöser Distanz zusammengefaßt[42]. Daß Katholiken und ihre Kirche darüber hinaus seit dem 19. Jahrhundert zwar den rassisch begründeten Antisemitismus allgemein verwarfen, zugleich aber antisemitische Stereotype auf den zeitgenössischen – durchaus katholikenfeindlichen – (Wirtschafts-)liberalismus übertrugen, haben Rudolf Lill

---

[38] Vgl. Cornelia Rauh-Kühne, Katholisches Milieu und Kleinstadtgesellschaft Ettlingen 1918–1939, Sigmaringen 1991.

[39] Der von Olaf Blaschke im Anschluß an Mallmann/Paul für das katholische Milieu verwandte Begriff ist nicht nur wegen der deutlich moralischen Konnotation für die historische Analyse wenig brauchbar. Vgl. Olaf Blaschke, Die "Reichspogromnacht" und die Haltung von katholischer Bevölkerung und Kirche. Mentalitätsgeschichte als Schlüssel zu einem neuen Verständnis, in: Zeitschrift für Religions- und Geistesgeschichte 52 (2000), S. 47–74, hier S. 53.

[40] Hier ist nicht von theologischen Positionierungen zu sprechen. Dazu Jürgen Manemann, "Weil es nicht nur Geschichte ist" (Hilde Sherman). Die Begründung der Notwendigkeit einer fragmentarischen Historiographie des Nationalsozialismus aus politisch-theologischer Sicht, Münster 1995.

[41] Vgl. die holzschnittartigen Ausführungen O. Blaschkes und D. J. Goldhagens (wie Anm. 4).

[42] Vgl. Konrad Repgen, 1938 – Judenpogrom und katholischer Kirchenkampf, in: Günter Brakelmann/Martin Rosowski Hgg.), Antisemitismus. Von religiöser Judenfeindschaft zur Rassenideologie, Göttingen 1989, S. 112–146, 125.

1970 und zuletzt Urs Altermatt in einer sogenannten "Ambivalenzthese" zu fassen versucht: Die Ablehnung des rassischen Antisemitismus ging einher mit einem an den mental tief verankerten Antijudaismus partiell anschließenden, soziostrukturellen Antisemitismus [43].

Dem hat Olaf Blaschke widersprochen [44]. Er schlägt vor, von einem "doppelten Antisemitismus" zu sprechen, von dem der eine schlecht und verboten, der andere gut und erlaubt gewesen sei. Das knüpft zwar in der Sache an die Befunde der Ambivalenzthese an, bewertet sie aber gänzlich anders. Der doppelte Antisemitismus sei konstitutiver Bestandteil des katholischen Milieus gewesen. Die Katholiken seien antisemitisch gewesen, nicht obwohl, sondern weil sie Christen waren [45]. Dieser gedanklichen Zuspitzung zu einem "katholischen Antisemitismus" ist kritisch entgegengehalten worden, daß der Deutungshorizont des katholischen Milieus keineswegs absolut abgeschlossen war und deshalb die von Blaschke angestellten Überlegungen lediglich für einen Teil des katholischen Milieus zuträfen [46]. Dem scheinen auch Blaschkes eigene statistische Erhebungen eher zu entsprechen: Die von ihm etwa für die Historisch-Politischen Blätter von 1838 bis 1919 und die Stimmen aus Maria Laach von 1871 bis 1919 insgesamt nachgewiesenen 604 bzw. 197 Seiten antisemitischen Inhalts machen jeweils deutlich weniger als 1% der Gesamtseitenzahl dieser Zeitschriftenjahrgänge aus [47].

Jenseits der Frage nach der statistischen Relevanz der im übrigen in ihrer qualitativen Aussageabsicht von Blaschke gänzlich gleich gewichteten antisemitischen Artikel wäre es auch aufschlußreich zu erfahren, in welchem Verhältnis diese Befunde zu Artikeln stehen, die sich von antisemitischen Argu-

---

[43] Vgl. Rudolf Lill, Die deutschen Katholiken und die Juden in der Zeit von 1850 bis zur Machtübernahme Hitlers, in: Karl Heinrich Rengstorf/Siegfried Kortzfleisch (Hgg.), Kirche und Synagoge. Handbuch zur Geschichte von Christen und Juden. Darstellung mit Quellen, Stuttgart 1970, S. 370–420; Urs Altermatt, Katholizismus und Antisemitismus: Mentalitäten, Kontinuitäten, Ambivalenzen. Zur Kulturgeschichte der Schweiz 1918–1945, Frauenfeld 1999; außerdem Wilhelm Damberg, Katholiken, Antisemitismus und Ökumene, in: Joachim Kuropka Hgg.), Clemens August Graf von Galen. Menschenrechte, Widerstand, Euthanasie, Neubeginn, Münster 1998, S. 53–70.

[44] Vgl. Olaf Blaschke, Katholizismus und Antisemitismus im Kaiserreich, Göttingen 1997, S. 70–106.

[45] Vgl. O. Blaschke (wie Anm. 39), S. 71.

[46] Zur Kontroverse zwischen Altermatt und Blaschke vgl. Katholizismus und Antisemitismus. Eine Kontroverse, in: Schweizerische Zeitschrift für Geschichte 50 (2000), S. 204–236; Gisela Fleckenstein/Christian Schmidtmann, Katholischer Antisemitismus im europäischen Vergleich. Die Generaldebatte der 14. Tagung des Schwerter Arbeitskreises Katholizismusforschung am 25. November 2000 in Dortmund, in: Zeitschrift für Geschichtswissenschaft 49 (2001), S. 244 ff.

[47] Die Seitenzahl eines Jahrgangsbandes der Historisch-Politischen Blätter betrug durchschnittlich 950, die der Stimmen aus Maria Laach durchschnittlich 580 Seiten.

mentationsmustern distanzieren. Die bislang vorliegenden, von Blaschke allerdings als "apologetisch" zurückgewiesenen Forschungsergebnisse belegen eher ein ambivalentes Verhältnis der Katholiken zu den Juden[48]. Die Formulierung vom "katholischen Antisemitismus" anstatt von einem "Antisemitismus der Katholiken" verdeckt und verwischt die Differenzen und Eigenheiten im katholischen Milieu eher als daß es sie zu erklären vermag. Schließlich sind auch Zweifel angebracht, ob die bisher nicht nachgewiesene bruchlose Kontinuität eines "katholischen Antisemitismus" zwischen 1871 und 1945 aufrecht erhalten werden kann[49]: Weder in der Weimarer Republik noch in den ersten Jahren der NS-Herrschaft spielten die Juden in der Wahrnehmung der katholischen Kirche offenbar eine herausragende Rolle. Erst mit der schubweise sich steigernden nationalsozialistischen Verfolgung der Juden, die in der Pogromnacht 1938 vorläufig kulminierte, sowie mit der damit einhergehenden Drangsalierung der seit den Nürnberger Gesetzen als Juden geltenden und damit rassisch verfolgten katholischen Nichtarier setzte zumindest in der Kirchenführung ein Nachdenken ein.

Der Zusammenhang von katholischem Milieu und Antisemitismus wird damit nicht relativiert. Aber die Erklärungskraft ist nicht in einem "katholischen, doppelten Antisemitismus" zu suchen als vielmehr in den vielen Grauschattierungen getrübter, teilweise gänzlich verstellter Wahrnehmung der jüdischen Lebensschicksale; von der Ausnahme familiärer Verbindungen zwischen Christen und Juden abgesehen, war und blieb man einander fremd[50]. Es gehört zu den Paradoxien der NS-Zeit, daß die von den Nationalsozialisten angestrebten Planierungen von Milieus die wechselseitigen Abgrenzungen keineswegs abbaute[51]. Andererseits ist offenkundig, daß dies eine persönliche wie institutionelle Hilfe für rassisch Verfolgte und Juden keineswegs ausschloß.

Das vermeintliche, oft a priori mit dem Schuldvorwurf verbundene "Schweigen" der deutschen Bischöfe und des Papstes Pius' XII., das nament-

---

[48] Vgl. dazu die Befunde, die bisher zur Zentrumspresse erhoben wurden: Walter Hannot, Die Judenfrage in der katholischen Tagespresse Deutschlands und Österreichs 1923–1933, Mainz 1990; Uwe Mazura, Zentrumspartei und Judenfrage 1870/71–1933. Verfassungsstaat und Minderheitenschutz, Mainz 1994.

[49] O. Blaschke (wie Anm. 39), S. 69; ders., Tausend Jahre Bistum Breslau – Tausend Jahre Judenfeindschaft. Antijudaismus und moderner Antisemitismus im Katholizismus, in: Joachim Köhler/Rainer Bendel (Hgg.), Geschichte des christlichen Lebens im schlesischen Raum, Bd. 2, S. 671–698.

[50] Vgl. Till v. Rahden, Juden und andere Breslauer. Die Beziehungen zwischen Juden, Protestanten und Katholiken in einer deutschen Großstadt von 1860 bis 1925, Göttingen 2000.

[51] Vgl. die bei W. Damberg (wie Anm. 43) analysierte, unmittelbar vor der Pogromnacht durch den Bischof von Münster verbreitete Schrift "Die Nathanaelfrage". Diese verstärkte Unsicherheit darüber, wie man sich den "Anderen" gegenüber zu verhalten habe, als "Milieuegoismus" zu deuten, greift allerdings erkennbar zu kurz. Gegen O. Blaschke (wie Anm. 39), S. 60 f.

lich Rolf Hochhuth ebenso beredt wie öffentlichkeitswirksam behauptet hat, kann von diesen sozialen und mentalen Zusammenhängen nicht losgelöst betrachtet werden. Ebenso wenig dürfen jedoch die kirchenpolitischen Rahmenbedingungen und Handlungsspielräume der Kirchenführer ausgeblendet werden. Ansonsten gerät die historische Analyse in eine vom Faktischen losgelöste Historienfalle [52].

Die vor allem in den USA geführte, heftige Kontroverse über Papst Pius XII. kann und braucht an dieser Stelle nicht nachgezeichnet zu werden [53]. In jedem Fall ist der Historiker verwiesen auf die überlieferten schriftlichen und ggf. mündlichen Quellen. Verwundern muß deshalb die Vielzahl neuer Studien [54], obwohl seit der bereits 1981 abgeschlossenen, monumentalen Edition vatikanischer Akten keine wesentlich neuen Provenienzen erschlossen und ausgewertet wurden [55]. Ergänzende, zusätzliche und neue Aufschlüsse darf man möglicherweise erwarten, wenn ab dem kommenden Jahr 2003 die Akten Pacellis aus seiner Zeit als Nuntius in Deutschland und anschließend als Kardinalstaatssekretär, d.h. als rechte Hand Pius XI., in Rom für die historische Forschung zugänglich werden [56]. Daß die gegenwärtig so heftig geführten Kontroversen über Pius XII. und den Holocaust damit ein Ende fänden, steht allerdings nicht zu erwarten.

Zwischen Sozialisten bzw. Kommunisten einerseits und Katholiken andererseits war die wechselseitige Abgrenzung nicht religiös, sondern weltanschaulich zementiert. Es prallten zwei in ihrer Milieukonstitution ähnliche, in ihrer Weltanschauung aber geradezu konträre Positionen aufeinander. Daß die katholische Kirche dem gottlosen Sozialismus und Kommunismus noch weitaus ablehnender gegenüberstand als den religiös "anderen" und liberalen

---

[52] Vgl. Thomas Brechenmacher, Der Dichter als Fallensteller. Hochhuths Stellvertreter und die Ohnmacht des Faktischen – Versuch über die Mechanismen einer Geschichtsdebatte, in: Michael Wolffsohn/Thomas Brechenmacher (Hgg.), Geschichte als Falle. Deutschland und die jüdische Welt, Neuried 2001, S. 217–257.

[53] Vgl. D. J. Goldhagen (wie Anm. 4) und die Erwiderung Ronald J. Rychlaks, Goldhagen v. Pius XII, in: First Things Nr. 124, June/July 2002, S. 37–59. Einen ausgezeichneten Überblick bietet José M. Sanchez, Pius XII. und der Holocaust. Anatomie einer Debatte, Paderborn 2002. Sanchez konnte das für Herbst 2002 beim Siedler-Verlag angekündigte Buch von Daniel Goldhagen über Pius XII., den Holocaust und die Schuld der katholischen Kirche nicht mehr berücksichtigen. Ob Goldhagens Monographie über den Status einer polemischen Kampfschrift hinausgelangt und einen substantiellen historiographischen und theologischen Beitrag zur gegenwärtigen Diskussion zu leisten vermag, darf nach dem bislang vorliegenden Aufsatz mit gutem Grund stark bezweifelt werden. Vgl. Daniel J. Goldhagen, Die katholische Kirche und der Holocaust. Eine Untersuchung über Schuld und Sühne, Berlin 2002.

[54] Vorrangig erscheinen die Studien in den USA.

[55] Vgl. Actes et Documents (wie Anm. 6).

[56] Vgl. Katholische Nachrichtenagentur v. 16. Februar 2002.

Juden, ist bekannt. Trotz sozialpolitischer Schnittmengen gab es keine wirkliche Brücke. Die grundsätzliche Frontstellung, die ihre Ursprünge im 19. Jahrhundert hatte, blieb auch von politischen Koalitionen des Zentrums mit der Sozialdemokratie in der Weimarer Republik unberührt. Katholische Arbeiter beispielsweise, die zu Beginn der dreißiger Jahre vermehrt dazu tendierten, politisch für die KPD zu votieren, waren nicht mehr in das Milieu integriert[57].

Hinreichend untersucht ist dieses gesamte Spannungsverhältnis bisher keineswegs[58]. Solche Studien könnten zeigen, warum kirchliche Proteste gegen die brutale Verfolgung der "weltanschaulich anderen", denen man ohnehin mit einer unterschwelligen Furcht vor dem Bolschewismus gegenüberstand, ausblieben und eine Annäherung unter dem Druck nationalsozialistischer Verfolgung die Ausnahme war[59].

Und die Protestanten? Soziale, ökonomische und kulturelle Inferiorität der Katholiken kennzeichneten zutiefst die gegenseitige Wahrnehmung. Aus ihr resultierten die konfessionellen, oft von Polemik gekennzeichneten Vorurteile. Mit Blick auf die Ursprünge im 19. Jahrhundert ist jüngst von einem "zweiten konfessionellen Zeitalter" gesprochen worden[60]. Die temporäre Reichweite dieser These bis ins 20. Jahrhundert ist bislang historisch kaum erforscht.

Die bisher dazu vorliegenden Ergebnisse legen nahe, die nationalsozialistische Zeit als eine ambivalente Inkubationsphase zu verstehen: Fortdauernde konfessionelle Abgrenzungen gingen einher mit unterschwelligen Entschränkungen einer konfessionell weitgehend segmentierten deutschen Gesellschaft. Religionspolitische Planungsversuche der Nationalsozialisten ("Entkonfessionalisierung des öffentlichen Lebens") als Bestandteil der Egalisierung und

---

[57] Hinweise bei C. Rauh-Kühne (wie Anm. 5), S. 218.

[58] Vgl. die Hinweise bei Horst W. Heitzer, Deutscher Katholizismus und "Bolschewismusgefahr" bis 1933, in: Historisches Jahrbuch 113 (1993), S. 354–387; Klaus-Michael Mallmann, Kommunisten in der Weimarer Republik. Sozialgeschichte einer revolutionären Bewegung, Darmstadt 1996, S. 283–294. Matthias Pape, Erzbischof Lorenz Jaeger von Paderborn im Kampf gegen den antichristlichen Bolschewismus, in: Menschen, Ideen, Ereignisse in der Mitte Europas. Festschrift für Rudolf Lill zum 65. Geburtstag, hg. v. Wolfgang Altgeld/Michael Kißener/Joachim Scholtyseck, Konstanz 1999, S. 145–169.

[59] Vgl. die Ausnahme von Kaplan Josef Rossaint. Klaus Gotto, Die historisch-politische Beurteilung des Zentrums aus nationalsozialistischer Sicht, in: Staat und Parteien, Festschrift für Rudolf Morsey zum 65. Geburtstag, hg. v. Karl Dietrich Bracher u.a., Berlin 1992, S. 711–726; zuletzt Karl Heinz Jahnke, Hauptangeklagter im Berliner Katholikenprozeß 1937: Kaplan Dr. Joseph Cornelius Rossaint, Frankfurt a. M. 2002.

[60] Vgl. Olaf Blaschke, Das 19. Jahrhundert: Ein Zweites Konfessionelles Zeitalter?, in: J. Horstmann/A. Liedhegener Hgg.), (wie Anm. 30), S. 27–78; Olaf Blaschke Hgg.), Konfessionen im Konflikt : Deutschland zwischen 1800 und 1970: ein zweites konfessionelles Zeitalter; Göttingen 2002. Der heuristische Wert dieser auf ein langes 19. Jahrhundert gemünzten Formulierung für eine sozialgeschichtliche Analyse der Milieugesellschaft wird sich in weiteren Forschungen erweisen müssen.

Dynamisierung der deutschen Gesellschaft blieben offenbar nicht ohne Auswirkungen.

Es gehört zur Gründungsidentität der demokratischen Bundesrepublik und der CDU, daß die christliche Wertorientierung in Grundgesetz und Parteipolitik aus der gemeinsamen Erfahrung nationalsozialistischer Diktatur und Verfolgung resultierte. Zum Bild vom christlich motivierten, über das Jahr 1945 hinausweisenden Widerstand gehört als Kehrseite das der "katholischen Brückenbauer", die in einer mißverstandenen Volkstums- und Gemeinschaftsideologie des Nationalsozialismus einen Königsweg zur Überwindung auch der konfessionellen Spaltung sahen und protestantischerseits auf offene Ohren stießen. Allerdings müßte die weitgehend systematisch-theologiegeschichtlich fragende Forschung in eine umfassende kultur- und geistesgeschichtliche Längsschnittanalyse der Ökumene der Zwanziger bis Sechziger Jahre des Jahrhunderts einmünden, um die politische, gesellschaftliche und binnenkirchliche Relevanz ihrer Befunde angemessen ausloten zu können[61].

Ergänzend zu solchen qualitativen Befunden ist danach zu fragen, inwieweit die bis dahin gänzlich unterschiedlich verlaufenen langfristigen Erosions- und Entkirchlichungstrends in den Jahren der NS-Diktatur konvergierten, in ihrem Abwärtstrend eine Beschleunigung erfuhren und bewußtseinsändernd wirkten[62]. Die durch Krieg, Flucht und Vertreibung hervorgerufenen Wanderungsbewegungen jedenfalls markierten den Anfang vom Ende weitgehender konfessioneller Abgeschlossenheit. Andererseits offenbarten "konfessionelle Irritationen" in der frühen, vermeintlich katholischen Bundesrepublik freilich, wie tief die mentalen Gräben immer noch waren, die es zu überbrücken galt[63].

Krieg

Kirche und Katholiken standen trotz ihrer Gegnerschaft zur NS-Diktatur und deren totalitärem Weltanschauungsanspruch nicht außerhalb der nationalsozialistischen Gesellschaft. Sie waren vielmehr in sie hineinverwoben. Das galt auch und vor allem für die Jahre des Zweiten Weltkrieges. Der totalen Mobi-

---

[61] Vgl. L. Scherzberg (wie Anm. 36); Wilhelm Damberg, Kirchengeschichte zwischen Demokratie und Diktatur. Georg Schreiber und Joseph Lortz in Münster 1933–1950, in: Leonore Siegele-Wenschkewitz/Carsten Nicolaisen Hgg.), Theologische Fakultäten im Nationalsozialismus, Göttingen 1993, 145–167; vgl. auch B. Ziemann (wie Anm. 11), S. 403; So gesehen greift der richtige methodische Zugang Hürtens letztlich eher zu kurz, wenn er im Ergebnis der Brückenbauversuche allein darauf abhebt, daß das Wunschbild von einem den Nationalsozialismus durchdringenden Christentum mit der Realität nicht übereinstimmte. Vgl. H. Hürten (wie Anm. 9), S. 227.

[62] Für den Zeitraum bis 1933 vgl. Antonius Liedhegener, Christentum und Urbanisierung. Katholiken und Protestanten in Münster und Bochum 1830–1933, Paderborn 1997.

[63] Vgl. Ulrich von Hehl, Konfessionelle Irritationen in der frühen Bundesrepublik, in: Historisch-Politische Mitteilungen 6 (1999), S. 167–187.

lisierung aller gesellschaftlichen Kräfte konnte und wollte sich die katholische Kirche nicht entziehen.

Gehorsam gegenüber der Obrigkeit und die Lehre vom gerechten Krieg bildeten die traditionellen Stützen, die ein kirchliches Engagement theologisch rechtfertigten. Trotz des nationalsozialistischen Kirchenkampfes ließen die bischöflichen Aufrufe keinen Zweifel an der Loyalität gegenüber dem Staat und der Notwendigkeit treuer Pflichterfüllung gegenüber Volk und Vaterland. Selbst Seminaristen und Kapläne wurden zum opferbereiten Kriegsdienst – freilich ohne Waffe und als Sanitäter – verpflichtet[64]. Erst die rasante Dynamik und Radikalisierung des Krieges nach außen wie nach innen legte schonungslos offen, daß die traditionellen argumentativen Stützen hohl und morsch geworden waren: Die Spannung zwischen Treue der Kirche zum Staat und ihrer Kritik an der nationalsozialistischen Ideologie wurde offensichtlich, blieb aber ungelöst. Nur mühsam setzte sich im katholischen Episkopat die Einsicht durch, daß es angesichts der ungeheuren Dimensionen von Unrecht und Gewalt den immer wieder eingeforderten bedingungslosen Gehorsam gegenüber dem NS-Staat nicht geben konnte.

Die so skizzierten Umrisse der kirchlichen Haltung zum Krieg vermögen jedoch nicht zu verdecken, daß die Gesellschaftsgeschichte der Katholiken zwischen 1939 und 1945 völlig unzureichend erforscht ist. In der Katholizismus- und Milieuforschung nehmen die Kriegsjahre oft nur den obligatorischen abschließenden Randbereich ein; die allgemeine Gesellschaftsgeschichte des Zweiten Weltkriegs hingegen hat das Thema bisher nicht beachtet[65]. Die Frage nach der Verquickung von religiösem und nationalem Bewußtsein ist bisher ebenso ohne hinreichende Antwort geblieben wie jene nach den Folgen, die Front- und Kriegserleben für Kirchenbindung und religiöses Bewußtsein der Katholiken unmittelbar und langfristig hatten[66]. Auch über die Auswirkungen der Flüchtlingsströme, die sich in seelsorglichen Bemühungen der sogenannten "Wandernden Kirche" fassen lassen, ist bisher so gut wie

---

[64] Vgl. Priester in Uniform. Seelsorger, Ordensleute und Theologen als Soldaten im Zweiten Weltkrieg/hrsg. vom Katholischen Militärbischofsamt/Hans Jürgen Brandt, Augsburg 1994; Christen im Krieg. Katholische Soldaten, Ärzte und Krankenschwestern im Zweiten Weltkrieg, hg. vom Katholischen Militärbischofsamt/Hans Jürgen Brandt, München 2001.

[65] Darauf hat zurecht Benjamin Ziemann (wie Anm. 11), S. 416 hingewiesen. In dem umfänglichen Beitrag von Thomas Kühne über Forschungsprobleme und -tendenzen der Gesellschaftsgeschichte des Zweiten Weltkrieges werden die Kirchen als Forschungsthema nicht berührt. Vgl. Thomas Kühne, Der nationalsozialistische Vernichtungskrieg und die "ganz normalen Deutschen". Forschungsprobleme und Forschungstendenzen der Gesellschaftsgeschichte des Zweiten Weltkriegs, Teil 1 u. 2, in: Archiv für Sozialgeschichte 39 (1999), S. 580–662 u. 40 (2000), S. 440–486.

[66] Vgl. dazu jetzt Wilhelm Damberg, Kriegserfahrung und Kriegstheologie 1939–1945, in: Tübinger Theologische Quartalschrift 182 (2002), S. 321–341

nichts bekannt[67]. Für soziale und individuelle Veränderungen im katholischen Milieu dürfte den Kriegsjahren eine Schlüsselstellung zukommen.

Einen spürbaren Anschub erfährt die Forschung seit zwei Jahren durch wissenschaftliche Auseinandersetzungen mit der Frage nach Zwangsarbeitern in kirchlichen Einrichtungen[68]. Krankenhäuser, Klöster und Heime mit ihren personellen wie finanziellen Ressourcen wurden durch die Wehrmacht in Anspruch genommen (Reichsleistungsgesetz), aber auch durch Gestapo und Partei gewaltsam beschlagnahmt oder zwangsweise enteignet, was die Bandbreite kirchlicher Einbindung in das Geflecht totaler wirtschaftlicher Kriegsmobilisierung deutlich macht. Untersucht sind die Zusammenhänge nicht[69]. Die bisher angefallenen Akten lassen allerdings erkennen, daß über die spärliche Überlieferung zentraler kirchlicher Quellen für die Kriegsjahre hinaus ganz andere Provenienzen herangezogen werden müssen. So müssen etwa Beschäftigungsverhältnisse für Zwangsarbeiter oft nur durch lokal greifbare Quellenstränge wie Versicherungs- und Lohnunterlagen aufwendig erschlossen werden, um zu gesicherten Ergebnissen über das Ausmaß wirtschaftlicher Inanspruchnahme der Kirche zu gelangen.

Ingesamt wird man festhalten müssen, daß Urs Altermatts programmatische Forderung, den Katholizismus von unten und von innen zu erforschen, perspektivisch um ein "und auch von außen" zu erweitern ist. Erst durch Einbeziehung gesamtgesellschaftlicher Wechselbeziehungen wird die allein auf das katholische Milieu fixierte Blickrichtung aufgebrochen und erweitert. Das katholische Milieu erscheint als Teil der nationalsozialistischen Gesellschaft mit seinen Handlungsspielräumen, seinen Begrenzungen und spezifischen Besonderheiten.

Interpretationen

Nach vierzig Jahren wissenschaftlich geleiteter Erforschung der katholischen Kirche im nationalsozialistischen Deutschland gehen Interpretationen und Urteile immer noch weit auseinander. Breit nachgewiesen ist die These, daß es

---

[67] Vgl. Thomas Flammer/Hubert Wolf, Der Seelsorgsdienst für die Wandernde Kirche. Eine Dokumentensammlung (in Vorbereitung).

[68] Vgl. Peter Pfister Hgg.); Katholische Kirche und Zwangsarbeit. Stand und Perspektiven der Forschung, Regensburg 2001; Klaus Barwig/Dieter R. Bauer./Karl-Joseph Hummel Hgg.), Zwangsarbeit in der Kirche. Entschädigung, Versöhnung und historische Aufarbeitung (Hohenheimer Protokolle, Bd. 56), Stuttgart 2001.

[69] Der Geschichte der kirchlichen Einrichtungen im Zweiten Weltkrieg geht Annette Huth (Bonn) im Rahmen eines Dissertationsprojektes nach. Ebenfalls im Rahmen von Dissertationen erforschen Volker Laube (München) und Anne Ostermann (Köln) die Beschäftigung von Zwangsarbeitern in kirchlichen Einrichtungen der Erzdiözesen München-Freising bzw. Köln.

der katholischen Kirche weitgehend gelang, ihren religiös begründeten Selbstbehauptungsanspruch in verschiedenen Phasen nationalsozialistischer Herausforderung gegen die ideologischen Zumutungen und gewalttätigen Pressionen der Diktatur zu behaupten [70]. Dem wurden jedoch immer wieder Hinweise auf Anpassungs- und Brückenbauversuche, strukturelle und auch mentale Schnittmengen mit den Nationalsozialisten entgegengehalten.

Ähnlich widersprüchlich sind die Befunde der sozial- und mentalitätsgeschichtlich fragenden Studien zum katholischen Milieu: Sie legen historisch gewachsene Milieustrukturen sowie motivgeschichtliche Wurzeln frei; weniger ein linearer Antimodernismus als vielmehr eine auch innerkirchlichen Wandlungen unterworfene religiös-kirchliche Sinn- und Wirklichkeitsdeutung bestimmte das Leben der Katholiken maßgeblich, wenn auch keineswegs ausschließlich mit [71]. Demgegenüber wird auf Brechungen und Verformungen katholischen Selbstverständnisses im Hinblick auf NS-Staat und -Gesellschaft hingewiesen und ein zu eindimensionales Verständnis von einem resistenten katholischen Milieu zurecht relativiert.

Analog verhält es sich mit der Deutung der nationalsozialistischen Verfolgungsbehörden und ihrer Kirchenpolitik: Das Bild einer letztlich von Hitler verantworteten, von Gestapo und SD rigoros umgesetzten und auf die Vernichtung der christlichen Kirchen zielenden Politik der NS-Diktatur ist durch neue Forschungen über den Sicherheitsdienst gerade im Blick auf die katholische Kirche ergänzt und bestätigt worden. Um weltanschauliche Identität und politische Radikalität der nationalsozialistischen Religionspolitik zu fassen, hat man den Begriff und das Konzept der "politischen Religion" vorgeschlagen [72]. Dagegen hat die sozial- und strukturgeschichtlich orientierte NS-Forschung der letzten Jahre das Bild der "allmächtigen" Gestapo revidiert und im Blick auf die zahllosen Denunziationen die These von der sich "selbstüberwachenden Gesellschaft" vertreten [73].

Die kontroversen Interpretationen politischen und sozialen Verhaltens von Kirche und Katholiken im Dritten Reich erinnern – zugespitzt – an eine Fortführung früherer Auseinandersetzungen zwischen "traditionalistischen" Inten-

---

[70] Vgl. das zusammenfassende Modell von Klaus Gotto/Hans Günter Hockerts/Konrad Repgen, Nationalsozialistische Herausforderung und kirchliche Antwort. Eine Bilanz, in: Klaus Gotto/Konrad Repgen Hgg.), Die Katholiken und das Dritte Reich, 3., erw. u. überarb. Aufl., Mainz 1990, S. 173–190.

[71] Zuerst hervorgehoben im Beitrag Arbeitskreis für kirchliche Zeitgeschichte (AKKZG) Münster, Katholiken zwischen Tradition und Moderne. Das katholische Milieu als Forschungsaufgabe, in: Westfälische Forschungen 43 (1993), S. 588–654.

[72] Vgl. H. Maier sowie W. Dierker (wie Anm. 12).

[73] Robert Gellately, Die Gestapo und die deutsche Gesellschaft. Die Durchsetzung der Rassenpolitik 1933–1945, 2. Aufl., Paderborn 1994; zuletzt ders., Hingeschaut und weggesehen. Hitler und sein Volk, Stuttgart 2002.

tionalisten und "revisionistischen" Strukturalisten – allerdings unter kirchlichen "Vorzeichen"[74]. Im Kern dreht es sich um die Frage: Wie totalitär war die NS-Diktatur im allgemeinen und ihr "Kirchenkampf" im besonderen? Immerhin zeichnet sich ein Konsens dergestalt ab, daß die Erforschung des katholischen Milieus ohne die Einbeziehung der nationalsozialistischen Kirchenpolitik und umgekehrt die Analyse des nationalsozialistischen Kirchenkampfes ohne die Berücksichtigung seiner milieuspezifischen Brechungen und Ambivalenzen unzureichend bleiben muß[75]. Hier besteht allerdings noch Forschungsbedarf, zumal für die Jahre des Zweiten Weltkrieges.

Das gilt auch für die wechselseitige Fremdwahrnehmung der Milieus: Die gegenseitige Abgrenzung der Milieus, sei sie nun religiös, weltanschaulich oder konfessionell motiviert, läßt sich jedenfalls nicht allein aus der je eigenen Binnenidentität erklären. Ebenso bedeutsam, aber bislang von der Forschung kaum berücksichtigt, ist der korrelative Aspekt der Milieus. Mit anderen Worten: Erst wenn deutlicher wird, daß die Abgrenzung des katholischen Milieus gegenüber anderen Milieus korreliert mit demselben Verhalten ebendieser Milieus gegenüber den Katholiken, wird die perspektivische Blickverengung und das aus ihr resultierende gleichgültige Abseitsstehen angesichts der Verfolgung der fremd gebliebenen "anderen" faßbarer.

Vor diesem Hintergrund wären auch die bisher verwendeten Begrifflichkeiten neu zu überdenken. Um die religiöse Wurzel politischen Verhaltens von Christen in der NS-Diktatur zu fassen, hat Heinz Hürten bereits 1987 vorgeschlagen, auf den altchristlichen Begriff des Zeugnisses zurückzugreifen[76]. Unbeschadet aller Schwierigkeiten bietet ein solches Theologoumenon einen grundlegenden Ansatzpunkt des interkonfessionellen und -religiösen Dialogs über widerständiges Verhalten in der nationalsozialistischen Zeit[77].

---

[74] Zur Debatte der sechziger und siebziger Jahre vgl. Ulrich von Hehl, Nationalsozialistische Herrschaft (Enzyklopädie deutscher Geschichte, Bd. 39), München 1996, S. 60–62.

[75] Vgl. die im Blick auf die allgemeine Regionalgeschichtsforschung getroffene Feststellung, wonach regionale Alltagsforschung "stets auf übergreifende Fragestellungen bezogen bleiben und ihre Ergebnisse zu den allgemeinen Rahmenbedingungen in Beziehung setzen" muß, "die das NS-Regime für das Leben der Menschen vorgab." U. v. Hehl, Nationalsozialismus und Region (wie Anm. 5), S. 122; sowie C. Rauh-Kühne (wie Anm. 5), S. 224: Erfahrungsgeschichte des katholischen Milieus muß *auch* Kirchengeschichte von unten sein, sie geht aber nicht darin auf!"

[76] H. Hürten, Verfolgung, Widerstand, Zeugnis. Fragen eines Historikers; Mainz 1987.

[77] Vgl. Karl-Joseph Hummel/Christoph Strohm Hgg.), Zeugen einer besseren Welt. Vgl. auch Gertraud Grünzinger, Bericht über das Forschungsvorhaben "Evangelische Märtyrer/Glaubenszeugen des 20. Jahrhundert" sowie Ursula Büttner, Opfer politischer Verfolgung als "Märtyrer"? Einleitende Bemerkungen aus der Sicht einer Historikerin, in: Mitteilungen der Evangelischen Arbeitsgemeinschaft für Kirchliche Zeitgeschichte 20 (2002), S. 43–48 u. 49–55; außerdem die Anfragen von Gerhard Ringshausen, Das Jahrhundert der Märtyrer und die Ökumene, in: Kirchliche Zeitgeschichte 14 (2001), S. 237–247.

In der historischen Diskussion ist Hürtens Vorschlag allerdings auf kein nennenswertes Echo gestoßen. Gegen einen Widerstandsbegriff, der das Verhalten der Kirche nur an ihrem eigenen Selbstverständnis als "Repräsentantin des Religiösen" mißt und damit bewußt der historischen Beurteilung entzieht, erhoben sich heuristische Bedenken. Fraglich ist auch, wie trennscharf der Zeugnisbegriff ist zu einem inzwischen in der Diskussion verwandten, theologisch und kirchlich zentrierten, weit gefaßten Märtyrerbegriff [78].

Andererseits erscheint es wenig sinnvoll, die motivgeschichtliche Ergänzung des Widerstandsbegriffs sozialgeschichtlich einzuebnen. So trägt es dem spezifisch "Religiösen" kaum Rechnung, wenn der Widerstand der katholischen Kirche – zumal im Unterschied zum Arbeiter- und Jugendwiderstand – schlicht unter die "alten Eliten" subsumiert wird.[79] Fragwürdig ist auch die noch weitergehende These, daß politischer Widerstand von Katholiken nur nach einem lebensgeschichtlichen Bruch mit zentralen Werten der Kirche (Loyalität gegenüber der Obrigkeit) möglich war[80]. Es bedarf also weiterer Diskussionen, um das religiös motivierte Handeln terminologisch zu fassen.

Alles in allem weist das am besten untersuchte Feld zeitgeschichtlicher Katholizismusforschung insbesondere in seiner sozial- und mentalitätsgeschichtlichen Erweiterung noch erhebliche Lücken auf, die künftig zu schließen sein werden. Das gilt vor allem für die bisher fast nur am Rande untersuchten Kriegsjahre. Die fast ausschließliche Fixierung auf das katholische Milieu ist stärker zu erweitern durch die Untersuchung innergesellschaftlicher Verflechtungen von Kirche und Katholiken sowie der wechselseitigen Wahrnehmung konkurrierender Milieus. Damit rückt die mentale Disposition gegenüber den "fremden anderen" als wichtiger Erklärungsgrund milieuspezifischen Verhaltens eher in den Blick. Umgekehrt wäre schließlich weiter zu untersuchen, ob und inwieweit sich diese mentale Disposition mit der Integration der Milieus in die demokratische Bundesrepublik abbaute – eine Frage, die über das Schwellenjahr 1945 hinausweist.

---

[78] Vgl. Helmut Moll Hgg.) Zeugen für Christus. Das deutsche Martyrologium des 20. Jahrhunderts, hg. von Dt. Bischofskonferenz, 2 Bde, Paderborn 2001; kritisch dazu: Ulrich von Hehl, "Im Ertragen stark", in: FAZ vom 13. März 2000.

[79] Vgl. Hartmut Mehringer; Widerstand und Emigration. Das NS-Regime und seine Gegner, München 1997. Überdies trifft bereits die soziale Zuordnung als "alte Eliten'' auf die Katholiken im Widerstand nicht ausnahmslos zu, wie Mehringer durch die gesonderte Darstellung des katholischen Arbeiterwiderstandes selbst konzediert. Zu denken ist aber auch an den jungen Ordensklerus im Kreisauer Kreis (Delp, Rösch) und die dem katholischen (Klein-)Bürgertum entstammenden Zentrumspolitiker (Bolz, Lukaschek, van Husen u.a.) und Jungakademiker (G. Angermaier).

[80] Vgl. Gerhard Paul/Klaus-Michael Mallmann, Milieus und Widerstand. Eine Verhaltensgeschichte der Gesellschaft im Nationalsozialismus, Bonn 1995, S. 25–152. Vgl. auch Alexander Groß, Gehorsame Kirche – ungehorsame Christen im Nationalsozialismus, Mainz 2000.

Die katholische Volksminderheit und der Aufstieg des Nationalsozialismus 1930 – 1933

Rudolf Morsey

Kirche und Nationalsozialismus 1923 – 1930 [1]

Am Mittag des 30. Januar 1933 ernannte Reichspräsident Paul von Hindenburg den Führer der Nationalsozialistischen Deutschen Arbeiterpartei, die im Reichstag die mit Abstand größte Fraktion bildete, Adolf Hitler, zum Kanzler eines Präsidialkabinetts. Es war die 21. Regierungsbildung seit dem 13. Februar 1919, an dem die erste Regierung der Weimarer Republik ihre Arbeit aufgenommen hatte. Nur wenige Zeitgenossen ahnten, dass damit das Ende der Republik gekommen war. Der Einzug Hitlers in die Reichskanzlei wurde von der Goebbels-Propaganda zur nationalsozialistischen "Machtergreifung" hochstilisiert und im Sinne einer Epochenwende als Beginn eines neuen, des "Dritten Reiches" verstanden.

Der völkische Nationalsozialismus hatte in seiner "Kampfzeit", die im kläglich gescheiterten Hitler-Putsch vom 9. November 1923 in München endete, im deutschen Katholizismus außerhalb Bayerns nur ein geringes Echo gefunden. Um so größer war das Erschrecken über den zunächst, bis Ende der zwanziger Jahre, wenig beachteten Wiederaufstieg der Nationalsozialistischen Deutschen Arbeiterpartei. Sie schaffte in der Reichstagswahl vom 14. September 1930 in den mehrheitlich evangelisch besiedelten Gebieten des Deutschen Reiches einen erdrutschartigen Durchbruch zur klassenübergreifenden Massenbewegung.

Bis dahin bedurfte es spektakulärer äußerer Anlässe, um die Aufmerksamkeit der Repräsentanten von Kirche und politischem Katholizismus, wie er im Zentrum und in der Bayerischen Volkspartei organisiert war, auf die braune Bewegung zu lenken und sich mit deren Programm und Lehre auseinander-

---

[1] Es handelt sich um eine überarbeitete Fassung meines gleichnamigen Beitrags aus dem Sammelwerk: Klaus *Gotto*, Konrad *Repgen* (Hrsg.), Die Katholiken und das Dritte Reich. 3., erw. und überarb. Auflage. Mainz 1990, S. 9 – 24.

zusetzen. Aus kirchlicher Sicht war es zunächst leicht, die rassistische Ideologie der NSDAP, auch wenn sie durch ein völkisch interpretiertes "positives Christentum" kaschiert wurde, und den von seinen Agitatoren vertretenen Lebensraumimperialismus als widerchristlich und antikirchlich zu erkennen. Der Münchener Studentenseelsorger P. Erhard Schlund OFM entlarvte 1924 die Rassenlehre der Nationalsozialistischen Deutschen Arbeiterpartei als "neugermanisches Heidentum". [2] Ähnlich bewertete der Fraktionsvorsitzende der Bayerischen Volkspartei im Landtag, Heinrich Held (1924 – 1933 Ministerpräsident), die Hitler-Bewegung als eine "große Bewegung des Abfalls vom katholischen Glauben und der Kirche". [3]

Trotz solcher eindeutigen Einschätzungen fanden jedoch in einer Zeit größter wirtschaftlicher Not und seelischer Wirrnis die mit nationaler Phraseologie verschleierten Ideen der Anhänger Hitlers und Erich Ludendorffs auch in katholischen Kreisen Bayerns Anklang, oder richtiger: deren explizit politische Zielsetzungen. Diese richteten sich gegen die demokratischparlamentarische Verfassungsgrundlage und Verfassungswirklichkeit der von politischer Instabilität gekennzeichneten Republik von Weimar. Ihr gegenüber war auch der konservativ-agrarisch geprägte und weithin gefühlsmäßig bestimmte bayerische Katholizismus in Distanz verblieben. Um so größer war hier das Erschrecken über konzentrische antikirchliche Aktionen militanter Rechtsgruppierungen im Winter 1923/24 in München und über den trotz des gescheiterten Hitler-Ludendorff-Putsches [4] erreichten Erfolg

---

[2] P. Erhard *Schlund* OFM, Neugermanisches Heidentum im heutigen Deutschland. München 2. Aufl. 1924.

[3] So am 6. Oktober 1923 in einem Schreiben an Michael Kardinal Faulhaber. Zitiert bei Ludwig *Volk*, Der bayerische Episkopat und der Nationalsozialismus 1930 – 1934. Mainz 2. Aufl. 1966, S. 17.

[4] Einige Jahre später hat der frühere bayerische Innenminister (1921 – 1924), Franz *Schweyer*, mitgeteilt, dass ihm Hitler ehrenwörtlich versichert habe, dass er "nie in seinem Leben einen Putsch machen werde". Erwähnt in *Schweyers* Artikel "Nationalsozialismus", in: Staatslexikon der Görres-Gesellschaft, 5. Aufl., Bd. 3. Freiburg i.Br. 1929, Sp. 1503. In diesem Artikel war von Hitlers "Größenwahn" die Rede und als Ziel der NSDAP eine deutsche Nationalkirche bezeichnet. *Schweyers* Prophetie, dass der Nationalsozialismus wegen seines Scheiterns von 1923 seine Anziehungskraft verloren habe (Sp. 1505), traf allerdings nicht zu. Wegen dieses Artikels und seiner zeitlichen Fortschreibung bis 1932 durch Emil *Ritter* in einem Nachtrag des 5. Bandes des Staatslexikons (1932, Sp. 1750 – 1762) drohten die NS-Machthaber im Sommer 1933, das Lexikon zu verbieten, wenn nicht gar die Görres-Gesellschaft aufzulösen. So musste der Verlag Herder eine Neufassung beider Artikel vornehmen (bearbeitet von dem Herausgeber des Lexikons, Hermann *Sacher*) und den Beziehern des Lexikons als Sonderdruck zugehen lassen. Ferner musste sich der Präsident der Görres-Gesellschaft, Heinrich *Finke*, bei Hitler entschuldigen. Dazu vgl. Rudolf *Morsey* unter Mitarbeit von Hans Elmar *Onnau*, Die Görres-Gesellschaft in der NS-Diktatur. Paderborn 2002, S. 63 ff.; Rudolf *Morsey*, Streiflichter zur Geschichte der Görres-Gesellschaft, in: Jahres- und Tagungsbericht der Görres-Gesellschaft 2001. Paderborn 2002, S. 66 ff.

des Völkischen Blocks bei den bayerischen Landtagswahlen vom April 1924.

Mit einer im Frühjahr 1924 beginnenden relativen politischen und wirtschaftlichen Stabilisierung der Republik und dem vorübergehenden Schwinden rechtsradikaler Aktivitäten gerieten auch die Programme und Träger der NSDAP aus dem Blickwinkel kirchlicher Aufmerksamkeit. Allenfalls blieb noch der sektiererisch-neuheidnische Einzelgänger Ludendorff Objekt nachsichtig-mitleidigen Interesses. Bei den Reichstagswahlen vom Dezember 1924 erreichte die Nationalsozialistische Freiheitspartei nur 3,0 % aller abgegebenen gültigen Wählerstimmen, im Mai 1928 die inzwischen wieder als Nationalsozialistische Deutsche Arbeiterpartei firmierende Hitler-Bewegung 2,6 %.

Kundgebungen des Episkopats gegen den Nationalsozialismus 1930–1932

Mit einer Ende 1929 einsetzenden und sich rasch verschlechternden Wirtschaftslage und in deren Gefolge zunehmender Verelendung und Massenarbeitslosigkeit beschleunigte sich die innere Abwendung größerer Volksschichten von der Instabilitäts-Republik. Sie kam radikalen "Bewegungen" zugute, weniger dem kommunistisch-internationalistischen als vielmehr dem national verbrämten Sozialismus bzw. sozial garnierten Nationalismus. Er wurde seit 1930 durch Massenzulauf zu *dem* innenpolitischen Problem in Deutschland. Das zeigte der Ausgang der – vom Reichskanzler Heinrich Brüning (1930–1932) durch vorzeitige Auflösung des erst im Mai 1928 gewählten Reichstags möglich gewordenen – "Katastrophenwahl"[5] zum Reichsparlament am 14. September 1930: Die NSDAP konnte den Anteil ihrer Wähler von 2,6 % auf 18,3 % (= 6,4 Millionen) und damit die Zahl ihrer Mandate von 12 auf 107 vervielfachen.

Wenige Tage später, noch im Sog dieses Wahlerfolgs, erhielt Hitler ohne zwingenden Grund die erhoffte Chance, als Zeuge im "Reichswehrprozess" vor dem Reichsgericht in Leipzig allen seiner Partei unterstellten Putschplänen öffentlichkeitswirksam entgegentreten zu können. Sein bei dieser Gelegenheit geleisteter "Legalitätseid" trug dazu bei, die Gefährlichkeit der siegreichen Nationalsozialisten zu verschleiern. Das blieb auf den christlichen Volksteil künftig ebensowenig ohne Eindruck wie die Tatsache, dass führende Politiker

---

[5] So *"Aristides"* in der von dem geistlichen Publizisten Georg *Moenius* herausgegebenen Münchner Wochenschrift Allgemeine Rundschau, Jg. 27 (1930), S. 661. Moenius musste 1933 emigrieren. Dazu vgl. Gregory *Munro*, Georg Moenius, in: Jürgen *Aretz*, Rudolf *Morsey*, Anton *Rauscher* (Hrsg.), Zeitgeschichte in Lebensbildern. Bd. 10. Münster 2001, S. 131–142.

der NSDAP als Verhandlungspartner auch von Reichskanzler Brüning ernst genommen wurden. Er hielt sie für eine zwar lärmende, aber gleichwohl in seinem Kampf für die "Befreiung vom Diktat von Versailles" durchaus nützliche Opposition. Der Zentrumspolitiker konnte sich nicht dazu entschließen, die weiterhin eindeutig auf Umsturz bedachte braune Massenbewegung verbieten zu lassen.

Bevor noch der Episkopat seine Haltung zur Lehre des Nationalsozialismus klären konnte – die 1930er Treffen der getrennt tagenden Fuldaer und Freisinger Bischofskonferenzen hatten bereits vor der Reichstagswahl stattgefunden –, sah er sich in die Defensive gedrängt, und zwar durch eine diözesane Einzelentscheidung. Diese Ausgangssituation trug mit dazu bei, dass die unter Zugzwang begonnene Auseinandersetzung zwischen der Kirche und dem Nationalsozialismus nicht zu einer einheitlichen Seelsorgspraxis führte. Die unterschiedliche Handhabung der Cura animarum in verschiedenen Diözesen wurde von der nationalsozialistischen Propaganda geschickt ausgenutzt, schuf Unsicherheit im innerkirchlichen Bereich und verunsicherte die Seelsorgsgeistlichen.

Die Auseinandersetzungen begannen, unmittelbar nach den Septemberwahlen 1930, in der Diözese Mainz. Auf Anfrage eines Pfarrers erließ Generalvikar Philipp Jakob Mayer Richtlinien für das kirchliche Verhalten gegenüber Nationalsozialisten. Sie ließen an Deutlichkeit nichts zu wünschen übrig: Aus dem Programm der NSDAP (§24) und den Verlautbarungen einiger ihrer Führer zog der Generalvikar die Folgerung, kein Katholik dürfe Mitglied der Hitler-Partei sein, in uniformierten Gruppen an "kirchlichen Beerdigungen oder sonstigen Veranstaltungen" teilnehmen und zu den Sakramenten zugelassen werden. [6]

Den rigorosen Mainzer Vorstoß machten die Nationalsozialisten publik. Er stieß im Episkopat keineswegs überall auf Zustimmung, da er für eine Einzelfallprüfung keinen Raum ließ und zudem kaum realisierbar war. Er erschwerte ein einheitliches Vorgehen der Bischöfe, von denen manche eine autoritative Kundgebung so rasch nach der vom Wahlerfolg der NSDAP ausgelösten nationalen Begeisterung für inopportun hielten. Auch erschwerte die begriffliche Unklarheit der nationalsozialistischen Doktrin eine unstrittige Einschätzung der Hitler-Bewegung, zumal sich deren Führer in weltanschaulichen Fragen zurückhielt. Die Minderheit seiner katholischen Anhänger verwies auf den Kampf ihrer Bewegung gegen den antikirchlichen Liberalismus sowie den

---

[6] Druck: Ecclesiastica. Archiv für zeitgenössische Kirchengeschichte 10 (1930), S. 421 ff., 487 ff.; Hans *Müller*, Katholische Kirche und Nationalsozialismus. Dokumente 1930–1935, S. 13 ff. Dazu vgl. Bernhard *Stasiewski* (Bearb.), Akten deutscher Bischöfe über die Lage der Kirche 1933–1945. Bd. I: 1933–1934. Mainz 1968, S. 790.

"gottlosen Marxismus und Bolschewismus". Einzelne Bischöfe hielten selbst das Tragen von SA-Uniformen im Kirchenraum noch für tolerabel.

Da der Breslauer Erzbischof Adolf Kardinal Bertram, der Vorsitzende der Fuldaer Bischofskonferenz, innerhalb dieses Gremiums keine Mehrheit für eine gemeinsame Kundgebung sah, entschloss er sich zu einem Alleingang. Bertram verurteilte in einer langen Silvester-Botschaft 1930, allerdings in "bewusst undeutlicher Adressierung" [7], den extremen Nationalismus [8], ohne dabei jedoch den Nationalsozialismus zu erwähnen oder auch kirchliche Strafen für dessen katholische Mitglieder anzudrohen. [9] Wesentlich konkreter und entsprechend hilfreicher für die Seelsorgspraxis war eine Pastorale Anweisung für den Klerus, die die Freisinger Bischofskonferenz am 10. Februar 1931 veröffentlichte. [10] Deren Kernsatz enthielt eine eindeutige Warnung vor dem Nationalsozialismus, "solange und soweit er kulturpolitische Auffassungen kundgibt, die mit der katholischen Lehre nicht vereinbar sind".

Die derart präzisierte Einschränkung signalisierte allerdings keineswegs Kompromissmöglichkeit oder gar -bereitschaft [11], sondern entsprach vielmehr kirchlicher Tradition und ließ der unabdingbaren Einzelfallprüfung Raum. Sie bildete auch den Kern entsprechender Erklärungen, mit denen die Bischöfe der Kölner Kirchenprovinz am 5. März 1931 [12], die der Paderborner Kirchenprovinz am 10. März [13] und die der oberrheinischen (Freiburger) Kirchenprovinz neun Tage später [14] die Irrlehre des Nationalsozialismus verurteilten. Sie unterschieden dabei auch in der Behandlung von Aktivisten und Mitläufern. Mit dieser Unterscheidung knüpften die Bischöfe an den Präzedenzfall von 1921 an, an ihre Pastoralanweisungen gegenüber "glaubensfeindlichen Vereinigungen". Sie richteten sich damals gegen Sozialismus und Kommunismus [15] und waren seit 1924 durch regelmäßige Beschlüsse der Fuldaer Bischofskonferenz gegen die "nationalen Kampfverbände" ergänzt worden. [16]

Am 5. August 1931 verabschiedete die Fuldaer Bischofskonferenz dann

---

[7] L. *Volk*, Der bayerische Episkopat, S. 27.
[8] Text: B. *Stasiewski* (Bearb.), Akten I, S. 800 ff.
[9] Am 14. Februar 1931 ergänzte *Bertram* seine Kundgebung durch Pastorale Winke. Ebd., S. 809 ff.
[10] Ebd., S. 806 ff.
[11] So Klaus *Scholder*, Die Kirchen und das Dritte Reich. Bd. 1: Vorgeschichte und Zeit der Illusionen 1918–1934. Frankfurt 1977, S. 169.
[12] Text: B. *Stasiewski* (Bearb.), Akten deutscher Bischöfe I, S. 814 ff.
[13] Ebd., S. 818 ff.
[14] Ebd., S. 824 ff.
[15] Druck: Wilhelm *Corsten* (Hrsg.), Sammlung kirchlicher Erlasse, Verordnungen und Bekanntmachungen für die Erzdiözese Köln. Köln 1929, S. 619 ff.
[16] Vgl. Wieland *Vogel*, Katholische Kirche und nationale Kampfverbände in der Weimarer Republik. Mainz 1989, S. 106 ff.

ausführlich gehaltene "Winke betr. Aufgaben der Seelsorger gegenüber glaubensfeindlichen Vereinigungen". Darin wurde nunmehr auch der Nationalsozialismus zu diesen "glaubensfeindlichen Vereinigungen" gezählt; denn er stehe "tatsächlich mit fundamentalen Wahrheiten des Christentums und mit der ...Organisation der katholischen Kirche in schroffstem Gegensatze".[17] Die Bischöfe konnten sich jedoch nicht dazu entschließen, diese eindeutigen Seelsorgsinstruktionen zu veröffentlichen. Damit bestand die Gefahr, dass eine mit der "Komplexität des Gewissensurteils rechnende Moral" das Heer der Hitlergläubigen in "ebensoviele Einzelwesen zerfallen ließ, wie es Köpfe zählte".[18] In der Tat wurden in der Seelsorgspraxis, bis Anfang 1933 hin, Kirchenstrafen kaum ausgesprochen, in Bayern z.B. in der Folge kein einziges kirchliches Begräbnis verweigert. Die Bischöfe machten sich keine Illusionen über die Wirkung ihrer Warnungen, die auch in anderen Fällen erfahrungsgemäß (nur) diejenigen Katholiken erreichten, die ohnehin treu zur Kirche standen.

Einzelgängerische und entsprechend isolierte "braune Pfarrer" wie Philipp Haeuser aus der Diözese Augsburg und Wilhelm Maria Senn aus der Erzdiözese Freiburg – ihnen ist auch der heimatlose Abt Alban Schachleiter OSB[19] zuzurechnen – blieben ohne Zulauf und überregionale Beachtung. Hingegen setzte sich eine ganze Reihe hauptsächlich geistlicher Autoren mit Theoretikern des Nationalsozialismus wie Alfred Rosenberg[20] und mit Pamphletisten wie dem Nobelpreisträger für Physik Johannes Stark[21] literarisch auseinander: So Domdekan Anton Scharnagl (München)[22], P. Erhard Schlund OFM (München)[23], Georg Moenius (München)[24], Friedrich Muckermann S.J. (Münster)[25], Jakob Nötges S.J. (Valkenburg)[26] und der BVP-Abgeordnete Karl

---

[17] Text: B. *Stasiewski* (Bearb.), Akten deutscher Bischöfe I, S. 832–845, hier S. 838.
[18] L. *Volk*, Der bayerische Episkopat, S. 34.
[19] Dazu vgl. Roman *Bleistein*, Abt Alban Schachleiter, in: Historisches Jahrbuch 115 (1995), S. 170–187.
[20] Dazu vgl. Raimund *Baumgärtner*, Weltanschauungskampf im Dritten Reich. Mainz 1977.
[21] Johannes *Stark*, Nationalsozialismus und katholische Kirche – mit einer Antwort auf die Kundgebungen deutscher Bischöfe. München 3. Aufl. 1931.
[22] Anton *Scharnagl*, Die völkische Weltanschauung und wir Katholiken. München 2. Aufl. 1932.
[23] Erhard *Schlund* OFM, Orientierung. Eine Hilfe im Weltanschauungskampf der Gegenwart. Hildesheim 1931.
[24] Wie Anm. 4.
[25] In einer Abfolge von Artikeln in der von ihm in Münster herausgegebenen Katholischen [Presse-]Korrespondenz, 6.-10. Jg., 1930–1933. Muckermann musste 1934 emigrieren. Dazu vgl. Hubert *Gruber*, Friedrich Muckermann S.J. 1886–1946. Mainz 1993.
[26] Jakob *Nötges* S.J., Nationalsozialismus und Katholizismus. Köln 1931. Weitere Beiträge dieser Jahre sind bisher nirgendwo bibliographisch zusammengestellt worden. Vgl. auch Michael *Schelonke*, Katholische Publizistik angesichts des Nationalsozialismus. Eine ideologiekritische Untersuchung für den Zeitraum 1929 bis 1933 unter besonderer Berücksichtigung katholischer "Intelligenzblätter". Phil. Diss. Paderborn 1995.

Trossmann (Nürnberg).²⁷ Fritz Michael Gerlich und P. Ingbert Naab OFM Cap. entwickelten seit 1931/32 in der von Gerlich herausgegebenen Wochenschrift "Der gerade Weg" in München prophetische Voraussicht in der Vorhersage der späteren Wirklichkeit des Dritten Reiches.²⁸

In seiner ablehnenden Haltung gegenüber der NSDAP, dieser "Volkspartei des Protests" (Jürgen Falter), wurde der Episkopat von der katholischen Presse und den katholischen Vereinen und Organisationen unterstützt. In der am 17. August 1932 von der Fuldaer Bischofskonferenz bekräftigten Ablehnung der "Irrlehren" des Nationalsozialismus²⁹ hieß es warnend, bei dessen Alleinherrschaft eröffneten sich für die kirchlichen Interessen der Katholiken die "dunkelsten Aussichten". Nur wenige Tage zuvor hatte sich die Gefahr einer solchen Herrschaft verstärkt: Seit der Reichstagswahl vom 31. Juli war die NSDAP mit 37,4 % aller abgegebenen gültigen Wählerstimmen (= 13,7 Mill. Wähler) die stärkste politische Kraft im Reich. In ihrem "Oberhirtlichen Mahnwort" zu dieser Wahl hatten die Bischöfe vor Parteien gewarnt, "die des Vertrauens des katholischen Volkes nicht würdig" seien.³⁰

Zentrum und NSDAP

Die Deutsche Zentrumspartei als organisierte politische Vertretung des größten Teils der katholischen Volksminderheit außerhalb Bayerns (Stimmenanteil bei den Reichstagswahlen 1920: 13,6 %, 1930: 11,8 %) gehörte als Mitträger aller Reichsregierungen von 1919 an zu den Stützen der Republik. Allerdings wusste auch diese Volkspartei, deren "Schicksalskurve" (Johannes Schauff) längst abwärts verlief³¹, kein Patentrezept gegen die strukturelle Dauerkrise des Weimarer Parlamentarismus, der seit 1920 von einer Mehrheit der Wähler abgelehnt wurde. Die von Reichskanzler Brüning seit Ende März 1930 praktizierte "reformierte", "autoritäre" Demokratie – unter Ausschaltung, aber mit Tolerierung der SPD – galt als Möglichkeit einer zeitgemäßen Lösung der Staats- und Verfassungskrise.³²

---

[27] Hitler und Rom. Nürnberg 1931.

[28] Vgl. Johannes *Steiner* (Hrsg.), Prophetien wider das Dritte Reich. Aus den Schriften des Dr. Fritz Gerlich und des Paters Ingbert Naab OFM Cap. München 1946. Dazu zuletzt: Rudolf *Morsey*, Fritz Gerlich, in: Karl-Joseph *Hummel*, Christoph *Strohm* (Hrsg.), Zeugen einer besseren Welt. Christliche Märtyrer des 20. Jahrhunderts. Leipzig 2000, S. 37–57.

[29] Text: B. *Stasiewski* (Bearb.), Akten deutscher Bischöfe I, S. 843 f.

[30] Druck: H. *Müller*, Katholische Kirche, S. 41.

[31] Dazu vgl. das Kapitel "Die Schicksalskurve der Zentrumspartei", in: Heinz *Hürten*, Deutsche Katholiken 1918–1945. Paderborn 1992, S. 86–118. Zu Johannes Schauff (1902–1990) vgl. die Biographie von Dieter Marc *Schneider*. München 2000.

[32] Dazu vgl. zuletzt Herbert *Hömig*, Brüning. Kanzler in der Krise der Republik. Paderborn 2000.

Der Aufstieg des Nationalsozialismus war auch im Zentrum mit Besorgnis registriert, die NSDAP jedoch zunächst nicht als staatsgefährdend angesehen worden. Erst nach deren überraschenden Erfolgen im Winter 1929/30 begann die Zentrumspartei eine systematische Auseinandersetzung mit Programm und Praxis des Nationalsozialismus. Dabei bereitete der offenkundige Zusammenhang von wirtschaftlicher Not und Radikalisierung besonders der Jugend ebenso Sorge wie die Erkenntnis, dass die NS-Ideologie "stimmungsmäßig" auch "vielen Katholiken" entgegenzukommen schien, weil diese – wie "Das Zentrum" im April 1930 schrieb – "symbolfähiger sind, den abstrakten, puritanischen Staat nicht lieben, weil sie mit der Idee der Hierarchie von der Kirche her vertraut sind; den Ruf nach Autorität, Disziplin, besonders in sittlicher Hinsicht für berechtigt halten". [33]

Dennoch blieb auch nach Hitlers Wahlsieg vom September 1930 – bei manchem Verständnis des Kampfes seiner Partei gegen Liberalismus, Rationalismus, Skeptizismus und Materialismus – die unüberbrückbare Kluft zwischen ihr und dem Zentrum bestehen. [34] Kirchenfreundliche Äußerungen einzelner NS-Agitatoren wurden als Beschwichtigungsformeln entlarvt und die Forderung Hitlers, den zwischen dem Hl. Stuhl und Mussolini 1929 zustande gekommenen (und als kirchliche Anerkennung des Faschismus umgedeuteten) Vertrag zu übernehmen, die "strukturellen Unterschiede" der religiös-politischen Verhältnisse entgegengehalten. Die wenige Monate später erfolgte Ablehnung des preußischen Konkordats durch die Landtagsfraktion der NSDAP bestätigte die bisherige Einschätzung.

Wie sehr Kirche und politischer Katholizismus in der Beurteilung des Nationalsozialismus übereinstimmten, wurde auch darin deutlich, dass die Zeitschrift "Das Zentrum" 1931 alle Kundgebungen der Bischöfe gegen den Nationalsozialismus nachdruckte. [35] Dennoch kam es im Sommer 1932 zwischen Zentrum und NSDAP vorübergehend zu einer Annäherung, nachdem sich die politische Situation durch den Sturz von Reichskanzler Brüning verändert hatte. Aus der Empörung über dessen Nachfolger Franz von Papen (seit 2. Juni 1932), den früheren Rechtsaußen im preußischen Zentrum, der als "Verräter"

---

[33] Das Zentrum 1 (1930), S. 234. Zur durchgehaltenen republikanisch-antidiktatorischen Grundeinstellung der Zentrumsjugend (Windthorstbunde) vgl. Wolfgang *Krabbe*, Die gescheiterte Zukunft der Ersten Republik. Jugendorganisationen bürgerlicher Parteien im Weimarer Staat (1918–1933). Opladen 1995, S. 65–110.

[34] Dazu vgl. Rudolf *Morsey*, Historische Überblicke: 1918–1933, in: Lexikon der Christlichen Demokratie in Deutschland, hrsg. von Winfried *Becker* u.a. Paderborn 2002, S. 35–43; *ders.*, Zentrumspartei (bis 1933), ebd., S. 695–699; Joachim *Maier*, Die katholische Kirche und die Machtergreifung, in: Wolfgang *Michalka* (Hrsg.), Die nationalsozialistische Machtergreifung. Paderborn 1984, S. 152–167.

[35] 1932 fasste die Redaktion alle Beiträge über die Entwicklung, Geisteshaltung und Ziele des Nationalsozialismus in einer 72seitigen Broschüre zusammen. Berlin 1932.

galt, sowie als Konsequenz aus dem erwähnten Wahlsieg der NSDAP am 31. Juli resultierten Überlegungen, Papen mittels einer braun-schwarzen Koalition abzulösen, mit einer parlamentarischen Mehrheitsbildung wieder verfassungsgemäße Zustände herzustellen und gleichzeitig die stärkste politische Kraft in Deutschland in der Regierungsverantwortung zu "zähmen".

Die mit kalkuliertem Risiko begonnenen Verhandlungen im August und September 1932 wurden von der Bayerischen Volkspartei (BVP) – die sich 1918 vom Zentrum getrennt hatte [36] – unterstützt. Sie scheiterten rasch an unüberbrückbaren Gegensätzen. Auch die Hoffnung auf eine Spaltung der NSDAP erfüllte sich nicht. Die im September 1932 erfolgte erneute Auflösung des Reichstags verschärfte die Staatskrise, auch wenn der Ausgang der Wahl vom 6. November die Hitler-Bewegung schwächte (Rückgang auf 33,1 %; Zentrum: 11,9 %, BVP: 3,1 %). Die im Winter 1932/33 geltende Zielsetzung des Zentrums: Bildung einer "nationalen Sammlung" als Voraussetzung für die Überwindung der Staatskrise und der Wirtschaftsnot, führte die Partei wenig später in eine Sackgasse. Zwar kam eine solche "Not- und Arbeitsgemeinschaft" am 30. Januar 1933 zustande, allerdings in einer anderen Konstellation und auf eine Art und Weise, durch die der politische Katholizismus von vornherein von einer Koalitionsbildung ausgeschlossen blieb.

Verhalten und Untergang des politischen Katholizismus

Von der Betrauung Hitlers mit dem Reichskanzleramt wurde auch die Zentrumspartei überrascht und durch unzutreffende Begründung der Regierung über dessen angeblich mangelnde Bereitschaft zu Koalitionsverhandlungen auch noch düpiert. Vizekanzler von Papen und der neu ins Kabinett gelangte Vorsitzende der Deutschnationalen Volkspartei, Alfred Hugenberg, galten im katholischen Volksteil zunächst für gefährlicher als Hitler.

Die Zentrumsabgeordneten sahen sich als Gefangene ihrer Sammlungsparole. Gegen die terroristischen und propagandistischen Begleiterscheinungen der zielbewusst vorangetriebenen Machtbefestigung stellten sie die eigene "nationale Arbeit" in der Vergangenheit betont heraus und aktualisierten die traditionelle Zentrumsdevise: "Für Wahrheit, Recht, Freiheit". Bei der Neuwahl des Reichstags am 5. März gelang es der Hitler-Bewegung, obwohl sie im Wahlkampf alle staatlichen Machtmittel genutzt hatte, nur in den überwiegend katholisch besiedelten Gebieten des Reiches nicht, eine Mehrheit der Wähler zu gewinnen. Die Immunisierung der Zentrumsanhänger (11,2 % Wähleranteil) ist um so höher zu veranschlagen, als sich darunter viele Angehörige des

---

[36] Vgl. Winfried *Becker*, Bayerische Volkspartei, in: Lexikon der Christlichen Demokratie, S. 430–433.

alten Mittelstands und Bauern befanden, die sonst eine besondere Anfälligkeit gegenüber der NSDAP zeigten. Der Wähleranteil der stärker konservativ-autoritären Bayerischen Volkspartei sank von 3,1 % auf 2,7 % ab.

Trotz der von den Koalitionsparteien NSDAP und DNVP erzielten absoluten Parlamentsmehrheit und der durch verfassungsändernde Notverordnungen (4. und 28. Februar sowie 21. März 1933) bereits fest etablierten Herrschaft forderte die Regierung vom Reichstag eine Ermächtigung zur alleinigen Gesetzgebung. Die Abgeordneten des Zentrums und der BVP schwankten zwischen der Hoffnung auf ein Auslaufen der revolutionären Welle und dem Funktionieren des Zähmungskonzepts. Sie suchten den Umfang der Ermächtigung in dem am 21. März eingebrachten Entwurf des "Gesetzes zur Behebung der Not von Volk und Reich" in Verhandlungen mit Hitler und Innenminister Wilhelm Frick einzugrenzen. Damit schienen sie Erfolg zu haben. In seiner auf Verständigungsbereitschaft abgestellten Regierungserklärung am 23. März machte der Reichskanzler unerwartete Zusagen. Diese betrafen die Sicherung verfassungsmäßiger Institutionen und Rechte, ergänzt durch kulturpolitische Zugeständnisse. [37] Das Gesamt dieser Konzessionen gab schließlich den Ausschlag dafür, dass alle Abgeordneten des Zentrums und der Bayerischen Volkspartei dem Gesetz zustimmten.

Dieses alternativlose "Ja" war ein verzweifelter, verhängnisvoller und zudem, wie sich angesichts der inzwischen bestehenden Machtverhältnisse rasch herausstellte, vergeblicher nationaler Anpassungsversuch. Er stellte allerdings nicht die entscheidende Etappe im Prozess von Hitlers Machtbefestigung dar, verschaffte jedoch der Regierung eine zusätzliche parlamentarische Absicherung. Diese Linie des Entgegenkommens wurde am 17. Mai 1933 fortgesetzt, wobei jetzt sogar die bereits dezimierte SPD-Fraktion einer außenpolitischen Erklärung Hitlers zustimmte.

Der "Zentrumsturm" zeigte inzwischen schon ernste Risse. Innerhalb der Anhängerschaft dieser Partei, die wochenlang führer- und weisungslos war, wuchsen Unsicherheit und Verwirrung. Der Vorsitzende, Prälat Ludwig Kaas, hielt sich seit dem 8. April in Rom auf. Er ließ nicht erkennen, dass er dort – in resignativer Beurteilung jeder Fortsetzung politischer Tätigkeit im Reich – an Geheimverhandlungen mitwirkte, die rasch zum Abschluss eines Reichskonkordats führten. Sein Nachfolger im Vorsitz des Zentrums (seit 6. Mai), Exkanzler Brüning, konnte nur noch in hilfloser Untätigkeit, kompensiert durch organisatorischen Leerlauf unter Herausstellung des Führerprinzips, zusehen, wie die von der braunen Staatspartei forcierte Gleichschaltung fortschritt, ohne irgendwo auf Widerstand zu stoßen. Am 4. Juli 1933 musste sich die BVP,

---

[37] Zusammengestellt und verglichen mit den Zentrumsforderungen bei Rudolf *Morsey*, Das "Ermächtigungsgesetz" vom 24. März 1933. Düsseldorf 1992, S. 49–52.

einen Tag später das Zentrum als letzte der Weimarer Parteien selbst auflösen, um einem drohenden Verbot zuvorzukommen.

Die inzwischen durch Terror und Propaganda erreichte, pseudolegal abgestützte und durch Hindenburgs Autorität gedeckte Befestigung der nationalsozialistischen Diktatur hatte auch im politischen Katholizismus Spuren hinterlassen. In dessen lautlosem Untergang "unter den Stürmen einer neuen Zeit" – wie es in der Abschiedskundgebung der Reichsleitung des Zentrums hieß [38] – war nirgendwo der Wille zum Überleben sichtbar. Der Glaube an Hitler als Obrigkeit und Retter sowohl vor äußeren Gefahren (Bolschewismus) als auch vor terroristischem Fortgang der braunen Revolution war noch groß, die Brutalität der neuen Machthaber noch nicht als Wesensbestandteil ihrer Herrschaft wahrgenommen, die Hoffnung auf ein "Abwirtschaften" der Regierung und auf die Reichswehr als Eingreifreserve noch nicht aufgegeben.

Verleumdungen der Nationalsozialisten, wie die von der Mitschuld des Zentrums an 14 Jahren angeblicher "Schmach und Erniedrigung des deutschen Volkes", verunsicherten deren Anhänger allerdings weniger als brutale "Säuberungen". Das inzwischen erfolgte Abrücken der Kirche von ihrer Frontstellung gegen den Nationalsozialismus erleichterte den Abschied von der alten Fahne. Der nur drei Tage nach dem Untergang des Zentrums erfolgte spektakuläre Abschluss eines Reichskonkordats schien eine neue Ära im Verhältnis zwischen Kirche und Staat einzuleiten und die bisherige Schutzfunktion konfessioneller Parteien überflüssig zu machen. Auch wenn dieser Vertrag nicht deren Preisgabe durch den Vatikan bedeutete, so wurde er von manchen ihrer Anhänger doch so empfunden. [39]

Kirchlicher Positionswechsel: Vertrauensvorschuss gegenüber der neuen Obrigkeit

Nach der verfassungskonformen Kabinettsbildung vom 30. Januar 1933 befand sich der Episkopat wegen seiner Verurteilung der nationalsozialistischen Weltanschauung in einer schwierigen Situation. Der autoritäre Führer der NSDAP besaß als Reichskanzler Anspruch auf staatsbürgerlichen Gehorsam. Die Position der Regierung wurde durch den Ausgang der neuen Reichstagswahl vom 5. März noch gestärkt. Dabei machte das Wahlergebnis allerdings deutlich, dass eine Eingliederung des katholischen Volksdrittels in den "neuen Staat", wie ihn vor allem Vizekanzler von Papen anstrebte, im ersten Anlauf misslungen war.

---

[38] Druck: Rudolf *Morsey*, Die Deutsche Zentrumspartei, in: Erich *Matthias*, Rudolf *Morsey* (Hrsg.), Das Ende der Parteien 1933. Düsseldorf 1960, S. 439–441.
[39] Dazu vgl. das Kapitel "Das Reichskonkordat" bei H. *Hürten*, Katholiken, S. 231 ff.

Noch am 18. März ging Kardinal Bertram in einem Gespräch mit ihm davon aus, dass es Sache der NSDAP sei, ihre Haltung zur Kirche zu revidieren. Das Unerwartete trat bereits fünf Tage später ein: In der erwähnten Regierungserklärung vom 23. März entkräftete Hitler wesentliche Besorgnisse des Episkopats durch eine Reihe von Zusagen über die christentumsfreundliche Einstellung der Regierung und eine friedliche Ausgestaltung des Verhältnisses von Staat und Kirche, bis hin zu der Erklärung, die Beziehungen des Reiches zum Hl. Stuhl auszugestalten. Als im Anschluss an diese Erklärung auch die Abgeordneten der beiden katholischen Parteien dem Ermächtigungsgesetz mit ihren Stimmen zur Annahme verholfen hatten, war eine neue Situation geschaffen und gleichzeitig die Kirche ihres bisherigen parlamentarischen Schutzes beraubt. Zahlreiche Katholiken befanden sich in einem Dilemma zwischen Glaubenstreue und staatsbürgerlichem Gehorsam. Episkopat und Seelsorgsklerus wurden bedrängt, die kirchliche Verurteilung des Nationalsozialismus, die von verantwortlicher Mitarbeit im "neuen Staat" abhielt, aufzuheben. Einer weiteren beruflichen Mitarbeit glaubten sich auch viele Katholiken, vor allem aus Gründen der Existenzsicherung, aber auch aus Verblendung, nicht entziehen zu können.

Durch eine überstürzte Initiative von Kardinal Bertram erging bereits am 28. März 1933 eine entsprechende Kundgebung der Fuldaer Bischofskonferenz, die innerhalb des Episkopats nur ungenügend abgestimmt worden war. Sie hob die "Verurteilung bestimmter religiös-sittlicher Irrtümer" des Nationalsozialismus zwar nicht auf, bezeichnete aber unter Bezugnahme auf die kulturpolitischen Zusagen des Reichskanzlers vom 23. März die bisherigen "allgemeinen Verbote und Warnungen" als nicht mehr notwendig.[40] Dieser Vertrauensvorschuss bedeutete keine dogmatische Preisgabe der eigenen Lehre. Er wurde gleichwohl vom Kirchenvolk als kirchenpolitische "Entwarnung" teils begrüßt, teils aber auch mit Unverständnis aufgenommen.

Der unerwartet rasche kirchliche Positionswechsel war *ein* Grund für ein verändertes Verhalten vieler Katholiken gegenüber dem "Dritten Reich". Ein anderer lag in der Besorgnis, im Zuge der von der "nationalen Revolution" ausgehenden Suggestion aus der – unter ganz anderen Vorzeichen erstrebten – Volksgemeinschaft ausgeschlossen und erneut in eine Minderheitsposition abgedrängt zu werden. Schließlich schien der wenig später (und ebenfalls überraschend schnell) zustande gekommene Abschluss des Reichskonkordats, der seit 1920 von republikanischen Regierungen vergeblich erstrebt worden war, den Zielsetzungen einzelner "Brückenbauer" zwischen Kirche und nationalsozialistisch geführtem Staat Recht zu geben.

---

[40] Text: B. *Stasiewski* (Bearb.), Akten I, S. 30 ff.

Hitlers "Geniestreich" des Konkordatsabschlusses war nach der Selbstausschaltung des Reichstags möglich geworden durch weitgehende Konzessionen der Reichsregierung (vor allem Garantie der Bekenntnisschule und der katholischen Organisationen). Der für den Vertragsabschluss von der Kurie gezahlte Preis – das Verbot parteipolitischer Betätigung für Geistliche nach dem Vorbild des italienischen Konkordats von 1929 [41] – erwies sich jedoch für die Regierung als unverwertbares Zugeständnis; denn die damit erstrebte raschere Ausschaltung des politischen Katholizismus durch Rückzug der "Zentrumsprälaten" und "Zentrumskapläne" war inzwischen bereits infolge des staatlichen Drucks auf die Reste des parlamentarischen Systems erreicht worden. So erwies sich das Reichskonkordat künftig als völkerrechtlicher Schutzwall, von dem aus die Kurie für die inzwischen ihrer Bastionen beraubten und von einem neuen Kirchenkampf bedrohten Katholiken eintreten konnte.

Das Verhalten des politischen Katholizismus in der Phase seiner Auflösung und das des Episkopats sowie des Vatikans im Frühsommer 1933 war nicht kausal miteinander verknüpft. Gerade die unkoordinierte Verschränkung ihrer Aktionen kam der Hitler-Regierung entgegen. Sie erleichterte auch illusionäre Argumentationen einzelner Autoren, die einen "katholischen Zugang zum Nationalsozialismus" entdeckten [42], ohne damit jedoch das Kirchenvolk in seiner Breite beeindrucken zu können. Die katholische Volksminderheit, die weder den Aufstieg der Nationalsozialistischen Deutschen Arbeiterpartei und 1933 deren "Machtergreifung" verursacht noch zum anschließenden Wahlsieg der NSDAP beigetragen hat, ist nicht mit "festem Schritt und Tritt" in das "Dritte Reich" hineinmarschiert. Sie hat allerdings dessen Machtbefestigung auch nicht zusätzlich erschwert. Hingegen vermochte sich der Katholizismus als Institution und soziale Großgruppe, trotz des Verschwindens der konfessionellen Parteien, der allgemeinen "Gleichschaltung" zu entziehen, die 1933 so rasch zu dem von den Machthabern erstrebten Ziel führte.

---

[41] Die Unterschiede zwischen der Klausel von 1929 und 1933 sind allerdings zu beachten: Das Verbot der parteipolitischen Betätigung durch den Klerus war in Italien schon seit 1924 geltendes innerkirchliches Recht, während es in Deutschland erst innerkirchliches Recht werden sollte. Vgl. Konrad *Repgen*, Die "Entpolitisierung" des italienischen Klerus in den Jahren 1922 bis 1924 und die Entpolitisierungsklauseln des Lateran- und des Reichskonkordats, in: Joseph *Listl*, Herbert *Schambeck* (Hrsg.), Demokratie in Anfechtung und Bewährung. Berlin 1982, S. 725–754.

[42] So der Titel der gleichnamigen Broschüre des Kirchenhistorikers Josef *Lortz*. Münster 1933, 2. Aufl. 1934 ("Mit kirchlicher Druckerlaubnis").

Judenpogrom, Rassenideologie und katholische Kirche im Jahre 1938

Konrad Repgen

Gedenktage und Zeitgeschichte

Seit einiger Zeit gewinnt die öffentliche Vermittlung zeitgeschichtlicher Vorstellungen durch die Aktualisierung jüngster Geschichte bei den *Gedenktagen* zunehmend an Bedeutung. Wir begehen dort, veranlaßt durch ein formaläußerliches Kriterium, etwa den Ablauf von 25, 40 oder 50 Jahren, die Erinnerung an bestimmte Ereignisse und Begebenheiten. Dies bewirkt gelenkte Erinnerung, und das hat gute und schlechte Seiten – je nachdem, welche Funktion man der Zeitgeschichte zumessen will. Wer durch Nachdenken über Zeitgeschichtliches auf das gegenwärtige und zukünftige Verhalten der Menschen einwirken möchte, wird positiv beurteilen, daß solche Gedenktage Anlaß bieten, den eigenen Standort, das eigene Programm für das Heute und Morgen, im Ja und Nein zu der jeweiligen zeitgeschichtlichen Begebenheit zu verdeutlichen – zustimmend, abgrenzend, oder wie auch immer. Zeitgeschichtlich Position zu beziehen, ist hier offenkundig etwas sehr Anderes als zweckfreie Rückerinnerung: es dient als Vehikel praktischer Philosophie, hat also mit Normen zu tun, und kann dann ein Politikum hohen Grades werden. Das ist jedem deutlich geworden, als der Bitburger Soldatenfriedhof im Frühjahr 1985 wie über Nacht höchsten politischen Stellenwert gewann. Da ging es nicht mehr um geschichtliche Erkenntnis, sondern um moralisch artikulierendes politisches Bekenntnis, im Konsens wie im Dissens. Die zeitgeschichtliche Erinnerung, die beschworen werden sollte, war instrumentalisiert.

Dieser Instrumentalisierung der zeitgeschichtlichen Erinnerung kommt entgegen, daß die Gedenktage sich in der Regel wie ein Richtstrahl auf etwas Punktuelles richten und den Gesamtzusammenhang des Geschichtlichen eher im Dunkel lassen. Das Unbeleuchtete bleibt unerörtert, und das Nicht-Erinnerte wird erörterungsunfähig. Es wird weniger im Besonderen das Allgemeine aufgezeigt, vielmehr das Einzelne auf Kosten des Allgemeinen isoliert;

es wird leicht das Gesamte der Geschichte auf die jeweilige ereignisgeschichtliche Begebenheit reduziert, also die Beschreibung der Zusammenhänge vernachlässigt und von den strukturgeschichtlichen Vorbedingungen abstrahiert; es wird also die Vermittlung historischer Konstrukte begünstigt, die zu schmal sind. Aus Lenkung kann Ablenkung werden. Dies ist eine nicht notwendige, aber häufige Folge der Erinnerungslenkung durch Gedenktage. Das spricht nicht gegen Gedenktage, deren jedes Sozialgebilde ebenso selbstverständlich bedarf, wie der Einzelne – in der Regel mit zunehmendem Alter mehr – seines privaten Geburts- oder Hochzeitstages "gedenkt". Für die großen Sozialgebilde (wie Staat und Kirche) sind die Gedenktage ein unentbehrliches Element der Integration. Das ist gut so, sofern auch dann die Vernunft als regulative Idee die Herrschaft behält.

Der Judenpogrom vom 10. November 1938

Über solche Grundgegebenheiten unseres lebensweltlich-politischen Umgangs mit der Zeitgeschichte nachzudenken, besteht durchaus Anlaß, weil in wenigen Wochen öffentlich daran zu erinnern ist, daß 50 Jahre seit dem schändlichen Judenpogrom vom November 1938 vergangen sein werden, den niemand vergessen wird, der ihn auch nur aus der Ferne miterlebt hat. Es ist nämlich zu befürchten, daß die Massenmedien in der Gewohnheit, an eingefleischten Legenden festzuhalten [1], die schrecklichen Geschehnisse vom 10. November 1938 [2] zwar breit und farbig – und im Einzelfall auch durchaus richtig – schildern, aber in nachgewiesenermaßen falsche Zusammenhänge einordnen und dem Pogrom für die Judenpolitik Hitlers, deren Weg nach Auschwitz geführt hat, einen Stellenwert beimessen, der ihm nicht zukommt: Der öffentliche Terror dieses Tages war weder notwendig noch zwingend erforderlich, um den Weg zur physischen Vernichtung der deutschen Juden endgültig zu ebnen und diese bereits weitgehend entrechtete und pauperisierte Bevölkerungsgruppe ihrer noch vorhandenen wirtschaftlichen, sozialen und finanziellen Lebensmöglichkeiten zu berauben. Es nimmt den Novemberereignissen von vor 50 Jahren nichts von ihrer furchtbaren Realität, daß sie in keinem Drehbuch mit festen Plänen und fixen Terminen für die deutsche Judenpolitik von 1933 bis 1942 vorgemerkt waren. Wohl aber gab es einen in sich, von den Voraussetzungen

---

[1] Uwe Dietrich *Adam,* Wie spontan war der Pogrom?, in: Walter H. *Pehle* (Hrsg.), Der Judenpogrom 1938. Frankfurt 1988 (Fischer Tb. 4396), 74–93, auch zum folgenden.

[2] Am 8. November hat es an einigen Orten in Hessen und Magdeburg-Anhalt von Lokalgrößen inszenierte Pogrome gegeben, am 11. und 12. an einigen Stellen im Reich einige "Nachhol-Aktionen". Der eigentliche Pogrom konzentrierte sich aber auf die Zeit von etwa Mitternacht des 9. zum 10. bis zum Abend des 10. November.

her, konsequenten "Reifungs- und Entfaltungsprozeß"[3] der sozialdarwinistischen Rassenideologie, die als Antriebselement der nationalsozialistischen Politik allgemein (nicht nur der Judenpolitik) kaum zu überschätzen ist; denn sie war Hitlers (Pseudo-) Religion. Auch deshalb ist die zeitgenössische Vokabel "Kristallnacht" (oder: "Reichskristallnacht")[4] eine ganz unangemessene Verharmlosung. Es handelte sich um erheblich mehr als um zerschlagenes Kristall in großbürgerlichen Villen und Luxusgeschäften (was bereits schlimm genug gewesen wäre); es handelte sich um potenziertesten Terror in allen Teilen des Reiches, um wirkliche Pogrome im bösen und wahren Sinne des Wortes, es war von oben angeregte und befohlene und unten organisierte und ausgeführte *terroristische Gewalt gegen Menschen und Sachen* im weitesten Umfang.

Die offenbar improvisierte "Aktion" ist von Goebbels, sicherlich in Absprache (etwa am 8./9. November) mit Hitler, der nach außen im Hintergrund blieb, durch eine Rede am Ende eines Essens der Spitzenfunktionäre der Partei am Abend des 9. November gegen 22 Uhr in Gang gebracht, unmittelbar danach in telefonische Anweisungen an die Parteigliederungen umgesetzt und am Abend des 10. November, wiederum durch Goebbels, nunmehr öffentlich, für "beendet" erklärt worden. Der Pogrom wurde – fast stets unter staatlich, von oben, befohlener Duldung durch die lokale Polizei – in den ländlichen Gemeinden oft von den örtlichen Parteigrößen, in den Städten meist von SA-Führern geleitet und von deren Gesinnungsgenossen, auch vom Straßenmob und, gelegentlich, auch von sonst ganz "normalen", wie in Massenpsychose versetzten, meist jüngeren Menschen besorgt.

Begleitet wurden diese Ausschreitungen von einer großen Verhaftungswelle. Ihr Opfer wurde – statistisch gesehen – etwa jeder 8. oder 9. der jüdischen Männer, meist Wohlhabende. Sie wurden dadurch gefügig gemacht, eine riesige Vermögensabgabe (1 Milliarde Mark) zu leisten, die die Reichsregierung am 12. November als "Sühne" für die Ermordung des deutschen Diplomaten vom Rath durch einen jungen jüdischen Attentäter verfügt hat. Die Juden sollten zur Emigration gedrängt werden.

Dieser Mord diente also nicht nur als Anlaß für die Auslösung des Pogroms, der Ausschreitungen des 10. November, die im Mittelpunkt unserer Erörterungen stehen, und deren Bilanz grauenhaft ist. Ich nenne nur: 91 Tote; Hunderte von Synagogen verbrannt und verwüstet und Friedhöfe geschändet; viele tausend Geschäfte ebenso wie ungezählte Wohnungen demoliert und geplündert – von zahllosen einfachen, gefährlichen und schweren Körperverletzungen, von Nötigung und anderem ganz zu schweigen. Bedenkt man, wieviel

---

[3] Hermann *Graml,* Zur Genesis der "Endlösung" (1986). Nachdruck in P*ehle* (wie Anm. 1), 160–175, hier 166 f.

[4] Dazu H. *Lauber,* Judenpogrom. "Reichskristallnacht" November 1938 in Großdeutschland. Gerungen 1981, 41–46.

einzelne Straftaten sich hinter diesen dürren Zahlen verbergen, so wird deutlich, daß das geltende Strafrecht am 10. November den Kurswert Null hatte. Die zuständigen Justizbehörden blieben in der Regel auch nachher aus der eigentlich fälligen Strafverfolgung ausgeschaltet [5]. Die meisten der zahllosen Delikte dieses Tages sind daher, wenn überhaupt, erst nach 1945 gerichtlich geahndet worden. In den Novemberpogromen wurde also das Fundament des Rechtsstaates – weithin sichtbar – "angebohrt und gesprengt" [6]. Offenbar hieß das Grundgesetz für Staat und Gesellschaft 1938: "Als Recht gilt, was der Bewegung nützt; als Unrecht, was ihr schadet" [7]. Die Machthaber standen, agierten und kommandierten außerhalb des Rechts und beanspruchten, daß dies rechtens sei.

Ein belgischer Augenzeuge des Kölner Pogroms

Goebbels hatte die Zeitungen zunächst gezwungen, die apokalyptischen Geschehnisse des 10. November als "tiefste Empörung des deutschen Volkes" über das Attentat an vom Rath zu kommentieren und den Pogrom als "spontane judenfeindliche Kundgebungen" zu qualifizieren. Vor der Auslandspresse hat er sogar die Demolierungen und Plünderungen dreist bestritten [8]. Da sich die Szenen aber vor aller Augen abgespielt hatten, ließ diese Version sich nicht durchhalten, so daß die Propaganda bald umsteuern mußte. Intern räumte die Spitze des Regimes im Februar 1939 ein: "Auch die Öffentlichkeit weiß bis auf den letzten Mann, daß politische Aktionen wie die des 9. (!) November von der Partei organisiert und durchgeführt sind, ob dies zugegeben wird oder nicht" [9]. Die Menschen hatten das aus dem, was sie sehen und hören konnten, im November 1938 erschlossen.

Sehr deutlich wird dieser Sachverhalt in einem erst jüngst bekannt gewordenen, instruktiven Bericht des belgischen Generalkonsuls in Köln vom 12. November [10]. Dieser hat den Pogrom klug beobachtet, deutlich beschrieben und klar bewertet und ist daher eine erstklassige Quelle, zumal er das Einzelne

---

[5] Vgl. Lothar *Gruchmann*, Justiz im Dritten Reich. München 1988, 484–496. Eine unvollständige Aufzählung der Straftatbestände bei Wilfried *Mairgünther*, Reichskristallnacht. Kiel 1987, 135.

[6] Hermann *Graml*, Der 9. November 1938. "Reichskristallnacht". Bonn 1953, 3.

[7] Formulierung des Dienststrafrechts der SA (1933), Punkt 6: vgl. *Gruchmann* (wie Anm. 5), 493 Anm. 31.

[8] Vgl. Bericht Lochners, in: *Ursachen und Folgen*, XII. Berlin o. J., 586 f.

[9] Bericht des Obersten Parteigerichts vom 13. Februar 1939 (= Nürnberger Dok. PS-3063): *Der Prozeß gegen die Hauptkriegsverbrecher (IMG)*. XXX3I. Nürnberg 1948, 20–29.

[10] G. van Schendel. Zum folgenden vgl. Konrad *Repgen*, Ein belgischer Augenzeuge der Judenpogrome im November 1938 in Köln, in: Harald *Dickerhof(Hrsg.)*, Festgabe Heinz *Hürten* zum 60. Geburtstag. Frankfurt/Main u. a. 1988, 397–419.

in allgemeinere Zusammenhänge einzuordnen suchte. Sein Hauptthema war der Nachweis, daß die einheitliche Kommentierung der deutschen Presse auf Regie von oben zurückzuführen sei, weil die beobachtbaren Tatsachen in unüberbrückbarem Widerspruch zu Goebbels Behauptungen stünden. Er selbst habe sich am Donnerstagnachmittag (10. November) das Zerstörungswerk angesehen. Daraus ergebe sich eindeutig: "Es war eine befohlene Sache".

Dies erschloß er aus dem völlig passiven Verhalten der Zuschauer und Passanten, die an den Geschäftsverwüstungen, welche von "Menschen der untersten Schicht" besorgt wurden, ganz unbeteiligt blieben. "Vor einem großen Luxusmöbel-Geschäft stand eine große Menschenmenge mit bekümmerten Gesichtern. Kein Schrei, keine Beleidigung". Das gleiche vor einem Lampengeschäft an einer der großen Ausfallstraßen nach Westen, wo eine "amorphe Menge, darunter mehrere Nazis in Uniform, ruhig die wilden Szenen beobachtete", und nicht anders vor einer Lederhandlung auf der belebtesten Geschäftsstraße der Innenstadt, ehe die Zerstörung begann: "Niemand protestierte; einige Passanten lächelten, vielleicht aus Feigheit; und das Publikum wartete auf die ersten Hammerschläge gegen die Fensterscheiben". Die "sogenannten 'spontanen Kundgebungen' vollzogen sich ohne Geschrei, ohne Schimpfwort, sogar ohne eine einzige Drohung".

Ähnliches war ihm vom Düsseldorfer Konsul berichtet worden. Die Passanten hätten die Verwüstungen in den Geschäften der berühmten Königsallee traurig betrachtet. Gegenüber den Juden sei nirgends auch nur die geringste Erregung zu verspüren gewesen, eher Mitleid. In Düren seien die Zerstörungen das Werk von etwa zwanzig, mit einem Lastwagen eigens von außen antransportierten Westwallarbeitern gewesen; die Feuerwehr habe nicht den Brand der Synagoge bekämpft, sondern ein Übergreifen des Feuers auf die Umgebung. Die Bonner Feuerwehr sei sogar schon vor der Brandstiftung der Synagoge angerückt. Hinzu kamen eindeutige Informationen von Polizeiseite. Für den belgischen Diplomaten war klar: es handele sich um von oben, von Berlin aus, gesteuerte Aktionen.

Diese Beobachtungen ergänzen sich gut mit dem, war der britische Generalkonsul von Köln am 14. November nach London berichtete – etwas kühler und distanzierter, aber sachlich nicht anders [11]. Nach seinen Informationen herrschte im Mittelstand, der nervös sei, Ablehnung vor, auch wenn diese sich nicht öffentlich zu äußern wage. Eine Frau, die in der Straßenbahn offen ihre Meinung gesagt habe, sei sofort von einem Nazitrupp verhaftet worden. Noch deutlicher formulierte in dieser Hinsicht der Belgier: "Mehrere Personen haben meinen hier bereits länger wohnenden Kollegen, die vertraulichen Kontakt zu den besseren Kreisen der Kölner Gesellschaft haben, ihren Abscheu über diese

---

[11] Text: Anselm *Faust,* Die "Kristallnacht" im Rheinland. Düsseldorf 1987, 166 f.

organisierten Szenen zum Ausdruck gebracht. Sie schämten sich, Deutsche zu sein".

Am 15. November hat der belgische Diplomat erneut und zusammenfassend über die Vorfälle berichtet und die Niederschrift eines "hochgestellten Katholiken" mit guten Beziehungen zur Kölner Kirche beigefügt [12]. Dessen Niederschrift ist, über das Lokalgeschichtliche hinaus, interessant in dem, was sie über die Haltung der Bevölkerung sagt. Der Kreis der am Pogrom aktiv Beteiligten setzt sich für diesen Gewährsmann einerseits aus SS- [13] und SA-Leuten und anderen Parteimitgliedern zusammen, zum andern betont er, daß es junge, bereits nationalsozialistisch erzogene Menschen gewesen seien, die infolgedessen das Privateigentum nicht mehr achteten und keinen Respekt vor der Nation hätten, womit wohl gemeint ist, daß der Pogrom als etwas, das eines Deutschen unwürdig sei, empfunden werden müsse, als etwas, welches das Ansehen der Nation beflecke. Ins Politische übersetzt, würde dieses Urteil lauten: Die Nationalsozialisten und die von ihnen beeinflußten jungen Menschen, die sich mit Eifer und Begeisterung an den Verwüstungen beteiligten, verhalten sich antinational, während "national" diejenigen sind, die an den Greueln und Freveltaten Anstoß nehmen. Wer Mitleid mit den Juden geäußert habe, sei brutal zurechtgewiesen oder sogar mißhandelt worden. Der urteilsfähige Teil der erwachsenen Bevölkerung habe sich von den sadistischen Vandalenakten ferngehalten, und man habe oft hören können: "Eine Schande. Wir müssen uns schämen, Deutsche zu sein". Die Bevölkerung sei in höchstem Grade empört über die lügenhafte Propaganda Dr. Goebbels', der von spontaner Volkswut spreche, während es sich um von der Partei organisierten und bis ins Detail hin systematisch vollführten Terror handele. Ebenso entrüstet sei man darüber, daß nun die Juden auch noch selbst für die Schäden aufkommen müßten [14], die doch nicht vom angeblichen Volkszorn verursacht wären, sondern von Organisationen des Regimes.

Diese Beobachtungen und Einschätzungen ergänzte der Belgier durch eine Bewertung dessen, was die Bevölkerung insgesamt getan und unterlassen habe. Daraus ergab sich für ihn als "Lektion" der "tatsächlich bolschewistische Charakter dieser letzten Tage". Seine Darstellung greift erneut auf die Schilderung der Ereignisse des 10. November zurück. Er betont besonders die Angrif-

---

[12] Text: *Repgen* (wie Anm. 10), 415 ff.
[13] Die SS sollte sich im Allgemeinen von den Pogromen fernhalten, auf Weisung Hitlers und Himmlers; es gab aber auch andere, örtlich bedingte Teilnahme am Pogrom: vgl. für den Niederrhein (Geldern, Xanten) *Faust* (wie Anm. 11), 93.
[14] Laut Verordnung Görings (als Beauftragten für den Vierjahresplan) vom 12. November 1938 *(Ursachen* [wie Anm. 8] 603 f.) mußten die Juden, die Betroffenen, die Schäden an Gewerbebetrieben und Wohnungen auf eigene Kosten beseitigen, während die Versicherungsleistungen für diese Schäden dem Reich zufielen.

fe auf Leib und Leben jüdischer Menschen in Duisburg, Witten und Düsseldorf und wiederholt, daß es sich nicht um spontane, sondern um organisierte Aktionen gehandelt habe, an denen von "ziviler" Seite nur Pöbel und junge Leute "im Sold der SS" teilgenommen hätten. Daß das Dritte Reich diese unglaublichen Vorgänge der gesamten deutschen Bevölkerung anlaste, empörte ihn zutiefst. Das sei Lüge.

Wolle man dem Volk insgesamt einen Vorwurf für sein Verhalten unter "diesen schrecklichen Umständen" machen, dann sei es "seine Apathie, seine Schlappheit, ja, ich wage zu sagen: seine Kollektiv-Feigheit". Gewiß, hier und da hätten einige Männer und Frauen ihr Mitleid nicht verbergen können. Es sei ihm von mehreren Verhaftungen (von Nicht-Juden) berichtet worden. Daß es nicht mehr seien, daraus wollte er aber keinen kollektiven Vorwurf gegen die Deutschen insgesamt ableiten. "Diese Räubermethoden, diese Ausschreitungen, diese Grausamkeiten der Masse der deutschen Bevölkerung anzulasten, ist eine unverschämte Lüge", sei eine Beleidigung der von Natur aus sehr friedlichen, sehr "gemütlichen" Rheinländer. Angesichts der öffentlichen Meinung des Auslandes wäre eine solche Auffassung nach seiner Ansicht ein "taktischer Fehler ersten Grades". Fünf Jahre lang habe die Führung des Dritten Reiches verkündet, daß dank der Nationalsozialisten aus Deutschland ein Land der "Ordnung und Disziplin" geworden sei. Die Vandalenakte jetzt, wie die deutsche Propaganda, auf "spontanen" Volkszorn zurückzuführen, wäre ja ein Eingeständnis, daß die Macht von heute auf morgen alle Kontrolle verlieren könne.

Gerade innenpolitisch habe die Reichsregierung mit dem Judenpogrom einen Fehler begangen, indem sie die Zügel den Unruhestiftern in den Großstädten und den brutalen, grausamen Trieben seiner Prätorianergarde überlassen habe. Damit habe sie die angeblich längst überwundenen revolutionären Methoden der Machteroberung wieder zu Ehren gebracht. Indem das Privateigentum, die Grundlage des Gemeinwesens, der systematischen Verwüstung und Zerstörung ausgesetzt worden sei, sei etwas ganz Schlimmes geschehen: "Gestern waren es die Wohnungen der Juden, die Objekt dieser Freveltaten wurden; später könnten es diejenigen der bekannten Katholiken sein; und schließlich könnte die braune Armee der Demagogen die Hand auf den Besitz aller Reichen legen, ohne Unterschied der Rasse und der Religion". Es sei ein, zwei Tage lang der Deckel geöffnet worden für böse Leidenschaften, Rache und Begehrlichkeit. Selbst in den oberen Etagen der Polizei sei man deshalb schockiert. Unter den Bürgern verberge niemand seine Reaktionen, auch nicht ein gewisses Mitleid mit den wirtschaftlich ruinierten und den verhafteten Opfern.

Zum zweiten Male binnen sechs Wochen sei den Deutschen jetzt vor Augen geführt worden, daß sie von "Kerkermeistern" bewacht würden, die vor nichts zurückschreckten, um sie zu demütigen. Ende September, als der Krieg bevorzustehen schien, erklärt der Diplomat mit Bezug auf die Sudetenkrise von 1938, sei die SS nicht an der Front gewesen, sondern in der Heimat, um jede Möglichkeit eines Aufstandes zu unterdrücken. Jetzt sei zum zweiten Male die Erfahrung gemacht worden, daß die Polizei gegebenenfalls das Feld für die paramilitärischen NS-Organisationen freigeben müsse. Doch wie stark auch der Schraubstock sei, in den das deutsche Volk eingeschlossen sei, es scheine unter diesem Druck nicht zu leiden. Deshalb könne man prophezeien, daß es zu irgendeinem Aufstand gänzlich unfähig sei, so lange die derzeitige Organisation des Regimes intakt bleibe. Dies aber sei: Bolschewismus.

Die Funktion des Pogroms im totalitären System Hitlers

Dieser belgische Augenzeuge des Kölner Judenpogroms verstand die heimatliche, rechtsstaatliche und gewaltenteilig organisierte Demokratie als den selbstverständlich "normalen" Staat, dessen Verhältnisse seinen Urteilsmaßstab bestimmten. Was sich für ihn als Chiffre des sehr "Anderen" und ganz Negativen im Begriff des "Bolschewismus" konzentrierte, wurde schon damals von katholischer Seite als *Totalitarismus* bezeichnet [15]. Dieser Schlüsselbegriff ist auch heute noch am besten geeignet, Wesentliches für das dem nationalsozialistischen wie dem sowjetrussischen Herrschaftssystem Gemeinsame zu erklären [16]: Die Ausschaltung der Gewaltenteilung und des Rechtsstaates, der Verzicht auf das staatliche Gewaltmonopol zugunsten der Parteiformationen, der Anspruch des politischen Systems auf Omnikompetenz – bis hin zur Gewissensnormierung der angeblichen Rechtfertigung von Verbrechen durch Bezug auf "höhere" Befehle und Zwecke, die In-Dienst-Nahme des blanken und offenen, massenhaft organisierten Terrors als Herrschaftsmittel nicht nur gegen spezielle Zielgruppen (hier waren es die Juden, morgen könnten es die Katholiken oder die Reichen sein), sondern auch zur präventiven Einschüchterung der übrigen Bevölkerung – all das sind wesentliche Charakteristika der totalitären Systeme des 20. Jahrhunderts. Hier wird das Staatsvolk in gewissem Sinne selbst Gefangener seiner Kerkermeister. Deshalb lehnt der Belgier es entschieden ab, die Passivität der offenkundig terrorisierten Bevölkerung in einen Kollektivvorwurf gegen "die Deutschen" umzumünzen. Seine Prognose,

---

[15] Die lehramtliche Abgrenzung vom Totalitarismus-Konzept erfolgte durch Pius XI. am 26. April 1931; dazu vgl. Konrad *Repgen,* Vom Fortleben nationalsozialistischer Propaganda in der Gegenwart, in: Festschrift für Andreas *Kraus* zum 60. Geburtstag. Kallmünz 1982, 455–476, hier 456 f.

[16] Vgl. Karl Dietrich *Bracher,* Totalitarismus, in: Katholisches Soziallexikon.^{2} Innsbruck u. a. 1980, 3065–3074.

daß dieses System von unten her, durch einen "Aufstand", weder auszuhebeln noch aufzuschieben sei, hat sich bestätigt. Sie entspricht unserer geschichtlichen Erfahrung mit anderen totalitäten Systemen. Diese lassen sich nicht von unten, sondern nur von außen und von oben verändern.

Und es gehört sogar zu diesem System, daß die schamlose Öffentlichkeit des Terrors, die den Ablauf des 10. November geprägt hat, nicht die einzige, nicht einmal die in ihren Folgen schlimmste Seite dieses Regimes war. Mit diskreter Verwaltung und geheimer Administration ließ sich noch weit mehr bewirken. Auschwitz fand nicht auf dem Marktplatz statt, sondern in der Verborgenheit der Vernichtungslager des Ostens. Das konkrete Ziel des Pogroms war hingegen (noch) nicht die physische Vernichtung, die Ermordung der Juden. Diese hätte sich, wie die negative Reaktion so vieler Menschen auf den ostensiblen Terror des 10. November lehrte, öffentlich kaum bewerkstelligen lassen. Es ging Hitler, wie sich ziemlich sicher erschließen läßt, mit der November-Aktion 1938 vielmehr um vier Dinge: Erstens um Behebung einer akuten finanziellen Notlage des Reiches; zweitens um die seit Ende 1937 in Gang gebrachte Ausschaltung der jüdischen Deutschen aus der Wirtschaft; drittens um ihre Verbannung aus der Öffentlichkeit in eine diskriminierte und kriminalisierte Randexistenz [17]. Und viertens stand vor allem dahinter: die Juden in die Emigration zu treiben. Um diese Ziele als totalitärer Diktator zu erreichen, war der Novemberpogrom nicht unerläßlich, aber überaus nützlich. Deshalb wurde er inszeniert. Der "Führer" konnte dabei völlig im Hintergrund bleiben. Ein wahres Kompetenzenchaos, das die Historiker heute hinter dem Ablauf der damaligen Novemberereignisse nachweisen können, hat dies sogar begünstigt.

Judenpogrom und Kirchenkampf

Hitler bezog die Rechtfertigung seiner Judenpolitik aus seiner sozialdarwinistischen Pseudoreligion, der Rassenideologie. Diese spielte auch eine entscheidende Rolle dafür, daß der im Winter 1933/34 einsetzende katholische Kirchenkampf unausweichlich geworden war. Die Frage nach Zusammenhängen von Judenpogrom und Kirchenkampf bezeichnet insofern kein theoretisch-nachträgliches Problem. Sie entspricht zeitgenössischem Verständnis. Dieses war aber in vielem anders orientiert als die heutigen Fragestellungen. Gegenwärtig wird zu unserem Thema vor allem gesagt, daß ein Protest oder wenigstens ein Wort der Kirche damals ausgeblieben sei: also hätten sie ihr Wächteramt nicht wahrgenommen, hätten sie Zeugnis abzulegen versäumt. Dies kann je nach Standpunkt mit Bedauern oder als Vorwurf formuliert werden. 1938

---

[17] So *Adam* (wie Anm. 1), 93.

war diese Kirchenkritik, die eigentlich Kirchenführungskritik ist, wenig üblich. Man dachte damals in anderen Kategorien und sah sich vor anderen konkreten Handlungsalternativen stehen.

Unbestreitbar hat es, auch von katholischer Seite, zu den nationalsozialistischen November-Aktionen gegen die Juden keine konkreten gesamtkirchlichen Stellungnahmen gegeben, wohl aber Handlungen Einzelner – wie etwa des Oberpfarrers von Zülpich, der am 11. November den örtlichen Synagogenvorsteher seines persönlichen "aufrichtigen Mitgefühls" für "all das Schwere und Bittere" versicherte [18], oder des Berliner Dompropstes Lichtenberg, der am Abend des Pogroms seine Gemeinde "für die Priester in den Konzentrationslagern, für die Juden, für die Nichtarier" beten ließ und erklärte: "Was gestern war, wissen wir. Was morgen ist, wissen wir nicht. Aber was heute geschehen ist, haben wir erlebt. Draußen brennt die Synagoge. Das ist auch ein Gotteshaus" [19].

Es ließe sich noch eine Fülle weiterer Beispiele für ähnliches Verhalten von Klerus und Laien finden, ohne daß damit behauptet werden soll, daß dies die Regel gewesen wäre. Die Christenheit als Ganzes blieb stumm, auch die katholische. Warum war das so? Die Antwort läßt sich, weil es an einschlägigen Quellen nahezu gänzlich mangelt, nur indirekt erschließen.

Daß *Papst Pius XI.* (1922 – 1939) sich nicht persönlich geäußert hat, ist insofern erstaunlich, als er ein erklärter und offener Gegner der nationalsozialistischen Rassenideologie war und es liebte, sich unverblümt auszudrücken. Noch am 3. September 1938 hatte er sich bei einer Audienz sichtbar vor die Juden gestellt, indem er erklärte: "Geistlich sind wir alle Semiten" [20]. Einen solchen Satz hat er im November/Dezember nicht wiederholt. Seine unveränderte Ablehnung auch der deutschen Rassenpolitik aber konnte niemand verborgen bleiben. Täglich berichtete seine Tageszeitung, der Osservatore Romano, nach dem 11. November über die deutsche Judenverfolgung [21] und gab, gerade in diesen Wochen, dem Widerspruch der Weltkirche zur nationalsozialistischen Rassenideologie breiten Raum [22], unterstützte diesen durch eigene Kommen-

---

[18] *Faust* (wie Anm. 11), 166.

[19] Otto *Ogiermann,* Bis zum letzten Atemzug. Das Leben und Aufbegehren des Priesters Bernhard Lichtenberg. Leipzig (1984), 125.

[20] Die Literatur über das Problem der Authentizität dieses Diktums bei *Repgen* (wie Anm. 10), 400 Anm. 8.

[21] So am 11. bis 16., am 18., 20., 23., 24., 26. und 27. November, am 3. Dezember und 16. sowie (Proteste amerikanischer Katholiken gegen die deutsche Judenpolitik) am 21., 22. und 24. Dezember. Die Darstellung bei Fritz *Sandmann,* Die Haltung des Vatikans zum Nationalsozialismus im Spiegel des "Osservatore Romano" (von 1929 bis zum Kriegsausbruch). Phil. Diss. Mainz 1965, hier 211–218, der ich (wie Anm. 10), 400, gefolgt bin, ist hier korrekturbedürftig.

[22] Der *Osservatore Romano* dokumentierte am 18. November die Mailänder Predigt vom 15.

tare [23] und dokumentierte natürlich die Weihnachtsansprache, in welcher der sterbenskranke alte Papst diesen Widerspruch ausdrücklich belobigte [24]. Thema Eins der vatikanischen Politik war im Herbst 1938 aber nicht Deutschland, sondern Italien; denn Mussolini war dabei, die deutschen Rassengesetze von 1935 in das italienische Eherecht zu übertragen, das am 17. November in Kraft getreten ist [25].

Der Papst hatte im Juli 1938 auf die öffentliche Forderung nach einer solchen Familienrechtsnovellierung geradezu leidenschaftlich reagiert [26]. Diese hatte zur Folge, daß eine kirchlich geschlossene Ehe zwischen einem (getauften oder ungetauften) Juden und einem Katholiken ihre im Laterankonkorat vom 1929 vereinbarte zivilrechtliche Anerkennung verlor. Das betraf zwar nur wenige Fälle, aber es ging um die Prinzipien: Einmal um den Verstoß gegen den Vertrag durch einseitige Änderung des staatlichen Rechtes, zum anderen um die Geltung und Verbindlichkeit des kirchlichen Sakramentenrechts, in dem ein Arierparagraph keinen Platz haben konnte; denn die Kirche hat einen biblisch wie naturrechtlich begründeten universalen Anspruch an alle Menschen. Konzessionen von kirchlicher Seite kamen daher nicht in Betracht. Der Papst vermochte zwar die Gesetzesnovelle nicht zu verhindern, erkannte sie aber nicht als rechtens an und machte dies in jeder Phase auch nach außen deutlich. Indem er sich so gegen Italiens Rassengesetzgebung wendete, stellte und stemmte er sich zugleich gegen Hitlers Rassenpolitik, indirekt, aber deutlich.

Von den *deutschen Bischöfen* ist aus den Novemberwochen 1938 wenig Aktenmaterial vorhanden. Speziell zur Judenpolitik gibt es nichts Einschlägiges. Sie bemühten sich, wie bisher, auch im Jahre 1938 um systematische Meinungsführung und Gewissensbildung des Kirchenvolks. Damit widersprachen sie den totalitären Ansprüchen des Regimes und seiner Rassenideologie. Ihre (begründete) aktuelle Hauptsorge aber richtete sich auf die Zukunft der Kir-

---

November, am 19. die Münchener vom 6., am 24. die Ansprache des Mechelner Kardinals und die Antwort des Pariser Erzbischofs vom 17. November.

[23] Dies hat *Sandmann* (wie Anm. 21) übersehen. Vgl. die offiziöse Stellungnahme vom 14./15. November 1938: "A proposito di un nuovo Decreto Legge" (Nachdruck in: Pietro *Scoppola*, La Chiesa e il fascismo. Bari 1971, 323–326) und die "Appunti" am 25. November (zugleich mit Angriff auf den *"Völkischen Beobachter"* vom 22. November).

[24] *L'Osservatore Romano*, 25. Dezember 1938.

[25] Zum folgenden: Konrad *Repgen*, Die Außenpolitik der Päpste im Zeitalter der Weltkriege, in: Hubert *Jedin*/Konrad *Repgen* (Hrsg.), Die Weltkirche im 20. Jahrhundert. Freiburg 1979 (Paperback 1985) 36–96, hier 61 f.

[26] Ansprachen vom 15., 21. und 28. Juli, in französischer Übersetzung in: *La Documentation Catholique 39* (1938) 1054–1062; vgl. Konrad *Repgen*, Pius XI. und das faschistische Italien: die Lateranverträge von 1929 und ihre Folgen, in: Werner *Pöls* (Hrsg.), Staat und Gesellschaft im politischen Wandel. Festschrift für Walter *Bußmann*. Stuttgart 1979, 331–359, hier 357.

che in Deutschland. Die Lage war beispiellos düster; denn die Enzyklika "Mit brennender Sorge" von 1937 hatte den Kirchenkampf nicht gebremst, sondern intensiviert. Der gemeinsame Fuldaer Hirtenbrief vom 19. August 1938 sagte mit klaren Worten: Es geht nicht mehr um "Hemmung und Blutentziehung", sondern um "Zerstörung des katholischen Lebens innerhalb unseres Volkes, ja selbst [um] die Ausrottung des Christentums überhaupt"[27]. Das war keine rhetorische Figur, sondern präziser Ausdruck des Selbstverständnisses des Episkopats. In der handlungsleitenden Strategiedenkschrift des Kölner Kardinals von 1937 hieß es bereits: "Man will grundsätzlich und definitiv die Vernichtung des Christentums und insbesondere der katholischen Religion oder doch wenigstens ihre Zurückführung auf einen Zustand, der vom Standpunkt der Kirche mit Vernichtung gleichbedeutend wäre"[28].

Welche Güterabwägung bestimmte angesichts einer solchen Lageanalyse den Episkopat im November 1938? Wahrscheinlich waren zwei Gesichtspunkte maßgebend, die beide von teleologischem Denken ausgingen, wonach über die moralische Vertretbarkeit einer Handlung nicht ohne Berücksichtigung ihrer wahrscheinlichen Folgen entschieden werden darf. Eine dieser Argumentationen ist, leider nur indirekt, von dem münsterischen Bischof Graf *Galen* überliefert. Sein ehemaliger Sekretär hat berichtet, daß die Juden sich unmittelbar nach dem Pogrom über einen Domkapitular an den Bischof gewandt und um einen öffentlichen Protest gebeten hätten[29]. Dieser habe sich bereit erklärt, am nächstfolgenden Sonntag (13. November) von der Kanzel herab Stellung zu beziehen; Vorbedingung aber sei, daß die Juden bereit wären, die eventuelle Konsequenz – einen Vorwand für einen erneuten Pogrom zu liefern – in Kauf zu nehmen. Dies sei auf jüdischer Seite beraten und danach sei die Bitte um öffentliches Protestieren zurückgezogen worden.

Es läßt sich im Nachhinein weder beweisen noch bestreiten, ob Galen und die münsterischen Juden die Wahrscheinlichkeit eventueller Konsequenzen eines offenen bischöflichen Protests richtig eingeschätzt haben. Ungeschehene Ereignisgeschichte ist historisch nicht reflektierbar. Aber moralisch läßt diese Episode sich interpretieren. Das Schweigen des Bischofs zum Judenpogrom war Ergebnis einer Güterabwägung, der man die Moralität und Stringenz kaum absprechen kann. Durch öffentliches Auftreten gegen die Verfolgung das Los der Verfolgten zu verschlimmern, wäre unmoralisch. Ethisch vertretbar ist nur,

---

[27] Ludwig *Volk*, Akten deutscher Bischöfe. IV: 1936–1939, Mainz 1981, 555–564, hier 555. Die österreichischen Bischöfe gehörten noch nicht zur Fuldaer Bischofskonferenz; sie wurden erst ab 1939 einbezogen. Ihre Haltung bleibt daher in unserer Studie unberücksichtigt.

[28] *Volk*, Akten IV (wie Anm. 27) 150–153, hier 151. Dieser zentrale Satz auch im Protokoll der Plenarkonferenz vom 12./13. Januar 1937: *ebd.* 72–88, hier 75.

[29] Max *Bierbaum*, Nicht Lob, nicht Tadel. Das Leben des Kardinals von Galen. ⁶Münster 1966, 388 f.

die wahrscheinlichen Folgen des Handelns in das Kalkül einzubeziehen. Wie viele der übrigen Bischöfe ähnlich wie Galen zum öffentlichen Eintreten für die Juden bereit gewesen sind oder wären, läßt sich aus Mangel an Quellen nicht sagen.

Der zweite Gesichtspunkt für die Güterabwägung der Bischöfe im Jahr 1938 betrifft einen erheblich komplexeren Sachverhalt: Es ist die primäre Verantwortung des Bischofs für seine eigenen Gläubigen und für die Seelsorge an diesen. Diese hirtenamtliche Pflicht hat bei der Entscheidung für die beste Kirchenkampf-Strategie eine ausschlaggebende Rolle gespielt; sie dürfte auch für das Verhalten angesichts der Judenverfolgung 1938 sehr wichtig gewesen sein. Alle Bischöfe gingen von drei Prämissen aus. Erstens: es ist nicht Sache der Kirche als Kirche, politische Revolution durchzuführen. Zweitens: die Kirche ist nicht Kontrollinstanz des Staates, die gegen jedes Unrecht der Staatslenker öffentlich Verwahrung einzulegen hätte. Drittens: auch der totalitäre Staat ist Staat und darf im Rahmen des Erlaubten von den katholischen Christen Loyalität verlangen. Dabei dachten sie nicht allein an die im Römerbrief, Kapitel 13, formulierte Gehorsamspflicht, sondern auch an Apg. 4,19[30]. Außerdem betonten sie: "Wenn die Gesetze des Staates mit dem Naturrecht und den Geboten Gottes in Widerspruch geraten, gilt das Wort, für das die ersten Apostel sich geißeln und in den Kerker werfen ließen: 'Man muß Gott mehr gehorchen als den Menschen' "[31]. Aus diesen drei Prinzipien aber ließ sich nicht unmittelbar ableiten, wie die Kirche ihre Aufgabe und Zuständigkeiten am besten gegen den Angriff und Zugriff des Regimes behaupten könne. Praktisch gab es zwei Möglichkeiten[32]. Das eine war eine strikt defensiv orientierte Politik mit laufenden internen Protesten unter Ausschluß der Öffentlichkeit. Dies war die Linie des Breslauer Kardinals *Bertram,* der im Episkopat aufgrund seines Alters (geboren 1859) und seiner Erfahrungen und Leistungen als Bischof und als Vorsitzender der Fuldaer Bischofskonferenz (seit 1906 resp. 1920) großes Ansehen genoß. Der Exponent der anderen Linie war der Berliner Oberhirt

---

[30] Vgl. Bertram an Innitzer, Breslau 21. November 1938 *(Volk,* Akten IV [wie Anm. 27] 595). Apg 4,19 f. lautet: "Ob es recht ist vor Gott, euch mehr zu gehorchen als Gott, das entscheidet selbst; denn wir können unmöglich schweigen von dem, was wir gesehen und gehört haben".

[31] Gemeinsamer Hirtenbrief vom 20. August 1935 (Bernhard *Stasiewski,* Akten deutscher Bischöfe. II: 1934 – 1935. Mainz 1976, 331 – 341, hier 333 f.).

[32] Zusammenfassend zum folgenden: Ludwig *Volk,* Der deutsche Episkopat und das Dritte Reich, in: Klaus *Gotto* / Konrad *Repgen* (Hrsg.), Die Katholiken und das Dritte Reich. Mainz 1983 (= Topos-Tb. 136), 51 – 64, hier 56 – 60; vgl. *Ders.,* Katholische Kirche und Nationalsozialismus. Ausgewählte Aufsätze, hrsg. von Dieter *Albrecht.* Mainz 1987, 252 – 263: Adolf Kardinal Bertram (1859 – 1945) sowie *ebd.,* 264 – 276: Konrad Kardinal von Preysing (1880 – 1950) sowie (zur Beurteilung der beiden Strategien) Klaus *Gotto* / Hans Günter *Hockerts* / Konrad *Repgen,* Nationalsozialistische Herausforderung und kirchliche Antwort. Eine Bilanz, in: *Gotto/Repgen* (wie oben), 122 – 139, hier 131 – 137.

Graf *Preysing*, 21 Jahre jünger als Bertram, ursprünglich Diplomat, und erst seit 1932 Bischof, ein Kirchenfürst mit besonders gutem Kontakt zum Kardinalstaatssekretär Pacelli. Er plädierte für gezielte Mobilisierung der Öffentlichkeit und für eine Politik des offensiven Protestes, weil das Regime nicht auf Argumente höre, sondern nur auf politischen Druck und Gegendruck reagiere. Dies war die Strategie der Kirche bei der Enzyklika "Mit brennender Sorge" im März 1937 gewesen. Als Preysing danach diesen Kurs fortzusetzen empfahl, stieß er auf das unnachgiebige Nein des Breslauer Kardinals, der offenkundig die meisten anderen Bischöfe mit seiner vorsichtig-defensiven, internen Protestpolitik hinter sich wußte oder brachte. In der Breslauer Strategie bezeichnet also das jeweilig minimale Risiko für die weitere Funktionsfähigkeit der Großorganisation "Seelsorgskirche" die handlungsleitende Priorität des strikt pastoral orientierten Bischofs. Mit dieser Konzeption war schwerlich zu einem nachträglichen Wort für die am 10. November mißhandelten Juden zu gelangen, zumal dem katholischen Episkopat in diesem Falle auch noch die Aktivlegitimation, überhaupt zu sprechen, bestritten werden konnte. Doch Bertrams Strategie galt viel prinzipieller. Auch wenn katholische Bischöfe tätlich angegriffen wurden, verhielt er sich nicht anders. Es gibt seit Anfang 1934 eine laufende Kette von Anschlägen auf Bischofshöfe und Ausschreitungen gegen Bischöfe selbst [33]. Sie haben zwar nicht mit Totschlag und Mord geendet, sind aber, ebenso wie der Novemberpogrom von 1938, als ungerechte Anwendung von Gewalt gegen Personen und Sachen zu charakterisieren, als Entfesselung offenen Terrors. In all diesen Fällen bewahrte der Gesamtepiskopat öffentliches Schweigen: So 1938, als der Rottenburger Bischof Sproll nach pogromartigen Massendemonstrationen und Pöbelakten am 24. August von der Gestapo aus seiner Diözese verbannt wurde [34], so beim Sturm auf das Erzbischöfliche Palais des Kardinals Innitzer in Wien am 8. Oktober [35] und ebenso bei der Verwüstung des Faulhaber-Palais in München, die am 11. November geschah [36].

---

[33] Die folgende Liste wäre sicher erweiterungsfähig: 1934, 21. Januar (Faulhaber/München); 4. April (Ehrenfried/Würzburg). 1935, 10. und 12. Mai (Klein/Paderborn); vor 30. Juni (Bornewasser/Trier); 12. Juli (Preysing/Eichstätt); 1937, 11. April (Rackl/Eichstätt); 1. Juni (Stohr/Mainz). 1938, April, Juli und August (Sproll/Rottenburg); 3. Juli (Machens/Hildesheim).

[34] Vgl. *Volk*, in: *Gotto/Repgen* (wie Anm. 32), 60–63, und Paul *Kopf* / Max *Miller*, Die Vertreibung von Bischof Johannes Baptista Sproll von Rottenburg 1938–1945. Mainz 1971.

[35] Vgl. Viktor *Reimann*, Innitzer, Kardinal zwischen Hitler und Rom. Wien u. a. 1967, 187–198. Maximilian *Liebmann*, Theodor Innitzer und der Anschluß. Österreichs Kirche 1938. Graz u. a. 1988, 198–203.

[36] Vgl. Bericht Buchwiesers (des Generalvikars Faulhabers) vom 12. November 1938, in: Ludwig *Volk*, Akten Kardinal Michael von Faulhabers. II: 1935–1945. Mainz 1978, 607–609, den der *Osservatore Romano* am 18. November, offenbar nach einem Agenturbericht der KIPA, in Übersetzung publizierte: "Le dimostrazioni contro l'archivescovado di Monaco"; Faulhabers eigener Bericht: *ebd.*, 604–607.

Offenbar wollte also ein großer, wenn nicht der größte Teil der deutschen Bischöfe die noch vorhandenen kirchlichen Möglichkeiten zur Glaubensverkündigung und Sakramentenspendung ebenso wie Kardinal Bertram nicht durch spektakuläre, ausdrückliche (und: notwendig erst nachträgliche) Verurteilung oder Distanzierung von konkreten Terrorakten gefährden – gleichgültig, ob die ungerechte Gewaltanwendung sich gegen Juden oder gegen Bischöfe gerichtet hatte. Das schloß nicht aus, daß einzelne auch öffentlich Stellung bezogen; darin war ja jeder Bischof frei[37].

Faßt man diese beiden Gesichtspunkte, die wahrscheinlich das Verhalten des Episkopates bestimmten, zusammen, so lassen sie sich auf zwei Frageformeln bringen. Die erste lautet: Birgt ein Protest für die Lage der Juden neue Gefahren? Die zweite: Können wir uns angesichts unserer eigenen Lage einen solchen Protest überhaupt leisten? In dem ersten Falle hieß die Antwort Ja, im zweiten Nein; in dem einen Falle dachte man vor allem an die anderen, in dem anderen Falle vor allem an die eigenen Menschen. Ob damit alle notwendigen Fragen formuliert waren oder sind, werden wir im Schlußteil erörtern.

Für diese "eigenen" Menschen der Bischöfe, das *katholische Kirchenvolk,* soweit es bereit war, sich bei einem Normenkonflikt zwischen politischem System und Episkopat nach den vom kirchlichen Lehramt verkündeten Grundsätzen zu richten, ist die Quellenlage noch erheblich schlechter. Zwei Dinge lassen sich für seine Grundhaltung mit wohl ausreichender Gewißheit sagen: Erstens, daß der alte, religiös und sozial, auch kulturell begründete katholische Antijudaismus (der nicht mit dem biologisch begründeten modernen, rassischen Antisemitismus verwechselt werden darf) das Kirchenvolk nicht verleitet hat, den Judenpogrom zu unterstützen. Zweitens, daß im Kirchenvolk (heute würde man sagen: "an der Basis") ähnlich düstere Prognosen für die Lage und die Zukunftsaussichten der Kirche in Deutschland gestellt wurden wie von den Bischöfen.

Sonst wäre schwer verständlich, was der katholische Gewährsmann des belgischen Generalkonsuls in Köln diesem über die kirchenpolitische Bewertung des Judenpogroms berichtet hatte. Es lautet: "Ein großer Teil der Bevölkerung erblickt in diesen Verfolgungsakten eine Generalprobe der künftigen Angriffe auf die katholischen Kirchen und die [evangelischen] Gotteshäuser für den Fall, daß die Mitglieder der Bekennenden Kirche oder die katholischen Bischöfe und Priester sich nicht passiv dem Ausrottungskampf [gegen das Christentum] fügen, den die Heiden der nationalsozialistischen Partei füh-

---

[37] So Galen in einem Hirtenbrief vom 27. Juli (vgl. ders. an Generalvikar Kottmann, Münster, 2. August 1938, in: *Kopf/Miller* (wie Anm. 34), 215 f.; Kardinal Schulte/Köln, Kanzelvermeldung vom 4. September (vgl. Ulrich von *Hehl,* Katholische Kirche und Nationalsozialismus im Erzbistum Köln 1933–1945. Mainz 1977, 185 sowie unten S. 30.

ren"[38]. Der gleiche Zeuge hatte sich von einem Priester, der eine hohe Stellung einnehme, diese Befürchtungen bestätigen lassen, der erklärte, man denke schon daran, die Kunstwerke aus den Kirchen zu entfernen und in Tresoren zu verwahren.

Es ist sicher, daß Hitler und seine Umgebung zu diesem Zeitpunkt keine derartigen Pläne hegten; die Vernichtung der Kirche stand zwar auf seinem Programm, aber nicht zu diesem Zeitpunkt und nicht mit dieser Methode[39]. Die Einschätzung der Lage war also objektiv falsch. Aber für die Überzeugungskraft ist nicht die Richtigkeit einer Ansicht entscheidend, sondern ihre Glaubwürdigkeit. Der belgische Generalkonsul hat die Interpretation seines katholischen Gewährsmanns für uneingeschränkt plausibel gehalten. Tatsächlich handelt es sich nicht allein um die Einschätzung eines einzelnen, verängstigten Kölners. Er selbst hat sich darauf berufen, daß er die Meinung eines großen Teils der Bevölkerung wiedergebe. Diese Aussage war richtig, wie man nachkontrollieren kann: Von der kommunistischen Untergrund-Propaganda wurden ohnehin "jüdische, katholische und alle anderen andersdenkenden Menschen" als potentielle Opfer nationalsozialistischen Terrors herausgestellt[40]; dem Exilvorstand der Sozialdemokratischen Partei berichtete sein Kölner Vertrauensmann: "Wer wird nach den Juden das nächste Opfer bringen müssen? So fragt man sich hier. Werden es die Katholiken sein? Oder wird man eine besondere allgemeine Vermögensabgabe durchführen? Mit diesen beiden Möglichkeiten rechnet man vor allem in Wirtschaftskreisen"[41]; und Anfang Dezember schrieb ein Düsseldorfer Jude zornig in sein Tagebuch, daß im Pogrom dem "Pöbel" die Macht übergeben worden sei, und meinte ebenfalls, daß "dieselben Bestien, die heute die Synagogen verbrannten und zerstörten, morgen gegen die katholische Kirche und Klöster und übermorgen gegen die allgemeinen Besitzenden vorgehen werden"[42].

Was hier für das Rheinland nachgewiesen ist, findet sich ebenso bei deutschen Katholiken im Ausland und in der Emigration, die offen reden und schreiben konnten. Der Jesuit Friedrich Muckermann im niederländischen Exil versteht am 20. November das derzeitige "Trommelfeuer" der NS-Propaganda

---

[38] *Repgen* (wie Anm. 10), 415 f.

[39] Dazu Hans Günter *Hockerts*, Die Goebbels-Tagebücher 1932–1941. Eine neue Hauptquelle zur Erforschung der nationalsozialistischen Kirchenpolitik, in: Dieter *Albrecht* u. a. (Hrsg.), Politik und Konfession. Festschrift für Konrad Repgen. Berlin 1983, 359–392, hier 363–366, 390–392; Heinz *Hürten*, "Endlösung" für den Katholizismus? Das nationalsozialistische Regime und seine Zukunftspläne gegenüber der Kirche, in: Stimmen der Zeit 203 (1985), 534–546.

[40] Flugblatt vom 15. November 1938 *(Faust [wie Anm. 11], 165)*.

[41] *Deutschland-Berichte* der Sozialdemokratischen Partei Deutschlands (Sopade). 5. Jg., Paris 1938 (Nachdruck Salzhausen/Frankfurt 1980), 1205.

[42] Tagebuch Herzfeld, 9. Dezember 1938 *(Faust [wie Anm. 11], 159)*.

gegen die katholische Kirche in militärischem Sinne als "letzte Stunden, die einem Großangriff vorangehen"[43]; Johannes Maier-Hultschin in Kattowitz nimmt am gleichen Tag als Titel-Überschrift für Seite 1: "Heute die Synagogen – morgen die Kirchen!"[44]; der in Paris redigierte "Kulturkampf bespricht am 5. Dezember die kirchliche Lage in Deutschland unter der Fragestellung: "Und nun der Christenpogrom?"[45]; und Wilhelm Solzbacher in Luzern hält noch im Frühjahr 1939 fest: "Mancher Christ mag sich im Schein der brennenden Synagogen gefragt haben: 'Wann wird es den Kirchen ebenso ergehen?'"[46]. Die in Westdeutschland verbreitete Meinung, daß die Lage der Kirche ähnlich prekär sei wie die Situation der Juden, war also auch im Ausland präsent. Sie ließe sich übrigens auch in Amerika und auch außerhalb des katholischen Bereiches nachweisen[47]. Das ist hier nicht nötig.

Wir können aus dem Dargelegten den sicheren Schluß ziehen, daß zumindest ein wichtiger Teil des katholischen Kirchenvolks den 10. November als Generalprobe eines unmittelbar bevorstehenden Sturms auf die eigenen Kirchen verstanden hat. Für diese Menschen ergab sich der innere Zusammenhang von Judenpogrom und Kirchenkampf von selbst: hinter beidem erblickten sie den gleichen Vernichtungswillen des Nationalsozialismus. Diesem Vernichtungswillen begegnete man nicht offensiv (was letztlich auf Revolution hinausgelaufen wäre, für die alle Voraussetzungen fehlten), sondern defensiv, durch Nichtanpassung und Verweigerung, durch Leiden und durch Dulden. Der Terror des 10. November gegen die Juden hat daher auch bei diesen Katholiken nicht nur Scham, sondern auch neue Sorge und lähmendes Entsetzen bewirkt.

---

[43] *Der Deutsche Weg*, 20. November 1938: "Trommelfeuer auf die Kirche". Vgl. Heinz *Hürten,* "Der Deutsche Weg". Katholische Exilpublizistik und Auslandsdeutschtum. Ein Hinweis auf Friedrich Muckermann, in: Exilforschung. Ein internationales Jahrbuch 4 (1986), 115–129.

[44] *Der Deutsche in Polen,* 20. November 1938. Vgl. Heinz *Hürten,* "Der Deutsche in Polen" Skizze einer katholischen Zeitung 1934–1939, in: Politik und Konfession (wie Anm. 39), 415–446.

[45] "Kulturkampf. Berichte aus dem Dritten Reich. Paris". Eine Auswahl aus den deutschsprachigen Jahrgängen 1936–1939. Eingeleitet und bearbeitet von Heinz *Hürten.* Regensburg 1988, 213–219.

[46] Wilhelm *Solzbacher;* Pius XI. als Verteidiger der menschlichen Persönlichkeit. Die Kirche und die Götzen unserer Zeit. Luzern (Vita Nova Verlag) 1939,133. Über Solzbacher vgl. Werner *Röder/Herbert* A. *Strauss,* Biographisches Handbuch der deutschsprachigen Emigration nach 1933. I. München u.a. 1980, 710.

[47] Vgl. den Bericht über eine Ansprache des Mons. Sheen, Katholische Universität Washington, vor dem Diplomatischen Korps, in: *L' OsservatoreRomano,* 21. Dezember 1938 ("Dalla Germania. Persecuzioni e persecutori"), und *ebd.* 22. Dezember: "I tedeschi d'America e il nazismo"; Paul L. Blakely SJ, in: *America,* 3. Dezember 1938 (nach: *Doc. Cath.* 40 [1939], 15–16). – Für Thomas Mann sowie für die linksintellektuelle jüdische Emigration in Paris vgl. Heinz *Hürten,* Verfolgung, Widerstand und Zeugnis. Mainz 1987, 36 Anm. 26.

Kirchenkampf und nationalsozialistische Rassenideologie im Jahre 1938

Ein Teil der Historiker hat in den letzten 25 Jahren das Verhalten der Kirche gegenüber Hitlers Judenpolitik im allgemeinen (und im besonderen auch angesichts des Judenpogroms von 1938) als Indolenz interpretiert und diese als Fortwirkung einer traditionell antijüdischen Haltung des Katholizismus erklärt, die ein entschiedeneres Handeln gehemmt oder verwehrt habe [48]. Diese These läßt sich nicht wie eine Tatsache quellenmäßig beweisen, sondern nur interpretativ erschließen. Das gleiche gilt auch für die Gegenthese, die ich für weit plausibler halte. Sie lautet: Der christliche Antijudaismus hat die konsequente Ablehnung der nationalsozialistischen Rassenideologie durch die Kirche keineswegs behindert. Der Kampf gegen die Rassenideologie aber war die wichtigste Ebene des kirchlichen Widerstandes gegen den Nationalsozialismus. Er hat im Dritten Reich weltanschaulich immunisierend gewirkt.

Gleichzeitig hat er dazu beigetragen, eine theologische Entwicklung in Gang zu bringen, die es dem Zweiten Vatikanischen Konzil erlaubt hat, das Verhältnis von Kirche und Judentum theologisch neu zu beschreiben. Der bis in die Anfänge des Christentums zurückreichende *Antijudaismus* [49] hatte auch wirtschaftliche und kulturelle Seiten, war aber im Kern durch die religiöse Entgegensetzung von Judentum und Christentum begründet. Uneingeschränkt galt daher auch mit Bezug auf die Juden der zentrale Obersatz der katholischen Theologie von der grundsätzlich gleichen Würde eines jeden Menschen (unabhängig von allen, vielleicht biologisch, soziologisch oder historisch begründbaren Unterschieden der Menschen und ihrer sozialen Gruppierungen), von der Gleichheit eines jeden Menschen vor Gott, von dem universalen Missionsauftrag der Kirche, der sich unterschiedslos an alle Menschen richtet, und von der Taufe, die für jeden, der glaubt, den Zugang zur Kirche eröffnet. Antijudaismus beruht also auf einem theologischen Dissens, der für geistige Auseinandersetzung prinzipiell offen ist. Hingegen behauptete das kategoriale System des modernen, rassisch begründeten *Antisemitismus,* das Hitler vom späten 19. Jahrhundert übernommen hat, daß es grundlegende Unterschiede zwischen den Menschen und ihren sozialen Gruppierungen gebe, die auf genetisch fixierten und damit unaufhebbaren biologischen Vorgegebenheiten beruhten. Das Verhältnis der Rassen zueinander sei durch Kampf bestimmt, dessen Ausgang, Sieg oder Niederlage, über die Herrschaft entscheide. Antisemitismus ist also eine (biologistische) Gesellschaftstheorie und zielt auf Eliminierung der (unter diesem Aspekt) Minderwertigen. Nur von diesen sozi-

---

[48] So, zuletzt, *Faust* (wie Anm. 11), 155.
[49] Zum folgenden Rudolf *Lill,* Antisemitismus, in: Staatslexikon. Recht, Wirtschaft, Gesellschaft. I.⁷Freiburg 1985, 189–192.

aldarwinistischen Dogmen aus konnte es einen schließlich konsequenten Weg nach Auschwitz geben, nicht vom Antijudaismus her, wenngleich der politische Katholizismus Ostmitteleuropas, was Österreich einschloß, programmatisch und aktuell-tagespolitisch im späten 19. und im 20. Jahrhundert oft nahe an den rassistischen Antisemitismus herangerückt war.

In Deutschland waren die Verhältnisse etwas anders. Schon im Kaiserreich hatte sich die Deutsche Zentrumspartei unter Ludwig Windthorst (1812–1891)[50] gegen rechtliche Diskriminierung der Juden (wie überhaupt gegen Diskriminierung von Minderheiten) gewendet. Damit war eine Tradition begründet worden, die zwar nicht prinzipiell judenfreundlich, aber auch nicht prinzipiell judenfeindlich war, sondern als prinzipiell nicht-judenfeindlich zu beschreiben ist. Ein schlagender Beweis für diese These ist eine neue Untersuchung[51] mit überraschenden Ergebnissen über die Einstellung der katholischen Tageszeitungen zum Themenkomplex "Judentum" und "Antisemitismus" in den Jahren 1923 bis 1933, die auf repräsentativen Analysen beruht. Während – unter Anlegung strenger und kontrollierbarer Maßstäbe – in diesem Jahrzehnt zwischen 40 bis 60% der einschlägigen Berichte und Kommentare in den österreichischen Zeitungen eine antijüdische Tendenz aufweisen, beträgt die entsprechende Zahl für die deutschen Zeitungen, von Bayern über das Rheinland bis nach Ostdeutschland hin, null bis 1,1%. Da die Positionen und Haltungen der Tageszeitungen weitgehend den Haltungen und Positionen ihrer Bezieher entsprochen haben müssen, zeigt sich, wie gering die Affinität jener zwei Drittel der praktizierenden Katholiken, die bis 1933 Zentrum oder Bayerische Volkspartei gewählt hatten, für die politischen Parolen des rassischen Antisemitismus gewesen sein muß. Damit soll nicht bestritten werden, daß es auch sehr andere Positionen im deutschen Katholizismus gegeben hat[52].

---

[50] Margaret Lavinia *Anderson*, Windthorst. A Political Biography. Oxford 1981 (eine deutsche Übersetzung erscheint 1988/89).

[51] Im folgenden benutze ich Ergebnisse meines Doktoranden Walter *Hannot*, M. A., der über "Judentum, Antisemitismus und Rassenfrage in den Tageszeitungen des politischen Katholizismus in Deutschland und Österreich zwischen 1923 und 1933" arbeitet und kurz vor dem Abschluß steht.

[52] Genannt sei etwa die "Schönere Zukunft", die in Wien geschrieben, aber hauptsächlich in Deutschland verkauft wurde. Vgl. *Peter Eppel*, Zwischen Kreuz und Hakenkreuz. Die Haltung der Zeitschrift "Schönere Zukunft" zum Nationalsozialismus in Deutschland 1934–1938. Wien u.a. 1980. Die Forschungen von Hermann *Greive*, Theologie und Ideologie. Katholizismus und Judentum in Deutschland und Österreich 1918–1935. Heidelberg 1969 haben, wie *Hannot* nachweisen wird, keinen repräsentativen Charakter. (Zusatz 2002: Inzwischen liegt vor: Walter *Hannot*, Die Judenfrage in der katholischen Tagespresse Deutschlands und Österreichs 1923–1933. Mainz 1990. Mit diesem Befund stimmt überein die Untersuchung Uwe *Mazura*, Zentrumspartei und Judenfrage 1870/71–1933. Verfassungsstaat und Minderheitenschutz. Mainz 1994.)

Aber sie dürften für das Kirchenvolk insgesamt weniger repräsentativ gewesen sein.

Daher brauchten die Bischöfe mit ihrer dezidierten Ablehnung der nationalsozialistischen Rassenideologie vor und nach 1933 kaum rassischen Antisemitismus der katholischen Bevölkerung zu überwinden; der Antijudaismus aber stand der weltanschaulichen Abwehr des Nationalsozialismus nicht im Wege. Vom Antijudaismus aus konnte man auch nicht zu einem Arierparagraphen innerhalb der Kirche gelangen, ein Organisationsprinzip, das 1933 im evangelischen Deutschland den Kirchenkampf auslöste, der dort zur Hauptsache ein interner Streit um das Wesen des Christlichen und der Kirche war. Der katholische Kirchenkampf hingegen war von Anfang an ein Streit nach außen, war Selbstbehauptungswille und autonomer Gestaltungsanspruch der Kirche in Auseinandersetzung mit dem Regime und dessen Konformitätsdruck, war Kampf "konkurrierender Wertsysteme"[53] um die Köpfe und die Herzen der Menschen. Dabei ging es um zwei zentrale Komplexe: um den Totalitarismus und – noch mehr – um die Rassenideologie.

Die Einzelheiten dieser großen und dauerhaften Auseinandersetzung mit dem Kern der nationalsozialistischen Weltanschauung, in der die Kirche seit dem Winter 1933/34 einen ausgesprochenen "Kollisionskurs"[54] steuerte, sind hier nicht auszubreiten. Es ist aber zu betonen, daß der Episkopat in dieser Sache ständigen und verläßlichen Flankenschutz des Vatikans erhielt. Schon 1928 hatte Pius XI. vom Heiligen Offizium in einem Beschluß daran erinnern lassen, daß der Hl. Stuhl auch früher die Juden gegen Ungerechtigkeiten in Schutz genommen habe. Da der Papst "allen Neid und alle Eifersucht zwischen den Völkern verurteilt", heißt es weiter, "so verdammt er auch aufs Schärfste den Haß gegen das einst von Gott auserwählte Volk, jenen Haß nämlich, den man allgemein heute mit dem Namen 'Antisemitismus' zu bezeichnen pflegt"[55]. Kaum war Alfred Rosenberg am 24. Januar 1934 von Hitler zum Beauftragten für die "Überwachung der gesamten geistigen und weltanschaulichen Schulung und Erziehung der Partei und aller gleichgeschalteten Verbände" ernannt worden[56], da setzte bereits am 7. Februar das Hl. Offizium dessen Hauptwerk, den "Mythus des 20. Jahrhunderts", auf den Index der ver-

---

[53] Leonore *Siegele-Wenschkewitz*. Die evangelische Kirche in Deutschland während des Zweiten Weltkriegs 1939–1945, in: Evangelische Theologie 39 (1979) 389–410 hier 400 f.

[54] Raimund *Baumgärtner;* Weltanschauungskampf im Dritten Reich. Die Auseinandersetzung der Kirchen mit Alfred Rosenberg. Mainz 1977, 264.

[55] Beschluß vom 25. März 1928: *Ecclesiastica* 8 (1928) 167; vgl. Rudolf *Lill,* Der Heilige Stuhl und die Juden, in: Karl Heinrich Rengstorf/Siegfried von *Kortzfleich* (Hrsg.), Kirche und Synagoge. Handbuch zur Geschichte von Christen und Juden. II. Stuttgart 1970, 358–369, hier 365.

[56] *Baumgärtner(wie* Anm. 54), 26 Anm. 90.

botenen Bücher[57]. Gerade im energischen Kampf gegen Rosenbergs Ideenwelt wurde das weltanschauliche System des Nationalsozialismus in seinem Kern, der Rassenideologie, als Ganzes angegriffen.

Diese Linie hat 1937 in der Enzyklika "Mit brennender Sorge" einen ersten Höhepunkt erreicht, deren wichtigste lehramtliche Aussage der nationalsozialistischen Weltanschauung den Boden entzog: "Wer die Rasse oder das Volk oder den Staat oder die Staatsform, die Träger der Staatsgewalt oder andere Grundwerte menschlicher Gemeinschaftsgestaltung – die innerhalb der irdischen Ordnung einen wesentlichen und ehrenden Platz behaupten – aus dieser ihrer irdischen Wertskala herauslöst, sie zur höchsten Norm aller, auch der religiösen Werte macht und sie mit Götzenkult vergöttert, der verkehrt und fälscht die gottgeschaffene und gottbefohlene Ordnung der Dinge."[58] Rom schätzte eben als das "auf die Dauer Gefährlichste" am Nationalsozialismus[59] die Ideologie ein. Das hatte der Papst schon 1934 in einer großen Protestnote an die Deutsche Reichsregierung, einer Kampfansage an die beiden Legitimationsprinzipien des Regimes, den Totalitarismus und die Rassenlehre, zum Ausdruck gebracht: "Menschliche Norm ist undenkbar ohne Verankerung im Göttlichen. Diese letzte Verankerung kann nicht liegen in einem gewillkürten 'Göttlichen' der Rasse. Nicht in der Verabsolutierung der Nation. Ein solcher 'Gott' der Rasse oder des Blutes wäre nichts weiter als das selbstgeschaffene Widerbild eigener Beschränktheit und Enge". Und man hatte angekündigt: "Die Kirche kann nicht widerstandslos zusehen, wenn der Jugend ... die ... Trugbotschaft eines neuen Materialismus der Rasse gepredigt wird"[60]. Im heutigen Geschichtsbild stellt die Enzyklika "Mit brennender Sorge" den Gipfel des katholischen Kirchenkampfes gegen Hitler dar. Das ist insofern richtig, als ein Widerspruch in noch mehr spektakulärer Form schwer vorstellbar ist. Vom Papst aus gesehen bedeutete der Höhepunkt aber keine Endstation. Es ging weiter, und Pius XI. muß sehr befürchtet haben, daß das nationalsozialistische Gedankengut der Rassenlehre sich auch außerhalb Deutschlands ausbreite und die Köpfe verwirre. Deshalb hat er den Versuch unternommen, die gesamte Weltkirche gegen die nationalsozialistische Rassenlehre zu mobilisieren.

---

[57] Nachweisungen in: Bernhard *Stasiewski,* Akten deutscher Bischöfe. 1: 1933–1934. Mainz 1968, 539 Anm. 3.

[58] Text am besten in: Dieter *Albrecht,* Der Notenwechsel zwischen dem Heiligen Stuhl und der Deutschen Reichsregierung. I. Mainz 1965, 404–443, hier 410. Dazu Ludwig *Volk,* Die Enzyklika "Mit brennender Sorge" (1969). Nachdruck in *ders.,* Katholische Kirche (wie Anm. 32), 34–55; Heinz-Albert *Raem,* Pius XI. und der Nationalsozialismus. Die Enzyklika "Mit brennender Sorge" vom 14. März 1937. Paderborn u. a. 1979; *Repgen* (wie Anm. 25), 75–79.

[59] Dieter *Albrecht,* Der Hl. Stuhl und das Dritte Reich, in: *Gotto/Repgen* (wie Anm. 32), 36–50, hier 40.

[60] Promemoria vom 14. Mai 1934 (Text: *Albrecht* [wie Anm. 58], 125–164, hier 146 f.).

Dieses Unternehmen, vor allem in seinen Auswirkungen, ist heute ziemlich vergessen, weil es von der unmittelbaren Vorgeschichte des Zweiten Weltkriegs überschattet worden ist, der ganz neue Probleme brachte, mit denen dann Pius XII. (gewählt am 2. März 1939) sozusagen von den ersten Tagen seines Pontifikates an konfrontiert worden ist. Die Zeitgenossen aber haben diesen letzten Schlag Pius' XI. gegen den Nationalsozialismus durchaus beachtet. Die "Nationalsozialistischen Monatshefte" notierten noch im Januar 1939 zornig, daß der Papst den Versuch mache, "die Rassenlehre und die rassische Weltanschauung ihres sittlichen Wertes völlig zu berauben", und rechneten zwei Monate später, als der Papst gestorben war, das Unternehmen, von dem zu berichten ist, zu den zwölf wichtigsten Entscheidungen, die Pius XI. in den 17 Jahren seines Pontifikates getroffen habe [61]. Das ist natürlich nicht das wohlüberlegte Urteil eines abwägenden Historikers, sondern das Diktum des Angegriffenen. Aber es zeigt doch, wie Pius XI. eingeschätzt worden ist.

Der Papst hat die Problematik offenbar zuerst im Heiligen Offizium beraten lassen. Dessen Sekretär, der Kardinal Sbarretti, wandte sich am 23. November 1937 schriftlich an die Studienkongregation, also an die für das kirchliche Bildungs- und Universitätswesen zuständige vatikanische Behörde, gewissermaßen das Wissenschafts- und Kultusministerium des Papstes [62]. Darin führte er aus, daß die führenden Nationalsozialisten systematisch und energisch, mit allen Propagandamitteln, innerhalb und außerhalb Deutschlands gewisse religiöse, philosophische und soziale Lehren verbreiteten, die auf eine Erneuerung antiken Heidentums hinausliefen und in gewissem Sinne schlimmer als dieses wären. Ähnliches versuche man, unter Anpassung an die jeweiligen Gegebenheiten, im Ausland. Die Erfolge des Nationalsozialismus auf weltanschaulichem Gebiet seien erschreckend, und die deutschen Katholiken seien aller wirksamen Verteidigungsmittel beraubt. Um ihnen zu Hilfe zu kommen und um, so weit nur irgend möglich, die Ausbreitung dieser ganz schrecklichen Irrlehren zu verhindern, müßten die Katholiken auf der ganzen Welt der nationalsozialistischen Weltanschauung entgegentreten und eine kontinuierliche Gegenpropaganda entwickeln, indem die nationalsozialistischen Irrlehren philosophisch, naturwissenschaftlich und historisch bekämpft würden. Die Studienkongregation möge die Beschäftigung mit diesen Lehren und ihre Widerlegung in Gang bringen, sei es durch Aufnahme in die Unterrichtspläne oder durch Tagungen oder durch Bücher, Kleinschriften und häufige Artikel in

---

[61] Karl *Rosenfelder*, Zur Weltanschaulichen Lage. Die Weltkirche unter Pius XI., in: Nationalsozialistische Monatshefte 108 (= Jg. 10 [1939]), 269–271.

[62] Sbarretti an Ruffini, Rom, 23. November 1937 *(Actes et Documents du Saint Siege relativs à la Seconde Guerre Mondiale. 6: Le Saint Siege et les victimes de la guerre. Mars 1939 – Décembre 1940.* Vatikanstadt 1972, 529 f.).

den angesehensten wissenschaftlichen Zeitschriften der katholischen Universitäten.

Was hier skizziert wurde, war eine geistige Generalmobilmachung der gesamten Kirche gegen Hitlers Religion, die Organisation des geistigen Widerstandes auf Weltkirchen-Ebene, ein Plan mit weiten Perspektiven. Diese Konzeption hat der Sekretär der Studienkongregation, Prälat Ruffini, am 26. November dem Papst vorgetragen [63]. Pius XI. entschied, daß allein die wissenschaftlichen Institutionen, die der Kongregation unterständen, mit der Sache befaßt werden sollten, und daß das Thema theoretisch-abstrakt zu behandeln sei, ohne Deutschland oder andere Staaten direkt zu nennen. Einen Tag später besprach Ruffini die Angelegenheit mit Kardinalstaatssekretär Pacelli, der ihm den Rat gab, die Einzelpunkte des Problems der Enzyklika "Mit brennender Sorge" zu entnehmen [64].

Über die Beratungen in den kommenden Monaten sind wir nicht unterrichtet, wohl aber über das Ergebnis. Es ist ein Reskript der Studienkongregation vom 13. April 1938 an die Katholischen Universitäten und Fakultäten [65], das Anfang Mai durch eine gezielte Indiskretion in Paris in die Presse gelangte, gewissermaßen als Ohrfeige für Hitler [66]. Dieser hat gegen alles Protokoll bei seinem triumphalen Staatsbesuch vom 3. bis 9. Mai in Rom, ein kaum überbietbares Schauspiel, keine Visite beim Papst gemacht, was allen Usancen bei römischen Besuchen von Staatsoberhäuptern widersprach. Deshalb begab der Papst sich am 29. April ostentativ in den "Sommerurlaub" nach Castel Gandolfo, schloß die Fensterläden seines Palastes, sperrte die vatikanischen Museen für die Dauer des Hitleraufenthaltes zu, hielt seinen Nuntius in Italien, den Doyen des Diplomatischen Korps, vom Staatsempfang im Quirinal fern und erklärte in den Albanerbergen am 4. Mai vor Pilgern mit deutlicher Anspielung auf die Hakenkreuzflaggen in den römischen Straßen: "Es läßt sich nichts Unpassenderes und Ungelegeneres finden als die Tatsache, daß man (in Rom) den Tag von Hl. Kreuz (3. Mai) mit einem anderen Kreuze verziert, das nicht das Kreuz Christi ist", während seine Zeitung, der Osservatore Romano, den deutschen Staatsbesuch völlig ignorierte und in diesen Tagen nicht einmal den Namen "Hitler" publizierte. Zugleich hatte am 3. Mai ein führender französischer Kirchenhistoriker in einem Artikel des "Figaro" über das gegen die deutsche Rassenlehre gerichtete April-Rundschreiben der Studienkongregation berichtet. Eine Woche später, am 11. Mai, veröffentlichte das Organ der französischen Bischöfe, "La Croix", eine Übersetzung des gesamten Textes

---

[63] Aktenvermerk Ruffini (Actes [wie Anm. 62], 530).
[64] Aktenvermerk Ruffini (Actes [wie Anm. 62], 530).
[65] Text: Actes (wie Anm. 62), 530 f.; Nachdruck in *Volk*, Akten IV (wie Anm. 27), 505 f.
[66] Zum folgenden *Doc. Cath.* (wie Anm. 26), 685–698, mit dem bezeichnenden Titel: "L'Eglise en face du racisme. La visite du Führer en Rome".

im Wortlaut. Am 2. Juli ist eine italienische Übersetzung durch die römische Jesuitenzeitschrift "La Civiltà Cattolica" (die, wie jeder wußte, dem Staatssekretariat nahestand) kommentarlos publiziert worden [67]. Der Text wurde also allgemein bekannt [68].

Das Reskript ist, wie bei solchen Aktenstücken üblich, geschäftlich-kurz. Der Kongregationssekretär erinnert zunächst an die Weihnachtsansprache des Papstes vom 24. Dezember 1937, in der er die schwere Verfolgung der Kirche in Deutschland beklagt habe [69]. Besonders aber bedrücke es den Hl. Vater, "daß zur Entschuldigung dieses Unrechts unverschämte Verleumdungen vorgebracht und höchst verderbliche Lehrmeinungen und Begriffsverwirrungen weit verbreitet werden, um die Geister irrezuführen und dadurch die wahre Religion auszurotten". Daher würden alle Katholischen Universitäten und Fakultäten aufgefordert, "alle Sorge und Mühe aufzuwenden, um gegen diese grassierenden Irrtümer die Wahrheit zu verteidigen. Deshalb sollen die Hochschullehrer sich mit den einschlägigen Argumenten aus Biologie, Geschichte, Philosophie, Apologetik, Rechts- und Sittenlehre eifrig darum bemühen, die ganz abwegigen Lehrsätze, die hier folgen, gründlich und überzeugend zu widerlegen". Es folgten nun acht Thesen. Danach schrieb Ruffini noch: "Diesen höchst gefährlichen Lehrsätzen kann man leicht weitere hinzufügen. Der Hl. Vater, als Präfekt dieser Kongregation, zweifelt nicht, daß Sie alles tun werden, um den Anforderungen dieses Reskripts volle Wirkung zu sichern". Die in diesem Reskript enthaltenen acht Thesen sind sehr knapp und abstrakt formulierte Lehrsätze. Man hat sich bei ihrer Abfassung der Form bedient, welche Rom seit dem Hochmittelalter immer anwendete, wenn es um Verwerfung bestimmter Lehrmeinungen ging. Der Text der verworfenen Thesen lautet (in der Übersetzung der deutschen Bischöfe vom Sommer 1938 [70]:

"1. Die Menschenrassen unterscheiden sich durch ihre angeborenen, unveränderlichen Anlagen so sehr voneinander, daß die unterste Menschenrasse von der höchsten weiter absteht als von der höchsten Tierart.
2. Die Lebenskraft der Rasse und die Reinheit des Blutes müssen auf jede Weise bewahrt und gepflegt werden. Was zu diesem Zwecke geschieht, ist ohne weiteres sittlich erlaubt.
3. Aus dem Blute, in dem die Rassenanlagen enthalten sind, gehen alle geistigen und sittlichen Eigenschaften als aus seiner hauptsächlichen Quelle hervor.

---

[67] Cronaca Contemporanea, 9–22 giugno 1938, in: *La Civiltà Cattolica* 89,3 (1938), 83 f.
[68] *"Kulturkampf* (wie Anm. 45) brachte schon in der Nr. 91 vom 9. Mai (a. a. O., 177 f.) den Text der Thesen mit Kommentar.
[69] In *Doc. Cath.* (wie Anm. 26), 69–73, darin: "Kulturkampf nazi".
[70] *Volk,* Akten IV (wie Anm. 27), 564–574.

4. Hauptzweck der Erziehung ist die Entwicklung der Rassenanlage und Wekkung der Liebe zur eigenen Rasse, weil sie den höchsten Wert darstellt.
5. Die Religion untersteht dem Gesetze der Rasse und ist ihr anzupassen.
6. Die erste Quelle und höchste Regel der gesamten Rechtsordnung ist der Rasseinstinkt.
7. Das einzig lebende Wesen, das existiert, ist der Kosmos oder das Weltall. Alle Dinge, der Mensch selbst eingeschlossen, sind nichts anderes als verschiedene Erscheinungsformen des lebendigen Weltalls, die sich im Laufe langer Zeiträume entwickeln.
8. Die einzelnen Menschen existieren nur durch den Staat und um des Staates willen. Alles Recht, das sie besitzen, haben sie nur auf Grund einer Verleihung durch den Staat."

Die katholische Presse in Paris hat im Mai für diese acht Thesen sofort den Namen *"Syllabus gegen den Rassismus"* geprägt und in die politische Tagessprache eingeführt[71], was auch von nationalsozialistischer Seite übernommen worden ist[72]. Damit wurde ein Terminus des kirchlich-politischen Lebens aufgegriffen, der damals, allein als Vokabel benutzt, schon geradezu elektrisierende Wirkung ausüben konnte. Unter der Bezeichnung "Syllabus errorum" hatte Pius IX. (1846–1878) im Jahre 1864 eine Liste mit 80 Sätzen kirchlich verurteilter Zeitirrtümer publiziert, die eine Generalabrechnung mit dem meisten, was damals geistig-politisch modern war, darstellte und eine schroffe Distanzierung vom laizistischen Liberalismus bedeutete, von jeder naturalistischen Auffassung der Religion und Verabsolutierung des staatlichen oder menschlichen Willens als göttliches Gesetz, geradezu eine Kampfansage von äußerster Schärfe an den Zeitgeist[73]. Ebenfalls mit "Syllabus" oder "Neuer Syllabus" wurde inoffiziell ein Dekret des Hl. Offizium aus dem Jahre 1907 bezeichnet, durch das Pius X. (1903–1914) in 65 Lehrsätzen die katholische Theologie gegen den sog. Modernismus abschottete und das als eine wirkliche Herausforderung an die allgemeine Wissenschaftskultur verstanden worden war[74]. Beide Dokumente, der Syllabus von 1864 wie der von 1907, hatten 1938 für das kirchliche Selbstverständnis und die katholische Theologie noch erhebliche Bedeutung. Die neue Zusammenstellung der nationalsozialistischen Irrtümer durch Pius XI. mit diesem Begriff zu bezeichnen, beweist die große Tragweite, welche diesen Sätzen von den Zeitgenossen zugemessen wurde. Der Papst

---

[71] *Doc. Cath.* (wie Anm. 26), 690.
[72] Vgl. *Nationalsozialistische Monatshefte 106* (= Jg. 10 [1939]), 79; 108 (wie Anm. 61), 271.
[73] Vgl. Roger *Aubert*, Syllabus, in: ²LThK, IX. Freiburg 1964, 1202 f.; erheblich ausführlicher, der größeren Bedeutung für damals entsprechend, der Artikel von Wilhelm *Reinhard*, Syllabus, in: ¹LThK, IX. Freiburg 1937, 920–923.
[74] Johannes *Beumer*, Lamentabili, in: ²LThK, VI. Freiburg 1961, 755; erheblich ausführlicher, der damaligen Bedeutung entsprechend, *Reinhard* (wie Anm. 72), 923–925.

reagierte hier mit dem genuinen Anspruch seines Amtes auf verbindliche Feststellung von Wahrheit und Irrtum. Er sagte: Hitlers Rassenideologie ist eine Häresie.

Eine genauere Interpretation dieser päpstlichen Verwerfungen, von denen die ersten sieben sich offenkundig an die Adresse des Nationalsozialismus richteten, während Satz 8 auf Mussolinis Totalitarismus-Konzept zielte, ist hier nicht möglich und nicht nötig. Wir begnügen uns mit der Feststellung, daß Pius XI. in diesem neuen "Syllabus" ein lehrsatzmäßig formuliertes und daher kristallklares Nein zur Rassenideologie sagte. Es handelte sich bei diesen Punkten zwar noch nicht um die feierlichste und daher verbindlichste Form einer kirchlichen Verurteilung; aber weil sie vom Papst kam, war, das meinten jedenfalls die deutschen Bischöfe, jeder Katholik an die Verwerfung dieser fundamentalen Prinzipien der Rassenideologie gebunden. Der Syllabus gegen die Rassenlehre vom April 1938 war aber nicht allein theoretische Theologie, sondern zugleich ein Programm zur Mobilisierung der Weltkirche. Dieser Aktionsplan zeigte nach einiger Zeit Wirkung.

Abgesehen von aktuellen Pressekommentaren, die natürlich nicht in Deutschland erscheinen konnten[75], hat sich im Winterhalbjahr 1938/39 der Episkopat, darunter eine Reihe hochangesehener Kardinäle verschiedener Länder Europas, mit den Themen und Thesen des Rassen-Syllabus beschäftigt. Zu nennen ist hier zunächst der Münchener Kardinal Faulhaber, der am 6. November über "Individuum und Gemeinschaft" predigte. Er, der schon 1930 die nationalsozialistische Rassenideologie als "eine Häresie, eine Irrlehre" betrachtet hatte, stellte in vier Punkten die Pflichten, aber auch die Rechte des einzelnen gegenüber dem Staat heraus, betonte als kirchliche Lehre, daß das Individuum nie als Null behandelt werden dürfe und verdeutlichte in homiletischer Gegenüberstellung des Alten und des Neuen Bundes den fundamentalen Unterschied zwischen dem katholischen Glauben und der Rassenideologie mit ihrer gewalttätigen Ausprägung, dem Antisemitismus[76]. Vermutlich schon etwas früher hatte der Kardinal von Mecheln, Joseph Ernest van Roey, seinen Priestern

---

[75] Wohl aber in der katholischen Emigration: vgl. *"Kulturkampf* (wie Anm. 68).

[76] Entwurf für Pastorale Anweisungen, 6. Dezember 1930 (Text: *Stasiewski,* Akten I [wie Anm. 57 791–794, hier 791]) sowie *Hürten* (wie Anm. 47), 21; vgl. Faulhabers Predigt am 4. September 1930, bei der *69. Generalversammlung der Katholiken Deutschlands vom 4.–8. September 1930. Hrsg. vom Lokalkomitee,* 311: "Die nächsten Jahre werden scharfe Auseinandersetzungen bringen über die Frage, ob das Moralgefühl der germanischen Rasse eine sittliche Ordnung aufrichten kann. Die germanische Rasse ist nicht der Gesetzgeber der sittlichen Ordnung, sondern ein Untertan der von Gott gegebenen Sittengesetze. Sittlichkeit und Volkstum sind keine Gleichung." Für 1930 vgl. *Stasiewski,* Akten I (wie Anm. 57), 791–794, hier 791, sowie *Hürten* (wie Anm. 47), 21. – Predigt vom 6. November 1938: *L'Osservatore Romano,* 19. November 1938; vgl. *Doc. Cath.* (wie Anm. 26), 1510 (nach *La Croix,* 15. November 1938).

die "katholische Lehre gegenüber dem 'Rassismus', wie es der Osservatore Romano formulierte, ausgelegt [77]. Er ging aus von den Rassen-Thesen des Reskripts und einem Rosenberg-Zitat als der "offiziellen Lehre in Deutschland", setzte gegen diese "Theorie der Rasse und des Blutes" eine ausführlich biblisch und patristisch begründete Theologie der Erlösung durch das Blut Christi, das die in der Erbsünde begründete Einheit des Menschengeschlechts in der erlösten Menschheit erneuert habe, und schloß mit aktuell-pastoralen Konsequenzen, die mit dem Satz eingeleitet wurden: "Wir haben gesehen, es gibt eine 'Lehre vom Blut', die unbedingt zu unserer heiligen Religion gehört und einen wesentlichen Teil von ihr ausmacht. Aber zugleich ist klar geworden, daß sie im Gegensatz steht zur Nazi-Philosophie von Blut und Rasse. Jene spaltet die Menschheit in unabänderlich vorgegebene Rassen auf, diese führt sie zur Einheit, oberhalb zweitrangiger Unterschiede, und macht aus allen Menschen gleiche Wesen, Brüder. Im Gegensatz zum Nationalsozialismus, der in seinem rohen Materialismus den Menschen auf die Stufe des Tiers erniedrigt, erhebt die katholische Lehre ihn über sich selbst hinaus in die Übernatur und stellt ihn neben den Gottmenschen".

Der Kardinal von Paris, Jean Verdier, dem der Mechelner diesen, im November als Zeitschriftenartikel gedruckten Text zugesandt hatte, hat sich mit einem Brief vom 17. November, der unmittelbar danach an die Presse ging und publiziert wurde [78], bedankt, die theoretischen Linien ins Konkrete hin ausgezogen [79] und dabei einen direkten Zusammenhang zwischen Rassenideologie und Novemberpogrom hergestellt: "Ganz nah von uns sind, im Namen von Rasse-Rechten, Tausende und Abertausende von Menschen wie wilde Tiere gejagt und ihres Eigentums beraubt worden, wahre Parias, die vergeblich in der zivilisierten Welt ein Asyl und ein Stück Brot suchen. Ja, das ist das unvermeidliche Ergebnis der Rassen-Theorie." Von der Ermordung vom Raths distanzierte er sich mit drastischen Worten, aber die Gewaltsamkeiten seien auf die "neue Philosophie" zurückzuführen, "die man propagiert und betreibt". Dagegen hat der Kardinal-Patriarch von Lissabon, Manuel Goncalves Cerejeira, in einer großen Predigt vom 18. November, die gleichermaßen sofort an die Presse gegeben wurde, die Rassenideologie nur am Rande behandelt, ist aber ebenfalls auf den Pogrom zu sprechen gekommen [80]. Hauptthema war bei

---

[77] *L'Osservatore Romano,* 24. November 1938; vgl. *Doc. Cath.* (wie Anm. 26), 1481–1495.

[78] Der Brief erschien zuerst in *La Croix,* 20./21. November 1938, wurde nachgedruckt in *L'Osservatore Romano,* 24. November 1938, und erneut in *Doc. Cath.* (wie Anm. 26), 1495–1497.

[79] Verdier wandte sich auch ausdrücklich gegen die gesetzliche Zwangssterilisierung in Deutschland und die Euthanasie-Pläne als Konsequenz der nationalsozialistischen Rassenideologie.

[80] *Novidades,* 19. November 1938; vgl. *Doc. Cath.* (wie Anm. 26), 1502–1510.

ihm die Häresie des Totalitarismus, die sich nicht nur im atheistischen Kommunismus finde, sondern, nicht weniger gefährlich, im nationalsozialistischen Deutschland [81]. Seine theologisch begründete These lautete: "Völliger Sieg des Totalitarismus wäre Zerstörung des Erlösungswerkes Jesu Christi"; denn das nationalsozialistische Ideal sei ein " 'Ersatz' de Deus", und so trage die Kirche in Deutschland, zusammen mit vielen tapferen Protestanten, nicht irgendeinen der vorübergehenden Konflikte zwischen Staat und Kirche aus, sondern "leidet und kämpft für das Reich Christi, das man durch eine neue deutsche Religion ersetzen will". Man muß, meinte er mit Pathos, dem rassistischen Irrtum widersagen, weil er in Widerspruch steht zur christlichen Erlösung aller Rassen. Man muß der Staatsvergottung widersagen, weil Gott mehr zu gehorchen ist als den Menschen. Man muß dem heidnischen Kult der Gewalt widersagen, dem Machtstreben, der Gewaltsamkeit und Unbarmherzigkeit und dem blanken Haß, "weil das in Widerspruch steht zum Geiste Christi, wovon die empörte Welt soeben ein grausames Beispiel bekommen hat in den schändlichen Quälereien, die man den Juden antat". Im Unterschied dazu war eine Ansprache des Mailänder Kardinals Ildefonso Schuster vom 13. November [82], die (wie erwähnt) später vom Papst ausdrücklich gelobt worden ist, ganz auf die italienischen Verhältnisse bezogen und gegen die faschistische Propaganda für die Eherechtsnovelle gerichtet, indirekt, aber deutlich. Sein Thema war die Einheit der Menschen in der Kirche, die durch den Einbruch des "nordischen Rasse-Mythos", dieser "antichristlichen und antirömischen Häresie", gefährdet werde. Nur am Rande erinnerte er daran, daß "heute, im Namen des Mythos des 20. Jahrhunderts, die Nachkommen Abrahams vom Gebiet des Reichs vertrieben werden und man zugleich gegen die einzige Offenbarungsreligion kämpft". Ihm kam es vielmehr darauf an zu unterstreichen, daß für Rassen-Kategorien in der Kirche kein Platz ist. "Nationale Unterschiede in der Politik und im Handel – gut! Die Kirche ist aber weder für Politik noch für Sozialökonomik da. Daher Nein zu Rassenunterschieden in der christlichen Kirche. Christus darf man nicht teilen".

Auch eine Predigt des Patriarchen von Venedig, Adeodato Giovanni Kardinal Piazza, an Epiphanie 1939, war vor allem an die Adresse Italien gerichtet [83]. Sie stand daher ebenfalls im Widerspruch zur italienischen Rassegesetzgebung vom November, behandelte das Verhältnis von Juden und Christen seit den Anfängen der Kirche, verteidigte vor allem deren unbegrenzten Missionsauftrag, aber auch die kirchliche Judenpolitik einst und jetzt und interpretierte sowohl

---

[81] Schon in der Weihnachtspredigt 1937 hatte Cerejeira die Gemeinsamkeiten von Kommunismus und Nationalsozialismus behandelt: *Doc. Cath.* (wie Anm. 26), 262–269.
[82] *L'Osservatore Romano,* 18. November 1938; vgl. *Doc. Cath.* (wie Anm. 26), 1497–1502.
[83] *La Documentation Catholique* 40 (1939), 243–246.

den Kommunismus als auch das deutsche Neu-Heidentum als "Angriff auf das Christliche".

Man darf davon ausgehen, daß die italienischen Kardinäle, wenn sie gegen den Einbruch des deutschen Rasserechts in die italienische Gesetzgebung Front machten, ihre Gläubigen hinter sich brachten. Das war für den Bischof von Lüttich, Ende März 1939, im 1919 belgisch gewordenen Gebiet von Eupen-Malmedy erheblich schwerer. Ein Hirtenbrief vom 19. März, der mit Bezug auf andere Stellungnahmen aus der Schweiz und Italien und unter Berufung auf die "klare und unzweideutige Verurteilung" der Rasseideologie durch Pius XI. die Unvereinbarkeit von katholischem Glauben und nationalsozialistischer Rasselehre erklärte und daraus aktuell-politische Konsequenzen für Wahlen und Volkstumskampf ableitete, konnte nicht in allen Kirchen ohne zum Teil erhebliche Störungen verlesen werden [84], wofür aus Deutschland eingeschleuste Störtrupps mitverantwortlich gewesen sein sollen. Hier handelt es sich zweifellos um einen Sonderfall, der gerade deshalb auch Aufsehen erregte. Im allgemeinen wird man davon ausgehen können, daß die vom Papst gewünschte Mobilisierung der Weltkirche gegen die Rasseideologie im Winter 1938/39 in Gang gekommen und von den Gläubigen mitgetragen worden ist. Der Begriff "Generalmobilmachung" ist daher für die vatikanische Initiative vom Frühjahr 1938 kaum übertrieben.

In Deutschland ist die Auswirkung des April-Reskripts am frühesten nachzuweisen. Das Konveniat der westdeutschen Bischöfe in Kevelaer vom 13. Juni wünschte, daß alle, auch die Oberhirten ohne katholische Fakultäten, informiert würden, und empfahl, die acht Thesen in einem Hirtenbrief zu "verarbeiten", der bei der kommenden Fuldaer Bischofskonferenz vorzulegen sei [85]. Diesen Entwurf hat vielleicht Bischof Galen im August mitgebracht [86]. Wer ihn geschrieben hat, ist nicht bekannt. Der Entwurf enthält eine kurze Einleitung, welche die Zuständigkeit der Kirche für die Entscheidung dieser Fragen erläutert. Sie teilt mit, daß der Heilige Stuhl "acht fundamentale Irrtümer einer falschen Rassenlehre" in "verpflichtender Weise" verworfen habe. Danach wird in acht Abschnitten zunächst der Text der jeweiligen These – mit der einleitenden Bemerkung: "Anhänger einer falschen Rassenlehre behaupten" – zitiert und im Anschluß daran die jeweils entgegenstehende Lehre der Kirche entfaltet.

In Fulda ist dieser Text am 17. August zur Beratung gekommen [87]. Es lag

---

[84] Bericht (nach *Libre Belgique*) in *Doc. Cath.* (wie Anm. 82), 589–592.
[85] Protokoll der Sitzung, Kevelaer, 13. Juni 1938: *Volk,* Akten IV (wie Anm. 27), 471 (Punkt IV).
[86] Text: *Volk,* Akten IV (wie Anm. 27), 564–577. Referent für diesen Punkt der Tagesordnung (VI.4) war Kardinal Faulhaber (ebd., 489).
[87] Protokoll der Plenarkonferenz, 17.-19. August: *Volk,* Akten IV (wie Anm. 27), 491–505,

jedoch gleichzeitig der Entwurf eines Hirtenbriefs mit einem ganz anderen Thema vor, der vom Freiburger Erzbischof Gröber stammte und die Situation der Kirche und des Kirchenkampfs in Deutschland behandelte. Unter den Bischöfen war kontrovers, ob die Verfolgung der Kirche oder die Rassenhäresie Gegenstand des gemeinsamen Hirtenwortes werden solle, doch wissen wir über die Diskussion nur sehr wenig; der Münchener Kardinal war für das Thema Rassismus, der Breslauer für Kirchenkampf[88]. Schließlich entschied man sich für Gröbers Entwurf, von dem oben berichtet worden ist und dessen Verlesung am 28. August den Frauen die Tränen in die Augen getrieben haben soll[89]. Der Syllabus-Hirtenbrief wurde jedoch nicht zu den Akten gelegt, sondern als Richtlinie zur Verteilung an den Klerus bestimmt[90]. Als das im August 1938 entschieden wurde, wußte natürlich niemand, daß die Nationalsozialisten nach der Ermordung vom Raths am 9. November ein Judenpogrom unvorstellbaren Ausmaßes in Szene setzen würden. Der Hirtenbrief hätte schon prophetisch formuliert sein müssen, mit Prognosen für die Zukunft, wenn er sich auf das Spätere hätte beziehen sollen. Das ist nicht Sache des kirchlichen Amtes. Wenn man den Entwurf jedoch in Kenntnis des später Geschehenen liest, gewinnt er bestürzende Aktualität. Das rührt daher, daß dieser Lehr-Text sich nicht mit dem Systematisch-Abstrakten begnügt; seine Absicht ist offenkundig, den Klerus (und damit die Gläubigen) auch konkret und aktuell zu instruieren und dadurch zu führen. Das macht vor allem der Schlußteil deutlich, der zwei praktische Ermahnungen enthält. Einmal hieß es da: "Der Heiland hat ein umfassendes Gebot der Nächstenliebe gegeben. Es schließt, wie die wunderbare Parabel vom barmherzigen Samariter zeigt, auch den Volks- und Rassefremden in das Gebot der Nächstenliebe ausdrücklich ein. Die Erlösung verlangt Gerechtigkeit, nein Liebe und Barmherzigkeit gegen alle Menschen ohne jede Ausnahme". Das war eine klare Sprache. Zweitens stand da: Christentum bedeutet Gleichheit der Menschen. "Will der Staat Unterschiede in der Rasse machen – es ist selbstverständlich, daß er auch dabei an Recht und Bil-

---

hier 492: "Mitgeteilt wird ein Entwurf von Darlegungen der katholischen Auffassung über die in der Rassenfrage zu beobachtenden Grundsätze, und ihr hoher Wert wird anerkannt. Als Hirtenwort sollen sie vorläufig nicht Verwendung finden, wohl aber dem Klerus als Richtlinien zur Benutzung mitgeteilt werden".

[88] Nach den privaten Aufzeichnungen des Speyerer Bischofs (*Volk*, Akten IV [wie Anm. 27], 539–547, hier 541) lehnte Kardinal Schulte, Köln, den Freiburger Entwurf ab, Bischof Bornewasser/Trier und Galen scheinen für den Rassenhäresie-Entwurf eingetreten zu sein.

[89] Vgl. oben Anm. 27 sowie *L'Osservatore Romano* vom 5./6. September ("Impressioni olandesi sulla Pastorale collettiva di Fulda") und 7. September 1938, Leitartikel (Verfasser: V.): "Dopo la Pastorale di Fulda". Goebbels notierte am 28. Aug. 1938 im Tagebuch: "Die katholischen Bischöfe geben einen unverschämten Hirtenbrief heraus. Der übertrifft alles bisher Dagewesene" (Elke *Fröhlich* [Hrsg.], Die Tagebücher von Josef Goebbels. Sämtliche Fragmente. 1/3: 1. 1. 1937–1. 12. 1939. München u.a. 1987, 520).

[90] Vgl. oben Anm. 87.

ligkeit gebunden ist –, in der Kirche gibt es grundsätzlich keinen Unterschied zwischen Volk und Volk, Rasse und Rasse. Alle Menschen sind in gleicher Weise und ohne Unterschied in Recht und Rang zu Gotteskindern, zu Gliedern der Kirche, zu Genossen der ewigen Seligkeit berufen". Auch das war eindeutig.

Was in diesen beiden Sätzen beschrieben wurde, waren und sind natürlich nur katholische Selbstverständlichkeiten. Aber sie waren nicht nur unmißverständlich, sondern auch gegenwartsbezogen formuliert. Dieser Hirtenbrief-Entwurf war in Sachen Rassenideologie des Nationalsozialismus die Glaubensformung, Gewissensbildung und Meinungsführung des Klerus durch den Episkopat unmittelbar vor den Novemberpogromen.

Urteilsbildung und Lehren

Soviel wir wissen, ist der Frevel des Judenpogroms vom 10. November 1938 als solcher und sind die zahllosen dabei verübten Straftaten weder von den deutschen Bischöfen als Gesamtheit[91] noch von einem der Bischöfe als einzelnem öffentlich und konkret verurteilt worden, während man sich in der übrigen katholischen Welt sofort danach und wie selbstverständlich in diesem Sinne geäußert hat. Das beweisen die Stellungnahmen der Kardinäle von Mailand (am 13. November), von Paris (am 17. November) und von Lissabon (am 18. November) – Beispiele, die sich vermehren ließen. Wie ist dieses unterschiedliche Verhalten zu verstehen?

Nicht zweifelhaft war den Zeitgenossen, daß der Papst und die deutschen Bischöfe die nationalsozialistische Rassenlehre streng verurteilten und immer wieder rechtsstaatliches Verhalten angemahnt hatten, auch öffentlich. Das katholische Kirchenvolk in Deutschland hatte dies oft gehört und sich offenbar zu eigen gemacht. Wenn der Münchener Regierungspräsident am 9. Januar 1939 in einem vertraulichen Bericht über die Stimmung der Bevölkerung sagte: "Nur die von der Kirche beeinflußten Kreise gehen in der Judenfrage noch nicht mit"[92], so dürfte dies keine Besonderheit des oberbayerischen Katholizismus beschreiben, sondern auch für die anderen Regionen Deutschlands gelten.

Diese Grundhaltung war das Ergebnis der Gewissensbildung und Glaubensformung des Kirchenvolks durch die Großorganisation Seelsorgskirche, deren Leitung, Bischöfe und Papst, ihren Willen zur religiösweltanschaulichen Meinungsführung soeben mit dem Syllabus vom April und

---

[91] Für die österreichischen Bischöfe gilt das gleiche.
[92] Helmut *Witetschek*, Die kirchliche Lage in Bayern nach den Regierungspräsidentenberichten 1933–1943. I: Regierungsbezirk Oberbayern. Mainz 1966, 300.

den Rassenhäresie-Richtlinien vom August 1938 eindrucksvoll bestätigt hatte. Die kontinuierliche Seelsorge hatte eine Immunisierung bewirkt, die in diesem Bereich eine gut erkennbare Distanzierung vom Nationalsozialismus bedeutete. Vom katholischen Standpunkt aus waren daher der Pogrom ebenso wie seine regierungsamtliche Rechtfertigung oder Entschuldigung bereits gerichtet. Das wußte jedermann.

Aber war dies genug, wenn Hunderte von Synagogen brannten? Hätten die deutschen Bischöfe im November 1938 nicht ebenso, wie die übrige Weltkirche, öffentlich auftreten und sagen müssen: Hier, in unserem eigenen Lande, ist Schlimmes geschehen! Wäre nicht gerade eine derartige Verurteilung sündhaften Tuns der Dienst gewesen, den die Menschen vom Wächteramt der Kirche in diesem Augenblick erwarteten? Die Bischöfe selbst hatten im August an das Gleichnis vom Barmherzigen Samariter erinnert. Jetzt lagen in Deutschland viele Juden tot und ausgeplündert am Wegesrand. War da, weil man das Totschlagen und Plündern nicht hätte ungeschehen machen können, nicht wenigstens nachher eine große, öffentliche, solidarische Geste einfach fällig?

Für uns, die wir aus der Rückschau wissen, daß der 10. November weder den Höhepunkt noch das Ende der nationalsozialistischen Judenverfolgung bedeutete, und die wir in einer Gesellschaft leben, in der die Öffentlichkeit einen besonderen Stellenwert hat, weil die sozialen Großgebilde ihre Ziele nicht ohne öffentliche Bewußtseinsbildung verwirklichen können, und in der Protestieren (ohne Rücksicht auf die Ziele) in der Regel schon eine Prämie erhält – für uns ist es nicht nur berechtigt, sondern auch notwendig, solche Fragen zu stellen und uns solchen Fragen zu stellen. Die Antwort kann aber weder aus einem einfachen Ja noch aus einem einfachen Nein bestehen, und zwar aus zwei Hauptgründen:

Erstens ist erneut an die extrem schlechte Quellenlage zu erinnern. Wir besitzen im Falle des Bischofs Graf Galen eine indirekte Nachricht; für die übrigen zwei Dutzend deutscher Bischöfe fehlt uns jede direkte Information über die Gründe, welche jeden einzelnen von ihnen veranlaßten, sich öffentlich zum Judenpogrom nicht zu äußern, wobei keineswegs ausgemacht ist, daß für sie alle die gleichen Motive entscheidend waren: Der aus seiner Diözese vertriebene Bischof Sproll von Rottenburg oder der Münchener Kardinal Faulhaber, selbst Opfer des Novemberpogroms, unternahmen wahrscheinlich eine ziemlich andere Güterabwägung als die Erzbischöfe von Freiburg, Köln und Breslau oder die Bischöfe von Berlin, Aachen und Passau. Jede Erörterung ihres Verhaltens wäre auf hypothetische Überlegungen angewiesen, die wenig Beweiskraft haben. Wer will mit hinreichender Sicherheit sagen, welches der vielen denkbaren Motive im jeweiligen Falle handlungsleitende Priorität hatte? Diese aber müßte man kennen, wenn man einigermaßen verläßlich beurteilen wollte, ob und in welchem Umfange die Parabel vom Barmherzigen Samariter als Maßstab zur Beurteilung ihres konkreten Handelns im November 1938 taugt oder nicht.

Zweitens fehlt es der Geschichtswissenschaft, worauf Hürten unlängst mit bedenkenswerten Argumenten aufmerksam gemacht hat[93], in vielen und gerade zentralen Punkten an ausreichend klaren Kriterien zur theologischen Beurteilung von richtigem und falschem Verhalten des einzelnen wie der gesamten Kirche und ihrer Führung im totalitären System. Diese Urteilsmaßstäbe kann der Historiker allein aus seinem eigenen, vornehmlich deskriptiv orientierten Fach nicht ableiten; er kann schwerlich aus Eigenem ergänzen, was praktische Philosophie, Moraltheologie und kirchliches Lehramt ungeklärt gelassen haben. So bewegen wir uns mit unseren retrospektiven theologischen Urteilen über das Verhalten der Kirche im Dritten Reich, ob sie nun positiv oder negativ ausfallen, auf sehr unübersichtlichem Terrain – ganz unabhängig von der Quellenlage. Wollten wir den Verzicht der deutschen Bischöfe auf eine nachträgliche öffentliche Verurteilung des Geschehens vom 10. November tadeln oder billigen, verteidigen, bedauern oder anklagen, so müßten wir zunächst hinlänglich präzis beschreiben, was in dieser konkreten Situation zweifelsfrei die wichtigste Aufgabe des Bischofs war. Dies ist leicht gesagt, aber schwer zu leisten. Wie soll generell festgemacht werden, bis zu welchem Grade die Rücksicht auf die vermutlichen Folgen (die Folgen für die Katholiken und die Folgen für die Juden) hätte handlungsleitend gewesen sein müssen oder nicht? Der Historiker wäre mit solchen Distinktionen überfordert.

Die schlechte Quellenlage und die ungenügende Klärung der theologischen Urteilsmaßstäbe bewirken folglich ein echtes Dilemma; doch brauchen wir uns mit dieser resignierenden Feststellung nicht zu begnügen. Ein Stück, wenn auch nur ein Stück, läßt sich nämlich noch vorankommen, wenn man die Problematik des öffentlichen Schweigens der deutschen Bischöfe zum Pogrom von einer anderen Seite beleuchtet und fragt, ob denn im November 1938 von ihnen überhaupt eine öffentliche Stellungnahme, die auf konkrete Distanzierung und Verurteilung des Frevels hätte hinauslaufen müssen, gewünscht oder gefordert worden ist. Läßt man den Fall des Bischofs Galen beiseite, so lautet die Antwort: Nein. Bisher jedenfalls konnten keine Quellen namhaft gemacht werden, die uns den Rückschluß erlaubten, daß die gläubigen Katholiken oder die betroffenen Juden oder andere Bevölkerungsgruppen Deutschlands damals ein Wort der deutschen Bischöfe zum Pogrom erhofft oder vermißt haben[94].

---

[93] Vgl. oben Anm. 47 sowie ders.: Zehn Thesen eines profanen Historikers, in: Kirchliche Zeitgeschichte 1 (1988), 116 ff.

[94] Der große Sozialwissenschaftler Gundlach in Rom hingegen hielt intern am 18. November die Opportunität einer (im wesentlichen von ihm vorbereiteten) Rassismus-Enzyklika für noch deutlicher gegeben als bisher "wegen der Entwicklung der Dinge in Deutschland": G.

Auch dies ist nur ein (vorläufiger?) Negativbefund, aber er führt weiter; denn so wie 1938 war es nicht immer. Es hatte im April 1933 Kritik an den Bischöfen gegeben, weil sie nichts Energisches für die Juden getan hätten [95]; es bestand 1934/35 ein massiver Hunger der Gläubigen nach einer klärenden Information des Episkopats über den künftigen Kurs der Kirche [96], dem in pseudonymen Streitschriften sogar öffentlich Ausdruck verliehen wurde [97]; und im Herbst 1941, als es um die Verteidigung der allgemeinsten Menschenrechte auf persönliche Freiheit und Leben ging, verlangte nicht nur das Kirchenvolk von den Bischöfen "Klärung in schwersten Gewissensfragen und offene Stellungnahme des deutschen Episkopats", sondern auch der nichtchristliche Teil Deutschlands erwartete, soweit er unter der Last der Rechtlosigkeit und seiner eigenen Ohnmacht gegenüber Unrecht und Gewalt litt, "Hilfe und Verteidigung der allgemein menschlichen Rechte durch den deutschen Episkopat" [98]. Im Unterschied zu 1934/35 oder 1941 ist 1938 von einer "Vertrauenskrise des katholischen Volkes zur kirchlichen Führung" [99] nicht die Rede. Die deutschen Bischöfe standen im November 1938 offenkundig nicht unter Erwartungsdruck, weder innerhalb Deutschlands noch, soweit man sehen kann, draußen. – Diese Feststellung erklärt übrigens gut, warum es uns so sehr an Nachrichten über die konkreten Motive und Erwägungen der deutschen Bischöfe im Herbst 1938 mangelt: was unproblematisch und selbstverständlich ist, steht in der Regel nicht in den historischen Quellen.

Mit dieser Sachverhaltsbeschreibung allein darf sich unser Fragen aber nicht erschöpfen. Für einen Bischof als Nachfolger der Apostel ist schließlich nicht entscheidend, was man von ihm erwartet, sondern was sein Gewissen ihm sagt. Wenn – angesichts des befürchteten Sturms auf die Kirchen, den sicherlich niemand provozieren wollte und durfte – eine unvermeidlich ins Politische sich wendende öffentliche Stellungnahme den Bischöfen inopportun erschienen sein mag, blieb dann nicht immer noch freies Feld für andere Formen sichtbarer Solidarität? Der Kölner Kardinal Schulte (1871–1941, seit

---

an John La Farge SJ, Rom, 18. Nov. 1938 (Johannes *Schwarte*, Gustav Gundlach SJ [1892– 1963]. Maßgeblicher Repräsentant der katholischen Soziallehre während der Pontifikate Pius' XI. und Pius' XII. München u. a. 1975, 83).

[95] Gröber an Leiber, Freiburg, 15. April 1933 (Ludwig *Volk,* Kirchliche Akten über die Reichskonkordatsverhandlungen 1933. Mainz 1969, 15–18, hier 18.

[96] Ludwig *Volk,* Die Fuldaer Bischofskonferenz von Hitlers Machtergreifung bis zur Enzyklika "Mit brennender Sorge" (1969), in: *ders.,* Ausgewählte Aufsätze (wie Anm. 32), 11–33, hier 24–27, 32.

[97] Michael *Schaeffler[*= Alois *Dempf],* Die Glaubensnot der deutschen Katholiken. Zürich 1934; Stefan *Kirchmann [*= Waldemar *Gurian],* St. Ambrosius und die deutschen Bischöfe. Luzern 1934.)

[98] "Grund für die Notwendigkeit des Hirtenworts", Fulda, 15. November 1941 *(Volk,* Faulhaberakten II [wie Anm. 36], 837 f.).

[99] "Gründe" (wie Anm. 98).

1920 Erzbischof von Köln), kein Freund von Trotzgebärden oder gar offener Konfrontation [100], hat am 4. September 1938 seine Erzdiözesanen in einer ganz knappen Kanzelverkündigung von acht Zeilen über die zwangsweise Wegführung des Bischofs von Rottenburg aus seiner Diözese informiert und angeordnet, anschließend zu sagen: "Laßt uns alle, Geistliche und Gläubige, für den verbannten Bischof und sein schwer geprüftes Bistum beten: Vater unser ... " [101]. Etwas Vergleichbares, etwa am 13. oder 20. November für die verfolgten Juden in den Kölner Kirchen zu sprechen, hat Schulte nicht angeordnet. Warum, wissen wir nicht. Aber daß es nicht geschah, das eigentlich ist es, was manche Christen, die wissen, was danach und bis heute noch alles geschehen ist und geschieht (und von diesem Wissen kann und soll man nicht abstrahieren), das ist es, was sie in der Rückschau bedrückt. Das Geschehene hätte dadurch nicht ungeschehen gemacht werden können. Die katholischen Gläubigen bedurften keines erneuten bischöflichen Wortes, um zu wissen, was sie von Verbrechen des 10. November zu halten hätten. Aber gibt es nicht Situationen, in denen einfach Zeugnis verlangt wird?

Indem wir uns bewußt werden, wie zentral und wie immer noch aktuell solche Fragen sind, die uns vom Geschichtlichen zum Normativen führen, bemühen wir uns, aus der zeitgeschichtlichen Erfahrung zu lernen, gerade an Gedenktagen. Der Pogrom vom 10. November 1938 ist dafür ein trauriges, aber wichtiges Lehrstück. Er war terroristische Gewalt gegen Personen und Sachen vor den Augen der Öffentlichkeit. Auch heutzutage findet terroristische Gewalt statt gegen Personen und Sachen – in aller Öffentlichkeit. Was tun wir dagegen? Wenn wir bei der Erinnerung an das Gestern von 1938 das Heute von 1988 vergessen, nützt die historische Rückbesinnung und Gewissenserforschung wenig.

Weiterführende Literatur

Deutsche Geschichte:

Klaus Hildebrand, Das Dritte Reich. ³München 1983.

Kirche im Dritten Reich:

Hubert Jedin / Konrad Repgen (Hrsg.), Die Weltkirche im 20. Jahrhundert. Freiburg 1979 (Paperback 1985).

---

[100] *von Hehl* [wie Anm. 37], 245 f.
[101] Wilhelm *Corsten,* Kölner Aktenstücke zur Lage der katholischen Kirche in Deutschland 1933–1945. Köln 1949, 238.

Dieter Albrecht (Hrsg.), Katholische Kirche im Dritten Reich. Mainz 1976 (Topos-Tb. 45).

Klaus Gotto / Konrad Repgen (Hrsg.), Kirche, Katholiken und Nationalsozialismus. Mainz 1980 (Topos-Tb. 96).

Anton Rauscher (Hrsg.), Der soziale und politische Katholizismus 1803–1963. 1.2. München 1981, 1982.

Konrad Repgen, Katholizismus und Nationalsozialismus. Köln 1983 (Kirche und Gesellschaft. 99).

Heinz Hürten, Geschichte des deutschen Katholizismus 1800–1960. Mainz 1986.

Pogrom des 10. November 1938:

Rita Thalmann / Emmanuel Feinendegen, Die Kristallnacht. Frankfurt 1987 (frz. 1972).

Hermann Graml, Reichskristallnacht. Antisemitismus und Judenverfolgung im Dritten Reich. München 1988 (dtv 4519).

Zur Diskussion:

Michael Wolffsohn, Ewige Schuld? 40 Jahre deutsch-jüdisch-israelische Beziehungen. München, Zürich 1988 (Serie Piper 985).

Nationalsozialistischer Kirchenkampf und deutscher Episkopat

Ludwig Volk

Krieg ohne Burgfrieden

Die Wegweisung des Episkopats zum Kriegsausbruch im Herbst 1939 beschränkte sich auf ein Minimum, einen Aufruf zu Pflichterfüllung und Gebet, von den meisten Diözesanbischöfen mit unterschiedlichen Akzenten ausgestaltet. Das war z.T. Prophylaxe gegen den allzeit lockersitzenden Vorwurf nationaler Unzuverlässigkeit an die katholische Adresse, entsprach aber primär der überlieferten Verhaltensnorm. Waffendienst im Kriegsfall gehörte zu den staatsbürgerlichen Grundpflichten, und so wie die Verantwortung für den Kriegsentschluß selbst war auch das Urteil über seine moralische Vertretbarkeit zunächst – und zwar aufgrund des Informationsstands ausschließlich – den Trägern der Regierungsgewalt vorbehalten. Noch war den Zeitgenossen abschreckend präsent, wie leidenschaftlich und wie vergeblich nach 1918 die Kriegsschuldfrage diskutiert worden war. Woher sollten an der Schwelle zum Zweiten Weltkrieg die deutschen Bischöfe die Kompetenz nehmen, über Recht oder Unrecht der streitenden Parteien zu befinden, wo sie sahen, daß noch nicht einmal über die Verantwortung am Ausbruch des Ersten entschieden war? Die Gewißheit der gerechten Sache war zweifellos vorläufig, weil von Staats wegen dekretiert. Aber wer sie anfechten wollte, geriet in Beweisnot.

Da nach offizieller Lesart dem Gebot zu nationaler Geschlossenheit im Krieg alles unterzuordnen war, hätte das zuallererst für den Kirchenkampf gelten müssen. Was jedoch folgte, war weder Burgfrieden noch Schonzeit, sondern verschärfte Repression. Sie setzte ein, sobald die Initiatoren der Kirchenbedrückung begriffen, daß sie mit dem Vorwand "kriegsbedingter Erfordernisse" über ein Argument verfügten, mir dem schlechthin jede Gewaltmaßnahme zu bemänteln war. Dem Einblick der Betroffenen entzogen, wirkte sein Begründungsanspruch universal und umspannte mühelos den Bogen kirchenfeindlicher Beschränkungen und Aktionen, angefangen vom Verbot öffentlicher Gottesdienste nach Alarmnächten (vor 10 Uhr vormittags) und der Unterdrückung kirchlicher Feiertage, über die Beschlagnahme und Enteignung von Klostergut bis zur Totalliquidierung der Kirchenblätter.

In der Terminologie der Verfolger fiel regimekritisches Verhalten bis Kriegsbeginn unter die Rubrik "staatsfeindlich". So wurde Bischof Sproll von Rottenburg Staatsfeindlichkeit zur Last gelegt, weil er der Wahl vom 10. April 1938 ferngeblieben war. Abseits jeder Rechtsprechung zwang ihn die Gestapo durch ein Aufenthaltsverbot für Württemberg bis zum Zusammenbruch des NS-Regimes zum Verlassen seiner Diözese [1]. War aber Auflehnung gegen die nationalsozialistische Kirchenpolitik schon im Frieden "staatsfeindlich" gewesen, so steigerte das die Kriegslage zur "Feindbegünstigung". Schärfste, jedenfalls unberechenbare Sanktionen drohten jedem, der trotzdem ein Wort der Kritik wagte. Die Ausweitung des Terrors bekam vor allem der Klerus zu spüren. Während vor 1939 nur wenige Einzelfälle mehrmonatiger KZ-Haft für einen katholischen Geistlichen nachweisbar sind, endete von da an die der ordentlichen Gerichtsbarkeit entzogene "Schutzhaft", mit der die Gestapo schon bei kleinsten Verstößen gegen Kleriker vorzugehen pflegte, fast regelmäßig mit der Einlieferung ins Konzentrationslager. Wie alle Häftlinge wurden sie dort unbefristet, d.h. de facto bis zum Ende des Krieges, festgesetzt, sofern sie nicht den Peinigungen und Strapazen erlagen, denen sie auch im Priesterblock des Lagers Dachau ausgesetzt waren. So starben von 304 reichsdeutschen Priesterhäftlingen 67, von 83 österreichischen 18. Gab es in der Verwahrungshaft des Konzentrationslagers immerhin noch eine Überlebenschance, so machten Sondergerichte mit Angeklagten, auf die nach Ansicht der Gestapo die Paragraphen der Kriegsgesetzgebung paßten, kurzen Prozeß. Waren es Geistliche, so wurde Gegnerschaft zum NS-Staat vorausgesetzt und straferschwerend ins Urteil eingebracht.

Gegen die Euthanasie-Aktion

Dem aufs militärische Kampfgeschehen abgelenkten Blick der Öffentlichkeit entging eine ungleich tiefere Zäsur als der Kriegsausbruch selbst, obwohl beides aufs engste zusammenhängt, nämlich die totale Enthemmung von Hitlers Machtmißbrauch. So gesehen handelte Hitler persönlich völlig konsequent, wenn er die Wochen später erlassene Weisung zum Massenmord an den Geisteskranken auf den 1. September 1939 zurückdatierte [2]. Es dauerte Monate, bis Einzelindizien Verdacht erregten, und nochmals Monate, bis sie sich

---

[1] Vgl. dazu ausführlich P. Kopf / M. Miller (Hrsg.), Die Vertreibung von Bischof Joannes Baptista Sproll.

[2] Vgl. hierzu auch L. Volk, Episkopat I, S. 86–92.

zum unbezweifelbaren Beweis verbrecherischen Treibens in den Euthanasie-Anstalten zusammenfügten. Über unmittelbar betroffene Bevölkerungskreise drang die alarmierende Nachricht auch an das Ohr einzelner Bischöfe.

Nacheinander protestieren im Sommer 1940 in der Reichskanzlei der Erzbischof von Freiburg mit dem Generalvikar von Rottenburg, Kardinal Bertram im Namen des Gesamtepiskopats auf Betreiben des Bischofs von Münster und im November 1940 Kardinal Faulhaber gegen das Mordprogramm der Euthanasie-Aktion [3]. Diese, wie gleichzeitige Vorstellungen von evangelischer Seite, verhallten wirkungslos. Es gibt einen Begriff von dem ohnmächtigen Obrigkeitsrespekt aller Volksschichten, daß die Tötungsmaschinerie noch fast ein ganzes Jahr auf vollen Touren laufen konnte, ehe das Schweigen über den staatlich betriebenen Massenmord gebrochen wurde. Von den Kirchenmännern beider Konfessionen war es zuerst der Bischof von Münster, der in dem vom NS-Regime herbeigeführten Konflikt zwischen Lebensrecht und Staatsgewalt nicht nur in seinem Innern für die Gemordeten Partei ergriff, sondern das in seinen berühmt gewordenen Predigten vom Sommer 1941 auch öffentlich bekannte. Daß hier ein einzelner ungeschützt von der Kanzel herab das NS-Regime in die Schranken wies, indem er ihm ein Staatsverbrechen vorwarf, war ein Ereignis von unerhörter Brisanz. Sie bewirkte, daß die Galen-Predigten, obwohl in der deutschen Presse totgeschwiegen, immer wieder abgeschrieben in einer sich selbst reproduzierenden Welle über die Fronten hinweg in Europa verbreitet wurden.

Noch vor dem Ruchbarwerden der Euthanasie-Aktion war innerhalb des Episkopats der kirchenpolitische Gegensatz zwischen Berlin und Breslau nach dem Vorspiel vom Herbst 1937 erneut aufgebrochen. Der Widerspruch Preysings entzündete sich an einer Geburtstagsgratulation Bertrams an Hitler, die der Breslauer Kardinal im April 1940 ohne vorherige Befragung des Gesamtepiskopats abgeschickt hatte. Über die Tatsache und den Inhalt des Schreibens war der Berliner Bischof so aufgebracht, daß er das von ihm geleitete Pressereferat der Bischofskonferenz aus Protest niederlegte [4]. Zu seiner Rechtfertigung führte der Kardinal an, daß er gemäßigte Kreise in Hitlers Umgebung stärken müsse. Es war ein Akt der Verzweiflung, nicht der Hitlerbewunderung, wenn sich Bertram auch in den folgenden Jahren zähneknirschend der Prozedur eines Geburtstagsschreibens unterzog, um wenigstens über das Vehikel von Glückwünschen chiffrierten Einspruch gegen Gestapopolitiker ins Führerhauptquartier zu senden. Von Anregungen zu einer energischeren Abwehrhal-

---

[3] Zu den genannten Dokumenten vgl. L. Volk (Bearb.), Bischöfliche Akten V, Nrn. 570, 572, 574, 576; ders., Akten Kardinal Faulhabers II, Nr. 793.

[4] Druck des Briefwechsels Bertram – v. Preysing, in: W. Adolph, Hirtenamt und Hitlerdiktatur, S. 158–171.

tung, ja schon von dem Vorschlag, das Kirchenvolk über die Machenschaften der Verfolger ins Bild zu setzen, wollte er dagegen nichts wissen.

Klostersturm 1941

Der Gesamtsituation war das um so weniger angemessen, als der Vernichtungskampf gegen Christentum und Kirche, angefacht von der verfrühten Siegesgewißheit maßgeblicher Parteifunktionäre, um die Jahreswende 1940/41 seinem Höhepunkt zustrebte [5]. Bormann spekulierte offensichtlich auf die Ausrichtung aller Energie und Aufmerksamkeit auf das Kriegsgeschehen, als er parteiintern im Januar 1941 zu einem Raubzug großen Stils an Ordenshäusern und Klöstern aufrief und den Gauleitern eine Blankovollmacht zum Beschlagnahmen und Besetzen von Kirchengut ausstellte. Ähnlich wie schon vorher vereinzelt in Österreich legte in den folgenden Wochen und Monaten die Gestapo in Überrumpelungsaktionen ihre Hand auf Klöster und Abteien, setzte die Ordensleute auf die Straße und erklärte die Gebäude für beschlagnahmt. Allein im ersten Halbjahr 1941 fielen nicht weniger als 123 größere Komplexe (Mutterhäuser, Studienanstalten, Provinzialate) dem Zugriff der Gestapo zum Opfer. Vor allem auf dem Lande kam es zu erregten Auftritten der umwohnenden Bevölkerung, doch nur über Hirtenbriefe konnten weitere Kreise von der Tatsache solcher massiver Rechtsbrüche und der Diskriminierung des Kirchenbesitzes erfahren. So konnte infolge des punktuellen, unüberschaubaren und scheinbar unzusammenhängenden Vorgehens eine umfassende Protestbewegung nicht entstehen. Als Gestapo-Kommandos dazu übergingen, neben Ordenshäusern auch Knaben- und Priesterseminare zu beschlagnahmen, zerrann die Illusion, der Eroberungszug werde vor Diözesaneinrichtungen haltmachen. Eindeutig klar wurde damit vielmehr, daß die Institution Kirche von der Parteizentrale zum Abbruch freigegeben war.

Nicht zufällig wirkten Klosteraufhebungen in Münster mit der brutalen Proklamierung des Macht-vor-Recht-Standpunkts bei Bischof Galen als zündender Funke, sich zum Sprachrohr der angestauten Empörung im Kirchenvolk zu machen. Daß Hitler daraufhin am 30. Juli 1941 durch einen Geheimerlaß kirchenfeindliche Maßnahmen zunächst stoppte, wäre ein beachtlicher Erfolg gewesen, hätte nicht Bormann alle Vollmachten besessen, die Führerweisung authentisch, d.h. ganz nach Bedarf, zu interpretieren. Daß damit keineswegs verletztes Recht wiederhergestellt werden sollte, zeigte nichts schonungsloser als das bürokratische Weiterlaufen der Enteignungsverfahren, mit denen Ministerialbehörden dem Eroberungszug der Gestapo ein legalistisches Mäntelchen

---

[5] Vgl. hierzu auch L. Volk, Episkopat I, S. 92–97.

überwarfen. Nicht mehr im gleichen Tempo, aber grundsätzlich ungebrochen wütete der Klostersturm bis 1942 weiter.

Der Verdacht, wenn nicht zentraler Steuerung, so doch höchster Protektion hatte sich geradezu aufgedrängt und es bedurfte keines großen Spürsinns, um hinter der Konfiszierungskampagne den Kirchenhaß Martin Bormanns auszumachen. Wie sehr ihn das Ersinnen neuer Kampfmaßnahmen zur Überwindung des Christentums unaufhörlich beschäftigte, verriet neben zahllosen Einzelverfügungen mit letzter Deutlichkeit ein Elaborat von Anfang Juni 1941 über die Unvereinbarkeit von Christentum und Nationalsozialismus. Auf den gleichen Tenor war die Parteipropaganda gestimmt und zwar mit einer Lautstärke und Penetranz wie seit 1937 nicht mehr. Während die Kirchenblätter unter Berufung auf den Papiermangel gewaltsam eingestellt wurden, erlebten antichristliche Pamphlete Auflagen in Rekordhöhe.

Der gemeinsame Hirtenbrief[6] des deutschen Episkopats vom Sommer 1941 erhob lauten Protest gegen die Radikalisierung der Kirchenbedrückung mitten im Krieg. Daß die Bischöfe darüber hinaus für Hitlers eben begonnenen angeblichen Kreuzzug gegen den Bolschewismus keine Empfehlung hatten, erregte den Zorn des Kirchenministers. Anstatt allen Gläubigen "Siegeswillen und Siegeszuversicht einzuflößen", so warf ihnen Kerrl vor, hätten sie versucht, "das Vertrauen zur Führung des deutschen Volkes zu erschüttern"[7].

Zur Weiterbehandlung eines akuten Einzelproblems hatte die Bischofskonferenz einen "Ausschuß für Ordnungsangelegenheiten", einen Ableger des schwerfälligen Fuldaer Gremiums geschaffen, der in enger Fühlung mit Ordensleuten und Laien und von diesen inspiriert, über den Gründungszweck hinausgriff, um für den Gesamtepiskopat initiativ zu werden. Unerläßlich schien den treibenden Kräften im Herbst 1941 ein Appell an Reichsregierung und Öffentlichkeit, in dem verbindliche Klarstellung gefordert würde, wie es der deutsche Staat mit Christentum, Kirche und menschlichen Grundrechten halte. Von evangelischer Seite sollte ein Schritt in derselben Richtung geschehen. Die Notwendigkeit, die Regierenden öffentlich, weil nur so ohne Ausweichmöglichkeit, zur Rede zu stellen, leiteten die Planer aus der Tatsache ab, daß schriftliche Einsprüche des Konferenzvorsitzenden gegen immer flagranter werdende Unrechtshandlungen ohne jede Reaktion blieben. Obwohl das Projekt innerhalb des Episkopats auf breite Zustimmung stieß, konkretisierte es sich nur bis zu einer scharfen und substantiierten Denkschrift an die Reichskanzlei, während die gleichzeitige Verlesung von der Kanzel, die allein ihm Nachdruck verliehen hätte, zurückgestellt wurde. Damit war aber auch

---

[6] Vgl. L. Volk (Bearb.), Bischöfliche Akten V, S. 462–469.
[7] Vgl. Kerrl an Bertram, 4. August 1941. Druck: Ebd. S. 506 f.

die Chance vertan, an Bertrams Bedenklichkeit vorbei für das Kirchenvolk ein Zeichen episkopaler Entschiedenheit zu setzen.

Tatsächlich machten Bertrams Konfliktscheu und Loyalitätsskrupel den Konferenzvorsitzenden in dieser finstersten Phase der Hitlerherrschaft zu einer tragischen Belastung für die Handlungsfähigkeit des Gesamtepiskopats. Gewiß hörte er nicht auf, gegen fast jeden Übergriff in gewohnter Gewissenhaftigkeit Beschwerde einzulegen, war aber zugleich von der Maxime geleitet, nichts zu riskieren, was die hochgespannte kirchenpolitische Lage verschärfen konnte. Empfindlich traf ihn die Einschüchterungsparole "Feindbegünstigung", vor allem wenn sie aus der Reichskanzlei kam. Überfordert wie er wäre indessen wohl auch jeder andere an seiner Stelle gegenüber dem Jahrhundertverbrechen des Judenmordes gewesen.

Judendeportation und "Endlösung"

Die Probleme der katholisch gewordenen Juden hatten die Fuldaer Bischofskonferenz von 1933 ab regelmäßig beschäftigt[8] und im März 1935 zur Gründung des Hilfsausschusses für katholische Nichtarier geführt, der vom Deutschen Caritasverband und dem St. Raphaelsverein getragen wurde. Zu seinem Hauptaufgabengebiet entwickelte sich die Beratung und Unterstützung von Auswanderungswilligen, wobei allerdings der zahlenmäßige Erfolg weit hinter den Erwartungen zurückblieb und in keinem Verhältnis zu den unternommenen Anstrengungen stand. Ursache dieses Mißverhältnisses war die Zurückhaltung möglicher Aufnahmeländer, die dem Zustrom jüdischer Einwanderer fast unübersteigbare bürokratische Hindernisse entgegensetzten. Dem Wirken des St. Raphaelsvereins machte die Gestapo durch Zwangsauflösung im Juni 1941 ein Ende. Neben dem Caritasverband in Freiburg mit seinen Filialen wurde das von Preysing begründete "Hilfswerk beim Bischöflichen Ordinariat Berlin" zu einem herausragenden Stützpunkt kirchlicher Hilfsbemühungen. Die Namen von Gertrud Luckner (Freiburg) und Margarete Sommer (Berlin) stehen hier stellvertretend für andere. Gemessen an dem Unvorstellbaren, das sich im Millionenmord an den Juden abspielte, war unzulänglich, was immer dagegen geschehen konnte, und noch unzulänglicher, was tatsächlich dagegen geschehen ist. Das gilt auch für die Haltung von Kirchenvolk und Klerus. Der erste Akt des Dramas, die Deportation, spielte zumindest an Orten mit jüdischer Bevölkerung noch im engeren Wahrnehmungsbereich. Was "Umsiedlung in den Osten" bedeutete, enthüllte sich erst später, den meisten erst nach dem Zusammenbruch.

---

[8] Vgl. hierzu L. Volk, Episkopat II.

Es waren die Szenen beim Abtransport, "die in der Chronik dieser Zeit einmal mit den Transporten afrikanischer Sklavenhändler in Parallele gesetzt werden", die den Münchner Kardinal im November 1941 alarmierten und den Ruf nach einem Protest des Gesamtepiskopats erheben ließen, "damit wenigstens die härtesten Härten, die einmal auf unser Volk zurückfallen, vermieden werden"⁹. Bei Bertram jedoch lahmte die vorauszusehende absolute Vergeblichkeit jedes Schrittes zugunsten der Juden den Willen auch nur zu einer schriftlichen Intervention. Richtig sah der Breslauer Kardinal, daß Opposition gegen die Judenpolitik nationalsozialistisches Selbstverständnis an seiner reizbarsten Stelle traf. Trotzdem entband das nicht von der Pflicht zum Widerspruch. Er war nicht mehr aufzuschieben, sobald sich dunkel abzuzeichnen begann, daß die Deportierten auf eine Reise ohne Wiederkehr geschickt wurden. Das fiel zusammen mit Vorkehrungen der Erfassungsorgane, den Kreis der Verfolgten auszuweiten. Wiederholt und mit wachsender Schärfe warnte von diesem Augenblick an Bertram in Berlin vor einer Einbeziehung der Halbjuden und der Zerreißung christlichjüdischer Mischehen. Dabei machte er geltend, "daß nach allgemein anerkannten Lebensgrundsätzen auch gegenüber den Angehörigen anderer Rassen unverrückbare Pflichten der Menschlichkeit bestehen"¹⁰

Mit unübersehbarem Gegenwartsbezug verteidigt schließlich der Dekalog-Hirtenbrief¹¹ vom August 1943 öffentlich das von jeder Staatsform zu respektierende Recht auf Leben. Zum 5. Gebot heißt es dort: "Tötung ist an sich schlecht, auch wenn sie angeblich im Interesse des Gemeinwohls verübt würde: An schuld- und wehrlosen Geistesschwachen und -kranken, ... an unschuldigen Geiseln und entwaffneten Kriegs- oder Strafgefangenen, an Menschen fremder Rasse und Abstammung. Auch die Obrigkeit kann und darf nur wirklich todeswürdige Verbrecher mit dem Tode bestrafen." Erschließen konnte sich der volle Bedeutungsgehalt dieser Aussage freilich nur dem, der von der Judenvernichtung und dem Massensterben in deutschen Kriegsgefangenenlagern im Osten bereits wußte. Bei der Mobilisierung einer Hörerschaft gegen die Ermordung der Geisteskranken lagen die Voraussetzungen anders. Dort konnte der Funke des Kanzelprotests von Galen zünden, weil er in ein Auditorium fiel, das von der Tatsache des Euthanasieverbrechens nicht erst überzeugt werden mußte, sondern durch vielfältiges Betroffensein im Verwandtenkreis davon sichere Kenntnis besaß. Nichts kann klarer beleuchten, wie entscheidend wichtig der Informationsstand der Zuhörer war, damit eine bischöfliche Verurteilung als solche verstanden werden konnte.

---

⁹ Vgl. Faulhaber an Bertram, 13. November 1941. Druck: L. Volk (Bearb.), Akten Kardinal Faulhabers II, S. 824 f.
¹⁰ Vgl. Bertram an mehrere Reichsministerien, 11. November 1942. Druck: L. Volk (Bearb.), Bischöfliche Akten V, S. 944 f., Zitat 944.
¹¹ Vgl. L. Volk (Bearb.), Bischöfliche Akten VI, S. 197–205.

An deren Dringlichkeit im Fall des Völkermords ist nicht zu rütteln. Dennoch darf die Zwangslage nicht verkleinert werden, der sich die Bischöfe dann gegenübersahen, wenn sie den geforderten Kenntnisstand erst schaffen, konkret also einer reservierten, weil vom Regime gelenkten öffentlichen Meinung die Tatsache eines so unvorstellbaren und damit innerlich unglaubwürdigen Verbrechens überhaupt erst einmal bewußt machen sollten [12].

Zudem verfügten die Bischöfe mitnichten über das jeden Zweifel ausschließende, öffentlich verwertbare Beweismaterial, von den Mitteln zu seiner Verbreitung ganz zu schweigen. Es gehört zu den Rätseln alliierter Informationspolitik, daß sie von der durchschlagendsten aller moralischen Waffen gegen das NS-Regime, Hitler vor den Deutschen als millionenfachen Massenmörder zu entlarven und durch diese vernichtende Bloßstellung von seiner Machtbasis zu trennen, keinen Gebrauch machte.

Widerstand und Verfolgung

Ausdrucksformen der Gegnerschaft zum NS-Regime gab es unzählige, vom Schweigen über das Bekennen bis zur gewaltsamen Auflehnung. Allein schon bewußtes Katholischsein provozierte bei den Systemschützern Oppositionsverdacht. In der Reihe katholischer Tatzeugen gegen die Hitlerherrschaft markieren Claus Graf Stauffenberg und Max Josef Metzger die äußeren Pole von Widerstand, wobei zwischen dem zustoßenden Attentäter und dem Brücken bauenden Pazifisten der Widerspruch gegen die Tyrannei vielerlei Zwischenstufen kennt, dargestellt durch Namen wie Eugen Bolz, Alfred Delp und Bernhard Letterhaus. Nicht primär auf die Beseitigung des Diktators, sondern auf das Entwerfen einer staatlichen Neuordnung für die Zeit nach ihm waren die Zusammenkünfte des Kreisauer Kreises gerichtet, der auch für katholische Auffassungen und kirchliche Kontakte offen war. Doch schon die Absicht, über ein Deutschland nach Hitler hinauszudenken, galt als Hochverrat und todeswürdiges Verbrechen. Wie exponiert auch immer, stellte Papst Pius XII. alle Bedenken zurück, im Winter 1939/40 einer von der deutschen Militäropposition versuchten Friedenspolitik voranzuhelfen, die auf der Ausschaltung Hitlers

---

[12] Der Effizienz seiner Abschirmungsmaßnahmen war sich Himmler so sicher, daß er in einer Geheimrede am 6. Oktober 1943 hinsichtlich der Judenvernichtung, die er zwei Tage zuvor ein "niemals zu schreibendes Ruhmesblatt unserer Geschichte" genannt hatte, die Auffassung vertrat, man könnte "vielleicht in ganz später Zeit sich einmal überlegen, ... ob man dem deutschen Volk etwas mehr darüber sagt. Ich glaube, es ist besser, wir ... nehmen ... das Geheimnis mit in unser Grab". Druck: Der Prozeß gegen die Hauptkriegsverbrecher vor dem Internationalen Militärgerichtshof (IMG) Nürnberg 14. November 1945 – 1. Oktober 1946, Bd. XXIX, Nürnberg 1948, S, 145; Heinrich Himmler, Geheimreden 1933 bis 1945 und andere Ansprachen, hrsg. v. Bradley F. Smith und Agnes F. Peterson mit einer Einführung von Joachim C. Fest, Frankfurt/M.-Berlin-Wien 1974, S. 170 f.

basierte. Nur aufgeschoben hatte das Regime die Abrechnung mit dem Bischof von Münster, dem allein kriegspsychologische Rücksichten eine Galgenfrist bis zu Hitlers angestrebten Endsieg verschafften. Wo eine Ebene niedriger kein Aufstand des Kirchenvolkes drohte, schlug die Gestapo erbarmungslos zu wie etwa gegen den Berliner Dompropst Lichtenberg, der, obwohl todkrank, nach Dachau verfrachtet wurde und auf halbem Wege verstarb. Ähnlich wie im November 1936 in Oldenburg löste im Sommer 1941 in Bayern die Anordnung, die Kruzifixe aus den Schulräumen zu entfernen, vor allem bei der Landbevölkerung so einhelligen Protest aus, daß die Aktion gestoppt werden mußte. Trotz schärfster Opposition zur Kulturkampfgesetzgebung des Kaiserreichs hatte der katholische Volksteil nie davon abgelassen, im Staat den Hüter der rechtlichen Grundordnung zu erblicken, wie korrekturbedürftig diese im einzelnen sein mochte. Sich im Kirchenkampf nach 1933 an diesem Staatsbegriff zu orientieren, wurde für Bischöfe und Kirchenvolk in dem Maße problematisch, wie nationalsozialistischer Machtgebrauch fundamentale Rechtsvorstellungen ignorierte. Daß auf die Herausforderung des totalitären Weltanschauungsstaats die treffende Entgegnung erst tastend gesucht werden mußte, darf bei der Fremdartigkeit des Phänomens in den dreißiger Jahren nicht verwundern. In der Auseinandersetzung mit dem NS-Staat ersatzweise die Funktion der ausgeschalteten originär politischen Kräfte wie Parteien, Verbände, Gewerkschaften zu übernehmen, hatte die Kirche keine Legitimation. In ihrer Existenz wurde sie von den Machthabern allein deswegen und zwar höchst widerwillig respektiert, weil sie als Gegebenheit und in ihrem Einfluß auf das katholische Volksdrittel nicht von heute auf morgen zu beseitigen war. Um so zahlreicher waren die Zwangsauflagen, alle kirchliche Aktivität so einzuengen, daß ihr öffentliches Wirksamwerden verwehrt und sie hinter die Kirchenmauern verwiesen würde. Wie hinter dem Einschließungsring, den das NS-Regime mit immer neuen organisatorischen Fesseln um die Kirche legte, die verbleibenden Wirkmöglichkeiten effizient und verantwortungsvoll zu nutzen seien, hat ein Grundsatzpapier aus dem Kölner Generalvikariat nach vier Jahren Kirchenbedrückung Anfang 1937 auf die Formel gebracht: "Das Glaubensleben in möglichst vielen Katholiken so zu vertiefen und zu stärken, daß sie den Prüfungen der Zeit gewachsen sind, auch wenn Bekennertreue von ihnen verlangt wird." Wo solche Bekennertreue gefordert war, mußte jedes Kirchenglied für sich selbst entscheiden. Auf allen Ebenen gab es neben der Bewährung auch Schwäche und Versagen. Mit diesem Eingeständnis hielten die Bischöfe in einem ersten Fazit nach der Hitlerherrschaft nicht zurück[13], warnten aber eben-

---

[13] Vgl. Hirtenbrief des deutschen Episkopats, 23. August 1945. Der Passus lautet: "Furchtbares ist schon vor dem Kriege in Deutschland und während des Krieges durch Deutsche in den besetzten Ländern geschehen. Wir beklagen es zutiefst: Viele Deutsche, auch aus unseren Reihen, haben sich von den falschen Lehren des Nationalsozialismus betören lassen,

sosehr vor vorschnellem Rigorismus. Dem Drang zu Pauschalverdammungen hatte schon die Kriegspropaganda unbedenklich nachgegeben, das Entsetzen über das volle Ausmaß von Hitlers Gewaltverbrechen in den Konzentrations- und Vernichtungslagern gab ihm bei den Besatzungsmächten neuen Auftrieb. Wer wie die Bischöfe aus eigener Kenntnis mit der Komplexität der Lebensbedingungen unter totalitärer Herrschaft vertraut war, wo sich die Zonen des Bekämpftwerdens, des Abseitsstehens und des Einbezogenseins durchdrangen und vermischten, mußte auf der Notwendigkeit individueller Differenzierung entschieden bestehen.

Als Konzept kirchlichen Widerstands mag die Maxime "Bekennertreue durch Gewissensbildung" minimalistisch anmuten. Immerhin spricht für seine Vertretbarkeit die Bewährungsprobe, die es über 1945 hinaus durchlaufen hat. Es blieb oder wurde überall dort aktuell und in seiner Allgemeingültigkeit erhärtet, wo katholische Gemeinden und Diözesen hinter kommunistischem Vorzeichen unter totalitäre Herrschaft gerieten und ähnlicher oder schlimmerer Unfreiheit ausgesetzt wurden als im NS-Staat.

Lieratur:

Adolph, Walter, Hirtenamt und Hitlerdiktatur, Berlin ²1965.
Volk, Ludwig, Akten Kardinal Michael von Faulhabers 1917–1945.
I: 1917–1934, Mainz 1975.
II: 1935–1945, Mainz 1978. *Volk, Ludwig,* Der bayerische Episkopat und der Nationalsozialismus 1930–1934, Mainz ²1966.
Volk, Ludwig (Bearb.), Akten deutscher Bischöfe über die Lage der Kirche 1933–1945.
IV–VI (1936–1945), Mainz 1981–1985.

---

sind bei den Verbrechen gegen menschliche Freiheit und menschliche Würde gleichgültig geblieben; viele leisteten durch ihre Haltung den Verbrechen Vorschub, viele sind selber Verbrecher geworden. Schwere Verantwortung trifft jene, die auf Grund ihrer Stellung wissen konnten, was bei uns vorging, die durch ihren Einfluß solche Verbrechen hätten hindern können und es nicht getan haben, ja diese Verbrechen ermöglicht und sich dadurch mit den Verbrechern solidarisch erklärt haben." Druck: L. Volk (Bearb.), Bischöfliche Akten VI, S. 688–694, Zitat 689 f.

Gewissen im Konflikt

Zur Situation des Gläubigen im nationalsozialistischen Staat [1]

Heinz Hürten

Unser Thema liegt ein wenig abseits der von der Literatur ausgetretenen Pfade, betrifft es doch die Situation des Einzelnen, der unter den Bedingungen des nationalsozialistischen Regimes lebte. Es verlangt somit, die Herausforderung, die der Nationalsozialismus nach Sein und Absicht für die Kirche darstellte, in *der* prismatischen Brechung zu beschreiben, welche diese Probe durch die unauflösliche Zweiheit des "idem civis et christianus" [2] erfuhr, die gleichermaßen unausweichliche und verpflichtende Verortung des Christen in der Kirche wie in Staat und Gesellschaft. Dieses Unternehmen hat freilich mit nicht geringen methodischen Schwierigkeiten zu kämpfen. Denn die Formen, in denen dem Einzelnen die an ihn gerichtete Herausforderung seines Christseins herantrat, waren vielgestaltig, begegneten in Situationen, die nicht immer vergleichbar waren, und spiegelten nicht zuletzt jene innere Polykratie der nationalsozialistischen Herrschaft, die den Erfahrungshorizont der Zeitgenossen so unterschiedlich machte. Nicht alles, was sich an einzelnen Schicksalen und Erfahrungen ermitteln und belegen läßt, darf darum schon unbesehen als für alle gültig genommen, gleichsam aufs Ganze hochgerechnet werden. Auch ist die Hervorhebung des Gewissens in unserem Thema für den Historiker nicht ganz ohne Probleme, denn zu den Erfahrungen, die Christen in dieser Zeit machen konnten, gehört auch der Zweifel an der orientierenden Kraft des persönlichen Gewissens. Einer der hervorragenden Zeugen dieser Zeit, den ich persönlich sogar für einen der Blutzeugen des Christentums halte, der evangelische Theologe Dietrich Bonhoeffer, hat dies erfahren und uns überliefert. In einem der bedeutendsten Texte, die jene Epoche hervorgebracht hat, in der knappen, für

---

[1] Überarbeitete Fassung eines am 31. Mai 1995 vor der Katholischen Hochschulgemeinde Marburg und am 16. Februar 1997 vor der Katholischen Akademie Schwerte gehaltenen Vortrags. Der Vortragsform entsprechend sind die Anmerkungen knapp gehalten.

[2] Leo XIII., Enzyklika "Immortale Dei" vom 1. November 1885. Acta Sanctae Sedis XIII S. 161–180.

sich und die Freunde verfaßten Schrift "Nach zehn Jahren"[3] – gemeint sind die zehn Jahre, welche die Herrschaft Hitlers bis dahin gewährt hatte – stellte Bonhoeffer fest, daß "die große Maskerade des Bösen [...] alle ethischen Begriffe durcheinander gewirbelt" habe, und darum die Frage "Wer hält stand?" auch den "Mann des Gewissens" nicht von vornherein außer Diskussion stelle, eben den, der sich einsam "der Übermacht der Entscheidung fordernden Zwangslagen" erwehre, aber doch durch das "Ausmaß der Konflikte" zerrissen werde. "Die unzähligen ehrbaren und verführerischen Verkleidungen, in denen sich das Böse ihm nähert, machen sein Gewissen ängstlich und unsicher, bis er sich schließlich damit begnügt, statt eines guten ein salviertes Gewissen zu haben, [...] denn daß ein böses Gewissen heilsamer und stärker sein kann als ein betrogenes Gewissen, das vermag der Mann, dessen einziger Halt sein Gewissen ist, nie zu fassen". Das letztere mag eher gut lutherisch als gut katholisch sein, muß aber den Historiker nicht kümmern. Er kann diesem Text ein Doppeltes entnehmen, die Belastung der Gewissen durch die Taten und Forderungen des Regimes und die Erfahrung von dessen letzter Unzulänglichkeit in den Bewährungsproben, die das "Dritte Reich" dem Christen auferlegte.

Auf dem Prüfstand der Herausforderungen durch den Nationalsozialismus stand der Christ, und vor allem der Katholik, nicht allein, sondern in der Gemeinschaft der Kirche. Sie konnte ihm freilich nie die Entscheidung abnehmen, und die von ihr stammende Orientierung konnte – da sie keine Theokratie ist – nicht den ganzen Bereich umfassen, in dem der Christ sich zu entscheiden hatte. Die katholischen Bischöfe haben in den letzten Jahren der Weimarer Republik eindringlich vor der Bewegung Hitlers gewarnt, und keineswegs, wie in philologisch unvertretbarer Verkürzung des Wortlauts manchmal angenommen wird, vornehmlich aus kirchlichem Partikularinteresse. Soweit die nirgends zu handlicher Präzision verdichtete Ideologie der Nationalsozialisten sich als Theorie, als "Weltanschauung" greifen ließ, war sie eindeutig verurteilt worden. Daß die Bischöfe ihr Verdikt ausdrücklich auf den religiösen und kirchlichen Bereich begrenzten, bedeutete keine Einschränkung in der Sache. Denn anders als in unserer Gegenwart war die katholische Kirche politisch präsent durch die Zentrumspartei, die grundsätzlich zwar jedermann offenstand, aber faktisch die politische Organisation der kirchentreuen Katholiken darstellte. Sie war in ihrer Auseinandersetzung frei von Rücksichten, die den Bischöfen durch ihr Amt gegeben waren, und sie hat keine Scheu gehabt, die politischen Gegensätze zu formulieren. Neben der Zentrumspartei und dieser oft eng verbunden, repräsentierten die millionenstarken katholischen Verbände die Kirche in der deutschen Gesellschaft. Mit ihrem Aufruf vom 17. Februar

---

[3] Dietrich Bonhoeffer, Widerstand und Ergebung. Briefe und Aufzeichnungen aus der Haft, hg. von Eberhard Bethge. München 14. Auflage 1990 S. 9–26.

1933 zu den bevorstehenden Reichstagswahlen haben sie die Ablehnung des Nationalsozialismus und der mit ihm koalierten Rechten in einer Schärfe zum Ausdruck gebracht, die kaum übertroffen werden konnte [4]. Diese Geschlossenheit der Ablehnung geriet allerdings ins Wanken, als der Episkopat in allzu rascher Reaktion auf die unerwarteten Erklärungen der neuen Reichsregierung und ihres Kanzlers das bisherige Verbot zurückzog, den nationalsozialistischen Verbänden anzugehören. Der rasante Zustrom bislang Fernstehender zur NSDAP, der auch die Katholiken nicht ausnahm, kann wohl nicht allein aus Opportunismus oder Angst um die Anstellung im öffentlichen Dienst erklärt werden. Vielmehr vollzog sich ein rational nicht nachvollziehbarer Bewußtseinswandel, der mit einemmal den früher gefürchteten Machtantritt Hitlers als Beginn einer nationalen Erneuerung oder eine Überwindung des politischen Malaises der Weimarer Republik verstand. Er ließ auch führende katholische Publizisten und prominente Theologen nicht unberührt. Hier gab keine kirchliche Weisung Richtung oder Gegenrichtung an. Wie ihre Landsleute waren auch die Katholiken Patrioten, in dem Sinne, den dieser Begriff im 19. Jahrhundert angenommen hatte. Einheit, Glanz und Größe der Nation waren ihnen nicht weniger Werte, deren Rang uns heute weitgehend unverständlich geworden ist. Die 1935 von den Katholiken im Saargebiet fast ausnahmslos getroffene Entscheidung, ungeachtet aller Warnungen der Emigranten für die Rückkehr aus der Völkerbundsverwaltung ins Reich zu votieren, wo die Lage der Kirche sich schon deutlich zum Schlimmen gewendet hatte, ist dafür ein untrüglicher Beleg. Durch diese nie in Frage gestellte Bindung an "Volk und Vaterland" konnte der deutsche Katholik in den seelischen Zwiespalt geraten, die vermeintliche Erneuerung der Nation begrüßen zu müssen und dennoch die Augen vor offensichtlichem Unrecht zu verschließen, das im Namen der neuen Ordnung verübt wurde und zu nicht geringem Teil auch die eigenen Glaubensgenossen, Zentrumsangehörige, Führer der Verbände, ja auch Geistliche betraf.

Dieses Dilemma, das der März 1933 erstmals aufwarf, blieb wenigstens als Möglichkeit gegeben, solange nicht klar erkannt wurde, daß der Weg, den Deutschland unter Hitler ging, in die Katastrophe führte. Denn wenn auch die Blütenträume rasch vergingen, die manche, bei weitem nicht alle Katholiken in den Frühjahrsmonaten 1933 von nationaler Erhebung im Geiste des Christentums geträumt hatten, so lieferte die neue Herrschaft doch eine Kette von Erfolgen, die früheren deutschen Regierungen versagt geblieben waren: die Überwindung der als unerträglich empfundenen Beschränkung des deutschen Rüstungsstandes, die Angliederung Österreichs, die Revision deutscher Grenzen im Osten. Für den Eindruck, den solche Erfolge Hitlers auch auf politische Gegner machen konnten, liefert die sozialistische Partei Österreichs ein über-

---

[4] Akten deutscher Bischöfe über die Lage der Kirche Bd. 1. Mainz 1968 S. 3–6.

zeugendes Beispiel. Karl Renner, seit der Zeit Kaiser Franz Josephs einer ihrer Führer, erster Chef der republikanischen Regierungen 1918 wie 1945 und schließlich 1945 bis 1950 Staatspräsident Österreichs, suchte im April 1938 aus eigenem Antrieb eine Gelegenheit, sich öffentlich für den von Hitler erzwungenen Anschluß Österreichs auszusprechen. In dem Interview, das ihm die neuen Herren ermöglichten, kommt exakt die Zwangslage zum Ausdruck, in die alle Gegner Hitlers gerieten, solange seine Politik die Ziele erreichte, die sie selbst vergeblich erstrebt oder erhofft hatten. Renner hörte damit nicht auf, Sozialist und Gegner des Nationalsozialismus zu sein, aber er fürchtete, wie er damals sagte, seine "ganze Vergangenheit als theoretischer Vorkämpfer des Selbstbestimmungsrechtes der Nationen wie als deutschösterreichischer Staatsmann [zu] verleugnen", wenn er den Anschluß nicht begrüße und bei der Volksabstimmung nicht sein "Ja" spräche [5]. Die Gegner Hitlers sahen sich in der Gefahr, ihre Identität als Patrioten zu verlieren, wenn sie seine Erfolge nicht als Erfolge der Nation anerkannten. Hitler hatte sich der nationalen Tradition bemächtigt. Patriot zu bleiben und dennoch sein Gegner zu werden, setzte einen schwierigen und manchmal schmerzlichen Erkenntnisprozeß voraus, der bei weitem nicht allen gelang.

Für die Katholiken wurde dieser Prozeß aufs Ganze gesehen in einem gewissen Umfang erleichtert, weil ihre Kirche – trotz Reichskonkordat – in einen nie überwundenen Konflikt mit dem Regime geriet und zudem mit wechselnder, tendenziell aber steigender Intensität an die Grenzen erinnerte, die weder der Überschwang der nationalen Erhebung des Jahres 1933 noch die planvolle Politik des etablierten Systems überschreiten durfte. Mit der Erinnerung an solche Grenzen bot die Kirche keine politische Alternative. Ganz abgesehen davon, daß keine real gegeben war, bevor sich eine zum Staatsstreich entschlossene militärische Opposition gebildet hatte, verblieb die Kirche im Rahmen ihrer eigensten Kompetenz, der zeitgemäßen Verkündigung ihrer Lehre, der Vertretung ihrer Rechte zum Vollzug ihres Auftrags. Daß sie damit zugleich – unter den Bedingungen totalitärer Herrschaft – politisch handelte, ist ihren Amtsträgern wohl kaum zur Gänze bewußt geworden. Noch weniger hat sie darüber reflektiert, ob ihr in der gegebenen Lage ein im eigentlichen Sinne politischer Auftrag kraft Subsidiaritätsprinzips zukomme. Sich in dem Dilemma zwischen nationaler und kirchlicher Loyalität im Rahmen jener Bandbreite zu definieren, welche die Lehren des Christentums und die Weisungen der Bischöfe beschrieben, blieb dem Gewissen des Einzelnen anheimgestellt.

Dieser war freilich wohl kaum jemals ein für allemal zur Entscheidung aufgefordert, sondern vielmehr zu einer immer wieder notwendig werdenden

---

[5] Maximilian Liebmann, Theodor Innitzer und der Anschluß. Österreichs Kirche 1938. S. 115–117.

Bestätigung der einmal getroffenen, und daß solches nicht im Pathos einer großen Stunde, sondern in der Banalität des Alltags verlangt war, machte es keineswegs leichter. Denn der Christ stand nicht vor der Frage, ob er in den Maquis abtauchen und mit der Waffe in der Hand Krieg gegen das Regime führen sollte, sondern ob er dem Verlangen der Partei in dieser oder jener Sache, die als solche nicht einmal immer verwerflich war, nachgeben durfte.

Die Illusionen über die Vermeidbarkeit scharfer Konflikte der Kirche mit dem Regime, die manche im Laufe des Jahres 1933 gehegt hatten, sind rasch verflogen. Die Katholiken merkten nur zu rasch, daß die Garantien des Reichskonkordates sie keineswegs vor dem totalitären Gleichschaltungsdruck des Regimes bewahrten. Angehörige der katholischen Verbände sahen sich oftmals hartem Druck ausgesetzt, wenn sie sich weigerten, diese Mitgliedschaft mit der in einer nationalsozialistischen Organisation zu vertauschen. Sie konnten ihre Stelle verlieren, zur Lehrlingsausbildung oder zum Abitur nicht zugelassen werden, also nicht mehr aufzuholende Nachteile in ihrer Lebensführung erfahren. Wer im Gesellenverein blieb, wurde nicht in die Deutsche Arbeitsfront aufgenommen und ging damit automatisch aller Rechtsansprüche verlustig, die er aus früherer Gewerkschaftszugehörigkeit erworben hatte. Lehrerinnen wurde ein Formular vorgelegt, in dem sie anzugeben hatten, ob sie dem Verein katholischer deutscher Lehrerinnen treu bleiben oder zum NS Lehrerbund überwechseln wollten. Ein Gymnasiast – der spätere Verteidigungsminister Theo Blank – verlor seine Freistelle an der Schule (früher mußten die Eltern ja Schulgeld zahlen), weil er nicht in die Hitlerjugend eintrat. Die Stadtverwaltung von Kettwig kündigte einem ihrer Angestellten, einem Vater von acht Kindern, weil er sich weigerte, diese in die Hitlerjugend zu schicken, und das Arbeitsgericht erklärte die Entlassung für rechtmäßig. Wegen seiner staatsfeindlichen Haltung verweigerte man ihm auch eine Unterstützung durch das Winterhilfswerk. Die sich solchermaßen den Ansprüchen des Regimes widersetzten, taten dies in Übereinstimmung mit den Weisungen der Bischöfe und das Papstes. Sie konnten für sich in Anspruch nehmen, was der Generalpräses des Jungmännerverbandes mit der ihm eigenen Sprachgewalt ausdrückte: "Jeder Beamte, jeder Arbeiter, der zur Kirche steht, jeder jüngste Jungschärler, der zur Sache hält, aber auch jeder Kaplan, der seinen Verein durchhält mit letzter Hingabe, sie müssen der lebendigen Überzeugung sein können: Hinter mir steht der Bischof, in seinem Willen und Auftrag handele ich. In ihm aber sehe ich Christus. So handele ich nach dessen Willen : Deus meus et omnia! Diese Haltung, dieser Gedankengang allein hält die Verbände, ihre Mitgliedschaft und ihre Jugend. Der allein läßt die vielen, die es getroffen hat und treffen wird, Unehre und Mißhandlung ertragen, hält sie aufrecht in Arbeitslosigkeit und im Gefängnis"[6].

Dieser Tenor ist von der Kirche bestätigt worden. In der Enzyklika "Mit brennender Sorge"[7] schrieb Pius XI. von den "ungenannten Soldaten Christi", die "trauernden Herzens, aber erhobenen Hauptes" ihr Geschick trügen und Trost fänden in dem Gedanken, "für den Namen Jesu Schmach zu leiden". Die Repressalien, denen diese "ungenannten Soldaten Christi" ausgesetzt waren, hatten allerdings ihr Gewicht und die Kirche konnte es allenfalls in wenigen Ausnahmefällen erleichtern. Darum dürfte für manchen die Frage, ob er die Konsequenzen, welche die Treue zu katholischen Verbänden haben konnte, sich und seiner Familie zumuten dürfe, schwer zu entscheiden gewesen sein. Was wog denn schwerer die Gefährdung der beruflichen Existenz und der Zukunftsaussichten der Kinder oder die Treue zu einem katholischen Verband, den zu verlassen ja kein kirchliches oder göttliches Gebot hinderte? Solche Überlegungen waren eben jene "unzähligen ehrbaren und verführerischen Verkleidungen", die nach Bonhoeffer den Gewissenhaften irritieren konnten. Denn nach der Meinung der Kirche, waren die Verbände wichtig, aber nicht unentbehrlich für die Wahrung von Glaube und Sitte in einer feindlichen Umwelt und als Basis für ihr Wirken in der Öffentlichkeit. Wer wagte hier zu entscheiden, was der Einzelne in seiner Lage tun sollte? Aber nicht nur hinsichtlich der Verbände war der Katholik gefordert. Die demonstrative Ernennung von Alfred Rosenberg, dem damals lautstärksten Verfechter der nationalsozialistischen Ersatzreligion, zum obersten Gralshüter weltanschaulicher Reinheit in der Partei wurde von der Kirche binnen kürzester Frist damit beantwortet, daß sie dessen bereits seit Jahren auf dem Buchmarkt angebotenes Hauptwerk "Der Mythus des 20. Jahrhunderts" auf den Index der verbotenen Bücher setzte. Katholiken, die es genau nahmen, weigerten sich seither, an Schulungen teilzunehmen, denen dieses Machwerk zugrundegelegt wurde, – für viele die erste, aber nicht immer die letzte Mutprobe. Denn der Christ mußte sich auch fragen, ob er die Diffamierungen von Glaube und Kirche, denen er im Bekanntenkreis, am Arbeitsplatz oder bei den Veranstaltungen der Partei begegnete, in resigniertem und mutlosem Schweigen hinnehmen sollte, ob er an der Durchdringung des öffentlichen und privaten Lebens mit nationalsozialistischem Ungeist teilnehmen sollte, und sei es auch nur durch das höherenorts erwünschte Verhalten, das Abonnement der Parteizeitungen, den Gebrauch des "Deutschen Grußes", den in vielen Fällen nur formellen und widerwilligen Beitritt zur NSDAP und einer ihrer Organisationen. Was war schon daran gelegen, wenn man solches tat, um Unannehmlichkeiten, Zurücksetzun-

---

[6] Akten deutscher Bischöfe über die Lage der Kirche Bd. 5. Mainz 1983 249. S.
[7] Pius XI., Enzyklika "Mit brennender Sorge", Acta Apostolicae Sedis 29 (1937) S. 14 – 167.

gen, Vorwürfen zu entgehen? Das nationalsozialistische Regime würde nicht zusammenbrechen, wenn man solches verweigerte, und man meinte sich seiner eigenen Überzeugung sicher genug, um daran keinen Eintrag zu erleiden, wenn man so viel und so weit mitmachte, wie es den Umständen entsprechend ratsam schien.

Ein solches Verhalten war gleichwohl nicht ohne Probleme, die bereits damals zu erkennen waren. Nicht nur, daß der Mensch, der sich so verhielt, in eine habituelle Zweideutigkeit geriet, die ihn anders denken ließ, als er nach außen zu erkennen gab; gewichtiger, ja von politischer Relevanz war, daß durch diese "atmosphärische Gleichschaltung"[8], wie sie schon ein Zeitgenosse bezeichnet hat, der öffentliche Diskurs ausschließlich an den Werten und Normen der nationalsozialistischen Ideologie orientiert war, dem intellektuellen Leben ein Rahmen gesetzt wurde, der alles ausschloß, was mit der Ideologie des Regimes nicht harmonierte. Dadurch entstand, wie Vaclav Havel dies später an den gleichen Phänomenen in seiner tschechischen Heimat konstatiert hat, das "Leben in der Lüge" als Voraussetzung totalitärer Herrschaft[9]. Wenn es der "einfachste und zugänglichste Schlüssel" zu ihrer Überwindung ist, selbst nicht mitzulügen, wie Solschenizyn meinte[10], dann verdient die Haltung derer, die sich den zahllosen Aufforderungen der Nationalsozialisten zum Mittun entzogen, den "Völkischen Beobachter" nicht bestellten, nicht "Heil Hitler" sagten und ihre Kinder nicht eher in die HJ ließen, als sie dazu von Gesetzes wegen gezwungen waren, nicht nur moralischen, sondern auch politischen Respekt, wie umgekehrt die scheinbar harmlose Anpassung an den Stil nationalsozialistischen Lebens in ihrer schlimmen Tragweite erkennbar wird. Hier wird freilich auch deutlich, welche Aufgaben der Kirche und ihren Gläubigen zuwuchsen. Sind die totalitären Regime Systeme der Lüge, so wird die Rolle der Kirche als Stimme der Wahrheit noch gewichtiger als sonst. Das erfordert nicht immer und überall offenen Protest; ihre Verweigerung, sich dem Stil der Herrschaft anzupassen, läßt sie bereits eine Gegenwelt repräsentieren, die den totalitären Regimen Grenzen setzt und sie damit in letzter Konsequenz um ihren Effekt bringt. Darum wurde die Treue der Gläubigen, welche die Kirche für die Machthaber nicht zur quantité negligeable werden ließ, zur Voraussetzung dafür, daß sie den gegen sie gerichteten "Vernichtungskampf", wie der Kölner Kardinal Schulte 1937 schrieb, in der Hoffnung auf schließlichen Erfolg bestehen konnte. In ihrer existenzbedrohenden Gefährdung schien der kirchlichen Führung die Treue der Gläubigen ihr einziger Rückhalt zu sein. In

---

[8] Heinz Hürten (Bearb.), Deutsche Briefe 1934–1938. Ein Blatt der katholischen Emigration. Mainz 1969 Bd, II S. 464–466.
[9] Vaclav Havel, Versuch in der Wahrheit zu leben, Reinbek bei Hamburg 1989.
[10] Alexander Solschenizyn, Offener Brief an die sowjetische Führung (September 1973). Lebt nicht mit der Lüge (Februar 1974). Darmstadt und Neuwied 1974. S. 59–64.

einer Denkschrift, die der Erzbischof von Köln Anfang 1937 der Kurie vorlegte [11], war die Meinung ausgedrückt, ein Ende des Kampfes gegen die Kirche sei nur zu erwarten, wenn das Regime auf einen Widerstand stoßen würde, der diesem unter dem Gesichtspunkt der Machterhaltung als bedenklich oder gefährlich erschiene. Dieser Widerstand schien allerdings nur in der Form denkbar, "daß möglichst breite Schichten glaubensfreudiger und opferwilliger Katholiken einheitlich die Mitwirkung bei glaubensfeindlichen Maßnahmen ablehnen und die Rechte ihres katholischen Gewissens mutig reklamieren". Zu dieser Haltung hat die wenig später erschienene Enzyklika "Mit brennender Sorge" die Katholiken mit ihrem Appell an die Getreuen der Kirche ermahnt. Es war die gleiche Haltung, die Bischof Galen in einer seiner berühmten Predigten von 1941 mit der Funktion des Amboß beim Schmiedeprozeß verglich. "Hart werden! Fest bleiben!! Wir sind in diesem Augenblick nicht Hammer, sondern Amboß [...] Der Amboß kann nicht und braucht auch nicht zurückzuschlagen, er muß nur fest, nur hart sein. [...] Wie heftig der Hammer auch zuschlägt, der Amboß steht in ruhiger Festigkeit da und wird noch lange dazu dienen, das zu formen, was neu geschmiedet wird" [12].

Diese Treue der Gläubigen haben die Bischöfe ausdrücklich in Anspruch genommen, um den Absichten des Regimes zur Abschaffung der Bekenntnisschule entgegenzuwirken. Gegen die erklärte Absicht der Regierung, eine Einheitsschule einzuführen, haben die Bischöfe das Kirchenvolk mobilisiert, um durch alle damals möglichen Formen öffentlicher Erklärung die Ablehnung dieser Neuerung zu dokumentieren. Ihre Bemühungen blieben freilich vergeblich, auch wenn die von der Kirche an vielen Orten organisierten Abstimmungen ein überwältigendes Votum für die Beibehaltung der katholischen Volksschulen erbrachten. Auch hier stand der Abstimmende vor der Entscheidung, der Kirche zu folgen oder ein unkalkulierbares Risiko einzugehen. Wir wissen von einem Bürgermeister, der seine Unterschrift für die Bekenntnisschule nur deshalb nicht leistete, weil er fürchtete, seinen Posten zu verlieren.

Ein anderes Feld des Konflikts entstand durch die staatliche Vorschrift, Erbkranke zu sterilisieren. Dieses bereits im Sommer 1933 ergangene Gesetz stellt einige begrenzte Gruppen von Katholiken vor eine vielleicht noch härtere Probe, nämlich in aller Form vor die Alternative zwischen Gesetzesgehorsam und Treue zur kirchlichen Lehre. Das Gesetz zur Verhütung erbkranken Nachwuchses verpflichtete unter anderem die Amtsärzte, Verfahren zu der von der Kirche verbotenen Sterilisierung bestimmter Personen einzuleiten Das Problem konnte keinem Betroffenen verborgen bleiben, denn die Bischöfe füg-

---

[11] Akten deutscher Bischöfe Bd.4 S. 151.
[12] Peter Löffler (Bearb.), Bischof Clemens August Graf von Galen. Akten, Briefe und Predigten 1933–1946. 2. Auflage Paderborn, München, Wien, Zürich 1996. S. 859.

ten in ihre alljährliche Belehrung über das Ehesakrament die Erklärung ein, daß die Sterilisierung unerlaubt sei und niemand sich daran beteiligen dürfe. Der auch in der Öffentlichkeit erhobene Vorwurf des Reichsinnenministers, die Kirche fordere zum "Ungehorsam gegen ein Reichsgesetz" [13] auf, hat sie zu keiner Änderung ihrer Haltung bewogen. Wiederum waren es die einzelnen Gläubigen, die wegen ihrer Treue zu kirchlichen Weisungen leiden mußten. Ein städtischer Sozialarbeiter verlor seine Stelle, weil er aus Gewissensgründen für sein Mündel keinen Antrag auf Sterilisierung stellte und sich von der Vormundschaft deshalb entbinden ließ. Das Arbeitsgericht gab ihm freilich Recht und erklärte, seine Kündigung sei nur zulässig gewesen, wenn er in seiner dienstlichen Tätigkeit das Gesetz nicht beachtet hätte. Eben dies tat eine Fürsorgerin im Dienste des Caritas-Verbandes, die den von ihr betreuten Frauen alkoholkranker Männer abriet, die erforderliche Genehmigung zu deren Sterilisation zu erteilen. Sie kam deshalb vor Gericht, das freilich ihre religiöse Motivation als strafmildernd betrachtete und es mit einer Geldstrafe bewenden ließ. Belastungen konnte der Katholik freilich nicht allein dann erfahren, wenn er für Verbände und Bekenntnisschulen oder andere kirchliche Belange eintrat, sondern – inoffiziell, aber darum nicht unwirksam – schon durch seine einfache Zugehörigkeit zur Kirche, die in einer heute kaum vorstellbaren Weise diffamiert wurde. Hierzu gehört nicht allein die weltanschauliche Propaganda von Rosenberg, Darré und anderen, sondern auch die allwöchentliche Hetze des "Stürmer" und des "Schwarzen Korps", welche die Kirche in Wort und Bild als die Verbündete von Judentum, Kapitalismus und Bolschewismus diffamierte, und diese Verunglimpfungen schmeckten vielen gut genug, um sie am Arbeitsplatz, in der Schule, am Biertisch oder beim "Dienst" der NS-Organisationen genüßlich zu reproduzieren. Verstöße von Ordensangehörigen gegen die Devisenbewirtschaftung und die Normen der Sittlichkeit haben diese Diffamierungen bis zu Morddrohungen und Angriffen auf bischöfliche Palais anschwellen lassen. Hier war der Katholik schon aus Gründen der Ehrenhaftigkeit gefordert und mußte sich fragen, was er sich und der Kirche schuldig sei.

Das Leben unter dem Hakenkreuz hielt freilich noch andere Härtetests für seine christliche Identität bereit. Wie stand es um seine Loyalität gegenüber den jüdischen Mitbürgern? Nicht viele waren in der Lage, sie vor der Deportation und Vernichtung zu schützen. Aber schon die Jahre vor dem großen Pogrom von 1938 stellten manchen vor die Frage, ob er der nationalsozialistischen Propaganda zum Trotz weiterhin bei einem Juden kaufte, was nicht verboten war – den Rektor der Universität Bonn kostete es im Jahre 1935 sein Amt, daß eine NS Zeitung seinen Namen als Kunden einer jüdischen Metzge-

---

[13] Akten deutscher Bischöfe über die Lage der Kirche. Bd. 1. Mainz 1968 S. 535 Anm. 2.

rei nannte, – und mit irgendeinem Nachteil mußte schon rechnen, wer seinem jüdischen Lieferanten die Treue hielt, jüdische Angestellte nicht entließ, was die Arbeitsgerichte erlaubten, oder mit Juden, die nach den Nürnberger Gesetzen formell keine Mitbürger mehr waren, noch im Rahmen ziviler Höflichkeit verkehrte. Auch hier war der Christ gefordert, die notwendige Unterscheidung zu treffen, was die nationalsozialistische Propaganda und was die Nächstenliebe von ihm verlangte. Ähnliches galt für die Begegnung mit Häftlingen, Kriegsgefangenen und Zwangsarbeitern. Sollte man wie ein Christenmensch mit ihnen umgehen oder nach den Vorschriften der Polizei und der Partei? Die Antwort ist klar, aber ihr zu folgen war nicht ohne Risiko.

Die immer weiter vorangetriebene Verdrängung kirchlichen Lebens aus der Öffentlichkeit nach dem Schlagwort von der "Entkonfessionalisierung des öffentlichen Lebens"[14] ließ die Kirchentreuen einsam werden. Die Repräsentation in der Gesellschaft war ihnen unmöglich gemacht, die interne Kommunikation durch zunehmende Beschränkung ihrer Presse und Verbände erschwert; die vom Nationalsozialismus beherrschte Öffentlichkeit muß ihnen fremd und feindselig erscheinen, solange sie ihren alten Überzeugungen treu blieben. Ein Gedicht, das im März 1935 in der Zeitschrift des Jungmännerverbands zu lesen war, hat diesem Gefühl eines dennoch unverzagten Verdrängtseins präzisen Ausdruck verliehen:

> "Rollt eure Fahnen um den Schaft
> und geht wie stumme Boten.
> Die Macht ist über unsere Kraft,
> die Macht hat es geboten.
> Die Straße frei, der Lärm vergeht,
> wir ziehen in die Stille,
> und wenn auch keine Fahne weht,
> es bleibt uns doch ein Wille:
> Wir wollen Deutschland und wir mahnen
> das Volk an seine Kraft.
> Nun sind Gesichter uns're Fahnen
> und Leiber unser Schaft"[15].

Nicht überall war die Reaktion der Katholiken auf ihre Ausgrenzung aus dem nationalen Diskurs von solcher Tapferkeit gekennzeichnet. Der Verlust

---

[14] In Umlauf gesetzt durch eine Rede des Reichsinnenministers Wilhelm Frick am 7. Juli 1935 in Münster, Nationalzeitung Nr. 186 vom 8. Juli 1935.
[15] Ludwig Hellriegl Hgg.), Widerstehen und Verfolgung in den Pfarreien des Bistums Mainz 1933 – 1945. Teil II,2. Eltville 1989 S. 473.

der Verbände und das Zurückgeworfensein auf die Familie ist auch verstanden worden als Freiwerden von Ballast, als Chance, sich auf das Wesentliche zu konzentrieren, als Entdeckung der "Hauskirche" als "zweite Öffentlichkeitsgestalt der christlichen Gemeinschaft". Wenn auch solchen Überlegungen ein berechtigter Kern nicht abzusprechen war, so bargen sie doch die Versuchung, sich in den verbliebenen Nischen häuslich einzurichten und die nicht mehr aktivierbare öffentliche Verantwortung als überhaupt nicht gegeben zu betrachten. Ein quietistisches Christentum hätte sich wohl dem Druck des Systems entziehen können.

Die Aussicht der Kirche, das nationalsozialistische Regime zu überdauern, – daß es sich durch einen von ihm selbst entfesselten Krieg bald den Untergang bereiten werde, war nicht von vornherein anzunehmen und noch weniger zu hoffen –, die Überlebenschancen der Kirche lagen in der Treue der Gläubigen, wie es das Kölner Strategiepapier aus dem Jahre 1937 beschrieben hat. Dafür lag schon eine wichtige Erfahrung vor: im Oldenburger Münsterland hatte der Protest der Bevölkerung die Staatsregierung gezwungen, ihren Erlaß, der die Entfernung der Wandkreuze aus den Schulen vorschrieb, zurückzunehmen. Spätere Versuche solcher Art stießen auf ähnlichen Widerstand. Die Katholiken waren offensichtlich nicht bereit, eine offene Dechristianisierung ihrer Lebenswelt, als deren Einleitung die Entfernung der Schulkreuze verstanden wurde, hinzunehmen, und ihr Massenprotest war erfolgreich. Dies wirft die für den Historiker nicht zu beantwortende Frage auf, ob es nicht auch andere Vorgänge gab, die eine solche Antwort erfordert hätten, ob nicht die Konzentration auf die Wahrung des Eigenen, der zunächst erzwungene, aber dann von manchen als Gewinn neuer christlicher Qualität betrachtete Rückzug aus der Öffentlichkeit das Bewußtsein der Verantwortung für den Anderen und für das Ganze unangemessen zurückgedrängt hat.

Jedenfalls hat auch die Einsicht, daß die Kirche ihre existentielle Not nur politisch, in Folge der durch die Treue ihrer Gläubigen entstehenden Gefährdung für das politische Machtgefüge, überstehen könne, nicht zur Konsequenz umfassender und prinzipieller politischer Opposition geführt. Das erwähnte Kölner Papier hielt die "staatsbürgerlichen Verpflichtungen" des Christen für "unverbrüchlich", und zwar in solcher Eindeutigkeit, daß es sich alle Differenzierungen ersparte. Die bestehende Regierung Hitler war als solche Verkörperung der staatlichen Autorität, welcher der Christ um des Gewissens willen in allem Erlaubten Gehorsam schuldete. Die Kirche nahm mit dieser Anerkennung keine Sonderstellung ein: die Regierung Hitler war die einzig vorhandene staatliche Autorität in Deutschland; niemand im In- und Ausland focht dies an. Die Frage, die sich in den folgenden Jahren allerdings für die Einsichtigen mit immer größerer Schärfe stellte, war die, ob sie um des bonum commune willen noch länger als solche anerkannt und hingenommen werden durfte. Aber 1937 war dafür – für die Katholiken wie den ganzen Komplex des nichtkommunistischen Widerstands – die Zeit noch nicht gekommen.

War die Frage nach dem Widerstand im politischen Sinne noch gar nicht gestellt, so war eine andere noch ohne zureichende Antwort geblieben. Wie weit reichte die Verantwortung der katholischen Minderheitskirche für die innere Ordnung des Deutschen Reiches, auch dann, wenn es keine geordnete Form politischer Partizipation mehr gab? Kurz vor dem Boykott jüdischer Geschäfte am 1. April 1933 hatten die Metropoliten einen knappen Meinungsaustausch, ob sie, wie erbeten, irgendetwas gegen diese Aktion unternehmen sollten. Ihre Ansichten waren geteilt: vermeintlich fehlende Kompetenz und unerwünschte Folgen wurden dagegen ins Feld geführt wie die Sorge, durch eine Intervention für die Juden ihre Lage nur zu verschlimmern. Gegen tatenloses Geschehenlassen sprach freilich das Gefühl einer Fürsorgepflicht wenigstens für die Unschuldigen und für die konvertierten Juden. Die Erzbischöfe kamen zu keiner Entscheidung, weil die Aktion rasch abgebrochen wurde und darum durch keine bischöfliche Maßnahme mehr beeinflußt werden konnte. Aber sie hat zu gewissen Diskussionen geführt, was in solcher Lage Christenpflicht sei. Zwei der damals noch existierenden katholischen Tageszeitungen distanzierten sich ausdrücklich vom Boykott, ein Geistlicher wandte sich an seinen Erzbischof um ein öffentliches Wort, erhielt aber dort die Belehrung, daß die "Judenverfolgung" so unchristlich sei, daß jeder Christ dagegen auftreten und nicht abwarten müsse, was die kirchlichen Oberbehörden täten, die mit anderen Problemen schon mehr als genug zu tun hätten. In ihrem ersten gemeinsamen Hirtenwort nach der Ernennung Hitlers zum Reichskanzler, dem vom 4. Juni 1933 [16], haben die Bischöfe dieses Problem ihrer Verantwortung für das Ganze berührt, als sie darin Zustimmung wie Vorbehalte gegenüber der neu etablierten Ordnung Deutschlands markierend Gerechtigkeit für Juden, politische Gegner und Verfolgte anmahnten. Die Verantwortung der Christen für das Ganze stellte ein Problem dar, dessen Lösung – im theoretischen wie im praktischen Sinne – alles andere als einfach war. Nach der Mordaktion vom 30. Juni 1934 haben die Bischöfe – wie alle anderen – geschwiegen, sie haben lediglich die Ehre der Katholiken zu retten versucht, die bei dieser Gelegenheit unter dem Vorwurf des Hoch- und Landesverrats liquidiert worden waren. Ein bereits emigrierter Katholik hat ihnen in einer anonymen Broschüre dieses Schweigen zum Vorwurf gemacht. "Die Kirche ist nicht ein Verein, der sich den jeweiligen Machtverhältnissen anpaßt, sondern sie ist die Wahrerin und Hüterin der sittlichen Ordnung für alle Menschen und alle Völker. Die Kirche muß sprechen, wenn eine weltliche Macht diese Ordnung gefährdet und

---

[16] Akten deutscher Bischöfe über die Lage der Kirche Bd, 1. Mainz 1968. S. 239–248.

durchbricht" [17]. Diese Schrift ist insgeheim in Deutschland diskutiert worden, aber ihr Appell wurde nicht zur unbezweifelten Richtschnur der kirchlichen Haltung. Die Nürnberger Gesetze sind ohne öffentliche Reaktion der Kirche geblieben, ebenso das Pogrom vom November 1938. Die Gründe für dieses Schweigen sind nicht eruierbar. Im November 1938 haben viele Katholiken im In- und Ausland den Eindruck gehabt, daß das Vorgehen gegen die Juden nur der Auftakt zu einem Christenpogrom sei. Ganz unbegründet war diese Sorge nicht: Nur einen Monat zuvor hatte eine Riesenkundgebung auf dem Wiener Heldenplatz die Kirche als Verbündete des Judentums angegriffen und die Parole ausgegeben: "Pfaffen an den Galgen", nachdem wenige Tage zuvor das Palais des Kardinals Innitzer gestürmt worden war.

Das öffentliche Schweigen der Bischöfe bedeutete allerdings nicht tatenlose Hinnahme. Sie haben Verfolgten in vielen Fällen zu helfen versucht und sich gefragt, ob es nicht ihre Pflicht sei, wie Galen sagte, auch für die Menschenrechte, "nicht nur für die Wahrheit, sondern auch für Gerechtigkeit und Freiheit" [18] einzutreten.

Daß es um mehr ging, als um die Wahrung katholischer Spezialinteressen war den Bischöfen schon früh klar geworden. Ihr Hirtenbrief aus Fulda im Jahre 1936 sprach davon, daß ihre Rechtsverwahrung "im Interesse des ganzen deutschen Volkes" liege [19] Aber erst 1941 kam es zu weithin vernommenem Protest. Galen hat sich definitiv die Frage gestellt, "ob nicht gerade die Liebe zur gesunden Entwicklung unseres Volkslebens uns [die Bischöfe] als deutsche Männer bestimmen muß, freimütig und öffentlich für die Wahrung von Recht und Freiheit einzutreten" [20], und bald darauf in seinen drei großen Predigten [21], nicht eigentlich mehr Interessen der Kirche verteidigt, sondern die sittliche Grundordnung, die durch das Regime gefährdet war. Eben dies sah nun auch die moralische Gesamtheit der Bischöfe als ihre Aufgabe an. Ihr Hirtenwort vom 22. März 1942 erklärte: "Wir legen größten Wert darauf, nicht nur für die religiösen und kirchlichen Rechte an zuständiger Stelle einzutreten, sondern auch für die allgemein menschlichen gottverliehenen Rechte der Menschen. An der Achtung und Erhaltung dieser Rechte ist jeder ehrenhafte Mensch interessiert, ohne sie muß die ganze abendländische Kultur zusammenbrechen" [22] Die Darlegung der Menschenrechte in diesem Text war in ihrer Konsequenz eine generelle Verurteilung der nationalsozialistischen Herrschaftspraxis. Im

---

[17] Stefan Kirchmann (i.e. Waldemar Gurian), St. Ambrosius und die deutschen Bischöfe. Luzern o. J.(1934) S. 6.
[18] Akten Kardinal Michael von Faulhabers 1917 – 1945. Bd. II. Mainz 1978. S. 389.
[19] Akten deutscher Bischöfe über die Lage der Kirche Bd. III. Mainz 1979. S. 479.
[20] Akten deutscher Bischöfe über die Lage der Kirche Bd. V. Mainz 1983. S. 363.
[21] Peter Löffler (wie Anm. 11) S. 843 – 851, 855 – 863, 874 – 883.
[22] Akten deutscher Bischöfe über die Lage der Kirche Bd. V. Mainz 1983. S. 702.

Jahr darauf haben sich die Bischöfe noch einmal in dieser Weise geäußert, als sie den Dekalog als die Grundlage "für die Bindungen aller Gemeinschaften der Welt", so auch für Volk und Staat bezeichneten [23]. Auch hier erschienen die Menschenrechte, und die unübersehbaren Verletzungen der Gebote Gottes wurden beim Namen genannt. Diese Entwicklung eines Bewußtseins von der Verantwortlichkeit der Kirche für das gesellschaftliche Ganze, das sich schon früh in der erwähnten Broschüre von 1934 zu Wort meldete, ist auch im Schicksal von Einzelnen zu konstatieren [24]. In der Regel blieb hierbei eine Schranke unüberstiegen, die der staatsbürgerlichen Loyalität. "Wir Christen machen keine Revolution", sagte Galen in einer der Predigten von 1941 [25]. Das Bewußtsein, in einem schweren Krieg zu stehen, hat wohl die meisten Katholiken ihre Pflichten als Staatsbürger eher noch stärker empfinden lassen, und vielen wurde die Unterscheidung zwischen dem Vaterland und dem Regime, das es beherrschte, schwer. Konnte man denn gegen Hitler sein, ohne an die Grenze zu Hoch- und Landesverrat zu geraten? Die Pflicht, als Soldat in diesem Krieg zu kämpfen, ist nur von wenigen angezweifelt worden. Katholische Kriegsdienstverweigerer aus Gewissensüberzeugung hat es nur wenige gegeben. Die meisten Christen erkannten nicht oder zu spät, daß ihre Tapferkeit, weil sie einer ungerechten Sache diente, zum "Hebel des Bösen" wurde, wie Josef Pieper damals eine Sentenz des hl. Ambrosius übersetzte. Der österreichische Bauer Jägerstätter hat mit seiner Meinung, daß es unmöglich sei, für Deutschland zu kämpfen, ohne zugleich für die Herrschaft des Nationalsozialismus sich einzusetzen, mehr an Erkenntnis der Struktur totalitärer Herrschaft gezeigt als viele der Klugen seiner Zeit. Andere mochten denken, daß ihr Dienst partiell noch einen Sinn habe, sei es in der unmittelbaren Verteidigung Unschuldiger oder als Chance, dem Regime entgegenzuwirken.

Schärfer als für die Bischöfe mußte sich für den Laien – idem civis et christianus – die Frage stellen, was seine Pflicht dem Ganzen der politischen Gemeinschaft gegenüber sei, wenn er einmal zur Einsicht gekommen war, die bei weitem nicht allen zuteil wurde, daß der Dienst für den Staat, wie er kraft Gesetzes von ihm verlangt wurde und der als solcher noch nichts Unsittliches von ihm forderte, die Bedingung der Möglichkeit ungeheuerlichen Unrechts war. Auf die Frage, ob man das offensichtlich von Gott verhängte Unheil ergeben hinnehmen oder ihm unter Einsatz von Leib und Leben entgegenwirken solle, gab es keine glatte Antwort, auch nicht für die Frommen. Der Dichter Reinhold Schneider ist in den Kriegsjahren mit seinen Sonetten und Novellen vielen ein

---

[23] Akten deutscher Bischöfe über die Lage der Kirche Bd. VI. Mainz 1985. S. 197.
[24] Vgl. etwa Heinz Hürten, Der Deutsche Weg. Katholische Exilpublizistik und Auslandsdeutschtum. Ein Hinweis auf Friedrich Muckermann, in: Exilforschung. Ein internationales Jahrbuch. Bd. 4: Das jüdische Exil und andere Themen. München 1986. S.115–129.
[25] Peter Löffler (wie Anm. 11) S. 859.

Helfer und Tröster gewesen. Wer sich von ihm leiten ließ, wurde wohl eher gelehrt, alles im Vertrauen auf Gottes Fügung hinzunehmen, als nach eigener Einsicht das Schicksal wenden zu wollen. Wer möchte es wagen, eine Haltung von solch letztverbindlicher Hingabe an Gottes Willen für unangemessen zu halten? Es gab aber auch andere, die aus der als verstaubtes Schulproblem der Moraltheologie erscheinenden Lehre der Kirche von Widerstand und Tyrannenmord Orientierung zu gewinnen suchten. Die Kirche konnte freilich niemandem die Last der persönlichen Verantwortung für den Entschluß zu aktivem Handeln gegen den Machthaber abnehmen. Wer in aktivem Widerstand den einzig gangbaren und darum für ihn verpflichtenden Weg sah, war nicht von den amtlichen Verlautbarungen der Kirche seiner Zeit gedeckt, die trotz aller Klagen über das Regime ihre Loyalität zum Staat betonte. Die Frage des Treueids der Soldaten und Beamten hat allerdings für die Katholiken kaum eine Rolle gespielt; sie waren von den Bischöfen zu oft belehrt worden, daß ein Eid nur zum Guten verpflichten und nie etwas Böses entschuldigen könne, um bei einer Überlegung über Erlaubtheit oder gar Pflicht zu aktivem Widerstand an diesem Punkte Probleme zu sehen. Aber immer blieb die Entscheidung ungesichert und gefährdet. Daß einige der Beteiligten nach dem Fehlschlag des Attentats vom 20. Juli 1944 ihren Entschluß für falsch hielten, erweist nur das Gewicht des Problems.

Die Kirche hat jedoch denen, die wegen ihres Widerstands gegen Hitler den Tod fanden, die Treue gehalten. Bei ihr gab es nichts wie den Ehrenhof des Heeres, der die beschuldigten Offiziere aus der Armee ausstieß, noch ehe sie verurteilt waren. Der Jesuitenorden nahm P. Delp endgültig erst als Mitglied auf, als dieser in Haft seinem Hochverratsprozeß entgegensah.

Im historischen Rückblick erscheint die nationalsozialistische Zeit als Phase der Prüfung überkommener Haltungen und Überzeugungen auf ihre Tragfähigkeit unter veränderten Bedingungen. Lernprozesse waren unumgänglich. Mit der Formel "Ungewißheit und Wagnis" umschrieb der bedeutendste katholische Philosoph jener Zeit in Deutschland, der münstersche Professor Peter Wust, die Existenz des Menschen. Er dürfte damit zugleich ein zu lange unbeachtetes Element in der Lebenssituation der Kirche und des Christen dieser Jahre eingefangen haben; dies korrespondiert auch mit dem Ergebnis der Fragestellung, die Dietrich Bonhoeffer Weihnachten 1942 aufwarf: "Wer hält stand?" Es war der, "dem nicht seine Vernunft, sein Prinzip, sein Gewissen, seine Freiheit, seine Tugend der letzte Maßstab ist, sondern der dies alles zu opfern bereit ist, wenn er im Glauben und in alleiniger Bindung an Gott zu gehorsamer und verantwortlicher Tat gerufen ist, der Verantwortliche, dessen Leben nichts sein möchte als eine Antwort auf Gottes Fragen und Ruf." Dies ist die These eines Theologen, und diese haben bei unserer Fragestellung das letzte Wort.

Positionen der Bischöfe zum Nationalsozialismus und zur nationalsozialistischen Staatsautorität

Antonia Leugers

"Wiederum sind es nur die Bischöfe, die den Mut haben, kraft ihres Amtes, unerschrocken und unbekümmert um Schmähungen und Beschimpfungen von rechts und links … aufzutreten". Mit dieser kämpferischen Erklärung erhoben die bayerischen Bischöfe, wie sie sagten, "in letzter Stunde einmütig ihre Stimme". Die Oberhirten beschworen den Pfarrklerus, ihre Gemeinden "an die Gewissenspflicht [zu] erinnern, dem Worte der Bischöfe Gehorsam zu leisten", denn es bestehe die Gefahr, daß "die sittlichen Begriffe des Volkes" verwirrt würden. [1]

Die Bischöfe schwiegen also nicht, sie kamen ihren Amtspflichten ohne Furcht vor etwaigen negativen Folgen nach und geboten den Pfarrern, das Volk im Gewissen in den sittlichen Fragen zum Gehorsam zu verpflichten. Denn es war unerhört, was in den dreißiger Jahren des vorigen Jahrhunderts in aller Öffentlichkeit in Deutschland geschah. Ein Schweigen der Oberhirten zu diesen Ereignissen hätte den fatalen Eindruck erweckt, als sei all dieses nun erlaubt. Es handelte sich - um das öffentliche Schauturnen von Frauen und Mädchen auf dem Turnfest in Memmingen! Die Bischöfe erklärten im Juli 1931 mit aller Bestimmtheit: "In Fragen des Gewissens kann keine turnerische Stelle, auch keine Stadt- und Schulbehörde Ja sagen und erlauben, wenn die Oberhirten des Volkes Nein sagen und verbieten". [2]

Dieser unmißverständlichen Haltung der Bischöfe in der Weimarer Demokratie stand das nicht erst heute, sondern schon damals viele Christen verunsichernde Verhalten der Bischöfe während der nationalsozialistischen Diktatur schroff gegenüber. [3] Jesuitenpater Alfred Delp sprach im Oktober 1941 auf der

---

[1] Amtsblatt für die Erzdiözese München und Freising Nr. 12 (1931), S. 193 f.
[2] Ebd., S. 194.
[3] Vgl. z.B. die Belege in: Antonia Leugers, Gegen eine Mauer bischöflichen Schweigens. Der Ausschuß für Ordensangelegenheiten und seine Widerstandskonzeption 1941 bis 1945, Frankfurt a.M. 1996, S. 106, 161, 167, 172, 218, 235, 243 f., 253, 257, 261, 265, 318 f.

Fuldaer Konferenz der Diözesanvertreter für Männerseelsorge - als Referent für Jugendseelsorge war der Mainzer Bischof Stohr zugegen, den Vorsitz führte der Fuldaer Bischof Dietz - sogar von einer "Vertrauenskrise". "Die Menschen fragen oft", so Delp, "warum die Kirche sich früher um die Ordnungen und Maße ihrer Kleidung bekümmerte und jetzt manchmal den Eindruck erwecke, als ob sie sich um die Ordnungen und Maße ihres täglichen Lebens und Leidens weniger kümmere". [4] Delp wurde noch deutlicher. "Gerade das kirchliche Hirtenamt steht heute oft im Kreuzfeuer der Fragen und der Kritik. Hat die Kirche das 'Du sollst' nicht verlernt, hat die Kirche die Gebote vergessen oder verschweigt sie sie, weil sie von der Aussichtslosigkeit ihrer klaren und harten Verkündigung überzeugt ist? Ist die 'Unklugheit' Johannes des Täufers ausgestorben und hat die Kirche den Menschen und seine grundlegenden Rechte vergessen? Wie will die Kirche den Christen retten, wenn sie die Kreatur, die christlich werden soll, im Stich läßt? Das sind Fragen, die oft von Nichtchristen und oft auch von Christen gestellt werden". [5] Weihbischof Höcht aus Regensburg, der den Vornamen Johannes Baptist trug, teilte seinem Heimatbischof Michael Buchberger im Anschluß an die Konferenz mit: "Besonders tapfer in der Kritik war P. Delp SJ. Der greifbare Nutzen dieses Referates scheint mir gering". [6] Damit hatte Höcht in gewisser Weise recht, denn Delps Mitbruder, P. Augustinus Rösch SJ, stellte im Februar 1943 im Blick auf die Bischöfe resigniert fest, man habe "ja leider entsetzlich geschwiegen zu so Vielem und Furchtbarem". [7] Auch der Dominikanerpater Odilo Braun empörte sich in einem Brief an den Fuldaer Bischof Johannes B. Dietz: "Meiner Überzeugung nach hätte der deutsche Episkopat schon längst in der furchtbaren Judenverfolgung als offizielle Vertreterin der Kirche in Deutschland für die unterdrückte Menschenwürde eintreten sollen". [8] Das Urteil von Margarete Sommer, Geschäftsführerin des "Hilfswerk beim Bischöflichen Ordinariat Berlin" für die sogenannten katholischen "Nichtarier", ließ ebenfalls keinen Zweifel daran, daß es "heilige Pflicht" des Episkopats sei, für die "schon durch Naturrecht verliehenen unveräußerlichen Rechte aller Menschen einzutreten",

---

[4] Alfred Delp, Vertrauen zur Kirche, 22.10.1941, in: Alfred Delp, Gesammelte Schriften, Bd. 1, hg. v. Roman Bleistein, Frankfurt a.M. 1982, S. 274 f. Anwesend bei diesem Referat auch die Professoren Adolf Donders, Peter Tischleder und Konrad Algermissen.

[5] Ebd., S. 278 f.

[6] Höcht an Buchberger, nach 23.10.1941. Bischöfliches Zentralarchiv Regensburg, OA/174 NS.

[7] Rösch an Brust, Februar 1943, in: Augustinus Rösch, Kampf gegen den Nationalsozialismus, hg. v. Roman Bleistein, Frankfurt a.M. 1985, S. 207.

[8] [Braun] an Bischof [Dietz], 6.3.1943. Druck: Antonia Leugers, Georg Angermaier 1913–1945. Katholischer Jurist zwischen nationalsozialistischem Regime und Kirche. Lebensbild und Tagebücher, 2. Aufl., Frankfurt a.M. 1997, S. 233 f. Anm. 9.

andernfalls würden die Bischöfe vor "Gott und den Menschen" durch "Schweigen schuldig werden". [9]

Die Diskussion um das Verhalten der Bischöfe während der Zeit des Nationalsozialismus, das mögen diese wenigen Zitate aus den Jahren 1941 und 1943 eindrücklich belegen, entbrannte angesichts der Menschenrechtsverletzungen des Regimes bereits damals und zwar im Innern der Kirche mit aller Schärfe der Qualifizierung als Versagen und Schuld der Bischöfe. Im folgenden sollen die Positionen der Bischöfe zum Nationalsozialismus und zur nationalsozialistischen Staatsautorität in zwei Modellen zunächst an der Kontroverse zwischen den Auffassungen zweier Antipoden innerhalb des Episkopats vorgestellt werden. Für die Gesamtkonferenz kann bis 1943 von einer Art Lernprozeß gesprochen werden. In einem zweiten Schritt soll ein Kirchenfürst behandelt werden, dessen Positionen bis heute widersprüchlich interpretiert werden.

Harmoniemodell Kardinal Bertrams - Konfrontationsmodell Bischof Preysings im Ordensausschuß

Im August 1937 unterbreitete der Freiburger Erzbischof Gröber der Fuldaer Bischofskonferenz [10] einen Vorschlag, der auf "die dringend notwendige Geschlossenheit des Episkopates und das gleichgerichtete Handeln" abzielte. Gröber forderte zur Aussprache auch eine "Heranziehung geeigneter Laien", Vertreter der "von uns getrennten Christgläubigen" sowie von einflußreichen Ordensgesellschaften. [11] Dieser Wunsch nach breitgefächerter Zusammenarbeit und Mitverantwortung - selbst über die Konfessionsschranken hinaus - überschritt die Grenze dessen, was nach bischöflichem Selbstverständnis noch zulässig war. Der Münchner Kardinal Faulhaber fürchtete insbesondere den "Laizismus". [12] Die Last der Verantwortung für kirchenpolitische Entscheidungen, deren Auswirkungen schließlich alle Gläubigen betrafen, trugen die Bischöfe nicht zuletzt aufgrund der Jurisdiktionsgewalt für ihre Diözesen. Die Beratungen der Fuldaer Plenarkonferenzen sollten die Verständigung über ge-

---

[9] Entwurf einer Eingabe des deutschen Episkopats (II), [22./23.8.1943], in: Ludwig Volk (Bearb.), Akten deutscher Bischöfe über die Lage der Kirche 1933 – 1945, Bd. VI: 1943 – 1945, Mainz 1985, S. 220.

[10] Zur Bischofskonferenz 1933 – 1945 vgl. A. Leugers, Gegen, S. 13 – 24, 57 – 79; dies., Adolf Kardinal Bertram als Vorsitzender der Fuldaer Bischofskonferenz 1933 bis 1945, in: Archiv für Schlesische Kirchengeschichte 54 (1996), S. 71 – 109.

[11] Gröber an Bertram, 16.8.1937, in: Ludwig Volk (Bearb.), Akten deutscher Bischöfe über die Lage der Kirche 1933 – 1945, Bd. IV: 1936 – 1939, Mainz 1981, S. 274 Anm. 2.

[12] Faulhaber an Gröber, 12.4.1936, in: Bernhard Stasiewski (Bearb.), Akten deutscher Bischöfe über die Lage der Kirche 1933 – 1945, Bd. III: 1935 – 1936, Mainz 1979, S. 317.

meinsame - auch kirchenpolitische Fragen - fördern. Doch schon Gröbers Anregung im Hinblick auf die Geschlossenheit und das gleichgerichtete Handeln des Episkopats ist symptomatisch dafür, wie schwer sich das Bischofskollegium damit tat. Dies lag nicht nur daran, daß Meinungsbildungs- und Entscheidungsprozesse in einem Gremium von maximal 35 gleichberechtigten Teilnehmern (1933 - 1938: 27 Teilnehmer) bei nur jährlich stattfindenden Konferenzen (1933, 1936, 1937 je eine weitere) ohnehin schwierig sind. Dieser Institution, die sich nach 1933 aus drei bis dahin getrennt tagenden Teilkonferenzen, der Fuldaer, der bayerischen und ab 1939 der österreichischen Bischofskonferenz, zusammensetzte, fehlte ein kirchenrechtlich oder theologisch bindender Charakter. Zudem litt sie unter diversen strukturellen und personellen Schwierigkeiten. Dies betraf ebenso Verfahrensfragen und das Anwachsen der Beratungspunkte wie Mentalitätsunterschiede und die Überalterung der Konferenz.

An der Spitze des Bischofsgremiums stand mit Adolf Kardinal Bertram[13] nicht ein von den Bischöfen gewählter Oberhirte, der somit das Vertrauen der Mehrheit erworben hatte, sondern das Kollegium bestätigte lediglich im Wechsel den Inhaber des Bischofsstuhles von Breslau oder Köln - auf Lebenszeit. Im Juni 1945 vertraute der Mainzer Bischof Stohr Papst Pius XII. an, es sei während Bertrams Amtszeit die "Gesamtrichtung dieser Arbeit nicht nach dem Wunsche wenigstens der Hälfte des Episkopates" gewesen, "um nicht noch mehr zu behaupten".[14] Kardinal Bertram, Jahrgang 1859, den der mit Delp und Rösch zusammenarbeitende Laie Georg Angermaier als "ganz ein Mann des alten Denkens"[15] einstufte, fühlte sich letztverantwortlich für die Verwirklichung seiner Leitvorstellungen in kirchenpolitischer Hinsicht. Selbst unter den Bedingungen eines totalitären Gewaltregimes hielt er an seinen Grundüberzeugungen fest. Es liege ihm "an verständnisvollem Zusammenarbeiten zwischen staatlicher und kirchlicher Autorität". Das habe er schon 1914 gesagt und er betone es auch 1944 noch: "Die Harmonie zwischen Kirche und Staat ist von Gott gewollt".[16] Die Seelsorge würde dabei "im Herzen des Volkes den Gehorsam gegen die gottgesetzten Obrigkeiten in Staat und Kirche" nähren.[17] 1940 gab Bertram für eine Besprechung im Reichspropagandaministerium eigens eine Erklärung ab, die überdeutlich zeigt, daß die Regierung Hitler als rechtmäßige Obrigkeit vom Vorsitzenden der Bischofskonferenz anerkannt und den

---

[13] Vgl. A. Leugers, Gegen, S. 24 - 34; dies., Adolf Kardinal Bertram als Vorsitzender der Bischofskonferenz während der Kriegszeit (1939 - 1945), in: Archiv für Schlesische Kirchengeschichte 47/48 (1989/90), S. 1 - 29; dies., Adolf Kardinal Bertram und die Menschenrechte, in: Die Diözese Hildesheim in Vergangenheit und Gegenwart. Jahrbuch des Vereins für Geschichte und Kunst im Bistum Hildesheim 63 (1995), S. 205 - 229.
[14] Stohr an Pius XII., 21.6.1945, in: L. Volk VI, S. 531.
[15] Aufzeichnung Angermaiers, 11.10.1942, in: A. Leugers, Angermaier, S. 225 f.
[16] Bertram an Muhs, [27.10.1944], in: L. Volk VI, S. 436.
[17] Bertram an Hitler, 10.4.1944, ebd., S. 349.

Gläubigen mit allen daraus erwachsenden Pflichten benannt wurde: "Die Kirche gibt der staatlichen Autorität in Gott und Gewissen die nachhaltigste Verankerung, lehrt und pflegt mit innerlichen Beweggründen und übernatürlichen Kraftquellen die bürgerlichen und speziell auch die soldatischen Tugenden, [...]; sie bejaht den gerechten Krieg, insbesondere zur Sicherung von Staat und Volk, betet um einen siegreichen Ausgang dieses jetzt brennenden Krieges in einem für Deutschland und Europa segensreichen Frieden, eifert die Gläubigen zu den vorgenannten Tugenden in Predigt und Christenlehre an. [...] Etwa hier und da vereinzelt vorkommende Ausnahmefälle können die positiv staats- und volkstreue Lehre der Kirche und Haltung und Wirksamkeit der ganz überwiegenden Mehrheit kirchlicher Stellen tatsächlich nicht beeinträchtigen".[18] Nach dem gescheiterten Attentat vom 20. Juli 1944 beteuerte Bertram, die Kirche sei "gegenüber allem Umsturz die festeste Stütze der staatlichen Ordnung, indem sie ihre Mitglieder anleitet, um des Gewissens willen, um Gottes willen der Obrigkeit in allem Erlaubten zu gehorchen".[19] Das mußte von den Gläubigen als Verurteilung des Attentats und der daran Beteiligten gewertet werden. Zusammen mit seiner Anweisung, ein Requiem für den "Führer" abzuhalten, nachdem dessen Tod 1945 gemeldet worden war,[20] untermauern all diese Bekundungen in "führerunmittelbaren" Schritten, Beteuerungen des Gehorsams, Funktionalisierungen der Seelsorge und in der bis zum bitteren Ende eingehaltenen traditionellen Form dem Staatsoberhaupt gegenüber das Ordnungs- und Harmoniemodell des Vorsitzenden der Fuldaer Bischofskonferenz. Die Reichskanzlei interpretierte Bertrams Intentionen folgerichtig, Bertram lege "die Vorteile katholischer Menschenführung für die Staatsführung" dar.[21]

Bertram meinte, die Institution Kirche und ihr seelsorgliches Wirken auf diese Weise schützen und die sakramentale Heilsvermittlung für die Gläubigen gewährleisten zu können. Bertram wollte es nicht dazu kommen lassen, daß - wie im Kulturkampf, den er erlebte - "Gläubige ohne Geistlichen sterben müßten".[22] Auf Eingriffe der nationalsozialistischen Staats- und Parteiorgane in kirchliche Rechte sowie auf Angriffe gegen den christlichen Glauben reagierte Bertram mit schriftlichen Eingaben, die von Verhandlungen seiner bischöflichen Unterhändler Berning und Wienken begleitet wurden. Die Erfolglosigkeit dieses Weges erschien jedoch schon 1937 so offenkundig, daß Pius XI. sich zusammen mit einer Bischofsdelegation, der auch Bertram angehörte, entschloß,

---

[18] Erklärung Bertrams, 15.9.1940, in: Ludwig Volk (Bearb.), Akten deutscher Bischöfe über die Lage der Kirche 1933–1945, Bd. V: 1940–1942, Mainz 1983, S. 187 f.
[19] Rosenkranz-Hirtenbrief Bertrams, in: Kirchliches Amtsblatt des Erzbischöflichen Ordinariates in Breslau Stück 17 (9.9.1944) Nr. 179.
[20] Vgl. A. Leugers, Gegen, S. 295.
[21] Aktenvermerk, 19.4.1944, in: L. Volk VI, S. 349 Anm. 2.
[22] Aufzeichnung Adolphs, 14.1.1938, in: W. Adolph, S. 219.

in der im März des Jahres verlesenen Enzyklika "Mit brennender Sorge" die konkordatswidrige Behandlung der Kirche und die dem katholischen Glauben widersprechenden Lehren des Nationalsozialismus zu verurteilen.[23]

Dieser päpstliche Schritt an die Öffentlichkeit signalisierte für Bischöfe wie Konrad Graf von Preysing[24] aus Berlin und den Münsterschen Clemens August Graf von Galen - beide zählten zur Bischofsdelegation in Rom - einen kirchenpolitischen Wendepunkt. Preysing, der um 21 Jahre jüngere Suffragan Bertrams, versuchte im Herbst 1937 den Episkopatsvorsitzenden zu einem schärferen Kurs zu bewegen und ihn vom erfolglosen Eingabe- und Verhandlungsweg abzubringen; doch vergeblich.[25] Preysing hielt der Argumentation Bertrams zur Verhinderung eines erneuten Kulturkampfs entgegen, "daß es unter der Taktik des Kardinals dahin kommen könne, daß zwar Geistliche da seien, aber die Gläubigen ohne Geistlichen stürben, weil sie ihn nicht wollten".[26] Auf der Bischofskonferenz von 1940 strebte der Berliner Bischof schließlich an, mit seinen Kollegen erstmals zu einer expliziten kirchenpolitischen Positionsklärung zu gelangen.[27] Nachdem Bertram daraufhin den Tagungsraum verlassen hatte, brach dieses bis dahin beispiellose Unternehmen in sich zusammen. Preysing hatte Bertrams Harmoniemodell vor dem wichtigsten kirchenpolitischen Gremium angegriffen und zugleich die Einigkeit unter den Bischöfen, der Bertram theologische Bedeutung zumaß, bestritten. Der Eklat löste einen Schock im Gremium aus. Der Trierer Bischof Bornewasser, so der Überwachungsbericht des Chefs des Sicherheitsdienstes, Reinhard Heydrich, sei am nächsten Morgen nicht in der Lage gewesen, die Messe zu lesen. Erzbischof Gröber habe die Sache so mitgenommen, daß er vor dem Kölner Kardinal in Tränen ausgebrochen sei. Preysing hatte lediglich sachlich klar ausgeführt: "Die eine Gruppe [der Bischöfe] meine, daß die katholische Kirche sich mit dem totalitären Staat abfinden könne und daß die vorhandenen Schwierigkeiten nicht notwendig mit diesem Staatsleben zusammenhingen und daher auch abgestellt werden könnten. Die andere Gruppe glaube, daß ein freundschaftliches, gedeihliches Zusammenleben zwischen dem totalitären Staat von heute und der katholischen Kirche unmöglich sei".[28]

Den Anlaß für Preysings Diskussionsbedarf hatte das Glückwunschschreiben Bertrams zu Hitlers Geburtstag 1940 geboten. Ohne das Einverständnis der

---

[23] Vgl. Heinz-Albert Raem, Pius XI. und der Nationalsozialismus. Die Enzyklika "Mit brennender Sorge" vom 14. März 1937, Paderborn 1979.
[24] Vgl. A. Leugers, Gegen, S. 35–57.
[25] Vgl. A. Leugers, Bertram als Vorsitzender 1933–1945, S. 89.
[26] Aufzeichnung Adolphs, 14.1.1938, in: Walter Adolph, Geheime Aufzeichnungen aus dem nationalsozialistischen Kirchenkampf 1935–1943, 3. Aufl., Mainz 1982, S. 219.
[27] Vgl. umfassend zum Eklat von 1940: dies., Gegen, S. 83–106.
[28] Aufzeichnung Adolphs, 10.10.1940, in: W. Adolph, S. 274.

Kollegen eingeholt zu haben, hatte der Vorsitzende den Glückwunsch im Namen des Episkopats ausgesprochen. Bertram statuierte damit das Exempel für seine kirchenpolitische Vorgehensweise, indem er die katholische Kirche in ihrem spezifischen Wirken als eine Stütze für den Staat herausstellte. Bertram bat um Erhaltung der Seelsorgearbeit. Er betonte auch, "daß dieses unser Streben nicht im Widerspruch steht mit dem Programm der nationalsozialistischen Partei". [29] Hitler nahm mit "Befriedigung" die Versicherung der Treue der Katholiken Deutschlands "zu dem heutigen Staat und seiner Regierung" entgegen. [30] Bertram gratulierte auch in den Folgejahren - nun in seinem Namen, aber auch im Namen der Katholiken Deutschlands, die er dafür vereinnahmte - dem Diktator und erhielt stets freundliche Antwortschreiben, die mit Reichsleiter Martin Bormann besprochen worden waren. Folgerichtig galt Bertram den Staats- und Parteibehörden als "Vertreter der gemäßigten Richtung". [31] Das Reichskirchenministerium lobte ausdrücklich Bertrams Kurs, "die Interessen von Staat und Kirche in Einklang zu bringen". [32] Im Frühjahr 1941 stellte der Sekretär Preysings fest, daß "stärkste Abkühlung" zwischen Bertram und Preysing herrsche, die "auch nicht mehr überzuckert wird durch verbindliche Worte". [33] Die innerepiskopale Situation war in jeder Hinsicht festgefahren. Unklar blieb, auf welche Weise überhaupt noch Veränderungen innerhalb des verkrusteten Gremiums möglich waren, das sich allen Reformen gegenüber resistent erwiesen hatte. Das alles zu einer Zeit, in der das menschenverachtende Terrorregime des nationalsozialistischen Staats seine verbrecherischen Energien noch brutal steigern sollte. Die Veränderung, wie sie Gröber schon vergeblich angestrebt hatte, kam von außen: ein Laie und vier Patres gaben der weiteren Entwicklung wesentliche Impulse.

Nachdem der im Spätherbst 1940 einsetzende Klostersturm mit Beschlagnahmungen und Enteignungen von Klöstern sowie Vertreibung der Ordensleute ohne Protest der Bischöfe durchgeführt worden war, nahmen die Jesuiten Augustinus Rösch [34] und Lothar König, [35] die Dominikaner Laurentius

---

[29] Bertram an Hitler, 10.4.1940, in: L. Volk V, S. 47.
[30] Hitler an Bertram, 29.4.1940, ebd., S. 56.
[31] Aktennotiz zur Fuldaer Bischofskonferenz, 18.8.1944. Bundesarchiv Berlin, R 43II/173a.
[32] Muhs an Bertram, 27.10.1944, in: L. Volk VI, S. 436 Anm. 2.
[33] Aufzeichnung Adolphs, 22.5.1941, in: W. Adolph, S. 280.
[34] Vgl. A. Leugers, Gegen, S. 118–125; Roman Bleistein, Augustin Rösch. Leben im Widerstand. Biographie und Dokumente, Frankfurt a.M. 1998; vgl. die Rezension dazu in: Zeitschrift für Kirchengeschichte 111 (2000), S. 136–138.
[35] Vgl. A. Leugers, Gegen, S. 130–134.

Siemer[36] und Odilo Braun[37] sowie der Laie Georg Angermaier[38] die Sache selbst in die Hand und entwickelten strategisch-konzeptionelle Überlegungen der Gegenwehr. Das Charakteristische dieser Gruppe[39] lag jedoch darin, daß es ihr nicht vordringlich um den Schutz der Interessen der Orden ging. Die Patres und Angermaier klagten die Wahrung der Grundsätze eines geordneten Rechtsstaates für alle Bürger ein und schickten sich an, damit Mitverantwortung für die Gesamtkirche und die Gesellschaft zu übernehmen. Durch die Konstituierung des "Ausschusses für Ordensangelegenheiten"[40] im Sommer 1941 schufen sie zusammen mit dem Berliner Bischof Preysing und dem Fuldaer Bischof Dietz,[41] dem Protektor der Fuldaer Konferenzen für Männerseelsorge, ein handlungsfähiges Gremium, von dem die entscheidenden Anstöße für die paralysierte Bischofskonferenz ausgingen.

Kirchenhistorisch bedeutsam ist es, daß der Ordensausschuß im Herbst 1941 einen Hirtenbrief[42] ausarbeitete, der erstmals über kirchliche Eigeninteressen hinaus einen vom Juristen und Staatswissenschaftler Angermaier stammenden menschenrechtlichen Teil enthielt und die Gewaltmaßnahmen des Regimes anklagte. Die Bischöfe sollten den Hirtenbrief am 1. Adventssonntag verlesen. Dies hätte während der in aller Öffentlichkeit stattfindenden Deportationen der Juden tatsächlich, wie der Ausschuß damals schon erläuterte, eines Tages von "gewaltiger historischer Bedeutung" gewesen sein können. Der Ausschuß begründete den Schritt: "Auch der nichtchristliche Teil in Deutschland, der unter der Last der Rechtlosigkeit und seiner eigenen Ohnmacht gegenüber Unrecht und Gewalt leidet, erwartet Hilfe und Verteidigung der allgemein menschlichen Rechte durch den deutschen Episkopat". Das Volk erwarte "Klärung in schwersten Gewissensfragen". Andernfalls komme es zu einer "Vergrößerung der ohnehin da und dort schon bestehenden Vertrauenskrise des katholischen Volkes zur kirchlichen Führung".[43] Die Bischöfe sollten die Sam-

---

[36] Vgl. ebd., S. 114–118.
[37] Vgl. ebd., S. 125–129; dies., Dominikanerpater Odilo Braun (1899–1981) im Widerstand gegen die NS-Diktatur, in: Die Diözese Hildesheim in Vergangenheit und Gegenwart 67 (1999), S. 259–283; dies., Dominikanische Gestalten: Im Kampf gegen das Unrecht. Odilo Braun OP (18.11.1899–9.8.1981), in: Wort und Antwort 28 (Oktober/Dezember 1987) Heft 4, S. 182–185.
[38] Vgl. dies., Angermaier; dies., Gegen, S. 134–136; dies., Dr. Georg Angermaier 1913–1945, Münsterschwarzach 1998; dies., Staatsaufbau- und Verfassungspläne Georg Angermaiers - Mitglied des Rösch-Kreises, in: Der Kreisauer Kreis. Zu den verfassungspolitischen Vorstellungen von Männern des Widerstandes um Helmuth James Graf von Moltke, hg. v. Ulrich Karpen, Andreas Schott, Heidelberg 1996, S. 71–82.
[39] Vgl. zum Gruppenprofil dies., Gegen, S. 136–140.
[40] Vgl. ebd., S. 176–179.
[41] Vgl. ebd., S. 109–114.
[42] Vgl. ebd., S. 241–258.
[43] Gründe für die Notwendigkeit des Hirtenworts, 15.11.1941, in: Ludwig Volk (Bearb.),

mellager der Gestapo als "schreiendes Unrecht" anprangern und sich "gegen diese unberechtigte Vernichtung der persönlichen Freiheit" verwahren. Es sei Tatsache, daß keiner in Deutschland seines Lebens sicher sei. "Niemand kann die Gewaltmaßnahmen der Geheimen Staatspolizei überprüfen und niemand kann sie hindern, daß sie tötet, wen sie töten will". [44]

Der Hirtenbrief wurde nicht verlesen, da sich eine Teilkonferenz im November 1941 vom Einreichen einer Denkschrift in der Reichskanzlei zusammen mit evangelischen Kirchenvertretern eine größere Wirkung versprach. [45] Die Denkschrift blieb ohne Antwort, wie es die Ausschußmitglieder schon vorausgesehen hatten. Doch mit dem Entwurf des Ausschusses war eine Wendung hin zu einer Diskussion um die Amtspflicht der Bischöfe angesichts der Menschenrechtsverletzungen eröffnet worden.

Im Frühjahr 1942 kam es zur Verlesung von am Novemberhirtenbrief orientierten Hirtenworten [46] der westdeutschen und einiger bayerischer Bischöfe sowie des Mainzer Bischofs Stohr. Bertram hatte "staatsrechtliche Bedenken" [47] und sprach sich gegen diese Aktion aus. Die Verlautbarungen enthielten ein deutliches Bekenntnis zu den "gottverliehenen Menschenrechten". [48] Der Hirtenbrief, der von Bertram nicht gebilligt worden sei, habe "in seinen Ausführungen und seiner Schärfe alle bisherigen Hirtenbriefe des deutschen Episkopats" [49] übertroffen, so das Urteil des Sicherheitsdienstes. Papst Pius XII. lobte "erleuchtete und mutige Bischofsworte", selbst wenn sie "scharfe Maßnahmen von der Gegenseite auslösen, unter denen andere selbst mehr zu leiden haben als die Bischöfe." Wenn die Bischöfe der Regierung gegenüber für Schutzlose und Vergewaltigte einträten, "gleichviel ob die Betroffenen Kinder der Kirche oder Außenstehende sind", würden sie vor der Weltöffentlichkeit Achtung genießen. [50]

Akten Kardinal Michael von Faulhabers (1917 – 1945), Bd. II: 1935-1945, Mainz 1984, S. 837 f.

[44] Entwurf IV des Novemberhirtenbriefs: Katholisches deutsches Volk! Archiv der Oberdeutschen Provinz SJ München. Dieser Entwurf stammt von Angermaier: Vgl. A. Leugers, Gegen, S. 483. Vgl. damit die Endfassung: Entwurf eines gemeinsamen Hirtenworts, 15.11.1941, in: L. Volk II, S. 833 f.

[45] Vgl. A. Leugers, Gegen, S. 258 – 260.

[46] Vgl. ebd., S. 261 – 274.

[47] Bertram an Berning, 3.3.1942, in: L. Volk II, S. 877 Anm. 2.

[48] Hirtenwort des deutschen Episkopats, 22.3.1942, in: L. Volk V, S. 702; Kurzfassung der westdeutschen Bischöfe, 20.3.1942, ebd., S. 707; Hirtenwort Faulhabers, 22.3.1942, in: Johann Neuhäusler, Kreuz und Hakenkreuz, Bd. 2, 2. Aufl., München 1946, S. 147.

[49] Chef der Sicherheitspolizei und des SD an Ribbentrop, 21.7.1942. Politisches Archiv des Auswärtigen Amts, Inland I-D19/5.

[50] Pius XII. an Preysing, 30.4.1943, in: Burkhart Schneider (Hg.), in Zusammenarbeit mit Pierre Blet und Angelo Martini, Die Briefe Pius' XII. an die Deutschen Bischöfe 1939 – 1944, Mainz 1966, S. 239 – 241.

Einer starken Minderheit im Episkopat mit Unterstützung durch Pius XII. stand die Notwendigkeit eines pflichtmäßigen Einsatzes für die Menschenrechte immer deutlicher vor Augen. Die brutalen Deportationen vom Frühjahr 1943 führten zu neuen Initiativen aus dem Ordensausschuß und seitens der Geschäftsführerin des Berliner Hilfswerks, Margarete Sommer.[51] Hinsichtlich der Zustände in den deutschen Konzentrationslagern und den Vernichtungslagern sorgten insbesondere der Ordensausschuß und Sommer für eine präzise und kontinuierliche Information der Bischofskonferenz und des Papstes. Das Wissen um die Verbrechen konnte somit kaum größer sein.[52] Hinzu trat das unter den Augen der Öffentlichkeit sich vollziehende Unrecht. Der Hildesheimer Bischof Machens berichtete Bertram betroffen von der Abholung "katholischer Zigeunerkinder", wodurch "Gottes- und Menschenrechte" mißachtet würden. Die Bischöfe seien doch aber "von Gott zu Schützern der Bedrängten bestellt".[53] Bertram schlug nun einen Hirtenbrief zum Dekalog als "zeitgemäß"[54] vor. Die westdeutsche Bischofskonferenz der Kölner und Paderborner Kirchenprovinzen, zu der sich als Gäste seit 1941 Preysing und Stohr einfanden, übernahm die Vorbereitung dieses Dekalog-Hirtenbriefes,[55] der auf einen Entwurf des Münsteraner Professors für Moraltheologie, Peter Tischleder, und des Dompropstes Adolf Donders zurückging. Wie Stohr zählten auch Donders und Tischleder zu Teilnehmern der Fuldaer Aussprachekonferenz für Männerseelsorge, auf der P. Delp 1941 schon seine "tapfere Kritik"[56] vorgebracht hatte. Im Redaktionskomitee für den Hirtenbrief waren die Bischöfe Dietz, Stohr, Galen und der Paderborner Erzbischof Jaeger vertreten, der nach Aussagen Delps jedoch schwankend geworden sei. Dietz, Stohr und Donders baten Rösch und König, mit dem Münchner Kardinal Faulhaber zu sprechen, um die Verabschiedung dieses Hirtenbriefs von der Bischofskonferenz zu sichern. Der Entwurf war bis in die Widerstandskreise hinein schon zuvor bekannt.[57] So hatte der evangelische Christ Helmuth James Graf von Moltke, zentrale Figur

---

[51] Vgl. Antonia Leugers, Widerstand oder pastorale Fürsorge katholischer Frauen im Dritten Reich? Das Beispiel Dr. Margarete Sommer (1893–1965), in: Irmtraud Götz von Olenhusen u.a., Frauen unter dem Patriarchat der Kirchen. Katholikinnen und Protestantinnen im 19. und 20. Jahrhundert, Stuttgart 1995, S. 161–188; dies., Sommer, Margarete, in: Lexikon für Theologie und Kirche (2000) Bd. 9, Sp. 717.

[52] Informationen aus dem KZ Dachau: A. Leugers, Gegen, S. 212 f.; Informationen über die Ermordung von Juden, Sinti und Roma: ebd., S. 213–222; dies., Widerstand oder pastorale Fürsorge, S. 171–186; vgl. dies., Quellenfund zum Konzentrationslager Dachau, in: Geschichte quer (1995) Heft 4, S. 44 f.

[53] Machens an Bertram, 6.3.1943, in: L. Volk VI, S. 39.

[54] Bertram an Machens, 10.3.1943, ebd., S. 40.

[55] Vgl. A. Leugers, Gegen, S. 274–293.

[56] Wie Anm. 6.

[57] Vgl. zu den Widerstandsverbindungen des Ordensausschusses: A. Leugers, Gegen, S. 222–240.

des "Kreisauer Kreises", mit Bischof Preysing den Text beraten. Der Kreisauer Kreis legte im August 1943 seine "Grundsätze für die Neuordnung" nach Hitlers Sturz vor. Der militärische Widerstand plante neuerlich einen Staatsstreich, worüber die Kreisauer informiert waren. Ein Pastorale der Qualität des Dekalog-Hirtenbriefs sollte die von den Widerstandskreisen gewünschte Funktion haben, "dispositiv zur Herausbildung der neuen Ordnung"[58] zu arbeiten.

Bertram jedoch meinte, der Hirtenbrief stelle "eine Abrechnung mit Regierung und Partei" dar, die "viel böses Blut verursachen und unserer Kirche nicht nützen würde".[59] Er wünschte ein "Hirtenwort der Teilnahme und Weisung an das Volk", das "zeitgemäß und unpolitisch"[60] sein solle. Daher beauftragte er den gleichgesinnten Regensburger Bischof Buchberger mit einem Gegenentwurf. Buchbergers Entwurf wurde tatsächlich angenommen, doch hatte Bertram - der seit 1942 nicht mehr nach Fulda zur Konferenz reiste - nicht damit rechnen können, daß auch der Dekalog-Hirtenbrief zur Verlesung kommen sollte. Pius XII. schrieb Preysing, er habe den Hirtenbrief "mit großer Genugtuung"[61] gelesen. Erstmals wurde von den Kanzeln des Deutschen Reiches vom Gesamtepiskopat angeklagt: "Tötung ist in sich schlecht, auch wenn sie angeblich im Interesse des Gemeinwohls verübt würde: An schuld- und wehrlosen Geistesschwachen und -kranken, an unheilbar Siechen und tödlich Verletzten, an erblich Belasteten und lebensuntüchtigen Neugeborenen, an unschuldigen Geiseln und entwaffneten Kriegs- oder Strafgefangenen, an Menschen fremder Rassen und Abstammung. Auch die Obrigkeit kann und darf nur wirklich todeswürdige Verbrechen mit dem Tode bestrafen".[62] Das Bemerkenswerte dieses Hirtenbriefes liegt in der Verknüpfung der Zehn Gebote mit den Menschenrechten. "Alles, was wir mit Berufung auf die zehn Gebote Gottes fordern, ist die Wahrung der Gottesrechte und der in ihnen wurzelnden Menschenrechte im öffentlichen Leben der Völker"[63], so die Bischöfe.

Die Diskussion innerhalb des deutschen Episkopats, pflichtmäßig auch für die Menschenrechte eintreten zu müssen, setzte 1941 ein und fand 1943 im gemeinsamen Dekalog-Hirtenbrief erstmals und zugleich letztmals vor dem Kriegsende ihren Niederschlag. Pius XII. ermutigte die Bischöfe zu diesem Einsatz und stützte sie durch eigene Verlautbarungen, so durch die Weihnachts-

---

[58] Unterlage für die Augustbesprechungen. Was kann von der Kirche erwartet werden? 2.8.1943. Überarbeitung Königs, in: Dossier: Kreisauer Kreis. Dokumente aus dem Widerstand gegen den Nationalsozialismus, hg. v. Roman Bleistein, Frankfurt a.M. 1987, S. 193.
[59] Bertram an Buchberger, 17.7.1943. Bischöfliches Zentralarchiv Regensburg, NL Buchberger Kasten 61.
[60] Stellungnahme Bertrams, in: L. Volk VI, S. 136 Anm. 9.
[61] Pius XII. an Preysing, 21.3.1944, in: B. Schneider, S. 293.
[62] Hirtenwort des deutschen Episkopats (II), 19.8.1943, in: L. Volk VI, S. 201.
[63] Ebd., S. 204.

botschaft von 1942.⁶⁴ Den weitergehenden Wünschen, insbesondere Preysings, nach einem öffentlichen Protest des Papstes gegen die Judenverfolgung entsprach Pius XII. nicht.⁶⁵ Die Entwicklung innerhalb der Bischofskonferenz kam für Kardinal Bertram, seinem "alten Denken"⁶⁶ noch zu sehr verhaftet, zu spät, als daß er in diesen innerkirchlichen Lernprozeß noch hätte einbezogen werden können. Bertram fürchtete die "Vernichtung der katholischen Kirche in Deutschland" und die "Zurückdrängung in ein trostloses geistiges Ghetto".⁶⁷ Er litt unter seiner letzten Verantwortung für die Bewahrung der Kirche.

Positionen Kardinal Faulhabers

Im folgenden sollen die Positionen des Münchner Kardinals Faulhaber, der anders als Bertram oder Preysing weder dem Harmonie-⁶⁸ noch dem Konfrontationsmodell⁶⁹ ausschließlich anhing, näher betrachtet werden. Denn nicht die Ausschließlichkeit einer Positionsbestimmung, sondern die Misch- und Wechselformen gestalteten fatalerweise den oberhirtlichen Alltag in der Diktatur.

Der ehemalige Professor für Alttestamentliche Exegese an der Universität Straßburg, Michael Kardinal von Faulhaber,⁷⁰ gehörte zu den überragenden Autoritäten der Bischofskonferenz, auch in intellektueller Hinsicht. Während der Weimarer Jahre galt er den Nationalsozialisten als Gegenpart, auf der Münchner Diözesansynode 1930 verurteilte er den Nationalsozialismus als "Häresie",⁷¹ die Erklärungen des Mainzer Ordinariats wurden dort gebilligt und in einer eigenen Pastoralanweisung 1931 umgesetzt, in der die bayerischen Bischöfe als "Wächter der kirchlichen Glaubens- und Sittenlehre vor dem Nationalsozialismus" warnten.⁷² Als Reaktion auf Hitlers Regierungserklärung mit Zusicherungen für die christlichen Kirchen hatte Kardinal Bertram am 28. März 1933 eine Erklärung abgegeben, die die Verurteilung bestimmter sittlich-religiöser Irrtümer zwar nicht aufhob, aber die Verbote und War-

---

⁶⁴ Vgl. A. Leugers, Gegen, S. 271 f.
⁶⁵ Vgl. ebd., S. 218.
⁶⁶ Vgl. Anm. 15.
⁶⁷ Bertram an Jaeger, 8.8.1942, in: L. Volk V, S. 832 Anm. 2.
⁶⁸ Zu den Grenzen des Harmoniemodells vgl. A. Leugers, Bertram und die Menschenrechte, S. 214–216; dies., Gegen, S. 243.
⁶⁹ Zu Inkonsequenzen des Verhaltens Preysings vgl. ebd., S. 93, 262.
⁷⁰ Vgl. überblicksartig: Kardinal Michael von Faulhaber 1869–1952. Eine Ausstellung des Archivs des Erzbistums München und Freising, des Bayerischen Hauptstaatsarchivs und des Stadtarchivs München zum 50. Todestag, Neuburg a.d. Donau 2002.
⁷¹ Bericht über die Diözesan-Synode für die Erzdiözese München und Freising, 18./19.11.1930. Beilage zum Amtsblatt für die Erzdiözese München und Freising, S. 44.
⁷² Pastorale Anweisung des bayerischen Episkopats, 10.2.1931, in: Ludwig Volk (Bearb.), Akten Kardinal Michael von Faulhabers (1917–1945), Bd. I: 1917–1934, Mainz 1975, S. 542.

nungen als nicht mehr notwendig erachtete und gegenüber der rechtmäßigen Obrigkeit zur Treue und Erfüllung der staatsbürgerlichen Pflichten aufrief.[73] Faulhaber sah sich gezwungen, nachträglich durch eine Pressenotiz dieser Erklärung beizupflichten, obgleich er überzeugt war, sie habe auf die Wähler der Zentrumspartei und der Bayerischen Volkspartei ebenso wie auf katholische Beamte, Partei-, Gewerkschafts- und Verbandsfunktionäre, die teilweise ihre Stellen schon verloren hatten, einen "niederschmetternden Eindruck" gemacht. Doch "die große katholische Sache" habe diesen Schritt gefordert.[74] Faulhaber zeigte sich im übrigen überzeugt, daß die nationalsozialistische Partei "rechtmäßig wie noch keine Revolutionspartei in den Besitz der Macht"[75] gelangt sei. In seiner Pastoralanweisung vom 5. April 1933 an seinen Klerus gebot er daher: "Wir müssen aber auch gegenüber der neuen Staatsregierung die Grundgesetze der christlichen Staatslehre gelten lassen und der rechtmäßigen Obrigkeit staatsbürgerlichen Gehorsam leisten".[76] Auch später betonte er noch, die Regierung habe "ein offenes Bekenntnis zu Gott abgelegt"[77] und die Unterzeichnung des Reichskonkordates sei ein "Bekenntnis zum christlichen Staat" gewesen.[78] Bei seinem Gespräch mit Hitler auf dem Obersalzberg im November 1936, das Preysing bayerisch-derb einen "Saubesuch"[79] nannte, kam Faulhaber fasziniert zur Erkenntnis: "Der Reichskanzler lebt ohne Zweifel im Glauben an Gott".[80] Nach dem mißglückten Attentat von Georg Elser im Münchner Bürgerbräukeller 1939 sprach er dem "Führer und Deutschen Reichskanzler Adolf Hitler" seinen "wärmsten Glückwunsch" für die "glückliche Rettung"[81] aus. Beim Verhör nach dem Attentat vom 20. Juli 1944 unterstrich er - ohne Not -, er habe sich "persönlich die Verehrung zum Führer"[82] bewahrt.

Selbst bestimmte Maßnahmen der Partei- und Staatsorgane erfuhren Billigung durch Faulhaber, so die Tatsache, daß aus "dem öffentlichen Leben unseres Volkes" "Gott sei dank in den letzten Monaten mit eisernem Besen viel

---

[73] Vgl. Kundgebung der deutschen Bischöfe, 28.3.1933, in: Bernhard Stasiewski (Bearb.), Akten deutscher Bischöfe über die Lage der Kirche 1933–1945, Bd. I: 1933–1934, Mainz 1968, Nr. 14a.

[74] Faulhaber an Klein, 29.3.1933, in: L. Volk I, S. 690.

[75] Faulhaber an den bayerischen Episkopat, 24.3.1933, in: B. Stasiewski I, S. 17.

[76] Pastorale Anweisungen Faulhabers für den Klerus, 5.4.1933, ebd., S. 38.

[77] Die religiösen Werte des Alten Testaments und ihre Erfüllung im Christentum, 3.12.1933, in: Kardinal Faulhaber, Judentum, Christentum, Germanentum. Adventspredigten, gehalten in St. Michael zu München 1933, München 1934, S. 17.

[78] Predigt Faulhabers, 18.2.1934, in: L. Volk I, S. 853.

[79] Aufzeichnung Adolphs, 20.4.1937, in: W. Adolph, S. 120.

[80] Bericht Faulhabers über eine Unterredung mit Hitler, 4./5.11.1936, in: L. Volk II, S. 194.

[81] Faulhaber an Hitler, 9.11.1939 (in: Faulhaber an den bayerischen Episkopat, 13.11.1939), ebd., S. 659.

[82] Vernehmungsprotokoll der Gestapo, 21.8.1944, ebd., S. 1028.

Sittenlosigkeit ausgekehrt"[83] worden sei und die Umtriebe der Gottlosenbewegung, Freidenker, Bibelforscher und der "Zeitschriften eines schamlosen Schrifttums"[84] verschwunden seien. Er anerkannte das Recht des Staates, "im Rahmen des Sittengesetzes in gerechter Notwehr diese Schädlinge von der Volksgemeinschaft fernzuhalten", indem man die "erbkranken Menschen internieren" solle.[85] Auch könne der Staat gegen "Auswüchse des Judentums" vorgehen, insbesondere "wenn die Juden als Bolschewisten und Kommunisten die staatliche Ordnung gefährden".[86]

Die Revisionspolitik der nationalsozialistischen Regierung fand ebenfalls Anerkennung in bischöflichen Erklärungen bis hin zu Festgeläute, so beim Völkerbundaustritt (14. Oktober 1933),[87] bei der Saarabstimmung (13. Januar 1935),[88] beim Einmarsch deutscher Truppen in das entmilitarisierte Rheinland (29. März 1936)[89] und in Österreich (10. April 1938)[90] sowie bei der Münchener Konferenz 1938.[91] Da die Plebiszite meist mit einer Reichstagswahl verbunden waren, ergab sich bei den bischöflichen Erklärungen das Problem, zwar das vermeintlich "Gute" der Politik des NS-Regimes in "vaterländischer Tugend" zu begrüßen, jedoch das "rein Politische", also die Wahl, auszuklammern. Andererseits konnte man Verstöße gegen das Reichskonkordat auch nicht ganz verschweigen. Der Zweite Weltkrieg wurde dann mit einer katholischen Sinngebungsfolie überspannt, die sich den Blick verbot auf das eigentliche Geschehen eines weltanschaulichen Eroberungs- und Vernichtungskrieges.[92] Nach dem Überfall auf Polen verkündete Faulhaber sein "Kriegsdogma": "Der Soldat lebt nicht von Munition und Kommando allein, er braucht auch eine geistige Munition, um die seelische Bereitschaft in Glut zu halten".[93] Damit übernahm er eine schwere Verantwortung durch seine Deutungsvorga-

---

[83] Die sittlichen Werte des Alten Testaments und ihre Aufwertung im Evangelium, 10.12.1933, in: Faulhaber, Judentum. S. 44.
[84] Faulhaber an die Staatsminister von Bayern, 5.7.1933, in: B. Stasiewski I, S. 259.
[85] Bericht Faulhabers über eine Unterredung mit Hitler, 4./5.11.1936, in: L. Volk II, S. 191.
[86] Faulhaber an Bertram, 23.10.1936, ebd., S. 179.
[87] Vgl. Faulhaber an den bayerischen Episkopat, 7.11.1933, in: L. Volk I, S. 805 f.; Aufzeichnung Faulhabers über Unterredungen mit Vasallo, 11.11.1933, ebd., S. 807–809.
[88] Vgl. Faulhaber an den bayerischen Episkopat, 30.12.1934, ebd., S. 921.
[89] Vgl. Faulhaber an den bayerischen Episkopat, 15./17.3.1936, in: B. Stasiewski III, Nr. 282; Erklärung Schultes, 19.3.1936, ebd., Nr. 284.
[90] Vgl. Anweisung Faulhabers, 6.4.1938, in: L. Volk II, S. 556 f. Anm. 3.
[91] Vgl. Faulhaber an den bayerischen Episkopat, 12.10.1938, ebd., S. 601 f. mit Anm. 1.
[92] Vgl. Antonia Leugers, "Opfer für eine große und heilige Sache" - Katholisches Kriegserleben im nationalsozialistischen Eroberungs- und Vernichtungskrieg, in: Volksreligiosität und Kriegserleben (= Jahrbuch für Historische Friedensforschung 6), hg. v. Friedhelm Boll, Münster 1997, S. 157–174.
[93] Faulhaber an Wienken, 22.9.1939, in: L. Volk II, S. 656. Vgl. demgegenüber Preysings Haltung in : A. Leugers, Gegen, S. 44 f.

ben. So schrieb er seinen Priesteramtskandidaten und Geistlichen im Wehrdienst, die Soldaten sollten sich sagen: "Ich helfe mit, einen Plan Gottes zu verwirklichen, wenn ich auch diesen Plan nicht durchschaue". [94] Der Wehrdienst könne ein "Vorseminar" sein, die "Pflichtleistungen und Lasten des Wehrdienstes" wüchsen dabei in das "Providentielle". [95]

Der ungebrochenen Anerkennung Hitlers als "Obrigkeit" und Reichskanzler stand die ungebrochene Ablehnung Faulhabers hinsichtlich des Nationalsozialismus als Weltanschauung krass gegenüber. Sichtbarsten Ausdruck fand dies 1937 in der Enzyklika "Mit brennender Sorge", die auf einen Entwurf Faulhabers zurückging und von Kardinalstaatssekretär Pacelli überarbeitet wurde. Als verantwortlich für die Beschneidung der Eigenständigkeit und der Eigenrechte der Kirche benannte Faulhaber 1937 nicht Hitler, sondern die "Parteidiktatur", die keine "Obrigkeit" im paulinischen Sinne sei. Daß Hitler der "Führer" und Gründer der Partei war und blieb, blendete Faulhaber aus. Gegen die "Totalität des Staates gegenüber der Kirche" wandte sich Faulhaber in traditioneller Auffassung nach dem societas perfecta-Modell: "Die Bischöfe müssen ihrerseits das Eigenrecht der Kirche und den Charakter der Kirche als einer vollkommenen, dem Staate gegenüber selbständigen Gesellschaft immer wieder verkünden und die im R[eichs]K[onkordat] verbürgte Freiheit zur Verkündigung der Lehre in bisher üblichen Formen zurückfordern". [96]

Es ging jedoch nicht nur um die Lehre in Glaubensfragen, sondern - wie schon 1931 beim Frauenturnfest - um Fragen des Sittengesetzes. Auch hier nahm Faulhaber von Anfang an einen klaren Standpunkt ein: "Das gottverbriefte Recht der Bischöfe, die Glaubens- und Sittenlehre der Offenbarung zu verkünden, kann, gleichviel ob ein Konkordat besteht oder nicht, durch kein 'für alle geltendes Staatsgesetz' eingeschränkt werden", so Faulhaber gegenüber Reichsinnenminister Frick. "In jenen Fragen aber, in denen ein Staatsgesetz sich mit einem ewigen Gebote Gottes in Widerspruch setzt, können die Bischöfe nicht durch Schweigen zu Verrätern ihres heiligen Amtes werden". [97] Seinen Suffragan Bischof Buchberger belehrte Faulhaber über die weiter reichende Bedeutung dieser Tatsache für die katholische Kirche und die nationalsozialistische Politik: "Es geht jetzt um die Frage: Gibt es eine objektive Sittlichkeit und ist die Kirche deren Verkünderin? oder: Ist das germanische Rasseempfinden der unbeschränkte Herrscher über die Sittlichkeit?" Faulhaber hatte gegen das sogenannte Sterilisierungsgesetz, "Gesetz zur Verhütung erb-

---

[94] Faulhaber an die Priesterkandidaten und Geistlichen im Wehrdienst, 15.11.1944, in: L. Volk II, S. 1034.
[95] Faulhaber an die Priesterkandidaten und Geistlichen im Wehrdienst, 21.11.1943, ebd., S. 1006 f.
[96] Referat Faulhabers, [12.1.1937], ebd., S. 268.
[97] Faulhaber an Frick, 7.2.1934, in: B. Stasiewski I, S. 537 f.

kranken Nachwuchses" (14. Juli 1933), für eine bischöfliche Erklärung über deren Unerlaubtheit plädiert. "Das Volk muß an diesem Hirtenwort sehen, daß die Bischöfe nicht zu allem schweigen und in solchen Fragen einig sind". [98]

Beim sogenannten "Röhmputsch" im Juni 1934 sprach sich Faulhaber gegenüber Bertram und Berning für eine unüberhörbare Reaktion aus. Zu dieser "Verherrlichung des politischen Mordes" könnten die Bischöfe "doch unmöglich schweigen". [99] Auch drei führende Katholiken waren ermordet worden: Ministerialdirektor Erich Klausener, Reichsführer der Deutschen Jugendkraft Adalbert Probst und Redakteur Fritz Gerlich aus München.

Bei den sogenannten Euthanasiemaßnahmen meldete sich Faulhaber erneut zu Wort, diesmal gegenüber Reichsjustizminister Gürtner, "nicht aus Freude am Widerspruch", wie er betonte. "Ich habe in dieser sittlichrechtlichen, nicht politischen Frage, es als Gewissenspflicht empfunden, zu reden, weil ich als katholischer Bischof nicht schweigen kann, wenn es sich um die Erhaltung sittlicher Grundlagen jeder öffentlichen Ordnung handelt, und weil ich als deutscher Bischof nach Art. 16 des R[eichs]K[onkordats] mitverpflichtet bin, einen nach meiner Überzeugung bedrohlichen Schaden von unserem Volke fernzuhalten und unserem Volk den Ruf einer Kulturnation zu wahren. [...] Die unveräußerlichen Grundlagen der sittlichen Ordnung und die Grundrechte des einzelnen Menschen dürfen aber auch in Kriegszeiten nicht außer Kraft gesetzt werden". [100] Aber zu all den sittlichen Fragen schwieg Faulhaber öffentlich trotz seiner Erkenntnis dann doch.

Erst in seinem Passionshirtenbrief 1942 rang sich Faulhaber durch - gestützt auf die Initiative des Ordensausschusses, die er im Novemberhirtenbrief von 1941 schon mitgetragen hatte und die er später 1943 im Dekalog-Hirtenbrief wiederum aufgriff [101] - auch öffentlich zu proklamieren: "Ein Bischof hat aber nicht nur für die religiösen kirchlichen Rechte in der Volksgemeinschaft einzutreten, sondern auch für die gottverliehenen Menschenrechte. Ohne Achtung für diese Menschenrechte muß die ganze Kultur zusammenbrechen". [102] Pius XII. hatte Anfang 1942 "erleuchtete und mutige Bischofsworte", die "höchst wirksam, ja einfachhin notwendig" seien, "um die sittliche Widerstandskraft der Gläubigen aufrecht zu erhalten" im Schreiben an Faulhaber ausdrücklich gelobt. Auch wenn Kundgebungen der Bischöfe "scharfe Maßnahmen von der Gegenseite auslösen, unter denen andere selbst mehr zu leiden haben als die Bischöfe", so ergäbe sich, daß "trotz allem der Schaden in keinem Verhältnis steht zu dem Guten, das päpstliche und bischöfliche Rufe

---

[98] Faulhaber an Buchberger, 16.12.1933, in: L. Volk I, S. 827 f.
[99] Faulhaber an Bertram, Berning, 6.8.1934, ebd., S. 890.
[100] Faulhaber an Gürtner, 6.11.1940, ebd., S. 694.
[101] Vgl. A. Leugers, Gegen, S. 252, 257, 278 f., 281.
[102] Hirtenbrief Faulhabers, 22.3.1942, in: J. Neuhäusler, Kreuz, S. 147.

gestiftet haben und stiften. Es darf ja auch nicht übersehen werden, daß, so viel von den sichtbaren Einrichtungen und Gütern der Kirche der Gewalt zum Opfer fallen mag, eines immer erhalten bleiben muß: das unbedingte Vertrauen der Gläubigen in die apostolische Geradheit und Unbeirrbarkeit der kirchlichen Führung". [103] Faulhaber ging noch einen Schritt weiter: nicht nur in der Verkündigung setzte er sich für die "gottverliehenen Menschenrechte" ein. Er gehörte neben den Bischöfen Preysing und Dietz zu jenen wenigen aus dem Episkopat, die die Beschlußtexte des "Kreisauer Kreises" über die Zeit nach dem Sturz Hitlers erhielten und die mit den Widerstandsbeteiligten sprachen. Graf Moltke besuchte Faulhaber in München. [104] Damit zählte Faulhaber zu jenen, die konspirative Kreise gegen den Staat unterstützten.

Aber gerade Faulhaber galt als unsicher und unbeständig, so auch das Urteil Preysings, der immer wieder in Faulhaber einen Verbündeten seines Kurses suchte. [105] Gesundheitliche Probleme schränkten Faulhaber, der sich 1940 als "eine halbe - Ruine" [106] bezeichnete, stark ein. Obgleich der Chef des Sicherheitsdienstes, Reinhard Heydrich, neben Preysing und Galen auch Faulhaber zu jener Richtung zählte, die den "Nationalsozialismus nur durch offenen Kampf überwinden" wolle, stellte er 1940 fest, der 71jährige Faulhaber sei "gesundheitlich sehr zusammengebrochen und auch seelisch weitgehend erschüttert". [107]

Immerhin läßt sich eine auffällige Diskrepanz bei Faulhaber zwischen den grundsatzfesten, klaren Erkenntnissen hinsichtlich des sittlich Geforderten und seiner Begründung für ein Unterlassen weiterer Schritte vermerken. So schrieb er auf Bitten, die ihn nach dem Boykott jüdischer Geschäfte im April 1933 erreichten: "Dieses Vorgehen gegen die Juden ist derart unchristlich, daß jeder Christ, nicht bloß jeder Priester, dagegen auftreten müßte". Aber für die kirchlichen Behörden bestünden "weit wichtigere Gegenwartsfragen". Die Juden könnten sich selber helfen, die Judenhetze solle nicht in eine Jesuitenhetze umgebogen werden. Ihm habe auch niemand bei Angriffen gegen seine Person beigestanden. Dies sei ein "Geheimnis der Passion". [108] Einem Konvertiten habe er gesagt, "der Glaube nütze zum ewigen Leben und daß niemand von der Taufe irdische Vorteile erwarten dürfe". [109] Angesichts der Deportationen aus München, die er mit den "Transporten afrikanischer Sklavenhändler"

---

[103] Pius XII. an Faulhaber, 2.2.1942, in: B. Schneider, S. 160.
[104] Vgl. A. Leugers, Gegen, S. 226; dies., Deutscher Widerstand gegen den Nationalsozialismus, in: neue politische literatur 47 (2002) Heft 2, S. 249–276, hier: S. 257.
[105] Vgl. A. Leugers, Gegen, S. 171, 268, 274, 277 f.; Aufzeichnung Adolphs, 10.3.1938, in: W. Adolph, S. 239.
[106] Faulhaber an Pius XII., 18.5.1940, in: L. Volk II, S. 681.
[107] Heydrich an Ribbentrop, 10.9.1940, in: L. Volk V, S. 1007.
[108] Faulhaber an Wurm, 8.4.1933, in: L. Volk I, S. 705.
[109] Faulhaber an Kumpfmüller, 26.4.1933, ebd., S. 717.

verglich, fühlte er sich verpflichtet einzutreten. Doch auf die zurückhaltende Antwort Bertrams verstummte auch Faulhaber.[110] Als er 1942 ein Memorandum des Würzburger Justitiars Angermaier in Auftrag gab,[111] in dem der klare Rechtsstandpunkt der Kirche zur Nutzung kircheneigener Räume dargelegt werden sollte, verschleierte Faulhaber seine Auftraggeberschaft, weil Angermaier Bischof Buchbergers Kooperation mit der Gestapo darin kritisierte.[112] Eine "amtliche Kritik" und "Richterinstanz" über einen Bischof wollte Faulhaber nicht schaffen.[113] Sowohl die staatliche Autorität, Reichskanzler Hitler, als auch die kirchliche Autorität, Bischof Buchberger, blieben einer Kritik seitens Faulhabers enthoben. Buchberger, der beharrlich gegen den Novemberhirtenbrief 1941, das Passionspastorale 1942 und den Dekalog-Hirtenbrief 1943 opponiert hatte[114] und daher zum Wasserträger des Dritten Reichs wurde, sah in Angermaiers Memorandum einen "Feldzug gegen den Ordinarius" durch einen "Laien-Justiziar"[115] und warnte Amtsbrüder vor dem "Inquisitor".[116]

Schon als die Bischöfe wegen der Verhandlungen zum Vereinsartikel 31 des Reichskonkordats in der Hoffnung auf eine autoritative Erklärung Hitlers den kritischen und grundsatzfesten Hirtenbrief von 1934 zurückgezogen und nicht verlesen hatten, sich zudem in Verhandlungen mit NS-Organisationen statt mit den staatlichen Behörden einließen, teilte Faulhaber Dompropst Donders als Mitverfasser des Hirtenbriefs in einer für ihn typischen klaren Erkenntnis der Zwiespältigkeit dieser Handlungen mit: "die spätere Zeit wird ein hartes Urteil über uns fällen".[117]

Schluß

Papst Pius XII. hatte Faulhaber gegenüber unterstrichen, es gehe darum, das Vertrauen der Gläubigen zur kirchlichen Führung und die "sittliche Widerstandskraft der Gläubigen aufrecht zu erhalten".[118] Wie seine lobenden und ermutigenden Schreiben verdeutlichen, sollten aus römischer Sicht die deutschen Bischöfe in ihrer Verkündigung auch die Grund- und Menschenrechte

---

[110] Faulhaber an Bertram, 13.11.1941, in: L. Volk II, S. 824.
[111] Bemerkenswert bleibt, daß der junge Angermaier, Bundesbruder Faulhabers, der auch der Verbindung "Normannia" angehörte, den Kardinal kirchenpolitisch und rechtlich beriet und von Faulhaber gefördert wurde: vgl. A. Leugers, Angermaier, S. 89, 94, 124, 130, 137, 149, 224 f., 247.
[112] Vgl. ausführlich dazu: ebd., S. 133–147.
[113] Faulhaber an Buchberger, 14.4.1942, in: L. Volk II, S. 904.
[114] Vgl. A. Leugers, Gegen, S. 245 f., 253 f., 264, 279 f.
[115] Buchberger an Faulhaber, 17.4.1942, in: L. Volk II, S. 908.
[116] Buchberger an Landersdorfer, 18.4.1942. Bischöfliches Zentralarchiv Regensburg, OA 173.
[117] Faulhaber an Donders, 3.8.1942, in: L. Volk I, S. 882 Anm. 1.
[118] Vgl. Anm. 103.

verteidigen. Der öffentliche Protest gegen die Rechtsverletzungen sollte somit aus dem Land der Täter kommen, nicht von ausländischer Seite. Dem Schweigen des Papstes, insbesondere zur Verfolgung und Ermordung der Juden, Sinti und Roma, begegneten Bischof Preysing und Margarete Sommer mit drängenden Bitten um eine öffentliche Stellungnahme. Doch vergeblich. Die Motive Pius' XII. für sein Verhalten dürften sich erst mit der vollständigen Öffnung der Akten seiner Amtsperiode erforschen lassen. Angesichts der hohen Bedeutung, die einer Klärung der Rolle Pius' XII. zukommt, bleiben daher die Gründe für die Aktensperre vorerst so unerforschlich wie die Motive für das Schweigen des Papstes selbst.

Überdeutlich aber ist die Präferenz des Handlungsmodells, das Pius XII. im Episkopat stützte: das in seiner analytischen Schärfe klare Konfrontationsmodell Preysings im Ordensausschuß. Da Pius XII. trotz allem die Gegenspieler dieser Richtung, zuallererst Kardinal Bertram, um der Einheit des Episkopats willen nicht rügte, blieb der Erfolg der Preysingschen Richtung zunächst dem Kräftespiel innerhalb der Bischofskonferenz überlassen. Eine Veränderung ergab sich erst 1941, als vier Ordensleute und ein Laie die Konferenzarbeit mit strategisch-konzeptionellen Überlegungen und konkreten Ausarbeitungen von Denkschriften und Hirtenbriefen für den Gesamtepiskopat - ein Novum - aus der Paralyse nach dem Eklat zwischen Preysing und Bertram herausbrachten und einzelne Bischöfe sogar in Kontakt mit Widerstandskreisen führten. Das Konfrontationsmodell verwarf die Überzeugung, Reichskanzler Hitler sei eine von Gott gesetzte Obrigkeit, der Gehorsam zu leisten sei. Der nationalsozialistische Staat wurde als totaler Staat, der kein Rechtsstaat mehr war, abqualifiziert.

Im Dekalog-Hirtenbrief von 1943 wurden schließlich individuell und gesellschaftlich relevante Rechtspositionen, die es gegen die Diktatur zu verteidigen galt, als in den "Kronrechten Gottes" wurzelnde Menschenrechte beschrieben. Ihre Verteidigung wurde als Amtspflicht der Bischöfe, nicht als Politik, gewertet. Das war eine direkte Entgegensetzung zu Bertrams Harmoniemodell mit "zeitgemäßen und unpolitischen", "rein pastoralen" Schreiben und der Einengung der auf Kirche und Seelsorge bezogenen bischöflichen Pflicht. Im Entwurf des Dekalog-Hirtenbriefs hieß es mit Bestimmtheit: "Wir deutschen Bischöfe könnten nicht vor Gott, vor der Geschichte, sowie vor unserem Gewissen bestehen, wenn wir bei klarer Erkenntnis der Wurzel aller Übel, unter denen die Menschheit leidet, schweigen würden, anstatt die Völker aufzurufen, daß sie heimkehren zu den Geboten des Herrn".[119] Der Dekalog-Hirtenbrief stellte einen späten ersten und zugleich letzten gemeinsamen Schritt des deutschen Episkopats dar, die benannten Amtspflichten zu erfüllen. Die Maßstäbe

---

[119] Kölner Hirtenbrief-Entwurf, 28.6.1943, in: L. Volk VI, S. 185.

zur Beurteilung des Verhaltens der Bischöfe während des Dritten Reichs haben die Oberhirten und der Papst damals explizit gesetzt.[120] Faulhaber hat es in seiner klaren Erkenntnis des Geforderten wohl am drastischsten formuliert, daß die "Bischöfe nicht durch Schweigen zu Verrätern ihres heiligen Amtes" werden dürften.[121]

Harmoniemodell Kardinal Bertrams

KIRCHE	STAAT
von Gott gesetzte Obrigkeit	von Gott gesetzte Obrigkeit

von Gott gewollte Harmonie
Verhandlungen, Eingaben
Wahrung der Institution Kirche
positiv staats- und volkstreue Lehre

Gehorsam Ermahnung		Gesetze Gehorsam
Tröstung		Befehle
sakramentale Heilsvermittlung		
Charakterbildung		
Sprache: "zeitgemäß und unpolitisch"		

KATHOLISCHES VOLK

---

[120] Die Erforschung und Analyse der relevanten Quellen und Literatur fehlen bei: Daniel Jonah Goldhagen, Die katholische Kirche und der Holocaust. Eine Untersuchung über Schuld und Sühne, Berlin 2002; Konrad Löw, Die Schuld. Christen und Juden im Urteil der Nationalsozialisten und der Gegenwart, Gräfelfing 2002. Vgl. die kritische Auseinandersetzung mit Goldhagen in: Georg Denzler, Widerstand ist nicht das richtige Wort. Katholische Priester, Bischöfe und Theologen im Dritten Reich, Zürich 2003, S. 271–277. Demgegenüber stellt Denzler (ebd., S. 209–270) Verdienst und Versagen, Verantwortung und Schuld pointiert kritisch dar.

[121] Wie Anm. 97.

Konfrontationsmodell Bischof Preysings im Ordensausschuß

KIRCHE	TOTALER STAAT
von Gott gesetzte Obrigkeit	keine "Autorität von Gottes Gnaden"
	kein geordneter Rechtsstaat

freundschaftliches, gedeihliches Zusammenleben unmöglich
Amtspflicht: Hilfe und Verteidigung der allgemein menschlichen Rechte
durch den deutschen Episkopat, andernfalls vor Gott und den Menschen
durch "Schweigen schuldig"

sakramentale Heilsvermittlung	protestieren, sabotieren
Sprache: klar, aufklärend	verweigern
Klärung in schweren Gewissensfragen	Gewissen folgen
	Selbstverantwortung
	Zeugnis, Martyrium

KATHOLISCHES VOLK

Der deutsche Katholizismus zwischen Widerspruch zur nationalsozialistischen Ideologie und nationaler Loyalität

Joachim Köhler

Ausgangspunkt: Bischöfliche Erklärungen als eine Form der Vergangenheitsbewältigung

Das historische Bewusstsein von der Rolle der katholischen Kirche in der Zeit des Nationalsozialismus wurde meistens durch "Erklärungen" des Sekretariats der deutschen Bischofskonferenz artikuliert und dem Kirchenvolk und den Gemeinden nahe gebracht. Diese Erklärungen haben Bekenntnischarakter. Sie sollen von der Widerstandskraft der Kirche gegen das Regime Zeugnis geben. Weil die Anfragen der Öffentlichkeit neue Antworten provozieren, verändern sie sich im Laufe der Zeit. Lydia Bendel-Maidl und Rainer Bendel haben kürzlich solche Erklärungen aus der Zeit von 1945 bis 2000 zusammengestellt und kommentiert. Von einem Schuldbekenntnis der Kirche kann darin keine Rede sein, eher von einer Art Entschuldigung. Das "historische Schuldbekenntnis", das Papst Johannes Paul II. im Frühjahr 2000 abgelegt hat, hat das Verhältnis der Kirche zum Nationalsozialismus ausgeklammert und lediglich den Holocaust erwähnt. Eine schuldhafte Beteiligung am Holocaust hat der Papst nur einigen "Söhnen und Töchtern" der Kirche zugesprochen. Die Anstöße zu je neuen Erklärungen kamen von außen und wurden in der Kommentierung durch Bendel-Maidl und Bendel den Phasen der gesellschaftlichen Entwicklung in der Bundesrepublik Deutschland zugeordnet. In der Phase bis zur Gründung der Bundesrepublik Deutschland 1949 blieb man im wesentlichen "auf der weltanschaulichen Ebene stehen" und sah "die dortigen Verfehlungen als die Ursachen für die katastrophalen Verwirrungen". Zwar gestand man "Versagen und Schuldigwerden einiger Christen zu, insgesamt aber dominiert das Bild der Kirche, die vielleicht sogar als einzige größere Institution Widerstand geleistet hat"[1]. Die Kirche hat die Rolle, die ihr von den Alliierten 1945 zuge-

---

[1] L.Bendel-Maidl /R.Bendel: Schlaglichter, S. 221

sprochen wurde, angenommen. In dieser Sicht sollten die von den Nationalsozialisten Verfolgten, vor allem die Priester, Ordensleute und Bischöfe Garanten dafür sein, dass Deutschland wieder ein christliches Land werde. "Diese Sicht der Dinge wird in der zweiten Stufe in den 60er Jahren durch die nachwachsende Generation und durch eine Reihe von Publikationen massiv angefragt. Hier sind schwerpunktmäßig zum einen die Auseinandersetzungen um die Gültigkeit und das Fortbestehen des Reichskonkordates und zum andern die Veröffentlichung von Rolf Hochhut über den "Stellvertreter" [Christi auf Erden], also über das Verhalten Papst Pius XII. gegenüber den Juden im Dritten Reich"[2]. Eine weitere Entwicklungsstufe wird mit "einem differenzierten Umgang mit den Wirkungen des kirchlichen Anti-Judaismus"[3] in Verbindung gebracht. "Die Anfragen und Vorwürfe bezüglich des Schuldigwerdens der Kirche werden nicht mehr nur als eine übelwollende und vernichtende Kritik von außen gehört"[4].

Auch wenn das Schuldbekenntnis des Papstes im Frühjahr 2000 nicht befriedigen konnte, es hat seine Wirkung in der Öffentlichkeit nicht verfehlt und auch Menschen im Raum der Kirche sensibilisiert, nach den Ursachen und Mechanismen des Schuldigwerdens intensiver zu forschen. Noch lässt es sich nicht sagen wie der neuerliche Anstoß zur Entschädigung der Zwangsarbeiterinnen und Zwangsarbeiter, der ein sofortiges Agieren der Kirchen in Deutschland, und zwar beider Konfessionen, bewirkt hat, zu bewerten ist und wie sich diese Aktion auf eine erneute Veränderung des Bewusstseins auswirken wird, aber dass die Kirchen so schnell und wirkungsvoll gehandelt haben, deutet darauf hin, dass sich etwas verändert hat[5].

Im Folgenden soll an die Erklärungen im Hinblick auf die Rolle der katholischen Kirche in nationalsozialistischer Zeit, die katholisches Bewusstsein geprägt und verändert haben, erinnert werden, um durch die Lektüre ausgewählter Beispiele prüfen zu können, ob der Wortlaut und die Intention dieser Texte der historischen Wirklichkeit und dem historischen Wissen gerecht werden. Durch gezielte Fragestellungen soll die Kluft zwischen der Wirklichkeit und den Erklärungen markiert werden. Dabei wird sich zeigen, dass der Zugang zur historischen Wahrheit immer noch blockiert sein kann und die Chancen, Geschichte zu bewältigen, nicht genutzt wurden.

---

[2] Ebd.
[3] Ebd.
[4] Ebd.
[5] Die Anstrengungen, die von den Kirchen der Bundesrepublik Deutschland in den letzten Jahren unternommen wurden, müssten auch in den ehemaligen deutschen Ostgebieten unternommen werden. Anregungen dazu J. Köhler: Die Suche nach Zwangsarbeiterinnen, S. 239–247.

Zur Erinnerung: Die offiziellen Erklärungen nach 1945 zur Rolle der Kirche in nationalsozialistischer Zeit

Erklärung des Sekretariats der Deutschen Bischofskonferenz zur "Holocaust"-Diskussion vom 31. Januar 1979 (Auszug)

"Der deutsche Episkopat hat schon um die Jahreswende 1930/31 die zentralen Aussagen der nationalsozialistischen Weltanschauung für unvereinbar mit der Lehre der Kirche erklärt. Die Ablehnung des Nationalsozialismus durch die katholische Kirche war nach dem Urteil des evangelischen Kirchenhistorikers Klaus Scholder von 'eindrucksvoller Geschlossenheit'. Dies zeigte sich besonders daran, daß der Nationalsozialismus in katholischen Gebieten bei Wahlen keine Mehrheit erhielt. Die Machtergreifung brachte die Kirche in eine schwierige Lage, da über Nacht aus einer lehramtlich verurteilten Bewegung die legale staatliche Obrigkeit geworden war, der man staatsbürgerlichen Gehorsam schuldete. In dieser Situation schloß der Hl. Stuhl nach zähen Verhandlungen am 20. Juli 1933 mit der Reichsregierung das Reichskonkordat" [6].

Beschrieben wird eine heikle Situation: Die katholische Kirche musste eine Partei, die sie aus weltanschaulichen Gründen bisher abgelehnt hatte, anerkennen, nachdem sie legal an die Macht gekommen war. Nach den Staatslehren Papst Leos XIII. musste sie einer staatlichen Regierung loyal gegenüberstehen, da jede Autorität von Gott kommt (vgl. Röm 13,1). Seit Beginn der Weimarer Republik hatte der Vatikan nichts sehnlicher herbeigesehnt, als durch ein Reichskonkordat das Verhältnis von Kirche und Staat zu klären und zu festigen. Die Zusagen Hitlers in der Regierungserklärung vom 23. März 1933, ein Konkordat abzuschließen, wurden vom Vatikan sofort in die Tat umgesetzt, so dass es in kürzester Zeit zum Konkordatsabschluss kam.

Gleichsam als Kommentar dazu dient eine Äußerung des Bonner Historikers Konrad Repgen in der FAZ vom 24.10.1977:

"Langfristig ... hat das Konkordat Hitler wenig, eigentlich gar keinen Nutzen gebracht. Es legte nicht, wie man später gemeint hat, die deutschen Bischöfe an die Leine, sondern wurde umgekehrt von Hitler als lästige Fessel empfunden ... Das Reichskonkordat hat der Kirche in Deutschland wesentlich geholfen, die nicht selbstverständliche Leistung zu vollbringen, ihre Eigenständigkeit trotz Hitlers Herrschaft so weit zu wahren, dass die Bischöfe und der Klerus das Glaubensgut und die Sittenlehre unverkürzt verkündigen und die Sakramente spenden konnten. Daß der deutsche Katholizismus das Drit-

---

[6] Die katholische Kirche und der Nationalsozialismus. Erklärung des Sekretariats der deutschen Bischofskonferenz zur Diskussion über die "Holocaust"-Serie. Bonn, 31. Januar 1979, in: Deutsche Tagespost vom 6. Februar 1979.

te Reich wesentlich intakter als fast alle anderen vergleichbaren Großgruppen überstanden hat, ist daher auch eine langfristige Folge des Abkommens vom 20. Juli 1933"[7].

Gemessen an dem Unrecht, das in den Jahren 1933 bis 1945 geschehen ist, bedarf es eines triumphalen Selbstbewusstseins, um zu behaupten, dass die katholische Kirche die Naziherrschaft heil überstanden hat. Von einer Solidarität mit den Opfern ist dabei nichts zu spüren.

Erklärung der katholischen Bischöfe zum 30.1.1983 (Auszug)

"Viele Glieder der Kirche ließen sich zu Unrecht und Gewalttätigkeit verstricken. Wir dürfen aber auch erneut bezeugen, daß Kirche und Glaube eine der stärksten Kräfte im Widerspruch, ja Widerstand gegen den Nationalsozialismus waren, in mancher Hinsicht sogar die stärkste"[8].

Trotz einiger späteren Differenzierungen in der Beschreibung der Ursachen der Entstehung von Unrecht und Gewalt, bleibt dieser Satz durchgehend durch alle Erklärungen ein Grundtenor in der Vergangenheitsbewältigung, der ein Schuldbekenntnis nicht notwendig erscheinen lässt. Deshalb kann in der Erklärung aus dem Jahr 1995 auf die erste "Erklärung" aus dem Jahr 1945 zurückgegriffen werden.

Wort der deutschen Bischöfe zum Gedenken an das Ende des Zweiten Weltkrieges vor 50 Jahren [vom 24. April 1995]. Zeugnis, Widerstand und Versagen der Kirche

"Die Frage nach Mitverantwortung und Schuld richtet sich auch an die Kirche in Deutschland. Sie muß vor Gott, vor sich selbst und vor der Allgemeinheit Rechenschaft über das Verhalten von Gläubigen, Priestern und Bischöfen während der nationalsozialistischen Zeit geben. Die Bemühungen um ein wahrheitsgetreues Bild haben seit 1945 nicht nachgelassen und sind mit Unterstützung der zeitgeschichtlichen Forschung weit vorangebracht worden. Dabei ist deutlich geworden, daß pauschale Urteile auch hier an der historischen Wahrheit vorbeigehen.

In ihrem ersten gemeinsamen Hirtenschreiben nach dem Ende des Krieges und dem Zusammenbruch der Diktatur haben die deutschen Bischöfe damals die Ambivalenz des historischen Befundes deutlich zum Ausdruck gebracht:

---

[7] Konrad Repgen, in: FAZ am 24.10.1977.
[8] Erklärung der deutschen Bischöfe zum 30. Januar 1983. Das Vorbild tapferer Zeugen nimmt uns in Pflicht. Würzburg, 24. Januar 1983, in: Erinnerung und Verantwortung. 30. Januar 1933 – 30. Januar 1983. Fragen, Texte, Materialien. 24. Januar 1983, hg. vom Sekretariat der Deutschen Bischofskonferenz (Arbeitshilfen, Heft 30) Bonn 1983, S. 7 f. und in: FAZ vom 28. Januar 1983, Nr. 23, S.6.

'Wir freuen uns', so schrieben sie am 23. August 1945, daß so viele unseres Glaubens nie und nimmer ihr Knie vor Baal gebeugt haben. Wir freuen uns, daß diese gottlosen und unmenschlichen Lehren auch weit über den Kreis unserer katholischen Glaubensbrüder hinaus abgelehnt wurden. Und dennoch: Furchtbares ist schon vor dem Krieg in Deutschland und während des Krieges durch Deutsche in den besetzten Ländern geschehen. Wir beklagen es zutiefst: Viele Deutsche, auch aus unseren Reihen, haben sich von den falschen Lehren des Nationalsozialismus betören lassen, sind bei den Verbrechen gegen menschliche Freiheit und menschliche Würde gleichgültig geblieben, viele leisteten durch ihre Haltung den Verbrechen Vorschub, viele sind selber Verbrecher geworden. Schwere Verantwortung trifft jene, die auf Grund ihrer Stellung wissen konnten, was bei uns vorging, die durch ihren Einfluß solche Verbrechen hätten verhindern können und es nicht getan haben, ja diese Verbrechen ermöglicht und sich dadurch mit den Verbrechern solidarisch erklärt haben'.

Wenn wir von heute aus auf das Verhalten der katholischen Gläubigen und der kirchlichen Verantwortlichen zurückblicken, stellen auch wir fest, daß zwischen dem nationalsozialistischen Unrechtssystem und der katholischen Kirche eine tiefe Kluft und eine wechselseitige Ablehnung bestanden. Sie manifestierten sich auf vielfältige Weise und wurden zum Ursprung zahlloser Konflikte, in denen viele katholische Frauen und Männer, Laien, Priester und Ordensleute ihren Mut und ihre Opferbereitschaft – bis hin zum Martyrium – bewiesen.

Die Distanz der katholischen Bevölkerung zur nationalsozialistischen Ideologie und Partei zeigte sich unübersehbar bei den entscheidenden Wahlen vor und im Jahr 1933. Auch nach der Machtergreifung blieb die Mehrzahl der katholischen Gläubigen der Ideologie des Nationalsozialismus fern. Im Festhalten am christlichen Glauben und seinen Lebensformen widerstand die Kirche den Versuchen der Gleichschaltung oder Vereinnahmung. Sie war in vielem ein Fremdkörper und Stein des Anstoßes für das nationalsozialistische System. Selbst einfache Vollzüge des kirchlichen Lebens wurden oft zu bewußten Akten der Verweigerung: Die Teilnahme am sonntäglichen Gottesdienst trotz zeitgleicher nationalsozialistischer Pflichtveranstaltungen; der Besuch des Religionsunterrichtes, der in den Schulen immer mehr zurückgedrängt und beseitigt wurde; die Mitgliedschaft in katholischen Vereinigungen und Verbänden, die zur Selbstauflösung gezwungen wurden; die Teilnahme an Bekenntnistagen und anderen Veranstaltungen, die den Zusammenhalt der katholischen Gläubigen demonstrierten; die öffentliche Fortführung kirchlicher Traditionen; der Widerstand gegen die Entfernung der Kreuze aus den Schulen; die Teilnahme an Prozessionen und Wallfahrten sowie vieles andere mehr. Nur wer selbst unter ähnlichen Bedingungen seinen Glauben bezeugt hat, kann richtig ermessen, was all dies für die Beteiligten als Kraftquelle, aber auch an Risiko und Gefahr bedeutete. Dieses Widerstehen in zahllosen unauffälligen Aktionen und Unterlassungen war für die Machthaber unerträglich, weil es den Totalitätsanspruch ihres Systems ständig infrage stellte...

Daneben können und wollen wir freilich nicht übersehen, daß es auch innerhalb der katholischen Kirche unkluges Schweigen und falsche Zurückhaltung, ängstliche Reaktion und schuldhaftes Versagen gegeben hat. Mit unseren Vorgängern im Bischöflichen Amt stehen wir vor der Frage, ob der Protest der Kirche immer genügend deutlich gewesen ist, um den menschenverachtenden Maßnahmen Einhalt zu gebieten und die Widerstandskraft der Christen und der ganzen Bevölkerung zu stärken. Hier sind Mängel, Fehler und Widersprüche zu verzeichnen. Es gab das eindeutige Nein der Kirche zur nationalsozialistischen Rassenideologie. Aber es gab keinen öffentlichen Aufschrei, als sie rücksichtslos ins Werk gesetzt wurde. Es bleibt eine schmerzliche Feststellung, daß gegen die Nürnberger Gesetze 1935 und nach der Reichsprogromnacht 1938 nicht mit Entschiedenheit protestiert worden ist. Freilich konnte der öffentliche Widerspruch gegen staatlich organisierte und sanktionierte Verbrechen auch das Gegenteil bewirken und zu einer Ausweitung von Gewalt und Vernichtung führen. Ein Opfer dieses verhängnisvollen Zusammenhangs ist Edith Stein zusammen mit vielen anderen Juden aus den Niederlanden geworden. Andererseits haben die Predigten des Bischofs von Münster, Clemens August von Galen, gegen die planmäßige Tötung geistig Behinderter und die Stellungnahmen anderer Bischöfe wie des Bischofs von Rottenburg, Johann Baptist Sproll, gegen die Rechtsverletzungen der Nationalsozialisten gezeigt, daß ein entschieden vorgetragener öffentlicher Protest wegen der Wirkung auf die Bevölkerung das rücksichtslose Gewaltregime nicht unbeeindruckt ließ"[9].

Die Erklärung vom 24. April 1995 stellt die Frage nach Mitverantwortung und Schuld an die Kirche in Deutschland, sie greift aber auf die Erklärung vom 23. August 1945 zurück und zitiert die Freude darüber "das viele unseres Glaubens nie und nimmer ihr Knie vor Baal gebeugt haben". Die "vielen Deutschen", die schuldig geworden sind, bleiben undefiniert, während auch im Rückblick nach 50 Jahren "eine tiefe Kluft und wechselseitige Ablehnung bestand" zwischen Kirche und Nationalsozialismus. Festhalten am christlichen Glauben und an seinen Lebensformen wird als "Widerstand" interpretiert. Der Totalitätsanspruch des nationalsozialistischen Systems wird unermesslich gesteigert, so dass eine unauffällige Aktion das ganze System schon in Frage stellen konnte. Schließlich wird gefragt, ob der "Protest der Kirche" immer ge-

---

[9] Wort der deutschen Bischöfe zum Gedenken an das Ende des Zweiten Weltkrieges vor 50 Jahren [vom 24. April 1995]. Zeugnis, Widerstand und Versagen der Kirche. Pressemitteilung der Deutschen Bischofskonferenz (PRDA 95–003).

nügend deutlich gewesen sei, "um den menschenverachtenden" Maßnahmen" Einhalt zu gebieten. Gleichzeitig wird die Protesthaltung als solche in Frage gestellt, weil auf den Protest der holländischen Bischöfe hin getaufte Juden in Holland, unter ihnen Edith Stein, aufgespürt und nach Auschwitz deportiert wurden. In Deutschland hat es einen solchen Protest der Bischöfe nicht gegeben, so dass wir nicht deren Wirkung abschätzen können. Holland war immerhin ein von deutschen Truppen besetztes Land und es herrschte dort der Ausnahmezustand [10]. Als Bischof von Galen (zu spät) auf die Kanzel stieg und die Euthanasiemorde anprangerte, war das Euthanasieprogramm, wie es Hitler gefordert hatte, erfüllt; es wurde aber "wild" weitergemordet [11]. Der Rottenburger Bischof Sproll wurde in der Verbannung durch den Nuntius zur Resignation aufgefordert, weil sein Protest sich nicht mit der Loyalität der Kirche gegenüber dem Staat vertrug [12].

Fragestellung

Diese fast bekenntnisartigen und klaren Formulierungen sollen den deutschen Katholiken Mut machen. Gegenüber allen Nöten und Problemen, die die Kirche der Gegenwart bedrängen, verweisen die bischöflichen Worte auf eine Zeit, in der die Kirche sich unter härtesten Bedingungen bewährt hat. Allerdings herrscht auch in der Bundesrepublik keineswegs Konsens darüber, ob die Kirche und ihre Bischöfe diese Rolle gegenüber dem System tatsächlich gespielt haben. Die These, daß die Kirche wie ein Monolith in der Brandung nationalsozialistischer Bewegung überstanden hatte, wird nicht nur von Kirchengegnern in Frage gestellt.

Der Jurist Ernst-Wolfgang Böckenförde, Richter am Bundesverfassungsgericht, hatte in den Jahren 1957/58 in der Kulturzeitschrift "Hochland" eine Strukturanalyse des Katholizismus in der Bundesrepublik während der Adenauer-Ära vorgenommen und dabei eine "innere Affinität der Kirche zu autoritären Regimen" [13] festgestellt.

In einer kritischen Betrachtung über den deutschen Katholizismus im Jahre 1933 hat er einige Zeit später mit historischen Argumenten die Affinitätsthese untermauert und der deutschen Kirche im Jahre 1933 Versagen vorgeworfen [14]. Mit seinem Vorwurf traf Böckenförde vor allem die Bischöfe. Sie hätten die Katholiken im Prozeß der totalen Machtergreifung Hitlers zur "Bejahung und

---

[10] Vgl. Köhler: "Ohnmächtige kleine Esther", S. 239–251.
[11] Vgl. Köhler: Kirchlicher Widerstand oder menschliche Ohnmacht.
[12] Vgl. Köhler: Sproll, Joannes (Johannes) Baptista (1870–1949), S. 723–726.
[13] W. Böckenförde: Das Ethos der modernen Demokratie und die Kirche, S. 18.
[14] Böckenförde: Der deutsche Katholizismus im Jahre 1933, S. 215–239.

Unterstützung des nationalsozialistischen Staates"[15] aufgefordert. Mit Rücksicht auf das Reichskonkordat von 1933, dem ersten bedeutenden staats- und völkerrechtlichen Vertrag, den die Nationalsozialisten mit dem Vatikan abgeschlossen hatten, hätten die deutschen Bischöfe daran mitgewirkt, die nationalsozialistische Herrschaft über Deutschland zu stabilisieren. Böckenförde vertrat offen die These von einer gewissen Mitbegünstigung der katholischen Kirche bei der Machtergreifung Hitlers. In diesem Zusammenhang ist man geneigt, die Loyalitätserklärungen im Umfeld des Reichskonkordats und zu Kriegsbeginn eher als Versuche von Anpassung als von Widerstand zu interpretieren. Und es bleiben Fragen, die man so ohne weiteres nicht beantworten kann: Wie konnte ein System sich derart festigen, daß jeder Widerstand hoffnungslos scheitern mußte? Warum gab es keine Erklärung der katholischen Kirche zur sog. "Reichskristallnacht"? Angesichts des maßlosen Unrechts, das Menschen an Menschen begangen haben, darf es keine beschönigende und selbstgerechte Geschichtsschreibung geben. Die offenen Fragen können nur durch eine differenzierte Sicht der Geschichte geklärt werden. Es genügt m. E. nicht, einzelne Personen, wie den Bischof von Münster, Graf Galen, oder den Bischof von Rottenburg, Joannes Baptista Sproll, vorzuzeigen, um die Widerspruchshaltung der Kirche zu beweisen. Wenn es je klare Entscheidungen gegeben hat, so müssen auch die Prozesse, die schließlich zu den Entscheidungen geführt haben, historisch aufbereitet werden. Es genügt m. E. nicht, auf die Karmelitin Edith Stein, auf den Jesuiten P. Alfred Delp oder auf den Dompropst von Berlin, Bernhard Lichtenberg, als mutige Vorbilder zu verweisen. Sie bleiben Einzelne. Unter Berücksichtigung des Widerspruchs, des Widerstands und der Verweigerung einzelner gegenüber dem Regime, unter Berücksichtigung der inhaftierten Priester, Ordensleute und Laien soll einmal auf bestimmte Äußerungen und Verhaltensweisen führender Schichten in der Kirche die Aufmerksamkeit gelenkt werden.

These

Angesichts der bekenntnisartigen Aussagen über die Haltung der Kirchen gegenüber dem nationalsozialistischen Regime soll – unter Berücksichtigung, daß Einzelne tatsächlich dem Regime Widerstand geleistet haben – auf die politische und strukturelle Unfähigkeit der Kirchen, den Widerstand zu tragen, hingewiesen werden.

---

[15] Ebd.

Bausteine zur Verifizierung der These:

Nicht-Widerstand der katholischen Kirche durch Kontinuitäten des "Dritten Reiches" und der Weimarer Republik, die von Katholiken mitgetragen werden

Unter methodischen Gesichtspunkten werden in folgenden Ausführungen die scharfen Zäsuren, die zwischen der Weimarer Zeit, der Zeit des Nationalsozialismus und der Zeit nach 1945 gelegt werden, in Frage gestellt. Die Kontinuitäten, welche die Zeiten verbinden sind größer, als man gemeinhin annimmt. Man kann die Geschichte des Nationalsozialismus und die Geschichte der Auseinandersetzungen der Kirche während dieser Zeit nicht mit der Machtergreifung beginnen lassen. Es käme einer Verfälschung der Geschichte gleich, wenn man die nationalsozialistische Bewegung mit einer "unaufhaltbaren Katastrophe", die über das deutsche Volk hereingebrochen ist, vergleichen würde. Auch die Vorstellung von der "Stunde Null" verzerrt die Zeit davor und danach. Es gibt Strömungen und geistige Entwicklungen, fatale Entwicklungen, die die Gesellschaft und die Kirche als einen Teil dieser Gesellschaft prägen, die sich bereits in der Weimarer Zeit artikulieren und direkt in das sog. Dritte Reich hineinfließen und sich dort erst unheilvoll auswirken. Diese Entwicklungen werden von den Katholiken mitgetragen.

Das Programm der Katholischen Aktion und die Auswirkungen auf die Aktivitäten des politischen Katholizismus

Die Katholische Aktion ist in ihren Ursprüngen eine Bewegung, die im politischen und gesellschaftspolitischen Kontext Italiens an der Wende vom 19. zum 20. Jahrhundert entstanden ist. Papst Pius X. (1903 – 1914), der als der eigentliche Urheber der Katholischen Aktion gilt, wollte den Katholiken Italiens wieder mehr Einfluss im öffentlichen Leben verschaffen, nachdem diese durch die Maßnahmen und Verbote seiner Vorgänger gesellschaftspolitisch bedeutungslos geworden waren. Nach dem Verlust des Kirchenstaates wurden zunächst einmal alle Katholiken, die vom aktiven und passiven Wahlrecht im neuen italienischen Staat Gebrauch machen wollten, exkommuniziert. Den dadurch entstandenen Schaden wollte man durch die Katholische Aktion beheben, die Gläubigen sollten in Staat und Gesellschaft hineinwirken – aber immer unter der Führung und Leitung der Hierarchie. Papst Pius XI. (1922 – 1939) wollte diese Bewegung auf die Gesamtkirche ausdehnen. Programmschrift war die Enzyklika "Urbi arcano Dei" vom 23. Dezember 1922.

Der soziale und politische Katholizismus in Deutschland hatte seine Prägung von den Laien erhalten. Die Organisationen wie das Zentrum oder der Volksverein für das katholische Deutschland wurden von Laien geleitet. Die

Unterordnung dieser Laienorganisationen unter die bischöfliche Aufsicht musste zu Spannungen führen. Organisator der Katholischen Aktion in Deutschland war der Vorsitzende der Fuldaer Bischofskonferenz, der Breslauer Bischof Adolf Kardinal Bertram. Bertram rühmte am Volksverein für das katholische Deutschland "die seitherigen Aufgaben der Schulung in staatsbürgerlichen, wirtschaftlichen, sozialen und kulturellen Lebensfragen" [16], stellte aber lakonisch fest: "Parteipolitische Tendenzen scheiden aus". In einer Umfrage betr. Katholische Aktion vom 27. November 1928 sprach Bertram von den "Gefahren eines zu großen Selbständigkeitsgefühls in der Laienwelt" [17].

In den Richtlinien für die Arbeit der Katholischen Aktion, wie sie in der Erzdiözese Freiburg ausgegeben wurden, wurden die Prioritäten eindeutig gesetzt:

"Den Helfern und Helferinnen in den Arbeiten der Katholischen Aktion soll vor allem das Streben nach eigener Vollkommnung im christlichen Leben eigen sein. Sie sollen das sentire cum Ecclesia [das Denken im Sinne der Kirche] als Leitstern ihres Sinnens und Wirkens betrachten, daher herzliche Liebe zur Kirche, Ehrfurcht gegen die kirchliche Autorität, gegen die Oberhirten und den Apostolischen Stuhl pflegen. Die Katholische Aktion hat im öffentlichen Leben die Interessen des Reiches Christi auf Erden mit Eifer und Umsicht zu vertreten; doch beteiligt sie sich als solche nicht an parteipolitischen Bestrebungen" [18].

Dieser Aufruf bedeutete Rückzug in die Innerlichkeit und letztlich Entpolitisierung der katholischen Öffentlichkeit. Was Bertram zu diesem Thema aus praktisch-pastoralem Ansporn geschrieben hat und wodurch er den Begriff "Seelsorge" geprägt hat, kam letztlich einer "Entmündigung" der Laien gleich [19].

Der Leiter der Katholischen Aktion für das Bistum Rottenburg, Caritasdirektor Johannes Straubinger hatte 1934 keine Schwierigkeiten, die Katholische Aktion auf Nationalsozialisten auszudehnen. Er wollte keine Rücksicht nehmen "auf Zäune, die durch Standes- und Klassenunterschied, durch Parteiorganisation oder Wirtschaftsverbände aufgerichtet sind. Die Katholische Aktion sieht nur den Katholiken, nicht den Arbeiter, nicht den Akademiker, nicht den Parteimann, nicht den SA-Mann. Sie muß kraft ihres religiösen Charakters

---

[16] Mitteilungen an die Mitglieder der Fuldaer Bischofskonferenz vom 28. Oktober 1928. Erzbischöfliches Archiv Freiburg. Erzbischöfliches Ordinariatsarchiv 55/146.

[17] Rundfrage betr. Katholische Aktion vom 27. November 1928. Erzbischöfliches Archiv Freiburg, Erzbischöfliches Ordinariatsarchiv 55/97.

[18] Richtlinien für die Arbeit der Katholischen Aktion. Anzeigenblatt der Erzdiözese Freiburg 1929, Nr. 29 vom 25. Oktober 1929.

[19] A. Bertram: Im Geiste und Dienste der Katholischen Aktion. Ausführlich dazu Köhler: Wahrnehmung und Einschätzung der gesellschaftlichen und politischen Lage.

auch die katholischen Mitglieder der NS-Formationen erfassen, z. B. Mitglieder der Hitlerjugend, der NS-Frauenschaft, der Arbeitsfront usw. Auf keinen Fall darf sie sich beschränken auf bestimmte Kreise der Gemeinde, etwa auf die Mitglieder katholischer Vereine. Das wäre ein Verhängnis" [20].

Der Ermländer Bischof Maximilian Kaller sah 1933 in den Zeitereignissen eine günstige Ausgangsposition für die Katholische Aktion: "Heut, wo alles vom Führerprinzip aus geordnet wird, kann dies erst recht in der Katholischen Aktion gesehen werden, zumal dies dem Wesen der Aktion durchaus entspricht" [21].

Mit dem "Führerprinzip" hatte Bischof Kaller eine Wirklichkeit angesprochen, die nicht nur unter Katholiken lebendig war.

Volkstumsdenken und Führertum im katholischen Lager

Die Vorstellungen von "Volkstum" und "Führertum", wie sie in der Weimarer Republik gebraucht wurden, können wir in diesem Rahmen nicht von ihrer Entstehung und in ihrer Breitenwirkung untersuchen. Die Katastrophe des Ersten Weltkrieges und die Folgen, die daraus erwuchsen, das Unvermögen, mit der jungen Demokratie leben zu können, die wirtschaftlichen Umbrüche und Verwerfungen, – das alles mag dafür verantwortlich sein, daß diese Begriffe Hoffnungen weckten, die nie zu erfüllen waren. Wir wollen hier, rein deskriptiv, den Anteil katholischen Denkens und Empfindens an dieser Wirklichkeit dokumentieren.

Karl Adam, der Tübinger Dogmatiker, einer der bekanntesten Theologen des 20. Jahrhunderts, hat diese Sehnsucht nach dem Führer auf den Punkt gebracht. In der Theologischen Quartalschrift aus dem Jahre 1933 reflektierte er über die Unzulänglichkeit politischen Agierens und fand die Lösung im "Volks"-Kanzler: "Ein solcher Mensch, der ganz und gar Volk und nichts als Volk war, ein Volkskanzler, musste kommen, wenn anders das deutsche Volk in seinem Innersten berührt und zu neuem Lebenswillen erweckt werden sollte. Und der kam, Adolf Hitler. Aus dem Süden, aus dem katholischen Süden kam er, aber wir kannten ihn nicht" [22].

Natürlich sind das keine Äußerungen von Bischöfen. Sie sind trotzdem wichtig, weil sie den Boden bereiten, in dem bischöfliche Worte des Jahres 1933 aufkeimen. Auch das folgende Beispiel ist in diesem Sinne zu verstehen.

---

[20] J. Straubinger: Wesen, Ziel und Aufgabe, S.10.
[21] Abschrift im Diözesanarchiv Rottenburg, Nachlaß Sproll.
[22] K. Adam: Deutsches Volkstum und katholisches Christentum, S.41.

Statt Demokratie, Parlamentarismus und Liberalismus Betonung des totalitären und autoritären Denkens

Auch hier wäre es interessant, den Hintergrund des kirchlichen Antiliberalismus aufzuzeigen. Wir müssten dabei zurückgehen in die Kirchengeschichte des 19. Jahrhunderts. Stattdessen wollen wir die Gegensätze zur real existierenden Wirklichkeit der Weimarer Republik dokumentieren.

Der Jugendbund "Neudeutschland" hat unter der Federführung des später bekannten Philosophen Max Müller, einem Schüler Heideggers, 1933 folgende Erklärung abgegeben: "Wir Neudeutsche Jugend bejahen den neuen Staat: a) als die Überwindung des Parteienstaates (...). – b) als die Überwindung des liberalen Staates (..).- c) als eine Überwindung des parlamentarischen Staates (...) d) als eine Überwindung des Klassenstaates (...). Wir Neudeutsche bejahen also die Totalität unseres Staates und die Totalität unserer Religion. Unser tiefstes Problem und Anliegen ist, beide Totalitäten richtig zu einen und ineinanderzufügen, so wie sich in Christus Fülle der Menschheit und Fülle der Gottheit ganz geeint hat"[23].

Nicht-Widerstand im Umfeld des Reichskonkordats und aus Rücksicht, das Reichskonkordat nicht zu gefährden

Die Loyalitätserklärung der deutschen Bischöfe vom 28. März 1933 als Antwort auf die Regierungserklärung Hitlers

Bis 1933 hatten die deutschen Bischöfe nationalsozialistische Gedanken verworfen. Die Bedenken der Bischöfe gegenüber der NSDAP, die sich immer nur auf weltanschaulich-ideologische Elemente bezogen und einen neuen Kulturkampf befürchten ließen, wurden durch die Regierungserklärung Hitlers am 23. März 1933 zerstreut. Durch die Entgiftung des öffentlichen Lebens versprach Hitler, die Voraussetzungen für eine wirklich tiefe innere Religiosität zu schaffen. Wörtlich heißt es in der Erklärung der Bischöfe vom 28. März 1933:

... "der Episkopat [glaubt] das Vertrauen hegen zu können, daß die vorbezeichneten allgemeinen Verbote und Warnungen nicht mehr als notwendig betrachtet zu werden brauchen"[24].

---

[23] Neudeutsche Jugend und neuer Staat (= Zusammenfassung der Gesprächsergebnisse der Tagung der Leitung des ND in Freiburg von Max Müller), in: H. Müller Hgg.): Katholische Kirche, S. 182–186.

[24] Erklärung der Fuldaer Bischofskonferenz vom 28. März 1933. Akten Deutscher Bischöfe, Bd. 1, S. 30–32.

Zahlreiche Katholiken, denen die bischöflichen Warnungen letzte Schranke vor dem Übergang zur NSDAP gewesen waren, schlossen sich nach dem 28. März 1933 ohne Bedenken der Partei an.

Deshalb ist diese Erklärung eines der verhängnisvollsten Dokumente kirchlicher Zeitgeschichte, weil durch sie die Gewissen der Gläubigen in einem Augenblick ruhig gestellt wurden, in dem sie hätten zu höchster Wachsamkeit aufgerufen werden müssen. Ein angeblich unpolitisches Dokument hatte enorme politische Auswirkungen. Hinter dieser Erklärung steckt die Staatslehre Papst Leos XIII, die letzten Prinzipien verpflichtet war, aber die Realpolitik nicht wahrgenommen hat [25].

In einem gemeinsamen Hirtenbrief identifizierten sich die Bischöfe völlig mit den Zeitströmungen und sie betonten wie die Nationalsozialisten die autoritären Strukturen.

Zum Beispiel im Hirtenbrief vom 3. Juni 1933: "Es fällt deswegen uns Katholiken auch keineswegs schwer, die neue, starke Betonung der Autorität im deutschen Staatswesen zu würdigen und uns mit jener Bereitschaft ihr zu unterwerfen, die sich nicht nur als eine natürliche Tugend, sondern wiederum als eine übernatürliche kennzeichnet, weil wir in jeder menschlichen Obrigkeit einen Abglanz der göttlichen Herrschaft und eine Teilnahme an der ewigen Autorität Gottes erblicken (Röm. 13, 1 ff.)" [26].

Fragen der Eingliederung der Katholischen Jugend in die Hitlerjugend

In der Frage der Eingliederung bzw. NichtEingliederung der Katholischen Jugend in die Reichsjugend nach dem Vorbild des faschistischen Italiens war die Haltung der deutschen Bischöfe und der zentralen Führung der Katholischen Jugend in Düsseldorf keineswegs einheitlich. Für den Bezirkskaplan der Katholischen Jugendorganisationen im Bezirk Biberach/Riss war es ein Unding, zwei Jugendorganisationen in einem Dorf zu unterhalten. Er schrieb an das Bischöfliche Ordinariat: "Es wäre zu überlegen, ob wir nicht mit unserer Jungmannschaft ganz und herzhaft hinüberschwenken sollten. Nach meiner Ansicht müßten unsere Jungen nur den Kittel wechseln, nicht die Gesinnung. Ich glaube, daß unsere Jungmänner bald die Führung in den Händen hätten. Sie könnten dann im Namen des Nationalsozialismus für unsere Ideen wirken. In manchem decken sich unsere Gedanken mit denen von drüben. So wäre es möglich, wirklich gegen die materialistische, ungeistige Gesinnung so vieler Jugendlicher vorzugehen" [27].

---

[25] Vgl. W. Dirks: Das Defizit des deutschen Katholizismus. Ausführlich dazu Köhler: Adolf Kardinal Bertram (1859–1945). Sein Umgang mit dem totalitären System.

[26] Hirtenbrief des deutschen Episkopates. Fulda, 3. Juni 1933, in: Akten deutscher Bischöfe, Bd. 1, S. 239 248; 240 f.

[27] Diözesanarchiv Rottenburg G II d, Bü 100, 14.

Loyalität trotz Ausschreitungen der Polizei und der SA auf dem Gesellentag der Kolpingsfamilie in München 1933

Manche Ereignisse des Jahres 1933 sind nur schwer verstehbar. Sie können nur aus dem Erwartungshorizont begriffen werden, den der Abschluss eines Reichskonkordats aufwarf. Die Führung der Kolpingsfamilie hatte ihre Mitglieder zu einem Deutschen Gesellentag vom 8. bis 11. April 1933 eingeladen. Die Veranstaltung stand unter der Schirmherrschaft des Vizekanzlers Franz von Papen, der auch dort reden sollte. Zu dieser Rede kam es nicht. Die Münchener Politische Polizei unter Heinrich Himmler und die SA unter Reinhardt Heydrich störten das friedliche Fest der Kolpingssöhne. Die Störaktionen eskalierten in Terrorakten, so daß die Veranstaltung abgebrochen werden musste. Der offizielle kirchliche Kommentar zu diesen Ereignissen war: das könne der Führer unmöglich wissen und gutheißen. Das seien Übergriffe unterer Polizei- und SA-Chargen. Der Generalsekretär der Kolpingsfamilie, Nattermann, erwähnte in einem zusammenfassenden Bericht nichts von den Terrorakten und forderte die Mitglieder der Kolpingsfamilie auf: "Als Kolpingssöhne sollt ihr nicht neben Volk und Reich stehen, sondern wir möchten, daß ihr ganz dabei seid, und daß aus eurem 'Treu Kolping' ein ehrliches 'Heil Hitler' erwachse und sich geistig verbinde" [28].

Die Angst, daß das Reichskonkordat aufgekündigt würde, bestimmte auch weiterhin die loyale Grundhaltung der Bischöfe gegenüber dem Regime. Das zeigt das folgende Beispiel.

Sorge der Bischöfe für die katholischen Häftlinge in Gefängnissen und Konzentrationslagern

Als die Gefängnisse und Konzentrationslager sich mit Oppositionellen füllten, war die Hauptsorge der deutschen Bischöfe, wie den Häftlingen der Sonntagsgottesdienst und der Empfang der Sakramente ermöglicht werden könnte.

In einer Denkschrift an die Reichsregierung vom 20. August 1935 beklagten die Bischöfe, daß in Konzentrationslagern und Untersuchungsgefängnissen seit etwa dreiviertel Jahren den Gefangenen der Empfang der Bußsakramente verweigert würde. Um die Aufhebung des Beichtverbots leichter zu erreichen, versprachen die Bischöfe, die für die Gefangenen bestellten Geistlichen würden selbstverständlich nicht in das Gebiet des Untersuchungsrichters eingreifen. Vielmehr würden sie den Sträfling zu absoluter Wahrheit und Anerkennung der staatlichen Obrigkeit verpflichten und so zur inneren Umstellung und Besserung der Gefangenen mithelfen.

---

[28] H.-A.. Raem: Katholischer Gesellenverein, S. 84.

Im Jahre 1936 besichtigte Bischof Berning von Osnabrück einige Konzentrationslager. Er bekundete seine Zufriedenheit mit den Einrichtungen. Nach einem Bericht der Kölnischen Volkszeitung "ermahnte er die Häftlinge aus religiösen Gründen zu Gehorsam und Treue gegen Volk und Staat, lobte die Tätigkeit der SS-Wachmannschaften und verabschiedete sich mit einem dreifachen 'Heil Hitler'" [29].

Solche Loyalität verwundert nicht, wenn man die privaten Aufzeichnungen von Kardinal Faulhaber liest, die er im November 1936 zu Papier gebracht hat, nachdem er den Führer für mehrere Stunden auf dem Obersalzberg bei Berchtesgaden besucht hatte. Faulhaber schreibt u.a.: "Der Führer beherrscht die diplomatischen und gesellschaftlichen Formen mehr wie ein geborener Souverän sie beherrschte. Er läßt die Dinge nicht an sich herankommen, wie in der Zeit der parlamentarischen Auseinandersetzungen die Regierungen taten, er steuert ihnen entgegen. Der Reichskanzler lebt ohne Zweifel im Glauben an Gott. Er anerkennt das Christentum als den Baumeister der abendländischen Kultur" [30].

Loyalitätserklärungen zu Beginn und während des Zweiten Weltkrieges

Der Rottenburger Bischof Joannes Baptista Sproll gilt als Nazigegner und Bekennerbischof. Weil er mutige Predigten hielt wurde er aus seiner Diözese verbannt. Aus der Verbannung schrieb er den Hirtenbrief, der am 10. September 1939 verlesen wurde, u.a. heißt es darin, das furchtbare Kriegsgewitter, dessen Wetterleuchten schon lange zu verfolgen war, sei wirklich ausgebrochen. In diesem Augenblick drängte es den Bischof, Trost zu spenden, die Treue zum Vaterland wachzurufen und das felsenfeste Gottvertrauen zu beschwören: "Schon sind ja aus allen unseren Gemeinden, dem Rufe des Führers folgend, die waffenfähigen Männer zum Schutze von Haus und Herd an die Grenzen geeilt, und wir wissen, daß sie, ihrem Fahneneid getreu, bis zum Einsatz ihres Lebens ihre Pflicht erfüllen werden. Gerne nehme ich an, daß alle zum Waffendienst Einberufenen, wie es vor 25 Jahren geschah, im heimatlichen Gotteshaus oder in der Kirche ihrer Garnison ihr Gewissen im hl. Bußsakrament gereinigt und sich mit dem Brot des Lebens gestärkt haben. Gott sei mit ihnen allen, die sie die schwere Kriegsarbeit auf sich genommen haben, und verleihe ihnen Mut und Kraft, für das teure Vaterland siegreich zu kämpfen oder mutig zu sterben" [31].

---

[29] G. Lewy: Die Katholische Kirche und das Dritte Reich, S. 193.
[30] Gesprächsprotokoll vom 4. November 1936. Akten Kardinal Michael von Faulhaber, Bd. 2, S. 188.
[31] Katholisches Amts-Blatt für die Diözese Rottenburg vom 8. September 1939.

Über den Krieg, seine Bedeutung und seine Berechtigung konnten sich Katholiken damals in einem Handbuch informieren, das der Freiburger Erzbischof Conrad Gröber 1937 herausgegeben hat. Darin heißt es: "Grundsätzlich verwirft die Kirche nicht, wie einzelne Sekten es tun, von vorneherein jeden Krieg, sondern unterscheidet zwischen gerechtem und ungerechtem Krieg" [32]. Gröber hielt den Grundsatz "Nie wieder Krieg", den sich die Friedensbewegung der 20-er Jahre zu eigen gemacht hatte, für "eine Utopie, eine dem Gegner willkommene Selbsttäuschung" [33]. Ein Festhalten am Frieden um jeden Preis sei unsittlich. Wie man im Kampf gegen Araber und Türken den Glauben mit dem Schwert verteidigt habe, so müsse man in der Gegenwart das Schwert gegen den Bolschewismus richten [34]. Der Krieg von 1939 war ein Angriffskrieg. Als erstes war das polnische Volk betroffen. Zu schnell haben die deutschen Bischöfe die nationalen Ziele, die von vornherein verderbliche Ziele waren, mit loyaler Haltung begleitet und mit frommen Sätzen garniert. Das heute zu erkennen und auch auszusprechen, ist notwendig und ein Akt des Glaubens.

Der desolate Zustand der Bischofskonferenz während der Kriegsjahre

Das Thema Bischofskonferenz kann natürlich nicht ausführlich behandelt werden. Ich möchte nur auf die Spannungen aufmerksam machen, die es unter den Bischöfen gab. Die Gegensätze wurden offen ausgetragen, wenn es darum ging, dem Führer zum Geburtstag zu gratulieren.

Der Berliner Bischof von Preysing fühlte sich herausgefordert, weil Bertram im Namen des Gesamtepiskopats gratulierte, ohne die Mitglieder der Konferenz zu befragen.

Der 50. Geburtstag (1939) ging ohne Widerspruch seitens der Bischöfe vorüber. Als Bertram sich zum 51. Geburtstag unter die Gratulanten einreihte und er seine Glückwünsche in ein feierliches Schreiben kleidete, beantwortete Preysing das eigenmächtige Vorgehen des Kardinals mit der Niederlegung des Pressereferates der Bischofskonferenz. Die Vertrauenskrise wurde nie bereinigt.

Seit 1941 wurde zur Beratung der Bischofskonferenz ein Ausschuss für Orden und Ordensangelegenheiten [35] gegründet. Bischöfe und Ordensleute gehörten diesem Ausschuss an. Dieser Ausschuss regte einen Hirtenbrief an, durch den die Bischöfe eine Klärung in schweren Gewissensfragen für das katholische Volk bringen sollten.

---

[32] C. Gröber Hgg.): Handbuch der religiösen Gegenwartsfragen, S. 630 f.
[33] Ebd.
[34] Ebd.
[35] A. Leugers: Gegen eine Mauer bischöflichen Schweigens.

In dem Entwurf stand folgender mutiger Satz: "Es wird eines Tages von gewaltiger historischer Bedeutung sein, wenn die deutschen Bischöfe in der Stunde der Entscheidung für die Kirche Deutschlands öffentliche Verletzung von göttlichem und natürlichem Recht öffentlich missbilligt und damit für Millionen von Seelen eine Vorentscheidung getroffen haben. Andererseits, wenn die Bischöfe schweigen, würde für Nichtkatholiken der Weg nicht nur vorübergehend, sondern für Jahrzehnte und länger versperrt ... Im übrigen darf die Frage, ob Erfolg oder Misserfolg nicht von Bedeutung sein. Entscheidend ist nur die Frage: Was ist im gegenwärtigen Augenblick unsere Pflicht?"[36] Der Hirtenbrief kam nicht zustande.

Gegen eine Veröffentlichung einer Denkschrift gleichen Inhalts wandte sich Bertram. Er hatte staatsrechtliche Bedenken und war der Meinung, daß man dadurch die beklagten Zustände nicht beseitigen könne, vielmehr bestehe die Gefahr, daß das feindlichen Ausland die Denkschrift propagandistisch ausschlachte. Im übrigen wüßten die Gläubigen, daß jeder Bischof seine Pflicht erfülle. Die Demonstration bischöflicher Geschlossenheit nahm ein kläglich Ende.

Die letzte Kundgebung des Gesamtepiskopats war der sog. Dekalog-Hirtenbrief, der am 12. September 1943 verlesen wurde. Zu diesem Zeitpunkt hatte das Ende schon begonnen.

Die Unfähigkeit der deutschen Katholiken mit der Judenfrage umzugehen und die daraus resultierende Haltung des Nicht-Widerstandes

Zum Thema katholische Kirche und Judentum in der Zeit des Nationalsozialismus ist sehr viel geschrieben worden. Sehr viel wurde aber auch nicht geschrieben, z.B. der lapidare Satz: Die katholische Kirche als Institution und die Mehrzahl ihrer Mitglieder waren unfähig, das Judentum und die konkreten jüdischen Mitbürger und Mitbürgerinnen zu verstehen. Sie waren nicht in der Lage, gegenüber Menschen, denen Unrecht zugefügt wurde, und gegenüber Ausgrenzungen, die vom religiösen oder gesellschaftlichen Denken gefordert wurden, aufzustehen und sich mit ihnen zu solidarisieren[37].

Eine Lösung der Judenfrage hatte Hitler von Anfang an angestrebt. Man kann aber nicht von einer planmäßigen stufenweisen Verwirklichung dieses Zieles sprechen. Das nimmt nichts von der Faktizität und von der Grausamkeit dessen, was geschehen ist, hilft aber manche Äußerung oder das Schweigen zu dieser Frage zu verstehen.

---

[36] Zit. L. Volk: Die Fuldaer Bischofskonferenz von der Enzyklika "Mit brennender Sorge"; S. 253. – Vgl. Leugers: "Heiligste Pflicht zwingt uns zu sprechen... ", S. 111–141.

[37] Ausführlich dazu: Köhler: Die Unfähigkeit der Katholiken, mit der jüdischen Frage umzugehen.

Der Tübinger Theologe Karl Adam

Erschreckend und letztlich unbegreiflich ist es, was der damalige, berühmte Tübinger Theologe 1933 zur Lösung der Judenfrage geschrieben hat. Das Zitat von dem Volkskanzler läßt schlimmes ahnen. Adam forderte den deutschen Katholiken auf, "das in seiner Kirche herausgekommene Gottesreich mit deutschen Augen zu sehen"[38].

"Da das Blut die physiologische Grundlage unserer ganzen Geistigkeit, der besonderen Weise unseres Fühlens, Denkens und Wollens ist, ... ist es eine Forderung der deutschen Selbstbehauptung, die Reinheit und Frische dieses Blutes zu wahren und durch Gesetze zu sichern". Und ausdrücklich fügt Adam hinzu: "Man darf deshalb eine auf Blutreinheit des Volkstums bedachte Gesetzgebung nicht ohne weiteres unchristlich oder widerchristlich schelten. Es ist vielmehr Recht und Aufgabe des Staates, durch entsprechend Verfügungen die Blutreinheit seines Volkes zu wahren, sobald sie offensichtlich durch ungeregeltes, übermäßiges Einströmen artfremden Blutes bedroht wird"[39].

Für mich stellen diese Äußerungen eine Perversion der Sprache dar und, weil Adam theologisch argumentiert, auch eine Perversion der Theologie.

Die Bischöfe Bertram von Breslau und Faulhaber von München

Am 31. März kam der Direktor der Deutschen Bank, Oscar Wassermann, mit einer Empfehlung des Berliner Domkapitulars Bernhard Lichtenberg zu Kardinal Bertram, dem Vorsitzenden der Fuldaer Bischofskonferenz, mit der Bitte, der Episkopat möge beim Herrn Reichspräsidenten und bei der Reichsregierung intervenieren für die Aufhebung des Boykotts jüdischer Geschäfte. Bertram teilte seine Bedenken gegenüber dieser Intervention in einem Rundschreiben den übrigen Bischöfen mit: "Meine Bedenken beziehen sich
1. darauf, daß es sich um einen wirtschaftlichen Kampf in einem uns in kirchlicher Hinsicht nicht nahestehenden Interessenkreise handelt;
2. daß der Schritt als Einmischung in eine Angelegenheit erscheint, die das Aufgabengebiet des Episkopates weniger berührt, der Episkopat aber triftigen Grund hat, sich auf sein eigenes Arbeitsgebiet zu beschränken"[40].

Die Unfähigkeit der Bischöfe, sich angesichts der Judenverfolgungen mit den Entrechteten zu solidarisieren, hat auch eine theologische Wurzel. Kardinal Faulhaber, der vor seiner Ernennung zum Erzbischof von München Professor für Altes Testament in Straßburg war, hat sich in seinen berühmt gewordenen Adventspredigten im Münchner Dom im Jahre 1933 dafür eingesetzt, daß

---

[38] Adam: Deutsches Volkstum und katholisches Christentum, S. 59.
[39] Adam: Deutsches Volkstum und katholisches Christentum, S. 61.
[40] Bertram an den deutschen Episkopat. Breslau 31. März 1933. Akten deutscher Bischöfe, Bd. 1, S. 42, Anm. 2.

man sich das Alte Testament durch die neuheidnischen Angriffe der Nationalsozialisten nicht rauben lassen dürfe. Für die Juden ist er in diesen Predigten nicht eingetreten. Im Gegenteil: die Juden wurden theologisch enterbt. Einige Zitate aus den Adventspredigten 1933 beweisen das: "Damals zerriß der Vorhang im Tempel auf Sion und damit der Bund zwischen dem Herrn und seinem Volk. Die Tochter Sion erhielt den Scheidebrief, und seitdem wandert der ewige Ahasver ruhelos über die Erde... Diese Bücher sind nicht von Juden verfaßt, sie sind vom Geiste Gottes eingegeben und darum Gotteswort und Gottesbücher... Abneigung gegen die Juden von heute darf nicht auf die Bücher des vorchristlichen Judentums übertragen werden"[41].

Edith Stein und ihre Initiative zur Rettung der Juden

Edith Stein hat vor ihrem Eintritt in den Karmel eine Initiative zur Rettung ihres Volkes ergriffen, und sie war noch 1938 überzeugt, dass der Papst, an den sie sich 1933 gewandt hatte, etwas unternehmen müsse[42].

In der Niederschrift vom 18. Dezember 1938 "Wie ich in den Kölner Karmel kam" berichtet Edith Stein von einem Missgeschick, das ihr 1933 widerfuhr. Sie hatte den Hausschlüssel vergessen, und es gelang ihr nicht, in das Collegium Marianum in Münster, wo sie damals wohnte, hineinzukommen. Ein Münsteraner Lehrer bot ihr an, sie könne in seinem Haus übernachten. Während dessen Frau das Bett richtete, begann der Gastgeber zu erzählen, "was amerikanische Zeitungen von Gräueltaten berichteten, die an Juden verübt worden seien. Es waren unverbürgte Nachrichten" – berichtete Edith Stein, und sie fuhr fort: "Ich hatte ja schon vorher von scharfen Maßnahmen gegen die Juden gehört. Aber jetzt ging mir auf einmal ein Licht auf, dass Gott wieder einmal schwer seine Hand auf sein Volk gelegt habe und dass das Schicksal dieses Volkes auch das meine war. Ich ließ den Mann, der mir gegenüber saß, nicht merken, was in mir vorging – offenbar wusste er nichts von meiner Abstammung. Ich habe meist in solchen Fällen die entsprechende Aufklärung gegeben. Diesmal tat ich es nicht. Es wäre mir wie eine Verletzung des Gastrechts erschienen, wenn ich jetzt durch eine solche Mitteilung seine Nachtruhe gestört hätte"[43].

Das war kein Versteckspiel, sondern Rücksichtnahme. Unmittelbar darauf fuhr Edith Stein, wie jedes Jahr seit 1928, nach Beuron. Sie feierte dort mit den Benediktinern die Karwoche. "Diesmal", so berichtet sie 1938, "führte mich ein besonderes Anliegen hin. Ich hatte in den letzten Wochen immerfort

---

[41] M. Kardinal Faulhaber: Judentum, Christentum, Germanentum, S. 10.
[42] Ausführlich dazu Köhler: "Ohnmächtige kleine Esther". Das Leben der Edith Stein. – und L. Scherzberg: Kirchenreform.
[43] T. R. Posselt: Edith Stein, S. 98.

überlegt, ob ich nicht in der Judenfrage etwas tun könnte. Schließlich hatte ich den Plan gefasst, nach Rom zu fahren und den Heiligen Vater in Privataudienz um eine Enzyklika zu bitten" [44].

Edith Stein hatte keine Chance, zum Papst zu gelangen. Man feierte in Rom das "Heilige Jahr". Audienzen von Einzelpersonen oder gar von Frauen wurden als lästig empfunden. Deshalb verzichtete sie auf eine Reise nach Rom und trug ihr Anliegen dem Heiligen Vater schriftlich vor. In ihrem Bericht 1938 hielt sie fest: "Ich weiß, dass mein Brief dem Heiligen Vater versiegelt übergeben worden ist; ich habe auch einige Zeit danach seinen Segen für mich und meine Angehörigen erhalten. Etwas anderes ist nicht erfolgt" [45].

Aus der Sicht von 1938 fügt sie hinzu: "Ich habe aber später oft gedacht, ob ihm nicht dieser Brief noch manchmal in den Sinn kommen möchte. Es hat sich nämlich in den folgenden Jahren Schritt für Schritt erfüllt, was ich damals für die Zukunft der Katholiken in Deutschland voraussagte" [46].

Es wäre schön gewesen, wenn der Heilige Vater zur Seligsprechung von Edith Stein, den Brief aus dem Jahre 1933 aus Rom mitgebracht hätte. Dann hätten wir wenigstens ein Zeugnis des Protestes gegen das Unrecht der Nationalsozialisten.

Einen solchen Protest hielten deutsche Professoren und Bischöfe für überflüssig.

Edith Stein wurde in ihrer geistlichen Existenz vom deutschen Katholizismus nicht wahrgenommen. Ihre spirituellen Grundanliegen waren dem deutschen Katholizismus fremd. In einem erschreckenden Ausmaß hat der Blick in zeitgeschichtliche Details bestätigt, was Ernst Ludwig Ehrlich im Jahre 1984 festgestellt hat:

"Juden und Katholiken waren geistig und menschlich zu weit entfernt, als dass sich eine Solidarität angesichts der Judenverfolgung aufdrängte.... Nur der Untergang Hitlers hat verhindert, dass Christen für jüdisch-christliche Fragen gewaltsam die Augen geöffnet wurden" [47].

Fragen an die katholische Kirche, die der Holocaust aufgeworfen hat, sind längst noch nicht zufriedenstellend beantwortet. Dem öffentlichen Schuldbekenntnis muss ein glaubwürdiges Umdenken und eine erfahrbare Veränderung der Machtstrukturen folgen.

---

[44] Ebd.
[45] Posselt: Edith Stein, S. 99.
[46] Ebd.
[47] E.L. Ehrlich: Katholische Kirche und Judentum, S. 155.

Eine Enzyklika gegen Antisemitismus und Rassismus

Bereits 1972 berichtete die katholische Zeitschrift "National Catholic Reporter", dass Papst Pius XI. den amerikanischen Jesuiten John La Farge (1880 – 1963) im Juni 1938 beauftragt hatte, einen Entwurf für eine Enzyklika gegen Rassismus, Antisemitismus und Judenverfolgung zu verfassen [48]. Damals war der Entwurf einer unveröffentlichten Enzyklika im Jesuitenseminar von Woodstock im US-Bundesstaat New York entdeckt worden.

Inzwischen sind Georges Passelecq, ein belgischer Benediktiner, und Bernard Suchecky, ein Straßburger Historiker, auf Spurensuche gegangen. Sie wollten herausfinden, warum der Text der Enzyklika unterschlagen wurde [49].

Dabei ergab sich folgendes Ergebnis: John La Farge war durch ein Buch gegen Rassendiskriminierung in den USA bekannt geworden. Papst Pius XI. empfing ihn Ende Juni 1938 in seiner Sommerresidenz Castel Gandolfo und erteilte ihm den Auftrag, ein Lehrschreiben über die "Einheit des Menschengeschlechtes" ["Humani Generis Unitatis"] zu entwerfen. Im Jahr zuvor hatte der Papst mit der Enzyklika "Mit brennender Sorge" kritische Töne gegen die NS-Ideologie angeschlagen. La Farge suchte sich Mitarbeiter und fand sie in seinen Ordensbrüdern, den Franzosen Gustave Desbuquois (1869 – 1959) und dem Deutschen Gustav Gundlach (1892,–,963), der zum Hauptverfasser wurde und bald zu einem der engsten Berater des nächsten Papstes, Pius XII., aufsteigen sollte. Gundlach hatte schon 1930 sich zum Antisemitismus geäußert und dabei festegestellt, dass es zwei Arten von Antisemitismus gibt, einen unchristlich-rassistischen und einen "erlaubten", der den "tatsächlich-schädlichen Einfluss des jüdischen Volkstums" in Wirtschaft, Politik und Kultur mit "rechtlichen Mitteln" bekämpfte. Die "Schädlinge" lokalisierte Gundlach im Lager der "Weltplutokratie" und im Lager des Weltbolschewismus.

Der Entwurf der Enzyklika ist wahrscheinlich nie in die Hände des Papstes gelangt, weil ihn der damalige Jesuitengeneral, der polnische Graf Ledochowski, aus politischen Gründen zurückgehalten habe. Der Jesuitengeneral habe das Dokument einem nicht näher bezeichneten Zensor zugeleitet aus Angst, die Veröffentlichung könne der Sowjetunion einen Vorwand zur Besetzung Polens liefern. Eine Verurteilung deutscher Politik durch die Kirche wäre zum Nutzen des internationalen Kommunismus ausgeschlagen. Pater Gundlach soll über den Jesuitengeneral das Urteil gefällt haben: "Sein extremer Antikommunismus hat ihn blind gemacht für die Gefahren des Nazismus." Da Ledochowski auf die kommunistische Gefahr fixiert war, wurde der Entwurf der Enzyklika auch dem neuen Papst, Pius XII., nicht auf den Tisch gelegt. Warum die

---

[48] Eine Enzyklika gegen die Nazis? Jesuitengeneral soll Veröffentlichung verhindert haben. Schwäbisches Tagblatt vom 14. Dezember 1972, mit Bezug auf KNA [Washington/Rom].
[49] G. Passelecq und B. Suchecky: Die unterschlagene Enzyklika.

Enzyklika weder vom Pius IX. noch von Pius XII. veröffentlich wurde, ist nicht geklärt worden. Weshalb der Entwurf fünfzig Jahre von Rom als Geheimsache behandelt wurde, ist eher verständlich. Der Inhalt des Entwurfs, der jetzt von Passelecq und Suchecky ediert wurde, ist zwiespältig, wenn nicht sogar peinlich, weil er, wie es der römische Korrespondent der Zeit, Hansjakob Stehle, formuliert hat, Ausdruck des "nicht nur heiligen (Zeit-)Geistes" der Kirche von damals war: Die Enzyklika behandelt die Krankheiten der "mechanistisch-atomistischen", von Totalitarismen bedrohten Gesellschaft. Von den 179 Abschnitten des Entwurfs sind nur 26 dem "unheilvollen Rassismus" und Antisemitismus, den der Vatikan grundsätzlich schon 1928 durch Dekret verurteilt hatte, gewidmet. Die "gegenwärtige Verfolgung der Juden", sogar jener, "die tapfer für das Vaterland [im Ersten Weltkrieg] gekämpft haben" wurde beklagt: Millionen, "von Land zu Land irrend, sind sie sich selbst und der Menschheit insgesamt eine Last. Es wird aber auch behauptet, dass "dieses unglückliche Volk sich selbst ins Unglück stürzte", in dem es seinen Erlöser tötete und "durch den Traum von weltlichem Gewinn und materiellem Erfolg verblendet" sei. Dagegen sei antisemitische Verfolgung wirkungslos, sie liefere die "Rechtfertigung für Verhaltensweisen, die man eigentlich unterdrücken will"[50].

Das Profil eines Bischofs im Widerstand: Der Rottenburger Bischof Joannes Baptista Sproll

Am 10. März 1938 wurde die deutsche Bevölkerung aufgefordert, mit einem einzigen Stimmzettel der Regierung Hitlers zuzustimmen und für den Anschluß Österreichs ein Votum abzugeben. Der Rottenburger Bischof Joannes Baptista Sproll blieb ostentativ der Wahl fern.

Daß er mit seiner Wahlenthaltung und den sich anschließenden Aktionen ein politisches Signal, das in der Öffentlichkeit wahrgenommen werden könnte, setzen wollte, schrieb er Anfang Juli 1938 an Kardinal Faulhaber in München: "Das alles als Experiment und auf mein Risiko ... ich setze mich der Gefahr aus"[51], um deutlich zu machen, daß man mit Protesten in die Öffentlichkeit gehen muß, wenn man etwas erreichen wolle. Diplomatische Bemühungen seien von Anfang an erfolglos gewesen. "Darum gilt es, auf eigenes Risiko zu handeln"[52]. Er kehrte nach ersten Irrfahrten demonstrativ nach Rottenburg zurück. Er bat den Kardinal um sein Memento und fügte hinzu: "Ich fürchte, daß meine Sache die Sache des deutschen Episkopates werde, wenn

---

[50] Die Zitate finden sich bei H. Stehle: Endloses Versteckspiel.
[51] Zit. nach P. Kopf: Die Vertreibung von Bischof Joannes Baptista Sproll, S. 65 f.
[52] Ebd.

meine Aktion fehlschlägt"[53]. Im Klartext heißt das: wenn die Aktion Sproll scheitert, müssen die Bischöfe weitere Signale in der Öffentlichkeit setzen. Im Hirtenwort vom 28. Juli 1938 begründete Sproll seine Wahlenthaltung mit der Tatsache, "daß ich durch die Wahl ... Männern hätte meine Stimme geben und mein Vertrauen aussprechen müssen, deren grundsätzlich feindselige Stellung gegen die katholische Kirche und gegen das ganze Christentum ... immer klarer zu Tage tritt"[54]. Am 24. August 1938 teilte Generalvikar Dr. Max Kottmann den Dekanatsämtern mit, daß der Bischof "das Ansinnen, freiwillig seinen Amtssitz zu verlassen" bestimmt zurückgewiesen und dabei erklärt habe, "daß er nur der Gewalt weiche"[55]. Aufgrund dieser Daten müssen wir den Aktionen des Bischofs Sproll politische Qualitäten zusprechen, insofern sie in die Öffentlichkeit und zum öffentlichen Protest drängten.

Der biographische Hintergrund spricht für den politisch denkenden und agierenden Bischof. Die parlamentarische Tätigkeit ist bekannt. Als Weihbischof war Sproll Mitglied des Friedensbundes Deutscher Katholiken, zeitweise vertrat er im Vorstand den Klerus. Sproll ist es zu verdanken, daß der ehem. Ehinger Präfekt Magnus Jocham eine Stelle in Heufelden erhielt, die ihm Freiraum für die Organisation des Friedensbundes ließ. Bei der zweiten Reichstagung des Friedensbundes in Beuron 1925 hielt Sproll ein Referat zu dem Thema "Die Bekämpfung der Kriegsromantik". Als Sproll Diözesanbischof wurde, setzte er sich auf der Fuldaer Bischofskonferenz für den Friedensbund ein. Er war bereit, das bischöfliche Protektorat für den Friedensbund zu übernehmen. Der Vorsitzende der Bischofskonferenz, Kardinal Bertram, hat das verhindert. Sproll hielt sich in der Folgezeit auf der Linie Bertrams und dies bedeutete Anpassung, bis er 1934 an Bertram schrieb: "Lieber kein Konkordat als ein Konkordat, das nur einseitig bindet, das der vollen Rechtsgültigkeit entbehrt und dem man von vornherein die Prognose stellt, daß es von der Dynamik der Bewegung bald hinweggespült sein werde"[56]. Zu diesem Zeitpunkt ist die offensive Haltung Sprolls und der Beginn seiner intensiven Predigttätigkeit zu datieren.

Interessant ist es, wie diese öffentliche Aktion heute offiziell interpretiert wird:
Wer die Beiträge von berufenen Historikern aus Anlaß des 50. Jahrestages der Vertreibung von Bischof Sproll liest, muß feststellen, daß Sproll ein unpolitischer Mensch war. Ulrich von Hehl stellte in seinem Festvortrag am 24. August 1988 in der Zehntscheuer in Rottenburg fest: "Sproll selbst empfand sich bei seinen zahlreichen regimekritischen Äußerungen keineswegs als politischen

---
[53] Zit. ebd.
[54] P. Kopf/M. Miller: Die Vertreibung von Bischof Joannes Baptista Sproll, S. 241.
[55] Kopf/ Miller: Die Vertreibung von Bischof Joannes Baptista Sproll, S. 251.
[56] Akten deutscher Bischöfe, Bd. 1, S. 770.

Widerstandskämpfer; es kam ihm (wie allen Bischöfen) nicht in den Sinn, der Obrigkeit den ihr nach alter kirchlicher Lehre geschuldeten staatsbürgerlichen Gehorsam aufzukündigen. Schon gar nicht hielt er es für seine oder der Kirche Aufgabe, zum politischen Umsturz aufzurufen. Er wollte lediglich seines Hirtenamtes walten und die christliche Botschaft unverkürzt verkündigen, sei es gelegen oder ungelegen"[57]. Der Vorsitzende der Deutschen Bischofskonferenz, Bischof Karl Lehmann, hat in seinem Grußwort zu gleichem Anlaß das gläubige Bekennertum Sprolls bekräftigt: "Sproll war kein Verfechter politischen Widerstandes, sondern Bekenner einer Gesinnung, die er selbst in die Worte gefaßt hat, nicht Macht und Gewalt, sondern Gerechtigkeit und Liebe überwänden den zerrütteten Zustand der Welt"[58]. Bischof Lehmann sah in ihm "einen gläubigen Zeugen Christi in dunkler Zeit"[59].

Demgegenüber hat der damalige Bistumsadministrator, Weihbischof Franz Josef Kuhnle, in seiner Begrüßung auf die "mehrjährige politische Praxis ... als Mitglied der Ersten Kammer ... , der Verfassungsgebenden Versammlung ... (und) des damaligen Friedensbundes der deutschen Katholiken" hingewiesen und ausdrücklich betont: "von diesem lebensgeschichtlichen Hintergrund her dürfen meines Erachtens die Ereignisse von 1938, deren Bewertung und Folgen ... nicht allein dem Charakter und Temperament Sprolls zugeschrieben werden ... Die Wahlenthaltung im April 1938 und alles, was ihr folgte, (war) keine blauäugige Tat eines weltunerfahrenen Bischofs, gesetzt aus einer katholischen Ghetto-Mentalität ... Die Wurzel seiner Tat lag darin, daß er spürte: Trotz zahlreicher Eingaben und Proteste an Behörden, trotz zweihundert bis dreihundert Predigten pro Jahr, konnte er das Gewaltsystem nicht aufhalten und ihm kaum wirksam entgegentreten"[60].

Im Jahre 1933 hat Bischof Sproll die Linie des Gesamtepiskopats verfolgt und dessen Entscheidungen mitgetragen. In einer Pastoralanweisung vom 26. April 1933 sprach er seinen Geistlichen das Vertrauen aus, "daß sie in der gegenwärtigen Zeit eine besonnene und versöhnliche Haltung einnehmen, alles vermeiden, was irgendwie zu Mißverständnissen führen könnte und ihre ganze Kraft einsetzen für die sittliche Erneuerung unseres Volkes in christlichem und vaterländischem Geiste"[61]. Im Klartext hieß das: der Bischof wünschte keine Neutralität seiner Kleriker; sie sollten für den neuen Staat optieren.

Am 5. Mai 1933 machte Sproll seine Aufwartungen bei den neuen Machthabern des Landes in Stuttgart. Vor dem Staatspräsidenten Wilhelm Murr und dem Kultusminister Christian Mergenthaler führte er u. a. folgendes aus:

---

[57] Ausstellungsführer mit Dokumentation der Gedenkfeier, S. 39 f.
[58] Ausstellungsführer mit Dokumentation der Gedenkfeier, S. 4
[59] Ebd.
[60] Ausstellungsführer mit Dokumentation der Gedenkfeier, S. 10.
[61] H. J. Doetsch: Württembergs Katholiken unter dem Hakenkreuz, S. 98.

"Dankbar, daß mir gestattet ist, persönlich Fühlung mit den Lenkern des württembergischen Staates zu bekommen. Beziehungen zwischen Staat und Kirche sehr vielseitig – schon immer und besonders jetzt, wo der Herr Reichskanzler den Charakter eines christlichen Staates so stark betont hat.

Grundsätzliche Stellung der Kirche zum Staate: Anerkennung des bestehenden Staates und Unterstützung seiner Aufgabe ist selbstverständlich Gewissenssache von Klerus und katholischem Volke. Besonders dankbare Anerkennung, was der neue Staat gegen Bolschewismus, Marxismus, Schund- und Schmutzliteratur, Gottlosigkeit, Freidenkertum, Dirnenwesen, Nacktkultur, öffentliche Unsittlichkeit bereits getan hat. Es sind das Dinge, die die Bischöfe und die katholischen Vereine seit Jahrzehnten mit Betrübnis sich entwickeln sehen und von katholischen Grundsätzen aus bekämpften – freilich aber nur mit geistigen Waffen, weil die Kirche keine anderen hat. Die Mittel waren freilich ungenügend. Immerhin ist unser katholisches Volk in diesen Kämpfen geschult und sich seiner Aufgabe bewußt. Für die Einsetzung staatlicher Machtmittel gegen das, was Staat und Religion zerstört, sind wir sehr dankbar und ich darf namens des katholischen Volkes die Zusicherung geben, daß wir der Regierung unsere volle Unterstützung leihen werden"[62].

Um die Zusammenarbeit der Kirche mit dem neuen Staat zu fördern, unterstützte Sproll ausdrücklich die Arbeitsgemeinschaft Katholischer Deutscher, eine Vereinigung, die von Vizekanzler Franz von Papen gegründet war. Der Beauftragte für den Gau Württemberg, Joseph Freiherr von Rassler von der Weitenburg bei Rottenburg, konnte aufgrund dieser Unterredung mit Bischof Sproll die Gewißheit haben, daß der Bischof die Tätigkeit der Arbeitsgemeinschaft billige. Da der Stadtpfarrer von Tübingen sich geweigert hatte, mit dieser Gruppe zusammenzuarbeiten, bat ihn der Bischof schriftlich, dieses "Mittelglied zwischen nationalsozialistischer Partei und den Regierungsstellen einerseits und dem katholischen Volksteil andererseits"[63] zu respektieren.

Dabei waren Sproll die Leiden und Existenzängste jener Katholiken, die sich in der Weimarer Republik aus christlicher Verantwortung politisch exponiert hatten, bekannt. Der Vorsitzende des Friedensbundes Deutscher Katholiken, Schulrat Dr. Miller in Hechingen, fühlte sich von der Kirche und von den Bischöfen im Stich gelassen. In einem Brief an den Rottenburger Bischof schüttete er damals all seine Sorgen aus:

"Vor vier Monaten teilte ich Ew. Excellenz mit, dass ich vom Herrn preussischen Unterrichtsminister wegen meiner pazifistischen Haltung, wie sie sich namentlich in der Zugehörigkeit und früheren Leitung des Friedensbundes Deutscher Katholiken zeigte, vorläufig beurlaubt wurde mit dem Ziele der

---

[62] Handschriftliche Aufzeichnungen des Bischofs Sproll. DAR G II d, Bü 2, 15.
[63] Sproll an das Stadtpfarramt Tübingen, Rottenburg 13. April 1934. DAR G II d, Bü 138, 14.

Amtsentsetzung. Letzteres ist bis heute nicht eingetroffen, steht aber diesen Monat oder allerspätestens anfangs des nächsten drohend vor der Türe und tritt aller Wahrscheinlichkeit nach ein. Wenn sie eintritt, wird mein bisheriges monatliches Einkommen von 540.- nach §4 des Gesetzes zur Wiederherstellung des Berufsbeamtentums auf 3/3 der jetzigen Pensionsansprüche vermindert. Das ist nach meiner Berechnung ungefähr monatlich 250 – 260.-, also nicht einmal die Hälfte. Ew. Excellenz werden verstehen und würdigen können, dass ich unter dem Druck dieser katastrophalen Bedrohung meines Amtes, meiner Berufsehre und meines Einkommens wie gelähmt war und nicht in der Lage, die versprochenen Zinsen zu überweisen. Freilich hätte ich damals das gleich schreiben und um Fristverlängerung bitten sollen, aber kein Mensch konnte ahnen, dass sich die Beurlaubung und ihre amtliche Erledigung auf 4 Monate hinauszögern werde: ich rechnete damals mit wenigen Tagen um für den Fall selbst in Rottenburg vorzusprechen. Inzwischen ist der Friedensbund staatlich aufgelöst worden und über das Schicksal von Pater Stratmann, Dr. Knecht, Walter Dirks, Dr. Scharp, Paulus Lenz und anderen werden Ex. Excellenz genauer im Bilde sein als ich. Nicht verschweigen will ich, dass das unter uns katholischen Pazifisten, die wir wirtschaftlich und beruflich bedroht sind, ein Gefühl grenzenloser Verlassenheit und einer dementsprechenden Erbitterung Platz gegriffen hatte, weil von all den Bischöfen die wir angerufen hatten, ein grosser Teil überhaupt keine Antwort gab, wie selbst Eminenz Bertram (der uns doch 1928 im Auftrag der Fuldaer Bischofskonferenz durch beiliegendes Schreiben sozusagen ermuntert und uns kirchlich anerkannt hatte) – oder aber mit einigen kalten Worten des Kanzleitrostes abfertigen. Das hatten wir nicht verdient! Auch im Konkordat hat sich weder Eminenz Pacelli noch Excellenz Gröber um die katholischen Pazifisten im besonderen bemüht, sondern nur allgemeine Straffreiheit für all die Katholiken angeregt, die gemaßregelt waren, wie ich aus der zuverlässigsten Quelle weiß. Dem entsprechend habe ich mit meiner Familie in den 4 Monaten mehr als Schweres ausgestanden, von dem Boykott der Kleinstadt und der Katholiken, die mich bisher ästimiert hatten, ganz zu schweigen. Auch all meine Lehrer haben mich verleugnet und im Stich gelassen. Wenn ich trotzdem nicht verzweifelte, so geschah es in der Hoffnung, dass im Laufe der Zeit eine bessere und gerechtere Einsicht, auch in kirchlichen Kreisen Platz greifen möchte und wenigstens ein Wort der Anerkennung für jahrelange Arbeit im Weinberg des Herrn von kirchlicher Seite einträfe. Das war und ist bis heute nicht der Fall, im Gegenteil, selbst mein zuständiger Stadtpfarrer Dr. Graf hat seit dem Tage meiner Beurlaubung am 6. April meine Wohnung nicht mehr betreten und für mich und meine Familie auch schriftlich kein Wort geistlichen Trostes gefunden. So bleibt mir nichts anderes übrig, als einsam meinen Weg zu gehen und zu hoffen, dass unser Herrgott gerechter ist als die Menschen und seine Diener. Dazu gehört vor allem, dass ich mich nunmehr bemühe, meine Verpflichtungen Ew. Excellenz gegenüber zu regeln. Ew. Excellenz haben mir seinerzeit gesagt, dass wenn ich plötzlich sterben sollte, weitere Verpflichtungen für meine Witwe hinfällig würden. Nun ist dieser politische "Tod" fast schlimmer als der physische, auch wirtschaftlich. Trotzdem möchte ich nicht als Drückeberger angesehen werden und mich bemühen, meine Verpflichtungen einzulösen, nur muss ich um einen neuen Zahlungsmodus bitten und um möglichst kleine Monatsraten für den Fall, dass ich diesen oder nächsten Monat mit obiger Summe zwangspensioniert werde. Darf ich daher Ew. Excellenz bitten, mir ein Postscheck- oder Bankkonto zu benennen, auf das ich vom 1. September ab wieder regelmässige Einzahlungen machen kann und mir möglichst kleine Monatsraten anzugeben, mit denen Ew. Excellenz vorläufig wenigstens zufrieden sein können.

Indem ich zum Schluss Ew. Excellenz auch im Namen meiner Familie aufrichtig für alle Güte dank, die Sie mir zur Zeit meiner Friedenstätigkeit jahrelang zukommen liessen,
verbleibe ich in vollkommener Hochachtung
Ew. Excellenz
gehorsamster Dr. Miller"[64].

Bischof Sproll mußte aber auch erfahren, wie Leute aus den eigenen Reihen die Entpolitisierung der Verbände radikal forderten. Der Landesschriftführer des Landesverbands Katholischer Arbeiter und Arbeiterinnen e. V., Julius Schumm aus Stuttgart, sah die Stellung der katholischen Arbeitervereine im neuen Staat dadurch beeinträchtigt, "daß die politisch besonders hervorgetretenen Persönlichkeiten auch weiterhin öffentlich in diesen Vereinen in vorderer Front stehen". Er hielt es "nicht für tragbar, daß ehemalige Abgeordnete als Vereins-, Gau- oder Landesvorsitzende weiter tätig sind ... Es ist mir von zuverlässiger Seite mitgeteilt worden, daß die Leitung der württembergischen NSBO die Besetzung des Postens des Landesvorsitzenden der Katholischen Arbeitervereine mit Herrn André ebenso sehr mißvergnügt betrachtet wie die weitere Tätigkeit des Herrn Wiedemeier in Ulm als Gauvorstand des Donaugaus der Arbeitervereine"[65]. Eine Änderung "müßte kategorisch durch einen Erlass des Bischöflichen Ordinariats erfolgen"[66]. Solche Erlasse hat es gegeben. Bereits am 20. Oktober 1933 hatte der Bischof dem Landespräses der Katholischen Arbeiter und Arbeiterinnen Württembergs, Johann Baptist Miller, mitgeteilt, daß aufgrund der neuen Verhältnisse eine Änderung der Satzung notwendig geworden wäre. "In der neuen Satzung ist der entscheidende Ein-

---

[64] DAR G 1.1 C 16. 1 m, Nr. 58.
[65] Julius Schumm an Sproll, Stuttgart-Zuffenhausen 17. November 1933. DAR C 14. 3 a, Nr. 122.
[66] Ebd.

fluss des Bischofs unzweideutig festzuhalten und der Führergedanke durchzuführen" [67] und der Bischof fügte hinzu: "Endlich lassen es mancherlei Erfahrungen als angezeigt erscheinen, daß bei der Leitung von Vereinen … solchen Mitgliedern, die früher stark politisch hervorgetreten sind, eine gewissen Zurückhaltung anempfohlen wird" [68].

Als Sproll im August 1934 das Reichskonkordat in Frage stellte, brach die politische Natur des Bischofs durch, die in der entscheidenden Phase der "Machtergreifung" durch die Nationalsozialisten mit Rücksicht auf den Konsens der Bischöfe unterdrückt worden war. Trotzdem blieb Sproll auch weiterhin auf der Linie des Episkopats, der politische Aktionen möglichst verhinderte. Seine Reden waren ein Beweis für diese ambivalente Haltung. Wenigstens in den Auswirkungen der Predigten müssen wir feststellen, daß der Rahmen des reinen Bekenntnisses gesprengt wurde. Sonst hätte die Gestapo dem Bischof nicht nachgespürt. Sie hat den politischen Zündstoff geahnt. Sproll selber hat seine Wahlenthaltung als einen unpolitischen Akt deklariert, damals 1938 und auch noch 1946. Er konnte und wollte es auch nicht anders sehen. Seine erste, wie er glaubte endgültige Rückkehr nach Rottenburg am 15. Juli 1938, die wohl durch den päpstlichen Nuntius gefordert wurde, letztlich aber doch ein einsamer Entschluß des Bischofs war, war wie seine Wahlenthaltung ein Signal, mit dem er seine bischöflichen Mitbrüder auf neue "Taktiken" aufmerksam machen wollte. In einem Brief an den Münchener Erzbischof, Michael Kardinal Faulhaber, hat er seine Erwartungen dahingehend ausgesprochen. Er hoffte, daß die Bischöfe ihm dadurch folgten, daß sie deutliche Zeichen setzten.

"Nun wird mir das Zuwarten zu lang und zu langweilig", schrieb er im Juli 1938 an den Münchener Erzbischof. "Ich werde nun via facti vorgehen. Am Donnerstag, 14. Juli, werde ich in Dunstelkingen bei Neresheim den Hochaltar weihen und die Kinder des Ortes firmen und am Freitagabend nach Rottenburg zurückkehren, am Samstag das Pontifikalrequiem für meinen hochseligen Vorgänger halten.

Das alles als Experiment und auf mein Risiko! Ob man mich gewähren läßt oder die Partei und den Janhagel auf mich aufbietet, ist nicht vorauszusagen. Aber ich setze mich nun einmal der Gefahr aus. Die Optimisten meinen, die Rottenburger schämen sich des Vergangenen und werden nicht mehr mittun, auch wenn die Tübinger eine neue Demonstration veranstalten wollten. Die Pessimisten dagegen sagen neue Demonstrationen voraus, die die Schutzhaft des Bischofs zur Folge haben werde. Ob ich dann wieder herauskomme steht dahin.

---

[67] DAR C 14. 3 a, Nr. 121.
[68] Ebd.

Merkwürdigerweise wird bei allen Instanzen in Stuttgart und Berlin immer nur die Nichtwahl geltend gemacht. Von meinem großen sonstigen Sündenregister ist nirgends die Rede. Diplomatische Bemühungen waren infolge der Spannungen zwischen Rom und Berlin unmöglich oder von Anfang an erfolglos. Darum gilt es, auf eigenes Risiko zu handeln.

Reichsstatthalter Murr hat sich freilich so stark gegen mich eingesetzt, daß er sich kaum zurückziehen kann. Als der erste Hieb mißlang, hat er sich zurückgezogen und den Kampf den "Flammenzeichen" überlassen. Diese haben ihn aber so gemein und niederträchtig geführt, daß ich in der Öffentlichkeit eher gewonnen als verloren habe. Seit drei Wochen sind auch die "Flammenzeichen" verstummt. Klerus und Volk stehen geschlossen hinter mir. Kundgebungen in Briefen und durch Besuche erhalte ich von allen Seiten, besonders von der Jugend. Die nächsten 14 Tage werden also die Entscheidung bringen.

Darf ich Ew. Eminenz um ein Memento bitten? Ich fürchte, daß meine Sache die Sache des deutschen Episkopates werde, wenn meine Aktion fehlschlägt"[69].

Der Fall Sproll zeigt uns, daß man religiöses Bekenntnis und politische Aktion nicht auseinanderdividieren darf, wenn man wirkungsvoll einen totalitären Staat bekämpfen will. Insofern ist das Bild des Bekennerbischofs zu ergänzen.

Folgerungen aus der differenzierten Sicht der Geschichte: Fragen nach Bekenntnis, Widerstand, Trauerarbeit

In einem Vortrag über "Die Kirche der Sünder" erklärte Karl Rahner 1946 unter Bezugnahme auf die amtlichen Vertreter der Kirche: "Wenn die Kirche handelt, leitet, Entscheidungen fällt (oder nicht fällt, wo sie getroffen werden sollten), wenn sie verkündet, und zwar jeweils den Zeiten und geschichtlichen Lagen entsprechend verkünden soll, dann geschieht dieses Handeln der Kirche nicht durch ein abstraktes Prinzip und nicht durch den Heiligen Geist allein, sondern dieses ganze Handeln der Kirche ist zugleich Handeln von konkreten Menschen. Und da diese eben sündigen können, da sie schuldhaft eng, schuldhaft egoistisch, bequem, eigensinnig, sinnlich, träg sein können, wird sich diese ihre sündige Haltung selbstverständlich auch in jenem Handeln auswirken, das sie als Kirchenmänner und im Namen der Kirche als Handlung der konkreten Kirche setzen. Es gibt kein Dogma, nach dem der Beistand des Heiligen Geistes, der der Kirche immerdar bleibt, diesen Einfluß einer Sündigkeit der Männer der Kirchenleitung auf ihr rein privates Leben beschränken würde und ihr keinen Einfluß auf jenes Geschehen gestatten dürfte, das eindeutig als

---

[69] Kopf: Die Vertreibung von Bischof Joannes Baptista Sproll, S. 57–72.

Tun der Kirche bezeichnet werden muß, soll nicht der Begriff der Kirche in ein abstraktes Ideal einer unsichtbaren Kirche verflüchtigt werden"[70].

Überblicken wir die Zeit von 1933 bis 1945 so waren die Bischöfe in ihren Entscheidungen von bestimmten Einflüssen nicht frei. Das Mißtrauen kirchlicher Kreise gegenüber demokratischem Denken provozierte autoritäre Strukturen. Diese autoritären Strukturen und die Angst vor der Gefahr des Bolschewismus am Ende der Weimarer Republik beschleunigte das Bemühen eines modus vivendi mit der nationalsozialistischen Bewegung.

Der Röhmputsch 1934, bei dem Hitler seine uneingeschränkte Macht demonstrieren konnte, hätte die Augen öffnen können, aber die "nationalen Erfolge" und die "nationale Bedrohung" im Zweiten Weltkrieg ließen offenen Widerspruch oder Widerstand nicht zu. Angesichts der Haltung der katholischen Kirche zur Judenfrage wird deutlich, daß sie nur ihr eigenes Interesse verfolgte. Wenn Widerspruch aufkam oder allmählich auch Widerstand sich bemerkbar machte, so scheuten die Bischöfe die Öffentlichkeit. Es fehlten die Signale, die das Volk an der Basis in ihrer Widerspruchshaltung gestärkt hätten. Die nationale Loyalität ließ nur partiell Widerspruch aufkommen. Das totale Regime, das sich erst allmählich stabilisieren konnte, machte Widerstand zu einer Frage auf Leben und Tod.

Erst wenn diese Probleme nicht mehr verdrängt und verschwiegen werden, ist es sinnvoll, nach dem Widerstand der katholischen Kirche zu fragen. Aus der Betroffenheit, die die unbewältigten Probleme auslösen, ist es nicht mehr möglich, in einem triumphalistischen Sinne Geschichte zu schreiben.

Literatur

Actes et Documents du Saint Siège relatifs à la seconde Guerre Mondiale, hg. von P. Blet u. a., Bd. 1–9, Città del Vaticano 1965–1978.

Adam, Karl: Deutsches Volkstum und katholisches Christentum, in: Theologische Quartalschrift 114, 1933, S. 40–64.

Akten deutscher Bischöfe über die Lage der Kirche 1933–1945, Bd. 1: 1933 1934, hg. von Bernhard Stasiewski (Veröffentlichungen der Kommission für Zeitgeschichte, Reihe A: Quellen, Bd. 5), Mainz 1968.

Akten Kardinal Michael von Faulhaber 1917–1945, Bd. 2: 1935–1945, bearb. von Ludwig Volk (Veröffentlichungen der Kommission für Zeitgeschichte. Reihe A: Quellen, Bd. 26), Mainz 1978.

Ausstellungsführer mit Dokumentation der Gedenkfeier aus Anlaß des 50. Jahrestages der Vertreibung von Bischof Joannes Baptista Sproll [in der Zehntscheuer in Rottenburg] Rottenburg 1988.

---

[70] K. Rahner: Kirche der Sünder, S. 163–177.

Bendel-Maidl, Lydia / Bendel, Rainer: Schlaglichter auf den Umgang der deutschen Bischöfe mit der nationalsozialistischen Vergangenheit, in: Rainer Bendel Hgg.) Kirche der Sünder – sündige Kirche? Beispiele für den Umgang mit Schuld nach 1945 (Beiträge zu Theologie und Gesellschaft im 20. Jahrhundert, Bd. 1), Münster 2002, S. 221–247.

Bertram, Adolf Kardinal: Im Geiste und Dienste der Katholischen Aktion. Aus meinem Sinnen und Sorgen vom Wirken im Reiche des Königs Christus, München 1929.

Böckenförde, Wolfgang: Das Ethos der modernen Demokratie und die Kirche, in: Hochland 50, 1957/58, S. 4–19 und 409–421.

Böckenförde, E. W.: Der Deutsche Katholizismus im Jahre 1933. Eine kritische Betrachtung, in. Hochland 53, 1960/61, S. 215–239.

Böckenförde, E. W.: Der Deutsche Katholizismus im Jahre 1933, Stellungnahme zu einer Diskussion, in: Hochland 54, 1961/62, S. 217–245.

Buchheim, H.: Der Deutsche Katholizismus im Jahre 1933. Eine Auseinandersetzung mit E. W. Böckenförde, in: Hochland 53, 1960/61, S. 497–515.

Dirks, Walter: Das Defizit des deutschen Katholizismus in Weltbild, Zeitbewußtsein und politischer Theorie, in: Hubert Cancik (Hg): Religions- und Geistesgeschichte der Weimarer Republik, Düsseldorf 1982, S. 17–30.

Doetsch, Hermann Josef: Württembergs Katholiken unter dem Hakenkreuz 1930–1935, Stuttgart 1969.

Ehrlich, Ernst Ludwig: Katholische Kirche und Judentum zur Zeit des Nationalsozialismus. Eine geschichtliche Erfahrung und Herausforderung an uns, in: Judaica 40, 1984, S. 145–158; 155.

Faulhaber, Michael Kardinal: Judentum, Christentum, Germanentum. Adventspredigten, Freiburg 1933.

Gröber, Conrad Hgg.): Handbuch der religiösen Gegenwartsfragen, Freiburg 1937.

Hehl, Ulrich von: Kirche und Nationalsozialismus. Ein Forschungsbericht, in: Rottenburger Jahrbuch für Kirchengeschichte 2, 1983, S. 11–29.

Hehl, Ulrich von Hgg.): Priester unter Hitlers Terror. Eine biographische und statistische Erhebung (Veröffentlichungen der Kommission für Zeitgeschichte, Reihe A: Quellen, Bd. 37), Mainz 1984.

Hürten, Heinz: Deutsche Katholiken 1918–1945, Paderborn 1992.

Katholische Kirche und Nationalsozialismus, hg. von Hans Müller (dtv Dokumente 328), München 1965.

Karp, Hans Jürgen und Köhler, Joachim Hgg.): Katholische Kirche unter nationalsozialistischer und kommunistischer Diktatur. Deutschland und Polen 1939–1989 (Forschungen und Quellen zur Kirchen- und Kulturgeschichte Ostdeutschlands, Bd. 32), Köln – Weimar – Wien 2001.

Kirche im Nationalsozialismus, hg. vom Geschichtsverein der Diözese Rottenburg-Stuttgart, Sigmaringen 1984.

Koch, Anton: Vom Widerstand der Kirche 1933–1945, in: Stimmen der Zeit, 140, 1947, S. 468–472.

Köhler, Joachim: Sproll, Joannes (Johannes) Baptista (1870–1949), in: Die Bischöfe der deutschsprachigen Länder 1785/1803 bis 1945. Ein biographisches Lexikon, hg. von Erwin Gatz, Berlin 1983, S. 723–726.

Köhler, Joachim: Katholische Aktion und politischer Katholizismus in der Endphase der Weimarer Republik, in: Rottenburger Jahrbuch 2, 1983, 141–153. – Wieder abgedruckt in: Kirche im Nationalsozialismus, hg. vom Geschichtsverein der Diözese Rottenburg-Stuttgart, Sigmaringen 1984, S. 141–153.

Köhler, Joachim: Joannes Baptista Sproll, Bischof von Rottenburg, in: Der Widerstand im deutschen Südwesten 1933–1945, hg. von Michael Bosch und Wolfgang Niess (Schriften zur politischen Landeskunde Baden-Württembergs, Bd. 10), Stuttgart 1984, S. 35–46.

Köhler, Joachim: Bischof Joannes Baptista Sproll und die Friedensbewegung der 20-er Jahre, in: Gelegen oder ungelegen – Zeugnis für die Wahrheit. Zur Vertreibung des Rottenburger Bischofs Joannes Baptista Sproll im Sommer 1938, hg. von Dieter R. Bauer und Abraham P. Kustermann (Hohenheimer Protokolle, Bd. 28), Stuttgart 1989, S. 17–55.

Köhler, Joachim: Kirchlicher Widerstand oder menschliche Ohnmacht. Die Stellung der Kirchen zu den Krankenmorden durch die Nationalsozialisten, in: Euthanasie. Fünfzig Jahre nach der Aktion "Gnadentod", Akademie der Diözese Rottenburg-Stuttgart. Materialien 2/95 [= Bericht der Tagung in Weingarten vom 14. bis 16. September 1990].

Köhler, Joachim: Adolf Kardinal Bertram als Promotor der Katholischen Aktion, in: Adolf Kardinal Bertram. Sein Leben und Wirken auf dem Hintergrund der Geschichte seiner Zeit, Teil 1: Beiträge, hg. von Bernhard Stasiewski (Forschungen und Quellen zur Kirchen- und Kulturgeschichte Ostdeutschlands, Bd. 24/1), Köln-Weimar-Wien 1992, S. 99–117.

Köhler, Joachim: Das Bertrambild in der deutschsprachigen Forschung. Bericht und Einführung in die Thematik der Tagung, in: Archiv für schlesische Kirchengeschichte 54, 1996, S. 9–53.

Köhler, Joachim: "Ohnmächtige kleine Esther". Das Leben der Edith Stein im Karmel als Sühnopfer für den Frieden, in: Heilige und Heiligenverehrung in Schlesien (Schlesische Forschungen, Bd. 7), Sigmaringen 1997, S. 239–251.

Köhler, Joachim: Adolf Kardinal Bertram (1859–1945). Sein Umgang mit dem totalitären System des Nationalsozialismus, in: Hans Jürgen Karp und Joachim Köhler Hgg.): Katholische Kirche unter nationalsozialistischer und kommunistischer Diktatur. Deutschland und Polen 1939–1989 (Forschungen und Quellen zur Kirchen- und Kulturgeschichte Ostdeutschlands, Bd. 32), Köln-Weimar-Wien 2001, S. 175–193.

Köhler, Joachim: Die Unfähigkeit der Katholiken, mit der jüdischen Frage umzugehen. Beobachtungen zur Geschichte der Judenverfolgungen in nationalsozialistischer Zeit als Voraussetzung eines echten Schuldbekenntnisses, in: Walter Groß Hg.): Das Judentum. Eine bleibende Herausforderung christlicher Identität, Mainz: Matthias-Grünewald-Verlag 2001, S. 149–173.

Köhler, Joachim: Die Suche nach Zwangsarbeiterinnen und Zwangsarbeitern in kirchlichen Institutionen in den ehemaligen deutschen Ostgebieten, in: Klaus Barwig, Dieter R. Bauer und Karl-Joseph Hummel. Hgg.): Zwangsarbeit in der Kirche. Entschädigung, Versöhnung und historische Aufarbeitung (Hohenheimer Protokolle, Bd. 56), Stuttgart: Akademie der Diözese Rottenburg-Stuttgart 2001, S. 239–247.

Köhler, Joachim: Wahrnehmung und Einschätzung der gesellschaftlichen und politischen Lage in nationalsozialistischer Zeit durch den Breslauer Erzbischof Adolf Kardinal Bertram, in: Geschichte des christlichen Lebens im schlesischen Raum, Bd. 1 – 2, hg. von Joachim Köhler und Rainer Bendel (Religions- und Kulturgeschichte in Ostmittel- und Südosteuropa, Bd. 1), Münster 2002, S. 785 – 799.

Kölner Aktenstücke zur Lage der katholischen Kirche in Deutschland 1933 – 1945, hg. von Wilhelm Corstens, Köln 1949.

Kopf, Paul / Miller, Max: Die Vertreibung von Bischof Joannes Baptista Sproll von Rottenburg 1938 – 45. Dokumente zur Geschichte des kirchlichen Widerstands (VKZG Reihe A Bd. 13) Paderborn 1971.

Kopf, Paul: Die Vertreibung von Bischof Joannes Baptista Sproll. Ursachen – Verlauf – Reaktionen, in: Dieter R. Bauer und Abraham P. Kustermann Hgg.): Gelegen oder ungelegen – Zeugnis für die Wahrheit. Zur Vertreibung des Rottenburger Bischofs Joannes Baptista Sproll im Sommer 1938 (Hohenheimer Protokolle, Bd. 28), Stuttgart 1989, 57 – 72.

Leugers, Antonia: "Heiligste Pflicht zwingt uns zu sprechen..." Kirchenpolitische Kontroversen im deutschen Episkopat um den geplanten Hirtenbrief von 1941, in: Dieter R. Bauer und Abraham P. Kustermann Hgg.): Gelegen oder ungelegen – Zeugnis für die Wahrheit. Zur Vertreibung des Rottenburger Bischofs Joannes Baptista Sproll im Sommer 1938 (Hohenheimer Protokolle, Bd. 28), Stuttgart 1988, 111 – 141.

Leugers, Antonia: Adolf Kardinal Bertram als Vorsitzender der Bischofskonferenz während der Kriegsjahre (1939 – 1945), in: Archiv für schlesische Kirchengeschichte 47/48, 1989/90, S. 7 – 35.

Leugers, Antonia: Berliner Frauen im Dritten Reich. Frauenbild – Frauenpolitik – Frauenverhalten, in: Wie im Himmel so auf Erden. 90. Deutscher Katholikentag vom 23. bis 27. Mai 1990 in Berlin, Dokumentation, Bd. 2, Paderborn 1990, S. 1306 – 1331.

Leugers, Antonia: Adolf Kardinal Bertram und die Menschenrechte, in: Die Diözese Hildesheim in Vergangenheit und Gegenwart 63, 1995, S. 205,–,29.

Leugers, Antonia: Widerstand oder pastorale Fürsorge katholischer Frauen im Dritten Reich? Das Beispiel Dr. Margarete Sommer (1893 – 1965), in: Irmtraud Götz von Olenhusen u. a., Frauen unter dem Patriarchat der Kirchen. Katholikinnen und Protestantinnen im 19. und 20. Jahrhundert (Konfession und Gesellschaft, Bd. 7), Stuttgart u.a. 1995, S. 161 – 88.

Leugers, Antonia: Adolf Kardinal Bertram als Vorsitzender der Fuldaer Bischofskonferenz 1933 bis 1945, in: Archiv für schlesische Kirchengeschichte 54, 1996, S. 71 – 109.

Leugers, Antonia: Gegen eine Mauer bischöflichen Schweigens. Der Ausschuß für Ordensangelegenheiten und seine Widerstandskonzeption 1941 – 1945, Frankfurt am Main 1996.

Lewy, Guenther: Die Katholische Kirche und das Dritte Reich (amerikanische Ausgabe 1964, Vorabdruck in: Der Spiegel), München 1965.

Müller, Hans Hgg.): Katholische Kirche und Nationalsozialismus (dtv Dokumente, Bd. 328), München 1965.

Neuhäusler, Johann: Kreuz und Hakenkreuz. Der Kampf des Nationalsozialismus gegen die katholische Kirche und der kirchliche Widerstand, 2 Teile in einem Bd., München 1946.

Passelecq, Georges und Suchecky, Bernard: Die unterschlagene Enzyklika. Der Vatikan und die Judenverfolgung. Aus dem Französischen von Markus Sedlaczek, München 1997.

Posselt, Teresia Renata de Spiritu Sancto: Edith Stein. Schwester Teresia Benedicta a Cruce. Philosophin und Karmelitin. Ein Lebensbild, gewonnen aus Erinnerungen und Briefen, Nürnberg ²1950.

Posselt, Teresia Renata de Spiritu Sancto: Edith Stein. Schwester Teresia Benedicta a Cruce. Philosophin und Karmelitin. Ein Lebensbild, gewonnen aus Erinnerungen und Briefen (Herder-Bücherei, Bd. 3), Freiburg 1957. [Zitiert wird nach dieser Ausgabe]

Priester unter Hitlers Terror. Eine biographische und statistische Erhebung, hg. von Ulrich von Hehl (Veröffentlichungen der Kommission für Zeitgeschichte, Reihe A: Quellen, Bd. 37), Mainz 1984.

Raem, Heinz-Albert: Katholischer Gesellenverein und Deutsche Kolpingsfamilie in der Ära des Nationalsozialismus (Veröffentlichungen der Kommission für Zeitgeschichte, Reihe B: Forschungen, Bd. 35), Mainz 1982.

Rahner, Karl: Kirche der Sünder, in: Stimmen der Zeit 140, 1947, 163–177.

Scherzberg, Lucia: Kirchenreform mit Hilfe des Nationalsozialismus. Karl Adam als kontextueller Theologe (Edition Universität), Darmstadt 2001.

Scholder, Klaus: Die Kirche und das Dritte Reich, Bd. 1: Vorgeschichte und die Zeit der Illusionen 1918–1934, Frankfurt am Main 1977. – Bd. 2: Das Jahr der Ernüchterung 1934. Barmen und Rom, Berlin 1985.

Stehle, Hansjakob: Endloses Versteckspiel. Erstmals publiziert: die vom Vatikan geheimgehaltene Enzyklika gegen Antisemitismus und Judenverfolgung, in: Die Zeit vom 19. September 1997.

Straubinger, Johannes: Wesen, Ziel und Aufgabe der Katholischen Aktion (Die Katholische Aktion, Heft 1), Stuttgart 1934.

Volk, Ludwig: Die Fuldaer Bischofskonferenz von der Enzyklika "Mit brennender Sorge" bis zum Ende der NS-Herrschaft, in: Stimmen der Zeit 178, 1966, 241–267.

Zahn, Gordon D.: Die deutschen Katholiken und Hitlers Kriege (amerikanische Ausgabe 1962), Graz 1965.

Archivalien wurden aus dem Diözesanarchiv Rottenburg und dem Erzbischöflichen Archiv in Freiburg herangezogen.

Katholische Dogmatik und Nationalsozialismus

Lucia Scherzberg

Am 6. Dezember 1939, drei Monate nach Beginn des Zweiten Weltkrieges, hielt der Tübinger Dogmatikprofessor Karl Adam vor einem größeren Auditorium in Aachen einen Vortrag zum Thema "Die geistige Lage des deutschen Katholizismus". [1] Anlass war für ihn das schlechte Ansehen der katholischen Kirche in weiten Kreisen des deutschen Volkes und die Kirchenmüdigkeit derjenigen katholischen Christen, "die im Blick auf die nationalen Forderungen der Gegenwart ihrer Kirche nicht mehr recht froh werden" [2]. Die geistige Lage des deutschen Katholizismus sei bestimmt durch die nationalsozialistische Weltanschauung, "die unser persönliches Denken und Wollen formt und den ganzen deutschen Menschen beansprucht" [3]. Adam kam zu dem Schluss, dass Katholizismus und Nationalsozialismus miteinander vereinbar seien und sich gegenseitig ergänzten. So erörterte er eingehend die theologischen Veränderungen und praktischen Reformen, die sich aus dieser Einschätzung ergaben. Mit dem Aachener Vortrag verfolgte Adam das Ziel, den Nationalsozialisten zu demonstrieren, "dass auch unter den deutschen Christen vorwärtsstrebende Kräfte sind, die auf eine innere Genesung des deutschen Volkskörpers hinarbeiten und dabei mehr Aussicht auf Erfolg haben, als z.B. die Männer des 'deutschen Glaubens' " [4]. Noch ein Jahr vor dem Ende des Krieges äußerte Adam gegenüber Josef Thomé, einem Mitglied des Rheinischen Reformkreises, dass ihm das, was er im Aachener Vortrag gesagt habe, noch immer ein Herzensanliegen sei. [5]

---

[1] Vgl. ADAM Karl, Die geistige Lage des deutschen Katholizismus, in: Diözesanarchiv Rottenburg, Nachlass Karl Adam (im folgenden: DAR N 67), Nr. 32
[2] Ebd. 1
[3] Ebd. 2
[4] Karl Adam an Josef Thomé, 7. Mai 1944, in: Der Rheinische Reformkreis. Dokumente zu Modernismus und Reformkatholizismus 1942 – 1955, hg. v. Hubert Wolf und Claus Arnold, Bd. 2, Paderborn 2001, 75 – 77, hier: 77
[5] Vgl. ebd.

Adams Thesen waren – wie sich leicht vorstellen lässt – von vornherein umstritten. Die zuständigen kirchlichen Stellen verhinderten eine Veröffentlichung des Vortrags. Dennoch gelang es Adam, seine Gedanken in ganz Deutschland zu verbreiten. Der Schriftleiter des Kolpingblattes in Köln, Josef Bagus, ein überzeugter Nationalsozialist mit engen Beziehungen zur Gestapo, sorgte für die Vervielfältigung und den Vertrieb des Vortrages. Daraufhin erhielt Adam von vielen Seiten Zustimmung für seine Äußerungen, auch von einer Anzahl prominenter Theologen, wie Michael Schmaus, Josef Wittig, Adolf Herte und von Mitgliedern des rheinischen Reformkreises.[6]

Michael Schmaus schrieb Adam am 23. Mai 1940:

"Diese(r) Tage erhielt ich einen authentischen Text ihres vielbesprochenen Aachener Vortrags, nachdem ich schon seit vielen Wochen eine schlechte Nachschrift hatte. Ich beglückwünsche Sie zu diesem mutigen Vorstoß. Ohne solche tapfere, aber auch gefährliche Eroberungszüge müsste in der Kirche und in der Theologie Stagnation eintreten. Schade, dass Sie so weit weg sind. Sonst könnte ich meinem Bedürfnis nachgeben, mich mit Ihnen über einige Fragen noch eingehender zu unterhalten. Man sieht, der Angelpunkt der ganzen Frage ist das schwierige Verhältnis von Natur und Übernatur. Auf das stärkste war ich bei der Lektüre des Vortrags von dem brennenden seelsorgerlichen Eros ergriffen, der das Ganze durchglüht. Man spürt auf jeder Seite, dass hier ein Mann spricht, dem es nicht um die sorgsame Konservierung zeitgebundener Formen, sondern um das Heil der lebendigen Menschen im heutigen Deutschland zu tun ist. Aus Ihren Ausführungen sieht man, dass die Wege zu einer Begegnung gebahnt werden, indem man das Christentum in seinem wahren Sinne verkündet. Sobald die Verkündiger des Wortes Gottes sich dazu entschließen, nicht ein wohlgeordnetes, schon von den Vorfahren ererbtes Sätzesystem darzubieten, sondern die in der Offenbarung erschlossene Wirklichkeit aufleuchten zu lassen, hört auch der heutige Mensch den Anruf Gottes."[7]

Adam bedankte sich mit einem Brief vom 27. Mai 1940 für die freundlichen Worte. Er gab Schmaus recht, dass das Verhältnis von Natur und Übernatur eine zentrale Frage und die seit Thomas übliche Trennung von Natur und Übernatur nicht haltbar sei. In Adams Einschätzung standen der Theologie so gravierende Veränderungen bevor, dass er den Vergleich mit der Reformation nicht scheute. Man dürfe nicht unvorbereitet wie 1517 sein. "Wir müssen schon jetzt", schrieb er Schmaus, "[die katholische Seele] für jene Stunde, wo vieles fallen wird, was sture Schultheologie [] für wesentlich hielt, vorbereiten. Auf keinen Dogmatiker vertraue ich in dieser Hinsicht mehr wie auf Sie. Im-

---

[6] Vgl. SCHERZBERG Lucia, Kirchenreform mit Hilfe des Nationalsozialismus. Karl Adam als kontextueller Theologe, Darmstadt 2001, 256–260

[7] Michael Schmaus an Karl Adam, 23. Mai 1940, in: DAR N 67, Nr. 33

mer wieder spüre ich aus Ihren Schriften, wie sehr sich unsere geistige Haltung berührt. Darum unitis viribus in den Kampf, carissime! Heil Hitler!" [8]

Karl Adam war zu dieser Zeit der bekannteste und populärste katholische Theologe in Deutschland, dessen Schriften um die halbe Welt verbreitet waren, der jüngere Michael Schmaus, der seit 1933 Dogmatik in Münster lehrte, ein "aufsteigender Stern am Theologenhimmel". Im WS 1945/46 erhielt Schmaus einen Lehrstuhl für Dogmatik an der wiedereröffneten Münchner Fakultät, lehrte dort bis 1965 und blieb der Fakultät bis zu seinem Tod im Jahre 1993 verbunden. Beide Theologen gelten bis heute als Wegbereiter des 2. Vatikanischen Konzils – Schmaus war Konzilstheologe, Adam wurde in eine Vorbereitungskommission des Konzils berufen, konnte diesem Ruf aber aus Alters- und Krankheitsgründen nicht mehr folgen. Die theologischen Entwürfe beider haben die katholische Theologie im 20. Jahrhundert entscheidend geprägt. Ihre besondere Wertschätzung des Nationalsozialismus bedarf von daher einer Klärung.

Wie der Briefwechsel zeigt, verbindet Adam und Schmaus das Anliegen, eine zeitgemäße Theologie zu treiben, d.h. aufleuchten zu lassen, was die christliche Botschaft für das aktuell sich ereignende Leben bedeutet. Es sollen nicht zeitgebundene Formen konserviert oder ein ererbtes System theologischer Sätze einfach weiter tradiert, sondern notwendige Veränderungen vorgenommen werden, damit auch der zeitgenössische Mensch den Anruf Gottes hört. Adam und Schmaus sind also in diesem Sinne nicht konservativ und schon gar nicht traditionalistisch, sondern bewegen sich innerhalb eines Reformdiskurses. Die Nachrufe auf beide Theologen streichen besonders heraus, dass sie eine theologische Wende ungeheuren Ausmaßes herbeiführten, indem sie die neuscholastische Theologie zugunsten einer Theologie überwanden, die die Menschen ihrer Zeit erreichte.[9] Doch was bedeutete es, die Menschen der 30er und 40er Jahre im nationalsozialistischen Deutschland ansprechen zu wollen, vor allem diejenigen, die – wie Adam sagte – ihrer Kirche angesichts der nationalen Forderungen der Gegenwart nicht mehr recht froh wurden? Und warum bedurfte es in diesem Zusammenhang einer Revision der neuscholastischen Auffassung von Natur und Gnade?

Unter Natur verstand die Neuscholastik die schöpfungsmäßige Ausstattung eines Wesens mit allem, was zu seiner natürlichen Entwicklung und Be-

---

[8] Karl Adam an Michael Schmaus, 27. Mai 1940, (Stenogramm), in: DAR N 67, Nr. 33

[9] Z.B. KASPER Walter (Kardinal), Karl Adam. Zu seinem 100. Geburtstag und 10. Todestag, in: ThQ 156 (1976) 251–258, bes. 257; Ein Geschenk Gottes für die Theologie und für die Kirche. Predigt des Erzbischofs von München und Freising Friedrich Kardinal Wetter beim Requiem für Herrn Professor Dr. Michael Schmaus am 13. Dezember 1993 in Gauting, in: MThZ 45 (1994) 115–117, hier: 115; HEINZMANN Richard, Michael Schmaus in memoriam, in: MThZ 45 (1994) 123–127, hier: 124

stimmung notwendig ist, sah dabei aber völlig von der Beziehung des Menschen zu Gott ab. Die Gnade wurde strikt von dieser Natur getrennt, da sie den Menschen völlig unverdient von Gott geschenkt wird. Gnade hatte also mit Natur nichts zu tun. Sinn dieser Trennung war, sicherzustellen, dass der Mensch die Gnade Gottes völlig unverdient empfängt. Wäre in diesem Konzept die Gnade eng mit der Natur verbunden, hieße die Konsequenz, dass Gott zur Gnade verpflichtet wäre. Natur ist in diesem Zusammenhang ein philosophischer Begriff, der keinerlei biologische oder ökologische Bedeutung enthält und auch dem umgangssprachlichen Gebrauch des Wortes Natur nicht entspricht.

Das Problem der neuscholastischen Konstruktion bestand darin, dass sie die Natur von Gott ablöste und nicht zuließ, bereits in der geschöpflichen Wirklichkeit der Menschen eine Hinordnung auf Gott zu erkennen.

Adam und Schmaus betrachteten Natur und Gnade dagegen als zusammengehörig. Im Aachener Vortrag sprach der Tübinger von einem organischen Zueinander von Natur und Gnade, nicht einem feindseligen Gegeneinander – dies ist in seinen Augen die Position des Protestantismus – und nicht einem gleichgültigen Nebeneinander – dies ist entsprechend die Auffassung der Neuscholastik.[10] Die Gnade benötige einen empirischen Boden, weil das Christwerden sich als eine Synthese von Natur und Übernatur ereigne. Träger dieser Synthese aus Natur und Übernatur ist die menschliche Natur, zu der die Gnade hinzukommt. Auf die geistige Lage des deutschen Katholizismus angewendet, bedeute dies, dass die deutsche Natur der Träger der christlichen Wirklichkeit sei. Denn Natur existiere niemals abstrakt, sondern immer in einer konkreten Prägung durch Blut und Boden. Wie aber verbindet sich nun, fragt Adam, das Übernatürliche mit dem Natürlichen, das Christliche mit dem Deutschen? Die Gnade finde in der Natur nicht nur einen Haftpunkt, sondern es komme zu einer innigen Verbindung, so dass sich das Gnadenleben entsprechend dem deutschen Volkscharakter formt. Daher seien Frömmigkeit und Theologie immer völkisch geprägt.

Adam wendet sich heftig gegen alle Versuche von katholischer Seite, diesen Zusammenhang abzustreiten. Man habe das Allgemein-Menschliche betont und die Zugehörigkeit des Menschen zu einer bestimmten Blut- und Schicksalsgemeinschaft für zweitrangig erklärt. Aus einer solchen universalistischen Sichtweise kann in Adams Urteil nur ein "schwindsüchtiger Glaube", ein "Glaube ohne Blut", ein "lendenlahmes Allerweltschristentum"[11] entstehen. Das schlechte Ansehen der katholischen Kirche in Deutschland sei vor allem die Schuld der Theologie, die es versäumt habe, die wirklich katholische

---

[10] Vgl. Adam, Die geistige Lage 18
[11] Ebd. 19

Auffassung von Natur und Übernatur klarzustellen, vor allem im Blick auf das Verhältnis des Katholiken zur Volksgemeinschaft. Wenn das deutsche Blut die Grundlage der Gnade ist, dann sei die Verbundenheit im Blut stärker als die unter Christen verschiedenen Blutes.

"Das deutsche Blut ist und bleibt der substantielle Träger auch unserer christlichen Wirklichkeit. Und dasselbe deutsche Blut verbindet uns auch mit all jenen, die nicht unseres Glaubens sind, zu unlöslicher Blutsgemeinschaft. Damit erledigt sich die bis zum Überdruss aufgeworfene Frage, ob dem Katholiken 'der gläubige Hottentot näher stehe als der ungläubige Volksgenosse'. Für die katholische Betrachtungsweise bleibt auch der glaubenslose Deutsche unser Bruder, wenn auch ein irrender Bruder. Und darum steht er in der Stufenfolge der Liebe jedem Artfremden voran." [12]

Mit denselben Argumenten hatte Adam 1933 die nationalsozialistische "Rassen-Politik" gerechtfertigt. Die Forderung nach "Blutreinheit" lag für ihn in der Linie der kirchlichen Verkündigung, "insofern ein gesundes, von Spannungselementen nicht belastetes Blut die beste (natürlich nicht die einzig gute) Grundlage für das übernatürliche Wirken der Kirche darbietet" [13].

Dass Schmaus Adams Aachener Ausführungen über Natur und Gnade aus vollem Herzen zustimmte, verwundert nicht, hatte er sich doch 1933 vor Münsteraner Studenten ähnlich geäußert. [14] Das Zusammengehörigkeitsgefühl des deutschen Volkes auf der Grundlage der Abstammung und des Blutes war für ihn kein leerer Wahn, ebenso wenig die Überzeugung, dass das gleiche Blut das Empfinden, das Geistesleben und natürlich auch die Religion bestimme. Insofern bedingt auch für Schmaus das Volkstum die Entgegennahme der göttlichen Gnade. Die Gnade unterdrücke die völkische Natur nicht, sondern hole sozusagen das Letzte aus ihr heraus. "Je reicher die Natur an Werten ist, um so mehr Ansatzpunkte findet die Gnade." [15] Dass das deutsche Volk in dieser Rangordnung ganz oben steht, ist für Schmaus selbstverständlich, weil es von Gott eine der größten Aufgaben erhalten hat und deshalb in der Weltgeschichte einen anderen Rang einnimmt als etwa "die Negerrepublik Liberia" [16]. Hier verbindet sich die Reflexion über das Verhältnis von Natur und Gnade mit geschichtstheologischen Elementen.

Schmaus beschreibt darüber hinaus mit Hilfe der Begriffe natürlich und übernatürlich bestimmte Konvergenzen, die er zwischen Christentum und Na-

---

[12] Ebd. 22
[13] ADAM Karl, Deutsches Volkstum und katholisches Christentum, in: ThQ 114 (1933) 40–63, hier: 61
[14] Vgl. SCHMAUS Michael, Begegnungen zwischen katholischem Christentum und nationalsozialistischer Weltanschauung, Münster 1933, 3. Aufl. Münster 1934
[15] Ebd. 36
[16] Ebd. 30

tionalsozialismus feststellt. Er bezieht sich dabei auf Gesetze zur Sexualaufklärung, auf die vermeintliche Überwindung des Klassenkampfes durch die sog. Betriebsgemeinschaften, die Arbeitgeber und Arbeitnehmer in einem Berufsstand zusammenfassten, sowie auf die Zensur von Literatur, Theater und Film.[17] Diese Beispiele zeigen, dass nationalsozialistische Gesetzgebung und sittliche Normen der Kirche in dieselbe Richtung wiesen. Allerdings handele es sich um verschiedene Ebenen - der Nationalsozialismus strebe damit nach der natürlichen Gesundheit des Volkes, die Kirche nach dem übernatürlichen Heil. So macht Schmaus Übereinstimmungen in moralischen Fragen zu einem zusätzlichen Argument für die Anwendung des Schemas von Natur und Übernatur auf das Verhältnis von Nationalsozialismus und Katholizismus.

Allerdings transformieren Adam und Schmaus bei ihrem Versuch einer theologischen Annäherung an den Nationalsozialismus traditionelle theologische Begriffe. Wenn sie dem Nationalsozialismus den natürlichen, dem Katholizismus den übernatürlichen Bereich zuweisen, erinnert dies zunächst an die Trennung von Natur und Gnade im Sinne der Neuscholastik. Tatsächlich hat Klaus Scholder dies als zentrales Deutungsschema katholischer Theologen bezeichnet, die eine Begegnung von Katholizismus und Nationalsozialismus suchten.[18] Doch irrt Scholder sich, wenn er dieses Deutungsschema für die neuscholastische Position hält. Denn Schmaus und Adam binden Natur und Gnade eng zusammen – und analog verstehen sie die Beziehung von Nationalsozialismus und Katholizismus. Diese bilden eine Synthese auf der Grundlage des deutschen Blutes. Für beide Theologen entsprach dies nicht einer vorübergehenden theologischen Mode des Jahres 1933, wie Scholder meint, sondern bleibt für die gesamte Zeit des Nationalsozialismus bestimmend.

Was geschieht mit dem Begriff der Natur in diesem Interpretationsvorgang? Ein rein philosophischer Begriff, der sich auf die Beschaffenheit eines Lebewesens bezieht und diese hypothetisch als unabhängig von der Gnade reflektierte, wird mit biologistischen und rassistischen Elementen aufgeladen. Der Begriff der Natur hat sich in diesem Transformationsprozess rein äußerlich nicht verändert. Bemerkenswert ist nun, dass beide ihr Schema von der Zusammengehörigkeit von Natur und Gnade nach 1945 unverändert beibehielten und auch beibehalten konnten, weil sie die völkischen und rassistischen Deutungen nicht mehr in den Vordergrund stellten. Nach anfänglichen Auseinandersetzungen setzte sich die neue Sichtweise von Natur und Gnade nach dem Zweiten Weltkrieg in der katholischen Theologie auf der ganzen Linie

---

[17] Vgl. ebd. 31
[18] Vgl. SCHOLDER Klaus, Die Kirchen und das Dritte Reich, Bd. 1, Frankfurt/M 1986, 541 – 544

durch und gilt bis heute als eine der größten Leistungen der Theologie des 20. Jahrhunderts.

Angesichts der Vorgeschichte im Nationalsozialismus dürfen wir uns nicht der Frage entziehen, ob diese theologische Wende nicht von der Wurzel her kontaminiert ist. Adorno hat in seinem berühmten Vortrag von 1959 "Was bedeutet: Aufarbeitung der Vergangenheit" herausgehoben, dass all das, was in die Barbarei des Nationalsozialismus geführt und sie unterstützt hat, schonungslos aufgearbeitet werden muss. Besonders wies er darauf hin, dass das "Nachleben des Nationalsozialismus *in* der Demokratie" potentiell gefährlicher sei als das "Nachleben faschistischer Tendenzen *gegen* die Demokratie"[19].

Wenn wir danach fragen, wie pro-nationalsozialistische theologische Topoi in der Nachkriegstheologie weiter wirkten, müssen wir uns die Bedeutung der Begriffe "Gemeinschaft" und "Erlebnis" vor Augen halten. Bei Adam und Schmaus stehen sie in direktem Zusammenhang mit der veränderten Sicht von Natur und Gnade.

Schmaus betrachtet "Gemeinschaft, Volk, Bindung, Autorität"[20] als tragende Ideen der nationalsozialistischen Weltanschauung und die Volkwerdung der Deutschen im Sinne einer Volksgemeinschaft als wesentliches Ziel der nationalsozialistischen Bewegung.

Zu dieser Gemeinschaft spricht die Kirche – so Schmaus – ein entschlossenes Ja.[21] Sie bejahe alle gottgewollte Gemeinschaft, weil sie selbst Gemeinschaft sei. Die Vorstellung der Kirche als einer Heilsanstalt, in der jeder für sich allein nach seinem Heil strebt, gilt Schmaus als eine Anschauung, die aus dem Zeitalter des Individualismus und Subjektivismus stammt, das nun durch den Nationalsozialismus überwunden werde. Die Kirche als Gemeinschaft ist sozusagen die religiöse Ausformung des Prinzips: Gemeinnutz geht vor Eigennutz und zugleich dessen religiöse Begründung. Autorität, Führertum auf der einen und Gehorsam auf der anderen Seite gehören notwendig zu dieser Gemeinschaft dazu.

Darum kann in Schmaus' Augen der katholische Mensch gar nicht anders als der Volksgemeinschaft als Werk und Ziel nationalsozialistischer Weltanschauung und Politik zuzustimmen.

"Der Katholik ist von vornherein hingerichtet auf die Bejahung der Gemeinschaft. Darum ist in seinem Ja zur Volksgemeinschaft gar nichts Zages oder Bedenkliches oder Abwartendes. Er spricht es nicht nur als Deutscher, als ein aus dem gleichen Blut und Boden Geformter, unter dem gleichen Schick-

---

[19] ADORNO Theodor W., Was bedeutet: Aufarbeitung der Vergangenheit, in: ders., Erziehung zur Mündigkeit. Vorträge und Gespräche mit Hellmut Becker, hg. v. Gerd Kadelbach, 8. Aufl., Frankfurt/M 1982, 10–28, hier: 10

[20] Schmaus 22

[21] Vgl. ebd. 26

sal und der gleichen Aufgabe wie Tausende und Millionen Stehender, sondern auch als ein durch seinen Glauben Verpflichteter. Er sieht in dem aus Blut und Boden, aus Schicksal und Aufgabe gewachsenen Volksganzen ein Werk der göttlichen Vorsehung." [22]

Dass der Nationalsozialismus die Volksgemeinschaft in dieser Weise in den Vordergrund stellt, führt auch Adam auf das Wirken des Heiligen Geistes zurück. In seinen Augen hilft die Betonung der Volksgemeinschaft, den Dualismus von Natur und Übernatur, von Geist und Leib, von Kirche und Volk, von Geistlichen und Laien zu überwinden. [23]

Für Adam ist Gemeinschaft schon vor der Zeit des Nationalsozialismus die bestimmende Idee der Ekklesiologie. In den ersten Auflagen seines berühmten Buches "Das Wesen des Katholizismus" deutete er das Wesen der Kirche als eine Gemeinschaft, in der sich das Göttliche objektiviert, und zwar nur, insofern sie Gemeinschaft ist. [24] Im Geheimnis der Menschwerdung Jesu sei bereits die Kirche als organische Gemeinschaft mit gesetzt. Adam nimmt in seiner Ekklesiologie die Gemeinschaftsideologie der Weimarer Zeit auf, deren Quelle die Unzufriedenheit mit der Weimarer Republik war und die sich in den verschiedensten Bereichen antidemokratisch, antiparlamentarisch, antirationalistisch und antiliberal äußerte. [25] Im Hintergrund stand die Gemeinschaftsschwärmerei der Jugendbewegung, der als Gemeinschaftserlebnis interpretierte Beginn des Ersten Weltkrieges und die mystifizierte Frontgemeinschaft. Je weniger sich nach dem Krieg politischer und sozialer Konsens finden ließ, um so mehr wurde die Frontgemeinschaft zum Vorbild stilisiert. Demokratie und Pluralismus galten nicht als Chance für ein besseres Leben, sondern als Ursache von Konflikten und Uneinigkeit. Der diffuse Gemeinschaftsbegriff wurde so zu einem Gegenmodell zur parlamentarischen Demokratie, das die Lösung aller Probleme versprach. Charakteristisch für den Gemeinschaftsbegriff ist die vermeintliche Aufhebung von Gegensätzen in einem höheren Dritten. In ihm wurde zumeist ein natürliches Element mit einem geistigen oder

---

[22] Ebd. 28f

[23] Adam hatte in einem Brief an das Kolpingsblatt den providentiellen Charakter der "nationalen Bewegung" (gemeint ist ausdrücklich die "nationalsozialistische Bewegung") hervorgehoben. Ein Teil dieses Briefes wurde abgedruckt. Eine Abschrift des abgedruckten Teils befindet sich als Anlage in Bischöfliches Ordinariat Berlin (= Dompropst Bernhard Lichtenberg) an Karl Adam, 29. Mai 1940, in: DAR N 67, Nr. 33. Zum gesamten Vorgang vgl. Scherzberg 267–269

[24] Vgl. ADAM Karl, Das Wesen des Katholizismus, Düsseldorf 1924, bes. 27–34

[25] Vgl. SONTHEIMER Kurt, Antidemokratisches Denken in der Weimarer Republik, München 1962, 315f; LEPSIUS Oliver, Die gegensatzaufhebende Begriffsbildung. Methodenentwicklungen in der Weimarer Republik und ihr Verhältnis zur Ideologisierung der Rechtswissenschaft unter dem Nationalsozialismus, München 1994, bes. 49–69; Scherzberg 93–107

ein reales mit einem normativen Element verbunden. Darin gründete die Attraktivität des Begriffs für eine Theologie, der an einer größeren Zusammengehörigkeit von Natur und Gnade, aber auch von Klerikern und Laien, von Universal- und Regionalkirche gelegen ist. Die Rezeption des Gemeinschaftsbegriffes richtete sich also gegen den neuscholastischen Heilsindividualismus und die Betrachtung der Kirche als Heilsanstalt. Zugleich schuf sie eine Disposition für die Kooperation mit dem Nationalsozialismus. Dies gilt nicht nur für die Theologie, sondern auch für andere Geisteswissenschaften, insbesondere die Geschichtswissenschaft. [26]

Eng mit dem Begriff "Gemeinschaft" verbunden war die Vorstellung vom "Erleben" dieser Gemeinschaft und von einem gemeinschaftsstiftenden Ur-Erlebnis. So wurzelte das Gemeinschaftsdenken der Weimarer Zeit, das sich im Nationalsozialismus fortsetzte, im Kriegserlebnis des Ersten Weltkrieges, das als Gemeinschaftserlebnis gedeutet wurde. Auch Adam war tief davon beeinflusst. [27] Wie viele andere interpretierte er das August-Erlebnis von 1914 als Erlebnis der Einheit und Gemeinschaft des deutschen Volkes über alle politischen, sozialen und konfessionellen Schranken hinweg. Ein Briefwechsel Adams mit seinem Schüler und Freund Friedrich Heiler belegt, dass es die Erfahrungen des Krieges waren, die ihn zu einer neuen auf den Gemeinschaftsgedanken und die Wesensschau des Katholischen gegründeten Auffassung von der Kirche führten. [28] Adam verwandte das "Erlebnis" zugleich als theologisches Erkenntnisprinzip, indem er den von der Neuscholastik gelehrten Weg einer vernunftmäßigen Begründung des Glaubens ablehnte und den Glauben im Irrationalen, im Erlebnis, begründete. [29] Dies erinnert an die sog. Modernisten – im Unterschied zu diesen war für Adam und andere gleichgesinnte Theologen der Weimarer Zeit das Erlebnis nicht identisch mit religiösem Gefühl oder religiöser Subjektivität, sondern ein überindividuelles Ereignis innerhalb einer von Autorität und Hierarchie geprägten Gemeinschaft. Glaube ist für Adam etwas Irrationales, das alle Denkformen sprengt und der nicht gedacht, sondern nur gelebt werden kann. Doch ist dieses Glaubenserlebnis immer ge-

---

[26] Vgl. SCHULZE Winfried/OEXLE Gerhard Hgg.), Deutsche Historiker im Nationalsozialismus, Frankfurt/M 1999

[27] Vgl. ADAM Karl, Der Kampf für deutsches Wesen. Vor den Zöglingen des k. bayr. Kadettenkorps, in: St. Michael. Ein Buch aus eherner Kriegszeit zur Erinnerung, Erbauung und Tröstung für die Katholiken deutscher Zunge, hg. v. Johann Leicht, Würzburg 1917, 370/372; Scherzberg 158–187

[28] Karl Adam an Friedrich Heiler, 6. Mai 1920, in: KLEMENT Annette, Versöhnung des Verschiedenen. Friedrich Heilers Ringen um die *eine* Kirche im Spiegel seiner Korrespondenz mit katholischen Theologen, Frankfurt/M 1997, 187f

[29] Vgl. ADAM Karl, Glaube und Glaubenswissenschaft im Katholizismus. Akademische Antrittsrede, Rottenburg 1920, passim

meinschaftlich, denn sein Urbild ist das gemeinschaftliche Pfingsterlebnis der Jünger Jesu, das Gemeinde und Kirche schuf.

Nach der Machtergreifung Hitlers 1933 greift Adam den Topos des Gemeinschaftserlebnisses wieder auf. Hitler als Sohn des Volkes habe das deutsche Volk aus der Zerrissenheit und Zerklüftung zu neuer Einheit und Gemeinschaft geführt. In überschäumendem Enthusiasmus beschreibt Adam dieses Erlebnis:

"Und nunmehr steht er – Hitler – vor uns … als der Befreier des deutschen Genius, der die Binden von unseren Augen nahm und uns durch alle politischen, wirtschaftlichen, gesellschaftlichen, konfessionellen Hüllen hindurch wieder das eine Wesenhafte sehen und lieben ließ: unsere bluthafte Einheit, unser deutsches Selbst, den homo Germanus. Das Wort vom deutschen Volkstum, schon bis zum Überdruss, bis zur schalen Leerheit verbraucht, wie bekam es nunmehr einen neuen hellen Klang. So aufwühlend und aufreißend sprang es die Menschen an, dass ihr Leben einen neuen Sinn gewann, dass sie heute zerstörten, was sie gestern noch anbeteten, dass sie über die Gassen und Zäune, über tausend Risse und Klüfte hinweg sich die Hand reichten und sich Kameraden und Brüder nannten. Es ist etwas Großes um dieses Massenerlebnis unserer volkshaften Einheit und bluthaften Verbundenheit." [30]

Schmaus setzte sich mit der Auffassung auseinander, dass der Nationalsozialismus kein erdachtes System, keine ausformulierte Weltanschauung, sondern "eine aus den Gründen des Lebens heraufgestiegene Bewegung"[31] sei. Mit Recht werde gesagt, dass eine nationalsozialistische Haltung nicht erlesen oder erdeutet, sondern nur erlebt werden könne. Diese Haltung strebe nach geistiger Durchformung, behalte aber immer etwas Irrationales, sei immer Erleben und Denken. Zu dieser "nationalsozialistischen Vitalität"[32] finde der Gläubige eine Brücke. "Er sieht, wie in ihr wieder der ganze Mensch zu seinem Rechte kommt, nicht nur eine Seite des Menschen, der Verstand."[33] Die Vorstellung von Bewegung und Erleben überträgt Schmaus auf den Prozess des Glaubens. Denn auch der Glaube stammt aus verborgenen Gründen, allerdings liegen diese nicht in der menschlichen Natur, sondern sind Gottes verborgene Gründe. Auch der Glaube kann niemals reines Denken werden, sondern bleibt immer Entscheidung des ganzen Menschen, ist nicht nur Bejahung eines geistigen Systems, sondern Leben und Erleben. Darin liegt für Schmaus eine wesentliche Konvergenz zwischen katholischem Christentum und Nationalsozialismus.

---

[30] Adam, Deutsches Volkstum 42
[31] Schmaus 44
[32] Ebd.
[33] Ebd.

Auch andere katholische Theologen in Deutschland und Österreich, die dem Nationalsozialismus zustimmend gegenüber stehen, berufen sich auf ein Erlebnis und arbeiten dieses in ihre theologischen Reflexionen ein.

Oskar Schroeder, führender Kopf des niederrheinischen Kreises der Freunde einer kirchlichen Reform, legte den theologischen Standort des Reformkreises in einem programmatischen Papier dar.[34] Wesentlich für diese Männer war, einen Weg entdeckt zu haben, auf dem sie sowohl die Neuscholastik als auch die historisch-kritische Arbeit hinter sich lassen und zu einer wirklichen Begegnung mit dem lebendigen Gott und dessen Selbstmitteilung vorstoßen konnten. Für diesen Weg spielen Erlebnis und Gemeinschaft eine entscheidende Rolle und beides wird mit der sog. Zeitenwende von 1933 verbunden. Folgerichtig veränderte sich das Verständnis der Dogmen, die man zuvor als Lehr*sätze* betrachtet hatte, die von der Kirche vorgelegt wurden:

"Diese Betrachtungsweise der Dogmen stand unter dem Einfluss des nun abklingenden Ich-Zeitalters, das kein Organ besaß für den Vorrang des Ganzen vor den Teilen, für die lebendigen übergreifenden Zusammenhänge der Gemeinschaft, ... Dies ist nun *durch die Zeitenwende und das damit in Zusammenhang stehende Erlebnis* anders geworden.... Es ging uns auf, dass die Entstehung des Dogmas notwendig mit dem Werden der Kirche als einer Glaubens*gemeinschaft* zusammenhing."[35]

Für österreichische Theologen wie den Dekan der Theologischen Fakultät in Graz, den Kirchengeschichtler Andreas Posch, und den im Fach Religionsgeschichte habilitierten und ebenfalls an dieser Fakultät lehrenden Privatdozenten Alois Closs wurde das Erlebnis völkischer Gemeinschaft zu einem theologischen Erkenntnisprinzip. Posch und Closs deuteten den Einmarsch der deutschen Truppen in Österreich und den sog. Anschluss des Landes an Hitlerdeutschland im März 1938 als gewaltiges Erlebnis, in dem die Vorsehung Gottes sichtbar werde. Der Sinneswandel innerhalb des österreichischen Klerus wurde von beiden mit der Größe und Gewalt dieses Erlebnisses begründet. "Im großen Geschehen der Weltgeschichte, wie wir es jetzt erlebt haben"[36], schrieb Posch am 31. März im Grazer Volksblatt, sieht der Katholik das Walten der Vorsehung, der sich der einzelne fügen muss.

---

[34] Oskar Schroeder, Rundbrief; o.O., o.D., in: DAR N 67, Nr. 17, Bl. 1–21; abgedruckt in: Der Rheinische Reformkreis, Bd. 1, 137–158, hier: 140. Der Rundbrief wurde auf dem Treffen des Kreises am 30. Dezember 1942 verteilt. Vgl. ebd. 137

[35] Ebd. 4

[36] POSCH Andreas, Vertrauen und Treue, in: Grazer Volksblatt 71 (1938) Nr. 75, 7 (31. März 1938); abgedruckt in: HOFMÜLLER Magnus Harald Anton, Steirische Priester befürworten den Nationalsozialismus und den Anschluss an das Deutsche Reich Adolf Hitlers, Dipl.arb., Graz 1997, XXIf, hier XXI

Alois Closs deutete wenige Tage nach der Volksabstimmung am 10. April 1938 die Situation als eine wahrhaft österliche. Der österreichische Klerus habe schon in seiner Anhänglichkeit an das Habsburger Haus immer großdeutsch gedacht und könne sich *nun* der Wirkung, die das Einheit und Volksgemeinschaft stiftende Handeln Adolf Hitlers habe, nicht entziehen.

"Vollends, wenn er (- der österreichische Priester –) nun die unerhörte Glut gewahrt, mit der die Begeisterung für den schlichten und begnadeten Sohn unserer Heimat dieses Wunder der seelischen Verschmelzung fast mühelos zu bewirken vermochte, so wird er nicht anders können, als sich ganz mitreißen zu lassen." [37]

Wenn Adam und Schmaus "Erlebnis" und "Gemeinschaft" zu theologischen Schlüsselbegriffen machen, richtet sich dies gegen den Heilsindividualismus der Neuscholastik und deren vorwiegend "anstaltliche" Auffassung von der Kirche. Damit verbunden ist eine Ablehnung der Vernunft als Weg, Gott zu erkennen und den Glauben zu verantworten. Wenn auch das neuscholastische Konzept eines Vernunftbeweises nicht unseren heutigen Vorstellungen von Rationalität entspricht, ist es wichtig, dass Adams und Schmaus' Betonung des Erlebnisses bewusst antirational war. Aus diesem Antirationalismus wurde in Verbindung mit der Volksgemeinschaftsideologie des Nationalsozialismus und dem "völkisch" interpretierten Naturbegriff eine partikularistische Theologie, die Totalitarismus und Ausgrenzung billigend in Kauf nahm.

Die neuscholastische Theologie enthielt dagegen aufgrund ihrer Orientierung an ratio und Naturrecht ein universalistisches Potential. Doch waren etliche Vertreter neuscholastischer Theologie keineswegs resistent gegen autoritäre und faschistische Bewegungen, sondern sympathisierten vielmehr offen mit diesen. Dies zeigt vor allem ein Blick nach Frankreich. Die "neue" Theologie in Frankreich bestimmte das Verhältnis von Natur und Gnade in der gleichen Weise wie Schmaus und Adam – ich denke hier vor allem an Henri de Lubac -, propagierte aber nicht die Unterstützung des Nationalsozialismus, sondern war eher ein Aktivposten im geistigen Widerstand gegen Vichy-Regierung und deutsche Besatzung. [38] Demgegenüber rechtfertigten thomistische Theologen mit dem neuscholastischen Verständnis von Natur und Gnade die Unterstützung der action francaise und sympathisierten mit dem traditionalistischen Programm der Vichy-Kollaborateure. [39]

---

[37] CLOSS Alois, Pflüget ein Neues!, in: Grazer Volksblatt 71 (1938) Nr. 87, 1f (14. April 1938); abgedruckt in: ebd. XXV-XXIX, hier: XXVII

[38] Vgl. KOMONCHAK Joseph A., Theology and Culture at Mid-Century. The Example of Henri de Lubac, in: TS 51 (1990) 579–602, bes. 597–599; VORGRIMLER Herbert, Henri de Lubac, in: Bilanz der Theologie im 20. Jahrhundert, hg. v. Herbert Vorgrimler und Robert Vander Gucht, Erg.bd., Freiburg 1970, 199–214, bes. 206f

[39] Vgl. Komonchak 601f

Auch in Deutschland waren traditionell denkende Theologen und Kirchenmänner antidemokratisch eingestellt. Dies brachte sie zeitweise dazu, antiliberale und traditionalistische Maßnahmen des Nationalsozialismus gutzuheißen. Dabei bezog sich ihre Sympathie auf den antiliberalen und traditionalistischen Charakter der nationalsozialistischen Maßnahmen. Die reformorientierten Theologen dagegen sahen im Nationalsozialismus ein ungeheures Innovationspotential, das sie sich auch für Reformen in Kirche und Theologie nutzbar machen wollten.

Im traditionellen Lager der Theologie finden wir in der Auseinandersetzung mit dem Nationalsozialismus eine Weiterentwicklung des universalistischen Denkens, die sich auf das Naturrecht gründet. Zum ersten Mal in der Geschichte der Kirche führt dies zu einer positiven Haltung zu den Menschenrechten, die man bei den reformorientierten Theologen vergeblich sucht. Allerdings setzt sich diese Haltung nicht auf der ganzen Linie durch.

Die Schreiben und Ansprachen Pius XI. und Pius XII. seit der Enzyklika "Mit brennender Sorge" betonen auf der Grundlage des Naturrechts die unveräußerlichen Rechte und Pflichten aller Menschen, denen auch der Staat unterworfen ist. So verurteilte Pius XII. am 24.12.1939 den deutschen Angriff auf Polen mit folgenden Worten als eine Handlung, "... die weder mit dem Völkerrecht noch mit dem Naturrecht oder den elementarsten Gefühlen der Humanität vereinbar (ist)und die (zeigt), wie weit es mit dem Rechtssinn unter dem Druck rein totalitärer Erwägungen gekommen ist." [40]

In der Weihnachtsansprache 1944 würdigt dann zum ersten Mal in der Geschichte ein Papst die Demokratie. [41]

1941 wurde von der Fuldaer Bischofskonferenz als Reaktion auf die Eskalation nationalsozialistischer Gewalt gegen die katholische Kirche und besonders die Orden ein "Ausschuss für Ordensangelegenheiten" eingerichtet. Dieser Ausschuss gehörte zu den bedeutendsten kirchlichen Widerstandskreisen gegen den Nationalsozialismus. [42] Im Herbst 1941 legte er der Bischofskonfe-

---

[40] Archiv der Gegenwart, 1939, 4360. "Pure considerazioni *utilitarie*" wurde fälschlich mit "rein *totalitärer* Erwägungen" wiedergegeben. Vgl. AAS 32 (1940) 5–13, hier: 8: "... abbiamo dovuto purtroppo assistere a una serie di atti inconciliabili sia colle prescrizioni del diritto internazionale positivo, che coi principi del diritto naturale e cogli stessi più elementari sentimenti di umanità, atti i quali mostrano in quale caotico circulo vizioso si avvolge il senso giuridico sviato da pure considerazioni utilitarie. In questa categoria rientrano: la premeditata aggressione contro un piccolo, laborioso e pacifico popolo, col pretesto di una minaccia nè esistente nè voluta e nemmeno possibile; ... ".

[41] Rundfunkansprache Papst Pius XII. am 24. Dezember 1944, in: AAS 37 (1945) Bd. 12, 10–23, bes. 11–17

[42] Zur Geschichte des Ordensausschusses vgl. LEUGERS Antonia, Gegen eine Mauer bischöflichen Schweigens. Der Ausschuß für Ordensangelegenheiten und seine Widerstandskonzeption 1941 bis 1945, Frankfurt/M 1996

renz den Entwurf zu einem gemeinsamen Hirtenbrief vor, in dem der Nationalsozialismus auf der Grundlage der natürlichen gottgegebenen Menschenrechte kritisiert wird.[43] Einige Bischöfe vertraten überzeugt diese menschenrechtliche Argumentation. So schrieb Kardinal Faulhaber:

"Ein Bischof hat aber nicht nur für die religiösen kirchlichen Rechte in der Volksgemeinschaft einzutreten, sondern auch für die gottverliehenen Menschenrechte. Ohne Achtung für diese Menschenrechte muss die ganze Kultur zusammenbrechen."[44]

Ein Teil des Episkopates lehnte jedoch die naturrechtlich / menschenrechtliche Argumentation vehement ab, so dass ihre Wirkung beschränkt blieb und es nicht zu einer gemeinsamen Aktion kam.[45]

Es gibt weitere Indizien, dass die Zustimmung katholischer Theologen und Priester zu nationalsozialistischer Ideologie mit der Ablehnung des universalistischen Potentials der traditionellen Theologie korreliert wie umgekehrt die Kritik an nationalsozialistischer Ideologie mit einer universalistischen ethischen und dogmatischen Perspektive:

Der selige Bernhard Lichtenberg, der kein Protagonist oder Anhänger neuerer theologischer Strömungen war, kritisierte an Adams Aachener Vortrag vor allem dessen partikularistisches Konzept einer deutschen Ethik.[46]

Der US-amerikanische Historiker Kevin Spicer hat in einer Untersuchung über nationalsozialistische Priester festgestellt, dass diese zwar aus unterschiedlichen Motiven der NSDAP beitraten, allen jedoch die Entfremdung von ihrer Glaubenstradition gemeinsam war. Sie sahen nicht länger in der universalen Kirche und ihrer Glaubenstradition den einzigen Weg zum Heil, sondern übertrugen ihre Erlösungshoffnungen auf die nationalsozialistische Partei und Hitler, d.h. auf eine partikulare weltliche Organisation und einen partikularen innergeschichtlichen Prozess.[47]

---

[43] Vgl. Entwurf eines gemeinsamen Hirtenwortes (Fulda, 15. November 1941), in: Akten Kardinal Michael von Faulhabers, bearb. v. Ludwig Volk, Bd. 2: 1935–1945, Mainz 1989, Nr. 845a, 827–835, bes. 832–834; Gründe für die Notwendigkeit des Hirtenworts (Fulda, 15. November 1941), in: ebd., Nr. 845c, 837–838, bes. 838

[44] Hirtenbrief Faulhabers vom 22.3.1942, in: NEUHÄUSLER Johann, Kreuz und Hakenkreuz. Der Kampf des Nationalsozialismus gegen die katholische Kirche und der kirchliche Widerstand, Bd. 2, 2. Aufl., München 1946, 147

[45] Vgl. Leugers 241–274

[46] Vgl. die Briefe Lichtenbergs an Adam vom 4. und 30. November 1940, in: DAR N 67, Nr. 33; SPICER Kevin, Last Years of a Resister in the Diocese of Berlin. Bernhard Lichtenberg's Conflict with Karl Adam and his Fateful Imprisonment, in: Church History 70 (2001) 248–270

[47] Vgl. SPICER Kevin, Choosing Between God and Satan. The German Catholic Clergy of Berlin and the Third Reich, phil. Diss., Ann Arbor 2000, 278–319, bes. 318f

Im Jahr 1937 rezensierte Karl Rahner das Buch "Rasse und Religion" von Christl Maria Schröder.[48] Schröder wies die völkisch-religiöse Überzeugung, dass die Religion eine Funktion der Rasse sei, in einer empirischen religionswissenschaftlichen Untersuchung zurück. Rahner, der zu dieser Zeit eher traditionell argumentierte, würdigte Schröders Forschungen und seine Methode, merkte aber an, dass man das Ergebnis auch auf philosophisch-systematischer Ebene hätte erzielen können. Grundlage seiner Argumentation ist die sog. natürliche Gotteserkenntnis, d.h. die Erkenntnis Gottes, die *allen* Menschen ohne Unterschied durch das natürliche Licht der Vernunft möglich ist. Hierin kann es keine durch Rassenzugehörigkeit bedingten Unterschiede geben. Rahner schreibt:

"... wenn dem Menschen eine Metaphysik möglich ist, in der er seine Welt, und so auch seine subjektive und rassische Bedingtheit (ohne sie auszulöschen) übersteigt, ja immer auch schon als "Mensch" überstiegen hat hin auf eine absolute Wahrheit und auf einen absoluten, persönlichen und weltüberlegenen Gott, dann ist die Frage nach einer eindeutigen Abhängigkeit der Religion von der Rasse grundsätzlich schon negativ entschieden."[49]

Eine Aufarbeitung der Vergangenheit katholischer Dogmatik ist also sowohl im Blick auf die neuscholastische als auch auf die reformorientierte Theologie vonnöten. Dabei muss man sich von stereotypen Einteilungen in konservativ und modern, rechts und links verabschieden, weil damit die Problematik nicht zu erfassen ist. Reformorientierte Theologen folgten dem Nationalsozialismus auf dem Weg von Partikularismus und Ausgrenzung. Auf der anderen Seite spricht sich ausgerechnet ein Mann wie Faulhaber, der autoritär und monarchistisch dachte und alles andere als ein Demokrat war, für die gottgegebenen Menschenrechte aus. Die Schreckensherrschaft des Nationalsozialismus führte dazu, dass sich – wenn auch mit beschränkter Wirkung – aus dem universalistischen Potential der neuscholastischen Theologie eine kirchliche Hochschätzung der Menschenrechte entwickelte.

Was bedeutet dies für heute?

In jüngerer Zeit hat sich Thomas Ruster mit einer heftigen Kritik an der sog. anthropologischen Wende und der Erfahrungsorientierung in der katholischen Theologie und Religionspädagogik zu Wort gemeldet.[50] Ruster betont, dass das, was Menschen heute als bestimmend erfahren und als letzte Wirklichkeit ansehen, nicht identisch sei mit dem biblischen Gott. Es lasse sich also nicht ohne weiteres an den Erfahrungen der Menschen anknüpfen, um sie zum Glauben zu führen und den Glauben zu verantworten. Vielmehr sei

---

[48] In: ZKTh 61 (1937) 282–287
[49] Ebd. 286
[50] Vgl. RUSTER Thomas, Der verwechselbare Gott. Theologie nach der Entflechtung von Christentum und Religion, Freiburg/Basel/Wien 2000

Misstrauen angesagt gegenüber aller religiösen Erfahrung, denn sie verweise an die falsche Religion. Rusters Kritik scheint durch diesen Vortrag bestätigt zu werden, doch ist dies nur teilweise der Fall. Ziel einer Aufarbeitung der Vergangenheit ist nicht, die Erfahrungsorientierung der Theologie oder jegliche Rede von Gemeinschaft in Bausch und Bogen zu verwerfen. Eine radikale Wende der Theologie etwa hin zu einer katholischen Neuauflage der dialektischen Theologie bietet keine Lösung, denn der Rückfall wäre programmiert. Misstrauen gegenüber religiöser Erfahrung oder dem Rekurs auf das Erlebnis ist überall dort notwendig, wo die Erfahrung, die als theologisches Erkenntnisprinzip gilt, mit Hilfe einer ideologischen Deutung überhaupt erst zur religiösen Erfahrung gemacht wird.

Notwendig ist die Entwicklung von Kriterien, anhand derer die theologischen Entwicklungen des 20. Jahrhunderts überprüft werden können. Dazu gehören z.B. eine universalistisch orientierte Anthropologie und Ethik, die Orientierung an den gottgegebenen Menschenrechten, der Schutz der Rechte des Individuums. Erfahrungsorientierung muss mit Ideologiekritik zusammengehen, die ekklesiologische Rede von Gemeinschaft darf niemals die Diakonie als Selbstvollzug der Kirche ausblenden.

II Etappen der Auseinandersetzung

Der deutsche Katholizismus im Jahre 1933

Eine kritische Betrachtung

Ernst-Wolfgang Böckenförde

> *"Nicht durch Schweigen können wir die Last der Vergangenheit abtragen, sondern indem wir aussprechen, was geschehen ist, und die damit verbundenen Umstände würdigen."*
> Bundespräsident Lübke am Volkstrauertag 1960

Als im Frühjahr 1945 das NS-Regime nach zwölfjähriger Herrschaft in einem totalen militärischen und politischen Zusammenbruch endete, war das für die deutschen Katholiken – ebenso wie für die evangelischen Christen – die Stunde der Befreiung von einer immer drückender werdenden Verfolgung. Die deutschen Katholiken hatten, von ihren Bischöfen und dem Klerus geführt und bestärkt, diesem Druck, im Ganzen gesehen, tapfer widerstanden und sich dabei als überzeugungsfeste Gegner des Nationalsozialismus erwiesen. So fiel ihnen bei dem nun notwendigen politischen Neuaufbau wie von selbst ein gewichtiger Anteil zu, der durch das Vertrauen, das die drei westlichen Siegermächte ihnen vielfach entgegenbrachten, noch größer wurde. Diese Situation war erklärlicherweise nicht dazu angetan, die Frage zu stellen und zu erörtern, ob und wieweit die Katholiken und ihre geistlichen Führer nicht selbst die NS-Herrschaft in deren Anfängen mitbefestigt und ihr die eigene Mitarbeit angetragen hatten. Der deutsche Katholizismus beruhigte sich bei dem nachweislich gegen das NS-System geleisteten Widerstand und ergriff ohne Zögern die sich bietenden neuen Wirk- und Einflußmöglichkeiten, ohne sich mit der eigenen Vergangenheit näher zu befassen. Das lag auch sonst in niemandes Interesse. [1]

---

[1] Ebensowenig waren die Auseinandersetzungen um die Fortgeltung des Reichskonkordats geeignet, eine unvoreingenommene Klärung der eigentlichen Geschehnisse in Gang zu bringen, wenngleich sie die Diskussion nachhaltig anregten. Vergleiche dazu etwa neben den

Um so dringlicher ist es, nunmehr, nachdem eine fachkundige historische Untersuchung das reiche Material erschlossen und viele bisher im Dunkel liegende Vorgänge aufgehellt hat, [2] die Frage nach dem Verhalten des deutschen Katholizismus im Jahre 1933 offen zu stellen. Das gilt unabhängig davon, ob die Ergebnisse, die dabei zutage treten, im Augenblick als angenehm oder unangenehm empfunden werden. Die Pflicht zur historischen Wahrheit verträgt keine Abstufungen, und ihr nicht auszuweichen hat sich am Ende immer noch als der beste Dienst an der Sache erwiesen, der man dienen will. In Zeiten offener oder verborgener ideologischer Feindschaften kann freilich jede sachliche Aussage und jedes sachliche Argument als vergiftete Waffe mißbraucht werden. Aber wer ein Wort kritischer Besinnung innerhalb der Kirche nur dann für opportun halten wollte, wenn es nicht von einem Feind gegen sie verwendet werden könnte, der müßte bis ans Ende der Tage warten; denn es gehört zum Lebensgesetz der Kirche, daß sie der Feinde, die ihr nachstellen, zu keiner Zeit entbehrt.

Es ist also nicht die Absicht dieser Zeilen, in irgendeiner Richtung verspätete Anklagen zu erheben und auf diese Weise die Vergangenheit zu "bewältigen"; der verkappte Bürgerkrieg der politischen Säuberungen hat die sachliche Auseinandersetzung mit der NS-Zeit schon genug erschwert. Es kann vielmehr nur darum gehen, das Geschehene wahrheitsgetreu zu berichten und Irrtümern, denen man damals erlegen war, auf den Grund zu gehen. Daraus lassen sich am ehesten für Gegenwart und Zukunft Lehren und Folgerungen ziehen. [3]

I.

Der deutsche Katholizismus stellte sich am Vorabend des Krisenjahres 1933 als eine auf religiös-weltanschaulicher Grundlage fest geeinte, in zahlreichen Berufs- und Standesorganisationen erfaßte, zu einheitlichem politischem Wollen verbundene soziale Gruppe dar. Er hatte die Getto-Situation von einst weit

---

tagespolitischen Auseinandersetzungen – einerseits K. D. Bracher, Nationalsozialistische Machtergreifung und Reichskonkordat, Wiesbaden 1956, anderseits Ernst Deuerlein, Das Reichskonkordat, 1956, und R. Leiber S. J., Zu Karl Dietrich Bracher, Nationalsozialistische Machtergreifung und Reichskonkordat [bisher unveröffentlicht].

[2] Rudolf Morsey, Die Deutsche Zentrumspartei, in: Das Ende der Parteien 1933, hrsg. von Matthias und Morsey, Düsseldorf 1960; Ludwig Kaas, Tagebuch 7.-20. April 1933, und: Briefwechsel zum Reichskonkordat, hrsg. von Rudolf Morsey: Stimmen der Zeit, Band 166 [September 1960], S. 422 ff., Band 167 [Oktober 1960], S. 11 ff. Zu Morseys Abhandlung jetzt: Karl Buchheim, Warum das Zentrum unterging. Hochland, Oktober 1960, S. 15 – 27, und Robert Leiber S. J.: Reichskonkordat und Ende der Zentrumspartei. Stimmen der Zeit, Band 167 [Dezember 1960], S. 213 – 223.

[3] Über das Schicksal der Zentrumspartei im Jahre 1933 hat bereits Karl Buchheim berichtet [vgl. Fußnote 2]. Diese Frage bleibt daher hier außer Betracht.

hinter sich gelassen und im gesellschaftlichen und staatlichen Leben eine beachtliche und anerkannte Position errungen. Seine politische Vertretung, die ihm weithin auch politische Heimat war, besaß er seit den Tagen des Kulturkampfes in der Zentrumspartei [später auch der Bayerischen Volkspartei]. Über sie war er zum Mitträger des demokratisch-parlamentarischen Staates von Weimar geworden, der nun in seiner Krise stand.

In der politischen Führung des deutschen Katholizismus, und das verdient besondere Beachtung, nahmen Episkopat und Klerus eine vorherrschende Stellung ein. Das war ein Erbe des Kulturkampfes. In ihm hatte das katholische Volk sich gegenüber dem sein religiöses Lebensrecht bedrohenden Staat eng um seine Bischöfe und Priester geschart, die den staatlichen Verfolgungsmaßregeln am unmittelbarsten ausgesetzt waren, und sah seitdem in ihnen seine eigentlichen Führer auch im weltlich-politischen Bereich. Freilich trat dies so lange noch nicht unmittelbar in Erscheinung, als die Gründergeneration der Zentrumspartei politisch aktiv war; seit der Jahrhundertwende machte es sich jedoch zunehmend bemerkbar. Daraus ergab sich wie von selbst eine besondere Autorität und Wirksamkeit der auf politische Fragen bezogenen oberhirtlichen Verlautbarungen; zudem war die Sicherung der religiös-kulturellen Freiheit und kirchlichen Wirksamkeit das vordringliche politische Ziel. Die in der Zentrumspartei wirkenden Kleriker nahmen je länger, je mehr eine führende Stellung ein. Die vorherrschende Rolle des geistlichen Elements im Zentrum seit dem letzten Parteitag [1928] und besonders in der Krisenzeit der Jahre 1932/33 [4] war so nicht Ausdruck eines von außen an die Partei herangetragenen klerikalen Führungsanspruchs, sondern entsprach durchaus der inneren Situation des deutschen Katholizismus, wie sie sich seit dem Kulturkampf entwickelt hatte. "Unter ihrer [der Bischöfe] Leitung können wir nicht in die Irre gehen." Dieses Wort eines tapferen Zentrumsabgeordneten aus den Mai-Tagen 1933 kennzeichnet die Erwartung, die im katholischen Volk gegenüber seinen geistlichen Führern lebendig war. Die deutschen Katholiken konnten freilich nicht ahnen, daß gerade diese Führer sie zur Bejahung und Unterstützung des NS-Staates auffordern würden.

Daß dies geschah, kam um so unerwarteter, als noch zu Beginn des Jahres 1933 und auch unmittelbar nach der "Machtübernahme" der deutsche Katholizismus als fester und unerschütterlicher Gegner der NS-Bewegung erschien. In zahlreichen oberhirtlichen Verlautbarungen hatten die Bischöfe die Irrlehren der nationalsozialistischen Bewegung verurteilt, vor ihrer Gefährlichkeit

---

[4] 1928 war Prälat Kaas zum Parteivorsitzenden gewählt worden; 1932/33 war sowohl die Führung der Reichstagsfraktion [Prälat Kaas; der *Vorsitz* lag formell bei dem Abgeordneten Perlitius] als auch der preußischen [Prälat Lauscher] und der badischen Landtagsfraktion [Prälat Föhr] in geistlichen Händen. Vorsitzender der Reichstagsfraktion der Bayerischen Volkspartei war Prälat Leicht.

gewarnt und das aktive Eintreten für die Ziele der NSDAP, vielfach auch die bloße Mitgliedschaft in ihr, für unerlaubt erklärt.[5] Diese Verurteilung ging so weit, daß in manchen Diözesen aktive Nationalsozialisten oder sogar alle Parteimitglieder [Mainz] vom Sakramentenempfang und der kirchlichen Beerdigung ausgeschlossen waren. Zentrum und Bayerische Volkspartei führten den Wahlkampf für die Wahl vom 5. März 1933 in scharfer Frontstellung gegen die Nationalsozialisten und konnten trotz der erheblichen Behinderungen, denen sie und ihre Presse durch die Regierung schon ausgesetzt waren, ihren Stimmenanteil im wesentlichen behaupten und insgesamt 92 Reichstagsmandate [von 647] erringen.

Die politische Situation nach der Märzwahl war folgende: Zentrum und BVP waren aus ihrer parlamentarischen Schlüsselstellung verdrängt, weil die NSDAP und die Deutschnationale Volkspartei gemeinsam über die absolute Mehrheit der Stimmen verfügten; man konnte also ohne die beiden Parteien regieren. Zusammen mit der SPD jedoch stellten Zentrum und BVP eine beachtliche Minderheit dar, die in der gegebenen Situation die für Verfassungsänderungen notwendige Zweidrittelmehrheit blockieren konnte und es dadurch in der Hand hatte, die von der neuen Regierung erstrebte legale Außerkraftsetzung der Weimarer Verfassung zu verhindern. Für die innere Stabilisierung und den legalen Ausbau der von den Nationalsozialisten erstrebten diktatorialen Herrschaft kam es also in hohem Maß darauf an, ob der deutsche Katholizismus und seine politische Vertretung bereit waren, die Verfassung von Weimar als solche zu verteidigen und einer antidemokratischen Regierung und Parlamentsmehrheit den legalen Zugriff auf die gesamte Staatsgewalt zu verwehren. Das setzte freilich den Willen voraus, der durch die Krisenjahre und manche konkrete Erscheinung des politischen Lebens geförderten Demokratiemüdigkeit wenigstens so weit entgegenzutreten, als nicht diese oder jene Institution, sondern die Substanz des parlamentarisch-demokratischen Staates selbst in Frage stand. Durch die Wahl vom 5. März 1933 hatte Hitler zwar eine Chance zur Errichtung der Alleinherrschaft in die Hand bekommen, aber diese Alleinherrschaft war noch keineswegs legal und politisch unangreifbar etabliert.

---

[5] Die einzelnen Verlautbarungen sind verzeichnet in Ecclesiastica, Archiv für zeitgenössische Kirchengeschichte, hrsg. von der Katholischen Internationalen Presseagentur [KIPA], Freiburg [Schweiz], 13. Jg., Nr. 6 vom 11.2.1933, S. 57 f. Es handelt sich um die Entscheidung des bischöflichen Ordinariates Mainz vom 30.9.1930, die Silvesterkundgebung des Kardinals Bertram von 1930, die Anweisung der bayrischen Bischöfe vom 10.2.1931, die Erlasse der Bischöfe der Kölner Kirchenprovinz vom 5.3.1931 und der Bischöfe der Paderborner Kirchenprovinz vom 10.3.1931, die Erklärung des Bischofs von Berlin vom 20.3.1931. Wie klar diese Warnungen und Mahnungen der Bischöfe verstanden wurden, zeigt u. a. die Sondernummer der Zentrums-Zeitschrift "Der Weckruf" vom April 1931 [7. Jg. Nr. 4].

Hier sprechen nun die von Morsey angeführten Tatsachen und Dokumente eine deutliche Sprache. Bereits am 6. März machte Prälat Kaas als Vorsitzender der Zentrumspartei – ohne vorherige Fühlungnahme mit der Partei – dem Vizekanzler v. Papen das Angebot, einen Strich unter die Vergangenheit zu ziehen, und ließ die Bereitschaft zur Mitarbeit durchblicken [Morsey, S. 355/56]. In den Beratungen innerhalb der Parteiführung und Fraktion trat er dann entschieden für die Annahme des Ermächtigungsgesetzes ein, die er am Ende auch durchsetzte. Dabei kam es zu scharfen Auseinandersetzungen mit Brüning, der die prinzipielle Bedeutung des Gesetzes für das Außerkrafttreten der Weimarer Verfassung klar erkannte und seiner Annahme aus rechtlichen und politischen Erwägungen bis zuletzt heftig widersprach, wobei er von prominenten Politikern der Partei wie Bolz, Joos, Wirth, Helene Weber und anderen unterstützt wurde.[6]

Wie scharf die Auseinandersetzung zwischen Kaas und Brüning war, zeigen die Aufzeichnungen Karl Bachems vom April 1933 [Morsey, S. 434/35]. Danach hat Brüning betont, daß das Zentrum "diese Entwicklung nicht mitmachen und legitimieren könnte, welche auf einem, wenn auch nicht formellen, so doch materiellen Rechtsbruch beruhe und eine völlige Verwirrung der Rechtsbegriffe bringe. Noch bestehe die Weimarer Verfassung zu Recht, und an ihr müsse das Zentrum als 'Verfassungspartei' festhalten". Bachem kommentiert den Streit wie folgt: "So standen sich zwei unvereinbare Standpunkte einander gegenüber: der klar prinzipielle Brünings und der mehr oder weniger opportunistische von Kaas."

Wenn Brüning sich dann doch dem Beschluß der von Kaas geführten Fraktionsmehrheit fügte und dem Ermächtigungsgesetz in der Reichstagssitzung zustimmte, wird man wohl nur aus einer übergroßen Loyalität gegenüber Partei und Fraktion erklären können.

Prälat Kaas erreichte in Verhandlungen mit Hitler die Aufnahme etlicher Zusicherungen in die Regierungserklärung, die das Verhältnis von Kirche und Staat, das Gebiet der Schule und die Unabsetzbarkeit der Richter betrafen; auch mochte man glauben, durch eine Annahme des Ermächtigungsgesetzes am ehesten die sehr weitgehende Notverordnung vom 28. Februar 1933 einschränken und ein Verbleiben der Zentrumsbeamten erreichen zu können. Aber Zentrum und BVP boten für diese Hoffnungen und Zusagen, für deren Erfüllung keinerlei Sicherheit vorhanden war, von sich aus die Hand dazu, daß die Volksvertretung sich auf legale Weise selbst ausschaltete und damit die Grundlagen der demokratischen Verfassung preisgegeben wurden. – Die SPD blieb sich und der Verfassung treu und lehnte das Ermächtigungsgesetz ab.

---

[6] Vgl. Morsey, S. 357 – 366; über die Beratungen der Fraktion am 23. März S. 362 – 365.

Offenbar kam es dem Prälaten Kaas und der Mehrzahl der Zentrums- und BVP-Politiker darauf an, sich mit dem neuen Regime zu arrangieren, wenn dieses zu bestimmten Konzessionen auf den für die Katholiken besonders bedeutsamen Gebieten der Kirchen- und Schulpolitik bereit war und für christlichen Einfluß offenblieb. Das erschien wichtiger als die Verteidigung des demokratisch-parlamentarischen Staates, auf dessen Boden man zwölf Jahre lang gestanden hatte. Wie jetzt aus den in den "Stimmen der Zeit" veröffentlichten Tagebuchnotizen von Kaas bekannt ist, fuhr er bereits am Tage nach der Annahme des Ermächtigungsgesetzes, am 24. März, nach Rom, um mit dem Kardinalstaatssekretär die neue Lage zu besprechen.[7] Als er dann, nach einer Unterredung mit Hitler unter vier Augen am 2. April, am 7. April zum zweitenmal – und endgültig – nach Rom fuhr, äußerte er gegenüber Papen, daß er die durch die kulturpolitischen Erklärungen Hitlers in seiner Reichstagsrede geschaffene neue Situation vollauf anerkenne. Nichts könne zu einer inneren Konsolidierung des autoritären Regimes mehr beitragen als die Weiterverfolgung der dort angekündigten Politik; er stelle sich infolgedessen "aus innerer Überzeugung" auf die Seite der positiven Mitarbeit.[8] Prälat Kaas hat sich dann in enger Fühlungnahme mit dem Kardinalstaatssekretär in die bereits am 9. April beginnenden Konkordatsverhandlungen eingeschaltet. Während das Zentrum durch die Maßnahmen der Nationalsozialisten in wachsende Bedrängnis geriet, versicherte Prälat Kaas in einem Telegramm zu Hitlers Geburtstag am 20. April diesen seiner "unbeirrten Mitarbeit".[9] Der politische Repräsentant des deutschen Katholizismus hatte also im Interesse der Sicherung kirchlich-kulturpolitischer Belange zugunsten der Stabilisierung des NS-Regimes über das Schicksal der von ihm geführten Partei, deren Vorsitz Brüning erst Anfang Mai übernahm, innerlich bereits disponiert.[10]

Mit dieser Haltung gegenüber dem NS-Regime stand Prälat Kaas nicht allein. Mancherorts in der katholischen Presse war man bereits vor dem 20. März 1933 bereit, in der NS-Regierung die neue "Obrigkeit" anzuerkennen, der ge-

---

[7] Diese erste Fahrt des Prälaten Kaas nach Rom, die für das Problem Reichskonkordat und Ende der Zentrumspartei nicht unwichtig war, wird bei R. Leiber S.J. [vgl. Fußnote 2] ganz übergangen.

[8] Ludwig Kaas, Tagebuch, a. a. O., S. 426 f.

[9] Das Telegramm hatte folgenden Wortlaut: "Zum heutigen Tage aufrichtige Segenswünsche und die Versicherung unbeirrter Mitarbeit am großen Werk der Schaffung eines innerlich geeinten, sozial befriedigten und nach außen freien Deutschlands" [Morsey, S. 379].

[10] In einem Brief vom Dezember 1917 spricht Brüning von der "mehr als unheimlichen Politik" des Prälaten Kaas. – Über die Einstellung des Kardinalstaatssekretärs und anderer vatikanischer Prälaten zur Mitarbeit der Katholiken im neuen Staat vgl. einerseits den Bericht des bayrischen Gesandten Baron von Ritter vom 24. 4. 1933 [Kaas, Tagebuch, a. a. O. S. 430, Fußnote 34], dessen Glaubwürdigkeit durch das Tagebuch des Prälaten Kaas gestützt wird, andererseits aber die Ausführungen von R. Leiber S.J., a. a. 0. [vgl. Fußnote 2] S. 214 – 217.

genüber keine Oppositionshaltung mehr eingenommen werden dürfe.[11] Von grundsätzlicher Bedeutung wurde dann die Erklärung der Fuldaer Bischofskonferenz, die bereits am 28. März, fünf Tage nach Annahme des Ermächtigungsgesetzes, veröffentlicht wurde. In ihr wurden im Hinblick auf die Erklärungen Hitlers in der Reichstagsrede vom 23. März die jahrelangen entschiedenen "allgemeinen Warnungen und Verbote" gegenüber einer Mitarbeit in der NSDAP zurückgenommen und die Katholiken zur Treue gegenüber der "rechtmäßigen Obrigkeit" ermahnt, obwohl kein Punkt des NS-Parteiprogramms geändert worden war.[12] Damit war die durch die Annahme des Ermächtigungsgesetzes geschaffene Lage auch "geistlich" legitimiert und einer politischen Opposition der Katholiken gegen das neue Regime der innere Rückhalt entzogen.[13]

Der so eingeschlagene Weg mußte schnell zu einer fortschreitenden Annäherung an das NS-Regime führen. Denn um die in Aussicht gestellten kirchen- und kulturpolitischen Sicherungen auch zu erhalten und den christlichen Einfluß nicht zu vermindern, war es erforderlich, das neue Regime voll zu unterstützen und den Versuch zu machen, es durch aktive Mitarbeit von innen zu lenken. So ist für das weitere Verhalten der deutschen Bischöfe eine gewisse Doppelseitigkeit kennzeichnend. Auf der einen Seite verwandten sie sich für die bisherigen Beamten, insbesondere die Zentrumsbeamten, und forderten Freiheit und Selbständigkeit für die kirchlichen Organisationen,[14] auf der

---

[11] So etwa Alphons Nobel, Der Katholik im neuen Reich, Augsburg 1933, S. 10. Es handelt sich um den Wiederabdruck von Leitartikeln aus der "Augsburger Postzeitung". Vgl. auch Morsey, S. 354, Fußnote 10.

[12] Vgl. Germania Nr. 88 vom 29.3.1933; Ecclesiastica, 13. Jg., S. 458. – Nach einer ausdrücklichen Bezugnahme auf Hitlers Erklärungen, welche die Unverletzlichkeit der katholischen Glaubenslehre und die Geltung der bestehenden Konkordate garantierten, heißt es: "Ohne die in unseren früheren Maßnahmen liegende Verurteilung bestimmter religiös-sittlicher Irrtümer aufzuheben, glaubt daher der Episkopat das Vertrauen hegen zu können, daß die vorbezeichneten allgemeinen Verbote und Warnungen nicht mehr als notwendig betrachtet zu werden brauchen. Für die katholischen Christen, denen die Stimme ihrer Kirche heilig ist, bedarf es auch im gegenwärtigen Zeitpunkte keiner besonderen Mahnung zur Treue gegenüber der rechtmäßigen Obrigkeit ... " – Es ist in diesem Zusammenhang bemerkenswert, daß Vizekanzler v. Papen am 18.3.1933 Kardinal Bertram, dem Vorsitzenden der Fuldaer Bischofskonferenz, einen Besuch abgestattet hatte [Morsey, S. 357].

[13] Nach Robert Leiber S. J., a.a.O. [Fußnote 2], S. 217, war die unmittelbare Reaktion des Kardinalstaatssekretärs Pacelli auf die Erklärung der Bischöfe: "Warum mußten die Bischöfe der Regierung so schnell entgegenkommen? Wenn schon, konnten sie dann nicht gut noch einen Monat auf sich warten lassen?"

[14] Vgl. die Bekanntmachung der Bischöfe der ostdeutschen Kirchenprovinz vom 13.4.1933 und der oberrheinischen Kirchenprovinz vom 15.4.1933 [Eeclesiastica, 13. Jg., S. 457 f.]; ferner den Beschluß der Fuldaer Bischofskonferenz vom 31.5.1933 zur Frage der Jugendverbände, in dem es unter anderem heißt: "Eine Staatsauffassung, nach der die gesamte Jugend ausschließlich vom Staat erfaßt und erzogen werden soll, innerhalb oder außerhalb

andern Seite hörte das katholische Volk von ihnen mehr und mehr Aufforderungen zur Mitarbeit am "neuen Staat" und zur positiven Einordnung in ihn. Diese Aufforderungen mochten nicht wenige Katholiken als in erster Linie taktisch gemeint verstehen, vor allem jene, die noch überzeugte Gegner des NS-Regimes waren; im ganzen jedoch kann jenen Aufforderungen eine bedeutsame Wirkung in der katholischen und allgemeinen Öffentlichkeit nicht abgesprochen werden. Dies um so weniger, als die Zentrumspartei durch den Rom-Aufenthalt des Prälaten Kaas, der den Parteivorsitz nicht zuvor niedergelegt hatte, zunächst buchstäblich kopflos war [Morsey, S. 370 f., 377 ff.].

Bereits am 25. April ließ Erzbischof Gröber von Freiburg auf der Diözesansynode keinen Zweifel darüber, daß die Katholiken "den neuen Staat nicht ablehnen dürfen, sondern ihn positiv bejahen und in ihm unbeirrt mitarbeiten müssen".[15]

Kardinal Bertram erklärte in einer Ansprache in Beuthen am 4. Mai, die neue Regierung wolle die katholische Kirche nicht nur dulden, sondern lege größten Wert darauf, "daß die Kirche ihre Kräfte im Volksleben entfalte". Diesem Bewußtsein entspringe das "Hochgefühl", mit dem die Katholiken die Mitarbeit leisteten.[16]

Am 5. Mai erging ein gemeinsamer Hirtenbrief der bayerischen Bischöfe, in dem das Programm der neuen Regierung als Wille zu einer geistigen, sittlichen und wirtschaftlichen Erneuerung des Volkes gekennzeichnet und zur Zusammenarbeit aller, die ihr Vaterland lieben, aufgerufen wurde: "Niemand darf jetzt aus Entmutigung oder Verbitterung sich auf die Seite stellen und grollen; niemand, der zur Mitarbeit ehrlich bereit ist, darf aus Einseitigkeit und Engstirnigkeit auf die Seite gestellt werden."[17]

Am 3. Juni folgte dann der programmatische Hirtenbrief aller deutschen Bischöfe. Die erwähnte Doppelseitigkeit kommt hier besonders deutlich zum Ausdruck. Einerseits werden die Prinzipien des NS-Staates, insbesondere die überaus starke Betonung der Autorität, bejaht, anderseits aber bestimmte Ansichten und Methoden der NSDAP abgelehnt und etliche Forderungen für die Freiheit und Wirkungsmöglichkeit der Kirche und der katholischen Organisationen erhoben. Der Schlußpassus enthält dann die folgenden Sätze: "Geliebte Diözesanen! Wenn wir deutschen Bischöfe die aufgezählten Forderungen erheben, so liegt darin nicht etwa ein versteckter Vorbehalt dem neuen Staat gegenüber. Wir wollen dem Staat um keinen Preis die Kräfte der Kirche entziehen, und wir dürfen es nicht, weil nur die Volkskraft und die Gotteskraft,

---

der Schule ..., lehnt die Kirche als mit der kirchlichen Lehre unvereinbar ab." Vgl. Die junge Front, 2. Jg., Nr. 26 vom 25.6.1933.
[15] Ecclesiastica, 13. Jg., S. 475.
[16] Vgl. Die junge Front, 3. Jg., Nr. 2 vom 14.1.1934.
[17] Ecclesiastica, 13. Jg., S. 459.

die aus dem kirchlichen Leben unversiegbar strömt, uns erretten und erheben kann." [18]

Wie Morsey [S. 393] berichtet, setzte nach diesem Hirtenwort eine Welle von Austrittserklärungen aus der Zentrumspartei ein.

Es gab freilich auch eine andere Haltung, die uns heute wie ein einsames Fanal politischer Klarsicht und tapferer Entschlossenheit anmutet. Der preußische Landtagsabgeordnete Franz Graf v. Galen, der schon im März Brüning beschworen hatte, dem Reichsermächtigungsgesetz nicht zuzustimmen, legte sein Abgeordnetenmandat nieder, nachdem die Landtagsfraktion des Zentrums unter Führung des Prälaten Lauscher die geschlossene Annahme des nach seiner Auffassung noch weitergehenden preußischen Ermächtigungsgesetzes beschlossen hatte. Er begründete seinen Schritt öffentlich damit, daß es ihm unmöglich sei, freiwillig auf die durch sein Mandat übernommenen verfassungsmäßigen Aufgaben zu verzichten und dadurch die Mitverantwortung für die auf Grund der Ermächtigung ergehenden Gesetze zu übernehmen. [19]

Den Höhepunkt erreichte die Unterstützung des NS-Regimes durch die deutschen Bischöfe bei und nach Abschluß des Reichskonkordats im Juli

---

[18] Germania, Nr. 159 vom 12. 6. 1933; Ecclesiastica, 13. Jg., S. 468. Der Abschnitt über die Autorität lautet: "Neben der gesteigerten Liebe zum Vaterland und Volk kennzeichnet sich unsere Zeit durch eine überraschend starke Betonung der Autorität und durch die unnachgiebige Forderung der organischen Eingliederung der Einzelnen und der Körperschaften in das Ganze des Staates. Sie geht damit vom naturrechtlichen Standpunkte aus, daß kein Gemeinwesen ohne Obrigkeit gedeiht und die willige Einfügung in das Volk und die gehorsame Unterordnung unter die rechtmäßige Volksleitung die "Wiedererstarkung der Volkskraft und Volksgröße gewährleisten." Nach einer Bezugnahme auf den Wert und Sinn der Autorität innerhalb der Kirche heißt es weiter: "Es fällt deswegen uns Katholiken auch keineswegs schwer, die neue starke Betonung der Autorität im deutschen Staatswesen zu würdigen und uns mit jener Bereitschaft ihr zu unterwerfen, die sich nicht nur als eine natürliche Tugend, sondern wiederum als eine übernatürliche kennzeichnet, weil wir in jeder menschlichen Obrigkeit einen Abglanz der göttlichen Herrschaft und eine Teilnahme an der ewigen Autorität Gottes erblicken."

[19] Die Erklärung wurde in der Germania Nr. 143 vom 26.5.1933 und in der gesamten Provinzpresse des Zentrums veröffentlicht. Die entscheidenden Stellen lauten: "Wenn ich jetzt mein Mandat zum preußischen Landtag niederlege, so glaube ich dadurch zur Zeit am besten der mir durch dieses Vertrauen auferlegten Verpflichtung zu entsprechen... Ich für meine Person glaubte, nicht freiwillig verzichten zu dürfen auf die Möglichkeit, die bei der Annahme des Mandats übernommenen Aufgaben zu erfüllen. Durch die Annahme des verfassungsändernden Gesetzes wurde dieser Verzicht der gewählten Abgeordneten bindend festgelegt und ihnen dadurch auch die Mitverantwortung für alle auf Grund der Ermächtigung zu erlassenden Gesetze auferlegt. Nach dieser Entscheidung das Mandat beizubehalten, war nach meiner Auffassung unmöglich." – Innerhalb der preußischen Zentrumsfraktion, der etliche prominente Persönlichkeiten angehörten, blieb Graf Galen mit seinem Entschluß allein; vom Abgeordneten Letterhaus ist allerdings bekannt, daß er, um nicht im Sinne des Fraktionsbeschlusses stimmen zu müssen, sich der Abstimmung durch Fernbleiben überhaupt entzog.

1933.[20] Man sah Hitler, trotz der früheren entschiedenen Warnungen und obwohl sein Eintreten für die Mörder von Potempa kaum vergessen sein konnte, offenbar ziemlich vorbehaltlos als die neue Obrigkeit an, hielt ihn daher für vertragsfähig und war bereit, seine Worte für Erklärungen eines Staatsmannes zu nehmen. So schien es jeder Berechtigung zu entbehren, nun noch Zweifel an den Zielen der neuen Staatsführung zu haben. Die bischöflichen Kundgebungen, die Verlautbarungen von Ordensobern, Verbandsvorsitzenden und Organisationen [auch zum Beispiel der Görresgesellschaft] gingen oft weit über das Maß diplomatischer Rücksicht und hergebrachter Konzilianz hinaus. Um sich kein falsches Urteil zu bilden, muß man allerdings berücksichtigen, daß das ganze Ausmaß von Hitlers Verbrechertum damals noch außerhalb des Erfahrungsbereichs lag.

Kardinal Bertram bekräftigte in seinem namens der Fuldaer Bischofskonferenz verfaßten Dankschreiben, daß der Episkopat aller Diözesen Deutschlands, sobald es durch Hitlers Erklärungen ermöglicht worden sei, sogleich "die aufrichtige und freudige Bereitschaft" ausgesprochen habe, mit der neuen Regierung zusammenzuarbeiten, "die die Förderung von christlicher Volkserziehung, die Abwehr von Gottlosigkeit und Unsittlichkeit, den Opfersinn für das Gemeinwohl und den Schutz der Rechte der Kirche zum Leitstern ihres Wirkens gemacht hat".[21]

Kardinal Faulhaber schloß seinen von höchster Anerkennung für die "weltgeschichtliche" Tat Hitlers getragenen handschriftlichen Brief mit der Versicherung: "Uns kommt es aufrichtig aus der Seele: Gott erhalte unserem Volk unseren Reichskanzler"; er hob ausdrücklich hervor, welche "Großtat" dieser Handschlag mit dem Papsttum für Deutschland" Ansehen "nach Westen und Osten und vor der ganzen Welt" bedeute.[22]

In einem Dankgottesdienst aus Anlaß des Konkordatsabschlusses mahnte Erzbischof Gröber die Gläubigen, nicht irrezuwerden am guten Willen unserer Staatsführung; er habe das "unerschütterliche Vertrauen", daß der Führer fest zu seinem Werk stehe. Einige Zeit später versicherte er, daß er sich "rest-

---

[20] In der katholischen Öffentlichkeit wurde der Abschluß des Reichskonkordats allgemein als ein epochales Ereignis gefeiert und aufs wärmste begrüßt. Statt vieler Stimmen, die angeführt werden könnten, vgl. etwa Eduard Hegel, Gedanken zum Reichskonkordat: Zeit und Volk I, S. 25 ff., und Ivo Zeiger S. J., Das Reichskonkordat: Stimmen der Zeit, Bd. 126 [1933/34], S. 1 ff. Zeiger sah das Konkordat als etwas "ganz Großes" und als Ausdruck einer "Umschichtung des Denkens" auf religiös-kirchenpolitischem Gebiet an. Das Ermächtigungsgesetz erhielt für ihn nun eine besondere Legitimation, weil es die Voraussetzungen geschaffen habe, daß der Wille der Regierung ungehindert von den "Wucherungen des parlamentarischen Systems" zum Durchbruch kommen könne [S. 2/3].

[21] Der genaue Wortlaut in Ecclesiastica, 13. Jg., S. 322, und bei A. Kupper, Zur Geschichte des Reichskonkordats. Stimmen der Zeit, Bd. 163 [1958/59], S. 367.

[22] Vollständiger Wortlaut bei Kupper, a. a. 0. S. 367/68.

los" hinter die Reichsregierung und das neue Reich stelle. [23] – Ähnlich erklärte Bischof Berning von Osnabrück anläßlich seiner Vereidigung als preußischer Staatsrat: "Die deutschen Bischöfe haben schon längst den neuen Staat bejaht, nicht allein versprochen, seine Autorität anzuerkennen, wie das für jeden Katholiken selbstverständlich ist. Wir dienen dem Staat mit heißer Liebe und allen unseren Kräften." [24]

In gleiche Richtung gingen Aufrufe und Verlautbarungen der Bischöfe Bornewasser von Trier, Kaller von Ermland, der Weihbischöfe Baumann in Paderborn und Burger in Freiburg sowie des Kapitularvikars Steinmann von Berlin. [25]

Der deutsche Episkopat mochte glauben, auf diese Weise das NS-Regime und den inneren Aufbruch des Jahres 1933 in die Richtung einer christlich-autoritären Staatsordnung zu lenken und so alles zum Guten zu wenden. Es zeigte sich jedoch schnell, wie sehr er dabei der Gefangene seiner eigenen Politik geworden war. Hitler hatte bereits unmittelbar nach der Märzwahl mit der ihm eigenen politischen Witterung erkannt, daß ein wirklicher Einbruch in den katholischen Volksteil zugunsten des Nationalsozialismus sich nur erringen lasse, "wenn die Kurie die beiden Parteien [Zentrum und BVP] fallenlasse" [Morsey, S. 354]. Auf dieses Ziel hatte er dann konsequent hingearbeitet, wobei es für ihn einerlei war, ob dieses "Fallenlassen" von seiten des Vatikans oder von seiten der deutschen Bischöfe erfolgte.

Indem die deutschen Bischöfe um erhoffter und in Aussicht gestellter kirchen- und kulturpolitischer Sicherungen und der Erhaltung "christlichen" Einflusses willen ihre Autorität sogleich, ohne daß schon eine äußere oder

---

[23] Einerseits Germania Nr. 225 vom 17. 8. 1933, Zeit und Volk I, S. 221; anderseits Ecclesiastica, 13. Jg., S. 475. Mit diesen Äußerungen ist die Behauptung von R. Leiber S. J. [a. a. O. S. 219], Erzbischof Gröber habe im Juli 1933 die Wirkungen des Konkordats kühl überlegend dahin beurteilt, daß es der Kirche in Deutschland wenigstens einige Monate Waffenstillstand gebe, schwer zu vereinbaren.

[24] Ecclesiastica, 13. Jg., S. 477; Zeit und Volk I, S. 441.

[25] Bischof Bornewasser am Christkönigsfest 1933 im Dom zu Trier: "Aufrechten Hauptes und festen Schrittes sind wir eingetreten in das neue Reich und sind bereit, ihm zu dienen mit dem Einsatz aller Kräfte unseres Leibes und unserer Seele" [Ecclesiastica. 13. Jg., S. 477]. Bischof Kaller schloß einen Aufruf zur Mitarbeit am Neubau des Reiches, der Wirtschaft und der Jugendarbeit mit dem Appell: "Aktivisten wollen wir sein" [Unsere katholischen Aufgaben heute. Zeit und Volk I, S. 91–93). Weihbischof Baumann sprach in Zeit und Volk I, S. 688, von der "selbstverständlichen" Einordnung in den neuen Staat und der "ebenso selbstverständlichen" Mitarbeit beim Neuaufbau unseres Volkes; Weihbischof Burger erklärte: "Die Ziele der Reichsregierung sind schon längst die Ziele unserer katholischen Kirche" [Unser Wille zur Tat. Zeit und Volk l, S. 181 f.]. Kapitularvikar Steinmann auf dem katholischen Jugendtreffen im Neuköllner Stadion am 20. August 1933: "Was wir alle ersehnt und erstrebt haben, ist Tatsache geworden. Wir haben ein Reich und einen Führer, und diesem Führer folgen wir treu und gewissenhaft" [Ecclesiastica. 13. Jg., S. 476].

innere Notlage der Kirche gegeben war, zugunsten des noch keineswegs gefestigten NS-Regimes in die Waagschale warfen und sich teilweise sehr nachdrücklich für den Konkordatsabschluß einsetzten, halfen sie nicht nur – gewollt oder ungewollt – das NS-Regime stabilisieren, sondern banden sich auch selbst die Hände. Sie waren nun auf die Linie der einmal abgegebenen Treuebekenntnisse lange Zeit festgelegt, schon um nicht irgendeinen Anlaß zu geben, der die Verwirklichung des von NS-Seite ohnehin nicht ernst gemeinten Konkordats in Frage stellen konnte.

So ergingen zur Volksabstimmung und Reichstagswahl am 12. November 1933 in den meisten Diözesen – auch von dem neuernannten Bischof von Münster, Clemens August Graf v. Galen, dem späteren "Löwen von Münster" – Kanzelverkündigungen, die eine Stimmabgabe im Sinne der Reichsregierung, teils auch im Sinne der NSDAP nahelegten.[26]

Die Erklärung der bayerischen Bischöfe wich allerdings von den übrigen insofern ab, als sie schon einen leicht kritischen Unterton enthielt und die Stimmabgabe, soweit die Reichstagswahl in Frage stand, ausdrücklich freistellte; ihre Verkündung wurde von NS-Seite unterdrückt.[27]

Der gemeinsame Hirtenbrief vom Juni 1934, der schon ernste Mahnungen und eine kaum verhüllte Kritik an den neuen christentumsfeindlichen Äußerungen und Ansprüchen des Nationalsozialismus enthielt, wurde nicht verlesen, um die wieder in Gang gekommenen Verhandlungen über die Ausführung des Reichskonkordats nicht zu erschweren.[28]

In diesem Zusammenhang verdient daher festgehalten zu werden, daß – soweit bisher bekannt – Heinrich Brüning als einziger prominenter katholischer Politiker den Vatikan nachdrücklich vor dem Abschluß des Reichskonkordats gewarnt hat.[29]

---

[26] Die Erklärung des Kardinals Bertram vom 9.11.1933, die auch für die Erzdiözese Köln übernommen wurde [Ecclesiastica, 13. Jg., S. 478/79], betont zwar die Abstimmungsfreiheit in rein politischen Angelegenheiten, mahnt dann aber: "Doch wolle dabei sich jeder der Verpflichtung bewußt sein, die Autorität der Regierung nach bestem Wissen und Gewissen zu stützen" [Germania Nr. 309 vom 9.11.1933]. Der Aufruf des Bischofs von Münster, dem sich die Bischöfe von Osnabrück und Freiburg und der Kapitularvikar Berlin anschlossen, geht in die gleiche Richtung. Es heißt darin u. a.: "Es erscheint ... uns als vaterländische Pflicht, dem deutschen Vaterland und Volk wie bisher, so auch in der gegenwärtigen Schicksalsstunde die Liebe und Treue zu bewahren und am 12. November die Einmütigkeit mit den übrigen Volksgenossen zu beweisen." [Der Text bei P. Weinberger, Kirche und Drittes Reich im Jahre 1933, Werkhefte katholischer Laien Jg. 1958, S. 94. auch Germania Nr. 309 vom 9.11.1933.]

[27] Vgl. Ecclesiastica, 13. Jg., S. 480; dort auch Hinweise über die Unterdrückung des Aufrufs. Ferner Deuerlein, Reichskonkordat, S. 138 f.

[28] Vgl. W. Gurian, Der Kampf um die Kirche im Dritten Reich, Luzern 1936, S. 101 f.; Bracher-Sauer-Schulz, Die nationalsozialistische Machtergreifung, Opladen 1960, S. 345.

[29] Vgl. Morsey, S. 406. Die Feststellung von R. Leiber S.J., a. a. O. S. 219, daß niemand,

Es waren indessen nicht nur die Bischöfe, die im Jahre 1933 das NS-Regime bejahten und zu seiner Unterstützung aufriefen. Auf der einen Seite folgte das katholische Volk, von den Grundsätzen der Zentrumspolitik ehrlich überzeugt, nur zögernd dem neuen Zug der Zeit. Und auch nicht wenige katholische Intellektuelle und Politiker, wie etwa Konrad Adenauer, Heinrich Brüning, P. Gustav Gundlach, Josef Schmidlin und Georg Schreiber, beendeten alsbald ihre öffentliche Wirksamkeit im katholischen Raum und zogen sich in die stille Opposition zurück. Auf der anderen Seite aber wurde nun eine zahlenmäßig zunächst nicht sehr starke geistige Führungsschicht laut, deren Echo sich allerdings schnell verstärkte und die alsbald den Weg nach vorn und nach oben fand. Sie suchte die Prinzipien der neuen Ordnung zu verteidigen, mehr oder minder fundamentale Übereinstimmungen zwischen katholischem und NS-Gedankengut festzustellen und den Anbruch des NS-Reiches als eine große und positive geschichtliche Wende zu begreifen. Bei mancherlei Differenzierung im einzelnen war das Verbindende ein tief verwurzelter Antiliberalismus, aus dem sich die Ablehnung von Demokratie und moderner Gesellschaft, die Hinneigung zu autoritärer Regierung, Führertum und "organischer Volksordnung" von selbst ergab. Hinzu trat die erklärte Feindschaft gegen den Bolschewismus, den man als unmittelbare Bedrohung empfand, und der Ärger über die verbreitete "öffentliche Unsittlichkeit". [30]

Diese neue Führungsschicht fand auch, was von der Zeit her gesehen nicht weiter verwunderlich ist, ihren starken publizistischen Ausdruck. Zeitschriften und Schriftenreihen wurden gegründet, die es als ihre Aufgabe betrachteten, "dem Aufbau des Dritten Reiches aus den geeinten Kräften des nationalsozialistischen Staates und des katholischen Christentums" zu dienen. [31] Aus der

---

der befragt worden sei, den Konkordatsabschluß widerraten habe, bezieht sich, was nicht übersehen werden darf, nur auf Befragte, und zwar "in Rom" Befragte.

[30] Die Bekämpfung der Gottlosigkeit, des Bolschewismus und der "öffentlichen Unsittlichkeit" erschien auch in nahezu allen bischöflichen Verlautbarungen als besonderes Verdienst, vereinzelt sogar als "Rettungswerk" der NS-Regierung, das den Dank und die Mitarbeit der Katholiken verdiene. Vgl. insbesondere den Hirtenbrief der bayerischen Bischöfe vom 5.5.1933 [Fußnote 17], den gemeinsamen Hirtenbrief vom 3.6.1933 [Fußnote 18], die Ansprache von Bischof Bornewasser [Fußnote 25] und die des Bamberger Erzbischofs von Hauck. Zeit und Volk I, S. 1054.

[31] So ausdrücklich die Schriftenreihe "Reich und Kirche", Verlag Aschendorff, Münster. Die Zeitschriften waren: "Deutsches Volk", hrsg. von mehreren Präsides der katholischen Gesellenvereine und den Professoren Wilhelm Schwer und Theodor Brauer, und die Wochenschrift "Zeit und Volk" [Verlag Kösel-Pustet], die unter der Schriftleitung von Axel Emmerich [Edgar Alexander] und H. J. Krumbach erschien. Der Mitherausgeber und Verlagsleiter, Paul Siebertz, sah in Hitler den "Mann mit starkem Verantwortlichkeitsgefühl" und hielt es für "Gewissenspflicht, alles daranzusetzen, den Reichskanzler bei der Verwirklichung ... seines Regierungsprogramms zu unterstützen" [Zeit und Volk I, S. 7/8]. A. Emmerich trat bereits nach der zehnten Nummer von der Zeitschrift zurück und zwar, wie er berichtet, deshalb, weil ihm infolge der Einflußnahme dritter Stellen auf den Inhalt der Zeitschrift die

Vielfalt der Stimmen, die sich zu Wort meldeten, darf man jedoch keinen unmittelbaren Schluß auf die innere Gesamtsituation des deutschen Katholizismus ziehen. Es läßt sich heute nicht mehr ausmachen, wieweit diese Stimmen ein positives Echo fanden oder ohne Wirkung verhallten. Wer anderer Auffassung war, hatte es sehr viel schwerer, dies öffentlich auszusprechen. Anderseits wäre es verfehlt, die Bedeutung dieser Stimmen für das geistige Klima und die öffentliche Meinung im deutschen Katholizismus gering einzuschätzen. Dagegen spricht ihre Vielzahl, das Gewicht der Autoren und die innere Übereinstimmung mit den Verlautbarungen der Bischöfe.

Von fachtheologischer Seite waren es vor allem Michael Schmaus und Josef Lortz, die auf der Grundlage des antiliberalen katholischen Autoritäts- und Ganzheitsdenkens eine Brücke zwischen Katholizismus und Nationalsozialismus zu schlagen suchten.[32] Schmaus erschien der Nationalsozialismus als der radikale Gegensatz zu Liberalismus und Bolschewismus, gegen deren Unnatur er die "naturgegebenen Ordnungen und Wirklichkeiten" wieder zu ihrem Recht bringe. "Die Tafeln des nationalsozialistischen Sollens und die der katholischen Imperative stehen freilich auf verschiedenen Ebenen des Seins, jene in der natürlichen, diese in der übernatürlichen Ebene ... Aber sie weisen in dieselbe Wegrichtung." Den Totalitätsanspruch des NS-Staates hielt Schmaus für ungefährlich, da er durch das Reichskonkordat seine authentische Interpretation erfahren habe.[33]

Eben diesen Totalitätsanspruch anzuerkennen und ein "volles Ja" zum Nationalsozialismus zu sprechen, war die Aufforderung von J. Lortz. Er mochte dabei freilich mehr an ein autoritäres als an das sich bald verwirklichende totalitäre Regime denken. Wie Schmaus stellte Lortz grundlegende Verwandtschaften zwischen Katholizismus und Nationalsozialismus fest und glaubte, in diesem eine Aufbruchsbewegung gegen eine Zersetzung, von mindestens sechshundert Jahren sehen zu können, eine Aufbruchsbewegung, die im Tiefsten auch dem Gläubigsein den Weg bereite.[34]

    Vertretung katholischer Grundsätze unmöglich gemacht worden sei; vgl. E. Alexander, Der Mythos Hitler, Zürich 1937, S. 387.

[32] Die im folgenden angeführten Schriften von M. Schmaus, J. Lortz und J. Pieper erschienen in der Schriftenreihe Reich und Kirche.

[33] Michael Schmaus, Begegnungen zwischen katholischem Christentum und nationalsozialistischer Weltanschauung, Münster 1933, S. 31; ferner S. 22.

[34] Josef Lortz, Katholischer Zugang zum Nationalsozialismus kirchengeschichtlich gesehen, Münster 1933 [Reich und Kirche], S. 5, 21 f. und 26. Lortz hat dann freilich wenige Jahre später, ab 1936, das Schlußkapitel seiner "Geschichte der Kirche", das den Nationalsozialismus bejahte, aus den Neuauflagen gestrichen. – Übereinstimmungen zwischen katholischer und NS-Weltanschauung suchte auch der Theologe Karl Eschweiler, Die Kirche im neuen Reich, Deutsches Volkstum, 1933, S. 451 f., festzustellen, jedoch im ganzen etwas zurückhaltender und nicht ohne Blick für mögliche Gefahrenpunkte. Hingegen sah Hugo Schnell,

Aus dem Gedanken einer umfassenden Kultur- und Volkserneuerung als der Verwirklichung des Naturrechts ergab sich die volle Bejahung des Nationalsozialismus für Jakob Hommes. Der Staats-, Wirtschafts- und Kulturwille des Nationalsozialismus erwies sich für ihn als "Durchbruch des vollen Naturrechts" und bedeutete die "Wiederdurchsetzung der organischen Gemeinschafts- und Kulturverfassung, die Rückkehr zur Natur- und Schöpfungsordnung" und so die eigentümlich deutsche Form der abendländischen Erneuerungsbewegung gegen Liberalismus und Rationalismus. [35] Mit dieser Auffassung stand Hommes nicht allein; die so viel berufene Ehrfurcht vor dem Geschöpflichen und den vorgegebenen Ordnungen, die dem Katholiken eigen sei, gewann nun eine erstaunlich konkrete Gestalt. [36] Die schon erwähnte Abwehrhaltung gegen den Bolschewismus tat ein übriges, um im Nationalsozialismus den natürlichen Bundesgenossen und Beschützer zu sehen. [37]

Auch die ständisch-autoritäre Gesellschaftsordnung und die Sozialpolitik, die das NS-Regime durchführte, fand verbreitete Zustimmung und wurde als Überwindung des Klassenkampfes zugunsten einer naturrechtlich begründeten berufsständischen Ordnung interpretiert, wie sie die Enzyklika Quadragesimo anno empfohlen hatte. Vor allem Theodor Brauer erläuterte und verteidigte die Gesellschafts- und Sozialpolitik des Dritten Reiches in diesem Sinne. [38] Selbst Josef Pieper, dessen Gegnerschaft zum Nationalsozialismus als Weltanschauung zu keiner Zeit zweifelhaft war, meinte feststellen zu können, daß hier die Übereinstimmung der Grundgedanken "wirklich bis in den Kern der

---

Der katholische Mensch im totalen Staat, Zeit und Volk I, S.273 ff., im Totalitätsanspruch des NS-Staates gerade das christliche Moment im Nationalsozialismus.

[35] Jakob Hommes, Katholisches Staats- und Kulturdenken und Nationalsozialismus, Deutsches Volk I, S. 285 ff.; ders., Nationalsozialismus, Katholizismus und Staatslexikon, ebd., Seite 342 ff. Hommes meinte, es wäre interessant und reizvoll, zu zeigen, "wieviel nationalsozialistisches Gedankengut in den Rundschreiben der Päpste vom Naturrecht her enthalten ist" [S. 346].

[36] Vgl. etwa Axel Emmerich [Edgar Alexander], Überwindung des Liberalismus, Zeit und Volk I, S. 110 ff.; Wilhelm Spael, Der Katholik in der neuen Staatswirklichkeit, ebd. S. 637 ff.; Heinrich Lützeler, Der europäische Sinn der deutschen Wende, ebd. S. 672 ff.; den redaktionellen Bericht "Nationalsozialismus und Katholizismus" in Deutsches Volk I, S. 309 ff.; Wilhelm Reinermann, Von der nationalen Revolution zur nationalen Volksgemeinschaft, ebd. S. 29 ff.

[37] Die Anerkennung der bolschewistischen Gefahr führte auch F. A. Kramer, den nachmaligen Begründer des "Rheinischen Merkur", zur Bejahung und Legitimierung der NS-Machtergreifung. Vgl. Zeit und Volk I, S. 188 – 191, insbesondere S. 191.

[38] Vgl. die verschiedenen Aufsätze Theodor Brauers in der Zeitschrift Deutsches Volk, Jg. 1 und 2, ferner seine Broschüre: Der Katholik im neuen Reich. Seine Aufgabe und sein Anteil. München 1933. – Eine ziemlich deutliche Warnung vor einer Gleichsetzung von NS-Gesellschaftspolitik und berufsständischer Ordnung enthielt demgegenüber der Aufsatz von Gustav Gundlach S. J., Fragen um die berufsständische Ordnung, in Stimmen der Zeit, Bd. 125 [1933], S. 127 – 137.

christlichen Gesellsthaftsethik und bis in die gemeinsame Brunnenstube aller sozialpolitischen Antriebe des nationalsozialistischen Staates hinabreicht". [39]

Ein anderer Weg zur positiven Bejahung und Unterstützung des NS-Staates führte über die theologische Aufwertung und Ausdeutung des Reichsgedankens zu einer theologisch-politischen Reichsideologie. Sie war vor allem in der katholischen Jugendbewegung, bei den deutschen Benediktinern und in der katholischen Akademikerschaft verbreitet. Den geistigen Hintergrund bezeichnet der Universalismus Othmar Spanns und der Aufbruch zu Gemeinschaft und Ganzheit, der in der Jugendbewegung lebendig war. Das "Reich" erschien als die eigentlich katholische, weil ganzheitliche Form politischer Ordnung, als die Hereinnahme auch der politischen Welt in die Erlösungsordnung und somit als die christlich-katholische Gegenposition zum modernen, individualistischen und säkularisierten Staat. Reichspolitik war demnach katholische Politik, und das Reich Adolf Hitlers bedeutete den Aufbruch und die Möglichkeit zu neuer organisch-ganzheitlicher und substanzhaft-christlicher Ordnung, den Übergang aus dem seit 1803 währenden Interregnum zu einem neuen Definitivum, in dem imperium und sacerdotium, wie es das Konkordat bestätigte, wieder zu ihrer eigentlichen Aufgabe und Kraft befreit wurden. [40] So ergab sich auch hier der Ruf zur positiven Mitarbeit im NS-Staat und zur Einordnung in ihn. [41]

Erwägungen ähnlicher Art hatten auch bei der Gründung des Bundes "Kreuz und Adler" mitgewirkt, die Anfang April 1933 unter der Schirmherrschaft Papens erfolgt war. Der Bund wollte konservative Katholiken auf überparteilicher Grundlage als Gegengewicht gegen das Zentrum sammeln und sie

---

[39] Josef Pieper, Das Arbeitsrecht des neuen Reiches und die Enzyklika Quadragesimo anno, Münster 1934 [Reich und Kirche], S. 6. Bemerkenswerterweise hat der Verfasser zwei Monate später die Schrift zurückgezogen. Im Oktober 1934 erschien der Traktat "Vom Sinn der Tapferkeit", in dem Pieper der Verfälschung der ethischen Grundbegriffe durch den Nationalsozialismus entgegentrat.

[40] Vgl. im einzelnen: A. Mirgeler, Die deutschen Katholiken und das Reich, in Schildgenossen, 13. Jg., S. 53 ff.; Robert Grosche, Der Kampf um den Reichsgedanken im politisch-geistigen Leben der Gegenwart. Deutsches Volk I, S. 91 ff., insbesondere S. 96–98; ders., Die Grundlagen einer christlichen Politik der deutschen Katholiken, in Schildgenossen, 13. Jg., S. 46 ff.; Friedrich Muckermann S.J., Volk, Führer und Reich, in Zeit und Volk I, S. 183/184; Damasus Winzen O. S. B., Gedanken zu einer "Theologie des Reiches", in Catholica, 2. Jg. [1933], S. 97 ff., insbesondere S. 112–115.

[41] Dem diente insbesondere die Dritte Soziologische Studientagung des Katholischen Akademikerverbandes in Maria Laach vom 21.–23. Juli 1933!; vgl. dazu den von innerer Zustimmung getragenen Bericht von F. A. Frhr. von der Heydte, Katholizismus, Nationalsozialismus und Reichsidee, in Zeit und Volk I, S. 207 ff., dessen Schlußsatz lautet: "Aus allen Vorträgen und Reden der Tagung sprach das Bewußtsein der Verantwortung gegenüber Kirche und Volk … und der zielbewußte Wille zum Dienst am Volk und zum Dienst am Reich im nationalsozialistischen Staat und in der nationalsozialistischen Bewegung."

zur Mitarbeit am Neuaufbau des Reiches veranlassen. Ihm gehörten katholische Adlige wie F. Frhr. v. Lüninck, Professoren wie Otto Schilling, Theodor Brauer und Karl Hugelmann, Publizisten wie Emil Ritter, ferner Eugen Kogon, Albert Mirgeler und andere an. [42]

Der hochangesehene Abt von Maria Laach, Ildefons Herwegen, machte sich in besonderer Weise zum Interpreten einer religiösen Überhöhung des Führerprinzips und der auf den volkhaften Kräften von Blut und Boden aufbauenden Ordnung. An ihr mitzuwirken, forderte er die Katholiken verschiedentlich auf: [43]

"Volk und Staat sind wieder Eins geworden durch die Tat des Führers Adolf Hitler. Weil der Führer aus der Einsamkeit des Dienens und Opferns heraus, getragen von einem unbeirrbaren Glauben an das deutsche Volk, dieses wieder zu freudigem Bekenntnis zu sich selbst gebracht hat, ist er zu Millionen gewachsen."

"Auf den Glauben des Führers an das Volk antwortet die Gefolgschaft des Volkes. Die treue Gefolgschaft aller gegenüber dem Einen schafft ein neues Gemeinschaftserlebnis das unser Volk zurückfinden läßt zu den letzten Wurzeln seiner Gemeinsamkeit: zu Blut, Boden und Schicksal." [44]

Es war also keineswegs etwas Außergewöhnliches, wenn Franz v. Papen in seiner viel beachteten Kölner Rede vor den Novemberwahlen 1933 die Katholiken zur treuen Gefolgschaft gegenüber dem Führer und zur Mitarbeit am begonnenen Bau eines neuen christlichen Reiches aufrief. [45]

Wenn so von überallher die Aufforderung zur positiven Mitarbeit im NS-Staat erscholl, konnten die konkreten praktischen Auswirkungen nicht lange

---

[42] Vgl. Deutsches Volk I, S. 68 und Morsey, S. 373, Fußnote [39].

[43] So auf einer Kundgebung in Köln Ende Mai 1933 [vgl. Morsey, S. 390] und in einem Vortrag in Bonn [vgl. Zeit und Volk I, S. 275].

[44] Ildefons Herwegen O. S. B., Deutsches Heldentum in christlicher Verklärung, in Deutsches Volk I, S. 121 – 125 [122].

[45] F. v. Papen, Der 12. November 1933 und die deutschen Katholiken. Münster 1934 [Reich und Kirche]. – Einen besonderen Weg in der Bejahung und Unterstützung des NS-Staates im Jahre 1933 ging Carl Schmitt. Er war weder ein Vertreter des christlichen Naturrechts noch stand er auf dem Boden der organischen Staatslehre oder der Reichsideologie. Als Staatsrechtslehrer hatte er 1931/32 die autoritäre Regierung der Präsidialkabinette als die nach seiner Auffassung letzte Chance der Weimarer Verfassung juristisch verteidigt. Nun, nach der Annahme des Ermächtigungsgesetzes, begründete und verteidigte er die neue Ordnung der sich stabilisierenden NS-Herrschaft. In scharfer Wendung gegen den "demokratischen Funktionalismus" von Weimar und die Abstraktheit und Inhaltlosigkeit des bürgerlichen Rechtsstaates stellte er die neue Dreiheit von "Staat, Bewegung, Volk" als arteigene politische Ordnung des deutschen Volkes heraus, in der gegen liberalistische Auflösung wieder eine substanzhafte Gerechtigkeit und ein Denken von konkreten Ordnungen her zur Geltung komme. Die diesbezüglichen Veröffentlichungen sind in der von P. Tommissen zusammengestellten Bibliographie [Festschrift für Carl Schmitt, Berlin 1959] vollständig verzeichnet.

auf sich warten lassen. Das Verhalten der katholischen Gesellenvereine und der katholischen Studentenverbände gibt dafür ein treffendes Beispiel. Sie alle bildeten schon während des Frühsommers 1933 ihre Organisationen nach dem Führerprinzip um und bekannten sich nachdrücklich zu Prinzipien und Gestalt der neuen Ordnung.

Auf dem deutschen Gesellentag in München im Juni 1933 deutete Generalsekretär J. Nattermann den Aufbau des neuen Reiches als Gottes Ruf aus deutschem Wesen zum entscheidenden Schlag gegen den Bolschewismus. "Wiederum hat die deutsche Nation den Schild des heiligen Reiches gegen Unglauben und Heidentum geführt. Wiederum war das deutsche Volk seiner alten Sendung getreu. So, deutsche Jugend, deute ich die Stunde unserer Gegenwart." – Kurze Zeit später, anläßlich der großen Kolpingswallfahrt nach Trier im August 1933, erklärte er, der Volkskanzler Adolf Hitler und der Gesellenvater Adolf Kolping könnten sich zu ihren verschiedenen Aufgaben die Hand reichen, und betonte "erneut", daß er sich freue, "wenn aus echten treuen Kolpingsöhnen ebenso treue SA- und SS-Männer werden". [46]

Der neu bestellte Verbandsführer des UV, Erbprinz Karl zu Löwenstein, verlangte auf der Generalversammlung des UV im Sommer 1933 die "ehrliche Bereitschaft, an den großen Aufgaben der neuen Zeit mit besten Kräften mitzuarbeiten". Die neue Aufgabe der Studentenverbände, Erziehungsgemeinschaften zum NS-Staat zu sein und ein Stück der volkserzieherischen Arbeit des Nationalsozialismus zu verwirklichen, wurde von ihm mehrfach ohne Vorbehalt bejaht. [47]

Ähnlich bekundeten KV und RKDB bei ihrem Zusammenschluß zur Katholischen Burschenschaft [KB] Anfang September 1933: "Wir wollen die Burschenschaft, weil wir die Einheit des katholischen und des deutschen Studentums unter nationalsozialistischer Zielsetzung wollen." [48]

---

[46] Johannes Nattermann, Gott und Volk, Ansprache auf der ersten Kundgebung des deutschen Gesellentages, in Deutsches Volk I, S. 161 – 164 [163]. Die Ansprache in Trier: Zeit und Volk I, S. 228. Vorher hatte Generalpräses Msgr. Hürth unter anderem erklärt: "Ein Bild sah ich heute früh, das mich tief ergriffen hat. Da führte ein SS-Mann stützend eine kranke Frau die Stufen hinauf zum Heiligen Rock, wo sie Trost und Heilung suchte. Sollte das nicht ein Symbol sein?" [ebd.] Vgl. ferner die Entschließung der Zentralversammlung der katholischen Gesellenvereine vom 18./19. September 1933 [Kolpingsblatt vom 1. Oktober 1933]. Sie gab die Dienstbereitschaft im deutschen Volk und seinem Reich kund; unter Führung des Volkskanzlers Adolf Hitler werde so vieles verwirklicht, was den Zielen und Wünschen des Gesellenvaters entspreche.

[47] Vgl. den Bericht über die 69. Generalversammlung des UV in Frankfurt/Main, in Unitas, 73. Jg., S. 120/21; ferner: Erbprinz zu Löwenstein, Der Unitas-Verband in der deutschen Studentenfront [Unitas, 73. Jg., S. 119 f.]; ders., Der Verband in der Zeitenwende [Unitas, 74. Jg., S. 1 f.]; Bericht über die südwestdeutsche Führertagung des UV [Germania Nr. 310 vom 10.11.1933].

[48] Germania Nr. 248 vom 9.9.1933.

Für den Bund Neudeutschland bedeutete das Bundesthing in Freiburg Anfang August 1933 "den Durchbruch zu einer inneren kernhaften Bejahung des nationalsozialistischen Staates auf Grund geistiger Auseinandersetzung", nachdem er sich bereits vorher positiv zum neuen "Staat ohne Parteien" eingestellt hatte.[49]

Zur Volksabstimmung und Reichstagswahl am 12. November 1933 ergingen von den Verbandsführungen Aufrufe, die es als selbstverständlich hinstellten oder von der Pflicht sprachen, im Sinne des Führers zu stimmen. Besonders deutlich war die Erklärung des Verbandsführers des CV, Forschbach: "Alle Männer des CV haben sich in dieser entscheidungsvollen Zeit freudig zu den Fahnen Adolf Hitlers zu bekennen. Wer am 12. November beim Volksentscheid nicht mit "Ja" stimmt und nicht die Reichstagsliste der NSDAP wählt, bricht seinen Burscheneid, weil er in der Stunde größter Gefahr sein Vaterland und sein Volk verrät."[50]

Es war nur folgerichtig, wenn der CV und die Katholische Burschenschaft Anfang 1934 auch das Konfessionsprinzip als "im neuen Staat nicht mehr begründet" aufgaben und auf der Cartellversammlung des CV im April 1934 jeder Verbindungsführer namentlich darauf verpflichtet wurde, für den NS-Staat und seine Führer sowie für die Erziehung aller Mitglieder des CV im nationalsozialistischen Geist einzutreten.[51]

Allerdings verdient erwähnt zu werden, daß wegen dieser zunehmenden Gleichschaltung nicht wenige Angehörige der katholischen Studentenverbände ihre Mitgliedschaft in diesen aufgaben.

Gegenüber dieser allgemeinen Bejahung und Unterstützung des NS-Regimes finden sich offen oppositionelle Stimmen in der katholischen Öffentlichkeit seit März 1933 nicht. Das ist nicht verwunderlich. Das NS-Regime war, sobald es die dazu notwendigen Machtmittel in Händen hatte, nicht mehr

---

[49] Vgl. Heinrich Jansen-Cron, Das Bundesthing, in Leuchtturm, Monatsschrift der neudeutschen Jugend, Jg. 27 [1933], S. 134/135, und die Leitsätze Neudeutsche Jugend und neuer Staat, ebd. S. 136–138. Der Formulierung dieser Leitsätze waren Vorträge von Professor Franz Schnabel über die Geschichte des Reichs in den letzten Jahrhunderten und von Max Müller über Nationalsozialismus und das Reich der Gegenwart mit einer anschließenden Aussprache vorangegangen.

[50] Germania Nr. 306, 6. 11. 1933. Die Erklärung des Führers der KB, Hank, lautete wie folgt: "Die Katholische Burschenschaft bekennt sich zu dem in der Person des Volkskanzlers Adolf Hitler verkörperten politischen Führergedanken, in dem der Geist der Zwietracht und des Streites des liberalen Parteienstaates überwunden und die Einigung unseres Volkes in der großen deutschen Freiheits- und Aufbruchsbewegung des Nationalsozialismus sich vollzogen hat. Darum stellt sich die Katholische Burschenschaft geschlossen und nachdrücklich hinter den Führer, nachdem er das ganze Volk aufgerufen hat, sich am 12. November zu seiner Politik ... zu bekennen."

[51] Die Erklärung über die Aufgabe des Konfessionsprinzips, in Academia, 46. Jg., März/April 1934; über die Münstersche Cartellversammlung ebd., 47. Jg., S. 3/4.

bereit, eine eigentliche Opposition zu dulden, und offene katholische Oppositionsstimmen hatten um so weniger eine Chance, als sie nicht nur den Machthabern entgegengetreten wären, sondern sich auch gegen autoritative Erklärungen der Bischöfe und den weitaus überwiegenden Teil der katholischen öffentlichen Meinung hätten wenden müssen. Sicher hat es auch zahlreiche Andersdenkende gegeben, nicht zuletzt unter dem Seelsorgsklerus, der die neuen Autoritätsträger oft aus unmittelbarer Anschauung und aus ihrem Werdegang kannte, aber sie konnten sich in dieser Situation nur durch Schweigen äußern.

Allerdings war auch die "versteckte" Opposition, die 1933 durchaus noch möglich war, im ganzen gesehen recht spärlich. Immerhin hat die Wochenzeitung Die junge Front, die von Johannes Maaßen geleitet wurde, besonders bis zum Konkordatsabschluß eine vergleichsweise große Zurückhaltung gegenüber dem NS-Regime gewahrt und auch indirekte Kritik nicht gescheut;[52] einige Ausgaben wurden von den Behörden verboten. Auch das Hochland hielt die Linie versteckter Opposition durch und gewährte dem Namen Hitler jetzt und später keinen Einlaß in seine Spalten.[53] Die Stimmen der Zeit ließen hingegen von ihrer anfänglichen Zurückhaltung seit etwa Juni 1933 ab und forderten zur Anerkennung der gegebenen Tatsachen und zur Mitarbeit am neuen Staat auf.[54]

Die vorliegende Darstellung, die sich bewußt auf das Jahr 1933 beschränkt, kann naturgemäß nicht über den tapferen Widerstand berichten, der von Klerikern wie Laien in späteren Jahren gegen die NS-Gewaltherrschaft geleistet worden ist, als die Angriffe gegen Religion, Kirche und Freiheit immer häufiger wurden. Auch nicht darüber, wie etliche von denen, die hier für das Jahr 1933 als entschiedene Befürworter des NS-Regimes in Erscheinung getreten sind, später, ihrer besseren Einsicht folgend, in das Lager der geheimen oder offenen Opposition überwechselten. Auf das Ruhmesblatt des katholischen Widerstandes, das die Namen etlicher Bischöfe, voran den des Kardinals Faulhaber und des Bischofs Graf Galen, der vielen KZ-Inhaftierten und zahlloser

---

[52] Vgl. insbesondere den Artikel Gleichschaltung? von J. M. [Nr. 19 vom 7. 5. 1933] und den Artikel Juden in Deutschland des gleichen Verfassers [Nr. 21 vom 21.5.1933], der sehr mutig für die aufrechten Juden eintritt. Die Einstellung der deutschen Katholiken und ihrer geistlichen Führer zur Judenfrage im Jahre 1933 und später bedürfte dringend einer näheren Untersuchung.

[53] So brachte Hochland nach dem Konkordatsabschluß statt der überall zu hörenden Lobeshymnen auf das Reichskonkordat einen Aufsatz über das napoleonische Konkordat von 1801 und seine politischen und geschichtlichen Auswirkungen – eine im Grunde unmißverständliche Warnung [31. Jg., H. 3., Dezember 1933, S. 242–254].

[54] So Max Pribilla S. J., Nationale Revolution, in Stimmen der Zeit, Bd. 125 [1933], S. 156 ff., insbesondere S. 159–163. Ferner M. Preis S. J., Die Staatsverfassung im totalen Staat, ebd. S. 145 ff. und Ivo Zeiger S. J., Das Reichskonkordat, ebd. Bd. 126, S. 1 ff. [vgl. oben Fußnote [20]].

unbekannter Verfolgter trägt, sei deshalb hier ausdrücklich hingewiesen; es wird durch das geschilderte Verhalten aus dem Jahre 1933 in keiner Weise entwertet. Ebenso wäre es allerdings umgekehrt ein allzu bequemer Ausweg, unter Berufung auf diesen Widerstand und die erlittenen Verfolgungen die Ereignisse des Jahres 1933 zudecken oder vor ihrer nachdenklichen Betrachtung die Augen verschließen zu wollen.

II.

Die Frage, die es sachlich zu klären gilt, ist diese: Wie konnte es dazu kommen, daß die maßgebenden geistlichen und geistigen Führer des deutschen Katholizismus im Jahre 1933 in Hitler und dem NS-Staat Wegbereiter einer umfassenden Erneuerung sahen und nachdrücklich zur positiven Mitarbeit und zur Unterstützung des NS-Regimes aufriefen?

Diese Frage ist noch nicht hinreichend beantwortet, wenn man auf die Möglichkeit des Irrtums hinweist, von der alles menschliche Erkennen und insbesondere das politische begleitet sei, und einen solchen Irrtum eingesteht. Mögen bei den bischöflichen Kundgebungen auch taktische Momente mit im Spiel gewesen sein, im übrigen – und zum Teil auch in ihnen – wurde die Bejahung und Unterstützung des NS-Regimes so prinzipiell und "katholisch" begründet, daß man nach den *inneren* Gründen der "Anfälligkeit" des deutschen Katholizismus für das NS-Regime im Jahre 1933 fragen muß, wenn man nicht von vornherein Opportunismus unterstellen will. Wieweit neben solchen inneren Gründen konkret und tatsächlich vielleicht auch Opportunismus mitbestimmend gewesen ist, läßt sich erst auf Grund noch nicht zugänglicher Quellen entscheiden.

Der Katholik steht seit den Anfängen der modernen, säkularisierten Welt in einer steten Spannung zu ihr. Die Ordnungsformen, die sie hervorbrachte, der moderne Staat und die moderne Gesellschaft, sind ihm von ihrer Entstehung an innerlich fremd geblieben. Sie waren nicht mehr seine Welt, und er fühlte sich in ihnen nie recht zu Haus. Diese allgemeine Spannung erhielt für die deutschen Katholiken eine besondere Verfestigung und spezifische Färbung durch das Erlebnis des Kulturkampfes. In diesem waren die deutschen Katholiken, geistig und existentiell gesehen, sowohl aus dem Staat wie auch aus der Gesellschaft hinausgedrängt worden. Der Staat, in dem sie lebten, war nun in keiner Weise mehr ihr "Haus", und in der immer mehr vom Liberalismus geprägten Gesellschaft galten sie als rückständig und ultramontan. Die Antwort, welche die Katholiken darauf gaben, war die innere Emigration aus Staat und Gesellschaft. Sie suchten und fanden ihren politisch-gesellschaftlichen Standort *außerhalb* von Staat und Gesellschaft – in der Kirche – und bestimmten von diesem Standort her ihr politisches Handeln *im* Staat. Das gemeinsame Eintreten für die Rechte der Religion und der Kirche war seitdem der letztlich bestimmende Grund, der die Katholiken zu politischer Aktion zusammenführte und von anderen politischen Gruppierungen abgrenzte. Der gläubige Katholik entschied auch politisch in erster Linie als Kirchenglied, nicht als Staatsbürger, nachdem einmal eine Alternative zwischen beidem aufgetreten war; sein Staats-Verhältnis war ein gebrochenes. Über diese *innere* Situation dürfen die zahlreichen Bekenntnisse zum nationalen Staat nicht hinwegtäuschen. Sie bieten in Wahrheit eher eine Bestätigung.

Aus dieser Situation ergab sich, daß im politischen Denken der Katholiken die Bereiche von Religion, Kirche und Schule den eigentlichen Kernbestand des Gemeinwohls, der guten politischen Ordnung, ausmachten und demgegenüber alle anderen Bereiche an Bedeutung zurücktraten. Hinzu kam, daß jene Bereiche eine unmittelbare Beziehung zum Naturrecht aufweisen, was ihre prinzipielle Bedeutung im politischen Vorstellungsbild noch erhöhte und sie im Grunde Kompromissen unzugänglich machte. So entstand unter den Katholiken eine spezifische Verengung des politischen Bewußtseins, die sie mehr und mehr der Fähigkeit beraubte, im Ernstfall wirklich politisch, nämlich vom Ganzen her und auf das Ganze hin, zu urteilen und zu entscheiden. Denn dadurch, daß sie gewisse Bereiche der politisch-sozialen Ordnung als solche einem naturrechtlich begründeten Unbedingtheitsanspruch unterstellten, wurden diese über alle anderen Bereiche erhoben und von ihnen isoliert. Man machte nicht mehr das Ganze der politischen Ordnung in seiner Einheit und geschichtlichen Bedingtheit zum Ausgangspunkt der politischen Entscheidung, sondern einzelne, aus dem Zusammenhang des Ganzen gelöste – wenngleich wichtige – Teilgüter. Diese "bona particularia" wurden mit der Substanz des bonum commune gleichgesetzt, und das bedeutete, daß alle übrigen Güter demgegenüber nur von untergeordneter Wichtigkeit und im Ernstfall aufgebbar waren.

Die Versicherungen Hitlers, er wolle die freundschaftlichen Beziehungen zwischen Kirche und Staat erhalten, und seine Bereitschaft, über die Bereiche von Kirche und Schule ein Konkordat abzuschließen – für Hitler nur ein politisches Kalkül –, trafen so den deutschen Katholizismus an seiner verwundbarsten Stelle und mußten für ihn – politisch gesehen – zu einer tödlichen Versuchung werden. Noch im Frühjahr 1918 hatte ein Teil der Zentrumsfraktion und des preußischen Episkopats, vor allem Kardinal v. Hartmann [Köln], die Vorlage zur Abschaffung des preußischen Dreiklassenwahlrechts abgelehnt, weil sonst im Hinblick auf die sich verändernden Mehrheitsverhältnisse die kirchlichen und schulpolitischen Belange gefährdet seien.[55]

---

[55] Dazu Karl Bachem in der Geschichte der Zentrumspartei, Bd. 8 [1931], S. 239 f.; ferner Der Interfraktionelle Ausschuß 1917/18, bearbeitet von E. Matthias und R. Morsey, Düsseldorf

Jetzt war der Konflikt noch viel schärfer. Wurde hier nicht das Angebot gemacht, die "naturrechtlichen" Bereiche der Politik, die Freiheit von Kirche und Schule, rechtlich zu sichern und zu garantieren? Das Ziel, auf das die Katholiken seit Jahrzehnten fixiert waren, das zu erreichen ihrer politischen Vertretung, dem Zentrum, nicht gelungen war, das also weder Kaiserreich noch Republik ihnen erfüllt hatten, schien auf einmal in greifbare Nähe gerückt. Was bedeutete demgegenüber die Außerkraftsetzung der Weimarer Verfassung? – das absehbare Ende der politischen Parteien? – die Einschränkung der politischen Freiheit? Der Ausruf Kardinal Faulhabers in seinem Dankschreiben an Hitler zum Konkordatsabschluß: "Was die alten Parlamente und Parteien in sechzig Jahren nicht fertigbrachten, hat Ihr staatsmännischer Weitblick in sechs Monaten weltgeschichtlich verwirklicht"[56], faßt wie ein Brennspiegel die politische Haltung des deutschen Katholizismus zusammen, von der aus die eigentlich staatspolitische Aufgabe mit Notwendigkeit verfehlt werden mußte.

Ebendies ist auch die Haltung, die aus den Tagebuchnotizen des Prälaten Kaas spricht und die wohl allein sein – von der Weimarer Verfassung her gesehen – mehr als fragwürdiges Verhalten zu erklären vermag. Die unbewältigte Kulturkampf-Situation und die Fixierung des politischen Denkens auf die naturrechtlichen "bona particularia" hatten bewirkt, daß die maßgebenden Führungskräfte des deutschen Katholizismus nicht so sehr unwillig als vielmehr unfähig waren, in der Situation des Frühjahrs und Sommers 1933 in erster Linie staatspolitisch anstatt nur im Hinblick auf die kirchen- und kulturpolitischen Belange zu handeln. Die staatspolitische Einsicht und Verantwortung, die trotz allem Männer wie Brüning, der Landtagsabgeordnete Graf Galen, Joos, Letterhaus und einige andere bewiesen, verdient hervorgehoben zu werden. Aber es war, im Ganzen gesehen, kein Zufall, daß sie sich nicht durchzusetzen vermochten. Man wird die Tatsache nicht gering bewerten dürfen, daß die parlamentarischen Führungspositionen innerhalb der Zentrumspartei und der BVP im wesentlichen in Händen von Prälaten waren, die durch ihren geistlichen Beruf viel stärker der Gefahr ausgesetzt waren, die Politik in erster Linie als Mittel zur Sicherung kirchlich-kultureller Belange zu betrachten und in einer politischen Partei der Katholiken einen Vortrupp der Kirche in der Welt zu sehen.

Die tragische Situation der Weimarer Republik wird an dieser Stelle noch einmal in aller Deutlichkeit offenbar. Die Weimarer Republik hatte, wie sich bei ihrem Ende herausstellte, von Anfang an keine ernsthaften und entschlossenen Verteidiger ihrer auf einem politischen und weltanschaulichen Kompro-

---

1959, Bd. 2, S. 560 f.
[56] Vgl. Stimmen der Zeit, Bd. 163, S. 367.

miß beruhenden politischen Substanz. Sie hatte nur Anhänger, die ihr letztlich mit einem inneren Vorbehalt gegenüberstanden und die Neutralität und Offenheit der Verfassung als Durchgang zu einer Aufhebung dieses Kompromisses benutzen wollten. Die Sozialdemokraten bejahten sie, weil und soweit sie offen war für den Sozialismus: "Republik, das ist nicht viel, Sozialismus ist das Ziel", lautete die bekannte Parole E. Bernsteins. Die konservativen Gruppen lehnten sie als solche ab und nahmen sie allenfalls als Übergang zu einer monarchischen Restauration in Kauf. In der Krise des Jahres 1933 wurde dann offenbar, daß auch bei den Katholiken ein entsprechender Vorbehalt wirksam war: "Republik, das ist nicht viel, konfessionelle Schule und "christlicher" Staat ist das Ziel." – Eine Republik, die auf solche Anhänger angewiesen ist, kann eine ernsthafte Krise nicht überdauern.

Die mangelnde Bereitschaft, sich für den Weimarer Staat in seiner Krise zu engagieren, wurde darüber hinaus durch die naturrechtliche Staatslehre als solche, wie sie den Katholiken gelehrt wurde und wird, gefördert. Diese Staatslehre kennt in der Gestalt, die sie durch die mit Leo XIII. einsetzende Neuscholastik erhalten hat, die Unterscheidung zwischen den übergeschichtlichen naturrechtlichen Grundsätzen der staatlichen Ordnung und den vom Naturrecht nicht abhängigen und daher dem geschichtlichen Wechsel unterliegenden konkreten Staats- und Verfassungsformen, denen gegenüber sie sich neutral verhält. Diese Unterscheidung führt dazu, daß aller normative Gehalt und alle Verbindlichkeit in den von den geschichtlichen Formen und Ordnungen gelösten und naturrechtlichen Prinzipien liegen, diese konkreten geschichtlichen Formen und Ordnungen als solche aber in den Bereich des "geschichtlich Zufälligen" oder "bloß Tatsächlichen", des "an sich" Unbedeutenden abgedrängt und damit normativ entleert werden. Für sie lohnt es sich nicht, sich im Ernstfall mit ganzer Kraft zu engagieren. Die von Papst Leo XIII. zuerst ausdrücklich formulierte Neutralitätserklärung gegenüber den Staatsformen bringt dieses Verhältnis zum Ausdruck. Vollen persönlichen Einsatz verdient im Grunde nur das, was von den naturrechtlichen Prinzipien unmittelbar gefordert ist.

Das bedeutet nun, daß der Sinn für historische und politische Legitimität und Kontinuität verlorengehen muß und damit auch die Fähigkeit zu geschichtsbezogenem politischem Handeln. Die – theoretisch scharf abgelehnte – Lehre von der "normativen Kraft des Faktischen" erlebt hier in der Praxis eine wirksame Auferstehung. Denn man ist bereit, "gegebene Tatsachen", sei es eine Revolution, sei es den Wahlsieg einer verfassungsfeindlichen Partei, sogleich anzuerkennen – es spielt ja im Bereich des geschichtlich Zufälligen und Wechselhaften –, wenn nur die Möglichkeit erhalten bleibt, die naturrechtlichen Prinzipien zu verwirklichen.[57] Welcher Revolutionär, dem es um die Be-

---
57   In diesen Zusammenhang gehört auch der scholastische Topos vom "tyrannus a titulo",

festigung seiner Macht geht, wird das aber nicht zunächst zugestehen? So muß in jedem geschichtlich entscheidenden Moment eine teilweise oder auch vollständige politische Lähmung Platz greifen. Jede noch so feste Treuebindung an eine konkrete Staatsform oder Verfassung wird zum Leerlauf, sobald ihre Bewährung gefordert ist. Ruhe ist die erste Bürgerpflicht, sofern man nur den Eindruck hat, daß das Naturrecht gesichert bleibt oder gesichert wird.[58]

In Anwendung dieser Prinzipien haben die deutschen Katholiken 1918 den Untergang der Monarchie sang- und klanglos geschehen lassen und im Jahre 1933 den parlamentarisch-demokratischen Staat, den sie mitgeschaffen hatten, in keiner Weise ernsthaft verteidigt. In dem Augenblick, als Hitler vorgab, die "christlichen Grundsätze" zu respektieren, waren die Katholiken – von aller Demokratie-Müdigkeit einmal abgesehen – schon auf Grund ihrer politischen Prinzipien um den Elan gebracht, den Staat von Weimar zu verteidigen. Die Treue zur bestehenden geschichtlichen Verfassung hatte keinen naturrechtlichen Ort. Hitler erschien, teils schon, seitdem er die Regierungsgewalt in Händen hatte, jedenfalls aber seit seiner Reichstagsrede vom 23. März 1933 als die "rechtmäßige Obrigkeit", die Anspruch auf Treue und Gehorsam hat. Das haben die deutschen Bischöfe schon fünf Tage später, am 28. März, ausdrücklich erklärt. Von hier aus wird auch die erschreckende Lethargie verständlich, welche die Zentrumspartei nach dem 23. März ergriff und sie bis zu ihrem Ende nicht mehr verlassen hat. Das Zentrum war buchstäblich zwischen zwei Stühle gesetzt.

Die doppelte Befangenheit einerseits in der Kulturkampfsituation, anderseits in der ungeschichtlichen naturrechtlichen Staatslehre reicht jedoch allein nicht hin, um die verbreitete Bejahung und Unterstützung des NS-Regimes

---

dem unrechtmäßig zur Regierung gelangten Herrscher, dem man keinen Widerstand mehr leisten dürfe, sofern er die obrigkeitlichen Aufgaben erfolgreich wahrnehme. Eine konkrete Auswirkung zeigt der Aufsatz von M. Preis S.J., Die Staatsverfassung im totalen Staat, in Stimmen der Zeit, Bd. 125 [1933], S. 145 ff. Dort heißt es: "Gerade das helle Bewußtsein um die geschichtliche Bedingtheit aller Staatstheorien kann ihn [den Katholiken] sachlich und sittlich verpflichten, den – einst notwendigen – Bund mit überlebten Formen des politischen Lebens zu lösen und die politische Gestaltungskraft seiner Grundsätze an einer neuen Lage [!] zu erproben und zu bewähren." Der Verfasser stellte sich daher im Juni 1933 schon ganz auf die "neue Lage" des totalen Staates ein und betrachtete den Staat und die Grundzüge seiner Verfassung, "wie sie die Staatsnotwendigkeiten im Lichte der naturrechtlichen Prinzipien heute erfordern".

[58] Dies besagt der Sache nach, wenngleich in positiver Wendung, auch das Antwortschreiben Pius' XI. an den deutschen Episkopat auf dessen gemeinsamen Hirtenbrief vom 3. 6. 1933 [vgl. oben S. 221]. Es heißt dort: "Es ist auch gar kein Zweifel, daß katholische Männer, eben aus ihrer Religion, die sie in Treue und Eifer bekennen, in jedem Volke den öffentlichen Gewalten aufrichtige und treue, dauernde Mitarbeit leisten werden, sofern nur die Rechte Gottes und der Kirche heil und unangetastet bleiben" [Die junge Front. 2. Jg., Nr. 40 vom 1. 10.1933].

durch den deutschen Katholizismus im Jahre 1933 zu erklären. Den wesentlichsten Antrieb dafür muß man vielmehr in dem tief verwurzelten Antiliberalismus suchen, der dem katholischen Denken seit dem neunzehnten Jahrhundert eigen war und wohl bis heute eigen ist.

Dieser Antiliberalismus ist, geschichtlich gesehen, ein Ergebnis der innerkirchlichen Abwehr und Überwindung der Aufklärung.[59] Er hatte zunächst religiösen Charakter und richtete sich gegen die im Rahmen der Vernunft vorgetragene prinzipielle Kritik an Religion, Offenbarung und Dogma. Durch den Einfluß von Restauration und Romantik wurde er jedoch bald auch zu einer politischen Haltung. In diesem Ursprung lag es begründet, daß er von vornherein die scharfe Frontstellung gegen die "Ideen von 1789" und die darauf beruhenden Ordnungsformen übernahm, die der Restauration und Romantik eigen war. Eine besondere Legitimation erhielt er dabei durch die päpstliche Verurteilung Lamennais' ["Mirari vos" 1832], die nicht nur den weltanschaulichen Liberalismus, sondern im Ergebnis auch den "liberalen Katholizismus" als politische Bewegung traf.[60]

Gegen den Individualismus der Aufklärung, wie er sich in der Theorie des Gesellschafts- und Staatsvertrags, in der Lehre von der Volkssouveränität und in der Freisetzung des Individuums aus den überlieferten Ordnungen und sittlichen Bindungen äußerte, stellte man die Theorie von der "organischen", an die "naturgegebenen Wirklichkeiten" sich haltenden, auf Autorität, echter Gemeinschaft und [berufs]ständischer Gliederung beruhenden Ordnung. Diese Ordnung erschien gegenüber dem Ansturm der "modernen", auf Emanzipation drängenden Welt als die eigentlich "christliche" und naturgemäße. In der Sache war diese organische Theorie nach Ursprung und Inhalt eine solche der Bewahrung oder Wiederherstellung der vorrevolutionären und vorliberalen Lebensordnungen. Je weiter die geschichtliche Entwicklung auf dem durch die Ideen von 1789 vorgezeichneten Weg voranschritt, desto anachronistischer und wirklichkeitsferner wurde diese Theorie. Schließlich eine reine Gegenideologie zum individualistischen und autonomistischen Ordnungsbild der Aufklärung, war sie eben in der Verneinung doch eng an dieses gebunden. Was für die Aufklärungstheorie als Fortschritt und Errungenschaft erschien – und damit die eigentlichen Leistungen des neunzehnten Jahrhunderts –, mußte, "organisch" betrachtet, sich als Verfall und Auflösung darstellen.

---

[59] Vgl. Franz Schnabel, Deutsche Geschichte im neunzehnten Jahrhundert, Bd. 4, Die religiösen Kräfte, Freiburg 1951, S. 44 – 56; 164 – 202.

[60] Es ist heute bekannt, daß diese Verurteilung des "liberalen Katholizismus" vor allem auch durch das Drängen Metternichs herbeigeführt wurde, der durch diese Bewegung die Sicherheit der restaurierten Throne gefährdet sah. Vgl. Schmidlin, Papstgeschichte der neuesten Zeit, Bd. 1, München 1933, S. 559/60.

Auf diese Weise verlor das katholische politische Denken allmählich jede Unbefangenheit und Offenheit gegenüber der geschichtlichen Realität und den darin beschlossenen Problemen. Man ging nicht mehr von der gegebenen konkreten Wirklichkeit aus, um das in ihr Mögliche zu erkennen und zu gestalten, sondern maß diese Wirklichkeit von vornherein an der eigenen, von ihr ganz entfremdeten Theorie. Von dieser aus sollte sie dann von Grund auf umgestaltet werden. Das ist der innere Gedankengang jeder Ideologie. Die "Theorie" wurde dementsprechend auch immer ideologischer und abstrakter. Seit dem ersten Weltkrieg belebte und erneuerte sie sich vornehmlich an den "organischen" Staatslehren der Romantik, denen Othmar Spann und seine universalistische Schule zu einer bemerkenswerten Renaissance verhalf. Auch der Gedanke einer Wiederbelebung des "Reiches", von der liturgischen Bewegung und aus der katholischen Jugendbewegung neu hervorgebracht, fand nun darin einen Ort. Er bedeutete wiederum eine Flucht vor den konkreten Problemen und Alternativen, die durch den modernen Staat und die moderne Gesellschaft aufgegeben waren.

So lebte das katholische politische Denken schließlich weithin aus einer prinzipiellen Verneinung von mindestens zweihundert Jahren gewordener Geschichte. Man kann über die Berechtigung eines solchen Verhältnisses zur Geschichte verschiedener Meinung sein; aber wenn man zu zweihundert Jahren geschichtlicher Entwicklung und geschichtlichen Unaufhebbarkeiten in Opposition steht, kann man nicht zugleich praktische Politik begründen und durchführen wollen, die ja den geschichtlichen Gegebenheiten nicht ausweichen kann. Das muß zu Illusionen oder Katastrophen führen. Um das Jahr 1933 war in weiten Kreisen des deutschen Katholizismus eine ideologische Befangenheit und Wirklichkeitsferne erreicht, die auch in der NS-Bewegung, nur weil sie sich sehr betont als antiliberalistisch und antimarxistisch begriff und sich zahlreicher Vokabeln des "organischen" Denkens bediente, einen willkommenen Bundesgenossen im Kampf gegen den "liberalen Ungeist" und für eine christliche, die "volle Verwirklichung des Naturrechts" bringende Ordnung sehen ließ. Wo immer man in der NS-Terminologie gleiche Vokabeln fand, wie etwa "naturhafte Volksordnung", "ständisch-organischer Staatsaufbau", "Gemeinschaftsgebundenheit", "Volkstum", "Autorität", "Reich", setzte man auch die gleiche Sache voraus und glaubte, den Anbruch einer neuen und besseren – Jahrhunderte alte Irrtümer korrigierenden – Ordnung zu erleben.

Das Mißverhältnis zur geschichtlichen Realität konnte nicht größer sein. Denn die "organische" Einheit der vorrevolutionären Ordnungen war durch die Wende von 1789 endgültig auseinandergetreten in "Gesellschaft" und "Staat": In Emanzipierung von den alten Ordnungen hatte sich die bürgerlich-liberale Gesellschaft formiert, in der das Individuum aus den überkommenen Bindungen freigesetzt ist, alle Menschen als Träger unabdingbarer individueller Rechte anerkannt und auf der Basis von Freiheit und Gleichheit zur freien wirtschaftlichen und persönlichen Entfaltung aufgerufen sind; zugleich gab es, als notwendiges Gegenüber, den Staat, der als Träger hoheitlicher Gewalt und Autorität die Aufgabe hat, die substantiellen Lebensordnungen zu schützen und den freigesetzten Individualismus der Gesellschaft zu begrenzen, um den Einzelnen nicht dem Rhythmus von Erwerb und Verbrauch rettungslos auszuliefern. Wenngleich Staat und Gesellschaft konkret vielfach miteinander verbunden sind, ist seitdem diese "Entzweiung" als solche unaufhebbar.[61] Will man das strukturelle Nebeneinander von "Staat" und "Gesellschaft" nicht ertragen, so besteht nur die Möglichkeit, entweder den Staat in die Gesellschaft aufzulösen, womit die Bedürfnis- und Konsumgesellschaft freien Spielraum erhält und der Einzelne unter ihre Funktionsgesetzlichkeiten untergeordnet wird, oder die Gesellschaft durch den Staat aufzuheben, womit zugleich die Rechte des Menschen und die individuelle Freiheit beseitigt werden. Das erste ist der Weg, den Liberalismus und Marxismus – freilich auf grundsätzlich verschiedene Weise – gehen; das zweite ist der Weg des Faschismus.

Hegel hat als erster Denker diese Grundgegebenheit der modernen Welt, wie sie 1789 endgültig ins Leben getreten ist, erkannt und in seiner "Rechtsphilosophie" sie in ihrer inneren Notwendigkeit aufgewiesen ist.[62] Er war der Auffassung, daß fortan nur im Nebeneinander von Staat und Gesellschaft das Miteinander von Freiheit und Ordnung möglich sei, und er hat, trotz allem Pantheismus und aller Staatsverwaltung, die ihm vorgeworfen werden, betont, daß die Möglichkeit dieses Nebeneinander bedingt sei durch die Wirksamkeit des christlichen Glaubens. Denn nur und gerade der christliche Glaube vermöge einerseits die Freiheit und Subjektstellung aller Menschen innerlich anzuerkennen, worin die moderne Gesellschaft grundgelegt ist, und anderseits doch eine übergreifende, sittliche Grundsätze bewahrende Autorität zu bejahen.[63] – Man kann nicht sagen, daß die Entwicklung der letzten hundertfünfzig Jahre diese Einsicht Hegels widerlegt hätte.

Die Führer des deutschen Katholizismus, die für eine "organische", die liberale Gesellschaft überwindende Ordnung eintraten, wurden so, ohne es in ihrer ideologischen Befangenheit zu bemerken, zu einflußreichen Weg-Bereitern des faschistischen Aufstandes gegen die "Gesellschaft", der in Deutschland mit dem Jahre 1933 anhob. Insofern hat ihr anfängliches Bündnis mit dem NS-System eine gewisse Folgerichtigkeit. Am Ende mußte freilich genau das Gegenteil dessen stehen, was sie erstrebten, nämlich eine um so unbestrittenere

---

[61] Vgl. Joachim Ritter, Hegel und die Französische Revolution, Köln-Opladen 1957.
[62] Joachim Ritter, a. a. O.
[63] Hegel, System der Philosophie, Teil 3, Ausgabe Glockner, Stuttgart 1929, §552, S.434 ff.

Alleinherrschaft der bekämpften liberalen Gesellschaft. Denn durch das Dritte Reich wurden alle Begriffe von Staatlichkeit, Autorität, überpersönlicher Ordnung so verfälscht und entwertet, daß sich 1945 als unmöglich erwies, den Staat anders denn als Diener einer freigesetzten Wirtschafts- und Erwerbsgesellschaft zu begründen. Damit sind freilich alle institutionellen Hemmnisse für die Verwirklichung der Tendenz der modernen Gesellschaft entfallen, sich als Totalität zu setzen und alles andere ihrer Funktionalität unterzuordnen.

Dieser Zusammenhang macht schließlich auch die tragische Rolle der hirtenamtlichen Verlautbarungen im Jahre 1933 deutlich. Die deutschen Katholiken haben für ihr politisches Verhalten von ihren Bischöfen mit hirtenamtlicher Autorität Ratschläge und Anweisungen empfangen, die sie besser nicht befolgt hätten. Das wäre staatspolitisch richtig gewesen.[64]

Zugleich zeigt sich daran die tiefe innere Problematik der kirchlichen "potestas indirecta". Bei aller Weite ihrer Zuständigkeit ist sie eben als potestas *indirecta* nirgends unmittelbar verantwortlich. Jene Katholiken, die den politischen Ratschlägen und Anweisungen ihrer Bischöfe 1933 treu ergeben gefolgt waren, hatten 1945 die Folgen dieses Handelns bei der Entnazifizierung allein zu tragen, ohne von ihren Bischöfen Schutz und Verteidigung in der Öffentlichkeit verlangen zu können.

Dies alles sollte Anlaß genug sein, um sowohl die Frage nach dem Zuständigkeitsbereich des Hirtenamtes in politischen Dingen als auch die nach der politischen Urteilsbildung und dem politischen Selbstverständnis des deutschen Katholizismus neu zu überdenken. Es hat den Anschein, daß der deutsche Katholizismus ebenso vorbehaltlos, wie er sich 1933 des Staates gegen die Gesellschaft bediente, sich heute dieser Gesellschaft selbst assimiliert und dabei wiederum, obgleich von entgegengesetzter Seite, die rechte Mitte verfehlt. Oder kann man im Ernst sagen, daß die Positionen und politischen Prinzipien, die zu den Irrtümern des Jahres 1933 geführt haben, im deutschen Katholizismus von heute überwunden sind?

---

[64] Vgl. auch Friedrich Muckermann S. J. Der deutsche Weg, Zürich 1916, S. 25. Er habe [nach 1933] "immer wieder den sicheren Instinkt des katholischen Volkes bewundern müssen, der viel klarer sah als der Akademiker, der viel früher die grauenhafte Gefahr erkannte als selbst die Bischöfe".

Eugenio Pacelli, die Römisch-Katholische Kirche und das Christentum (1933–1945) in historisch-religiöser Kritik

Gerhard Besier

Perspektiven der Kritik und mögliche Alternativen

Seit Rolf Hochhuths "Stellvertreter" von 1963 [1] gilt Eugenio Pacelli, von 1930 bis 1939 Kardinalstaatssekretär und danach bis 1958 Papst Pius XII., wegen seines Verhaltens im Zweiten Weltkrieg als "belastet". Kaum ist eine kurze Phase der Beruhigung eingetreten, erregt wieder eine neue Welle Pacellikritischer Literatur die Gemüter und konterkariert damit das seit über fünf Jahren laufende Seligsprechungsverfahren. Dieses setzt ein heiligmäßiges Leben voraus. Brennpunkt der jüngeren Auseinandersetzungen von John Cornwell [2] über Michael Phayer [3], Susan Zuccotti [4] bis Giovanni Miccoli [5] bildet erneut das "Schweigen" des Papstes zur Ermordung der Juden in Europa – und das, obwohl der schreckliche Genozid 1943 auch die Heilige Stadt selbst erreichte. Wichtige Aufklärung über die vatikanische Diplomatie zwischen 1933 und 1945 könnten die archivierten Dokumente des Kirchenstaates geben. Als inzwischen einziger europäischer Staat gewährt der Vatikan den interessierten Historikern aus aller Welt jedoch keine freie Archivbenutzung und beharrt auf einer Sperrfrist von 75 Jahren. Nicht einmal die im Oktober 1999 gemeinsam von der vatikanischen Kommission für die religiösen Beziehungen zum Judentum und vom Internationalen Jüdischen Komitee für Interreligiöse Kontakte eingesetzte Historikerkommission erhielt ungehinderten Zugang zu wichti-

---

[1] Vgl. José M. Sánchez, Pius XII and the Holocaust. Understanding the Controversy, Washington D.C. 2002, 25; 31. Das Buch ist für Herbst 2002 im Schöningh-Verlag auch in deutscher Sprache angekündigt.
[2] Vgl. J. Cornwell, Pius XII. Der Papst, der geschwiegen hat, München 1999.
[3] Vgl. M. Phayer, The Catholic Church and the Holocaust, 1930–1965, Bloomington 2000.
[4] Vgl. S. Zuccotti, Under His Very Windows: The Vatican and the Holocaust in Italy, New Haven 2000.
[5] Vgl. G. Miccoli, I dilemmi e i silenzio di Pio XII., Milano 2000.

gen Vatikanakten für die Zeit nach 1922. Daraufhin stellte die sechsköpfige Kommission jüdischer und katholischer Historiker ihre Arbeit Ende Juli 2001 vorläufig ein.[6] Tatsächlich dürften Erkenntnisse über das hinaus, was eine elfbändige Akten-Edition (1965 – 1981)[7] und die darauf gründende Darstellung Pierre Blets SJ aus dem Jahr 1997, im Jahr 2000 auch in deutscher Sprache erschienen,[8] erbracht haben, erst aufgrund weitergehender Quellenstudien möglich sein.[9] Bisher publizierte Quellen wie Darstellungen schließen freilich schon jetzt aus, daß Pacelli "Hitlers Papst"[10] war. Vielmehr belegt gerade das Verhalten Pacellis Mitte der 30er Jahre, dass der höchste vatikanische Diplomat sich im Interesse seiner Kirche und ihrer Gläubigen mit der Pariser Volksfrontregierung Léon Blums ebenso verständigen konnte wie mit dem amerikanischen Präsidenten Franklin Delano Roosevelt oder mit den europäischen Diktatoren Mussolini, Franco und Hitler.[11] Ziel seiner Politik war eine Befestigung oder gar Erweiterung des Gestaltungsraumes für das katholische Leben in den betreffenden Ländern. Zum Teil gegen den Wunsch des jeweiligen Episkopats in den einzelnen Nationalstaaten musste der Kardinalstaatssekretär darauf bedacht bleiben, mit nahezu allen politischen Richtungen verhandeln zu können, ohne sich in jedem Fall völlig mit dem Regime zu identifizieren. Allein das kommunistische Regime in der UdSSR blieb während der ganzen Epoche von diesen kirchendiplomatischen Anstrengungen ausgeschlossen.[12] Allerdings zeigte sich Pius XII. im Herbst 1941 sogar bereit, religiöse Barrieren, die einer militärischen Unterstützung der UdSSR durch die USA im Wege standen, mit aus dem Weg zu räumen, und so die kommunistische Macht gegen die nationalsozialistische zu stärken.[13] Bereits ein Jahr zuvor hatte er

---

[6] Vgl. im einzelnen Walter Brandmüller, Ein neuer Streit um Pius XII. Zum Desaster der katholisch-jüdischen Historikerkommission, in: Die Neue Ordnung 55 (2001), 371 – 381.

[7] Actes et Documents du Saint Siège relatifs à la Seconde Guerre mondiale. Édités par Pierre Blet, Robert A. Graham, Angelo Martini, Burkhart Schneider, 11 Bde, Città del Vaticano, 1965 – 1981 (ADSS).

[8] Vgl. Pierre Blet, S.J., Papst Pius XII. und der Zweite Weltkrieg. Aus den Akten des Vatikans, Paderborn 2000.

[9] Sánchez, Pius XII, 29, Anm. 4, macht darauf aufmerksam, dass nur der 1. Band, der von Pius' Wahl im September 1939 bis August 1940 reicht, ins Englische übersetzt wurde.

[10] So der englischsprachige Titel des Cornwellschen Buches. Selbst Daniel Jonah Goldhagen (Die katholische Kirche und der Holocaust, Berlin 2002, 123) spricht von einer "allzu schroffe[n] Einschätzung" Cornwells.

[11] Vgl. dazu G. Besier, Die Kirchen und das Dritte Reich, Bd. III: Spaltungen und Abwehrkämpfe 1934 – 1937, Berlin-München 2001, bes. 733 ff.

[12] Vgl. Michael Phayer, Ethical Questions about Papal Policy, in: Carol Rittner/John K. Roth (eds.), Pope Pius XII and the Holocaust, London-New York 2002, 221 – 232; hier: 224 f.; siehe auch ders., Pius XII and the Genocides of Polish Catholics and Polish Jews During the Second World War, in: KZG 15 (2002), 238 – 262. Zur Verschärfung der antikommunistischen Politik Pacellis nach 1945 vgl. auch Sánchez, Pius XII, 94 f.

[13] Siehe zuletzt G. Besier, "The friends ... in America need to know the truth ... " Die

den britischen Geschäftsträger Francis d'Arcy Osborne über die Umsturzpläne führender Wehrmachtsgeneräle unterrichtet und zwischen der deutschen Militäropposition und der britischen Regierung vermittelt.[14] Zu einer umfassenden Würdigung der Persönlichkeit Pacellis und ihres Wirkens gehören jedenfalls auch diese Aspekte.

Paradigmenwechsel der Kritik

Um das Szenarium der Anklage möglichst scharf zu profilieren, argumentieren die Kritiker oft nicht mehr nur historisch, sondern – ausgerechnet dieses Mal fachfremd – fundamentaltheologisch-idealisierend, vermeiden den ansonsten als "Königsweg" gepriesenen Vergleich mit anderen christlichen Religionsgemeinschaften und zeigen – nicht selten aufgrund der sprachlichen Barrieren und/oder investigativer Selbstbeschränkung – einen bemerkenswerten Mut zur Lücke im Blick auf bereits veröffentlichte Quellen und Literatur.[15] Trotz des "moraltheologischen" Zugriffs – bei gelegentlicher Instrumentalisierung im aktuellen Interesse[16] –, verzichten nicht wenige Historiker auf eine Reflexion des katholischen Kirchenverständnisses, auf eine Würdigung der vor allem seelsorgerlichen Ziele kirchlicher Tätigkeit und der fundamentalen Bedeutung der Sakramente[17]; vornehmlich beurteilen sie kirchliches Handeln unter modernen, humanitär-menschenrechtlichen Aspekten.[18] So sehr es zutrifft, dass der Holocaust ein einmaliges Verbrechen darstellt, mit dessen Schuld das

---

deutschen Kirchen im Urteil der Vereinigten Staaten (1933–1941), in: Jahrbuch des Historischen Kollegs 1998, 23–76; hier: 71–73.

[14] Siehe zuletzt Pierre Blet S.J., Pio XII, Il Terzo "Reich" E Gli Ebrei, in: La Civiltà Cattolica 2002 III, 117–131.

[15] Dies konstatiert jetzt auch Sánchez, Pius XII, 30: "[...] an indication, I believe, of generally superficial approach to the problem of Pius and the Holocaust." An der Arbeit von Saul Friedländer (Pius XII and the Third Reich: A Documentation, New York 1966) kritisiert Sánchez (aaO., 32), dass er sich beinahe ausschließlich auf deutsche Quellen beschränkt. Cornwell hinwiederum vermied die Lektüre entscheidend wichtiger Aufsätze und Monographien, wenn diese nur in deutscher Sprache erschienen waren. Vgl. G. Besier, Papst-Kritiker will den Kirchen-Reformern helfen. Historiker streiten über die Rolle von Pius XII. während des Nationalsozialismus: John Cornwells neue Vorwürfe sind einseitig, in: Die Welt vom 3.11. 1999.

[16] So etwa Cornwell, Pius XII., 417ff., der mit seiner Kritik an Pacelli theologisch und kirchenpolitisch nicht zuletzt Johannes Paul II. als "Pius XII. Redivivus" treffen möchte. Ähnlich auch Daniel Jonah Goldhagen, Die katholische Kirche und der Holocaust, Berlin 2002, der sich nicht einmal scheut, in dem historischen Zusammenhang des Holocaust auf die aktuellen Fälle sexuellen Missbrauchs in den USA zu verweisen, um damit zu argumentieren, wie gefährlich es sei, "der Kirche und ihrer Führung freie Hand zu lassen" (aaO., 249).

[17] Darauf verweist auch Eva Fleischner, The Spirituality of Pius XII, in: Rittner/Roth, Pope Pius XII, 123–136; hier:127 f.

[18] Vgl. Sánchez, Pius XII, 36–39.

deutsche Volk immer belastet bleiben wird, ist nichtsdestoweniger zu fragen, ob das Verhalten der Römisch-katholischen Kirche und ihres Papstes gegenüber der Judenheit unter den historischen Bedingungen der Jahre 1933 bis 1945 als alleiniges moralisches Kriterium zur Beurteilung der Institution und der in ihr Handelnden taugt. Wie verhält sich beispielsweise das zur feststehenden Anklage-Wendung geronnene "Schweigen" der katholischen Kirche zum dekuvrierenden "Reden" und Handeln deutsch-christlicher Kreise innerhalb des Protestantismus?[19] Weiter: Können gerade die auffallend zahleichen US-amerikanischen Kritiker des Vatikans den massiven Antisemitismus im eigenen Lande während der 30er Jahre und die zum Teil beachtliche Affinität besonders des amerikanischen Luthertums zum Staate Adolf Hitlers[20] – als gewissermaßen globale "klimatische" Konstellation – bei ihren historischen Betrachtungen außer acht lassen?[21] Konfessionelle Rivalitäten wurden nicht nur zwischen Juden und Christen, sondern auch innerhalb der Christenheit mit ethisch oft problematischen Mitteln ausgetragen.[22] Schließlich wird man über dem Genozid an den Juden nicht die Opfer aus den anderen verfolgten Subkulturen vergessen dürfen.[23] Vor diesem Hintergrund erscheint die Frage legitim, welche Haltung die Römisch-katholische Kirche gegenüber jenen anderen Opfergruppen und einzelnen einnahm. In seinen Weihnachtsbotschaften von 1939 und 1942 prangerte Pius XII. sehr wohl Gewalt gegen Wehrlose und die Verfolgung von Menschen aus rassischen und religiösen Gründen an.[24] Freilich nannte er weder die Juden, noch eine andere Opfergruppe oder Einzelne beim Namen. Auch ohne dies zu tun, warf beispielsweise der in der Londoner Emi-

---

[19] Vgl. z. B. Susannah Heschel, Deutsche Theologen für Hitler. Walter Grundmann und das Eisenacher "Institut zur Erforschung und Beseitigung des jüdischen Einflusses auf das deutsche kirchliche Leben", in: "Beseitigung des jüdischen Einflusses..." "Antisemitische Forschung, Eliten und Karrieren im Nationalsozialismus. Hg. vom Fritz-Bauer-Institut, Frankfurt/M. u.a. 1999, 147–167; Doris L. Bergen, An Easy Target? The Controversy about Pius XII and the Holocaust", in: Rittner/Roth, Pope Pius XII, 105–119; hier: 109 f.

[20] Vgl. die Schulderklärung der Evangelisch-Lutherischen Kirche in Amerika aus dem Jahr 1994, in: Hans Hermann Henrix/Wolfgang Kraus (Hgg.), Die Kirchen und das Judentum, Bd. 2: Dokumente von 1986 bis 2000, Paderborn 2001, 499 f.

[21] Vgl. G. Besier, In Contradiction to the Grassroots? The Stance of the Federal Council of the Churches of Christ (FCC) Towards the "Third Reich", in: KZG 15 (2002). Siehe auch Richard L. Rubenstein, Pope Pius XII and the Shoah, in: Rittner/Roth, Pope Pius XII, 175–202; hier: 195.

[22] Vgl. z. B. zu den Auseinandersetzungen zwischen Protestanten und Katholiken in den USA Martin E. Marty, Modern American Religion, Vol. 2: The Noise of Conflict, 1919–1941, Chicago-London 1997, 79 ff.; 145 ff.; 368 ff.

[23] Vgl. z. B. Detlef Garbe, Zwischen Widerstand und Martyrium. Die Zeugen Jehovas im "Dritten Reich", München ⁴1999; Hans Hesse Hgg.), "Am mutigsten waren immer wieder die Zeugen Jehovas." Verfolgung und Widerstand der Zeugen Jehovas im Nationalsozialismus, Bremen ²2000.

[24] Vgl. Sánchez, Pius XII, 39 f.

gration lebende polnische Bischof Karol Radonski 1942 Kardinalstaatssekretär Luigi Maglione vor, der Papst schweige zu den Verfolgungen der Polen, nicht aber zu denen der französischen Juden.[25] Daran knüpfte er einige Monate später die Frage, ob die Polen denn weniger Unterstützung verdient hätten als die Juden.[26] Ein häufiger Vorwurf lautet auch, wenn die Römisch-katholische Kirche sich überhaupt einmal geäußert habe, dann in überaus vorsichtiger Weise, angeblich "nichtssagend und verschwommen"[27]. Mit Recht hält Konrad Löw dem entgegen, dass die Nationalsozialisten die Verlautbarungen der katholischen Kirche sehr wohl als "Kampfansage" verstanden und entsprechend reagiert hätten.[28]

Das Verhalten der Church of England

Auch eine andere christliche Weltkirche, nämlich die Church of England, zeigte lange Zeit ein beträchtliches Maß an Unsicherheit im Blick auf das Urteil über den nationalsozialistischen Staat und dessen Unterdrückung bzw. Verfolgung von religiösen und rassischen Gruppierungen innerhalb der deutschen Bevölkerung. Erst eine epochale militärisch-politische Entscheidung, nämlich der Beginn des Zweiten Weltkrieges und Großbritanniens tragende Rolle in diesem Krieg, sorgten in der Staatskirche für eine Klärung der ethischen Fronten. Als George Bell, der Bischof von Chichester, aus Anlass des zweiten Jahrestages der Verhaftung des deutschen Pastors Martin Niemöller zu einem Gedenkgottesdienst am 1. Juli 1939 in die Londoner St. Martins-Kirche einlud, schrieb ihm der eingeladene Lord Cecil, er könne aus Termingründen leider nicht an dem Gottesdienst teilnehmen. Im übrigen teilte er Bell mit, dass nach Einschätzung "by one of our officials in Germany" die Aktivitäten zugunsten der Gefangenen diesen mehr schadeten als nützten.[29] Bell, der den "Offiziellen" sofort als den britischen Botschafter in Berlin, Sir Nevile Henderson[30], identifizierte, antwortete, Niemöllers Freunde, insbesondere auch seine Frau, wünschten, dass das Schicksal des nach seinem Freispruch ins KZ Eingelie-

---

[25] ADSS 3, 633–636. Siehe auch ADSS 3, 119; 3, 137 sowie Giovanni Miccoli, I dilemmi e I silenzi di Pio XII, Vaticano, Seconda guerra mondiale e Shoah, Milano 2000, 39 f. Siehe auch Phayer, The Catholic Church, 20 ff.

[26] ADSS 3, 763–739. Vgl. auch Yfaat Weiss, Deutsche und polnische Juden vor dem Holocaust: Jüdische Identität zwischen Staatsbürgerschaft und Ethnizität 1933–1940 (Schriftenreihe der Vierteljahrshefte für Zeitgeschichte 81), München 2000.

[27] So Goldhagen, Die katholische Kirche und der Holocaust, 224.

[28] Vgl. Konrad Löw, Die Schuld. Christen und Juden im Urteil der Nationalsozialisten und der Gegenwart, Gräfelfing 2002, bes. 59 ff.

[29] Cecil an Bell vom 26.6. 1939, Lambeth Palace Library (LPL), London, Bell Papers 10 (German Church), Bl. 192.

[30] Vgl. N. Henderson, Failure of a Mission. Berlin 1937–1939, New York 1940, 69.

ferten in der Öffentlichkeit präsent bleibe. "It is of course, what leading Nazis themselves say, that if you want to help the victims of the regime you should keep silence. Sir Nevile Henderson told me the same, when I saw him last year in Berlin. But as he also said that the telegram sent to Hitler by the Archbishop of Canterbury and others, after Niemöller's removal to a Concentration Camp, and protesting against it, was the cause of the removal, I do not feel that his information was the best to go on. He also said certain other things which seemed to me to indicate much too great willingness to fall in with, at that time, the official Nazi view on other things. I agree that there are two opposite views – i) keep silence, and ii) call public attention to the particular victim, but my friends in the Confessional Church have no doubt that in the case of Confessional Church victims, speaking is the right policy!" [31] Solche Bischöfe wie Bell gab es auch in der Römisch-katholischen Kirche – ebenso wie deren Gegenspieler. [32] Der Erzbischof von Canterbury und Primas der Church of England, Cosmo Gordon Lang, verfolgte einen eher vorsichtigen, vermittelnden Kurs zwischen Bell auf der einen Seite und dem für Kirchenaußenpolitik offiziell zuständigen Bischof von Gloucester, Arthur Cayley Headlam, auf der anderen Seite. [33] Selbst wenn er es gewollt hätte, wäre die Ablösung eines Bischofs mit ungeheuren Problemen verbunden gewesen. [34] Ebenso wenig konnte Lang den Bischöfen vorschreiben, welchen kirchenpolitischen Kurs sie zu verfolgen hätten. [35] Auch in dieser Hinsicht sind die Parallelen zwischen Lang und Pacelli mit Händen zu greifen. [36] Headlam unterhielt lebhafte Kontakte zu deutsch-christlichen Kreisen und vertrat wie Henderson die Auffassung,

---

[31] Bell an Lord Cecil vom 3.7.1939, LPL, Bell Papers 10 (German Church), Bl. 236.

[32] Exemplarisch seien Galen und Konrad von Preysing genannt. Vgl. Preysings Bitte an den Papst vom 17.1.1943 um einen Appell zugunsten der Juden. ADSS 9, 82 f. Siehe auch Sergio I. Minerbi, Pius XII: A Reappraisal, in: Rittner/Roth, Pope Pius XII, 85–104, hier: 88.

[33] Vgl. den Briefwechsel Bell-Lang in der Times vom 26.7. 1938.

[34] Am 3.10. 1938 schrieb Lang an Bell: "I am sorry to say that my representations to the Bishop of Gloucester as to the anxiety caused by the connexion between his letters about Germany and his position as Chairman of the Council on Foreign Relations have, as I rather expected, been quite ineffective. He has written to me a characteristically strong and shall I say privately, obstinate letter in which he justifies his letters, says he will not resign his position in any way and even if I liked to turn him out he would make as much disturbance as he could. In these circumstances I doubt whether anything would be gained by any wrangle at the Bishops' Meeting. I think that action (if any) must come from the Council itself. I am not prepared on my responsibility to ask the Bishop to resign with the knowledge that would only mean further and it may be angry controversy. I am sorry." LPL, Bell Papers 8 (German Church), 291.

[35] So im Blick auf Pacelli auch Phayer, Catholic Church, 83.

[36] Pacelli hat aus solchen Gründen weder etwas gegen Kardinal Adolf Bertram, noch gegen Nuntius Cesare Orsenigo unternommen. Vgl. zu letzterem Monica M. Biffi, Cesare Orsenigo: Nunzio Apostolico in Germania (1930–1946), Milano 1997, bes 283. Vgl. auch Sánchez, Pius XII, 93; 138 f.; 168.

"Einmischungen" in die inneren Angelegenheiten Deutschlands gefährdeten nur das bilaterale Verhältnis und den Frieden. Am 27. Juli 1938 schrieb er an Lang:

"[…]I am beginning to be rather disturbed by the persistency of the Bishop of Chichester's advocacy in this matter. I believe that he is doing a great deal of harm to Niemöller, to our relations with the German Church, and even to our international relations. One of the actions against Niemöller is, that he has talked in an unpatriotic way to his foreign friends, and Professor Lietzmann, who is a very balanced person and not partisan in any way, told me that he thought that those English advocated of Niemöller do not benefit him in any way, and they encourage the Confessional Church in its policy of disunion. It is quite true that German methods of justice, or injustice, are not ours. The point is that Niemöller is not being persecuted for his religious opinions but for the opposition that has show to the policy of the country in a political way. The question of the Council on Foreign Relations comes up in this case. I think that the wisest thing will be that it should be agreed in the Council that we should not discuss these political questions in relation to Germany at all. I shall not propose to provide any memorandum on my visit for them, but shall take other means for saying what I want to say, and that will prevent their being any controversy on the subject in the Council. But my point is, that I believe the Bishop of Chichester and his friends are doing a good deal of harm just to the people that they wish to benefit." [37]

Auf Seiten der Römisch-katholischen Kirche lassen sich ganz ähnliche Argumentationsfiguren, Inkonsistenzen, Neutralitätsbekundungen und diplomatische Wechselspiele beobachten. [38] Aber sie sind eben keineswegs typisch für den römischen Katholizismus, sondern für christliche Großkirchen und bestimmte gesellschaftliche Rahmenbedingungen insgesamt. Insofern müssten die Fragestellungen verändert werden. [39] Komplexe Sozialmilieus mit charakteristischen Schwächen und Stärken auf eine Persönlichkeit hin zu fokussieren, lässt nur ein geringes Maß an Erkenntnisgewinn erwarten. Zu dem mentalen Gefährdungspotential von Großkirchen scheinen ein Mangel an Vertrauen in die spirituelle Kraft der eigenen Sache und – damit verbunden – Existenzängste zu gehören. [40] Sie möchten als machtvolle Mediatoren in dieser Welt wirken, bemühen sich darum verzweifelt um "Neutralität" und schränken gerade dadurch ihre Handlungsfreiheit empfindlich ein. [41] Umgekehrt ist die seit Hochhuth immer wieder geäußerte Vermutung unrealistisch, ein öffentlicher

---

[37] Headlam an Bell vom 27.7. 1938, Lang Papers 320 (Germany 1937 – 1940), Bl. 180 f.
[38] Vgl. Sánchez, Pius XII, 33 f.; 63 ff.; 88 ; 118; 133 f. ; 143 f. ; 172 f. ; 178.
[39] Bergen etwa fragt in ihrem Beitrag "An Easy Target? … " (in: Rittner/Roth, Pope Pius XII, 105 – 119) nach den Verantwortlichkeiten der christlichen Kirchen in der Welt.
[40] Vgl. Sánchez, Pius XII, 100 f. (Faulhabers Warnung an Pacelli im März 1939, dass eine von den Nazis finanzierte Deutsche Nationalkirche zu einer schweren Bedrohung für den römischen Karholizismus werden könne und ähnliche Befürchungen Orsenigos, bezogen auf einen Massanabfall von Katholiken, im Jahr 1940).
[41] Vgl. Sánchez, Pius XII, 108 ff.

Protest des Papstes gegen Hitler und seine Politik hätte Millionen deutscher und europäischer Katholiken dazu veranlasst, gegen die NS-Diktatur zu opponieren.[42] Diese lebensfremde Annahme erfüllt freilich die Funktion, das päpstliche "Schweigen" als um so verwerflicher erscheinen zu lassen. "It is one of the great ironies of history that two persons with opposite temperaments and ideologies are paired together in this modern horror: Adolf Hitler, whom, whom some see as the individual solely responsible for the Holocaust, and Pope Pius, singled out in similar fashion as the sole person who could have prevented or lessened its terrors."[43] Das Gewicht der auf dem Papst lastenden "Schuld des Schweigens" wird in der Kritiker-Dramaturgie durch die andauernde Wiederholung quantitativer wie qualitativer Fakten erhöht: Den Mord an Millionen und deren furchtbare psychische wie physische Leiden.[44] Der Vorwurf, das Christentum habe aus engstirnigen theologischen Erwägungen heraus keine geschlossene Front gebildet wie sie Cosmo Gordon Lang vorschlug, trifft – unabhängig von der ekklesiologischen Sachfrage – nicht nur Pius XII. wie Falconi offenbar gemeint hat,[45] sondern auch den Protestantismus und die Orthodoxie. Innerhalb des im Aufbau befindlichen Ökumenischen Rates der Kirchen stieß Langs Vorschlag einer Kooperation mit dem römischen Katholizismus auf einhellige Ablehnung.[46]

---

[42] Vgl. aaO., 131 ff. Siehe auch Minerbi, Pius XII, in: Rittner/Roth, Pope Pius XII, 85–104, hier: 96–98

[43] So Sánchez, Pius XII, 179.

[44] Vgl. etwa Rittner/Roth, in: dies., Pope Pius XII, 1 ff. Siehe zu den Größenordnungen Fritjof Meyer, Die Zahl der Opfer von Auschwitz. Neue Erkenntnisse durch neue Archivfunde, in: Osteuropa. Zeitschrift für Gegenwartsfragen des Ostens 52 (2002), 631–641.

[45] Carlo Falconi, The Silence of Pius XII., Boston 1970, 102; 105.

[46] Langs Vorschlag geriet auch deshalb in Misskredit, weil er gleichzeitig, nämlich im Frühjahr 1939, eine Wiederannäherung zwischen Großbritannien und der UdSSR angeregt hatte. Am 22.4.1939 schrieb Erzbischof Erling Eidem (Uppsala) an George Bell: "My greatest fear is that such a joined action in the present irritated situation may be understood as a political step. The confusion of religion and politics I do dislike very much. In every case I think it should be wiser not to act just in the present situation, when Germany and Italy so strongly are feeling efforts to isolate them from other people. I am very sorry to say – but I must say it in the name of sincerity – that the words of the venerable Archbishop of Canterbury in the House of Lords some time ago about a confederacy with Soviet etc. not only here in Sweden, but in many Churches seems to have done much harm [...]. I fear therefore that an action under his guidance in the present situation will be interpreted as a political manifest. I think it would have been much better if the Archbishop not had said anything in the Parliament in this political connection about his plans to seek contact with the Pope." LPL, Bell Papers 20 (German Church), Bl. 509. Ähnlich ablehnend äußerten sich zur gleichen Zeit Bischof Eivind Berggrav (Oslo), der Präsident der Fédération Protestante des France, Marc Boegner, der Generalsekretär des Weltkirchenrates, Willem A. Visser't Hooft, und Henry Smith Leiper vom Federal Council of the Churches of Christ in the USA. AaO.

Daniel Goldhagens virtueller Moral-Gerichtshof

In seinem jüngsten Buch "Die katholische Kirche und der Holocaust. Eine Untersuchung über Schuld und Sühne"[47] nimmt Daniel Jonah Goldhagen nicht allein den Papst, sondern die katholische Kirche insgesamt ins moralische Visier. Er möchte die Darstellungen von den zum Verbrechen gezwungenen Menschen, die in ihrer Mehrheit nichts Genaues wussten und letztlich willenlosen Werkzeugen ähnlich fungierten, als Mythen entlarven und revitalisiert stattdessen eine andere Legende: die von der gewaltigen Macht der katholischen Kirche.[48] Der Katholizismus wiederum steht exemplarisch für das Christentum als Ganzes, obwohl Goldhagen davon überzeugt ist, dass etwa "die protestantische Führung in Deutschland [...] noch weniger das Credo, Gutes zu tun, erfüllt hat als die Führung der katholischen Kirche"[49]. Die Kriterien für eine paradigmatisch verstandene moralische Prüfung – im konkreten Fall des Verhaltens der katholischen Kirche gegenüber den Juden – entnimmt Goldhagen zum einen aus deren Lehre selbst, zum anderen beruft er sich auf allgemeingültige moralische Grundsätze. Die moralische Anklage gegen Pius XII. beginnt Goldhagen mit dessen Entscheidung, den Entwurf der Enzyklika *Humani Generis Unitas* seines Vorgängers nicht veröffentlicht zu haben.[50] Zugleich gelten ihm einige Passagen des Enzykliken-Entwurfs als Beleg dafür, dass sich Pius XI. durchaus der kirchlichen Schuld an der Judenverfolgung bewusst gewesen sei. Pius XII. hält Goldhagen dagegen für einen unverbesserlichen Antisemiten und bemüht als Beweis dafür den bekannten Brief vom April 1919.[51] Dieser enthält zweifellos negative Stereotypen des Jüdischen, wie sie in der nicht ausschließlich, aber auch christlich geprägten Kultur Europas und Nordamerikas gang und gäbe waren. Selbst Emigranten und mit Juden verwandtschaftlich eng verbundene Intellektuelle waren davon nicht frei, wie das prominente Beispiel des Schriftstellers Thomas Mann zeigt.[52] Über das faktische Verhalten von Mehrheiten gegenüber Minderheiten vor dem Hintergrund nicht zuletzt religiös motivierter Vorurteile sagen solche stereotypen Attitüden freilich wenig

---

[47] Berlin 2002.
[48] Vgl. Goldhagen, Die katholische Kirche, 84. Dabei zeigen die bis 1939 über 50 faktisch wirkungslosen Protestnoten der Kurie gegenüber dem NS-Staat, wie beschränkt dieser Einfluss war. Vgl. dazu auch K. Löw, Die Schuld, 76.
[49] Goldhagen, Die katholische Kirche, 41.
[50] AaO., 55. Vgl. Anton Rauscher (Bearb.), Wider den Rassismus. Entwurf einer nicht erschienen Enzyklika (1938). Texte aus dem Nachlaß von Gustav Gundlach SJ, Paderborn 2001. Siehe auch Georges Passelecq/Bernard Suchecky, Die unterschlagene Enzyklika. Der Vatikan und die Judenverfolgung, Berlin 1999.
[51] Vgl. Cornwell, Pius XII., 101.
[52] Vgl. FAZ Nr. 198 vom 27.8. 2002, 36; DIE WELT vom 10.9. 2002, 29.

aus.⁵³ Überdies handelt es sich im Falle des Pacelli-Briefes um eine singuläre Aussage, die dazu noch stark unter dem Eindruck kommunistischer Aktivitäten in München zustande gekommen war. Insgesamt spielt freilich der angebliche Antisemitismus Pius XII. in Goldhagens Argumentation eine nur untergeordnete Rolle, weil er die Konzentration auf den Papst für einen Trick hält, um die katholische Kirche als solche zu entlasten.⁵⁴ Er möchte vielmehr "den Beitrag der katholischen Kirche zu der von Deutschland angeführten Verfolgung und Vernichtung der Juden"⁵⁵ herausstellen. Damit begibt er sich allerdings in die Schwierigkeit, bei der Gewichtung des unterschiedlichen kirchlichen Handelns tatsächlich gezeigte Abwehr klein zu reden, das sympathisierende "Schweigen" oder gar die "rassistisch-genealogische Kollaboration"⁵⁶ hingegen stark zu profilieren. Aktivitäten der Kirche zugunsten katholischer Christen jüdischer Herkunft lässt er in seiner Aufrechnung von vornherein nicht gelten,⁵⁷ ohne deren gleich große Bedrohung durch das NS-Regime zu berücksichtigen. Außerdem vertrat gerade der angloamerikanische Protestantismus die Überzeugung, dass man in erster Linie den konvertierten Juden helfen müsse; den Juden mosaischen Glaubens, so George Bell im Oktober 1933, könne "also a strong and active international Jewish community" beistehen.⁵⁸ Das war fraglos ein Irrtum. Dass gerade die Römisch-katholische Kirche und viele ihrer Gläubigen selbst unter der ständigen Vernichtungs-Bedrohung des NS-Regimes standen, Priester einen hohen Blutzoll zahlten⁵⁹ und die Kirche für

---

[53] Vgl. Benjamin Beit-Hallahmi/Michael Argyle, The Psychology of Religious Behaviour, Belief and Experience, London-New York 1997, 218 ff. Den empirischen Untersuchungen zufolge zeigen Mitglieder christlicher Denominationen im allgemeinen weniger Vorurteile als solche ohne christliche Bindungen. "It is because of the official teachings to love and accept others." (AaO., 220). Andererseits zeigten Untersuchungen, dass sich Christen durch die jüdische Ablehnung eines zentralen Bestandteils ihrer Weltanschauung, nämlich der Überwindung des Todes in der Auferstehung, bedroht fühlten und darum dieser Subkultur gegenüber ein erhöhtes Maß an Feindseligkeit zeigten (ebd.). Doch diese Reaktion betrifft nicht nur Juden, sondern alle Auferstehungs-Leugner, wie der Göttinger Neutestamentler Gerd Lüdemann erfahren musste. Vgl. dessen jüngste Veröffentlichung: Die Auferweckung Jesu von den Toten. Ursprung und Geschichte einer Selbsttäuschung, Lüneburg 2002.

[54] Vgl. Goldhagen, Die katholische Kirche, 93. Hier behauptet er, Pius XII. würde als "Blitzableiter" benutzt, "um die Aufmerksamkeit vom Rest der Kirche abzulenken".

[55] AaO., 80.

[56] AaO., 83.

[57] Vgl. z. B. aaO., 81.

[58] Zit. nach Andrew Chandler, A Question of fundamental Principles. The Church of England and the Jews of Germany 1933–1937, in: Leo Baeck Institute. Year Book XXXVIII, 1993, 221–261; Zitat: 239.

[59] Vgl. Ulrich von Hehl/Christoph Kösters (Hgg.), Priester unter Hitlers Terror. Eine biographische und statistische Erhebung, 2 Bde, Paderborn 1996; Gerhard Ringshausen, Das Jahrhundert der Märtyrer und die Ökumene, in: KZG 14 (2001), 237–247.

Katholiken jüdischer Herkunft und andere Opfer Beachtliches leisteten,[60] hält Goldhagen alles in allem für aufgebauscht und verlogen. Die Kirche "erfindet falsche christliche Märtyrer, falsche christliche Helden und falsche christliche Opfer, und sie erklärt jüdisches Leid zu ihrem eigenen"; man stelle die Sache "so dar, als sei die Kirche zusammen mit den Juden zum Opfer des Nationalsozialismus geworden. Katholiken kommen nicht als Verfolger der Juden vor, sondern werden fälschlich als deren Helfer gefeiert. [...] Die Kirche stellt sich als ein Opfer des Nationalsozialismus dar, das sie in Wirklichkeit nicht war. [...] Vielmehr "war sie vor dem Krieg und währenddessen in weiten Teilen eher ein Kollaborateur als ein Opfer des Nationalsozialismus und der mit ihm verbündeten Staaten."[61] Wohl räumt er an anderer Stelle ein, dass katholische Bischöfe gegen die Ermordung Geisteskranker protestiert hätten, aber eben nicht gegen den Massenmord an den Juden. "Waren die Juden für Bischof Galen keine ‚Menschen'?"[62]

Für Goldhagen sind die auf Jesu Tod "fixierte" Religion ihr "fehlgeleiteter Kult des Kreuzes ... von der Milvischen Brücke [...] bis Auschwitz" und prononcierte Aussagen der "christlichen Bibel"[63], wie er das Neue Testament nennt, die eigentlichen Ursachen für 2000 Jahre währenden Antisemitismus.[64] Dass auch die Thora bzw. das Alte Testament die blutrünstige Aufforderung zum Genozid kennt[65] und Israel sich während seiner, allerdings kurzen, politischen Machtentfaltung[66] tausend Jahre vor Christi Geburt kaum anders verhielt als andere Imperien im Vorderen Orient, scheint Goldhagen nicht bewusst zu sein. Zeitgeschichtliche Entwicklungen im Nahen Osten wie das Verhalten des 1948 gegründeten Staates Israel gegenüber seinen Nachbarn werden nur gestreift.[67] Aber es wird hervorgehoben, dass der Vatikan Israel erst 1993/94 anerkannt hat.[68] Die Haltung des Rabbinats zu den Maßnahmen der israelischen Regierung und der Einfluss religiöser Gruppen auf die Politik Israels werden nicht berücksichtigt. Der Zentralausschuss des Ökumenischen Rates der Kirchen (ÖRK), ein internationaler Dachverband von 342 evangelischen, orthodoxen und anglikanischen Kirchen, rief im August 2002 Israel auf, sei-

---

[60] Vgl. Besier, Die Kirchen III, 880 ff. (Lit.).
[61] Goldhagen, Die katholische Kirche, 316–318.
[62] AaO., 84.
[63] "Sein Blut komme über uns und unsere Kinder" etc. (Matth. 27,15–26). Siehe auch Joh. 8,44: "Ihr habt den Teufel zum Vater [...]".
[64] Goldhagen, Die katholische Kirche, 100 f.
[65] Vgl. Dtn 3,1 ff.; 7,1 ff. Siehe auch Num 31,14 ff.; Jos. 11,11 ff.; 1 Sam 27,8 ff.
[66] Vgl. Israel Finkelstein/Neil A. Silberman, Keine Posaunen vor Jericho. Die archäologische Wahrheit über die Bibel, München 2002, bes. 140 ff. (Lit.).
[67] Vgl. Goldhagen, Die katholische Kirche, 287.
[68] Vgl. aaO., 314 ff.

ne Truppen aus allen Palästinensergebieten abzuziehen.[69] Der ÖRK entsandte zehn ständige Beobachter, darunter drei Deutsche, in das Krisengebiet, um Menschenrechtsverletzungen in Israel zu dokumentieren und unschuldige Zivilisten vor Angriffen zu schützen. Sind solche Maßnahmen, auch wenn man sie für problematisch hält, lediglich als Ausdruck christlicher Arroganz und eines nur mühsam camouflierten Antisemitismus zu beurteilen? Könnten solche Konstellationen nicht auch auf sehr viel komplexere Zusammenhänge verweisen, bei denen Religion lediglich eine Komponente unter vielen anderen darstellt?

Bei seiner Ursachenforschung und der Frage nach den Maßstäben zur Beurteilung des Verhaltens der katholischen Kirche im "Dritten Reich" verlässt Goldhagen das Feld der historisch-politischen Analyse und betritt den Raum des Religiösen. Sein Vorwurf an die katholische Kirche lautet, sie habe als "universale moralische Institution"[70] kläglich versagt, indem sie ihre eigenen hohen moralischen Maßstäbe mit Füssen getreten habe. Um diesen Sachverhalt zu vertuschen, betone sie in solchen prekären Fällen ihre Identität als politische Institution, die sie ja auch sei, und wolle für sich nur den geringeren moralischen Anspruch einer politischen Einrichtung gelten lassen. Indem sie nicht nur ihre eigenen, sondern auch "normale, von vielen Menschen geteilte moralische Maßstäbe"[71] missachtet habe, sei sie nicht nur an den Opfern, sondern auch an den Tätern schuldig geworden – ganz zu schweigen von der christlichen Lehre, wonach sich die Massenmörder einer Todsünde schuldig gemacht hätten und ihres Seelenheils verlustig gegangen seien, ohne dass die Kirche sie vor dieser Konsequenz gewarnt habe.[72] Das Gleichnis vom Barmherzigen Samariter, "das die angebliche Überlegenheit der christlichen gegenüber der jüdischen Moral verkündet"[73], habe im Falle der Judenverfolgung keine Anwendung gefunden. Will Goldhagen, am Beispiel des "Dritten Reiches", in einen moralischen Wettstreit zwischen rivalisierenden Religionen eintreten? Er möchte jedenfalls eine Art Tribunal über das Christentum veranstalten – mit Beurteilungskriterien, Beweiserhebung, Urteilsspruch und "Wiedergutmachung des Schadens". Ihm geht es um die Rehabilitierung und die Wiederaufrichtung des von den Christen abgetanen "Gesetzes" und schließlich um die juridische Feststellung, welche Christen überhaupt noch als "Gerechte unter den Völkern" gelten dürfen. Vor dem Hintergrund der eigenen religiösen Tradition vermag er in der christlichen Erbsünden- und Rechtfertigungslehre vermutlich keine tieferen anthropologischen Einsichten, sondern wohl nur heuchleri-

---

[69] Vgl. idea spektrum Nr. 37 vom 11.9. 2002, 11.
[70] Goldhagen, Die katholische Kirche, 118.
[71] AaO., 128.
[72] Vgl. aaO., 234 ff.
[73] AaO., 129.

sche Immunisierungsstrategien zu sehen. Dagegen hebt er die Willensfreiheit des Menschen besonders hervor und betont die Übereinstimmung der katholischen Lehre mit dieser Prämisse.[74] Das Ganze wird als epochaler Revisionsprozess inszeniert, der mit dem Beweis enden soll, dass "die außergerichtliche, de facto strafrechtliche Verurteilung der Juden durch die Deutschen, Slowaken, Kroaten und andere"[75] ein gigantischer Justizirrtum war. Lassen sich die dramatischen Folgen inzwischen abgebauter, religiöser und ethnischer Vorurteile so ahnden? Dass eine Rationalisierung von Vorurteilen, ihre Transformation in objektive "Schuldtitel", schon in sich ein paradoxes Unterfangen ist, dürfte jedem mit sozialwissenschaftlichen Arbeitsweisen einigermaßen vertrauten Historiker unmittelbar einleuchten. Insofern trägt der methodische Zugriff das Unternehmen nicht.

In seinem religiös-historischen Gerichtsverfahren verengt Goldhagen die Perspektive auf das Verhältnis von Christen, überwiegend in der Täterrolle, einerseits und Juden in der Opferrolle andererseits. Dass die europäischen Diktaturen nicht nur Juden, sondern auch andere religiöse, ethnische und linguistische Minderheiten verfolgten und zum Teil "eliminieren" wollten, wird allenfalls beiläufig erwähnt.[76] Immerhin gehörte der Schutz solcher Minderheiten zu den vorrangigen Aufgaben des Völkerbundes. Das Archivmaterial der League of Nations belegt sehr wohl, dass nicht allein jüdische Minderheiten schweren Verfolgungen ausgesetzt waren.[77] Beispielsweise diskriminierte Polen in den 20er und 30er Jahren die Mitglieder der dort nicht anerkannten Methodist Episcopal Church,[78] in Polen eine kleine Minorität, in den USA eine große Kirche, – mit dem Ziel, diese Religionsgemeinschaft aus Polen zu vertreiben. Bekanntlich massakrierten 1915/16 die Soldaten der mit dem Deutschen Reich verbündeten Türkei über eine Million christlicher Armenier.[79] Dem Terror der "politischen Religion" des Kommunismus fielen weltweit etwa 100 Millionen Menschen zum Opfer.[80] Doch es kommt nicht auf die Zahl der Opfer an wie Goldhagen anzudeuten scheint.[81] Religions-, Klassen- und Rassen-Genozid kann man auch nicht gegeneinander aufwiegen und so

---

[74] AaO., 158; 168.
[75] AaO., 135.
[76] Vgl. aaO., 276 f.
[77] Vgl. Guide to the Archives of the League of Nations 1919–1946, Geneva 1999, bes. 22.
[78] Vgl. League Of Nations Archives, Geneva, R 1647, 41/38037/6590 und R 1647, 41/37284/6590. Siehe insgesamt das KZG-Themenheft 1/2002: Von der Nationalistischen Konfrontation zur europäischen Verständigung. Die Rolle der Kirchen beim Weg Deutschlands und Polens im 19. und 20. Jahrhundert (Göttingen 2002).
[79] Vgl. zuletzt Hans-Peter Raddatz, Von Allah zum Terror?, München 2002, 153.
[80] So Stéphane Courtois u.a., Das Schwarzbuch des Kommunismus. Unterdrückung, Verbrechen und Terror, München 1998.
[81] Vgl. Goldhagen, Die katholische Kirche, 126.

nivellieren. Jeder dieser Fälle – von den Diskriminierungen bis hin zu den Massenmorden – besitzt seine je eigene Geschichte, Würde und Tragik. Aber man kann als Historiker schlecht die Geschichte einer Religion und einer Opfergruppe isoliert betrachten, wenn man den Ursachen für solche Verbrechen wirklich auf den Grund gehen will. Das ist jedoch das ausdrückliche Anliegen Goldhagens.

Obwohl er einräumen muss, dass Bischöfe in Österreich, Polen und Kroatien den Massenmord an Tausenden Juden und Zigeunern anprangerten, klagt er die Geistlichen antisemitischer Äußerungen an. "Warum zogen sie und andere die Grenze beim Massenmord?"[82] Nach der Beweiserhebung kommt Goldhagen zu dem Ergebnis, dass die katholische Kirche und ihr Personal "während des Holocaust insgesamt gefehlt" hätten, weil sie die Juden "für böse und schädlich hielten" und darum gegen ihre "ernsthafte Bestrafung" nichts einzuwenden hatten, obwohl "die Juden vollkommen unschuldig waren".[83] Aber damit nicht genug: Aus den Grundsätzen der kirchlichen Lehre folge, dass das "Verbreiten von Vorurteilen oder Hass, einschließlich des Antisemitismus [...] eine Todsünde"[84] sei. Darüber hinaus tadelt Goldhagen, vor dem Hintergrund seiner profanen moralischen Urteilskategorien, die katholische Kirche und einzelne Persönlichkeiten, darunter Pius XII., wegen ihrer Unterstützung nationalsozialistischer Vergehen moralisch und politisch. Pius XI. wie Pius XII. hätten die Demokratie verachtet und dem NS-Regime Legitimität verliehen. Durch ihre Unterstützung verbrecherischer Maßnahmen und teilweise sogar durch ihre Beteiligung an diesen, hätten die Kirchen auch schwere moralische, ja in einigen Fällen strafrechtlich relevante Schuld auf sich geladen.[85] Anstatt nach Kriegsende die Bestrafung der Schuldigen zu fordern, habe der Vatikan mit dafür gesorgt, dass sich die Mörder den Justizbehörden der Alliierten hätten entziehen können. Als "Wiedergutmachung des Schadens" stellt sich Goldhagen – neben energischer historischer Forschung und Gedenkarbeit[86] – nicht weniger vor als eine weitgehende Revision der katholischen Lehre. Danach wäre die katholische Kirche nicht mehr sie selbst, sondern eine pluralistisch orientierte, ökumenische Humanitätsreligion ohne einzigartigen Anspruch auf Heilsuniversalität.[87] Empört wendet sich Goldhagen gegen den nach wie vor bestehenden Missionsanspruch der Römisch-katholischen Kirche, der sich allerdings, was er unerwähnt lässt, nicht nur auf die Juden, son-

---

[82] AaO., 147.
[83] Zitate: AaO., 163; 160.
[84] AaO., 170.
[85] Vgl. aaO., 220.
[86] Vgl. aaO., 324 f.
[87] Vgl. Kongregation für die Glaubenslehre, "Dominus Iesus": Über die Einzigartigkeit und die Heilsuniversalität Jesu Christi und der Kirche, 6.8. 2000.

dern auf alle Menschen, sogar Christen außerhalb der Römisch-katholischen Kirche, bezieht. Nach dem Selbstverständnis des Christentums wie des Islam kann es eigentlich nur einen Wettbewerb der Religionen geben, denn keine dieser Offenbarungsreligionen möchte ihren exklusiven Wahrheitsanspruch aufgeben. Von der konfessionellen Dialog-Ideologie [88] innerhalb der sog. "abrahamitischen" Religionen, die in der zweiten Hälfte des 20. Jahrhunderts einen erheblichen Einfluss ausgeübt hatte, dürfte in diesem Jahrhundert nur wenig übrigbleiben. [89] Zu stark ist die Option der Orthodoxie, der Evangelikalen und der Römisch-katholischen Kirche in Lateinamerika und Afrika zugunsten der überkommenen Glaubenslehre, als dass sich die liberalen Reformer aus Westeuropa und Nordamerika durchsetzen könnten. [90]

Goldhagens theologischer Kampf gilt vor allem der sog. "Substitutionstheorie", der Überzeugung des Christentums, dass der "alte Bund" durch den Bund des Neuen Testamentes grundsätzlich überboten worden sei. [91] Dabei hält er es anscheinend für möglich, mithilfe historischer Beweisführungen religiöse Lehrsätze zu falsifizieren und andere zu verifizieren. Den Anspruch der katholischen Kirche, Juden zu bekehren und von ihnen die Anerkennung Jesu Christi als Sohn Gottes zu erwarten, betrachtet er als unerhörte Respektlosigkeit gegenüber dem mosaischen Glauben. Offenbar hält er es für selbstverständlich, dass konkrete, im Namen einer Religion begangene Irrtümer und mehr zur Relativierung des Wahrheitsanspruchs dieser Religion durch ihre Repräsentanten führen müssen. Bei aller Anerkennung der katholischen Lehrrevisionen im Blick auf das Judentum seit dem Zweiten Vatikanum erwartet er sehr viel mehr: eine "Reinigung" der Liturgie und des Neuen Testaments von antisemitisch zu verstehenden Passagen [92] sowie eine "institutionelle Selbstreform" [93]. "Wenn die katholische Kirche eine moralische Institution werden soll [...], muss sie aufhören, eine politische Institution zu sein." [94] Im Vollzug ihrer Lehrrevision hin zu einem pluralen Verständnis religiöser Wahrheiten soll die Römisch-katholische Kirche – ähnlich wie Staaten und Firmen – materielle, politische und moralische Wiedergutmachung leisten. [95] Goldhagens Forderung lautet: "Die Wahrheit sagen. Echte Reue zeigen. Den Antisemitismus aus-

---

[88] Vgl. z. B. Michael Barnes SJ, Theology and the Dialogue of Religions, Cambridge 2002.
[89] Auch Goldhagen, Die katholische Kirche, 275, vertritt die Auffassung, der katholisch-jüdische Dialog ruhe auf "einem brüchigen Fundament".
[90] Der Zentralausschuss des ÖRK beschloss u.a. die Abschaffung "ökumenischer Gottesdienste (vgl. idea spektrum Nr. 37 vom 11.9. 2002, 8 f.); das Schwergewicht des Katholizismus verlagert sich immer mehr in die "Dritte Welt" (vgl. FAZ Nr. 217 vom 18.9. 2002, 38).
[91] Vgl. z. B. Goldhagen, Die katholische Kirche, 262.
[92] Vgl. aaO., 269 f.; 345 ff., bes. 360; 364 f.
[93] AaO., 290.
[94] AaO., 333.
[95] Vgl. aaO., 284 ff.

rotten." ⁹⁶ Als positive, wenn auch immer noch unzureichende Ansätze nennt er u. a. – gegen die vom Vatikan verantwortete Schrift "Wir erinnern" (1998) – die "Erklärung der Reue" der französischen Bischöfe von 1997, Äußerungen des Kardinals Cassidy aus dem Jahr 1998 sowie diverse protestantische Erklärungen. ⁹⁷ "Die Lehre von der Unfehlbarkeit der Kirche und des Papstes hindert die Kirche daran, das zu tun, was viele protestantische Kirchen getan haben: die Wahrheit über ihre Vergangenheit zu sagen." ⁹⁸ Soll auch dieses Dogma fallen? Als vorrangige Aufgabe der Kirche betrachtet es Goldhagen, wirkungsvolle Maßnahmen zur Ausrottung des Antisemitismus zu ergreifen. ⁹⁹

Immer wieder hebt Goldhagen positiv das Verhalten der Evangelisch-Lutherischen Staatskirche in Dänemark hervor und meint tatsächlich, in dieser Kirche hätten die antijudaistischen Traditionen des Christentums nicht Fuß gefasst. ¹⁰⁰ Völlig unerwähnt bleibt die wahrscheinlichere Alternative, dass der Hass des von den Deutschen besetzten und unterjochten Volkes auf eben diese Unterdrücker sehr viel größer war als die im Luthertum zweifellos mindestens latent vorhandenen Antijudaismen. Mit dem Protest gegen die Deportation dänischer Juden brachten die Dänen auch ihre Empörung gegen die Besetzung und Ausbeutung ihres Landes zum Ausdruck. Ähnliche Phänomene lassen sich in den Niederlanden und in Norwegen konstatieren.

Der Federal Council of the Churches of Christ in the USA und die schweigende Mehrheit

Erstaunlich und nicht konsequent ist, dass sich Goldhagen mit seinen Anklagen gegen das Christentum auf Kontinentaleuropa beschränkt[101] und die religionspolitische Situation in seinem eigenen Land[102], sieht man von gelegentlichen Hinweisen auf die Rassen-Segregation in den Südstaaten ab[103], praktisch unerwähnt lässt. Wohl unternahm der Federal Council of the Churches of Christ in den USA große Anstrengungen, die öffentliche Meinung gegen Hitlers Antisemitismus und dessen Kirchenfeindschaft zu beeinflussen. Das Ergebnis all der Resolutionen, Appelle, Radioansprachen und Zeitungsberichte fällt aber durchaus ambivalent aus: Einerseits führten die Proteste der Hauptkirchen und anderer gesellschaftlicher Gruppen zu Massendemonstra-

---

⁹⁶ AaO., 296.
⁹⁷ Vgl. aaO., 297 ff.
⁹⁸ AaO., 338.
⁹⁹ Vgl. aaO., 326 ff.
¹⁰⁰ AaO., 156 f.; vgl. 128; 135 passim.
¹⁰¹ Vgl. aaO., 223.
¹⁰² Vgl. aaO., 277: "mein Land".
¹⁰³ Vgl. z. B. ebd.

tionen von bis zu 20.000 Menschen wie am 21. November 1938 im Madison Square Garden.[104] Auf die Frage, welches europäische Land sie am meisten schätzten, entschieden sich 1937 nur noch 8 % der befragten Amerikaner für Deutschland.[105] Andererseits schien die US-Bürger aber gerade das, was die Hauptkirchen an Grauenvollem über Deutschland zu berichten wussten, kaum zu berühren. Das war kein Wunder. Denn mehr als ein Drittel der befragten Amerikaner, nämlich 35 %, gab bei einer Roper-Umfrage noch im Jahr 1938 an, die Juden nicht zu mögen.[106] Selbst 1942 meinte noch fast die Hälfte der Amerikaner, die Juden besäßen in den USA zu viel Einfluss, und immerhin 16 % bekundeten ihre Sympathie für die Entmachtung der Juden in Deutschland.[107] Eine kollektiv geäußerte positive Haltung gegenüber den Opfern der deutschen Antisemitismus-Politik hätte sofort eine Diskussion über Einwanderungserleichterungen für die Opfer zur Folge gehabt – eine Konsequenz, die in dem von wirtschaftlichen Krisen geschüttelten Land wahrscheinlich zu Wahlniederlagen geführt hätte, denn die Mehrheit der Amerikaner wollte keine Emigranten mehr hereinlassen. Neben den ökonomischen Problemen litten die Vereinigten Staaten auch unter einer starken geistigen Verunsicherung. Den Aufstieg des "unamerikanischen" Katholizismus[108] erlebte der Protestantismus insgesamt als Bedrohung seiner Dominanz.[109] Diese Entwicklung wie die innerprotestantischen Differenzen führten zu einer Art "religious depression"[110]. Die Eindämmung des römisch-katholischen Einflusses in Deutschland war darum für viele konservative Protestanten in Amerika kein Grund, den Na-

---

[104] Vgl. Thomas Reuther, Die ambivalente Normalisierung. Deutschlanddiskurs und Deutschlandbilder in den USA 1941–1955, Stuttgart 2000, 73.

[105] Detlef Junker, Kampf um die Weltmacht. Die USA und das Dritte Reich 1933–1945, Düsseldorf 1988, 70.

[106] Vgl. Doris Kearns Goodwin, No Ordinary Time Franklin and Eleanor Roosevelt: The Home Front in World War II, New York 1995, 102.

[107] Michaela Hönicke, "Know Your Enemy". American Wartime Images of Germany, 1942–1943, in: Ragnhield Fiebig-von Hase/Ursula Lehmkuhl (Hgg.), Enemy Images in American History, Providence/Oxford 1997, 237.

[108] Vgl. Michael Zöller, Washington und Rom. Der Katholizismus in der amerikanischen Kultur, Berlin 1995, bes. 140 ff. Die Präsidentschaftswahlen des Jahres 1928 demonstrierten das Beharrungsvermögen antikatholischer Vorurteile auf Seiten des amerikanischen Protestantismus. Der New Yorker Gouverneur und demokratische Präsidentschaftskandidat Alfred E. Smith war wegen seiner Zugehörigkeit zur Römisch-katholischen Kirche unbarmherzigen Attacken ausgesetzt.

[109] Vgl. Besier, The Friends, 54 ff.

[110] Vgl. E. Clifford Nelson, The Lutherans in North America, Philadelphia 1980, 454. Zwar gaben 1938 die Befragten an, die Bibel sei das "most interesting book" that they had ever read (an zweiter Stelle rangierte "Gone with the Wind"), aber im Jahr darauf schätzten 50 % der Befragten ein, ihre Eltern seien häufiger als sie selbst zur Kirche gegangen, 40 % vertrat die Auffassung, das religiöse Interesse habe abgenommen. The Gallup Poll Public Opinion 1935–1971, Vol. 1 (1935–1948), New York 1972, 135; 146.

tionalsozialismus zu verabscheuen. Über die Situation des Protestantismus in Deutschland war Unterschiedliches zu hören. Lange Zeit versicherten deutsche Lutheraner ihren mit dem NS zum Teil sympathisierenden Glaubensbrüdern in den USA, dass die Situation in Deutschland differenziert wahrgenommen werden müsse. Auch in den USA wurde Hitlers Bewegung als moralische, wirtschaftliche und soziale Erneuerung für das am Boden liegende Deutschland begriffen, als eine Art Selbstbefreiung aus den modernistischen Verfallserscheinungen der 20er und frühen 30er Jahre. Insgeheim wünschten sich viele konservative Protestanten für die Vereinigten Staaten eine ähnliche Entwicklung.[111] Im Januar 1937 kürte das amerikanische Magazin "Time" Hitler zum Mann des Jahres. Schließlich sah man in Hitlers Deutschland lange Zeit ein Bollwerk gegen den Kommunismus, der in den Augen vieler Amerikaner auch die USA bedrohte. Endlich wünschten die Kirchen, gleich welcher Richtung, zusammen mit der Mehrheit ihrer Gläubigen keine interventionistische Politik und drängten darum ihre Regierung zur Zurückhaltung.[112] Für die vom Federal Council immer wieder beschworenen Werte der "westlichen Zivilisation" wollte man keinesfalls einen militärischen Konflikt riskieren. Insofern besaßen die eindrucksvollen Zeugnisse des amerikanischen Protestantismus vor allem eine rituelle Funktion: Man versicherte sich gegenseitig der Sympathie für das amerikanische Wertesystem, ohne daraus ernsthafte Konsequenzen für die zwischenkirchlichen Beziehungen zu ziehen oder gar den offenen Konflikt mit Hitler-Deutschland zu riskieren. Im Blick auf diese Situation wird man für die Zeit zwischen 1934 und 1941 sagen müssen, dass die Politik des Federal Council es nicht vermocht hatte, die antisemitische, antikatholische und isolationistische Option einer schweigenden Mehrheit aufzulösen.

Die Versuchungen der Macht und das Verhalten "ganz gewöhnlicher" Menschen

Es geht um die politische Funktion von Religion bei ethnischen Konflikten und solchen zwischen Minderheiten und Mehrheiten ein und derselben Ethnie in einer Nation.[113] Religion stellte und stellt in vielen Ländern eine machtvolle mentale Quelle politischer Mobilisierung dar, manchmal auch einen potenten sozialen Spaltpilz. In einigen Fällen verstärkte und verstärkt Religion die Politik einer Regierung, in anderen übte sie Resistenz – ohne, dass sich

---

[111] Vgl. G. Besier, Die Kirchen III, 37; 895 f.
[112] Vgl. Besier, The friends, 54 ff.; Leo P. Ribuffo, Religion in the History of U.S. Foreign Policy, in: Elliot Abrams Hgg.), The Influence of Faith. Religious Groups & Foreign Policy, Lanham-Boulder-New York-Oxford 2001, 1–27; hier: 12.
[113] Vgl. auch Ted G. Jelen/Clyde Wilcox (Hgg.), Religion and Politics in Comparative Perspective. The One, The Few, and The Many, Cambridge 2002.

dieses Verhalten in dem einen oder anderen Fall immer eindeutig aus der religiösen Lehre hätte ableiten lassen. Im Zeitalter der Dechristianisierung ist in unserem Zusammenhang auch Hans-Peter Raddatz' Feststellung zu bedenken: "Ein Heilsmonopol, das sein Mandat nicht spirituell, sondern politisch ausübt, lebt von der Beteiligung an sich aktuell durchsetzenden Machtkonzentrationen."[114] Die traditionelle Vorstellung, dass die Trennung von Staat und Kirche nach US-amerikanischem Vorbild sowohl die Religion als auch die Politik davor bewahre, Verbindungen miteinander einzugehen, eine "explosive Mischung" zu bilden, und sich damit nicht zuletzt selbst zu schaden,[115] hat sich in den Vereinigten Staaten, durch den religiösen Lobbyismus in Washington D.C. wie durch die zeitweilige Macht der Religious Right-Bewegung,[116] als vollkommen illusorisch erwiesen.

Goldhagen führt ins Feld, dass die Juden bis 1948 "keinen eigenen Staat, keine Armee und keine Macht besaßen und stattdessen dahingemetzelt wurden [...]"[117]. Das ist heute anders. Und selbst für die Vergangenheit dürfte doch wohl auch für das Judentum gelten, was für alle Zusammenschlüsse in dieser Welt gilt: Sie können Einfluss ausüben und tun das auch. Freilich – mit der Gründung des Staates Israel haben die Juden mit Christen, Muslems und anderen großen Religionen "gleichgezogen". Sie und ihre Religion sind unter den nunmehr gegebenen nationalstaatlichen Bedingungen den gleichen Versuchungen des Missbrauchs und der Deformierung ihrer Kultur ausgesetzt wie die "christlichen" oder "muslimischen" Staaten auch. Sollte es ganz ausgeschlossen sein, dass auch Rabbiner nach dem Motto vieler Bischöfe verfahren werden: Right or wrong – my country? Goldhagen will das grundsätzlich wohl nicht ausschließen, wenngleich er Kritiker der israelischen Politik als heimliche Antisemiten verdächtigt.[118] Seine Diagnose lautet: "Viele Religionen sind ethnozentrisch, feiern die eigene Gruppe, sind unduldsam gegen andere. [...] Religionen neigen zur Intoleranz gegen andere – das hat sich beim Katholizismus, beim Hinduismus, beim Islam, beim Judentum und vielen Formen des Protestantismus gezeigt [...]."[119] Um diesen in allen Religionen schlummern-

---

[114] Raddatz, Von Allah zum Terror?, 242 f.
[115] Vgl. Goldhagen, Die katholische Kirche und der Holocaust, 331 ff. Schon Stuart W. Herman nannte in seinem 1942 erschienen Buch "It's Your Souls We Want" (dtsch: Eure Seelen wollen wir. Kirche im Untergrund, München-Berlin 1951, bes. 156 ff.) das nicht überwundene, deutsche Staatskirchentum als eine Ursache für die Entwicklung in Deutschland.
[116] Vgl. Martin Sterr, Lobbyisten Gottes – Die Christian Right in den USA von 1980 bis 1996. Zwischen Aktion, Reaktion und Wandel, Berlin 1999; Elliot Abrams Hgg.), The Influence of Faith. Religious Groups and U.S. Foreign Policy, New York 2001.
[117] Goldhagen, Die katholische Kirche, 224.
[118] Vgl. aaO., 375 f.
[119] AaO., 336; 353. Er warnt davor, sich vom augenblicklichen Erscheinungsbild der katholischen Kirche täuschen zu lassen. "Weltgeschichtlich betrachtet, ist die katholische Kirche

den Gefahren zu begegnen, plädiert er – neben der politischen Entmachtung – für eine Liberalisierung, Pluralisierung und Demokratisierung der religiösen Institutionen und ihrer Lehren. Damit weiß er sich nicht nur im Bunde mit "fortschrittliche[n] Katholiken" [120], sondern mit allen "(progressiven) Theologen" und bedauert, dass diese "nach wie vor eine Minderheit sind, denen eine Mehrheit von konventionell denkenden Kollegen gegenübersteht." [121] Insofern kann man Goldhagens Studie – in seinem Sinne – auch als besonders eklatantes Beispiel für das Verhalten einer Religion ansehen, die ihre politische und mentale Macht nutzte, um eine religiöse Minderheit über 2000 Jahre hinweg zu diffamieren. Die religiöse Entwicklung in der Welt, vielleicht einmal abgesehen von Westeuropa, [122] sollte ihm aber vor Augen führen, dass der Trend nicht in Richtung auf "Indifferentismus" und milden Laizismus weist. [123] Davon zu trennen ist die Frage, ob Goldhagen mit seiner Anklageschrift dem Verhalten der Römisch-katholischen Kirche im "Dritten Reich" und danach gerecht wird. Nach seiner Dramaturgie steht in dieser Kirche ein monolithisch gedachter Antisemitismus im Zentrum des Interesses. Damit rückt er jedoch ein in seinen Ausdrucks- und Erscheinungsformen sehr zu differenzierendes Randphänomen der europäischen und amerikanischen Gesellschaften in die Mitte katholischen Denkens und Handelns, macht es nachgerade zum "Urknall" und Dauer-Movens des Christentums. Gegen Goldhagens Buch "Hitlers willige Vollstrecker" [124] hat Christopher R. Browning eingewandt, dass der Verfasser nahezu alle apologetischen Aussagen der seinerzeit behandelten Täter-Gruppe nicht wirklich gelten ließ. [125] Dieses Eindrucks kann man sich auch im vorliegenden Falle nicht erwehren. "Eine Methode, die kaum etwas anderes kann als die Hypothese bestätigen, die sie eigentlich überprüfen sollte, sollte [...] nicht mit dem Anspruch strenger Sozialwissenschaft

---

    von heute politisch vergleichsweise gutartig. Das war sie jedoch nicht immer. [...] Die katholische Kirche wird vielleicht nicht immer politisch so schwach bleiben, wie sie es heute ist" (aaO., 336).

[120] AaO., 344.

[121] AaO., 358.

[122] Vgl. Hartmut Lehmann, Protestantisches Christentum im Prozess der Säkularisierung, Göttingen 2001, bes. 15 ff.; 81 ff.; Jeffrey Cox, Secularization and Other Master Narratives on Religion in Modern Europe, in: KZG 14 (2001), 24–35; Michel Lagrée, Durkheim, Weber et Troeltsch, un siècle après, in: aaO., 49–60; Hugh McLeod, Secularisation in Western Europe 1848–1914, London-New York 2000 (Lit.).

[123] Vgl. für den nordamerikanischen Protestantismus z. B. Timothy R. Phillips/Ddennis L. Ockholm (Hgg.), The Nature of Confession. Evangelicals and Postliberals in Conversation, Downers Grove 1996.

[124] D. J. Goldhagen, Hitlers willige Vollstrecker. Ganz gewöhnliche Deutsche und der Holocaust, München-Berlin (1996) ²2000.

[125] Siehe auch Goldhagens Angriffe auf Browning und Hannah Arendt, Die katholische Kirche, 389, Anm. 10.

auftreten."[126] Beispielsweise bleibt unerwähnt, dass der Sicherheitsdienst der SS, die ideologische und exekutive Speerspitze des Nationalsozialismus, die Römisch-katholische Kirche als ihren gefährlichsten weltanschaulichen Gegner betrachtete und entsprechende Anstrengungen unternahm, den "politischen Katholizismus" mit allen Mitteln zu bekämpfen.[127] Die Leugnung der Tatsache, dass diesen Verfolgungsmaßnahmen Tausende Katholiken, Priester und Laien, zum Opfer fielen, verstärkt den Eindruck, dass Goldhagen nahezu alles, was seiner Leitthese von der katholischen Kirche als einem Kollaborateur des Nationalsozialismus widerspricht, unterdrückt hat. Überdies hätte er gut daran getan, die theologischen Auseinandersetzungen zwischen Christentum und Judentum im 19. und 20. Jahrhundert wenigstens zu skizzieren[128] und die daraus erwachsenen religiösen Herausforderungen und Stereotypen vom tatsächlichen Verhalten der "ganz gewöhnlichen" Katholiken wie des Klerus zu unterscheiden. Trotz fortgeschrittener Säkularisierung im Historiker-Milieu ist schließlich auch der Frage nachzugehen, welche profanisierte religiöse Ethik bei der historischen Urteilsbildung zum Tragen kommt. Es scheint so, als besäße im Blick auf die Schulddiskussion die rationale Ethik des rabbinischen Judentums eine höhere Plausibilität als christliche Entwürfe.[129] In psychologischer Perspektive charakterisiert Michael Argyle die "Origins of Morals" von Judentum und das Christentum so: "[...] the Jews still recognised the principle of an eye for an eye, and they did not think it necessary to treat outsiders as they treated other members of their own society. Forgiveness of others was a minor Old Testament theme, and it did not extend to treatment of Gentiles. They believed in supernatural sanctions, and attached importance to repentance and sacrifices. [...] Early Christianity broke away from the Jewish rules, in favour of the spirit of moral rules rather than the letter of the law, and an emphasis on love of God and man. It replaced the eye-for-an-eye principle by valuing forgiveness [...]. Forgiving others leads to being forgiven by God, or possibly vice versa [...]."[130] Christen haben im Laufe der Geschichte nicht nur eine unermessliche Schuld auf sich geladen; sie wissen auch um deren Unausweichlichkeit und hoffen dennoch auf Vergebung.

---

[126] Christopher R. Browning, Ganz normale Männer. Das Reserve-Polizeibataillon 101 und die "Endlösung" in Polen. Neuausgabe mit einem Nachwort (1998), Reinbek bei Hamburg 1999, 276.

[127] Vgl. G. Besier, Die Kirchen und das Dritte Reich III, bes. 167 ff.; Wolfgang Dierker, Himmlers Glaubenskrieger. Der Sicherheitsdienst der SS und seine Religionspolitik 1933–1941, Paderborn 2002, bes. 173 ff.; 335 ff.; 504 ff.

[128] Vgl. etwa Susannah Heschel, Der jüdische Jesus und das Christentum. Abraham Geigers Herausforderung an die christliche Theologie, Berlin 2001.

[129] Vgl. G. Besier/Gerhard Sauter, Wie Christen ihre Schuld bekennen. Die Stuttgarter Erklärung 1945, Göttingen 1985.

[130] M. Argyle, Psychology and Religion. An Introduction, London – New York 2000, 169 f.

Schlaglichter auf den Umgang der deutschen Bischöfe mit der nationalsozialistischen Vergangenheit

Lydia Bendel-Maidl und Rainer Bendel

Die sogenannte "Bewältigung" der nationalsozialistischen Vergangenheit in Deutschland läßt sich quantitativ und qualitativ grob in drei Stufen gliedern.[1] Die erste wird gebildet von den unmittelbaren Reaktionen 1945 bis etwa zur Gründung der Bundesrepublik Deutschland 1949. Im Raum der Kirche bleibt man im wesentlichen auf der weltanschaulichen Ebene stehen und sieht die dortigen Verfehlungen als die Ursachen für die katastrophalen Verirrungen. Im Vorübergehen gesteht man zwar Versagen und Schuldigwerden einiger Christen zu, insgesamt aber dominiert das Bild der Kirche, die vielleicht sogar als einzige größere Institution Widerstand geleistet hat. Diese Sicht der Dinge wird in der zweiten Stufe in den 60er Jahren durch die nachwachsende Generation und durch eine Reihe von Publikationen massiv angefragt. Hier sind schwerpunktmäßig zum einen die Auseinandersetzungen um die Gültigkeit und das Fortbestehen des Reichskonkordates zu nennen und zum anderen die Veröffentlichung von Rolf Hochhuth über den Stellvertreter, also über das Verhalten Papst Pius' XII. gegenüber den Juden im Dritten Reich.[2] Eine dritte Stufe ist etwa mit dem Beginn der 80er Jahre anzusetzen. Sie zeigt sich in einem differenzierteren Umgang mit den Wirkungen des kirchlichen Anti-Judaismus; die Anfragen und Vorwürfe bezüglich des Schuldigwerdens der Kirche werden nicht mehr nur als eine übelwollende und vernichtende Kritik von außen gehört. Ziel dieses Beitrags kann nicht eine umfassende Analyse der Äußerungen katholischer deutscher Bischöfe zur Problematik sein. An exemplarischen Dokumenten sollen Grundlinien der Argumentation herausgearbeitet werden; insofern dabei fast ausschließlich Wortmeldungen der

---

[1] Ausführlich zu den Prozessen des Umgangs mit deutschen Vergangenheiten nach 1945 vgl. Aleida Assmann / Ute Frevert, Geschichtsvergessenheit – Geschichtsversessenheit. Vom Umgang mit deutschen Vergangenheiten nach 1945, Stuttgart 1999.

[2] Vgl. K.-H. Wiest, "Der Stellvertreter" – Ein Stück und seine Wirkung, in: Rottenburger Jahrbuch für Kirchengeschichte 2 (1983) 202–247.

deutschen Bischofskonferenz in den Blick genommen wurden, kommen persönliche Sondervoten einzelner Bischöfe leider nicht zum Tragen.

Der Hirtenbrief der deutschen katholischen Bischöfe 1945

In die erste Phase gehört der Hirtenbrief der deutschen katholischen Bischöfe, der im Lauf der September-Sonntage 1945 von den deutschen Kanzeln als erstes Wort der Bischöfe nach dem Krieg verlesen werden sollte, beschlossen bei der ersten Vollversammlung in Fulda im August 1945. Er ist insofern ein Grunddokument, als spätere Hirtenschreiben auf die dortigen Formulierungen immer wieder rekurrierten. Voraus gingen zwei Entwürfe, der eine vom Kölner Erzbischof Josef Kardinal Frings[3] erarbeitet oder in Auftrag gegeben, in dem sich deutlich die Wahrnehmung und Position einer Gruppe von Bischöfen widerspiegelt. Dieser Entwurf wurde im endgültigen Dokument sehr modifiziert, vor allem durch einen ausführlichen Verbesserungsvorschlag des Berliner Bischofs Konrad Graf von Preysing[4].

In ihm zeigt sich eine deutlich andere Akzentuierung. Preysing setzt seine Linie fort, in der er dem Vorsitzenden der deutschen Bischofskonferenz, Kardinal Bertram, während der Kriegsjahre mehrfach opponierte, weil er dessen Eingabenpolitik für eine zu willfährige Oppositionspolitik der Kirche gegenüber dem Dritten Reich hielt. Preysing hatte sich auch als einziger nicht dafür hergegeben, im Herbst 1939 für die ins Feld ziehenden Soldaten einen ermunternden Hirtenbrief verlesen zu lassen.

Im *Entwurf von Kardinal Frings* wird als einleitende Situationsschilderung ein Gegenbild zu den Zeitverhältnissen entworfen, das Sicherheit und Kontinuität schenken will: Die Bischöfe tagen trotz allen Wechsels der Zeitereignisse an der alten Stätte, nämlich am Grab des Apostels der Deutschen, am Grab des Heiligen Bonifatius in Fulda. Sie tagen in demselben Glauben, den Bonifatius den Vorfahren der Deutschen gepredigt hat. Sie tagen in der gleichen Treue wie Bonifatius gegenüber dem römischen Papst, mit dem der Apostel der Deutschen die Kirche aufs Festeste verbunden hat. "In diesem Glauben und in dieser Verbundenheit haben wir die feste Überzeugung, das stürmische Meer des Lebens auf einem Fahrzeug zu durchsegeln, das nicht untergehen kann, auf einem Felsen zu stehen, an den die Wogen wohl anprallen, den sie aber niemals unterhöhlen und zu Fall bringen können."[5]

---

[3] Zu Frings vgl. Norbert Trippen, Josef Kardinal Frings, in: Zeitgeschichte in Lebensbildern 7 (1994) 143–160.

[4] Zu Preysing vgl. Ludwig Volk, Konrad Graf von Preysing, in: Zeitgeschichte in Lebensbildern 2 (1975) 88–100.

[5] Entwurf eines Hirtenworts des deutschen Episkopates, Köln vor 21. August 1945, in: Ludwig Volk, Akten deutscher Bischöfe. Über die Lage der Kirche 1933–1945, VI 1943–

Diese Treue im Glauben paart sich mit einem Bekenntnis der deutschen Bischöfe zur Treue zum deutschen Volk, auch in Zeiten tiefster Not und Schmach, verbunden mit der Erinnerung an glorreiche Zeiten Deutschlands, das einst die führende Nation der Christenheit war. Damit sollte das Selbstbewußtsein aufgerichtet und nach außen die Kollektivschuldthese abgewehrt werden. Entrüstet und völlig abwehrend wird zum Einstieg ins erste Kapitel dreimal mit der Frage angesetzt: "Woran soll es [das deutsche Volk] schuldig sein?" Am Dritten Reich? Am Krieg? An den Greueln der SS? Eine Schuld wird jedesmal abgelehnt. Die Ursachen für die politische Entwicklung 1933 werden in der Notlage der späten 20er und frühen 30er Jahre des 20. Jahrhunderts gesehen.[6] Die Rechtmäßigkeit der Regierung, die durch die zahlreichen Verträge mit anderen Regierungen bestätigt wurde, beginnend mit dem Konkordatsabschluß im Juli 1933, wird unterstrichen. Eine Schuld am Krieg wird mit dem Hinweis, daß der Soldat zum Gehorsam verpflichtet sei, zurückgewiesen. Es habe nicht die Möglichkeit gegeben, sich über Gerechtigkeit oder Ungerechtigkeit des Krieges ein sicheres Urteil zu bilden. Den Soldaten wird vielmehr Ehre und Respekt für ihren Kriegsdienst erwiesen.[7] In Hinsicht auf die Greueltaten der SS mit dem Hinweis, die Mehrzahl hätte nicht darum gewußt. Freilich konzediert der Entwurf, daß damit ein überaus dunkles Kapitel berührt werde.[8]

1945 (= Veröffentlichungen der Kommission für Zeitgeschichte, Reihe A Quellen, Band 38), Mainz 1985, 654–664; hier 655.

[6] Entwurf eines Hirtenwortes, 655 f.: "Woran soll es [das deutsche Volk] schuldig sein? An dem Emporkommen des sogenannten 3. Reiches? Sicher, in der furchbaren Not, in die es anfangs der 30er Jahre infolge der ungeheueren Arbeitslosigkeit geraten war, hat es blindlings dem Mann sich anvertraut, der ihm Erlösung aus dieser Not versprach, der den deutschen Namen wieder zu Ehre und Ansehen bringen und die breiten Massen des Volkes mit nationaler Gesinnung erfüllen wollte. Die ersten Erklärungen, die der Reichskanzler vor dem Reichstag abgab, versprachen das Beste und gaben zu Beanstandungen keinen Anlaß."

[7] Entwurf eines Hirtenwortes, 656: "Kein Mensch in der Welt aber wird dem deutschen Soldaten aberkennen, daß er mit bewundernswertem Mute, mit zäher Ausdauer und heldenhafter Todesverachtung gefochten hat." Um vieles sensibler wird die Problematik ein Jahr später in der Zeitschrift "Die Wandlung" von einem ihrer Begründer, Dolf Sternberger, reflektiert: Er kann angesichts der Tausenden von sinnlosen und wehrlosen Toten nicht einigen "Tapferen" ein Ehrengedächtnis erweisen. Vgl. dazu Aleida Assmann, Geschichtsvergessenheit, Geschichtsversessenheit. Vom Umgang mit deutschen Vergangenheiten nach 1945, 47–49.

[8] Entwurf eines Hirtenwortes, 656 f. "Was die Regierung des Dritten Reiches an Freiheitsberaubung, an körperlicher Mißhandlung, an Mord und Massenmord sich hat zuschulden kommen lassen, schreit zum Himmel und wird für immer ein dunkles Blatt in der deutschen Geschichte bleiben. Sowohl fremde Völker, vor allem Juden, Polen, Russen, wie eigene Landsleute, sind von diesen Organisationen in unbeschreiblicher Weise entrechtet und zu Tode gemartert worden. Von diesen Vorgängen hatte das deutsche Volk in seiner Gesamtheit nur sehr unvollständige Kenntnis. Alles wurde peinlich geheim gehalten. Wer einmal in die Klauen dieser Institutionen gefallen und ihnen wieder entronnen war, war unter Androhung schwerster Strafen zum Stillschweigen verpflichtet. So kam es, daß man wohl wußte:

Daß die Schuldigen zur Rechenschaft gezogen werden sollen, wird entschieden bejaht; gedacht ist dabei an eine Bereinigung auf juristischer Ebene. Die Frage nach der Stellung der katholischen Kirche zu den Vorgängen im staatlichen Bereich beantwortet der Entwurf mit dem Hinweis auf das Jahr 1930, als die Bischöfe den Gläubigen den Eintritt in die Partei untersagt hatten, 1933 nach der sogenannten Machtergreifung aber habe "der maßgebende Mann durchaus befriedigende Erklärungen abgegeben" [9], so daß die Bischöfe diese Warnungen und das Verbot zum Parteieintritt auf Eis legten, solange die Versprechungen gehalten werden. Weiterhin wird der unerbittliche Kampf auf der weltanschaulichen Ebene herausgearbeitet. Man habe gegenüber dem Mythos von Blut und Rasse die Gleichheit aller Menschen vor Gott, das Recht des einzelnen und der Familie, die Pflicht der Liebe, selbst gegenüber dem Feind verkündigt. Es ist bezeichnend, daß der Entwurf des Hirtenwortes den Namen Adolf Hitler an keiner Stelle ausspricht. Er wird nur in seinen Ansprüchen, Wirkungen etc. umschrieben. Neben diesem Kampf auf der weltanschaulichen Ebene haben Priester und Bischöfe sich für eine christliche Gestaltung im Leben der einzelnen und der Gemeinschaft eingesetzt. Es wird nur die Ebene des Klerus angesprochen. Auf diesem Hintergrund wird dann in einem dritten Schritt erneut die Kollektivschuldthese gegenüber dem deutschen Volk zurückgewiesen. Das Gericht über das ganze Volk müsse letztlich Gott vorbehalten bleiben. Doch sei das Volk in seiner Gesamtheit haftbar. Es müsse durch Reparationen geschehenes Unrecht wieder gut machen. Gleichzeitig wird unterstrichen, daß bereits geleistete Sühne nicht gering sei: zerstörte Städte, das Elend der Heimkehrer, die Zahl der deutschen Todesopfer. Es wird in herkömmlichen Verhaltensmustern und Argumentationsweisen gedacht.

Bei der Thematisierung von Buße und Besserung im zweiten Kapitel findet sich kein Wort des Entgegengehens, des Schuldeingeständnisses an die Opfer, vielmehr wird die Klage ausgesprochen, daß Gott oft und schwer beleidigt worden sei. Um dies in Zukunft zu verhindern, müsse der Dekalog eingeschärft und die Jugend mit allem Nachdruck auf die Bedeutung von Autorität und

---

Gestapo und SS führen ein ungemein hartes, grausamen, ja ungerechtes Regiment, aber es war äußerst schwierig, einzelnes sicher zu beweisen. Unkontrollierbare Gerüchte schwirrten umher, aber genaueres über das Ausmaß der Grausamkeiten, ja selbst die Namen mancher Konzentrationslager erfuhren wir erst durch die Enthüllungen des englischen Rundfunks nach dem Kriege. Das deutsche Volk in seiner Gesamtheit ist selbst mehr Opfer dieser furchtbaren Machenschaften als ihr Träger gewesen."

[9] Entwurf eines Hirtenwortes, 657.

Gehorsam hingewiesen werden.[10] Es werden also weiterhin als Kategorien des Denkens und Handelns Gebots- und Gehorsamsstrukturen propagiert.

Die Lehre, die die Bischöfe ziehen, ist allgemein formuliert: Das Leben der Menschen müsse wieder heilig gehalten werden. Breit werden die Abtreibungsopfer thematisiert, breit die toten Helden des Krieges. Sicher ist dies in pastoraler Intention gesprochen, um den deutschen Hinterbliebenen Trost zu spenden. Doch der Eindruck kann nicht völlig weggewischt werden, daß nationaler Egoismus auch die Bischöfe blind gemacht hat. Mit einem Appell an die Kräfte des Aufbaus, an die Haltung karitativer Gesinnung, gerade im bevorstehenden schwierigen Winter 1945/46 schließt der Entwurf des Hirtenwortes.

Die *Änderungsvorschläge des Berliner Bischofs Preysing* atmen einen anderen Geist. Den Einstieg übernimmt Preysing vom vorgelegten Entwurf. Zwei wesentliche Änderungen, die er dann vornimmt, werden in die publizierte Version des verabschiedeten Hirtenbriefes übernommen: Ausführlich spricht er seinen Dank aus für mutiges Eintreten sowohl des Klerus wie auch der Gläubigen. Einzelne Aktionen des Widerstandes werden direkt angesprochen, ausdrücklich der Einsatz der Katholiken für die verfolgten Nichtarier hervorgehoben.[11]

Eine zweite wesentliche Änderung in der Vorlage Bischof Preysings betrifft die Formulierung des Schuldeingeständnisses. Als ausgebildeter Jurist lehnte der Berliner Bischof jede Kollektivschuldthese wie auch eine Bagatellisierung der deutschen Verbrechen dezidiert ab: "Furchtbares ist in Deutschland schon vor dem Krieg und durch Deutsche während des Krieges in den besetzten Ländern geschehen. Wir wissen und beklagen es zutiefst: Viele, viele

---

[10] Entwurf eines Hirtenwortes, 660: "Wer aber die erste Tafel der 10 Gebote anerkennt, der ist auch an die zweite gebunden, die das Verhältnis der Menschen untereinander regelt. Alle wahre Autorität muß wieder als ein Ausfluß der höchsten Autorität Gottes angesehen und gewertet werden. Wie sehr hat man die Jugend in einem revolutionären Geist erzogen und sie gegen die gottgesetzte Autorität der Eltern, der Lehrer, der Priester, der Meister eingenommen! Dadurch hat man ihr vielfach einen Dünkel und eine Überheblichkeit, ein falsches und fanatisches Verantwortungsbewußtsein anerzogen, aber das eigentliche Jungsein, das Bewußtsein, lernen und gehorchen zu müssen, die Unbeschwertheit des Ruhens in der väterlichen Autorität ihr genommen. Unserer Jugend muß die Ehrfurcht vor Gott und den Menschen zurückgegeben werden; erst dann kann eine neue Zeit beginnen."

[11] Änderungsvorschläge Preysings zum Hirtenwort des deutschen Episkopates, in: Volk, Akten deutscher Bischöfe VI, 664–668. "Wie erwärmt die Erinnerung daran unser Herz, daß immer und immer wieder Katholiken jeden Standes und Alters sich nicht gescheut haben, Volksgenossen fremden Stammes zu beschützen, zu verteidigen, ihnen christliche Liebe zu erweisen. Gar mancher ist für eine solche Liebestat im Konzentrationslager menschlich gesprochen zugrunde gegangen! Ihm ist aber sein Lohn geworden und uns allen die tröstende Gewißheit, daß in unserem Volke Christentum geübt wurde trotz aller Bedrückung und Verfolgung. Gerührt erinnern wir uns all derer, die ihr karges tägliches Brot mit einem unschuldig verfolgten Nichtarier teilten und Tag für Tag gewärtig sein mußten, daß ihnen mit ihrem Schützling ein furchtbares Los bereitet werde." (ebd., 665).

Deutsche haben sich von den falschen Lehren des Nationalsozialismus betören lassen und sind bei den Verbrechen gegen menschliche Freiheit und menschliche Würde gleichgültig geblieben; viele, viele leisteten durch ihre Haltung den Verbrechen Vorschub. Viele sind Verbrecher geworden. Schwere Verantwortung trifft jene, die durch Bildung und Stellung genau wußten, wie sich die Dinge bei uns verhalten, die durch ihren Einfluß und ihre Machtstellung solche Verbrechen hätten hindern können – und es nicht getan, ja diese Verbrechen ermöglicht, sich mit den Verbrechern solidarisch erklärt haben." [12] Vielfache konkrete Schuld wird ausgesprochen, bekannt. Auch bei Preysing wird als Umgang mit dieser Schuld primär die strafrechtliche Ahndung angesprochen. Breite Überlegungen gelten dem Neuaufbau der religiösen Erziehung, der Bekenntnisschule, der Wiederherstellung der Ehrfurcht, dem Appell an die Liebe als Erkennungszeichen der Christen, gerade in der aktuellen Notsituation.

In der *promulgierten Endfassung des Hirtenwortes* vom 23. August 1945 [13] wurden die Änderungsvorschläge Preysings breit berücksichtigt. [14] Der Kollektivschuldvorwurf, der einen breiten Raum in Frings Entwurf eingenommen hatte, wird hier nur marginal aufgegriffen. Der Grund für die Verfehlungen wird in dem Hirtenwort in dem Verlust der Ehrfurcht vor dem Leben und der

---

[12] Änderungsvorschläge Preysings, in: Volk, Akten deutscher Bischöfe VI, 665 f.

[13] Vgl. Volk, Akten deutscher Bischöfe VI, 688 – 694.

[14] Quellenfunde im Rahmen der Edition "Akten deutscher Bischöfe", die noch nicht ediert sind, können ergänzende Aspekte zum Zustandekommen des Fuldaer Hirtenwortes beitragen. Vgl. dazu den Arbeitsbericht, den Ulrich Helbach in der Sektionssitzung Geschichte der Görres-Gesellschaft 1999 gab, in: Jahres- und Tagungsbericht der Görres-Gesellschaft 1999, 124f: Der Bischofskonferenz haben auch "Anregungen" aus Laienkreisen vorgelegen, darunter sehr wahrscheinlich die "Anregung für eine Kundgebung des deutschen Episkopats … " von Eugen Kogon, Walter Dirks u.a.. Dieser linkskatholischen Gruppe hat Bischof Stohr von Mainz den Weg geebnet bis dahin, daß diese kritische Eingabe in Fulda der Redaktionskommission vorgelegen hat. "Er [Stohr] hielt ferner einen an Frings eingesandten, auf Sühne bedachten Entwurf des ihm nahestehenden Literaten Reinhold Schneider in Händen. Stohrs Aufgeschlossenheit in diese Richtung und seine in manchem durchaus erkennbar selbstkritische Einstellung zum Verhalten von Klerus und Kirchenvolk kann verdeutlichen, weshalb die Bischofskonferenz bzw. die Kommission auch linkskatholische Ansätze bewußt mit in Betracht gezogen hat. Wenn sie inhaltlich nicht zum Tragen kamen, wie Dirks und Kogon später in den Frankfurter Heften bitter beklagten, hatte das verschiedene Gründe. Für die Bischöfe waren wichtige Voraussetzungen der öffentlichen Behandlung der Schuldfrage stets u.a. ihre Verantwortung für Kirche und Volk, v.a. gegenüber dem Ausland, die Prioritäten auf die Gegenwartsfragen hin und – im Kontext damit – in der Frage moralischer Schuld eine milde seelsorgliche Linie gegenüber den Gläubigen. Basis ihres Handelns aber war – anders als im Protestantismus – die erfolgreiche kirchliche Resistenz gegen den Nationalsozialismus." (Helbach, Arbeitsbericht, 124). Aus einem Entwurfstext für eine Eingabe beim Papst wohl von Mai oder Anfang Juni 1945 entnimmt Helbach, daß die Bischöfe auch selbstkritisch gesehen haben dürften, daß "bei den schwierigen Güterabwägungen auch Fehleinschätzungen und Schwächen vorgekommen waren". "Es wäre vorteilhafter gewesen, wenn man 'weniger geschwiegen hätte' ". Helbach, Arbeitsbericht, 124 f.

Persönlichkeit des Nächsten gesehen. Es wird zur Beseitigung der Trümmer durch Buße und Rückkehr zum Herrn aufgefordert; die Gestaltung der Buße aber nicht weiter ausgeführt, sondern die Notwendigkeit des Glaubens als festes Fundament für den Wiederaufbau eingeschärft. Ja, das irdische Leben – damit seine Sorgen, wohl aber auch die Leiden – wird im "Blick auf die ewigen Güter"[15] relativiert. "Laßt uns ans Werk gehen und neu bauen auf dem festen Fundament des Glaubens an den dreieinigen Gott, in Unterordnung unter Gottes heiligen Willen! Laßt uns unseren schweren Weg durch Arbeit, Not und Sorge gehen mit dem Blick auf die ewigen Güter, die Gott uns verheißen hat für unseren treuen Dienst hier auf Erden."[16] Dieses irdische Leben, so ernst und so verantwortungsvoll es auch ist, ist doch nur ein Vorspiel, nur eine Prüfungszeit.

In ihrer öffentlichen Behandlung der Schuldfrage finden die Bischöfe also dazu, Schuld zu bekennen, explizit Schuld von Deutschen, nur implizit solche von Christen. Die geforderten Konsequenzen bleiben in der Tradition privatisierter Buß- und Beichtpraxis bzw. auf juristischer Ebene. In der Frage moralischer Schuld wird eine milde seelsorgerliche Linie gegenüber den Gläubigen gewählt. Der Aufblick zu den ewigen Wohnungen, so meinen die Bischöfe, könne Trost sein für die Angehörigen, wobei hier freilich nur die deutschen Opfer im Blick sind. Mit ihren Aussagen bleiben die Bischöfe im wesentlichen auf der weltanschaulichen Ebene stehen, sie sehen die dortigen Verfehlungen als die Ursachen für die katastrophalen Verirrungen. Zugleich ist dies eine Basis für eine letzte Exkulpation der Kirche.

Die Konfrontation mit der Vergangenheit im Umfeld des Zweiten Vatikanischen Konzils

Der Brief der polnischen Bischöfe an die deutschen Bischöfe

Ein qualitativ neuer Impuls entsteht im Kontext des Zweiten Vatikanischen Konzils. Es ist der Brief des polnischen Episkopates an die deutschen Bischöfe gegen Ende des Konzils, datiert auf den 18. November 1965. Die polnischen und deutschen Bischöfe waren sich in den Phasen der Konzilsarbeit näher gekommen. Die gemeinsame Arbeit, der Dialog hatte die Sprachlosigkeit und das Eis gebrochen. Die Vergebungsbitte ist motiviert und eingebettet in die Einladung der polnischen Bischöfe, die sie an die deutschen Mitbrüder aussprechen, an der Millenniumsfeier 1966 zur Erinnerung an die Taufe Polens im Jahre 966 teilzunehmen. Sie bezeichnen den ausführlichen Brief, der in

---

[15] Hirtenwort, in: Volk, Akten deutscher Bischöfe VI, 692 f.
[16] Hirtenwort, in: Volk, Akten deutscher Bischöfe VI, 692 f.

seinen längsten Passagen ein historischer Rückblick ist, als einen historischen und sehr aktuellen Kommentar dieses Millenniums.[17] Die polnischen Bischöfe betonen die enge Verknüpfung von Religion, Volk und Staat bzw. politischer Herrschaft und geben in diesem Argumentationskontext einen Abriß der tausendjährigen polnischen Geschichte, die zugleich eine Geschichte des Christentums in Polen ist. Dieser Abriß soll die beiden Völker im gegenseitigen Dialog einander noch näher bringen. Es braucht in unserem Kontext nicht interessieren, wie historisch zuverlässig dieser Abriß ist. Es geht vielmehr um die Aspekte, die unterstrichen werden, und um die Intentionen, die hinter diesen Schwerpunktsetzungen stehen. Die polnischen Bischöfe unterstreichen zunächst sehr breit einen engen kulturellen Austausch mit und die Anregung vom westlichen Europa, besonders von den Deutschen. Das polnische Christentum ist ein abendländisch geprägtes. Sie sprechen freilich auch die polnischen Leiden an, die vor allem durch den preußischen Imperialismus ausgelöst wurden. Von den polnischen Teilungen bis hin zu der unvergleichlichen deutschen Okkupationszeit im Zweiten Weltkrieg. Voraus aber geht ein Entgegenkommen im Anerkennen: "Die Polen haben ihre Brüder aus dem christlichen Westen, die als Boten der wahren Kultur zu ihnen kamen, sehr geehrt und verschwiegen niemals ihre nichtpolnische Stammesherkunft. Wir haben der abendländischen – auch der deutschen Kultur – wahrhaftig sehr viel zu verdanken."[18] Das immense Leid in der gemeinsamen deutsch-polnischen Vergangenheit sprechen die Bischöfe vor allem deswegen an, um die Schwierigkeiten und die Befangenheit verständlich zu machen. "Nach kurzer Unabhängigkeit von etwa 20 Jahren (1918–1939) brach über das polnische Volk ohne seine Schuld das herein, was man euphemistisch einfach als Zweiten Weltkrieg bezeichnet, was aber für uns Polen als totale Vernichtung und Ausrottung gedacht war. Über unser armes Vaterland senkte sich eine furchtbare finstere Nacht, wie wir sie seit Generationen nicht erlebt hatten. Sie wird bei uns allgemein als "deutsche Okkupationszeit" bezeichnet und ist unter diesem Namen in die polnische Geschichte eingegangen. Wir waren alle macht- und wehrlos. Das Land war übersät mit Konzentrationslagern, in denen die Schlote der Krematorien Tag und Nacht rauchten. Über 6.000.000 polnischer Staatsbürger, darunter der Großteil jüdischer Herkunft, haben diese Okkupationszeit mit ihrem Leben bezahlen müssen. Die führende polnische Intelligenzschicht wurde einfach weggefegt. 2.000 polnische Priester und 5 Bischöfe (ein Viertel des damaligen Episkopats) wurden in Lagern umgebracht. Hunderte von Priestern und Zehntausende von Zivilpersonen wurden bei Ausbruch des Krieges an Ort und Stelle erschos-

---

[17] Versöhnung oder Haß? Der Briefwechsel der Bischöfe Polens und Deutschlands und seine Folgen. Eine Dokumentation mit einer Einführung von Otto B. Roegele. Osnabrück 1966, 79.
[18] Versöhnung oder Haß, 83.

sen."¹⁹ Trotz dieser unaussprechlich dunklen, leidvollen Erfahrungen sprechen die polnischen Bischöfe in der Distanz von 20 Jahren keine Kollektivverurteilung aus, ja sie anerkennen sogar auf der Gegenseite, daß ganz große Teile der deutschen Bevölkerung jahrelang unter übermenschlichem nationalsozialistischem Gewissensdruck gestanden haben.²⁰ "Und trotz alledem, trotz dieser fast hoffnungslos mit Vergangenheit belasteten Lage, gerade aus dieser Lage heraus, hochwürdige Brüder, rufen wir Ihnen zu: Versuchen wir zu vergessen! Keine Polemik, kein weiterer kalter Krieg, aber der Anfang eines Dialogs, wie er heute vom Konzil und von Papst Paul VI. überall angestrebt wird. Wenn echter guter Wille beiderseits besteht – und das ist wohl nicht zu bezweifeln –, dann muß ja ein ernster Dialog gelingen und mit der Zeit gute Früchte bringen – trotz allem, trotz heißer Eisen. Es scheint uns gerade im ökumenischen Konzil ein Gebot der Stunde zu sein, daß wir diesen Dialog auf bischöflicher Hirtenebene beginnen, und zwar ohne Zögern, daß wir einander näher kennenlernen, unsere gegenseitigen Volksbräuche, den religiösen Kult- und Lebensstil, in der Vergangenheit verwurzelt und gerade durch diese Kulturvergangenheit bedingt."²¹ Auf diesem Hintergrund der Verständigungsbotschaft bitten die polnischen Bischöfe die Deutschen, die christliche Jahrtausendfeier Polens 1966 auf dreifache Weise mitzufeiern, durch das Gebet, durch einen besonderen Gedenktag und durch die Teilnahme an den polnischen Feiern. Wenn die Bitte auch motiviert ist durch das bevorstehende Jubiläum, so muß sie doch Wirkung haben auf die Zukunft hin, die Versöhnung muß grundsätzlicher Art sein: "In diesem allerchristlichen und zugleich sehr menschlichen Geist strecken wir unsere Hände zu Ihnen hin in den Bänken des zu Ende gehenden Konzils, gewähren Vergebung und bitten um Vergebung. Und wenn Sie, deutsche Bischöfe und Konzilsväter, unsere ausgestreckten Hände brüderlich erfassen, dann erst können wir wohl mit ruhigem Gewissen in Polen auf ganz christliche Art unser Millennium feiern."²²

Mehrere Aspekte und Tendenzen dieses Briefes der polnischen Hirten erscheinen bemerkenswert. Die polnischen Bischöfe gehen auf die deutschen zu. Es wird eine riesige Hemmschwelle überschritten, bedenkt man, welch heftiger Widerstand der kommunistischen Regierung in Warschau auf diesen Brief, der in Rom verfaßt wurde und in Rom in deutscher Sprache den deutschen Bischöfen übergeben wurde, zu erwarten war und dann in der Tat auch über Wochen und Monate hin erfolgte. Die Bischöfe, allen voran der polnische Primas, Kardinal Stephan Wyszinsky, wurden mit massiven Verleumdungen, Verdächtigungen überzogen. Trotzdem wichen sie nicht von der Grundtendenz

---

[19] Versöhnung oder Haß, 89.
[20] Versöhnung oder Haß, 91 f.
[21] Versöhnung oder Haß, 92.
[22] Versöhnung oder Haß, 94.

dieses Schreibens ab. Ein zweiter Aspekt ist, daß sie als Polen ihre Schuld bekennen. Ohne eine offiziell artikulierte Bitte der deutschen Bischöfe gewähren die polnischen Bischöfe Vergebung und bekennen die eigene Schuld der polnischen Gläubigen gegenüber den Deutschen, vor allem zu Kriegsende und in den Nachkriegsjahren in der Vertreibung. Sie haben damit quasi eine Art Vorleistung erbracht, wäre es doch eigentlich den deutschen Bischöfen zugestanden, den ersten Schritt zu tun und um Vergebung zu bitten. Ein dritter Aspekt ist eine sehr differenzierte Wahrnehmung der Gegner: Es werden die Leistungen der Deutschen in der Geschichte für das polnische Volk unterstrichen und die zugefügten Leiden; dabei wird auch der Widerstand in den Reihen der Deutschen gesehen und gewürdigt. Mit diesem Aufeinanderzugehen, sich gegenseitig anerkennen und differenziert würdigen, konnte im Dialog ein Verstehen aufgebaut werden. Nationale Grenzen und Perspektiven der Engführung wurden aufgesprengt. Was an Schuld und Last gewesen war, wurde nicht mit wenigen Worten abgetan und abgehandelt, sondern kam in Gesten und Symbolen zum Ausdruck.

Die Antwort der deutschen Bischöfe

Etwas von diesem neuen Ton ist auch in der Antwort der deutschen Bischöfe zu spüren, doch bleibt ein Wahrnehmen und Bekennen der Schwere der Schuld deutscher Christen in Relation blaß. Mit Bewegung und Freude haben die deutschen Bischöfe den Brief der polnischen Kollegen erhalten. Sie greifen die Initiative zum Gespräch auf, das die Brüderlichkeit zwischen dem polnischen und dem deutschen Volk fördern und festigen soll. Daß von polnischer Seite der erste Schritt gewagt wurde, wird in der Tragweite nicht besonders gewürdigt, vielmehr als Frucht gemeinsamer Konzilsarbeit nivelliert.[23] Auch findet sich kein Bedauern ausgedrückt, daß die Initiative nicht von deutscher Seite ausging. Denn hätte sie nicht aufgrund der Schuld, die von Deutschen und im Namen des deutschen Volkes an Polen während der Besatzungszeit begangen wurde, von dort kommen müssen? Das Furchtbare, das von den Deutschen und im Namen des deutschen Volkes dem polnischen Volk angetan wurde, wird freilich eingestanden – wie bereits im Hirtenwort von 1945. Ja, die deutschen Bischöfe gehen noch einen kleinen Schritt weiter, insofern sie anerkennen, daß man nicht quasi punktuell einen Schlußstrich unter das Geschehen ziehen und dann unbelastet eine neue Zukunft eröffnen könne.[24] Die deutschen Bischöfe drücken ihre Dankbarkeit aus, daß die polnischen Amtskollegen auch die

---

[23] Versöhnung oder Haß, 96. "Wir betrachten es als eine kostbare Frucht unserer gemeinsamen Konzilsarbeit, daß sie dieses Wort an uns richten konnten."
[24] Versöhnung oder Haß, 97. "Wir verstehen, daß die Zeit der deutschen Besatzung eine brennende Wunde hinterlassen hat, die auch bei gutem Willen nur schwer heilt."

deutschen Opfer des Nationalsozialismus und der Vertreibung angesprochen haben. Ihre Bitte um Verzeihung präsentieren sie im Kontext theologischer Überlegungen. Sie verliert dadurch den direkten Gestus. "Eine Aufrechnung von Schuld und Unrecht – darin sind wir einer Meinung – kann uns freilich nicht weiterhelfen. Wir sind Kinder des gemeinsamen himmlischen Vaters. Alles menschliche Unrecht ist zunächst eine Schuld vor Gott, und Verzeihung muß zunächst von ihm erbeten werden. An ihn richtet sich zuerst die Vater-unser-Bitte 'Vergib uns unsere Schuld!' Dann dürfen wir auch ehrlichen Herzens um Verzeihung bei unseren Nachbarn bitten. So bitten auch wir zu vergessen, ja, wir bitten zu verzeihen. Vergessen ist eine menschliche Sache, die Bitte um Verzeihung ist ein Anruf an jeden, dem Unrecht geschah, dieses Unrecht mit den barmherzigen Augen Gottes zu sehen und einen neuen Anfang zuzulassen." [25] Es gelingt den deutschen Bischöfen dann, Verständnis zu zeigen für die Schwierigkeit im Umgang mit den polnischen Westgebieten. Auch dort sind Vertriebene, nämlich die aus Ostpolen Vertriebenen; gleichzeitig beanspruchen Deutsche diese Gebiete als ihre Heimat. Ausdruck der Heimatverbundenheit und nicht von Annexionsgelüsten müßte die Betonung des Heimatrechtes sein. Christliche Liebe müsse versuchen, sich in Sorgen und Nöte des anderen hineinzuversetzen und den Revanchismus auszumerzen. Im Abschluß des Briefes wird der Gestus und das Symbol der polnischen Bischöfe aufgegriffen: "Mit brüderlicher Ehrfurcht ergreifen wir die dargebotenen Hände. Der Gott des Friedens gewähre uns auf die Fürbitte der Regina Pacis, daß niemals wieder der Ungeist des Hasses unsere Hände trenne!" [26]

Das Ökumenismusdekret des Zweiten Vatikanischen Konzils "Unitatis Redintegratio"

Die Vergebung als notwendige Gesprächsgrundlage wird auch im Ökumenismusdekret des Zweiten Vatikanischen Konzils anerkannt. Die vorhandenen Einheitsbestrebungen in und außerhalb der katholischen Kirche werden aufgegriffen, gewürdigt und in die Bemühungen des Konzils integriert. Man sieht, daß dieses Bemühen nur dann erfolgreich sein kann, wenn die in der Vergangenheit aufgeschütteten Gräben nicht mit Gras überwachsen und versumpfen, sondern überbrückt oder zugeschüttet werden. Man muß sich also mit der konfliktiven Vergangenheit auseinandersetzen. Das Ökumenismusdekret spricht im Vorwort von der Sehnsucht nach Einheit und der ernsten Reue, die über der gespaltenen Christenheit über diese Vergangenheit liege. [27] In der

---

[25] Versöhnung oder Haß, 98 f.
[26] Versöhnung oder Haß, 101.
[27] Vgl. Zweites Vatikanisches Konzil, Dekret über den Ökumenismus "Unitatis Redintegratio", art. 1 (Vorwort), in: Das Zweite Vatikanische Konzil. Konstitutionen, Dekrete und Er-

Entfaltung der katholischen Prinzipien des Ökumenismus im ersten Kapitel wird die Trennung großer Gemeinschaften von der vollen Gemeinschaft der katholischen Kirche nicht durch einseitige Schuldzuweisungen erklärt. Schuld der Menschen finde sich oft auf beiden Seiten. Vor allen Dingen dürfe denen außerhalb der katholischen Kirche die Schuld der Trennung nicht zur Last gelegt werden, die katholische Kirche betrachte diese als Brüder. [28] Das Dekret fordert die Selbstkontrolle und Selbstkritik der Katholiken. Dies ist ein wichtiger Beitrag zur Überwindung der jahrhundertelangen Entfremdung zwischen den Christen. Denn eine ehrliche Selbstkontrolle und eine ehrliche Selbstkritik kommen am Versagen auch der katholischen Kirche in den Spaltungen der einen christlichen Kirche nicht umhin. [29] Es wird zumindest von Schuld auch auf Seiten der katholischen Kirche gesprochen, obgleich dies nicht weiter ausgeführt und thematisiert wird. Für den künftigen Umgang wird gefordert, daß alle Worte, Urteile und Taten, die der Gerechtigkeit und Wahrheit nicht entsprechen, ausgemerzt werden, daß in einer ständigen Erneuerung der Kirche (perennis reformatio) das Ungenügen, das Versagen und die Schuld überwunden werden. [30]

Diese Aussagen finden ihre dogmatische Fundierung in der Kirchenkonstitution des Konzils "Lumen Gentium", die die Kirche als eine "komplexe Wirklichkeit, die aus menschlichem und göttlichem Element zusammenwächst" bestimmt; daher sei sie "zugleich heilig und stets der Reinigung bedürftig, sie geht immerfort den Weg der Buße und Erneuerung". [31]

---

klärungen, Teil II, Freiburg/Basel/Wien 1967 (LThK Band 13), 40–123. Das Dekret über den Ökumenismus, 42–45.

[28] Unitatis Redintegratio art. 2–4 (Erstes Kapitel), in: ed. cit., besonders 50–55.
[29] Vgl. dazu den Kommentar von Johannes Feiner, in: ed. cit., besonders 58–60.
[30] Unitatis Redintegratio art. 4, in: ed. cit., besonders 60–65.
[31] Zweites Vatikanisches Konzil, Dogmatische Konstitution über die Kirche "Lumen gentium" art. 8, in: Das Zweite Vatikanische Konzil. Konstitutionen, Dekrete und Erklärungen. Lateinisch und deutsch, Teil I (LThK Bd. 12), Freiburg – Basel – Wien 1966, 137–359, hier 170f, 173 f. Vgl. dazu Eberhard Schockenhoff: Da die Kirche "als Kirche Jesu Christi durch ihr amtliches Handeln und im Zeugnis ihrer Gläubigen wirkt, kann sie sich auch als die sündige Braut ihres Herrn bekennen. Mit einer Überfülle von patristischen Belegen haben dies in der Theologie unseres Jahrhunderts Henri Kardinal de Lubac und der vom Papst kurz vor seinem Tod zum Kardinal ernannte Hans Urs von Balthasar der Kirche nachdrücklich ins Stammbuch geschrieben. Das Einstehen für die dunklen Seiten ihrer Geschichte ist der Kirche daher gerade von den theologischen Grundlagen ihres eigenen Selbstverständnisses her möglich." (Eberhard Schockenhoff, Referat über "Geschichte und Schuld aus theologischer Sicht", in: Jahres- und Tagungsbericht der Görres-Gesellschaft 1999, 125f, hier 126.

Der Beschluss "Unsere Hoffnung" der Würzburger Synode 1975

Die bis in die Gegenwart entschiedenste Stellungnahme der deutschen Bischöfe zur Schuld in der NS-Zeit enthält der *Beschluß der Gemeinsamen Synode der Bistümer in der Bundesrepublik Deutschland "Unsere Hoffnung. Ein Bekenntnis zum Glauben in dieser Zeit"*. Mit dem Entwurf dieses Textes, der als eine Art Präambel für die weiteren Synodentexte zu verstehen ist und in konkretisierender Fortführung der Pastoralkonstitution des Zweiten Vatikanischen Konzils von den Schwierigkeiten und Chancen des Glaubens in der heutigen Lebenssituation in Deutschland "bekenntnishaft-werbend" sprechen sollte, wurde von der vorbereitenden Sachkommission 1973 der Münsteraner Fundamentaltheologe Johann Baptist Metz beauftragt.[32]

Die Stärke der von Metz erstellten Vorlage liegt nicht nur in den Inhalten, sondern insbesondere auch in der Sprache, die versucht, "bekennend und zugleich argumentierend, werbend und beschreibend, meditativ und doch mit der Absicht aufzurütteln, altvertraute Worte und Inhalte aufzurufen, ohne die Langeweile des alltäglich Gewohnten gleich mitzuerinnern."[33] Nicht allein die Formulierung der Hoffnung, sondern besonders auch das Eingeständnis von Versagen und Schuld gewann dadurch beeindruckende Lebendigkeit und Glaubwürdigkeit.

Gerade die durchgängigen selbst- und kirchenkritischen Passagen, die eine besondere Bündelung in den Aussagen zum Verhältnis zum jüdischen Volk fanden, stießen in der synodalen Diskussion der Vorlage auf intensiven Widerspruch. "Die Tendenz, unter Berufung auf historische Details, das eigene Schuldeingeständnis abzuschwächen, stritt mit dem Bestreben, aus starker persönlicher Betroffenheit unser Versagen noch stärker zu betonen [...]. Immerhin erreichte die Debatte, daß die Selbstkritik differenziert wurde und das Schuldbekenntnis damit noch präziser formuliert ist. [...] Aufs Ganze gesehen ist aber das Bekenntnis der eigenen Schuld nicht abgeschwächt, sondern durch die Diskussion eher verstärkt worden."[34] Die Bereitschaft zur Selbstkritik wollte nicht nur die psychologische Glaubwürdigkeit angesichts der geübten Gesellschaftskritik erhöhen, sondern wurde als ein direktes Kennzeichen christlicher Hoffnung gesehen. "Weil wir auf Gott und seine verwandelnde Macht hoffen, brauchen wir, um unsere Überzeugung von der schließlichen Übermacht der Liebe lebendig zu behaupten, unser eigenes Versagen nicht zu vertuschen. Im Sinne dieser Begründung entschied sich die Mehrheit der Syn-

---

[32] Vgl. Theodor Schneider, Einleitung zu "Unsere Hoffnung", in: Gemeinsame Synode der Bistümer in der Bundesrepublik Deutschland. Beschlüsse der Vollversammlung, Offizielle Gesamtausgabe I, Freiburg – Basel – Wien 1976, 71–84, hier 72.
[33] Schneider, Einleitung, 79.
[34] Schneider, Einleitung, 77.

odalen bei den entsprechenden Einzelabstimmungen jeweils gegen Abschwächungen und Streichungen und für eine 'offensive Gewissenserforschung'." [35]

Bereits in der Darlegung des "Zeugnisses der Hoffnung in unserer Gesellschaft", dem ersten Teil des Beschlusses "Unsere Hoffnung", wird wiederholt die Erinnerung der Leiden der Vergangenheit, das Eingeständnis von Schuld, der Einsatz für Gerechtigkeit als integrale Bestandteile christlicher Hoffnung bezeugt. In der Linie von Walter Benjamin wird die Anamnese des oft sprachlosen und ungetrösteten Leidens der Toten eingefordert – gegen ein inhumanes Vergessen und Verdrängen. [36] Der Gerichts-Gedanke wird als "Ansporn" aufgedeckt, "der uns den Verhältnissen himmelschreiender Ungerechtigkeit widerstehen läßt", der uns immer wieder zum Aufschrei gegen die Ungerechtigkeit verpflichtet, der uns aber auch den Ernst und die Dramatik unserer geschichtlichen Verantworung bewußt macht, da er es uns verbietet, "von vornherein mit einer Versöhnung und Entsühnung für alle und für alles zu rechnen, was wir tun oder unterlassen". [37] Gegen den weit verbreiteten "unheimlichen Entschuldigungsmechanismus", der die Erfolge sich selbst zuschreibt, die Nachtseiten und Katastrophen aber verdrängt, unsere Zuständigkeit leugnet, wird nach einer neuen Sensibilität für die Tiefe unserer Schuld, damit zugleich für unsere zwischenmenschliche Verantwortung und die Botschaft von der Vergebung der Sünden gesucht. [38]

Damit ist das Fundament bereitet für das Plädoyer für ein neues Verhältnis zur Glaubensgeschichte des jüdischen Volkes im vierten Teil des Dokumentes, die als "besondere Verpflichtung der deutschen Kirche innerhalb der Gesamtkirche" auf dem Hintergrund der jüngsten politischen Geschichte benannt wird [39].

Mit klaren Worten wird die "Verfinsterung" der jüngsten politischen Geschichte Deutschlands durch den Versuch, "das jüdische Volk systematisch auszurotten" benannt. In der "Wir"- Form, die das ganze Dokument durchzieht und als Zeugnis markiert, wird nicht bei anderen Schuld gesucht, sondern die eigene Schuld, das schuldhafte Schweigen und die (Mit)Täterschaft bekannt: "Und wir waren in dieser Zeit des Nationalsozialismus, trotz beispielhaften Verhaltens einzelner Personen und Gruppen, aufs Ganze gesehen doch eine kirchliche Gemeinschaft, die zu sehr mit dem Rücken zum Schicksal dieses verfolgten jüdischen Volkes weiterlebte, deren Blick sich zu stark von der Bedrohung ihrer eigenen Institutionen fixieren ließ und die zu den an Juden und Judentum verübten Verbrechen geschwiegen hat. Viele sind dabei aus nack-

---

[35] Schneider, Einleitung, 78.
[36] "Unsere Hoffnung" I.3, S. 90 f.
[37] "Unsere Hoffnung" I.4, S. 92 f.
[38] "Unsere Hoffnung" I.5, S. 93–95.
[39] "Unsere Hoffnung" IV.2, S. 108 f.

ter Lebensangst schuldig geworden. Daß Christen sogar bei dieser Verfolgung mitgewirkt haben, bedrückt uns besonders schwer." [40]

Die "praktische Redlichkeit des Erneuerungwillens" wird gebunden an dieses Schuldeingeständnis und die Bereitschaft, daraus zu lernen. Die Konsequenz aus dieser erschütternden Schuldgeschichte für die Gegenwart wird konkret benannt als Widerstand gegen allen heutigen Mißbrauch politischer Macht aus rassistischen oder anderen ideologischen Motiven wie auch als besondere Verpflichtung für das Verhältnis zum jüdischen Volk und seiner Religion. Eindeutig wird die theologische Dimension dieser Schuldgeschichte angesprochen, auch christlicher Theologie Schuld zugewiesen. [41] Die Erfahrungen des ungeheuren, hoffnungslosen Grauens wird in ihrer herausfordernden Dimension als Prüfstein für die Glaubwürdigkeit christlicher Rede vom "Gott der Hoffnung" aufgedeckt: Die Reflexion über Gott wird dabei zurückgewiesen an das Zeugnis der Beter, von "Juden und Christen, die diesen Gott sogar in einer solchen Hölle [wie Auschwitz] und nach dem Erlebnis einer solchen Hölle immer wieder genannt und angerufen haben." [42]

Die Holocaust-Erklärung 1979 und die Reaktion des Bensberger Kreises

Die Rolle der katholischen Kirche in der NS-Zeit wurde im Kontext eines Fernsehfilmes über den Holocaust 1979 erneut Thema öffentlichen Interesses. In diesem Kontext ist die Holocaust-Erklärung der deutschen Bischöfe von 1979 zu sehen. Der Gedankengang steht in wesentlichen Grundhaltungen eher dem Hirtenwort von 1945 nahe. Nachdrücklich wird als Verdienst betont, daß die katholische Kirche und ihre Bischöfe den Nationalsozialismus vor 1933 bekämpft hatten; diese eindrucksvoll geschlossene Gegnerschaft der katholischen Kirche lassen sich die Bischöfe auch vom evangelischen Kirchenhistoriker Klaus Scholder bestätigen. Es wird die Legalität der staatlichen Obrigkeit unterstrichen, der die Katholiken staatsbürgerlichen Gehorsam schuldeten. Das Konkordat wird gerechtfertigt. Vor allem auf die weltanschaulichen Verirrungen habe die katholische Kirche mit der Enzyklika "Mit brennender Sorge" reagiert. Hingegen wird mit deutlicher Empörung konstatiert, daß auch nach 1937, nach der Publikation der Enzyklika, noch Regierungen Verträge mit Deutschland abgeschlossen haben. Versagen und Schuld wird in diesen Argumentationsgängen nach außen gewiesen, nicht selbstkritisch eingestanden. In keiner Weise werden etwa die Kriegshirtenbriefe der deutschen Bischöfe an-

---

[40] "Unsere Hoffnung" IV.2, S. 108.
[41] "Unsere Hoffnung" IV.2, S. 109: "Gerade wir in Deutschland dürfen den Heilszusammenhang zwischen dem altbundlichen und neubundlichen Gottesvolk, wie ihn auch der Apostel Paulus sah und bekannte, nicht verleugnen oder verharmlosen. Denn auch in diesem Sinn sind wir in unserem Land zu Schuldnern des jüdischen Volkes geworden."
[42] "Unsere Hoffnung" IV.2, S. 109.

gesprochen, die noch nach den Verträgen der ausländischen Mächte im Herbst 1939 die Soldaten zum Einsatz für das Vaterland ermuntern sollten. Eine lange Liste kirchlicher Einzelhilfe wird aufgestellt.[43] Das Sekretariat der deutschen Bischofskonferenz räumt aber immerhin ein, daß es heute schwer zu begreifen sei, daß weder zum Boykott jüdischer Geschäfte noch zum Erlaß der Nürnberger Rassengesetze 1935 noch zur Reichskristallnacht 1938 von kirchlicher Seite eine genügend deutliche und aktuelle Stellungnahme erfolgt sei.

Die Defizite dieser Erklärung hat in einer Reaktion der Bensberger Kreis aufgezeigt und in sechs Punkten formuliert.[44]

1. Die Kirche übe sich nach wie vor in Selbstverteidigung und präsentiere Daten, Stimmen und Zeugen nur einseitig. Versagen, wie es etwa Theodor Haeckers Klage über das Verstummen der prophetischen Stimme der Kirche in der NS-Zeit und im Krieg anzeige, werde übergangen. Die 170 Mitglieder des Bensberger Kreises vermissen die Bereitschaft zur uneingeschränkten Wahrheit, zur Analyse der eigenen Mitverantwortung und Mitschuld sowohl einzelner Christen wie der Kirche als ganzer und eine daraus resultierende "Trauerarbeit".
2. Die Bischöfe argumentierten noch immer wie 1933 mit einer rein formaljuristischen Verpflichtung zum Gehorsam gegenüber der legalen staatlichen Obrigkeit, ohne Rücksicht auf inhaltliche Kriterien und moralische Qualitäten. Sie unterschlagen, daß die Widerständler meist von der Kirche allein gelassen worden seien.
3. Mit dem Hinweis auf die Kriegshirtenbriefe wird der kontinuierliche Widerstandswille der Bischöfe angefragt. Indem alle Bischöfe außer dem Berliner Bischof von Preysing immer wieder dazu aufrufen, der Heimat, dem Vaterland, dem Reich, dem "Führer" in Gehorsam und Treue bis zum Tod zu dienen, hätten sie die aktive Teilnahme am verbrecherischen Hitlerkrieg kirchenamtlich verordnet. Dieser folgenschwere Irrtum und diese Mitschuld müsse von den kirchlichen Autoritäten aufrichtig bekannt werden.
4. Kritisiert wird, daß die Bischöfe im Nachhinein auf die Gewissensentscheidung der Einzelnen verweisen, während man in einer langen Praxis Eigenständigkeit und Selbstverantwortung als Ziele katholischer Bildung und Erziehung nicht anstrebte, so daß die meisten Katholiken überfordert waren.

---

[43] Vgl. Die katholische Kirche und der Nationalsozialismus. Erklärung des Sekretariats der deutschen Bischofskonferenz zur Diskussion über die Holocaust-Serie. Bonn, 31. Januar 1979, in: Deutsche Tagespost vom 6. Februar 1979.

[44] Von der Kirche allein gelassen ... Stellungnahme des Bensberger Kreises zur Erklärung des Sekretariats der Deutschen Bischofskonferenz "Die katholische Kirche und der Nationalsozialismus" vom 31. Januar 1979, datiert Bonn, 28. April 1979, Publik-Forum-Sonderdruck.

5. Schließlich gibt diese Stellungnahme den Antijudaismus in der kirchlichen Lehre und Praxis als einen wichtigen Faktor für den Antisemitismus und die antisemitischen Handlungen des NS-Regimes zu bedenken.
6. Abschließend wird eine Reihe von Faktoren aufgelistet, die auf das Bewußtsein und die Haltung der Katholiken eingewirkt hätten: von einem unterentwickelten Demokratieverständnis und der Neigung zu autoritärhierarchischen Ordnungsgebilden über häufigen Mangel an zivilem Mut und Gruppenegoismus sowie einem unterentwickelten Freiheitsbewußtsein bis hin zum Sendungsbewußtsein des Reichsgedankens, der Angst vor dem Bolschewismus und vor einer Egalisierung mit Juden und Marxisten. [45]

"Wenn man die aufgezählten Phänomene näher bedenkt, gibt es leider schwer zu leugnende Berührungspunkte zwischen einer damals verbreiteten Ausprägung des deutschen Katholizismus und dem Nationasozialismus. Darüber hinaus ist die Frage zu stellen, ob entscheidende Fehlhaltungen von damals noch heute in der Kirche weiterbestehen, ohne bewußt geworden, geschweige denn aufgearbeitet worden zu sein." Scharfsinnig werden in dieser Stellungnahme die Bischöfe auf die Mitverantwortung und Mitschuld gerade der Kirchenleitung gestoßen. Ja, die Analysen suchen die Wurzeln der Probleme zu benennen und fragen nach möglichen Kontinuitäten in Fehlhaltungen bis in die Gegenwart.

Das Gedenken der Vergangenheit in den 80er Jahren

Unter dem Titel "Das Vorbild tapferer Zeugen nimmt uns in Pflicht" erklärten sich die deutschen Bischöfe zum 30. Januar 1983, also 50 Jahre nach der sogenannten Machtergreifung Hitlers. Noch einmal wird die Anknüpfung an

---

[45] Von der Kirche allein gelassen... : "Bei der geforderten Auseinandersetzung über die Frage nach dem Verhältnis von katholischer Kirche und Nationalsozialismus halten wir die Behandlung folgender Faktoren für unerläßlich, da sie vor und nach 1933 auf das Bewußtsein und die Haltung deutscher Katholiken eingewirkt haben: Die antiparlamentarische, antikritische und antiliberale Einstellung im deutschen Katholizismus, also ein unterentwickeltes Demokratieverständnis mit entsprechender Fehleinschätzung der Rolle der Opposition im modernen Staatsleben; die Unfähigkeit zum Austragen von Konflikten, die ihr Gegenstück in der Neigung zu autoritär-hierarchischen Ordnungsgebilden mit daraus resultierender Gehorsamsbereitschaft und Anerkennung der Treueverpflichtung fand; die politische Unreife, zu der auch der Ersatz der rationalen Analyse durch unkritischen Idealismus gehört; der allzu häufige Mangel an zivilem Mut bis hin zum Opportunismus; der gerade bei kirchenoffiziellen Stellungnahmen erkennbare Gruppenegoismus und das dadurch mitbedingte Defizit an Solidarität mit denen, die die ersten Opfer der NS-Herrschaft wurden; das aus historisch-romantischer Reichsvorstellung herrührende Sendungsbewußtsein, das in nationales Pathos einmündete; Angst vor dem Bolschewismus und Angst, mit Juden und Marxisten in eine Reihe gestellt zu werden; die Betonung der Volksgemeinschaft als Gesinnungseinheit und das unterentwickelte Freiheitsbewußtsein."

den Hirtenbrief von 1945 positiv unterstrichen. Die Mißachtung der unverletzlichen Rechte der Einzelmenschen und der Völker, die Verweigerung persönlicher Mitverantwortung und die Leugnung der eigenen Schuld werden als die Grundübel herausgearbeitet. Die Bischöfe gestehen ein, daß es auch in der Kirche Schuld gegeben hat.[46] Allerdings wird nur in einem einzigen Satz zum Ausdruck gebracht, daß viele Glieder der Kirche sich zu Unrecht und Gewalttätigkeit verstricken ließen, während in vielfacher Ausführlichkeit die Kirche als die stärkste Kraft im Widerspruch, ja Widerstand gegen den Nationalsozialismus aufgewiesen wird. Diese Widerstandshaltung nehme in die Pflicht. Als Lehren aus dieser Geschichte formulieren die Bischöfe vor allem den Aufruf zur Wachsamkeit, daß Menschenwürde und Lebensrecht unantastbar bleiben, daß die Rechtsordnung des Staates nicht heimlich ausgehöhlt werde. Die Kardinaltugenden werden als notwendige Grundhaltungen angemahnt: Klugheit, damit nicht Träume und Ängste, sondern nüchterne Sicht das Ziel und die Wege bestimme; das Maß, um realistisch zu bleiben; Tapferkeit, um in Krisensituationen und unter Belastungen standzuhalten und in der Verantwortung zu bleiben. Gerechtigkeit, "die weiß, daß nur dann jeder das Seine erhält, wenn jeder die Rechte des anderen achtet und alle das Ganze tragen und sich dem Ganzen einfügen. Die Haltung, die uns befähigt, nicht unvorbereitet dem Tag Jesu Christi zu begegnen, ist dieselbe, die wir benötigen, um die Geschichte zu bestehen."[47] Mit diesem Rekurs auf die Kardinaltugenden begeben sich die Bischöfe auf die allgemeine Ebene ethischer Argumentation. Die besondere Dringlichkeit, Mitverantwortung zu tragen, (Mit)Schuld einzugestehen, Buße zu tun und auf Versöhnung hinzuarbeiten, wie sie der spezifischen Botschaft des Evangeliums entspricht, wird als Anspruch auch zur Selbstkritik nicht deutlich gemacht. Wäre es nicht besser gewesen, auf die theologischen Tugenden zu verweisen, auf die Anfechtung des Glaubens angesichts der Schuld und des Leides, auf die Notwendigkeit der Hoffnung, um weiterleben zu können, und auf die Liebe, die allein dieses Weiterleben ermöglicht und offen macht, aufeinander zuzugehen und Schuld zu vergeben? Der Beschluß "Unsere Hoffnung" hat es im Horizont der Verheißungen Gottes, im Vertrauen auf Gottes erlösendes Wirken und sein Gericht vermocht, gerade die eigenen Schattenseiten selbstkritisch einzugestehen. Die eschatologische Perspektive macht Ernst und Dringlichkeit geschichtlichen Agierens deutlich, während hier das Präsentische des Gerichts nicht in den Blick kommt.

---

[46] Erklärung der deutschen Bischöfe zum 30. Januar 1983. Das Vorbild tapferer Zeugen nimmt uns in Pflicht, Würzburg 24. Januar 1983, in: FAZ vom 28. Januar 1983, Nr. 23, 6; und, in: Erinnerung und Verantwortung, 30. Januar 1933 bis 30. Januar 1983. Fragen, Texte, Materialien, hg. vom Sekretariat der deutschen Bischofskonferenz (Arbeitshilfen, Heft 30), Bonn 1983, 7 f.

[47] Ebd.

Zwei Aussagen aus dem Jahr 1995

Wesentlich sensibler und differenzierter sind zwei Erklärungen der deutschen Bischöfe von 1995 gehalten, die eine vom 25. Januar, dem Jahrestag der Befreiung des Konzentrationslagers Auschwitz [48], und das Wort der deutschen Bischöfe zum Gedenken an das Ende des Zweiten Weltkrieges vor 50 Jahren vom 24. April 1995.[49] In der Erklärung zur Befreiung von Auschwitz werden erstmals die Leiden und die Opfer ausdrücklich benannt. "Unzählige Menschen sind dort auf schreckliche Weise umgebracht worden: Polen, Russen, Sinti und Roma sowie Angehörige anderer Nationen. Die überwiegende Mehrheit der Gefangenen und Opfer dieses Lagers waren Juden. Deshalb ist Auschwitz das Symbol für die Vernichtung des europäischen Judentums, die als Holocaust oder mit dem hebräischen Wort Schoa bezeichnet wird." Die Bischöfe formulieren, daß diese Verbrechen nach wie vor viele Fragen aufwerfen, denen man nicht ausweichen dürfe, Fragen vor allem im Verhältnis der Katholiken zu den Juden und Fragen im Verhältnis zwischen Polen und Deutschen. Es wird anerkannt und unterstrichen, daß Juden zur Entwicklung der deutschen Wissenschaft und Kultur Entscheidendes beigetragen haben, daß aber dennoch eine antijüdische Einstellung auch im kirchlichen Bereich weitergelebt habe. Dies habe mit dazu geführt, daß in den Jahren des Dritten Reiches nicht der gebotene Widerstand gegen den rassistischen Antisemitismus geleistet worden sei. "Es hat unter Katholiken vielfach Versagen und Schuld gegeben. Nicht wenige haben sich von der Ideologie des Nationalsozialismus einnehmen lassen und sind bei den Verbrechen gegen jüdisches Eigentum und Leben gleichgültig geblieben. Andere haben dem Verbrechen Vorschub geleistet oder sind sogar selber Verbrecher geworden. Unbekannt ist die Zahl derer, die beim Verschwinden ihrer jüdischen Nachbarn entsetzt waren und doch nicht die Kraft zum sichtbaren Protest fanden. Jene, die bis zum Einsatz ihres Lebens halfen, blieben oft allein. Es bedrückt uns heute schwer, daß es nur zu Einzelinitiativen für verfolgte Juden gekommen ist und daß es selbst bei den Pogromen vom November 1938 keinen öffentlichen und ausdrücklichen Protest gegeben hat, als Hunderte von Synagogen verbrannt und verwüstet, Friedhöfe geschändet, tausende jüdischer Geschäfte demoliert, ungezählte Wohnungen jüdischer Familien beschädigt und geplündert, Menschen verhöhnt, mißhandelt und sogar ermordet wurden." [50] Die heilige Kirche wird auch als eine sündige und der Umkehr bedürftige bezeichnet. Versagen und Schuld der Zeit

---

[48] Unter Katholiken vielfach Versagen und Schuld. Die Erklärung der katholischen Bischöfe zum Jahrestag der Befreiung von Auschwitz im Wortlaut, in: Stuttgarter Zeitung, Mittwoch, 25. Januar 1995.
[49] Hier zitiert nach den Pressemitteilungen der deutschen Bischofskonferenz.
[50] Ebd.

des Dritten Reiches hätten auch eine kirchliche Dimension.[51] Diese Schuldbekenntnisse entsprechen nicht nur dem Grundtenor des Synodentextes "Unsere Hoffnung", dieser wird vielmehr auch ausführlicher zitiert, vor allem in den Stellen, wo die kirchliche Gemeinschaft als zu selbstfixiert, zu besorgt um den Erhalt der eigenen Institution bezeichnet wird, während sie der Bedrohung des jüdischen Volkes den Rücken zuwandte. "Die praktische Redlichkeit unseres Erneuerungswillens hängt auch an dem Eingeständnis dieser Schuld und an der Bereitschaft, aus dieser Schuldgeschichte unseres Landes und auch unserer Kirche schmerzlich zu lernen." Bedauern und Eingeständnis der Schuld bestimmen den Text der bischöflichen Erklärung, doch gewinnt die Diktion nicht die Eindringlichkeit des Textes von Metz. Es wird weniger abwägend und deliberativ gesprochen, als vetativ und imperativ. Christen dürfen nicht, Christen haben die Pflicht, die Kirche oder Christen müssen tun. "Wir müssen alles tun, damit Juden und Christen in unserem Land als gute Nachbarn miteinander leben können. So werden sie ihren unverwechselbaren Beitrag für ein Europa leisten, dessen Vergangenheit durch die Schoa verdunkelt ist und das in der Zukunft ein Kontinent der Solidarität werden soll."

Auch das Dokument zum Rückblick 50 Jahre nach Kriegsende zeigt sich deutlich inspiriert von "Unsere Hoffnung": Das Schreckliche der Situation von 1945 wird zugelassen. Die Bedrückung, Not, das Leid, die Opfer werden gleichgewichtig auf deutscher wie auf nichtdeutscher Seite benannt, freilich zuerst die Deutschen. Im Abstand von 50 Jahren sehen die Bischöfe ein, daß das Jahr 1945 sich als ein Bild präsentiert, das sich einer einfachen Deutung und Bewertung entzieht. Sowohl für die Generation der Betroffenen, wie auch für die Nachgeborenen, die sich dieser Geschichte nicht entziehen kön-

---

[51] Wie konkret diese sein kann, zeigt das Beispiel der Caritas- und Seelsorgehelferin Margarete Sommer, die sowohl den Berliner Bischof, in dessen Diensten sie stand, wie vor allem Kardinal Bertram in Breslau wiederholt auf das Schicksal der Nichtarier hingewiesen hat und vor allem Bertram gedrängt hat, in dieser Frage an die Öffentlichkeit zu gehen. In dieser Sache richtete Bertram an den Berliner Generalvikar Prange am 17. April 1944 ein Schreiben folgenden Inhaltes: "Wiederholt erscheint bei mir in Sachen Nichtarier Frau Dr. Sommer als Angestellte Ihres Ordinariats mit Darbietung detaillierter Berichte über das den Mischlingen und Nichtarierfamilien geschehende Unrecht mit Behauptung, sie komme im Einvernehmen Ihres hochwürdigsten Herrn Bischofs. Ich soll dann alles, was sie bringt, als vollgültige Unterlage für Eingaben an höchste Behörden betrachten. Nun aber habe ich Grund, damit nicht zufrieden zu sein. Soll ich alle heißen Kohlen aus dem Feuer holen, dann darf ich bitten, die beteiligten Oberhirten wollen mit voller Unterschrift den Bericht als geprüft und richtig bezeichnen, so daß ich mich nötigenfalls auf den berichtenden Oberhirten amtlich berufen kann. Ich bitte, das gütigst der Frau Dr. Sommer klarzumachen, da meine Mahnungen nicht helfen. Andernfalls kann ich ihren Besuch nicht mehr annehmen."Das Schreiben Bertrams an den Berliner Generalvikar ist abgedruckt in: Volk, Akten deutscher Bischöfe, Band VI, 350, in der Anmerkung 2.

nen, weil sie ihnen eine besondere Verantwortung auferlegt.[52] Die Frage nach Schuld und Verantwortung und nach den Ursachen für die nationalsozialistische Herrschaft bedrängen auch 50 Jahre nach Kriegsende in ungeminderter Schärfe. Sie wachzuhalten und ihnen nachzugehen, sei eine gemeinsame Aufgabe aller Deutschen, eine Aufgabe, an der das innere Zusammenwachsen gefördert und gestärkt werden könne.[53] Wie in "Unsere Hoffnung" wird auf die Gefahr von Entschuldigungsmechanismen, auf das gesellschaftliche Problem des Umgangs mit Versagen und Schuld hingewiesen. "Die geschichtliche Wahrheit und die Verantwortung für die Zukunft fordern eine Sicht, die frei ist von Relativierung, Aufrechnung oder ideologischer Verzerrung. Der Umgang mit Versagen und Schuld ist in unserer Gegenwart für viele einzelne Menschen und für die Gesellschaft insgesamt zu einem Problem geworden. Verdrängung von Schuld und ein pauschales, aber folgenloses Schuldgefühl stehen oft unvermittelt nebeneinander. Angesichts des Unrechts und Leids, das unter dem Zeichen des Nationalsozialismus über die Menschen und die Völker gebracht wurde, ist jedoch ein Zurückweichen vor der Schuldfrage nicht zu rechtfertigen. Nur wo Schuld anerkannt und bereut wird, können Vergebung und Versöhnung wachsen. Das wissen gläubige Christen und dies bestätigt die allgemeine Lebenserfahrung."[54] Allerdings wird nicht selbstkritisch die Frage gestellt, wie weit bisherige bischöfliche Verlautbarungen mit dazu beigetragen haben, daß der Umgang mit Versagen und Schuld zu einem Problem geworden ist und nicht eingeübt wurde. Auch hier wird noch einmal – wie 1945 – der Kollektivschuldvorwurf zurückgewiesen, die Kirche wolle auch kein Schuldbekenntnis stellvertretend für die nationalsozialistischen Entscheidungsträger ablegen, sich aber sehr wohl der Frage nach Mitverantwortung und Schuld stellen, die sich auch an die Kirche in Deutschland richtet. Das Hirtenwort tut dies unter der Überschrift "Zeugnis, Widerstand und Versagen der Kirche". Wiederum wird sehr ausführlich der Hirtenbrief vom 23. August 1945 zitiert und die tiefe Kluft und wechselseitige Ablehnung zwischen nationalsozialistischem Unrechtssystem und katholischer Kirche konstatiert. Die Kirche wird als Gemeinschaft, die im System in vielem ein Fremdkörper und Stein des Anstoßes war, deklariert, Vollzüge kirchlichen Lebens als bewußte Akte der Verweigerung.[55]

---

[52] Vgl. Wort der deutschen Bischöfe zum Gedenken an das Ende des Zweiten Weltkrieges vor 50 Jahren, 24. April 1995, Pressemitteilungen, 2.
[53] Vgl. Wort der deutschen Bischöfe, 3.
[54] Wort der deutschen Bischöfe, 3.
[55] Wort der deutschen Bischöfe, 5. "Nur wer selbst unter ähnlichen Bedingungen seinen Glauben bezeugt hat, kann richtig ermessen, was all dies für die Beteiligten als Kraftquelle, aber auch an Risiko und Gefahr bedeutete. Dieses Widerstehen in zahllosen unauffälligen Aktionen und Unterlassungen war für die Machthaber unerträglich, weil es den Totalitätsanspruch

Dann wird wiederum eine Liste mit persönlichen Einsätzen gegen das Regime angefertigt, einzelne Widerständler namentlich aufgeführt. Der kritische Einwand des Bensberger Kreises, daß sie oft ohne den Rückhalt der Kirche waren, wird allerdings nicht berücksichtigt. [56]

Explizit und konkret wird auch schuldhaftes Versagen von Mitgliedern der katholischen Kirche bekannt, auch die "Vorgänger im bischöflichen Amt" werden in ihrer Verantwortung und Schuld genannt. [57] Beklagt wird der Gruppenegoismus der "Eingabenpolitik" der deutschen Bischöfe, der Mangel an "Mut, Kraft und Weitblick, um ebenso für diejenigen nachdrücklich einzutreten, die nicht zur Kirche gehörten oder gar weltanschaulich ihre Gegner waren." Hingegen wird der selbstlose Einsatz von Laien für "die jüdischen Mitbürger und andere Verfolgte" gewürdigt; namentlich genannt werden dabei Gertrud Luckner, Gabriele von Magnis und Margarete Sommer. Im Rückblick auf die 50 Jahre Nachkriegsentwicklung stellen die Bischöfe aufblühende Hoffnungen nach dem Ende des Krieges fest, die sich trotz mancher Rückschläge und bleibender Enttäuschungen in einem weit höheren Maße erfüllt hätten, als damals erwartet werden konnte. Sie gehen auf die Not der Heimatvertriebenen ein, auf die positive Entwicklung in der alten Bundesrepublik Deutschland, die freilich von der Teilung Deutschlands überschattet blieb. Sie sprechen die Entwicklung eines geeinten Europas an und erinnern, daß Versöhnung auch dort möglich wurde, wo die Gräben besonders tief waren, nämlich an die Aussöhnung zwischen Polen und Deutschen, beginnend mit der Aussöhnung zwischen den

---

ihres Systems ständig in Frage stellte."

[56] Problematisch erscheint jedenfalls, daß die 12.000 katholischen Priester, die in Konflikt mit dem nationalsozialistischen Regime gerieten, in die Bilanz mit eingehen und das Bild doch sehr deutlich verzerren. Denn zu diesen 12.000 katholischen Priestern werden all jene auch gezählt, die im geringsten eine Berührung hatten mit der Partei oder ihrem Polizeiapparat.

[57] Wort der deutschen Bischöfe, 6f: "Daneben können und wollen wir freilich nicht übersehen, daß es auch innerhalb der katholischen Kirche unkluges Schweigen und falsche Zurückhaltung, ängstliche Reaktionen, schuldhaftes Versagen gegeben hat. Mit unseren Vorgängern im bischöflichen Amt stehen wir vor der Frage, ob der Protest der Kirche immer genügend deutlich gewesen ist, um den menschenverachtenden Maßnahmen Einhalt zu gebieten und die Widerstandskraft der Christen und der ganzen Bevölkerung zu stärken. Hier sind Mängel, Fehler und Widersprüche zu verzeichnen. Es gab das eindeutige Nein der Kirche zur nationalsozialistischen Rassenideologie, aber es gab keinen öffentlichen Aufschrei, als sie rücksichtslos ins Werk gesetzt wurde. [...] Aber es gab auch hilfloses Wegsehen oder Selbstberuhigung in dem Gedanken, daß vielleicht das Schlimmste nicht wirklich eintreten würde. Mutiges Zeugnis und Widerstand können und sollen nicht gegen Versagen und Schuld aufgerechnet werden. Bewunderung und Dank für das eine verringern nicht Reue und Scham über das andere. Für die heutige Kirche wird beides zur Mahnung. Ihre Verantwortung für das Ganze des Gemeinwesens zu erkennen, allen Ansätzen zur Mißachtung der Würde des Menschen entgegenzutreten, Böses als Böses und Unrecht als Unrecht öffentlich zu benennen und dabei, wie ihr Stifter und Herr Jesus Christus, vor allem an der Seite der Benachteiligten und Schwachen zu stehen."

polnischen und deutschen Bischöfen im Kontext des Zweiten Vatikanischen Konzils. Auch der Beitrag der deutschen Heimatvertriebenen zur Verständigung und Aussöhnung mit den mittel- und osteuropäischen Nachbarländern wird hervorgehoben, ebenso wie ihr sehr früh ausgesprochener feierlicher Verzicht auf Rache und Vergeltung.[58] Die Geschichte wird insgesamt vor allem als Lehrmeisterin gesehen, aus der man entsprechende Hellsichtigkeit für die Zukunft ableitet.[59] Die Auseinandersetzungen mit der eigenen Vergangenheit, so schließt das Hirtenwort, dürfen nicht von den Gefährdungen und Verführungen der Gegenwart ablenken. Sie bleiben auch über 1995 hinaus als Aufgaben bestehen. Vor allem in der Erziehung und in den Medien und im gesellschaftlichen Zusammenleben überhaupt gelte es, immer wieder Aufklärung zu leisten und zur Besinnung zu rufen. "Totalitäre Menschenverachtung, ideologische Verblendung, Nationalismus, Gewaltherrschaft, Diskriminierung von Minderheiten und Bedrohung des Friedens dürfen nie wieder die Oberhand gewinnen. Dies schulden wir den Opfern der Verbrechen aus der nationalsozialistischen Zeit des Krieges und der Vertreibung. Dies ist es auch, wofür wir in Verantwortung vor Gott und im Vertrauen auf seine Hilfe mit Entschiedenheit eintreten müssen."[60]

Das Schuldbekenntnis von Papst Johannes Paul II. in der Fastenzeit 2000

Als letztes Schlaglicht auf die Versuche, sich der Schuld in der eigenen Geschichte zu stellen, sei wegen der Aktualität und des breiten Echos das Schuldbekenntnis einbezogen, das Papst Johannes Paul II. in der Fastenzeit des Heiligen Jahres 2000 formulierte. Freilich ist ein direkter Vergleich nicht angemessen, weil das inhaltliche Bemühen, um Vergebung für die Fehler von Christen

---

[58] Vgl. Wort der deutschen Bischöfe, 8. "Mit den Mitteln menschlicher Gerechtigkeit ist das den Vertriebenen zugefügte Unrecht ebensowenig wieder gutzumachen wie das von Deutschen in den besetzten Ländern verübte Unrecht. Wiedergutmachung zwischen unseren Völkern fordert die Bereitschaft, sich innerlich von alten nationalen Feindschaften abzuwenden und mitzuhelfen, daß die Verletzungen geheilt werden, die hieraus hervorgegangen sind." (ebd., 9).

[59] Wort der deutschen Bischöfe, 9: "Gedenktage und Gedenkjahre sind kein Selbstzweck. Die Vergewisserung über den eigenen Standort vor dem Hintergrund der geschichtlichen Entwicklung dient der Gestaltung der Zukunft. Freiheit und Recht, die unsere Gesellschaft und unsere Staatsordnung tragen, müssen täglich neu verwirklicht und verteidigt werden. Es wäre eine untaugliche ‚Vergangenheitsbewältigung', wenn wir 50 Jahre nach dem Kriegsende und dem Untergang des 'Dritten Reiches' so tun wollten, als sei der Geist der Unmenschlichkeit von damals endgültig gebannt; als hätten wir nur zu beklagen, was damals an Schrecklichem geschehen ist und uns nicht in Acht zu nehmen vor gegenwärtigen und künftigen Versuchungen und Verfehlungen."

[60] Wort der deutschen Bischöfe, 10.

in der 2000-jährigen Kirchengeschichte zu bitten, über den Rahmen der konkreten Auseinandersetzung einer Ortskirche mit einer konkreten Situation der eigenen Vergangenheit weit hinausgeht und sich auch ein Gebet in der liturgischen Form der Großen Fürbitten der Karfreitagsliturgie von Hirtenbriefen unterscheidet. Doch ist es möglich auf Grundhaltungen in der Auseinandersetzung mit der Schuld der Vergangenheit zu achten.

Gemäß traditioneller Bußtheologie setzte dieser Akt ein mit einer Bitte an den heiligen Geist, die drei Momente betonte: eine Reue, die ehrlich und tief sei, eine ehrliche Gewissenserforschung, die die Schuld der Vergangenheit wahrhaftig in den Blick nehme, ein Weg echter Umkehr. Das anschließende allgemeine Schuldbekenntnis des Papstes umreißt den Rahmen, in dem ein solcher Akt auch dogmatisch zu situieren ist: im Spannungverhältnis von Heiligkeit und Sündigkeit der Kirche. Der Papst wählte eine Formulierung, die von der Kirche als ganzer nur als "heiliger" spricht, während Subjekte des Sündigens einzelne Glieder der Kirche sind. Die Heiligkeit der Kirche wird zunächst hervorgehoben, gleichsam zur Sicherung der eigenen Identität, bevor von den Sünden die Rede ist. Dabei wird Sünde in der Denkform von Gehorsamsstrukturen angesprochen und als erste Autorität das Glaubensbekenntnis noch vor dem Evangelium genannt.[61] Als Schuld von "Menschen der Kirche" werden in den folgenden sechs konkreten Bitten folgende Aspekte bekannt: Methoden der Intoleranz im Dienst der Wahrheit bei der Evangelisierung; Verletzung der geschwisterlichen Liebe durch Spaltungen und Gegensätze in der Christenheit; Sünden gegen das Volk Israel; mangelnde Achtung und Einsatz von Gewalt gegenüber anderen Religionen, Völkern, Stämmen und ihren Kulturen sowie gegenüber schwachen gesellschaftlichen Gruppen, wobei namentlich die Einwanderer und Zigeuner genannt werden; Diskriminierungen aufgrund von Rasse und Hautfarbe und Geschlecht – freilich läßt sich das Bekenntnis von Schuld gegenüber der Würde von Frauen als inhomogener Einschub ausmachen; Versagen in der Option für die Armen und Paktieren mit Macht und Reichtum.

Vorsätze wurden nicht bei allen Schuldbekenntnissen formuliert, sondern nur folgende: der Wahrheit in der Milde der Liebe dienen; Einsatz für die Aussöhnung der Christen; Einsatz dafür, "dass echte Brüderlichkeit herrsche mit dem Volk des Bundes"; daß Wunden heilen, "die deiner Gemeinschaft [gemeint ist wohl die Kirche] immer noch innewohnen, damit wir uns alle als deine Söhne und Töchter fühlen können";

---

[61] Herr, unser Gott, du heiligst deine Kirche auf ihrem Weg durch die Zeit immerfort im Blut deines Sohnes. Zu allen Zeiten weißt du in ihrem Schoß um Glieder, die durch ihre Heiligkeit strahlen, aber auch um andere, die dir ungehorsam sind und dem Glaubensbekenntnis und dem heiligen Evangelium widersprechen.

Der Akt eines solchen Schuldbekenntnisses stellt eine hoch zu schätzende Geste dar; dies wurde von der katholischen und nichtkatholischen Öffentlichkeit so gewürdigt. Dies gilt umso mehr, da dieses Bekenntnis eingebunden ist in zahlreiche Wortmeldungen und Gesten des Papstes, die Trauer und Klage, Reue, Schuld und Umkehr für die Verfehlungen von Christen in der Vergangenheit ausdrücken, besonders gegenüber den Juden.[62] Doch sollen auf dem Hintergrund der vorausgehenden Analysen einige Momente kritisch angemerkt werden: Die zahlreichen einschränkenden Formulierungen wollen unstatthaften Verallgemeinerungen wehren, doch kommt es dabei auch zu euphemischen Abmilderungen, z.B. '' sie haben Methoden der Intoleranz *zugelassen*". Wohl aufgrund der dogmatischen Vorgaben bleiben die Subjekte der Schuld immer sehr allgemein bei "einigen" oder "nicht wenigen" Christen, "Menschen der Kirche"; zu vermissen ist besonders, daß der oberste Amtsträger nicht explizit auch Schuld von Kirchenleitungen und Amtsträgern anspricht. In Bezug auf das Volk Israel ist hervorzuheben, daß von "Brüderlichkeit" die Rede ist; der historischen Verankerung dieses Aktes hätte es freilich entsprochen, wenn die Schoa explizit erwähnt worden wäre. Ein Schuldigwerden in verschiedenen Aktionen wird bekannt, ein weiteres Forschen – und sei es in der Form der Vorsätze – nach notwendigen Veränderungen in den Strukturen, in Haltungen klingt nicht an.

Resümee

Die analysierten Dokumente machen deutlich, wie schwer es den deutschen Bischöfen fiel, die eigene Schuld wahrzunehmen, aus der Beschränkung auf die Leiden und Opfer im eigenen Volk und unter Christen den Blick zu weiten für die Leiden und er Religionen und Nationen. Sie machen auch besonders sensibel dafür, welche Sprache gewählt wird angesichts des Grauens, das sprachlos macht. Allgemeine Formulierungen, feste Rezepte, ein imperativer und vetativer Ton erscheinen unangemessen. Nähern kann sich in der Sprachnot wohl eher eine abwägende Sprache, die auch ganz konkret zu werden vermag, wie es insbesondere Johann Baptist Metz in dem Beschluß "Unsere Hoffnung" gelang, dessen Spuren auch in den letzten Dokumenten der deutschen Bischöfe zu finden sind.

Konsequenzen wurden meist primär in gesellschaftskritischer Ausrichtung eingefordert. Die Suche nach den Wurzeln des Versagens von Christen blieb meist oberflächlich in der Schuldzuweisung an die Säkularisierung hängen.

---

[62] Vgl. dazu Hans Hermann Henrix / Wolfgang Kraus (Hgg.), Kirchen und das Judentum Bd. 2. 1986–2000, München 2001. Vgl. z.B. die auch in der Diktion tief beeindruckende Rede des Papstes beim Besuch in Yad Vashem 2000.

Entsprechend wurde als Aufgabe eine Rechristianisierung gesehen. Eine Aufnahme der Auseinandersetzung mit den innerkirchlichen Faktoren, die der Bensberger Kreis als prägend für das Bewußtsein und die Haltung deutscher Katholiken aufzeigte, blieb leider auch in den Folgedokumenten aus. Die Erklärung dieses Kreises leistet die radikalste Analyse in der Wahrnehmung der Schuld und der Suche nach den Ursachen, radikal, weil sie die Verantwortung und Schuld nicht nur punktuell festmacht, sondern tiefer in "Wurzelsünden", in Fehlhaltungen und Strukturen verankert und notwendige Konsequenzen in diesen Bereichen fordert.

Literatur:

Volk, Ludwig, Akten deutscher Bischöfe. Über die Lage der Kirche 1933 – 1945, VI 1943–1945 (= Veröffentlichungen der Kommission für Zeitgeschichte, Reihe A Quellen, Band 38), Mainz 1985.

Das Zweite Vatikanische Konzil. Konstitutionen, Dekrete und Erklärungen. Lateinisch und deutsch, Teil I, Freiburg/Basel/Wien 1966 (LThK Bd. 12).

Das Zweite Vatikanische Konzil. Konstitutionen, Dekrete und Erklärungen, Teil II, Freiburg/Basel/Wien 1967 (LThK Band 13).

Versöhnung oder Haß? Der Briefwechsel der Bischöfe Polens und Deutschlands und seine Folgen. Eine Dokumentation mit einer Einführung von Otto B. Roegele, Osnabrück 1966.

"Unsere Hoffnung", in: Gemeinsame Synode der Bistümer in der Bundesrepublik Deutschland. Beschlüsse der Vollversammlung, Offizielle Gesamtausgabe I, Freiburg/Basel/Wien 1976.

Die katholische Kirche und der Nationalsozialismus. Erklärung des Sekretariats der deutschen Bischofskonferenz zur Diskussion über die Holocaust-Serie. Bonn, 31. Januar 1979, in: Deutsche Tagespost vom 6. Februar 1979.

Von der Kirche allein gelassen ... Stellungnahme des Bensberger Kreises zur Erklärung des Sekretariats der Deutschen Bischofskonferenz "Die katholische Kirche und der Nationalsozialismus" vom 31. Januar 1979, datiert Bonn, 28. April 1979, Publik-Forum-Sonderdruck.

Erklärung der deutschen Bischöfe zum 30. Januar 1983. Das Vorbild tapferer Zeugen nimmt uns in Pflicht, Würzburg 24. Januar 1983, in: FAZ vom 28. Januar 1983, Nr. 23, 6; und, in: Erinnerung und Verantwortung, 30. Januar 1933 bis 30. Januar 1983. Fragen, Texte, Materialien, hg. vom Sekretariat der deutschen Bischofskonferenz (Arbeitshilfen, Heft 30), Bonn 1983.

Unter Katholiken vielfach Versagen und Schuld. Die Erklärung der katholischen Bischöfe zum Jahrestag der Befreiung von Auschwitz im Wortlaut, in: Stuttgarter Zeitung, Mittwoch, 25. Januar 1995.

Assmann, Aleida / Ute Frevert, Geschichtsvergessenheit – Geschichtsversessenheit. Vom Umgang mit deutschen Vergangenheiten nach 1945, Stuttgart 1999.

Helbach, Ulrich, Arbeitsbericht in der Sektionssitzung Geschichte der Görres-Gesellschaft 1999, in: Jahres- und Tagungsbericht der Görres-Gesellschaft 1999, 124 f.

Henrix, Hans Hermann / Wolfgang Kraus (Hgg.), Kirchen und das Judentum Bd. 2. 1986–2000, München 2001.

Schneider, Theodor, Einleitung zu "Unsere Hoffnung", in: Gemeinsame Synode der Bistümer in der Bundesrepublik Deutschland. Beschlüsse der Vollversammlung, Offizielle Gesamtausgabe I, Freiburg/Basel/Wien 1976, 71–84.

Schockenhoff, Eberhard, Referat über "Geschichte und Schuld aus theologischer Sicht", in: Jahres- und Tagungsbericht der Görres-Gesellschaft 1999, 125 f.

Trippen, Norbert, Josef Kardinal Frings, in: Zeitgeschichte in Lebensbildern 7 (1994) 143–160.

Volk, Ludwig, Konrad Graf von Preysing, in: Zeitgeschichte in Lebensbildern 2 (1975) 88–100.

Wiest, K.-H., "Der Stellvertreter" – Ein Stück und seine Wirkung, in: Rottenburger Jahrbuch für Kirchengeschichte 2 (1983) 202–247.

Der Entschädigungsfonds und der Versöhnungsfonds der katholischen Kirche

Rainer Ilgner

Ausgangslage

Nach fünf Jahrzehnten, während denen das Thema in Forschung, Politik und Medien kaum Aufmerksamkeit gefunden hat, ist die Beschäftigung von Zwangsarbeitern in Deutschland zu einem Gegenstand der öffentlichen Diskussion geworden. Auf Grund verschiedener Hinweise, dass auch in Einrichtungen der katholischen Kirche während der NS-Zeit Ausländer als Zwangsarbeiter tätig waren, wurden zunächst punktuelle Nachforschungen und eine Prüfung der zeitgeschichtlichen Forschung durchgeführt. Unter dem Eindruck der wenigen Ergebnisse, die dabei zutage traten, sah der Ständige Rat der Deutschen Bischofskonferenz, der sich am 2. Mai und 19./20. Juni 2000 hiermit befasste, zunächst keinen Anlass zu einer neuen Initiative, die über die bisherigen kirchlichen Wiedergutmachungsleistungen für KZ-Opfer und andere NS-geschädigte Personen hinausging.

Es braucht – wie der Vorsitzende der Deutschen Bischofskonferenz unlängst öffentlich festgestellt hat – nicht verschwiegen zu werden, dass die Deutsche Bischofskonferenz unter dem Eindruck der wenigen konkreten Anhaltspunkte das Ausmaß der Beschäftigung von Zwangsarbeitern in katholischen Einrichtungen zunächst unterschätzt hat. Das öffentliche Interesse und manche kritischen Nachfragen, auch innerhalb der katholischen Kirche selbst, führten aber relativ schnell zu einer Korrektur dieser ersten Einschätzung. Auf dieser Grundlage kam es in der zweiten Jahreshälfte 2000 zu einer schnellen und intensiven Kooperation zwischen den deutschen Diözesen und der Deutschen Bischofskonferenz, an der sich auch der Deutsche Caritasverband und die katholischen Ordensgemeinschaften sowie kirchliche Einrichtungen im Bereich des Archivwesens, der wissenschaftlichen Forschung und der Versöhnungsarbeit beteiligten. Durch Absprache in der Deutschen Bischofskonferenz wurde versucht, die verschiedenen Initiativen und Maßnahmen zu koordinieren. Darüber hinaus erhielten diese Bemühungen einen zusätzlichen Impuls durch die Einrichtung von zwei Fonds, die auf die Entschädigung von Zwangsarbeitern in kirchlichen Einrichtungen und auf die Förderung von neuen Versöhnungsinitiativen ausgerichtet sind.

Aufarbeitung der Quellen und wissenschaftliche Forschung

Das Grundproblem, das den verzögerten Einstieg der Deutschen Bischofskonferenz in die Zwangsarbeiter-Problematik zur Folge hatte, bestand – wie gesagt – in der unzureichenden Information über das tatsächliche Ausmaß der Beteiligung der kirchlichen Einrichtungen an der zwangsweisen Beschäftigung von Menschen in der NS-Zeit. Bis heute stellt die Erfassung aller Einzelfälle eine schwierige Aufgabe dar. Die deutschen Bischöfe haben sich mit den anderen Trägern katholischer Einrichtungen – insbesondere mit den Ordensgemeinschaften – darauf verständigt, die Aufarbeitung der Quellen und die Sucharbeit nach dem Flächenprinzip durchzuführen, um ein möglichst vollständiges Ergebnis zu erreichen. Grundlage hierfür ist die einzelne Diözese. In allen deutschen Diözesen wurde ein Beauftragter ernannt, der den Gesamtprozess auf der Ebene des Bistums koordiniert und anleitet. In einigen Fällen – wie hier in Rottenburg-Stuttgart – wurde darüber hinaus eine Expertenkommission gebildet, die auch außerkirchlichen Sachverstand einbezieht.

Die Nachforschungen auf der Diözesanebene beginnen mit der Erfassung aller Einrichtungen, die Fremdarbeiter beschäftigt haben könnten (katholische Krankenhäuser, Heime, Klöster, Caritasstationen, Pfarreien mit Landwirtschaft etc.). Die Einrichtungen, die heute noch bestehen, werden um Überprüfung ihrer Archivunterlagen gebeten. Für nicht mehr bestehende Einrichtungen stellt der Diözesanbeauftragte – soweit möglich in Kooperation mit den früheren Trägern – eine entsprechende Untersuchung sicher.

In dieser ersten Phase des Suchverfahrens werden ausschließlich Personen erfasst, die in den katholischen Einrichtungen unter Zwangsverpflichtung tatsächlich gearbeitet haben. Zu unterscheiden sind Fremdarbeiter, die in einer kirchlichen Einrichtung lediglich untergebracht waren und an anderer Stelle (z.B. in staatlichen Einrichtungen) tätig waren. Für jeden Einzelfall werden nach Möglichkeit Name, Vorname, Geburtsdatum, Geburtsort, Religionszugehörigkeit, Heimatwohnsitz im Herkunftsland, Beschäftigungszeitraum, Tätigkeit sowie die letzte bekannte Anschrift ermittelt. Grundlage aller Nachforschungen sind zunächst die kirchlichen Archive und Dokumentationen, darüber hinaus aber auch kommunale und staatliche Archive sowie Datenbestände der Sozialversicherung etc.

Die Bemühungen auf der diözesanen Ebene werden von Aktivitäten der überregionalen Institute (Deutscher Caritasverband, Vereinigung der Ordensoberinnen [VOD], Vereinigung der Deutschen Ordensobern [VDO], Bundeskonferenz der kirchlichen Archive) unterstützt. Die Kommission für Zeitgeschichte in Bonn, die bedeutende Beiträge zur Aufarbeitung der NS-Diktatur und zur Rolle der Kirche in dieser Zeit vorgelegt hat, ist mit einer übergreifenden Analyse befasst und bereitet eine wissenschaftliche Dokumentation der Quellenmaterialien vor.

Bisherige Untersuchungsergebnisse

Die im Rahmen dieser Organisationsstruktur auf der Ebene der deutschen Diözesen bisher zusammengetragenen Ergebnisse sind sehr unterschiedlich. Dies hängt mit den örtlichen Ressourcen personeller und sachlicher Art, vor allem aber mit der sehr unterschiedlichen Verbreitung und Struktur kirchlicher Einrichtungen während der NS-Zeit in den verschiedenen Gegenden Deutschlands zusammen. Manche Institutionen bestehen nicht mehr fort, so dass der Zugriff auf Informationsdaten erschwert ist. Manche Einrichtungen leben institutionell weiter, haben aber durch Bombenschäden oder andere Umstände keine Daten über ihre frühere Tätigkeit erhalten. Wieder andere Einrichtungen – gerade auch im Bereich der Klöster – verfügen über eine kontinuierliche Überlieferung und sind heute deshalb besonders gut in der Lage, ihre Beschäftigungsverhältnisse einschließlich der Zwangsarbeiter lückenlos zu dokumentieren.

Der Gesamteindruck, der seit dem Beginn der intensiven Nachforschungen entstand, ist durch die sukzessive Anreicherung mit genaueren Daten bestätigt worden. Er geht dahin, dass zwischen 1939 und 1945 in den katholischen Einrichtungen weithin Zwangsarbeiter beschäftigt waren, die den Mangel an deutschen Mitarbeiterinnen und Mitarbeitern ersetzten und dazu beitragen, dass Institutionen den von ihnen erwarteten Dienst (Ablieferungsquoten in der Landwirtschaft, Lazarett- und Krankendienste etc.) erbringen konnten. Bestätigt hat sich auch, dass ein nicht unerheblicher Teil der kirchlichen Einrichtungen während dieser Zeit durch staatlichen Eingriff entweder nur beschränkte Selbstständigkeit besaß oder gänzlich beschlagnahmt bzw. enteignet war.

Die Gesamtzahl der in katholischen Einrichtungen beschäftigten Zwangsarbeiter kann nur geschätzt werden. Sie liegt nach der übereinstimmenden Ansicht aller Experten unter der 1-Promille-Grenze, wenn man sie auf die Gesamtzahl der Zwangsarbeiter bezieht, die bis zum Kriegsende in Deutschland beschäftigt waren.

Die Erhebungen in den deutschen Diözesen haben nicht nur Namen und Daten zusammengetragen, sondern auch exemplarische Untersuchungen angeregt, bei denen die Arbeits- und Lebensbedingungen der Zwangsarbeiter in kirchlichen Einrichtungen näher analysiert wurden. Dabei zeigt sich überwiegend, dass die ausländischen Arbeiter bei der Kirche keiner Schwer- oder Schwerstarbeit ausgesetzt waren und schon gar nicht in sklavenähnlichen Verhältnissen leben mussten. Nach allem, was bisher in Erfahrung gebracht werden konnte, wurden sie meist wie vergleichbare deutsche Arbeitskräfte entlohnt. Es ist gewiss kein Zufall, dass die zu menschliche Behandlung von Zwangsarbeitern in den kirchlichen Einrichtungen wiederholt durch die staatlichen Organe kritisiert wurde. Dass nicht wenige Priester und Ordensleute wegen ihrer Seelsorgebemühungen an Ausländern mit dem damaligen Gesetz in Konflikt gerieten und Gefängnis- und KZ-Haft auf sich nehmen mussten, ist vor längerer Zeit schon aufgewiesen und dokumentiert worden.

Entschädigungsfonds der katholischen Kirche in Deutschland

Auf der Grundlage dieses Gesamtbildes, dessen Konturen sich im Spätsommer des vergangenen Jahres abzeichneten, stand die Deutsche Bischofskonferenz vor der Frage, wie sie sich zu der Initiative der deutschen Wirtschaft und der durch Bundesgesetz errichteten Stiftung "Erinnerung, Verantwortung und Zukunft" verhalten sollte. Das Anliegen der Zwangsarbeiter-Entschädigung war durch verschiedene öffentliche Initiativen über das Stiftungsprojekt hinaus zu einer Frage der geschichtlichen Identität und der nationalen Verantwortung für die Vergangenheit geworden. Durch das Beispiel der Evangelischen Kirche in Deutschland (EKD) und des Diakonischen Werks, die ihrer Mitverantwortung durch eine Einzahlung in die Stiftung "Erinnerung, Verantwortung und Zukunft" gerecht zu werden suchten, stand die Deutsche Bischofskonferenz unter einem erheblichen Erwartungsdruck der kirchlichen und allgemeinen Öffentlichkeit, die eine analoge Entscheidung der katholischen Seite einforderte. Für die Mitglieder des Ständigen Rates war es deshalb nicht leicht, am 28.08.2000 eine unabhängige Prüfung und sachgerechte Entscheidung herbeizuführen. Die nähere Auseinandersetzung mit dem Entschädigungskonzept, das im Errichtungsgesetz der Stiftung "Erinnerung, Verantwortung und Zukunft" festgelegt ist, führte zu dem Ergebnis, dass in diesem Rahmen gerade der Personenkreis, der in kirchlichen oder anderen Einrichtungen nichtindustrielle Zwangsarbeit leisten musste, nur nachrangig berücksichtigt werden kann. Die Bischöfe waren jedoch der Auffassung, dass die katholische Kirche in dem jetzt unternommenen Versuch, die Zwangsarbeiterproblematik umfassend aufzuarbeiten, vorrangig für die berechtigten Anliegen derjenigen eintreten sollte, die als Zwangsarbeiter in den kirchlichen Einrichtungen tätig waren. Deshalb beschloss der Ständige Rat bekanntlich, für Leistungen an diesen Personenkreis einen Betrag von 5 Mio. DM zur Verfügung zu stellen.

Angesichts der reichen Erfahrung, die in den katholischen Hilfsorganisationen vorhanden ist, wurde weiterhin entschieden, für die praktische Verwirklichung der Entschädigung von ehemaligen Zwangsarbeitern in katholischen Einrichtungen keine neue Institution ins Leben zu rufen. Der Deutsche Caritasverband und sein Präsident Prälat Hellmut Puschmann erklärten sich auf Bitte der Deutschen Bischofskonferenz bereit, diese Aufgabe mit ihren verschiedenen Teilaspekten zu übernehmen. Auf diese Weise wurde eine schon bestehende Einrichtung mit entsprechender Praxis gefunden, die auch ökonomisch sparsam arbeiten kann und den Entschädigungsprozess nicht durch besondere Verwaltungskosten belastet. Als Vorsitzender der beim Deutschen Caritasverband bestehenden Arbeitsgruppe "Entschädigungsfonds" vertritt der Leiter der Hauptvertretung Berlin, Heribert Mörsberger, den Entschädigungsfonds im innerkirchlichen und außerkirchlichen Bereich, insbesondere auch im Kontakt mit der Stiftung "Erinnerung, Verantwortung und Zukunft" sowie mit der evangelischen Seite. Die Gesamtleitung des operativen Bereichs obliegt dem Geschäftsführer des Suchdienstes der kirchlichen Wohlfahrtsverbände, Ferdinand Michael Pronold. Unter seiner Leitung steht die Geschäftsstelle des Entschädigungsfonds, die bei der Hauptvertretung München des Deutschen Caritasverbandes eingerichtet worden ist.

Die Arbeit des Entschädigungsfonds erfolgt auf der Grundlage von Vergaberichtlinien, die der Deutsche Caritasverband mit Zustimmung der Deutschen Bischofskonferenz erlassen hat. Sie enthalten Bestimmungen über Art und Umfang der Entschädigungsleistungen, Antragsberechtigung, Modalitäten der Antragstellung, Vergabe und Auszahlung der Mittel.

Antragsberechtigt für Leistungen aus dem Entschädigungsfonds der katholischen Kirche sind Personen, die als Zwangsarbeiter in Einrichtungen tätig waren, die zum Zeitpunkt ihres, d.h. der Zwangsarbeiter, Einsatzes in der Verantwortung der katholischen Kirche geführt wurden. Ebenso ist antragsberechtigt, wer aus der Kriegsgefangenschaft entlassen und als Zivilarbeiter in einer Einrichtung der katholischen Kirche tätig war. Familienangehörige (Ehegatten, Kinder und Enkel, aber auch Geschwister) von verstorbenen Zwangsarbeitern können – ebenso wie testamentarisch eingesetzte Erben – einen Antrag stellen. Das Datum der letztmöglichen Antragstellung wurde auf den 31.12.2002 festgesetzt, um angesichts des oft schwierigen Suchverfahrens keinen zu frühen Fristausschluss zu bewirken. Die Entschädigung besteht aus einer von Zeit und Dauer des Arbeitseinsatzes grundsätzlich unabhängigen einmaligen Leistung von 5.000 DM. Sie erfolgt freiwillig und ohne einen Rechtsanspruch. Vom Empfänger wird eine verbindliche Erklärung erwartet, mit der auf weitergehende Ansprüche wegen Zwangsarbeit gegen katholische Einrichtungen verzichtet wird. Die gesamte Durchführung in der Such- und Antragsphase wie auch in der Leistungsphase wird so unbürokratisch wie möglich durchgeführt. Da viele ehemalige Zwangsarbeiter Schwierigkeiten haben, ihre damalige Tätigkeit mit aussagefähigen Dokumenten glaubhaft zu machen, unterstützt die Geschäftsstelle des Entschädigungsfonds sie bei der Einholung der benötigten Auskünfte und Unterlagen.

Nach dem gegenwärtigen Stand ist die Entschädigung in ca. 40 Fällen erfolgreich abgeschlossen. Darüber hinaus liegen rund 750 Fälle mit Namensangabe in der Geschäftsstelle vor, von denen bisher jedoch nur ca. die Hälfte mit Aussicht auf Erfolg weiter verfolgt werden kann, weil außer dem Namen auch Geburtsdatum und andere Angaben bekannt sind, die ein Auffinden der betreffenden Person möglich scheinen lassen.

Auf dem Weg in eine gemeinsame Zukunft – der Versöhnungsfonds der katholischen Kirche in Deutschland

Zusammen mit dem Entschädigungsfonds hat der Ständige Rat am 28.08.2000 auch einen Versöhnungsfonds eingerichtet und ebenfalls mit 5 Mio. DM ausgestattet. Beide stehen in einer inhaltlichen Beziehung und ergänzen sich wechselseitig. Die katholische Kirche bemüht sich seit langem nicht nur um eine finanzielle Wiedergutmachung, sondern um eine wirkliche Versöhnung mit den KZ-Opfern und anderen Menschen, die während der NS-Zeit durch Deutsche und in deutschem Namen zu Schaden gekommen sind und persönliches Leid erfahren haben. Nicht nur die hierauf gewissermaßen spezialisierten Institutionen wie das Maximilian-Kolbe-Werk und Pax Christi, sondern darüber hinaus viele andere katholische Organisationen haben sich in den gut 50 Jahren nach dem Ende des Zweiten Weltkriegs hierum bemüht und große Verdienste erworben. Besondere Erwähnung verdienen in diesem Zusammenhang die katholischen Jugendverbände, aber auch die Vertriebenenorganisationen, die durch ihre Mitglieder individuell und im Verband viele Brücken geschlagen haben.

Insofern bildet die Einrichtung des Versöhnungsfonds durch die Deutsche Bischofskonferenz keinen Neuanfang, sondern zielt darauf, dieser traditionsreichen und wirksamen Arbeit einen neuen Impuls und zusätzliche Handlungsmöglichkeiten zu geben. Ein solcher Impuls erscheint gerade angesichts mancher Töne in der heutigen Diskussion, die nach einem Schlussstrich unter das Vergangene rufen, dringend erforderlich. Auch in der Auseinandersetzung mit der Entschädigungsfrage gab es nicht wenige Stimmen, die das allgemeine Bewusstsein in diese Richtung zu beeinflussen suchten. Demgegenüber weist die Deutsche Bischofskonferenz – wie ihr Vorsitzender unlängst bei der Auftaktveranstaltung des Versöhnungsfonds in Mainz erklärt hat – nachdrücklich darauf hin, dass Versöhnung nur möglich ist, wenn der schuldbehafteten Vergangenheit, die das Leben der einzelnen Menschen und Gesellschaften über Generationen prägt, nicht ausgewichen wird. In diesem Sinn ist es eine der wesentlichen Aufgaben des Versöhnungsfonds, Projekte zu unterstützen, die die Erinnerung an die Opfer und die belastete Vergangenheit wach halten und eine auf gegenseitiges Vertrauen gestützte Zukunftsperspektive eröffnen.

Auch für die Umsetzung des Versöhnungsfonds hat die Deutsche Bischofskonferenz eine eigenverantwortlich tätige kirchliche Institution mit entsprechender Kompetenz gewonnen. Die Solidaritätsaktion RENOVABIS hat sich bereit erklärt, diese Aufgabe zu übernehmen, die ihrer eigenen inhaltlichen Zielrichtung und ihrer Erfahrung im Bereich der Projektbearbeitung nahe steht. Als verantwortlicher Ansprechpartner steht der Stellvertretende Geschäftsführer von RENOVABIS, Dr. Gerhard Albert, zur Verfügung. Die Geschäftsstelle des Versöhnungsfonds wird durch Herrn Markus Leimbach geleitet. Mit Zustimmung der Deutschen Bischofskonferenz hat die Aktion RENOVABIS eigene Vergaberichtlinien für den Versöhnungsfonds verabschiedet, die Bestimmungen über die Ziele, förderungsfähige Maßnahmen, Antragsberechtigung, Förderungsumfang, Vergabe und Auszahlung der Mittel enthalten.

In Korrespondenz zu dem Entschädigungsfonds bildet auch für den Versöhnungsfonds die Erinnerung an das nationalsozialistische Unrechtssystem und seine Folgen den bleibenden Bezugspunkt. Von diesem Ausgangspunkt her richtet sich der Blick aber auch über die deutschen Grenzen hinaus auf Erfahrungen in anderen europäischen Ländern mit Systemunrecht und ungerechter Gewalt. Nach der Intention der Deutschen Bischofskonferenz soll sich dabei die Aufarbeitung belasteter Vergangenheit mit der Perspektive möglicher Aussöhnung und dem Gedanken der Prävention verbinden, damit sich vergangenes Unrecht nicht in ähnlicher Weise immer neu wiederholt. Auf dieser Grundlage formulieren die Vergaberichtlinien als Zielvorgabe: die Erinnerungen an die Folgen von Systemunrecht wachzuhalten, das Verständnis für die Opfer zu fördern, Ansätze zum Dialog, zur Verständigung und zur Versöhnung zwischen den Menschen und Völkern zu stärken sowie die Auseinandersetzung mit Menschenrechtsverletzungen und politischer Gewaltherrschaft zu unterstützen und zu präventivem Handeln zu ermutigen.

Als förderungsfähige Projekte gelten Bildungsmaßnahmen, Begegnungs- und Austauschprogramme, wissenschaftliche und dokumentarische Vorhaben, Erfahrungsaustausch und Vernetzungsvorhaben zwischen Trägern der Versöhnungsarbeit, Qualifizierungsmaßnahmen für Personen, die in der Versöhnungsarbeit tätig sind. Projekte mit Jugendlichen werden bevorzugt gefördert. Eine besondere Aufmerksamkeit gilt auch kleineren und dezentralen Initiativen, um eine möglichst personennahe und dezentrale Breitenwirkung des Fonds zu sichern.

Information und Kooperation

Um die mit dem Entschädigungsfonds und dem Versöhnungsfonds verfolgten Ziele tatsächlich erreichen zu können, ist seit ihrer Einrichtung eine breit angelegte Informationspolitik verfolgt worden. Diese richtete sich in erster Linie an die deutsche Öffentlichkeit, die in Pressekonferenzen des Vorsitzenden der Deutschen Bischofskonferenz und durch Veröffentlichungen des Deutschen Caritasverbandes sowie der Aktion RENOVABIS jeweils über den Fortgang der Planungs- und Realisierungsschritte unterrichtet wurde. Auch über die Landesgrenze hinaus ist durch direkte Kontakte zu den Bischofskonferenzen und den Caritasverbänden eine breite kirchliche Information erfolgt.

Damit die mit den Fonds verfolgten Ziele wirklich erreicht werden, ist in allen Phasen ihrer Verwirklichung eine breite Kooperation angestrebt worden. Diese beginnt bei den Suchmaßnahmen für den Entschädigungsfonds, betrifft die Vorbereitung und Durchführung der Entschädigung und reicht bis zu der abschließenden Dokumentation. Vor allem für die schwierige Suche nach den heute noch lebenden Zwangsarbeitern sind die kirchlichen Institutionen der Nachbarländer um ihre Mitwirkung gebeten worden. In Deutschland unterstützen auf überregionaler Ebene die Vereinigungen der Ordensoberinnen und Ordensobern, die Visitatoren der Vertriebenenseelsorge sowie im wissenschaftlichen Bereich die Bundeskonferenz der kirchlichen Archive in Deutschland und die Kommission für Zeitgeschichte die Tätigkeit der Geschäftsstellen der beiden Fonds. Entsprechende Kontakte zu den Einrichtungen im evangelischen Bereich und zu Verantwortlichen im Umfeld der Bundesstiftung sind ebenfalls hergestellt worden, so dass die Tätigkeit der beiden Fonds auch in das Gesamtgefüge der Bemühungen um die Zwangsarbeiterproblematik und die Versöhnungsarbeit im gesamtdeutschen Rahmen integriert ist.

Grundmotive und Perspektiven der katholischen Versöhnungs- und Entschädigungsbemühungen

Nach diesen notwendigerweise manchmal etwas technischen Ausführungen, ohne die aber ein konkretes Bild der beiden Fonds nicht zu vermitteln ist, möchte ich zum Schluss die Grundmotive in Erinnerung bringen, von denen sich die deutschen Bischöfe bei ihrer Entscheidung über die Errichtung des Entschädigungsfonds und des Versöhnungsfonds haben leiten lassen.

Der Vorsitzende der Deutschen Bischofskonferenz hat bei dem schon erwähnten Tageskongress am 30.01.2001 in Mainz wichtige Aussagen hierzu gemacht. Angesichts der immer wachbleibenden Frage nach Schuld und Schuldverstrickung der Kirche oder einzelner Mitglieder in der Zwangsarbeiterfrage hat er deutlich ausgesprochen, dass es dem nationalsozialistischen Regime gelungen ist, "auch uns als Kirche – wenn auch nur gleichsam an der Peripherie – in seine völkerrechtswidrigen Machenschaften zu verstricken. ... Der einzelne kirchliche Träger, dem Zwangsarbeiter zugewiesen wurden, wird wahrscheinlich kaum eine Möglichkeit gesehen haben, sich dem zu entziehen. Aber es war wohl doch auch so, dass uns als Kirche insgesamt das Unrechtmäßige dieser Beschäftigung von Arbeitskräften nicht ausreichend vor Augen gestanden hat." Mit einem ebenso klaren Wort hat Bischof Lehmann die Tatsache festgestellt, dass die katholische Kirche – wie die deutsche Nachkriegsgesellschaft insgesamt – viel zu lange gebraucht hat, um sich der Zwangsarbeiterproblematik und der hieraus erwachsenden Verantwortung zu stellen. Die Kirche ist zwar einerseits "durchaus so etwas wie eine Avantgarde der Versöhnung gewesen, die nicht nur ihrer eigenen Opfer gedacht hat, sondern bemüht war, die moralische Last des deutschen Volkes mitzutragen und abtragen zu helfen. Andererseits muss selbstkritisch gesagt werden, dass auch wir nicht zu allen Zeiten alle Opfergruppen angemessen in den Blick genommen haben. Wir waren hier auch mit der Gesellschaft Lernende und manchmal wohl auch solche, die nicht schnell genug gelernt haben. Hier liegt – so scheint mir – ein wesentlicher Grund dafür, dass wir uns viel zu spät der Nöte der ehemaligen Zwangsarbeiter bewusst geworden sind. Und darin liegt auch ein Moment von Schuld, dem wir alle nicht ausweichen sollten" (vgl. Pressemitteilung der Deutschen Bischofskonferenz vom 30.01.2001).

Die Einrichtung der beiden Fonds ist in diesem Sinn ein weiterer Schritt auf dem "schmalen und dornigen Pfad", "mit der schuldbehafteten Vergangenheit angemessen umzugehen", von dem die deutschen Bischöfe in ihrer Erklärung "Gerechter Friede" (Nr. 169; Die deutschen Bischöfe 66, Bonn 2000) gesprochen haben. Mit den Fonds wird kein Schlussstrich unter die Vergangenheit gezogen und kein Freikauf von historischer Verantwortung durchgeführt. Der Entschädigungsfonds und der Versöhnungsfonds der katholischen Kirche sind nicht mehr und nicht weniger als ein weiterer Beitrag zu den kirchlichen und außerkirchlichen Bemühungen um eine offene Auseinandersetzung mit der Vergangenheit und um ein auf Aussöhnung und Vertrauen gegründetes Zusammenleben in der Zukunft.

Unsere Hoffnung. Ein Bekenntnis zum Glauben in dieser Zeit.
Beschluß der gemeinsamen Synode der Bistümer in der Bundesrepublik Deutschland 1975

Einleitung

"Rechenschaft über unsere Hoffnung" als Aufgabe der Kirche

Eine Kirche, die sich erneuern will, muß wissen, wer sie ist und wohin sie zielt. Nichts fordert so viel Treue wie lebendiger Wandel. Darum muß auch eine Synode, die der Reform dienen will, davon sprechen, wer wir als Christen und Glieder dieser Kirche sind und was allen Bemühungen um eine lebendige Kirche in unserer Zeit zugrundeliegt.

Wir müssen versuchen, uns und den Menschen, mit denen wir leben, "Rechenschaft zu geben über die Hoffnung, die in uns ist" (vgl. 1 Petr 3. 15). Wir müssen zusehen, daß über den vielen Einzelfragen und Einzelinitiativen nicht jene Fragen unterschlagen werden, die unter uns selbst und in der Gesellschaft, in der wir leben, aufgebrochen sind und nicht mehr verstummen: die Fragen nach dem Sinn des Christseins in dieser Zeit überhaupt. Gewiß, darauf wird es schließlich so viele konkrete Anworten geben, wie es Gestalten lebendigen Christentums unter uns gibt. Gleichwohl dürfen wir den einzelnen in der Feuerprobe solcher Fragen nicht allein lassen, wenn wir nicht hilflose Vereinsamung, Indifferenz und lautlosen Abfall (weiter) riskieren wollen und wenn wir nicht tatenlos zusehen wollen, daß die innere Distanz zur Kirche immer mehr wächst. Wir dürfen die Augen nicht davor verschließen, daß allzu viele zwar noch einen rein feierlichen, aber immer weniger einen ernsten lebensprägenden Gebrauch von den Geheimnissen unserer Kirche machen.

Sich solchen "radikalen" Fragen in der Öffentlichkeit der Kirche zu stellen, gehört zur Radikalität der pastoralen Situation, in der unsere Kirche heute steht und das Zeugnis ihrer Hoffnung weitergibt. Nur wenn unsere Kirche diese Fragen – wenigstens ansatzweise – im Blick behält, wird sie den Eindruck vermeiden, als gäbe sie vielfach nur Antworten, die eigentlich gar nicht erfragt sind, oder als spräche sie ihre Botschaft an den Menschen vorbei.

Für ein neues Verhältnis zur Glaubensgeschichte des jüdischen Volkes

Wir sind das Land, dessen jüngste politische Geschichte von dem Versuch verfinstert ist, das jüdische Volk systematisch auszurotten. Und wir waren in dieser Zeit des Nationalsozialismus, trotz beispielhaften Verhaltens einzelner Personen und Gruppen, aufs Ganze gesehen doch eine kirchliche Gemeinschaft, die zu sehr mit dem Rücken zum Schicksal dieses verfolgten jüdischen Volkes weiterlebte, deren Blick sich zu stark von der Bedrohung ihrer eigenen Institutionen fixieren ließ und die zu den an Juden und Judentum verübten Verbrechen geschwiegen hat. Viele sind dabei aus nackter Lebensangst schuldig geworden. Daß Christen sogar bei dieser Verfolgung mitgewirkt haben, bedrückt uns besonders schwer. Die praktische Redlichkeit unseres Erneuerungswillens hängt auch an dem Eingeständnis dieser Schuld und an der Bereitschaft, aus dieser Schuldgeschichte unseres Landes und auch unserer Kirche schmerzlich zu lernen: Indem gerade unsere deutsche Kirche wach sein muß gegenüber allen Tendenzen, Menschenrechte abzubauen und politische Macht zu mißbrauchen, und indem sie allen, die heute aus rassistischen oder anderen ideologischen Motiven verfolgt werden, ihre besondere Hilfsbereitschaft schenkt, vor allem aber, indem sie besondere Verpflichtungen für das so belastete Verhältnis der Gesamtkirche zum jüdischen Volk und seiner Religion übernimmt.

Gerade wir in Deutschland dürfen den Heilszusammenhang zwischen dem altbundlichen und neubundlichen Gottesvolk, wie ihn auch der Apostel Paulus sah und bekannte, nicht verleugnen oder verharmlosen. Denn auch in diesem Sinn sind wir in unserem Land zu Schuldnern des jüdischen Volkes geworden. Schließlich hängt die Glaubwürdigkeit unserer Rede vom "Gott der Hoffnung" angesichts eines hoffnungslosen Grauens wie dem von Auschwitz vor allem daran, daß es Ungezählte gab, Juden und Christen, die diesen Gott sogar in einer solchen Hölle und nach dem Erlebnis einer solchen Hölle immer wieder genannt und angerufen haben. Hier liegt eine Aufgabe unseres Volkes auch im Blick auf die Einstellung anderer Völker und der Weltöffentlichkeit gegenüber dem jüdischen Volk. Wir sehen eine besondere Verpflichtung der deutschen Kirche innerhalb der Gesamtkirche gerade darin, auf ein neues Verhältnis der Christen zum jüdischen Volk und seiner Glaubensgeschichte hinzuwirken.

III Theologische Perspektiven: Umgang mit Schuld

Kirche nach Auschwitz

Johann Baptist Metz

"Opfern bietet man keinen Dialog an", habe ich einmal im Blick auf den christlich-jüdischen Dialog "nach Auschwitz" geschrieben. Die Gesprächseröffnung kann eigentlich nur von jüdischer Seite kommen. Zu denen, die zu sprechen begannen, damit ein Weg sei, eine Begegnung, eine Erinnerung, die Auschwitz unwiederholbar macht, gehörte Ernst Ludwig Ehrlich. Ihm ist die nachfolgende Überlegung dankbar gewidmet. Daß ich eine erste Fassung dieses Textes auf dem jüngsten Katholikentag in Berlin (1990) vorgetragen habe, mag nur bekräftigen, daß es nicht zwei Wahrheiten geben darf, nicht eine für eine Festschrift zu Ehren eines jüdischen Kollegen und eine andere, wenn Christen unter sich sind.

I.

In der katholischen Kirche ist seit dem jüngsten Konzil viel die Rede von den sog. "Zeichen der Zeit", die es im Lichte des Glaubens zu erkennen und in der Kraft der Hoffnung zu "bearbeiten" gilt. Welches aber wären denn diese Zeichen der Zeit? Was prägt das Antlitz unseres Jahrhunderts? An was werden sich die Menschen des 21. Jahrhunderts erinnern, wenn sie sich noch erinnern? An welche Zeit-Male, Zeit-Zeichen unseres auslaufenden Säkulums? Eine Rundfrage würde sich lohnen. Wäre "Auschwitz" überhaupt darunter? Ich zweifle. Sprechen die kirchlichen Verlautbarungen zu diesen Zeichen der Zeit von Auschwitz? Mir ist nichts Einschlägiges bekannt. Das Thema dieser Überlegung anerkennt Auschwitz als ein solches Zeit-Zeichen für die Kirche: "Kirche nach Auschwitz." Von diesem offensichtlich eher unzeitgemäßen Zeichen der Zeit soll hier die Rede sein, damit für das kirchliche Leben der Christen nicht zutrifft, was Elie Wiesel – nicht denunziatorisch, eher mit einem Anflug von Trauer – so formuliert hat: "Gestern hieß es: Auschwitz, nie gehört; heute heißt es: Auschwitz, ach ja, ich weiß schon."[1] Wissen wir es wirklich? Wis-

---

[1] Zitiert nach *R. McAfee Brown*, Elie Wiesel. Zeuge für die Menschheit, Freiburg 1990, 14.

sen wir, was durch Auschwitz geschah, mit uns geschah, mit unserem Geist des Christentums und unserer oft so vergeßlichen, oft so geschmeidigen Rede von Gott und Welt? Vom gleichen Elie Wiesel stammt der für christliche Ohren ungeheuerliche Satz: "Der nachdenkliche Christ weiß, daß in Auschwitz nicht das jüdische Volk gestorben ist, sondern das Christentum." [2] Wir werden diesem Satz nur standhalten können, wenn wir die Erfahrungen, aus denen er stammt, nicht in den Wind schlagen.

II.

Was heißt es, unsere Situation als eine Situation "nach Auschwitz" wahrzunehmen und zu kennzeichnen?

In den 50er und auch 60er Jahren huschte ein geflügeltes Wort vor allem in der Bundesrepublik, aber auch anderswo über viele Schreibtische und durch viele Medien: Theodor W. Adornos Wort, daß es "nach Auschwitz" keine Gedichte mehr geben könne. Wer wagt dieses Wort heute schon noch ohne Ironie oder ohne allerlei interpretatorische Verrenkungen zu zitieren? Ist es denn von den Zeitläufen nicht längst dementiert? Hatte sich da nicht einer extremistisch vergriffen? Klingt dieses Wort nicht so, als wollte einer "nach Auschwitz" den Vögeln das Singen, den Blumen das Blühen und der Sonne das Leuchten verbieten? Doch was unterscheidet den Menschen von den Vögeln, den Blumen und der Sonne? Ist es nicht ein Erschrecken, ist es nicht dieses Entsetzen über die Offenbarung der Unmenschlichkeit des Menschen, die sich in Auschwitz ereignete: dieses Erschrecken, das ihm die Sprache verschlägt, seinen Gesang unterbricht und ihm die Sonne verfinstert? Sind wir Menschen wirklich menschenfreundlicher, wenn wir solches Erschrecken des Menschen über den Menschen erfolgreich vergessen können?

Was bedeutet "nach Auschwitz" für die Kirche? Wenn es um Auschwitz geht, kann man kaum zu radikal sein, leicht aber zu geistreich oder zu "originell". Es darf einem, auch und gerade als christlichem Theologen, dazu nicht zu viel einfallen. Mir ist zur Kirche und zum Christsein nach Auschwitz zunächst eigentlich immer nur eines eingefallen. Ich habe es die Jahre hindurch des öfteren wiederholt, und ich bitte um Verständnis, wenn ich auch hier davon spreche und davon ausgehe. Was ich sagen will, knüpft an eine Gesprächserinnerung aus den 60er Jahren an. Damals fand in Münster eine Podiumsdiskussion zwischen dem tschechischen Philosophen Milan Machovec, Karl Rahner und mir statt. Gegen Ende des Gesprächs erinnerte Machovec an Adornos vorhin zitiertes Wort – "Nach Auschwitz gibt es keine Gedichte mehr" –, und er fragte mich, ob es denn für uns Christen nach Auschwitz noch Gebete ge-

---

[2] A.a.O. 184.

ben könne. Ich habe schließlich geantwortet, was ich auch heute antworten würde: Wir können nach Auschwitz beten, weil auch in Auschwitz gebetet wurde – im Gesang, im Geschrei der jüdischen Opfer. Gewiß, nicht alle Opfer waren Juden, aber alle Juden gehörten zu den Opfern. Jude sein hieß per se zum Tode verurteilt sein, per se ausgeschlossen sein aus der Gemeinschaft der Menschen. Deshalb steht Auschwitz für das jüdische Schicksal inmitten der abendländisch-europäischen, inmitten der christlichen Welt.

Wir Christen kommen niemals mehr hinter Auschwitz zurück; über Auschwitz hinaus aber kommen wir, genau besehen, nicht mehr allein, sondern nur noch mit den Opfern von Auschwitz. Das ist in meinen Augen der Preis für die Kontinuität des Christentums jenseits von Auschwitz. Man sage nicht: Schließlich gibt es für uns Christen andere Gotteserfahrungen als die von Auschwitz. Gewiß! Aber wenn es für uns keinen Gott in Auschwitz gibt, wie soll es ihn dann für uns anderswo geben? Man sage auch nicht, eine solche Auffassung verstoße gegen den Kern der kirchlichen Lehre, derzufolge den Christen die Nähe Gottes in Jesus Christus unwiderruflich verbürgt ist. Es bleibt ja immerhin die Frage, für welches Christentum diese Zusage gilt. Etwa für ein antijudaistisch sich identifizierendes Christentum, das zu den historischen Wurzeln von Auschwitz gehört, oder eben für eines, das seine eigene Identität nur wissen und verkünden kann im Angesicht dieser jüdischen Leidensgeschichte? Für mich ist die Anerkennung dieser quasi heilsgeschichtlichen Abhängigkeit der Prüfstein dafür, ob wir als Christen bereit sind, die Katastrophe von Auschwitz wirklich als solche zu erfassen und sie als die Herausforderung, als die wir sie häufig moralisch beschwören, kirchlich und theologisch auch wirklich ernstzunehmen.

III.

Die kleine oberpfälzische Stadt, aus der ich stamme, gehört kirchlich zur Erzdiözese Bamberg. Im Bamberger Dom, in dem ich zum Priester geweiht wurde, gibt es neben anderen berühmten Kunstschätzen auch das symbolträchtige weibliche Figurenpaar "Kirche – Synagoge", und ähnlich wie in Straßburg, im Straßburger Münster, ist auch in Bamberg die Synagoge dargestellt als Frau mit verbundenen Augen.

Wenn ich heute dieses Bildnis der Synagoge mit den verbundenen Augen anschaue, dann bewegt und beunruhigt mich die Frage, was diese Augen wohl gesehen haben, was sie von Gott wissen und was wir im Christentum theologisch – und nicht selten höchst gewalttätig – unsichtbar gemacht und zum Verstummen gebracht haben. Wenn ich heute dieses Bildnis sehe, dann frage ich mich bange, ob nicht etwa in jener Nacht, als in Deutschland die Synagogen brannten, eine Gottesweisheit zur Asche werden sollte, ohne die auch wir Christen nicht wissen können, wo uns der Kopf steht und das Herz schlägt, wenn wir "Gott" sagen – und wenn wir "Jesus" sagen, der bekanntlich kein Christ, sondern Jude war. Wenn ich heute diese Frauenfigur betrachte, dann verstehe ich sie als Sinnbild und monumentale Erinnerung des biblischen Israel – und dann frage ich mich als Christ, als Glied meiner Kirche, wie ich denn die Erwählung Israels durch Gott, durch den einen Gott der Juden und der Christen, wie ich denn diesen unerledigten Bund Gottes mit "seinem" Volk zu verstehen und zu würdigen habe. Was denn, so habe ich mich inzwischen oft gefragt, was denn läßt Israel – ganz im Gefolge des Paulus – auch für uns Christen als unüberholbar und unersetzbar erscheinen? Was denn läßt den Finger Gottes über diesem Volk erkennen? "Mein Volk Israel": Warum nicht das kulturell glanzvolle Ägypten? Warum nicht das mächtige Persien? Warum nicht, ja warum nicht gleich Griechenland?

Was eigentlich unterscheidet das biblische Israel, was unterscheidet dieses kleine, kulturell eher unbedeutende und politisch ruhmlose Wüstenvolk von den glanzvollen Hochkulturen seiner Zeit? Es ist, wenn ich recht sehe, die Art seiner leidvollen Verstrickung in die Wirklichkeit, eine besondere Art von Wehrlosigkeit, in gewisser Weise ist es die Unfähigkeit Israels, sich von den Widersprüchen, von den Schrecken und Abgründen der Wirklichkeit erfolgreich zu distanzieren – etwa durch Mythisierungen oder Idealisierungen der Lebenszusammenhänge, etwa, modern gesprochen, durch eine Art Kompensationsdenken. Israel kannte keinen mythischen bzw. ideellen "Reichtum im Geiste", mit dem es sich über die eigenen Ängste, über die Fremde des Exils und über die immer wieder aufbrechende Leidensgeschichte erheben und mit sich selbst trösten konnte. Es blieb in seinem innersten Wesen mythisch und idealistisch stumm. Es zeigte wenig Begabung zum Vergessen und gleichzeitig wenig Begabung zur selbsttätigen "idealistischen" Verarbeitung von Enttäuschungen und zur mythischen Beruhigung von Ängsten. Es blieb "arm im Geiste". Das ist in meinen Augen der Unterschied zwischen dem biblischen Israel und den dieses Volk umgebenden glanzvollen Hochkulturen seiner Zeit. Das ist (für mich) das Stigma seiner "Erwählung", Ausdruck seiner Gottfähigkeit. Gerhard von Rad betont in seiner "Theologie des Alten Testaments" m.E. zu Recht,

> daß Israel die Leiden und Bedrohungen des Lebens höchst realistisch wahrgenommen hat, daß es sich ihnen wehrlos und verwundbar preisgegeben sah und daß es wenig Begabung zeigte, sich vor ihnen in irgendwelche Ideologien zu flüchten ... Es besaß vielmehr eine ungewöhnliche Kraft, auch den negativen Wirklichkeiten standzuhalten

und sie auch da anzuerkennen und nicht zu verdrängen, wo sie geistig in keiner Weise zu bewältigen waren.³

Auch dort, wo Israel, kulturell überfremdet, Mythenangebote und Idealisierungskonzepte zuhauf importierte und nachahmte, hat es sich doch nie mit ihnen endgültig getröstet. Ich könnte also geradezu sagen, Israels "Erwählung", seine Gottfähigkeit zeigte isch in dieser besonderen Art seiner Unfähigkeit, nämlich seiner Unfähigkeit, sich von geschichtsfernen Mythen oder Ideen wirklich trösten zu lassen. Gegenüber den glanzvoll blühenden Hochkulturen seiner Zeit – in Ägypten, in Persien, in Griechenland – blieb Israel schließlich lieber eine eschatologische "Landschaft von Schreien", eine Erwartungslandschaft, wie übrigens auch die frühe Christenheit, deren Biographie bekanntlich auch mit einem Schrei endet, mit einem nun christologisch angeschärften Schrei, den wir inzwischen freilich zumeist mythisch oder idealistisch-hermeneutisch zum Verstummen gebracht haben.⁴ Doch auch über dem Christentum liegt ein Hauch von Unversöhntheit. Alle Präsenz bleibt ins endzeitliche Licht getaucht. Auch die Christologie der Christen ist nicht ohne eschatologische Unruhe. Nicht vage schweifende Fragen, wohl aber leidenschaftliche Rückfragen gehören zu jener Gottespassion, über die sich – nach Paulus – die Christen mit den jüdischen Traditionen zu verständigen hätten.

Ist womöglich zu viel Gesang und zu wenig Geschrei in unserem Christentum? Zu viel Jubel und zu wenig Trauer, zu viel Zustimmung und zu wenig Vermissen, zu viel Trost und zu wenig Tröstungshunger? Steht die Kirche in ihrer Moralpredigt nicht zu sehr auf der Seite der Freunde Hiobs und zu wenig auf der Seite Hiobs selbst, der dem Glauben auch Rückfragen an Gott zugetraut hat? Glauben wir an Gott – oder glauben wir an unseren Glauben an Gott und darin noch einmal an uns selbst bzw. an das, was wir gerne von uns hielten? Wenn wir aber an Gott glauben: Können wir dann das Element des Schreis und der Erwartung aus diesem Glauben entfernen? Hier wurzelt eine der konstitutionellen Versuchungen des Christentums. Ich erinnere an den Kreuzesschrei Jesu. Von Anbeginn tut sich die christliche Gemeinde schwer damit, daß im Zentrum des christlichen Glaubens dieser Schrei des gottverlassenen Sohnes steht. Die Traditionsgeschichte zeigt, daß man später den Schrecken, der davon ausgeht, abgeschwächt hat und dieses Wort durch frömmere Abschiedsworte ersetzt hat; z.B. Lukas mit den Worten des Abendgebets aus Psalm 31,6: "In deine Hände empfehle ich meinen Geist" (23,46), oder Johannes: "Es ist voll-

---

[3] Theologie des Alten Testaments I, München ⁴1962, 396.
[4] Vgl. dazu ausführlicher meine Überlegungen zu "Theologie gegen Mythologie", in: Herder Korrespondenz, April 1988.

bracht." Nur der Hebräerbrief (5,7) erinnert wieder an den "großen Schrei", mit dem Jesus starb.[5]

Auch für die Christen gilt: Wer die Botschaft von der Auferweckung des Christus so hört, daß in ihr der Schrei des Gekreuzigten unhörbar geworden ist, der hört falsch. Wer diese Auferweckungsbotschaft so hört, daß es in ihr nichts mehr zu erwarten, sondern nur noch etwas zu "konstatieren" gilt, der hört nicht das Evangelium, sondern einen Siegermythos.

Von seiner "Wiederbegegnung mit Auschwitz" im Jahr 1987 berichtet Elie Wiesel:

Auf dem Marsch zu dem Ort, wo die Schlächter ihre Gaskammern gebaut hatten, ihre Krematorien, galt es die Zähne zusammenzubeißen. Und jeden Wunsch zu heulen, zu schreien, zu weinen, galt es zu unterdrücken. In einem bestimmten Moment, in dem wir in der Vorkammer des Todes waren, verspürten wir Ehemalige von Auschwitz das Bedürfnis, uns die Arme zu reichen. Das Bedürfnis, einander zu stützen? Während einer unendlichen Zeitspanne hielten wir stille. Dann, ganz leise zuerst, schließlich immer lauter schreiend, begannen wir wie Verrückte das ewige Gebet der Juden zu sprechen: "Schema Israel" – "höre Israel, Gott ist unser Gott, Gott ist Einer" – einmal, zweimal, fünfmal... Taten wir dies, weil damals die Opfer, die spürten, daß das Ende nah war, begannen, dasselbe Gebet zu sprechen? Und weil wir so unsere rückwirkende Solidarität mit ihnen manifestieren wollten? Weil am Ende, an der Todesschwelle, alle Worte zu Gebeten werden, und alle Gebete zu dem einen verschmelzen?[6]

Offensichtlich ist Religion ein Urphänomen der Menschheit; und immer war die Menschheitsgeschichte auch Religionsgeschichte. Im Sch'ma Israel wird erstmals und einzigartig in der Religionsgeschichte der Menschheit der Name "Gott" auf die Menschen gelegt.

In Israels Gottespassion – im doppelten Sinn des Wortes: als Leidenschaft für Gott und als Leiden an Gott –, in Israels Gottespassion wurzelt das, was man später den biblischen Monotheismus nennen wird. Der ist nicht, wie ihn seine Verächter gern karikieren, Ausdruck einer totalitären Herrschaftsideologie; er ist überhaupt kein System, sondern ein eschatologisches Ereignis. Er ist, wenn ich recht verstehe, weit eher als ein machtpolitischer Monotheismus ein pathischer Monotheismus mit einer schmerzlich offenen eschatologischen Flanke. Wieso, oft und immer wieder habe ich mich das gefragt, wieso eigentlich kann man am Schicksal des nachchristlichen Judentums eher ablesen, was Jesus den Seinen prophezeite, als am tatsächlichen Schicksal des Christentums?

Solange es um "Religion" geht (was immer das in unserer mythenfreudig und religionsfreundlich gestimmten postmodernen Welt heißt), mag man ja auf Israel und die jüdischen Traditionen verzichten können. Wenn es aber um

---

[5] *J. Moltmann,* Trinität und Reich Gottes, München 1980, 94.
[6] Entnommen dem Herder-Bildband von *Adam Bujak,* Auschwitz – Birkenau o.J.

"Gott" geht und um "Gebet", ist Israel unverzichtbar, nicht nur für die Juden, auch für uns Christen. Israel, geächtet und verfolgt, ist und bleibt die Wurzel für uns Christen wie übrigens auch für den Islam. Und "Auschwitz" ist und bleibt somit ein Attentat auf alles, was uns hätte heilig sein müssen.

Kann man sich auf unser Erschrecken verlassen, auf unser Schuldbekenntnis – auf unsere Scham darüber, daß wir mit dem Rücken zu Auschwitz gelebt und gebetet haben, auf unser Entsetzen über unsere geheime oder gar offene Komplizenschaft mit der mörderischen Judenfeindschaft der Nazis, auf unser Erschrecken über die Teilnahmslosigkeit, mit der wir Deutschen das jüdische Volk und die wenigen von uns, die sich auf seine Seite gestellt hatten, in tödliche Einsamkeit stießen ... ? Kann man sich auf unsere christliche Theologie verlassen, darauf, daß sie ihre Lektion endlich gelernt hat, daß sie auf der Hut ist vor jenem geheimen Antisemitismus, der in der Theologie ja kaum als kruder Rassismus auftritt, sondern in metaphysischem oder psychologischem Gewand, vor einem Antisemitismus, der die christliche Theologie von Anbeginn – seit den Tagen des Markion, seit dem Einbruch der Gnosis – als konstitutionelle Versuchung begleitet? Hat uns die Erinnerung an Auschwitz in unserem Christsein verändert? Sind wir tatsächlich eine "Kirche nach Auschwitz"? Oder sind wir als Christen, als Kirche heute so, wie wir gestern waren? Sprechen wir als christliche Theologen heute so, wie wir gestern, vor Auschwitz, gesprochen haben? Sind wir wenigstens semantisch empfindlicher geworden in unseren Diskussionen? Auschwitz: Ist es uns zu einem unverzichtbaren Ortstermin unseres Geschichtsbewußtseins geworden? Oder haben wir Auschwitz zu einem Ort im "Nirgendwo" gemacht – mit Hilfe eines menschenleeren, antlitzlosen Geschichtsidealismus, der mit einem hohen Apathiegehalt ausgestattet ist gegenüber den Katastrophen und Untergängen in der Geschichte? Doch wir Christen sind durch den Kanon unseres Glaubens, durch das Zentrum unseres Credo – "Gelitten unter Pontius Pilatus" – in die Geschichte verwiesen, in der gekreuzigt wird, gefoltert wird, geweint wird und spärlich geliebt wird, und kein geschichtsferner Mythos, kein platonischer Ideengott, keine gnostische Soteriologie kann uns jene Unschuld zurückschenken, die wir in solcher Geschichte verloren haben.

Ich will nicht rechten und nicht streiten, nicht anklagen oder beschwören. Ich möchte vielmehr den Blick über den binnenkirchlichen Bereich hinaus auf unsere gegenwärtige politische und kulturelle Situation in Deutschland und in Europa richten. Angesichts dieser Situation zeichnen sich nämlich Aufgaben der Kirche ab, an denen sich erweisen kann, ob wir "nach Auschwitz" als ein Zeichen der Zeit wahrgenommen und angenommen haben.

Wir erleben gegenwärtig die Verwirklichung einer neuen Einheit der Deutschen. Wird sich, wenn "zusammenwächst, was zusammengehört", auch die

Wunde schließen, die den Namen Auschwitz trägt? Werden wir mit dem Vergehen der sog. Nachkriegszeit auch die Erinnerung an Auschwitz begraben? Besteht nicht die Gefahr, daß wir mit unserer Vereinigung in eine vermeintlich fugendichte Normalität und Kontinuität unserer deutschen Geschichte einrücken? Doch das wäre nicht eine aus verantwortlichem Geschichtsbewußtsein gestaltete Einheit! Eine so begründete und legitimierte Einheit bleibt uns durch Auschwitz verwehrt. Sie würde auch nur neue Ängste schüren, nicht nur bei den Juden unter uns, aber ganz besonders bei ihnen. Kürzlich erhielt ich von einer jüdischen Deutschen einen Brief. In ihm las ich: "Die Einheit, die wohl kommen wird, wird nur noch katholische und protestantische Deutsche, keine jüdischen Deutsche mehr vereinen. Die gibt es nicht mehr. Gab es sie? Waren sie jüdische Deutsche – oder deutsche Juden? Na ja: je nachdem wen man fragt, wen man noch fragen kann ... "

Haben wir genügend Gespür und Respekt für die neu aufkeimenden Ängste der Juden unter uns, der wenigen, die sich retten konnten und die gewagt haben, mit uns zu leben oder zu uns zurückzukehren? Hier tut sich ein Bewährungsfeld für eine Kirche auf, die sich als "Kirche nach Auschwitz" begreifen will. Gerade sie hat dafür einzustehen, daß wir über der neugewonnenen Einheit nicht die erschrockenen Antlitze unserer jüdischen Mitbürger vergessen, daß wir keinem Verständnis deutscher Einheit Vorschub leisten, das unsere älteren Brüder im Glauben, wie Johannes Paul II. die Juden nannte, erneut übersieht oder gar heimlich ausschließt. Hier kann sich die Kirche gewiß nicht unter Berufung auf die eingeschliffene Unterscheidung von Glaube und Politik heraushalten und herausreden. Denn diese politische Verantwortung reicht tief in das Glaubensschicksal der Christen selbst hinein!

Mag sein, daß sich alles auch so gestaltet: daß wir nämlich gerade durch die Vereinigung nochmals mit unserer jüngsten Geschichte konfrontiert werden, daß wir gemeinsam erneut in diese Geschichte hineingezogen werden, in eine Nachkriegsgeschichte, in der die Erinnerung an Auschwitz im Westen zu oft verdrängt und im Osten zumeist ideologisch funktionalisiert wurde. Diese "Rekapitulation" unserer gemeinsamen Geschichte birgt eine Chance, aber auch eine schwelende Gefahr, vor der wir auf der Hut sein müssen. Denn gerade Wiederholungen, Verspätungen in der politischen Geschichte verführen schnell zu Ressentiments, zu zelotisch angeschärften Haltungen, sie befördern leicht die Aggressivität und die latente Gewalt. Da darf uns ein aufkeimender Antisemitismus und überhaupt eine wuchernde Fremdenfeindlichkeit unter uns keineswegs gleichgültig lassen! Unter solchen Signaturen darf die deutsche Einheit niemals stehen. Solchen "Zeit-Zeichen" hätte gerade die Kirche in Deutschland zu widerstehen, von Anbegin und ohne Kompromiß, wenn sie sich als "Kirche nach Auschwitz" begreift.

Eine solche Einstellung verbietet nicht kritische Fragen an das gegenwärtige politische Israel. Pauschale Suspension von Kritik wäre hier eher Solidaritätsentzug und enthielte (wie so manch anderer vager Philosemitismus) schon wieder den Keim zu neuem antisemitischem Denken. Freilich scheint mir auch heute zu gelten, was ich schon vor Jahren betont habe: Gerade wir Deutschen müßten jedenfalls die letzten sein, die den Juden, nachdem sie in der jüngsten Geschichte unseres Landes an den Rand der totalen Vernichtung gebracht wurden, nun ein übertriebenes Sicherungs- und Selbstbehauptungsbedürfnis vorwerfen; und wir müßten die ersten sein, die ihrer Versicherung Glauben schenken, daß sie ihren Staat nicht aus zionistischem Imperialismus, sondern als "Haus gegen den Tod", als letzte Zufluchtsstätte eines durch die Jahrhunderte verfolgten Volkes verteidigen.

VI.

In diesem Frühjahr lief über die deutschen Bildschirme eine vierteilige Serie der Journalistin Lea Rosh, kommentiert von dem Historiker Eberhard Jaekkel, über das Schicksal der Juden im Europa der Nazikriegsherrschaft. Erschüttert hat mich der letzte Satz im letzten Teil dieses Berichts: "Europa – Friedhof der Juden". Mit diesem Schlußwort sollte nicht etwa abgelenkt werden von der Schuld der Deutschen am millionenfachen Judenmord, für den der Name Auschwitz steht; schließlich stand die ganze Sendereihe unter dem von Paul Celan entliehenen Titelwort: "Der Tod ist ein Meister aus Deutschland." Auch sollte damit nicht in Frage gestellt sein, was die Reihe selbst belegt, daß es nämlich in manchen mit dem damaligen Deutschland verbündeten oder von ihm besetzten Ländern, vorweg in Italien, durchaus couragierten Widerstand gegen diese Vernichtungswelle gab.

"Europa – Friedhof der Juden": Können wir mit einem solchen Wort überhaupt umgehen in einer Zeit, in der Europa wieder in den Mittelpunkt unserer Interessen rückt? Auch ich gehöre zu denen, die die Besinnung auf Europa, auf den europäischen Geist als eine wichtige, als eine faszinierende Aufgabe betrachten. Schließlich kann sich die Botschaft Europas nicht in jener profanen Europäisierung der Welt erschöpfen, wie sie sich inzwischen auf dem Weg über Wissenschaft und Technik überall vollzogen hat und vollzieht. Die Frage nach der "Idee Europa", nach dem "europäischen Geist" ist virulent. Auch in kirchlichen Kreisen konzentriert sich die Aufmerksamkeit erneut auf dieses Thema. In Rom wird es im nächsten Frühjahr eine Bischofskonferenz zur Europafrage geben. Ich will hier – abschließend – versuchen, diese Frage aus dem Blickpunkt einer "Kirche nach Auschwitz" zu erörtern.

Rigoros verknappt läßt sich sagen: Was wir heute "Europa" nennen und als was wir es in 2000jähriger Geschichte kennengelernt haben, ist geprägt vom griechischen Geist einerseits und vom Christentum andererseits. Jüdischer Geist, so sieht es aus, gehört nicht zu dieser Definition Europas, hat kein Heimatrecht in ihm. Die seit der Aufklärung betriebene Emanzipation der Juden sollte nur möglich sein unter der Voraussetzung ihrer Emanzipation vom jüdischen Geist. Johann Gottlieb Fichte, Exponent eines deutschen Idealismus, der nicht nur deutschen Geist, sondern europäischen Geist beeinflußte und definierte, sagte das so:

Menschenrechte müssen sie (die Juden) haben ... aber ihnen Bürgerrechte zu geben, dazu sehe ich wenigstens kein anderes Mittel als das, in einer Nacht ihnen allen die Köpfe abzuschneiden und andere aufzusetzen, in denen auch nicht eine jüdische Idee sey.[7]

Hier setzen meine Fragen an das Christentum, an die Kirche ein. Hätte sich denn nicht jüdischer Geist durch das Christentum, mit dem Christentum auch in Europa fortpflanzen sollen – schon um Jesu, des Juden, willen, schon um der Jünger, der Juden, willen? Sehr früh setzt hier eine bedenkliche und folgenreiche geistige Enterbungsstrategie gegenüber Israel ein – und zwar sowohl ekklesiologisch wie theologisch. 1. Zu ausschließlich verstand sich nun die Kirche als das "neue Israel", als das "neue Jerusalem", als das "eigentliche" Volk Gottes. Zu rasch wurde die wurzelhafte Bedeutung Israels für die Christen, wie sie Paulus im Römerbrief eindringlich anmahnt, verdrängt, die Wurzel Jesse wurde zu einer überholten heilsgeschichtlichen Voraussetzung der Kirche herabgedeutet. 2. Sehr früh setzte theologisch ein, was ich "die Halbierung des Geistes des Christentums" nenne: Man berief sich zwar auf die Glaubenstraditionen Israels, den Geist aber holte man sich ausschließlich aus Athen, aus den griechisch-hellenistischen Traditionen.[8] Hatte denn Israel, hatten denn die jüdisch-biblischen Traditionen kein Geistangebot an das Christentum und damit auch an den europäischen Geist? Gibt es denn z.B. im Neuen Testament nur dort ein Geistangebot, wo diese Schriften, wie etwa bei Paulus und bei Johannes, bereits vom spätgriechischen Geist gezeichnet sind? Nein, es gibt dieses Angebot des jüdischen Geistes an den Geist des Christentums und an den europäischen Geist. Und erst wenn dieser jüdische Geist ein Heimatrecht im europäischen Geist hat, werden auch die Synagogen nicht nur geduldet, sondern anerkannt sein.

Ich kennzeichne diesen jüdischen Geist hier versuchsweise als anamne-

---

[7] Zitiert nach *K. H. Rengstorf/S. v. Kortzfleisch Hgg.)*, Kirche und Synagoge II, Stuttgart 1970,
[8] Vgl. dazu die einschlägige Definition des Christentums bei *J. Ratzinger*: "Das Christentum ist die in Jesus Christus vermittelte Synthese zwischen dem Glauben Israels und dem griechischen Geist." Aus: *F. König/K. Rahner Hgg.)*, Europa. Horizonte und Hoffnung, Graz – Wien – Köln 1983, 68.

tischen Geist: als eine in Europa unbekannte oder immer wieder verdrängte Macht der Erinnerung. Diese Erinnerung widersteht dem Vergessen, auch dem Vergessen des Vergessens. Sie widersteht nicht nur jenem Vergessen, das alle Spuren verwischen will, damit nichts erinnert werden kann (wie es etwa die Nazis mit der Vernichtung der Todeskammern versuchten); sie widersteht nicht nur der absichtlichen Verdrängung, sondern auch noch jenem Vergessen, das in jeder puren Historisierung der Vergangenheit nistet. Der Historismus ist für sie eine besondere Art des Vergessens. Sie versteht ihre Hörsamkeit gegenüber Gott als ein Hören auf das Schweigen der Verschwundenen. Sie stuft alles Entschwundene nicht zum existentiell Bedeutungslosen herab. Wissen ist für sie im Grunde eine Form des Vermissens.

Fehlt uns dieser jüdische Geist des Erinnerns nicht mitten in Europa? Ist bei uns nicht längst an die Stelle dieses anamnetischen Geistes eine evolutionistisch getönte Historie getreten, die die Vergangenheit des Vergangenen unterstellt und das Vergangene zum ausschließlichen Gegenstand wissenschaftlicher Betrachtung erhebt? Doch jede Vergegenständlichung ist immer auch eine Art des Vergessens – eines Vergessens, in dem nicht nur der Glaube, sondern schließlich auch der Mensch verschwindet. Wo nämlich in unserem Wissen nichts mehr vermißt wird, wird am Ende nicht mehr der Mensch gewußt, sondern nur noch die Natur bzw. der Mensch als erinnerungslose und subjektlose Natur. Ist der moderne europäische Mensch nicht immer weniger sein eigenes Gedächtnis, immer mehr nur noch sein eigenes Experiment? Sind wir nicht dabei, die fortschreitende Erinnerungslosigkeit für den eigentlichen Fortschritt zu halten? Der jüngste sog. Historikerstreit um die Einschätzung von Auschwitz weckte in mir immer wieder die Frage, ob wir mit dieser Katastrophe vielleicht nur deshalb so unsicher und zwiespältig umgehen, weil uns der Geist, der in Auschwitz endgültig ausgelöscht werden sollte, fehlt; weil uns dieser Geist der Erinnerung fehlt, der nötig wäre, um wahrzunehmen, was in einer solchen Katastrophe auch mit uns, mit Europa und schließlich mit uns Christen geschah. Solcher Geist der Erinnerung kann nicht einfach christlich abgegolten und "ersetzt" werden. Und so will ich schließlich fragen:

Fehlt nicht gerade auch unserem europäischen Christentum die Provokation durch diesen jüdischen Geist des Erinnerns? Sind wir blind für seine Würde? Und unempfänglich für das, was er uns lehrt? Haben wir uns schon zu sehr über ihn erhoben und ihn als fremd und archaisch abgestreift? Man begegne solchen Fragen nicht mit dem Hinweis auf die inzwischen wieder aufbrechende neue Geschichtsfreudigkeit unter uns. Wenn man ihr nämlich ins Herz schaut, dann zeigt sie sich vor allem als dies: als Lust an der Literarisierung der Geschichte, Geschichte als Collage, als Gegenstand der Zerstreu- carte zusammenstellt, was einem schmeckt: die nouvelle cuisine des posthistoire." [9] Vergangenes gilt wieder als interessant, aber nicht, weil es verpflichtet, erschreckt, sondern weil es entspannt und unterhält. Wir sind, ganz postmodern, unterwegs zur völligen Ästhetisierung dessen, was einmal "Erinnerung" hieß. Kann hier der Ernst des Eingedenkens, des verpflichtenden und befreienden, des gefährlichen Gedächtnisses überhaupt noch gerettet werden?

Doch auch für den Glauben der Christen gilt schließlich, daß er nicht nur ein Gedächtnis "hat", sondern ein Gedächtnis "ist": Erinnerung des Leidens, des Todes und der Auferweckung Jesu Christi. Wir Christen haben diese Gedächtnisverfassung unseres Glaubens zwar kultisch bewahrt ("Tut dies zu meinem Gedächtnis"). Aber haben wir sie auch hinreichend öffentlich kultiviert? Haben wir sie geistig-kulturell ausgebildet und verteidigt? Oder sind wir da nicht späte Platoniker geblieben?

Ist der Logos der christlichen Theologie nicht zu sehr von subjektlosen und geschichtslosen Ideen geleitet und zu wenig von allemal bedrohten Erinnerungen und den darin wurzelnden Hoffnungen? Warum z.B. sieht und hört man unserer christlichen Theologie die Leidensgeschichte der Menschen so wenig an? Verwechseln wir da nicht, was wir womöglich "Festigkeit im Glauben" nennen, mit einer geschichtsfernen Verblüffungsfestigkeit, die sich weniger aus unserem Glauben als aus unserer Vergeßlichkeit nährt? Vergessen wir aber in solchem Vergessen, das nichts mehr vermissen mag, nicht auch – Gott, Gott in Europa?

Und um zum Schluß nochmals auf die Konstitution des europäischen Geistes zurückzukommen: Haben wir denn vergessen, daß das Christentum dem griechischen Geist nicht nur viel verdankt, sondern daß es an ihm auch immer wieder gescheitert ist? Von diesem Scheitern wissen wir bereits aus der ersten Kirchengeschichte des Christentums, aus der Apostelgeschichte. Sie erzählt von Paulus auf dem Areopag in Athen. Dort konnte sich Paulus mit den Griechen zwar über einen "unbekannten Gott" verständigen. Als er indes zu ihnen von dem sprach, was uns Christen unverbrüchlich mit den jüdischen Traditionen verbindet, als er von Eschatologie und Apokalyptik sprach, von dem Gott, der die Toten auferweckt, da, so heißt es wörtlich, "spotteten die einen, andere aber sagten: Darüber wollen wir dich ein andermal hören. Und so ging Paulus aus ihrer Mitte weg" (Apg 17,32f). Der Geist des Erinnerns, der in der biblischen Hoffnungsgeschichte am Werk ist, kann nicht einfach im Logos der Griechen aufgehoben werden. Doch wer hätte dann diesen Geist des Erinnerns gerettet und bewahrt – für das Christentum, für Europa, für die Menschheit? [10]

---

[9] *L. Baier,* Gleichheitszeichen, Berlin 1985, 30 f.
[10] Vgl. dazu den Vorabdruck meines Vortrags zur Eröffnung eines Europakongresses anläßlich des 700jährigen Jubiläums der Universität Macerata in der "Süddeutschen Zeitung" vom 27./28.10.1990: "Zur Rettung der Vernunft. Der Geist Europas und der Geist des Chri-

Am 8. Mai 1990 versammelten sich in Berlin vor der sog. Wannsee-Villa Teilnehmer des jüdischen Weltkongresses, um der Befreiung von der nationalsozialistischen Herrschaft vor 45 Jahren zu gedenken. Dabei wurde in hebräischer, deutscher und englischer Sprache ein Text Elie Wiesels verlesen, der an den in Wannsee gefaßten Vernichtungsplan erinnerte. Die Schlußpassage lautete:

Doch Wannsee bedeutet für uns Juden auch, daß die Erinnerung stärker ist als ihre Widersacher. Es bedeutet, daß die Hoffnung der Juden die Angst besiegt hat. Es bedeutet, daß wir Juden, wenn wir nach Wannsee kommen und den schweren dunklen Widerhall der Stimmen hören, künftige Generationen davor bewahren wollen, daß unsere Vergangenheit ihr Erbe für die Zukunft wird.[11]

Das ist die jüdische Mitgift für Europa, für die Menschheit, für eine "Kirche nach Auschwitz".

---

stentums."
[11] Zitiert nach "Tagesspiegel" vom 9.5.1990.

Schuldbewusstsein als praktisch-hermeneutische Kategorie zwischen Geschichte und Verantwortung

Ottmar Fuchs

Jürgen Habermas hat in seiner vielbeachteten Rede in der Frankfurter Paulskirche mit aller Vorsicht, aber nachdrücklich den liberalen Staat mit der Möglichkeit konfrontiert, dass er "in Anbetracht der religiösen Herkunft seiner moralischen Grundlagen" damit rechnen sollte, "dass er angesichts ganz neuer Herausforderungen das Artikulationsniveau der eigenen Entstehungsgeschichte nicht einholt."[1] Wenn die säkulare Sprache der Moderne die religiöse Dimension ihrer Herkunft eliminiert, bringt sie sich selbst um die Ressourcen, sich zu transzendieren und die Ambivalenz und die Selbstüberbietungsfähigkeit der Säkularisierung ins Bewusstsein zu heben. Bezüglich der in diesem Beitrag angezielten Thematik formuliert Habermas: "Als sich Sünde in Schuld verwandelte, ging etwas verloren. Denn mit dem Wunsch nach Verzeihung verbindet sich immer noch der unsentimentale Wunsch, das anderen zugefügte Leid ungeschehen zu machen. Erst recht beunruhigt uns die Unumkehrbarkeit vergangenen Leidens – jenes Unrecht an den unschuldig Misshandelten, Entwürdigten und Ermordeten, das über jedes Maß menschenmöglicher Wiedergutmachung hinausgeht. Die verlorene Hoffnung auf Resurrektion hinterlässt eine spürbare Leere."[2]

Der folgende Beitrag oszilliert zwischen Philosophie und Theologie, zwischen säkularer und religiöser Sprache und bringt damit Schuld und Sünde sowie die entsprechenden philosophischen und theologischen Horizonte in einen gegenseitigen Vertiefungszusammenhang. Beiden ist in diesem Fall gemeinsam, dass sie die Schuld- bzw. Sündengeschichte der Menschen ernstnehmen, nicht mit der Wirkung einer Lähmung und Verkleinerung der Menschen, sondern mit der Wirkung der Öffnung und Befähigung für eine geschichtliche Selbstintegration in Trauer, Versöhnung und Solidarität. Dabei ist die ge-

---

[1] Jürgen Habermas, Der Riss der Sprachlosigkeit, in: Frankfurter Rundschau (16. Oktober 2001) Nr. 240, 18.
[2] Ebd.

schichtliche und zugleich theologische Einsicht grundlegend: Schuldig Menschen gegenüber und sündig Gott gegenüber sind wir allemal.[3] Diese Erkenntnis gilt es im Folgenden als eine hoffnungsgeleitete praktische Hermeneutik der Geschichte und ihrer Zukunft, für die die Gegenwärtigen verantwortlich zeichnen, zu entfalten.

Ich darf meine Überlegungen deswegen als einen Versuch einbringen, die Festlegung der Grenze zwischen säkularer und religiöser Sprache "als eine kooperative Aufgabe zu verstehen, die von beiden Seiten fordert, auch die Perspektive der jeweils anderen einzunehmen."[4] Die Festlegung dieser Grenze entwächst dann ihrer gegenseitigen Überbrückung.

Potentielle Unabgeschlossenheit "abgeschlossener" Geschichte

Paul Ricoeur macht in seinem Buch "Das Rätsel der Vergangenheit" auf etwas aufmerksam, was als Voraussetzung für die folgenden Überlegungen ins Bewusstsein zu heben ist: Das Identifikationsspiel des Historikers, nämlich sich in der Vorstellung "an irgendeinen Zeitpunkt der Vergangenheit als einen gegenwärtig gewesenen zu versetzen"[5], macht erlebnismäßig deutlich, dass die Erinnerungsinhalte an lebendige Subjekte gebunden sind, die ihre eigenen Sichtweisen, Entscheidungen und Hoffnungen hatten. Ihr Gestorben-Sein löscht ihr Gelebthaben mit all seinen Zwängen und Möglichkeiten nicht aus. So banal sich diese Aussage ausnimmt, so basal ist sie für die intersubjektive Erinnerung: "Die Menschen der Vergangenheit sind wie wir Subjekte der Initiative, der Rückschau und der Vorausschau gewesen." Mit dieser Einsicht sind beträchtliche erkenntnistheoretische Konsequenzen verbunden, weil dadurch der rückwärts gewandte historische Determinismus durchbrochen wird. "Wissen, dass die Menschen der Vergangenheit Erwartungen, Vorahnungen, Wünsche, Befürchtungen und Pläne geformt haben, heißt den historischen Determinismus durchbrechen, indem man in der Rückschau Kontingenz in die Geschichte einführt."[6] Würde man nämlich die vergangenen Subjekte auf Grund der nicht mehr veränderbaren Vergangenheit, ihrerseits als *damals schon* nicht veränderbare Faktoren innerhalb eines zwingenden historischen

---

[3] Zu dieser grundsätzlichen theologischen Perspektive vgl. Jürgen Moltmann, In der Geschichte des dreieinigen Gottes, München 1991, 74–89; mit entsprechender Konsequenz für die praktische Hermeneutik biblischer Texte Ottmar Fuchs, Jüdische Klagepsalmen in Palästina – Eine Herausforderung auch für die praktische Bibelhermeneutik, in: Ulrike Bechmann/ders. Hgg.), Von Nazareth bis Bethlehem. Hoffnung und Klage, Münster 2002, 259–290, 268 ff.

[4] Ebd.

[5] Paul Ricoeur, Das Rätsel der Vergangenheit. Erinnern – vergessen – verzeihen, Essen 1998, 127.

[6] Ebd. 127.

Kausalzusammenhanges ansehen, wären sie keine Subjekte, denen man begegnen könnte, sondern Objekte der Vergangenheit.

Im Anschluss an Raymond Aron [7] wendet sich Ricoeur massiv gegen jede Art von "retrospektiver Fatalitätsillusion". [8] Das Vergangene ist geworden, aber es ist nicht notwendig so geworden, wie es geworden ist, auch wenn es in seiner jetzigen Abgeschlossenheit nicht mehr zu verändern ist. [9] Entsprechend versteht Aron den Kontingenzbegriff als die Unmöglichkeit, "das Ereignis aus dem Gesamtzusammenhang der vorherigen Situation abzuleiten" [10]. Dies führt zu einer umfassenden Geschichtsauffassung, die Vergangenheit und Gegenwart entsprechend interidentifikativ und damit intersubjektiv erschließt: im "Versuch einer Wiederbelebung, genauer: das Bestreben, sich in den Augenblick der Handlung zu versetzen, sich zum Zeitgenossen des Handelnden zu machen" [11]. Erst wenn die Vergangenheit in einem solchen "Kontakt" mit den damaligen Subjekten und nicht nur über die objekthafte Information dessen, was so und nicht anders geschehen ist, begegnet, ist es möglich, diesen vergangenen Menschen Schuldfähigkeit zuzutrauen und Schuld vorzuwerfen sowie ihnen gegenüber Schuld und Trauer zu empfinden. Kausalzusammenhängen gegenüber könnte dies nicht geschehen.

Ricoeur erweitert Arons Einsicht, dass sich die Menschen der Vergangenheit auf eine bestimmte Zukunft hin entworfen haben, mit der Einsicht, dass ihr Handeln ungewollte Folgen hatte, "die ihre Pläne zunichte machten und ihre liebsten Hoffnungen enttäuschten." Erst in einer solchen Begegnung erschließen sich diese Enttäuschungen der vergangenen Subjekte für die gegenwärtigen Menschen als "der Friedhof nicht gehaltener Versprechen." [12] Derart wird die Vergangenheit wiederbelebt, indem die Menschen der Vergangenheit als handelnde Subjekte Raum gewinnen und indem so mit ihnen von den jetzt

---

[7] Vgl. Raymond Aron, Introduction à la philosophie de l'histoire, Paris 1986.
[8] Vgl. Ricoeur, Rätsel der Vergangenheit 127, bzw. Aron, Introduction 230 und 291.
[9] Im Umgang mit der Geschichte muss also das professionell-historische Insistieren auf historische Fakten unbedingt ernst genommen werden. Nur ist die jetzige "Konfiguration" dieser Fakten nicht durch die Fakten selber determiniert. Was aber zugleich bedeutet, dass diese Figuration die Fakten nicht in ihrer Faktizität und historischen Reichweite auflösen darf. So muss darauf bestanden werden, dass es in Gruppen der Erinnerung im weiteren Sinne einen Anwalt bzw. eine Anwältin für die "Fakten" bzw. für die historischen Texte gibt. Die entscheidende ethische Basis dieser Anerkennung der Fakten läge gerade in einer moralischen Haltung, die die Verbindung mit den Fakten der Vergangenheit als intersubjektive Begegnung mit den vergangenen Menschen, die die Fakten gesetzt haben bzw. ihnen unterworfen waren, gestaltet. Denn die Ethik der Begegnung beinhaltet Freiheit und Verantwortung, Nähe *und* Distanz.
[10] Aron, Introduction 277.
[11] Ebd. 291.
[12] Ricoeur, Rätsel der Vergangenheit 128.

handelnden Subjekten der Geschichte her ein kommunikatives Verhältnis aufgebaut werden kann, das die Gegenwart und Zukunft mitgestaltet.

Mit dieser retrospektiven Freiheitsfiktion [13] verändert sich auch der Traditionsbegriff, indem er die Gesetzlichkeit des Gewordenseins verliert und unter der Perspektive der verhinderten und verdrängten Versprechen geöffnet wird für ihre nicht vollzogene Potentialität. Völker, Nationen und Kulturkreise können so "eine offene und lebendige Auffassung ihrer Tradition erlangen. Dem wäre noch hinzuzufügen, dass das Ungetane der Vergangenheit seinerseits Erwartungen, welche das geschichtliche Bewusstsein wieder neu auf die Zukunft hin auszurichten vermögen, mit reichen Inhalten füllen kann." [14] Erst wenn man die Vergangenheit im Horizont der vergangenen Subjekte rekonstruiert, gibt es überhaupt die Bedingung der Möglichkeit, im geschichtlichen Gedächtnis nicht nur von der historischen Wahrheit, sondern auch von der Treue zu sprechen, "die sich letztlich auf die nicht gehaltenen Versprechen der Vergangenheit bezieht. Denn diesen gegenüber stehen wir ursprünglich in Schuld". [15] Diese Beziehung allerdings richtet sich auf eine entsprechend zu gestaltende Zukunft.

Konstituiert das intersubjektive Verhältnis zwischen gegenwärtigen und vergangenen Subjekten die Lücken der unerfüllten Versprechen, dann gibt es als Universalie dieser Begegnung immer auch ein Schuldverhältnis der Gegenwärtigen den Vergangenen gegenüber, nicht im Sinne einer Verursachung, sondern im Sinne einer Verantwortung, die dieses Verwirklichungsdefizit an Lebensversprechen wahrnimmt und von daher der eigenen Gegenwart und Zukunft gegenüber die entsprechende Verantwortung ergreift. Unmittelbar können die Gegenwärtigen ihre diesbezügliche Verantwortung den Vergangenen gegenüber nicht wahrnehmen, weil in das Gewesene nicht mehr eingegriffen werden kann. Dennoch ist gerade diese Begegnung nicht umsonst, oder gerade in ihrer Umsonstheit so elementar wichtig, weil sie in der Schuld den Vergangenen gegenüber zugleich die Schuld den Gegenwärtigen und Zukünftigen gegenüber wahrnimmt und mobilisiert. Die gleichsam virtuelle Schuld

---

[13] Der Begriff des Fiktiven meint zwar "nicht realisiert", benennt aber jene Dimension im Realen, die es als Ergebnis menschlicher, damit begrenzter, aber in dieser Begrenzung immer wieder möglicher Freiheit versteht. Kann man die Fiktionalität überhaupt als "antizipatorische Inszenierung der Zukunft" verstehen (vgl. Heinz-Günther Schöttler, Leben in zwei Welten. Die homiletische Inszenierung fiktionaler Schrifttexte, in: Bibel und Liturgie 75, 2002, 1, 20–26, 22), so handelt es sich hier um die Inszenierung der Vergangenheit als Vollzug aus vielen Potentialitäten heraus. Antizipiert die "normale" Fiktionalität die noch nicht realisierten Potentialitäten der Zukunft, so rezipiert die Freiheitsfiktion die vergangene Geschichte im Horizont ihrer nicht realisierten bzw. nicht mehr realisierbaren Potentialitäten.

[14] Ricoeur, Rätsel der Vergangenheit 129.

[15] Ebd. 130.

den Vergangenen gegenüber provoziert die Verantwortung, den Gegenwärtigen und Zukünftigen gegenüber die Einlösung der Versprechen des Lebens schuldig zu sein (und umgekehrt). So weit liegen aber "geschichtliche" Schuld und "direktive" Schuld gar nicht auseinander: Wer sich jetzt schuldig macht, dass lebenden Menschen die Versprechen des Lebens zerstört werden, muss sich zugleich als einen Menschen ansehen, der damals mit Sicherheit auch schuldig geworden wäre. Im Nachhinein noch verschuldigt er sich an diesen Menschen der Vergangenheit, indem er in den gegenwärtig Geschädigten die Geschädigten der Vergangenheit nochmals schädigt, weil er die Klagen ihrer unerfüllten Lebensversprechen zum Schweigen bringt, damit ihre mahnende geschichtliche Bedeutung tötet und die geschichtliche Schädigungsspirale der Menschen nicht unterbricht.

Dann muss es sich aber um eine Schuld handeln, die gerade nicht "das Vermögen lähmt, sich in schöpferischer Weise auf die Zukunft zu entwerfen." [16] Die Bedingung der Möglichkeit, dass Schuld nicht lähmt, ist allerdings die Vergebung von Seiten der Geschädigten. Die Begegnung mit den vergangenen Subjekten ereignet sich somit als eine Beziehung, in der die Gegenwärtigen die Opfer der nicht eingelösten Lebensversprechen um Vergebung bitten, bei gleichzeitiger Gefahr, darin zurückgewiesen zu werden. Auch dieses Gespräch geschieht in der rückwärts gewendeten Begegnung mit den gewesenen Menschen in einer gewissermaßen virtuellen Weise, aber nichts desto weniger um so realistischer, je mehr die erinnerten Subjekte in dieser Freiheit den Gegenwärtigen gegenüber vorgestellt und ernstgenommen werden.

Letztlich gelingt diese Begegnung nur in der Hoffnung, dass die verstorbenen Opfer, anders oft als ihre unmittelbaren Nachgeborenen, "mit der infernalischen Logik einer von Generation zu Generation wiederholten Rache brechen." [17] Bei aller Opferwahrnehmung in der Vergangenheit dürfen diese nicht in eine Opferrolle gedrängt werden, "welche die Wunden der Geschichte in unerbittliche Vorwürfe verwandelt." [18] Das Verzeihen ist offen zu halten, wie es zugleich nicht wohlfeil verfügbar ist. Derart ist an der Schuld Trauerarbeit zu leisten. "Die ungetilgte Schuld akzeptieren; akzeptieren, dass man ein zahlungsunfähiger Schuldner ist und bleibt; akzeptieren, dass es Verlust gibt; … zugeben, dass das eskapistische Vergessen und die endlose Verfolgung der Schuldigen ihren Grund in derselben Problematik haben; eine feine Linie zwischen Amnesie und unendlicher Schuld ziehen." [19] Die Begegnung mit den Ver-

---

[16] Ebd. 145.
[17] Ebd. 155.
[18] Ebd. 155.
[19] Ebd. 155. Die Einsicht des Philosophen in die "Zahlungsunfähigkeit" der Schuldner egalisiert sich in der elementaren rechtfertigungstheologischen Feststellung des Theologen, dass Sühne keine menschliche Möglichkeit ist, sondern vom Sühnopfer Christi selbst her und

gangenen ist füglich ein Schwebezustand, in der das, was geschehen ist, unauslöschlich in Erinnerung bleibt und seine Bedeutung in der offenen Begegnung mit den vergangenen Subjekten gewinnt: Offen deswegen, weil sie auf das Verzeihen hin hofft und zugleich dieses nicht selbst mit Gewalt ergreift; das die Schuld benennt und zugleich in dieser freien Begegnung auszusteigen vermag aus mechanistischen Wiederholungszwängen ewiger Schuldzuschreibung bzw. zwangswiederholter Vergeltung. Diese Trauerarbeit ist "harte Arbeit", aber sie ist auch möglich, weil sie im Horizont dieser Hoffnung geschieht und damit den "Geschmack der Gnade" hat. [20]

Gerechtigkeit in der Wahrnehmung und dem Wahrgenommenen gegenüber

Derart also rekonstruiert einer der renommiertesten europäischen Geschichtsphilosophen das Verhältnis von Gegenwart und Vergangenheit, von Geschichte und Verantwortung. Wie steht dazu aber die historische Forschung selbst? Sie hat keinen philosophischen, sondern einen empirischen Anspruch und steht wohl einer kurzschlüssigen Ethisierung der Historie oder auch historisierender Ethik (in der die Historie leicht in Gefahr gerät, für ethische Optionen instrumentalisiert zu werden) kritisch gegenüber. Aber nur scheinbar, vermute ich, steht der Begriff der Ethisierung im Gegensatz zur Entmoralisierung, wie sie Andreas Holzem für die Kirchengeschichte reklamiert. [21] Denn wenn er darun-

---

damit durch den sühnenden Gott hergestellt ist: "Sie wird von Gott realisiert durch die Umwandlung von menschlicher Schuld in göttliches Leiden, durch das 'Tragen' der menschlichen Sünde." (Jürgen Moltmann, In der Geschichte des dreieinigen Gottes, München 1991, 82). Erst auf der Grundlage dieser geschenkten Sühne wird dann auch, so würde ich weiter folgern, der Mensch in diese große Ermöglichung mit seiner eigenen Sühne hineingenommen, vgl. dazu auch Ottmar Fuchs, "Stellvertretung" – paradoxe Macht der Liebe, erscheint in: Marlis Gielen/Joachim Kügler Hgg.), Liebe, Macht und Religion (Gedenkschrift für Helmut Merklein), Stuttgart 2003. Dies entspricht dann dem "Geschmack der Gnade", nämlich dass die prinzipiell versöhnten geretteten Sünder und Sünderinnen diese "harte Arbeit" im Schuldzusammenhang der Geschichte tun können.

[20] Vgl. Ricoeur, Rätsel der Vergangenheit 156. Zum ekklesiologischen Status dieser Einsicht, nämlich dass die Kirche insgesamt nicht nur aus den Lebenden, sondern auch aus den Verstorbenen (und aus einer ganz bestimmten Beziehung der Lebenden zu den Verstorbenen) und auch aus den noch Zukünftigen besteht, vgl. Ottmar Fuchs, Die Communio der Kirche, in: Bernd Jochen Hilberath, Communio – Ideal oder Zerrbild von Kommunikation?, Freiburg/Br. 1999, 209–234, 211 ff.

[21] Andreas Holzem, Theologie auf dem Abstellgleis – oder: Theologie in der modernen Gesellschaft? Anmerkungen eines Kirchenhistorikers zur Rolle seines Fachs, Redemanuskript am Studientag der Fachschaft Kath. Theologie in der Kath.-Theol. Fakultät der Universität Tübingen im Sommersemester 2002, 2. Ich darf hier den freundschaftlichen Disput mit meinem Tübinger Kollegen Andreas Holzem (Neuere Kirchengeschichte) aufnehmen, in herzlicher Dankbarkeit für die bestechende Herausforderung, eigene Konzepte fundierter

ter versteht, "den Toten Gerechtigkeit widerfahren zu lassen", "ihnen die ganze Ambivalenz gelebten Lebens zuzugestehen, die auch unsere eigenen Biographien bis hin zu schmerzhafter innerer Zerrissenheit prägt", sie also nicht aus heutigen, womöglich arroganten Moralansprüchen heraus zu klassifizieren, dann kommt eben darin eine ethische und nicht zuletzt auch theologisch relevante Perspektive zum Ausdruck, die die Praktische Theologie in ihrem Bereich im Postulat der empirisch wahrheitsfähigen Wahr-Nehmung von gegebener Wirklichkeit rekonstruiert. Was dort als Historisierung verlangt wird, entspricht hier die Empirisierung. [22] In beiden Wahrnehmungsfeldern ist für eine "konsequente Kontextualisierung" [23] einzustehen, damit die betreffenden Menschen nicht ungerecht behandelt werden, sondern aus ihren Kontexten heraus verstanden werden können.

Interessant wäre allerdings die Frage, ob diese Perspektive der Wahrnehmungsgerechtigkeit und die entsprechende Verstehbarkeitsintention nicht zumindest implizit jene rückwärtsgewandte Dichotomie beinhalten, die vergangene Historiker zwischen gerecht und ungerecht, zwischen alles entsprechend wahrnehmend und selektiv moralisierend einteilt. In diesem Bereich kommt auch Holzem nicht ohne die "identitätskonkrete" Bindung an eine bestimmte Rezipientengruppe von HistorikerInnen aus. [24] Von dieser "Identitätsbindung" kann und will sich Holzem gar nicht freimachen. Entsprechend beurteilt er auch die Kollegen, die sich in ihrer Forschung identitätskonkrete Sätze leisten, wie: "Die Kirche im Dritten Reich hat..." [25] Holzems kritische Perspektive, der ich von der Wahrnehmungsproblematik der Praktischen Theologie her voll zustimme, entstammt also ebenfalls einer identitätskonkreten Identifikation: Wahrnehmungsfähige HistorikerInnen enthalten sich solcher identitätskonkreter Sätze. Andere sind offensichtlich dann nicht wahrnehmungsfähig genug. Natürlich funktioniert Forschung ja auch für sich nicht anders, weil sie sich immer auch in Gruppen und Schulen plausibilisiert. Wissenschaftstheoretisch ist das auch kein Problem, sofern der forschende Mensch seinen eigenen diesbezüglichen Kontext als integralen Ermöglichungszusammenhang seiner Forschung reflektiert in Betracht zieht.

Die im Forschungsprozeß angezielte Gerechtigkeitsperspektive darf in der Tat für den wahrnehmenden Historiker, analog zum Empiriker, "nicht sofort

---

zu bedenken.
[22] Vgl. Das Themenheft der Theologischen Quartalschrift 182 (2002) 2: Der Verheißung in der Wissenschaft trauen.
[23] Holzem, Theologie 2.
[24] Vgl. ebd. 4, wo Holzem positiv notiert, "dass die Neuorientierung der Kirchengeschichtswissenschaft dahin tendiert, sich von den gruppenbezogenen Loyalitäten, Betroffenheiten und Identitätsbindungen ihrer Rezipientengruppen gerade freizumachen."
[25] Vgl. ebd. 3.

und kurzschlüssig", nicht "in vermeintlicher Identität und Anverwandlung, oder in anachronistisch-pauschaler Ablehnung", nicht "einseitig anklagend ... oder andererseits apologetisch" [26] zu dann gar nicht mehr sehr gerechten Beurteilungskriterien des Wahrgenommenen mutieren und degenerieren. Das Beurteilungskriterium der differenzierenden Gerechtigkeit den Toten gegenüber bezieht Holzem deshalb konsequent nur auf die Methode der historischen Forschung selbst, darin aber, völlig nachvollziehbar, mit apologetischer Vehemenz. Aber wie ist es, wenn nun ähnliche Gerechtigkeitsperspektiven, die sich nicht nur auf die Methode der Wahrnehmung, sondern auch auf das Wahrgenommene beziehen, nicht kurzschlüssig, anklagend und apologetisch ereignen? Zerstört man die Gerechtigkeit den Toten gegenüber, wenn man eine mit der Opfer-Täter-Unterscheidung angeschärfte Gerechtigkeitsperspektive absolut nicht kurzschlüssig, nicht apologetisch, nicht die eigene Identität scheinbar abschließend und als solche mit der Vergangenheit konfrontierend einbringt, sondern wenn man sich selbst, die Lebenden, in diesen Gerechtigkeitszusammenhang hineinbindet und damit in der eigenen Identitätsbildung und -bindung offen läßt, fern jedes Selbstruhms und jeder Art von Überheblichkeit, was im folgenden zu zeigen mir am Herzen liegt, so dass gerade dadurch die insgesamte Ambivalenz gelebten Lebens um so schärfer erkannt wird: nämlich dass die Menschen der Vergangenheit und der Gegenwart immer beides zugleich sind: "Täter und Opfer und darüber hinaus passiv Mitlaufende und Erleidende oder als aktiv Handelnde von Irrtum und Scheitern bedroht – wie wir selbst – wie wir selbst ... " [27]. Genau darauf kommt es an: Wie wir selbst!

Hier scheint mir die Antwort noch offen, denn mit der negativen Extremisierung einer Perspektive ist letztere nicht ad acta gelegt: wenn sie ihrerseits ebenfalls sensibel, nicht anklagend, sondern die eigenen Schuldpotentiale, das eigene Versagen einbeziehend (wie wäre man/frau selbst schuldig geworden, hätte man damals gelebt?!), nicht plakativ stilisierend, sondern vorsichtig dieses "zugleich" von Opfern und Tätern (was diese Unterscheidungskategorie erst voraussetzt), aber auch ihre assymetrischen Dominanzen differenzierend, nicht apologetisch zwischen dem kirchlichen Innen und ihrem Außen, sondern auch das Außen verteidigend und das Innen der eigenen sozialen Identität kritisierend, nicht einseitig, sondern so vielseitig, wie das Leben gerade aus dieser Perspektive sich präsentiert und präzisiert.

Die kirchenhistorische Forschung kann sich selbstverständlich in einem ganz anderen Maße auf die angezielte Wahrnehmung konzentrieren und weitgehend auch in ihr verbleiben, weil in die Vergangenheit hinein nichts mehr zu

---

[26] Vgl. ebd. 2 und 4.
[27] Ebd. 4.

handeln und zu verändern ist. Die Praktische Theologie kann dies selbstverständlich nicht, weil sie nicht nur wahrnehmungs-, sondern auch handlungsorientiert sein muss, will sie den Veränderungsauftrag des Evangeliums und die Freiheit der lebenden Menschen in die Zukunft hinein ernstnehmen. Aber kann sich die Kirchengeschichte als theologische Disziplin aus diesem Auftrag heraushalten? Nicht um die eigene differenzierte und sensible Wahrnehmung zu schmälern (auch diese entspricht gerade ihrem theologischen Auftrag der Wahrheitsfindung), sondern, diese Wahrnehmung noch vertiefend, ihr gegenüber einen Standpunkt einzunehmen, der die "Leiden, die Grenzen, die Zerstörungen, die Entsubjektivierungen der Christentumsgeschichte in einer identitätskonkreten Memoria" nicht verschwinden lässt,[28] sondern vom Kernaspekt dieser Memoria her radikalisiert, insofern es darin um einen "geglaubten Gott"[29] geht, der im menschgewordenen Gottessohn das Leiden der Menschen bekämpft, die Verursacher offen legt und jeder Entsubjektivierung der Menschen widersteht.

Dass dieses theologische Motiv außerhalb des religiösen Sprachspieles auch im philosophisch-ethischen Diskurs rekonstruierbar ist und entsprechend vermittelt werden kann, dispensiert nicht davon, diesen in der Identität der Kirchengeschichte theologisch zu benennen. Ein solcher Standpunkt ist dann auch kirchenidentitätsbezogen, aber eben nicht nur, er ist auch elementar gesellschaftsbezogen, insofern die Fragen nach der Gerechtigkeit und Solidarität das Zukunftsproblem der Gesellschaft und der Gesellschaften insgesamt ist. Der ethische Diskurs, wie mit der Geschichte umzugehen ist, ist kein konventikelhafter, sondern ein gesellschaftlicher Tatbestand. Will die Kirchengeschichte nicht nur die semantischen Potentiale vergangener religiöser Wirklichkeiten für die Erinnerung einsetzen, so wird sie wohl auch mit den anderen theologischen Disziplinen an der Verantwortung teilhaben, die Inhalte der religiösen Erinnerung nicht nur als Vergangenheitsdatum, sondern auch als gegenwärtige diskursive Herausforderung in die Sicht des Vergangenen einzubringen. Wenn nach Habermas' Vermutung die Einholung der religiösen Entstehungsgeschichte für die moralischen Grundlagen des liberalen Staates *jetzt* das Artikulationsniveau seiner eigenen Identität steigern würde,[30] dann dürfte dies wohl auch für den öffentlichen wissenschaftlichen Diskurs stimmen, hier für den Diskurs zwischen Kirchengeschichte und Profangeschichte. So dass die Kirchengeschichte ihre eigene religiöse Dimensionierung säkular verständlich macht, ohne aber das religiöse Sprachspiel dem öffentlichen Diskurs vorzuent-

---

[28] Ebd. 5.
[29] Vgl. Andreas Holzem, Die Geschichte des "geglaubten Gottes". Kirchengeschichte zwischen "Memoria" und "Historie", in: Andreas Leinhäupl-Wilke, Magnus Striet Hgg.), Katholische Theologie studieren, Münster 2000, 73 – 103, 75 ff.
[30] Holzem bezieht sich hier auf die Rede von Habermas in Frankfurt: Riss ebd.

halten. Dadurch würde der säkularen Gesellschaft ein konkretes Angebot zugemutet, wozu Habermas diese auffordert: "Die Suche nach Gründen, die auf allgemeine Akzeptabilität abzielen, würde nur dann nicht zu einem unfairen Ausschluß der Religion aus der Öffentlichkeit führen und die säkulare Gesellschaft ihrerseits nur dann nicht von wichtigen Ressourcen der Sinnstiftung abschneiden, wenn sich auch die säkulare Seite ein Gespür für die Artikulationskraft religiöser Sprachen bewahrte." [31]

Als theologische Disziplin kann sich die Kirchengeschichte nicht aus diesem Übersetzungsauftrag des Evangeliums heraushalten, gerade wenn sie ihn sowohl methodisch wie inhaltlich auch säkular zu vertreten hat. Das Grundproblem liegt eher darin, *wie* dieser Auftrag verstanden wird: Als Fundamentalisierung des eigenen Identitätsbereichs gegenüber den Anderen und als Schwarz-Weiß-Zeichnung zwischen Außen und Innen oder zwischen Opfern und Tätern, oder aber als Differenzierungsverschärfung auf dem Hintergrund der paulinischen Einsicht, dass wir alle Sünder und Sünderinnen sind und dies in unterschiedlichen Kontexten bis zum Äußersten auch werden könnten, und dass sich von daher eine Perspektive einstellt, die den Menschen in ihren Möglichkeiten und Unmöglichkeiten, in ihren Realitäten und Potenzen deswegen gerecht werden will, weil es einmal ein Gericht geben wird, in dem alle Subjekte in ihrer Geschichte zutiefst ernstgenommen werden, in dem sich dieses Ernstnehmen aber zugleich als hochdifferenzierte Unterscheidung zwischen den Möglichkeiten und Unmöglichkeiten zu Gut und Bös ereignet, und dies angesichts derer, deren Freiheit und Subjekthaftigkeit, ja deren Leben zerstört wurde. Hier wird deutlich, dass Gott allein das Urteil zusteht; genauso deutlich wird aber, dass die Menschheitsgeschichte und die Menschengeschichten niemals aus dieser Perspektive entlassen sein können, weder methodisch noch inhaltlich. Dass gerade diese Perspektive eine "ehrliche und gleichberechtigte Konfrontation vergangener und heutiger Welten" befördert und damit jeder hegemonialer Fortschrittsoptimismus gegenüber der Vergangenheit obsolet wird, ist mir aus dem Herzen gesprochen. [32]

Noch ein anderer Aspekt scheint mir in diesem Zusammenhang bedeutsam. Die Triebmächte und Wirkungen der menschlichen Handlungen gehen nicht in ihrer Kontextualisierung, in ihrer Historisierung oder ihrer Empirisierung auf. Die Taten der Nazihenker sind auch nicht verstehbar aus ihren Kontexten heraus, können in ihrer Monströsität nicht erklärt werden. Da gibt es einen überdimensionalen Überhang an Verursachungskräften und Auswirkungen, der mit dem Postulat der Verstehbarkeit eher banalisiert als angemessen wahrgenommen wird. Nur das Entsetzen und Erschrecken, das *Aussetzen*

---
[31] Habermas, ebd.
[32] Vgl. Holzem im Thesenpapier zu seiner Vorlesung.

von Verstehen und Erklären kann hier die "angemessene" historische Methode sein. Entsetzen ist mehr als "Nicht-Zustimmung" zu etwas Verstandenem. Den Schrecken über das Nicht-Verstehbare weiterzugeben, dürfte ein integraler Bestandteil historischer Forschung sein, will sie ihrem Gegenstand in all ihren Extremen gerecht werden. Ich denke hier vom Extrem her, nicht zuletzt auf dem Hintergrund der Benjaminschen Erkenntnistheorie [33], dass sich vom Extrem her auch Beträchtliches im alltäglichen Leben erschließen lässt: die vielen kleinen Schrecken, die man kontextuell besser klären kann, die aber schon darin oft einen, wenn auch nur minimalen Überhang des Unerklärbaren aufweisen können. Was im Extrem zum Vorschein kommt, geschieht auch im "Kleinen" des normalen Lebens und bei uns selbst. Darin ist das Unerklärbare bereits aufzusuchen und zu erinnern. Doch geht dies wohl nicht ohne eine an der nicht-plakativen Unterscheidung zwischen Nutznießern und Benachteiligten (im interpersonalen und strukturellen Sinn des Wortes) geschärften Perspektive der Gerechtigkeit. [34]

In diesem kleinen Disput zwischen Kirchengeschichte und Praktischer Theologie kann zunächst gelten, dass die differenzierte Wahrnehmung der Subjekte und Kontexte der Vergangenheit die Aufgabe des Historikers, ihre evaluierende Perspektivierung die Aufgabe der Praktischen Theologie sei, womit letztere einen eigenen kirchengeschichtlichen Zugang zu etablieren hätte, im Sinne eines an der kirchlichen Pastoral und ihrer Inhaltlichkeit orientierten Geschichtsbezugs, selbstverständlich auf der Basis und in Kooperation mit den historischen Vorgaben. [35] Diese von der praktischen Disziplin her qualifizierte Beziehung zur Geschichte befände sich dann in Informationsabhängigkeit von den historischen Wissenschaften, würde aber perspektivisch darüber hinausgehen. Doch kann eine solche Disziplinierung des Problems nicht ganz befriedigen. Zumindest das Entsetzen müsste eine Überbrückungskategorie sein, beim Historiker durchaus in der "kalten" Beschreibung, die nichts mehr durch Erklärung und Verständnis "anzuwärmen" vermag, weil das Entsetzliche eben nur noch beschrieben werden kann.

Und: Auch das Grauen hat seinen Kontext, hat seine Kontextualität im Sinne einer Herkünftigkeit, es kommt "woher", nämlich aus dem Alltag der Menschen, und in darin schon nicht erklärbaren Entsetzlichkeiten, darin weitverbreitet und grundgelegt. Diese abgründig dunkle Seite des Alltäglichen zu "erfassen" wäre eine entscheidende Kategorie theologischer Erinnerungsarbeit, kirchenherkünftig, aber nicht kirchenreduziert, nämlich sich und die Anderen in der abgrundtiefen Sündhaftigkeit und Erlösungsbedürftigkeit wahrzuneh-

---

[33] Vgl. Walter Benjamin, Ursprung des deutschen Trauerspiels, Frankfurt a.M. 1972.
[34] Zur "Hermeneutik" des Erschreckens vgl. unten Abschnitt 7.
[35] Vgl. Rainer Bucher, Kirchenbildung in der Moderne, Stuttgart 1998, 9–38.

men, nicht um zu verurteilen, sondern um den Blick für Sühne und Stellvertretung zu öffnen.[36] Dieser Immanenz und zugleich "Transzendenz" des Bösen gegenüber der Kontextualiät, dieser Sündhaftigkeit der Menschen kann sich aus christlicher Perspektive wirksam nur die rettende Gnade der göttlichen Transzendenz entgegenstellen, urteilend und zugleich rettend. Denn es geht in der Rettung der religiösen Sprachspiele und Traditionsressourcen auch um ihren inhaltlichen Kern der "Rechtfertigung" der Sünder und Sünderinnen durch Gottes Sühnetod in seinem Gottessohn: "für uns" Menschen in unserer Entsetzlichkeit, diese aufdeckend und zugleich "hinwegnehmend", so dass jeden Tag im Glauben daran eine neue Geschichte geschenkt wird, hier immer wieder gefährdet und zerstört, dort aber, im Eschaton, einmal endgültig und umfassend. Aus christlicher Perspektive verbindet sich das Weitersagen des Schreckens mit dieser Hoffnung über den Schrecken hinaus. Handeln wird möglich, selbst dann, wenn es zur Selbsthingabe führt. Denn der Plausibilitätsrahmen dieser Existenz liegt nicht allein in der säkularen Gesellschaft, sondern ist in diesem "religiösen Sprachspiel" aufgehoben und realisierte darin nicht nur das gesteigerte Artikulationsniveau moderner Gesellschaften, sondern brächte von der erhofften Zukunft ein Motivationsniveau ein, das über die gesellschaftlich verfügbaren Plausibiliäten von Solidarität weit hinausgeht.[37]

Unabgegoltenheit und Ehre

Spätestens hier stellt sich allerdings die kritische Frage: Ist diese Begegnungskultur mit der Vergangenheit nicht eine zusätzliche Last? Könnte diese Kultur nicht von vorneherein unter den Lebenden aufgebaut werden, ohne sich auf die Vergangenheit in dieser Form erinnerungsmäßig zu beziehen? Sollte man nicht lieber die Schuld- und Tätergeschichten als "Meistergeschichten" der Geschichte eher aktiv vergessen, damit nicht immer wieder Täter- und Opfergeschichten und damit entsprechende Schuld- oder Vergeltungsgefühle evoziert und verewigt werden?[38] In vulgarisierter Form: Müssen denn immer die alten

---

[36] Vgl. dazu Jürgen Moltmann, In der Geschichte des dreieinigen Gottes, München 1991, 74–89; auch Fuchs, Stellvertretung.

[37] Vgl. dazu Ottmar Fuchs, Mission (Missionsorden) – auch im 21. Jahrhundert gefragt?, in: Zeitschrift für Missionswissenschaft und Religionswissenschaft 86 (2002) 3, 167–191.

[38] Selbstverständlich ist erst einmal gegenüber solchen Fragen in Anschlag zu bringen, dass sie von einer idealistischen Ideologie ausgehen, nämlich als würde die Vergangenheitserinnerung erst die gegenwärtigen Menschen verderben und als wären sie ohne diese Vergangenheitsversuchung gut. Als könne man sich, indem man sich von der ambivalenten Geschichte ablöst, von der eigenen Ambivalenz abtrennen. Dieses Ammenmärchen glaube wer mag. Wahrscheinlich wird dann eine künftige Erinnerung um so mehr von der abgrundtiefen Ambivalenz unserer Gegenwart und von ihrem Absturz in das Böse hinein zu erzählen haben.

Geschichten wieder hochgekocht werden? Kann man die Toten nicht endlich ruhen lassen? Kostet diese Erinnerungsarbeit nicht zuviel Energie, die uns für die Gestaltung der Gegenwart und Zukunft dann fehlt? Ja, können also forcierte Erinnerungen zum Beispiel an die Schoa im gegenwärtigen Volk nicht derart defensive Reaktionen mobilisieren, dass genau das Gegenteil bewirkt wird, nämlich eine diesbezügliche Entsensibilisierung und damit Entkoppelung von Gegenwart und Vergangenheit?

Der gordische Knoten dieses Fragekomplexes ist nicht mit einem Hieb zu durchschlagen, sondern nur differenziert zu entwirren. Ein roter Faden, den ich hier aufnehmen möchte, ist die Einsicht, dass letztlich nur in der Begegnung mit den gewesenen Menschen in der Vergangenheit die Unerbittlichkeit dessen gesehen werden kann, was eine gewaltsame Behinderung von Leben endgültig bewirkt, nicht mehr veränder- und verbesserbar, obwohl alles anders hätte sein können. Die Endgültigkeit der nicht eingelösten Lebensversprechen, die Ohnmacht und Hilflosigkeit, den vergangenen Menschen, vor allem den Benachteiligten nicht mehr helfen und sie nicht mehr retten zu können, ist eine Schockerfahrung, die in der Begegnung mit lebenden Menschen mit einer noch bestehenden, wenn auch immer begrenzten Zukunftsfähigkeit nicht in dieser Form möglich ist: Was die Augen für ähnliche potentielle Schuld ihnen und den Lebenden gegenüber weit öffnet.

Selbstverständlich reicht diese unabänderbare Endgültigkeit auch in das gegenwärtige Leben hinein (in den Erfahrungen der Unmöglichkeit, der Ohnmacht und des Todes). So handelt es sich bei den Erfahrungen des Todes von Menschen schon um diese geschichtliche Erfahrung einer Beziehung zu einem Verstorbenen, dem ich nicht mehr in der gleichstufigen Form des Lebens begegnen kann. Die gestellte Frage reicht also auch in den aktuellen Lebensbereich hinein, nämlich in die Frage danach, wie die Lebenden mit ihren eigenen Verstorbenen umgehen und wie sie diese in, oft intersubjektiv realisierter, Erinnerung behalten. [39] Hier reicht die individuelle "geschichtliche" Erinnerung direkt in die Gegenwart der Menschen hinein und bildet darin eine Erfahrungsbasis des Nicht-Vergessen-Wollens. [40]

Diese Grunderfahrung darf in analoger Weise wohl auch nicht für das kollektive Gedächtnis verabschiedet werden, sondern ist für das letztere als alltagsbezogene Erfahrungsbasis aufzurufen. Auch kollektive Geschichte und

---

[39] Vgl. dazu Ottmar Fuchs, Inkulturation christlichen Auferstehungsglaubens. Am Beispiel der Totenbeziehung, in: Isidor Baumgartner, u.a. Hgg.), Den Himmel offen halten, Innsbruck 2000, 186–196.

[40] Insgesamt zum Verhältnis von biographischer und historischer Identität im Geschichtsbewusstsein vgl. Bodo von Borries, Geschichtsbewusstsein als System von Gleichgewichten und Transformationen, in: Jörn Rüsen, Geschichtsbewusstsein, Köln 2001, 237–280, 268 ff.

Gegenwart sind im Horizont einer ganz bestimmten ethischen Option (des Nicht-Vergessen-Wollens z.B. aus Liebe und Dankbarkeit, aus Mitleid und Gerechtigkeit) aufeinander zuzubringen: in die Dynamik der gegenseitigen Herausforderung und Steigerung im Horizont dieser Option hinein, etwa der Option der Rettung der Unterdrückten und Benachteiligten in Richtung auf eine je größere Gerechtigkeit in unserem Leben, solange wir leben und solange es noch Zeit dazu ist, dass wir diesbezüglich etwas tun können. Selbstverständlich gewinnt diese Erinnerungsarbeit ihre Normativität von der angezielten ethischen Perspektive der Lebenden. Ansonsten wären die Vergangenheit und damit auch die Erinnerung diesbezüglich nur chaotisch.[41] Die Vergangenheit wird erst im Vollzug des *kulturellen* Gedächtnisses eine "soziale Konstruktion, deren Beschaffenheit sich aus den Sinnbedürfnissen und Bezugsrahmen der jeweiligen Gegenwarten her ergibt."[42] Dass nicht nur um die eigenen Toten zu trauern ist, sondern um die Toten der Geschichte überhaupt, und vor allem in einer optional gebahnten selektiven Erinnerung um die Benachteiligten und Opfer der Geschichte (mit einer korrespondierenden Erinnerung der Täter), ist gerade ein integraler Bestandteil der ethischen Frage, ob es in unserer "Kultur" nur Nah- oder auch Fernsolidarität gibt.

Man kann sich nun darüber streiten, ob die Henne oder das Ei früher war: ob gelebte Solidarität die entsprechende Erinnerungsperspektive ermöglicht oder umgekehrt. Ich gehe davon aus, dass sich beide gegenseitig bitter benötigen, um sich in dieser Perspektive nicht in Ruhe zu lassen und *an der Unabgegoltenheit der Vergangenheit zu lernen, was für Gegenwart und Zukunft zu gelten hat, und an den solidarischen Geltungserfahrungen der Gegenwart zu lernen, wie mit der Geschichte bzw. wie mit der Unabgegoltenheit der gewesenen Subjekte umzugehen ist*. So ist dem Bochumer Historiker Karsten Rudolph wohl zuzustimmen: "Denn so wie seit einigen Jahren die Enthistorisierung der politischen Kultur mit der Entpolitisierung der Geschichtsschreibung einhergeht, könnte auch ein umgekehrter Prozess der Historisierung und Politisierung Früchte tragen. ... Die zurückeroberte Deutungskompetenz käme den Bürgerinnen und Bürgern bei der Gestaltung der Gegenwart zugute."[43]

Ich will aber noch einen anderen roten Faden aus diesem oben beschriebenen Knäuel ziehen: Nämlich dass *allein* mit geschichtlicher Erinnerung nichts an ethischer Erziehung auszurichten ist, wenn nicht ein affektives Bewusstsein schon da ist, das eigene Leben eher an Gerechtigkeit und Solidarität als an Gewalt und Vernichtung auszurichten. Letzteres könnte ja gerade mit der Erinnerung an das Dritte Reich verstärkt und "legitimiert" werden. Dann also

---

[41] Zu diesem Zusammenhang im Kontext Israels vgl. Jan Assmann, Fünf Stufen auf dem Weg zum Kanon. Mit einer Laudatio von Hans-Peter Müller, Münster 1999, 18.
[42] Hans-Peter Müller, in ebd. (Vorwort) 8.
[43] Karsten Rudolph, Vom Nutzen der Historie, in: Die Zeit Nr. 44 vom 26.Oktober 2000, 5.

tatsächlich lieber keine Erinnerung an das Dritte Reich. Denn die Basiskategorie der Begegnung mit der Vergangenheit bildet jene intersubjektive Begegnung, die die Erinnernden selber untereinander und mit Nicht-Dazugehörigen realisieren. Nicht die Erinnerung selbst schafft die Solidarität, sondern die gelebte oder doch wenigstens angestrebte Solidarität gestaltet die entsprechende Erinnerung.

So ist die Bedingung dafür, den Verstorbenen in der richtigen Weise von Ehrfurcht zu begegnen, die soziale Haltung, auch absichtsarm mit Menschen umgehen zu können und ihrer Menschenwürde allein auf Grund dessen, dass sie existieren, die Ehre zu geben. Hier schlagen die Erfahrungen der Liebe und der Freundschaft, der Gastfreundschaft und der über die eigenen Sozialbereiche hinausgehenden Solidarität zu Buche. Es sind jene basale Erfahrungen, in denen Großherzigkeit und Großmut erlebt und verwirklicht werden, jenseits vordergründig kalkulierender Rollen- und Tauschstrukturen, in einer anderen Qualität und Ordnung der Gegenseitigkeit und des Austausches, in der Würde des Gebens und in der Würde des Nehmens, in Großherzigkeit und Dankbarkeit, und im sensiblen Schuldbewusstsein bei ethischem Versagen.[44] Diese Erfahrung, einem Menschen in einer Begegnung die Ehre zu geben, die vordergründig gesehen asymmetrisch erscheint und für das Kalkül, was man davon hat, nichts bringt, wird durch die Begegnung mit den Subjekten der Vergangenheit nochmals radikalisiert und gewinnt möglicherweise von daher auch für Gegenwart und Zukunft entsprechende Unterstützung und Verstärkung. Denn in der Begegnung mit den Toten ist zu erfahren, dass man, im vordergründigen Sinne, von dieser Begegnung nichts unmittelbar "hat", denn diese können nicht im Austausch des wieder Zurückhabens funktionieren. Der Kern dieser Begegnung mit den Subjekten der Vergangenheit ist vielmehr in der Kategorie jener Zwiesprache zu sehen, wie sie Walter Benjamin in seinem Denkbild "Zum Tode eines Alten" eindrücklich beschrieben hat: "Zwiesprache, welcher jeglicher Kalkül und jede äußere Rücksicht völlig fern bleibt, weil keiner vom anderen etwas zu erwarten hat, keiner auf andere Gefühle stößt als jenes seltene: Wohlwollen ohne jeden Beisatz."[45]

Hier findet sich ein notwendiger absichtsloser Rest in der insgesamt absichtsreichen Begegnung der Gegenwart mit der Vergangenheit, nämlich dass gerade eine solche Begegnung im Kern den gewesenen Menschen und unter ihnen vor allem denen, denen im besonderen Maße die Versprechen des Lebens nicht erfüllt wurden, um ihrer selbst willen die Ehre zurückgegeben wird.[46] Eine Ehre "ohne Beisatz", die gerade in dieser Form (und darin besteht das

---

[44] Vgl. Ricoeur, Rätsel der Vergangenheit 151 ff.
[45] Walter Benjamin, Illuminationen. Ausgewählte Schriften, Frankfurt/M. 1977, 308.
[46] Vgl. dazu auch Ricoeur, Rätsel der Vergangenheit 155.

Dialektische zwischen Absichtsarmut und Absichtsfülle) zur Lernschule eines nicht verrechenbaren gegenwärtigen Umgangs zwischen den Menschen wird, wie gleichzeitig ein solcher Umgang wiederum um so mehr den Toten die Ehre ohne Beisatz zu geben vermag. Um dieses normativen Erinnerungskerns willen, nämlich den Verstorbenen und darin den Opfern "rücksichts-los" die Ehre zu geben, ist die Erinnerung unbedingt notwendig, noch bevor die Absicht klar sein darf, dass dies im Horizont der gegenwärtigen Wirklichkeitsgestaltung geschieht.

Intervention und Selektion in Treue zur Gerechtigkeit

Es muss, um weitere Facetten des Zusammenhangs zu vertiefen, nochmals die Rede sein von dem für alle, die die "Gnade der späten Geburt" für sich reklamieren, sicher befremdlichen Insistieren Ricoeurs darauf, die Kategorie der Schuld in die Vergegenwärtigung des Vergangenen zu holen, nicht im Sinne einer direkten individuellen oder kollektiven moralischen Schuld der Lebenden an den Ereignissen der Vergangenheit, sondern als ein materialhermeneutisches Prinzip, das "die Vorstellung des Zukünftigen beherrscht. ... Die Schuld ist die Last, welche die Vergangenheit der Zukunft aufbürdet." [47] Wenig später fährt Ricoeur fort: "Aber insofern die Schuld verpflichtet und somit die Zukunft bindet, erschöpft sie sich nicht im Gedanken einer Last. Das Erbe ist auch ein Bestand an Möglichkeiten." [48] Der Gedanke der Schuld erschließt damit nicht nur die Form der Begegnung, sondern lässt die Erinnerung auch als ein intentionales Handeln und als eine praktische Intervention verstehen. [49] Das Gewesene ist unwiederbringlich vergangen, vor allem in dem Sinn, dass wir nicht mehr auf das Vergangene einwirken können. Doch kann die Vergangenheit auf uns einwirken, ein Affiziertsein bewirken, eine Pflicht, das abwesende Gewesene durch das "sagende Erzählen" gegenwärtig zu setzen: [50] "Die Schuld verpflichtet. Der Anspruch, den die Gewesenheit der verstrichenen Vergangenheit stellt, richtet sich an die Zukunft eines Diskurses. Und das Unerschöpfliche verlangt, es wieder und wieder zu sagen, zu schreiben, wieder und wieder das Schreiben der Geschichte in Angriff zu nehmen." [51] Erkenntnistheoretisch verbindet dieses Affiziertsein die Wahrheit und die Treue: "Und eine Historie, welche durch das Gedächtnis in die Bewegung der Dialektik von Retrospektion und Zukunftsentwurf eingebunden wird, kann die Wahrheit

---
[47] Ricoeur, Rätsel der Vergangenheit 56.
[48] Ebd. 60.
[49] Zum Interventionsbegriff im Kontext der Predigt vgl. Rolf Zerfaß, Grundkurs Predigt 2. Textpredigt, Düsseldorf 1992, 9–58.
[50] Vgl. Ricoeur, Rätsel der Vergangenheit 27, 38 und 61.
[51] Ebd. 61.

nicht mehr von der Treue trennen, die sich letztlich auf die nicht gehaltenen Versprechen der Vergangenheit bezieht. Denn diesen gegenüber stehen wir ursprünglich in Schuld. ... Es ist nicht möglich, 'Historie zu treiben', ohne zugleich 'Geschichte zu machen'."[52] Öffnen sich Geschichte und Erinnerung einem solchen Erfahrungsraum (zwar der "kritischen Kontrolle der Historie" unterworfen, aber nicht durch sie festgelegt[53]), indem zugleich die Zukunftserwartungen der Erinnernden die Erfahrungen des Vergangenen profilieren, dann stellt sich an die Lebensform und Gemeinschaftsform der Lebenden die Frage, worin sie den "Sinn" der geschichtlichen Erinnerung sehen, was dem geschichtlichen Bewusstsein seinen "qualitativen Wert" verleiht, bzw. mit wem die Lebenden sich wie identifizieren können bzw. wollen, welche Treue einzugehen ist (und wie sie entsteht).

Sie entsteht als solche nicht durch die Erinnerung selbst, für deren Qualität sie ihrerseits ja erst zeichnet. Sie kann nicht bereits in der Erinnerung sein, wofür sie Voraussetzung ist.[54] Dazu ist die Erinnerung selbst zu angefüllt mit Ambivalentem und zu viel- bis zweideutig. Wie entsteht also die "präethische(n) 'Zumutung' der Treue, Wahrheit und Gerechtigkeit"?[55] Handelt es sich etwa um die Treue der gegenwärtigen Sieger den vergangenen Siegern der Geschichte gegenüber? Gegenwärtige Ellenbogenmenschen und Ellenbogenvölker werden wohl diese Hermeneutik bevorzugen. Wenn Ricoeur den Treuebegriff indes an die Schuld- und Gerechtigkeitskategorie bindet, kann dies gerade nicht gemeint sein.[56] Ein Doppeltes ist dann notwendig: Selektion des historisch Gewussten und Evaluation des Selektierten, wobei beide Prozesse sich auch umgekehrt gegenseitig bedingen. Die Selektion ist unerlässlich, weil man nicht alles "gedenken" kann.

Aber gerade für die Selektion braucht es wiederum Optionen, die entsprechend auswählen und bewerten lassen: Wie etwa die dominante "Option für die Armen und Ausgegrenzten", die, je mehr sie gegenwärtig in Lebens- und Sozialform gilt, auch um so mehr die entsprechende Verpflichtung gegenüber der Vergangenheit aufbaut. So braucht es begründete Entscheidungen darüber, was zu vergessen ist.[57] Wie ist zu verhindern, dass eine menschenverachtende Selektion der Erinnerung letztlich die Selektionsrampe von Auschwitz ver-

---

[52] Ebd. 67.
[53] Vgl. ebd. 67.
[54] Vgl. ebd. 86.
[55] Burkhardt Liebsch, Vorwort in: Ricoeur, Rätsel der Vergangenheit 17.
[56] Vgl. Liebsch, ebd. 16 f.
[57] Vgl. ebd. 17.

ewigt, wie dies Carl Amery im globalen Lebensausschluss von Milliarden von Menschen in der Zukunft befürchtet? [58]

Ricoeur kennt die Ambivalenz solcher "Selektion": "Durch die Selektion der Erinnerung vollzieht sich also wesentlich die Instrumentalisierung des Gedächtnisses. Aber wie kann man einen guten Gebrauch von dieser gefährlichen Macht der Selektion machen?" [59] Alles spitzt sich also nicht etwa auf die Frage zu, ob Erinnerung oder nicht, sondern auf die Frage, um welche Erinnerung mit welchen Kriterien es sich handelt. Das ist der springende Punkt: Denn jede die gegenwärtige Unmenschlichkeit zementierende Erinnerung sollte eher, jedenfalls in diesem affirmativen Kontext, nicht erinnert werden. Die intersubjektiv angegangene Erinnerung ist also genauso ambivalent wie die Begegnung der Gegenwärtigen: Geschädigte und Nutznießer, Opfer und Täter gibt es in beiden Zeitbereichen. Hier wie dort entscheidet die Frage, wovon her, von welchen Inhalten und Personen her wir die Wirklichkeit wahrnehmen. Auf wen will ich hören und wem traue ich nicht? Was ist zu vergessen und welche Erinnerung ist nötig für eine bessere Zukunft? Und was ist "besser"?

Ricoeur nennt in dem Bestreben, die Wurzeln der eigenen Identität in der Dialektik von Tradition und Innovation aufrecht zu erhalten, "auch die Verletzungen, welche den Opfern durch den gewaltsamen Gang der Geschichte zugefügt worden sind. Man darf also nicht vergessen, um zweitens – und vielleicht vor allem – die Opfer der Gewalt in der Geschichte weiterhin zu ehren." [60] Und sofort benennt Ricoeur realistisch genug jenen Zusammenhang, der genau dieses Gedächtnis bedroht hat und immer wieder bedroht, nämlich den der jeweilig gegenwärtigen politischen Sozialformen und Verhältnisse. "In politischer Hinsicht kann es bedroht werden und ist auch bedroht worden, nämlich von den totalitären Regimen, die eine regelrechte Gedächtniszensur ausgeübt haben. Auf diese Weise besteht die Manipulation in einem pervertierten Gebrauch der Selektion; diese selbst wird dabei in den Dienst einer Umkehrung des Gebots gestellt, das gegen das Vergessen gerichtet ist." [61]

Ob also die Erinnerungsreflektion einem Gedächtnisgebrauch oder Gedächtnismissbrauch dient, zeigt sich daran, wie weit es der Verlust ist, der "die

---

[58] Vgl. Carl Amery, Hitler als Vorläufer. Auschwitz – Der Beginn des 21. Jahrhunderts, Darmstadt und Neuwied 1998.
[59] Ricoeur, Rätsel der Vergangenheit 111.
[60] Ebd. 112: Die erste Spur sieht Ricoeur darin, sich der "allgemeinen Zerstörung zu widersetzen, welche die Spuren selbst bedroht, die von den Ereignissen hinterlassen werden" (ebd.). Also schon der formale Akt des historischen Treibens hat in sich die Ethik, vergessbare und vernachlässigbare, also gefährdete Spuren zu retten. Inhaltlich setzt sich dieser formale Akt in der Gedächtnisrettung jener weiter, die in den historischen Spuren kein gerettetes Leben erfahren durften.
[61] Ebd. 112–113.

schwerste Erfahrung einer Eroberung der zeitlichen Distanz" darstellt.[62] Derartig ist dann auch die Verbindung "zwischen Erinnerungsarbeit und Trauerarbeit" herzustellen.[63] Den erkenntnistheoretischen Status dieses Einblicks formuliert Ricoeur folgendermaßen: "Die Tatsache ist nicht das Ereignis selbst, sondern der Inhalt einer Aussage, die darauf abzielt, dieses zu vergegenwärtigen."[64] Eben ein solches inhaltliches Engagement, das sich die historische Forschung der Ereignisse durchaus voraussetzt, kann seinerseits die kritische Wirkung beschleunigen, in der historischen Forschung (von Siegern und Mächtigen) gefälschte Berichte zu entlarven. Wer hier keinen inhaltlich orientierten Verdacht aufbringt, nimmt alles, was dokumentiert ist, allzu leicht als historische Tatsachenwahrheit auf.

Derart kann die Theorie der Geschichte "als ein Modus der Handlungstheorie aufgefasst werden".[65] Ricoeur beruft sich an dieser Stelle seiner Überlegungen auf den Begriff der "Intervention", wie ihn Georg Henrik von Wright entwickelt hat.[66] Im Gehege von Ursachen und Wirkungen, von Tatsachen und Ereignissen findet der handelnde Mensch Räume des Tun-könnens, in denen menschliche Intervention in Gang gesetzt werden kann, auch und gerade unter den strukturellen Bedingungen von geschichtlichen Gewordenheiten und Systemen. Intervention sei von daher als ein handlungstheoretischer Begriff verstanden, indem er zwischen der Praxis des Nachdenkens (auch des wissenschaftlichen Nachdenkens und Forschens) und der Praxis des darüber hinausgehenden sozialen und politischen Lebens eine Brücke schlägt. Derart wird das Nachdenken zum Vordenken für fällige Handlungsentscheidungen, die sich auf die Zukunft beziehen.

Gleichzeitig bezieht sich eine solche Intervention aber auch auf die Vergangenheit, deren Sinn für die Gegenwart nicht ein- für allemal feststeht, und zwar nicht nur auf der historischen Interpretationsebene, sondern auch im Verhältnis der Schuld zur Vergangenheit: "je nachdem, ob der Vorwurf den Schuldigen in das schmerzliche Gefühl des Unwiderruflichen bannt oder ob das Verzeihen die Aussicht auf eine Erlösung von der Schuld eröffnet, was einer Verwandlung des Sinns des Ereignisses selbst gleichkommt. Dieses Phänomen der Umdeutung auf der moralischen Ebene ebenso wie auf der des bloßen Erzäh-

---

[62] Ebd. 113.
[63] Ebd. 113.
[64] Ebd. 118: Selbstverständlich können auf historischer Forschungsebene Aussagen, die Tatsachen ausdrücken, wahr oder falsch sein. Sie sind in ihrem Forschungsbereich zu verifizieren. Dies ist die Voraussetzung jener Reziprozität zwischen der Konstruktion eines Ereignisses (auf der Basis historischer Forschung) und der Etablierung der Tatsache im Sinne der Überbrückung zwischen inhaltlichem Interesse der Gegenwart und dem vergangenen Ereignis.
[65] Ebd. 120.
[66] Georg Henrik von Wright, Erklären und Verstehen, Frankfurt/M. 1974 (London 1971).

lens lässt sich als ein Fall der Rückwirkung der Zukunftsorientierung auf die
Auffassung des Vergangenen verstehen." [67]

Eine sehr einschneidende Art dieser Rückwirkung wird vor allem durch
die soziale Offenheit Anderen und Fremden gegenüber ermöglicht und provoziert. Wenn Fremde daraufhin befragt werden, wie sie die eigene persönliche
und kollektive Geschichte sowie ihre bessere Zukunft in der Tradition bzw.
Erinnerung womöglich ganz anders als wir sehen, etwa aus der Perspektive
ihres eigenen benachteiligten Status innerhalb dieser Geschichte, dann verändert sich von dieser Kommunikation her auch die Erinnerung in ihrer Qualität:
"aber das weitaus Schwierigste ist und bleibt, diese Gründungsereignisse (der
eigenen kollektiven Identität, nach dem Kontext ergänzt O. F.) 'von den Anderen erzählen' zu lassen. Auf diese Ebene der kollektiven Identität müsste man
den Ausdruck 'das Selbst als ein Anderer' heben können." [68] Dies wiederum
auf die Ebene basaler Erfahrungen zu heben, ist ein Problem gegenwärtiger
Kommunikation und der Gestaltung des Sozialen.

Im Angesicht der Opfer

Der Beziehungsaspekt in der diachronen Begegnung des Erinnerungsprozesses wird um so brisanter, als sich die Qualität des jüdisch-christlichen Inhalts,
vor allem im Prisma der Katastrophen der Unmenschlichkeit im letzten Jahrhundert konzentriert nach der Dichotomie richtet, ob es sich um Erinnerungen
von Opfern oder von Tätern handelt, ob es sich um die Erinnerung von Menschen handelt, denen die Opfer gleichgültig waren, oder um solche, die sich
für sie mit dem Risiko, selbst Opfer zu werden, eingesetzt haben. Ich weiß,
habe in unterschiedlichen Kontexten erfahren und entgegnet bekommen, dass
die nicht mehr hintergehbare Welteinteilung zwischen Opfern und Tätern als
zu einfach empfunden wird. In der Tat ist sie zu einfach, aber nicht weil sie
nicht zuträfe, sondern weil sie zutrifft. Selbstverständlich *ist* das eine zu "einfache" Welteinteilung, wenn die Täter Opfer ausmachen und wenn die Opfer
in Ohnmacht den Tätern gegenüberstehen. Und diese Grunddichotomie reicht
bis in ihre weniger dramatischen und manchmal gar nicht auf den ersten Blick
erkennbaren Ausformungen. Dennoch ist gerade aus dieser Grunddichotomie
heraus den Anfängen zu wehren, indem aus ihrer kritischen Perspektive bereits
sogenannte normale Wirklichkeit rezensiert wird.

Elie Wiesel hat den Satz geprägt: "Nur die genaue Erinnerung stoppt den
Wahnsinn." Genau muss sie also sein, die Erinnerung an die Opfer und daran,
wie es dazu kam, dass sie Opfer wurden. Doch das Monströse, das wir dort

---

[67] Ricoeur, Rätsel der Vergangenheit 126.
[68] Ebd. 124.

wahrnehmen müssen, hat gerade in seiner Ungeheuerlichkeit eine gefährliche Wirkung. Man gerät dabei schnell in die Erinnerungsfalle: Das war so ungeheuer, dass es irgendwie weit von uns entfernt scheint, als hätte es nichts mit uns zu tun. Als stünden wir nur noch entsetzt gegenüber. Diese Abwehr, dieses Von-sich-Weisen ist für Elie Wiesel nicht genug. Mit Genauigkeit meint er noch etwas anderes: Das Grauen hat einen Anfang, der zivilisiert daher kommt, in angeblich wissenschaftlichen Werken und neuen Thesen, in leise aufkommenden Mentalitäten und in entsprechenden Handlungsbereitschaften, die sich erst im Nachhinein als Vorbereitung zum Ungeheuren identifizieren lassen.

Betrachten wir diese "Kleinigkeiten", die die große Katastrophe vorbereiten, dann kommt zum abwehrenden Entsetzen auf einmal ganz leise ein neues Entsetzen hoch, nämlich darüber, dass wir von solchen Kleinigkeiten immer noch oder schon wieder nicht allzu weit entfernt sind. Eine solche Genauigkeit schlägt auf uns selber zurück, sie trifft uns, in vergleichbaren Mentalitäten wie etwa, das gesunde und unbehinderte Leben totalitär über alles und damit gegen das nicht gesunde und behinderte Leben zu stellen, die Behinderung schon pränatal auszusortieren und parallel dazu schwächer werdendes altes Leben prämortal der anwachsenden Mentalität von Wertlosigkeit zu überlassen. Die Alltäglichkeit, in der sich das Schlimme vorbereitet, kann *uns* nicht mehr entschuldigen, denn wir wissen von dieser Erinnerung her, wohin so etwas führen kann. Deswegen sind ähnliche Gefahren wachsam zu sehen und deswegen sind auch entsprechende Anfragen zu stellen, die durchaus bereits unterstellen, dass das Angefragte möglicherweise schon der Fall ist. Ohne solche Unterstellungen kann aber nicht gefunden werden, was zu unterbinden ist. Denn die Zivilisationsdecke ist erschreckend dünn, besonders wenn die Ressourcen kleiner und die Verteilungskämpfe größer werden. Und die technischen Voraussetzungen und Instrumentarien sind raffinierter denn je. Sie stehen zur Verfügung und können das Grauen noch leiser durchführen. Ich bin kein Kulturpessimist und gerade deswegen darauf aus, solche Anfänge möglichst frühzeitig auszumachen und im Horizont einer möglichen Katastrophe zu markieren.

Wenn die genaue Erinnerung einen Sinn haben soll, dann können sich die Lebenden nicht vorschnell mit den Opfern und mit denen, die sich mit ihnen solidarisiert haben, identifizieren. Dies wäre genau jener blinde Fleck in der Wahrnehmung, der uns von vornherein unschuldig macht und damit blind werden lässt für das, was heute anfanghaft, aber möglicherweise nicht so weit von den damaligen Anfängen entfernt geschieht. Erst wenn wir derart in den ehemaligen Tätern und den sie ermöglichenden Strukturen unseren eigenen potentiellen, in der Zukunft möglichen Täterschaften und ihren jetzigen Anfängen ins Auge schauen, geben wir nicht nur Zeugnis für das, was geschehen ist, sondern auch handlungsorientiert gegen das, was wieder geschieht, damit nicht auch wir einmal Asche im Mund haben.

Genau muss sie also sein, die Erinnerung, auch und gerade dann, wenn sie sich kritisch gegen uns richtet. Genaue Erinnerung und Analyse der Gegenwart aus der Perspektive der damals und heute Betroffenen (und zwar als Opfer *und* als Täter) bedingen sich deshalb gegenseitig. Die Erinnerung verkommt sonst zu einer beruhigenden Inszenierung, einer punktuell erlebnishaften Vorführung, wenn sie nicht gleichzeitig dazu drängt, jetzt und in Zukunft das Erinnerte zu verhindern. Erst dann ist die Erinnerung genau genug, den Wahnsinn, genauer den normalen Wahnsinn gegen angeblich Wahnsinnige zu stoppen. Denn das liegt auf der Hand und wird auch erfahren: Wer so sogenannte kleine Anfänge im Horizont möglicher Katastrophen groß sieht, muss sich nicht selten den Vorwurf einhandeln, dass dies doch widersinnig sei, dass man so doch nicht vergleichen könne, ja bis zum Vorwurf, diesbezüglich paranoiden Vorstellungen zu verfallen.

Es gibt wohl keine tiefergehende theologische (vom eschatologischen Gericht her) wie auch vitalere lebenskritischere Unterscheidung der Widerspruchsanalyse sozialer Verhältnisse als die zwischen Opfern und Tätern. Dieses Paradigma ist die basale Differenzbasis aller Differenzen und aller Differenzierungen. Denn es ist letztlich die Grundantinomie von Leben und Tod, wobei die letztere in der Antinomie zwischen Opfern und Tätern um ihre Abstraktheit gebracht und unüberbietbar konkret gedacht wird. Die Lebens-, Leidens- und Widerstandspotenz menschlicher Existenz realisiert sich am Grund dieses Rivalitätsschemas.

Zugleich ist es dynamisch zu verstehen, beweglich also insofern, als die Opfer-Täter-Perspektive nicht statisch zu verteilen ist, sondern in den Personen wechselt und auch zwischen ihnen. Ohne allerdings abstreiten zu wollen, dass es Menschen gibt, die sich ganz dominant auf der Täter- oder Opferseite befinden.[69] Beweglich also auch insofern, als sich diese Unterscheidung nicht

---

[69] Zur Schwierigkeit, in Zuschreibung und Selbstidentifikation zwischen Opfer und Täter zu unterscheiden vgl. Fuchs, Klagepsalmen 275–290. Jedenfalls finde ich keine zutreffendere Kategorie, die angedeutete Dichotomie auszudrücken, als die Begriffe Opfer und Täter. Damit ist nicht in Frage gestellt, dass es oft schwierig ist, von dieser Kategorie her Wirklichkeit zu sehen und zu beurteilen. Wer bestimmt wie über den eigenen Opferstatus oder über den der anderen? Wie steht es mit der unmittelbaren Evidenz von Leid und Schmerz, die nicht wegzudiskutieren sind? Es kann auch nicht um eine Zementierung von historisch singulären Opferrollen geben, von denen aus permanente Täter- oder Opferrollen identifiziert werden. Opferideologien sind also gerade in diesem Zusammenhang gründlich zu vermeiden. Vor allem ist es wichtig, außerhalb extremer Zuschreibungs- bzw. Selbstbeanspruchungsnotwendigkeiten von Opfer- und Täteranteilen zu sprechen, in denen nicht die gesamte Tragik dieses Gegensatzes zum Tragen kommt, die aber dennoch in ihrer Dynamik zum Schlimmeren nicht zu verharmlosen sind. Immer wieder ist die jeweilige Situation anzuschauen und

nur auf seine brutalsten Ausformungen bezieht, sondern auch auf seine sogenannten alltäglichen Realitäten und "kleinen" Anfänge, die immer die Gefahr in sich haben, ins Brutale zu explodieren. An die "kleinen" Ausformungen dennoch die "große" Kategorie Täter-Opfer anzulegen, ist von elementarer erkenntnistheoretischer und handlungstheoretischer Notwendigkeit. Denn werden die Anfänge nicht erkannt, werden die Explosionen nicht verhindert. Möglicherweise ist die allenthalben feststellbare große Defensive gegen die Opfer-Täter-Perspektive letztlich eine Defensive gegen das "Martyrium", gegen das ganzheitliche Zeugnis in Wort *und* Tat, das fällig wird, wenn man sich in diese Dichotomie lebensmäßig hineinbegibt. Und kein Mensch kann wohl sagen, dass diese Dichotomie zu weit weg sei, als dass sie das eigene Leben treffen könne: in den ersten Entscheidungen, in denen auch eigene Nachteile hingenommen werden, wenn es um die Perspektive und um die Unterstützung benachteiligter Menschen geht. Das? Martyrium? kann füglich auch darin bestehen, sich lebenslang an etwas abzuschuften und die Hingabe in dieser Form des Standhaltens und Nicht-Flüchtens einzulösen. Wann das eine und wann das andere nötig ist, das dauerhafte Zeugnis und das abrupte, dafür gibt es kein Gesetz, sondern nur die von der Liebe Gottes und von der Berufung her getragene Entscheidung in einer bestimmten Situation. Dieses Wahrnehmungskriterium [70] von Geschichte, Gegenwart und Zukunft ist dem Christentum vom Kreuz her ein- für allemal eingeschrieben. Damit das Christentum diese Einschreibung im bevorstehenden Jahrtausend nicht abermals so katastrophal vergisst wie im letzten Jahrtausend, braucht es die Kultur der Erinnerung in der interaktiven Form eines das Leben und Leiden vergangener Subjekte ernstnehmenden Erinnerungsgeschehens.

Christen und Christinnen müssten eigentlich geschult sein, mit Opfer- und Tätererinnerungen umzugehen. Erinnern sie sich doch an Jesus von Nazareth als einem Opfer der Geschichte, auch an Jesus, wie er mit Sündern und Tätern (noch vom Kreuz her) umgeht. Leider wurde er aber allzu oft als Sieger hingestellt, so dass er als Opfer von Menschenverachtung und tödlicher Herrschaft vergessen wurde. Zur Beurteilung dessen, was geschehen ist und was heute geschieht, haben Christen diese elementare Erinnerung an einen, dessen Solidarisierung mit den Schwachen und Bedrängten ihn das Leben gekostet

---

von den Betroffenen her klären zu lassen, damit sich Opferrollen nicht fixieren und damit nicht unter der Hand nach veränderter Situation von den Opfern bzw. ihren Nachkommen her neue Täterverhältnisse durch ehemalige Opferidentifikationen legitimiert werden und so die Flucht vor der Verantwortung diesen gegenüber angetreten wird.

[70] Vgl. zu diesem Kriterium der Ganzheitlichkeit der Wahrheit und ihrer Wahrnehmung Ottmar Fuchs, Plädoyer für eine ebenso dissensfähige wie ebenbürtige Ökumene, in: Michael J. Rainer (Red.), "Dominus Iesus". Anstößige Wahrheit oder anstößige Kirche?, Münster 2001, 169 – 195, 176 ff.

hat. Denn er hielt es mit den Kranken, Verhaltensauffälligen und Abständigen, traute ihnen Wahrhaftigkeitsfähigkeit zu und interpretierte diese Praxis vom Willen Gottes her. Für ChristInnen hat diese Wahrnehmungsstruktur also einen christologischen Kern, insofern sich christliche Erinnerung in der Begegnung mit jenem Opfer der Geschichte ereignet, von dem der christliche Glaube annimmt, dass es sich um die Menschwerdung Gottes selbst gehandelt hat.

Diese ursprüngliche Erinnerung konstituiert ein durchaus, weil bislang in Vergessenheit geratenes, nunmehr neues Paradigma des Erinnerns: nämlich die die Erinnerung qualifizierende Frage, ob sie sich von der Unterscheidungskraft zwischen Opfern und Tätern leiten lässt und wie diese inhaltliche Intention den Erinnerungsprozess selbst zu gestalten hat. Diese Erinnerungsbeziehung konstituiert sich nämlich umso mehr nicht nur vom Inhalt her, sondern von dem Beziehungsaspekt, als sie sich strikt hütet, die Opfer in der Erinnerung ein zweites Mal zum "Objekt" zu machen, sei es durch empathielose Versachlichung, sei es durch unzutreffende Identifikationen. Von daher sind die Erfolgs- und Sieger-Erinnerungen jener Personen umzuwerten, von denen man weiß oder annehmen muss, dass sie sich faktisch auf der Täter- bzw. Gleichgültigenseite befunden haben. Es sei denn, man begreift deren Erinnerung als Begegnung mit den Sündern (nicht mit den Siegern), in der die Gegenwärtigen ihre eigene Potentialität oder Realität des Bösen entlarven und entdecken! Die Qualität erinnerter Inhalte ergibt sich demnach nicht nur über die Semantik, sondern über die jeweils zu erzählende und erzählbare Pragmatik, die diese Semantik hervorgebracht hat: Wer hat welche Worte gesagt? Es macht selbst noch bei gleichen Worten einen fundamentalen Unterschied aus, was damit jeweils faktisch legitimiert wird und wer sie auf wessen Kosten bzw. zu wessen Nutzen sagt.

So geht es darum, die Weltgerichtsrede Mt 25 (... ich war krank und ihr habt mich nicht besucht ...) nicht nur synchron in Bezug auf die Lebenden zu verstehen, sondern auch diachron in Bezug auf die bedrängten Subjekte der Vergangenheit. Auch in ihnen begegnet der in der Geschichte sich mit den Leidenden identifizierende Christus. Aus christopraktischer Perspektive ist füglich nicht nur eine mentale, sondern auch materiale Hermeneutik der Erinnerung in den Blick zu nehmen. Und gerade aus dieser Perspektive ist es eine Erinnerung nicht nur an die Opfer, sondern auch an die Täter: Denn in der Weltgerichtsrede werden auch sie genannt. Die Suche nach denen also, die Christus vormals nicht in den Opfern in der Vergangenheit erkannt haben, mobilisiert eine für die Gegenwärtigen gefährliche Erinnerung, nämlich die, sich in diesen so zu erkennen, wie es ihrer diesbezüglichen gegenwärtigen Situation entspricht. Die eschatologisch orientierte Erinnerung von Mt 25 kann also gar nicht anders als aus diesem Widerspruch heraus die jeweilige Vergangenheit zu sehen und zu beurteilen. Die intersubjektive Manifestation der Begegnung mit leidenden Menschen in der Vergangenheit könnte beispielsweise darin zu finden sein, dass die Klagepsalmen diachron gebetet werden, insofern in ihnen die Opfer der Vergangenheit gehört werden und man sich gleichzeitig selber versagt, als potentielle Täter diese Klagepsalmen in eigener unmittelbarer Identifikation zu beten.[71]

Möglicherweise sind dann auch unsere Sozialformen, in denen Christen und Christinnen die Bibel miteinander lesen (wie etwa in Bibelkreisen) genauer und vielleicht auch kritischer zu betrachten: Inwiefern sie von der angesprochenen Dichotomie zwischen Opfern und Tätern her die biblische Botschaft auch auf sich zukommen lassen oder ob allzu schnell das eigene Ich in die Texte einsteigt, um sie für die eigene Welt zurechtzulegen, anstatt auf sich selbst das entsprechende "Gericht" über Schuld und Sünde zukommen zu lassen.[72]

Schuldsensibel und Umkehrbereit: im Angesicht der Täter

Ein schlimmes Missverständnis dieses Zusammenhangs läge selbstverständlich darin, dass die Gegenwärtigen nur dem angesprochenen "guten" Personenkreis in der Vergangenheit begegnen möchten, um sich gewissermaßen auch im eigenen Leben auf deren Seite zu schlagen, auch wenn es der eigenen Wirklichkeit und Angefochtenheit gar nicht entspricht. So war es eines der Grundprobleme der deutschen Erinnerung in den 50er und 60er Jahren, dass sich die meisten Deutschen fast kollektiv nur mit den Opfern und Widerstandspersonen und Gruppen des Nationalsozialismus "im Nachhinein" identifiziert haben, um damit ihre eigenen (bzw. ihrer Väter) Täteranteile in die Vergessenheit abzudrängen, was zur Folge hatte, dass sie ihre gleichzeitigen Täteranteile bezüglich der lebenden Opfer in der eigenen Gesellschaft bzw. in anderen Erdteilländern nicht wahrnehmen konnten. Man muss also die innere Struktur dieser subjektbezogenen Erinnerung genau betrachten, um nicht in diese Falle zu laufen und andere in diese Falle zu führen. Denn wer die Begegnung mit den Opfern in der Vergangenheit riskiert, kann sich dabei gerade nicht einfach herausnehmen, sich mit *ihnen* zu identifizieren. Ganz im Gegenteil: Er lernt, dass er gerade nicht auf ihrer Seite steht, indem er sich analytisch in Bezug auf seine eigenen Täteranteile (seien sie aktueller oder potentieller Art) mit den erzählten Tätern "identifiziert". Gerade wenn man die geschichtliche Erinnerung als Opferbegegnung rekonstruiert, ist es unerlässlich, dass in genauso präziser Weise die jeweiligen Täter und ihre Taten miterinnert werden, und zwar als

---
[71] Vgl. dazu Fuchs, Klagepsalmen 267.
[72] Vgl. O. Fuchs, Die Buße im Horizont des Jüngsten Gerichts – ein vergessener Zusammenhang, in: A. Bauer Hgg.), Doch bei dir ist Vergebung, Ostfildern 2000, 13–34.

permanenter Spiegel, um die eigene Aktualität und Potentialität zum Bösen darin zu argwöhnen und möglicherweise auch zu erkennen.

Im Babylonischen Exil Israels geschah interessanterweise so etwas wie eine Selbstidentifizierung mit den Tätern: indem die Schuld der eigenen Väter gegenüber Jahwe aufgedeckt und definiert wurde. So benennen die Klagelieder die Schuld Israels, heben sie in das Bekenntnis der jetzt Lebenden, indem diese sich mit ihren eigenen Vorfahren auf der gemeinsamen Täterseite wahrnehmen. So plädiert das deuteronomistische Geschichtswerk für eine "Bewältigung durch Lernen aus der Geschichte", indem Israel erkennt, untreu geworden und sich anderen Göttern zugewandt hat.[73] Das zukunftsorientierte Interesse dieser Erinnerung liegt auf der Hand, nämlich dass wieder neue Hoffnung ermöglicht wird, und zwar dadurch, dass Israel sich nun nicht mehr von Jahwe abwendet und nicht mehr die Botschaft der Propheten überhört. "Wenn Israel sich Jahwe zuwendet, dann kann es eine neue, veränderte Zukunft geben – dann kann Israel Schutz vor seinen Feinden erfahren, im Land wohnen, versammelt um den Jerusalemer Tempel."[74] Um der offenen Zukunft willen also ereignet sich die Identifikation mit den Tätern und die daraus mögliche und nötige Umkehr und Buße. Ezechiel ist es, der diese Botschaft in die Kategorie des Gerichts Gottes bringt und ihr von daher eine um so schärfere theologische Qualität und Brisanz zukommen lässt.[75] Das Gericht trifft die Sünder und Täter, zugleich eröffnet es in seinem Rücken die neue Ansage für das Heil und für einen neuen Anfang.

Auch wenn man heute in der westlichen Erlebnisgesellschaft und damit auch in Deutschland nicht von einem Exilsleiden sprechen kann, das solche Überlegungen freisetzen könnte, auch wenn genauestens bewusst bleibt, dass es sich hier im Exil um die Reaktion von Opfern handelt, die nicht ohne weiteres auf die Erinnerungsarbeit im Lande der Täter übertragbar sein kann, darf eines dennoch auch für die Erinnerung der Täter und ihrer Nachfolger wichtig genommen werden: Sofern sie sich selbst in ein Sühneleiden bezüglich der eigenen Väter hineinbegeben (das aber nicht zu vergleichen ist mit dem Leiden der Opfer und ihrer Nachkommen), sind auch sie dazu fähig, in analoger Identifikation mit den Tätern sich auf den Weg der Umkehr zu machen und eine neue Zukunft in den Blick zu nehmen bzw. vom Interesse einer menschlicheren Zukunft her die Erinnerung zu gestalten.

Interessant ist in diesem Zusammenhang allerdings, dass sich nicht nur die Täter, sondern auch die Opfer (und ihre jeweiligen Nachkommen) nicht auf Unschuldigkeit berufen, was allerdings die Diastase zwischen Opfer und Tä-

---

[73] Vgl. Ursula Struppe, Exil – Krise als Chance, in: Bibel und Kirche 55 (2000) 3, 110–119, 113 (bezüglich der Klagelieder), 115 (Zitat).
[74] Ebd. 117.
[75] Vgl. ebd. 117 f.

ter in keiner Weise überbrückt oder verkleinert. Denn inwiefern die Opferseite die Erfahrungen des eigenen Leidens mit der eigenen Schuldgeschichte in Verbindung bringt, ist eine Frage ihrer eigenen Identität und kann auf keinen Fall auf Grund einer Zuschreibung von außen, und schon gar nicht der Täter geschehen, womit sie sich dann noch als Werkzeug Gottes legitimieren könnten. Stefan Schreiner hat diesen Tatbestand genauestens herausgearbeitet: Mit Rekurs auf Jacob J. Petuchowski hat das Judentum niemals akzeptiert, dass es geschichtlich gelitten habe wegen der Sünden, die ihnen von christlicher Seite vorgeworfen wurden. Vielmehr rekonstruiert Israel die geschichtlichen Leiden im Kontext ihrer ureigenen Gottesbeziehung und damit ihrer eigenen Identität: Bezüglich des Exils als Sühne, als Ruf zur Buße und zur Umkehr in der Behauptung der Identität Israels selbst.[76]

So verbindet sich in der biblischen Botschaft die Erinnerung mit einer ganz spezifischen, nämlich schuldsensiblen Täteridentifizierung, um für die Zukunft eine solche Täterschaft durch Prozesse der Umkehr und der Buße einzudämmen bzw. nicht mehr aufkommen zu lassen. Die Schuld selbst wird in der Schuld der Väter aufgedeckt und darin definiert. Zugleich geschieht von daher ein Ansprechen der Lebenden: Fallt nicht in diese Sünde, was voraussetzt, dass ihr jederzeit dieser Gefahr ausgesetzt seid. So wird die eigene Tätergefahr aufgedeckt, und es kann davor gewarnt werden. Die Selbstverdächtigung als Sünder provoziert die Umkehr und die Umkehr vermittelt handlungsbezogen zwischen Erinnerung und Zukunft. Die Erinnerung als solche provoziert noch keinen Prozess der Buße und der Umkehr. Wer nicht prinzipiell umkehrwillig in die jüdisch-christliche Erinnerung einsteigt, hat nichts mit ihr zu tun, weil er sie sonst zur Ästhetisierung oder Stabilisierung seiner eigenen unangefochtenen "Gutheit" missbraucht. "Gefährlich" kann dann die Erinnerung nie werden, weil sie für nichts mehr gefährlich ist: Sie gefährdet weder die bisherigen Einstellungen und Bilder zur Wirklichkeit, sie gefährdet nicht die tatsächlichen oder schlummernden Täteranteile; hochgefährlich wird eine solche Erinnerung allerdings für all diejenigen, die sich in der Gefahr des Geopfertwerdens befinden, weil niemand mehr auf die Idee kommt, sich in Bezug auf diese als faktische oder mögliche Täter zu identifizieren.

Die Identifikation mit den Tätern ist ebenso notwendig wie sie problematisch ist. Sie ist notwendig, weil sie verhindert, sich vorschnell und ohne genauere Analyse der eigenen Situation mit den Opfern zu identifizieren, seien sie in der Vergangenheit, seien sie in der Gegenwart. Identifikation bedeutet hier, dass sich die erinnernden Personen mit ihren wirklichen oder potentiellen Täteranteilen, die sie in der Konstellation ihres eigenen Lebens bereits inne-

---

[76] Vgl. Stefan Schreiner, Galut oder Vom Sinn des Exils, in: Bibel und Kirche 55 (2000) 3, 147–151, 148 f., 151.

haben könnten, im Licht der Täter wahrnehmen und gleichsam mit diesem Vergrößerungsglas die Gefahren eigenen und künftigen Täter-Seins zur Projektion bringen. Entscheidend für diese Identifikation ist allerdings, dass dies aus jener Haltung geschieht, die in der Bibel als die Haltung der Buße und der Umkehr der Sünder und Sünderinnen beschrieben wird, nämlich sich selbst als wirkliche und potentielle Sünder und Sünderinnen wahrzunehmen und von daher sich der Wirklichkeit des Reiches Gottes konkretions-, veränderungs- und damit handlungsbezogen zu öffnen. Genau hier liegt aber auch das Problem.

Denn erst diese schuldfähige Haltung der Umkehr ist eine elementare Bedingung, ist ein unerlässliches Vorzeichen dafür, dass man in der Identifikation mit den Tätern nicht der Faszination des Bösen erliegt und sich derart mit ihnen identifiziert, dass man selber zu Tätern wird. Schuldsensibilität aber scheint in einer Gesellschaft, zumindest in bestimmten Bereichen, wo eher der Unschuldswahn vorherrscht, keine nachvollziehbare Haltung zu sein. Wo aber dafür keine soziale Erfahrung vorhanden ist, kann die Erinnerung durchaus vollzogen werden, aber so, dass sie die jeweils eingeübten sozialen Haltungen, wie die permanente Beschuldigung anderer, die Ausgrenzung Nicht-Dazugehöriger und Chauvinismus, bestätigen. Die Tatsache der Erinnerung allein kann also noch nicht beruhigen, wenn nicht klar ist, in welche sozialen Zusammenhänge hinein das Erinnerte rezipiert und exzerpiert wird.

Die Notwendigkeit der Identifikation mit den Tätern erweist sich als ausgesprochen heikel, weil sie letztlich immer diese Ambivalenz in sich birgt. Wenn zum Beispiel Schüler und Schülerinnen auf die Wachtürme von Konzentrationslagern steigen, dann erleben sie auch das Gefühl von Herrschaft und Unterwerfung von oben nach unten. Deswegen ist im Bildungsbereich dafür zu sorgen, dass die Identifikation mit den Tätern aus der Perspektive der Opfer selbst geschieht, um zu verhindern, dass man sich unbesehen mit den Opfern identifiziert und die eigenen Täteranteile nicht mehr sieht, und um zu ermöglichen, in der Identifikation mit den Tätern die eigenen Potenzen, Opfer zu produzieren, wahrzunehmen. Ansonsten bliebe die Erinnerung, würde sie sich nur mit den Opfern identifizieren, bezüglich der Gegenwart und Zukunft relativ konsequenzlos. Weil es ja dann nichts zu verändern gibt, wenn man sich selber auf die Opferseite geschlagen hat; weil es dann vielmehr möglich ist, anderen den "schwarzen Peter" zuzuschieben, wo man selber genauer hinschauen müsste, und diese so zu behandeln, dass sie gerade jene, die sich allzu leichtfertig mit den Opfern identifizieren, als Täter von Missachtung und Ungerechtigkeit erfahren.

In Sühne für das Nicht-zu-Vergessende und im Erschrecken

Oder ist es vielleicht besser, die Täter und ihre Taten ganz zu vergessen, ihnen überhaupt keine Erinnerung zu gönnen und sie damit und mit ihnen das Böse endgültig zu begraben? Ja wenn dies so einfach wäre, diese Vorstellung, als sei das Böse nicht jeder Gegenwart präsent und müsse immer je neu bekämpft werden, wofür gerade die Erinnerung an die Täter die entsprechende Wachsamkeit vermitteln könnte. Diesen Unschuldswahn kann man sich wohl ebenfalls sparen.

Jan Assmann hat im Anschluss an Dtn 25,17–19 die unauflösbare Spannung zwischen Vergessen und Nichtvergessen bezüglich des Bösen eindrücklich beim Namen genannt. Amalek hat Israel auf dem Weg beim Auszug aus Ägypten den Schluss des Zuges und damit die Schwachen darin erschlagen. Jahwe fordert Israel auf, dass es die Erinnerung an Amalek auslöschen solle unter dem Himmel und fügt hinzu: "Das sollst du nicht vergessen!" Assmann qualifiziert dies als die Paradoxie des Amalek-Gebots: Vergiss nicht, zu vergessen, erinnere dich, die Erinnerung auszulöschen! [77] Von daher formuliert Assmann die Erinnerungsaufgabe in Deutschland als eine einzigartige in folgender Hinsicht: "Auch hier geht es darum, Amalek nicht zu vergessen und zugleich seine Erinnerung unter der Sonne zu tilgen, wobei aber, und darin beruht das Einzigartige dieser Erinnerung, mit Amalek nicht das fremde, sondern das eigene Verbrechen gemeint ist."

Da die Toten tot sind und es niemanden gibt, der "in ihrem Namen einen Schlussstrich ziehen und die Täter und ihre Rechtsnachfolger aus ihrer Schuld entlassen kann", kann es kein Vergessen und keinen Schlussstrich geben. "Worauf es ankommt, ist, diese Schuld anzuerkennen und eine Erinnerungskultur auszubilden, die diese Anerkennung deutlich, dauerhaft und verbindlich zum Ausdruck bringt. So etwas hat es in der Geschichte noch nicht gegeben, und es gibt keine Modelle und Rezepte, wie die furchtbarste Erfahrung kollektiver Verschuldung in lebbaren Formen kollektiver Erinnerung umzusetzen ist." [78] Dieses Nichtvergessen des absolut Vergessenswürdigen beinhaltet vom Vergessensverbot her eine ganz bestimmte Option: nämlich es nicht mehr geschehen zu lassen, damit künftige sich daran nicht mehr in dieser paradoxen Form erinnern müssen.

Der Begriff der Sühne erlangt in diesem Zusammenhang eine spezifische Brisanz. In seinem ebenso präzisen wie einfühlsamen Blick auf Albert Schweitzer bringt Stefan Zweig einen analogen Zusammenhang ins Wort: "Aber um seiner höchsten Tat willen, um jenes Spitals, das er aus rein mensch-

---

[77] Jan Assman: Re-Membering – Kollektives Gedächtnis und jüdisches Erinnerungsgebot, in: Michael Wermke, Die Gegenwart des Holocaust, Münster 1997, 23–46, 23 f..
[78] Ebd. 45.

licher Aufopferung, einzig um eine europäische Schuld zu sühnen, im Urwald von Afrika ganz allein, ohne irgend eine staatliche Hilfe gegründet und geschaffen, um dieser einzigartigen und beispielgebenden Selbstpreisgabe willen liebt und bewundert ihn jeder, der um das Menschliche weiß ... "[79] So will Schweitzer nach Zweig "für seine Person jenes ungeheuere, unsagbare Unrecht sühnen, das wir Europäer, wir, die angeblich so kulturelle weiße Rasse, an den schwarzen Erdteil seit hunderten Jahren begangen haben. Würde einmal eine wahrhafte Geschichte geschrieben werden, was die Europäer an Afrika verbrochen ..., dann würde eine solche historische Aufstellung eines der größten Schandbücher unserer Rasse werden und unser frech getragenes Kulturbewusstsein für Jahrzehnte zur Bescheidenheit dämpfen. Einen winzigen Teil dieser ungeheuren Schuld will nun dieser eine religiöse Mensch mit dem Einsatz seiner Person bezahlen durch die Gründung eines Missionsspitals im Urwald ... "[80] – Hätte es diese Einsicht Stefan Zweigs im *kollektiven* Bewusstsein des deutschen Volkes damals gegeben, hätte es auch die Schoa niemals gegeben.

Zweig macht hier auf eine wichtige Unterscheidung aufmerksam: Es geht nicht darum, den Nachgeborenen irgendeine mehr oder weniger kollektive Schuld am Geschehenen zuzuschreiben, sondern darum, dass sie sich in die Sühneverantwortung hinein begeben, die darin besteht, dass vergangenes Leiden niemals ungeschehen gemacht werden kann und dass jedes Handeln, das in irgend einer Weise wieder etwas "gut" machen will, sich nicht mehr auf die ursprünglichen Opfer beziehen kann, sondern sich neue gefährdete Adressaten und Adressatinnen sucht. Bei Albert Schweitzer ist der Handlungsdrang so stark, dass er derart sein Leben verändert und sich, wie Stefan Zweig sagt, für diese Sühne und damit für die jetzt Lebenden, die seine Hilfe nötig haben, "aufopfert". Die Sühne verbindet so die solidarische Erinnerung der Vergangenheit mit dem solidarischen Handeln in der Gegenwart. Und der Handlungsdruck für die Gegenwart zeigt sich um so stärker und bekommt um so mehr Schubkraft, als dahinter das Leiden daran steht, dass den vergangenen Opfern endgültig nicht mehr geholfen werden kann. Sicher ist hier etwas Kompensatorisches am Werk, das aber buchstäblich notwendig ist für die Gegenwart und für die Zukunft.

Die sühnebereite Identifikation mit den Tätern ist das krasse Gegenteil zu jener Identifikation mit den Tätern, wie sie die rechtsextreme Szene durchführt: nämlich sich mit den vergangenen Tätern des Fremdenhasses und des Antisemitismus so zu identifizieren, dass man jetzt zu deren linearer Verlän-

---

[79] Stefan Zweig: Unvergessliches Erlebnis, in: Ders./Jacques Feschotte/Rudolf Grabs, Albert Schweitzer. Genie der Menschlichkeit, Frankfurt/M. und Hamburg 1961, 9–19, 11.
[80] Ebd. 12–13.

gerung in die Gegenwart hinein wird. So geht es bei der Identifikation mit den Tätern selbstverständlich nicht um diese Verlängerung, sondern um ihre Unterbrechung. So selbstverständlich dies scheint, so wichtig ist es, diese Selbstverständlichkeit unbedingt beim Namen zu nennen: Damit die versuchsweise Identifikation mit den Tätern nicht zur Versuchung zum Tätersein, sondern zum existentiellen Erschrecken über sie führt, so dass mittels der eigenen Existenz ihre destruktive Dynamik unterbrochen wird.

Eine andere Frage wage ich in diesem Zusammenhang zu stellen, allerdings wirklich nur als Frage, die hoch differenziert und sensibel zu beantworten ist. Nämlich kann die Identifikation mit den Tätern auch so etwas wie eine kathartische Wirkung haben? Und zwar bezüglich der Anfälligkeit zum Bösen hin und zu seiner Faszination, der Anfälligkeit für Grausamkeit und Vernichtung? Wer einmal mit Erschrecken erlebt hat, dass er oder sie selber all die Gefühlspotenzen des Hasses und der Zerstörungswut in sich hat, kann vielleicht erahnen, was ich hier meine. Nämlich dass die Identifikation mit den Tätern in uns jene menschenverachtenden und destruktiven Anteile erlebnishaft frei legt, so dass wir erschrecken vor dem Monster in uns selbst. So etwas kann natürlich nur in dynamischen bzw. therapeutischen Gruppenkontexten geschehen. Denn sonst ist die Gefahr zu groß, dass das Monster selbst zum Leben erweckt wird, traditionell gesprochen, dass der Teufel selbst Herrschaft gewinnt. So ambivalent diese Art von Identifikation mit den Tätern sein mag, so ist doch auch nicht von der Hand zu weisen, dass sie in eingebetteten sozialen Kontexten so sehr das Erschrecken vor der eigenen, oft nicht wahrgenommenen Potentialität zum Bösen vitalisiert, dass dieses traumatische Erlebnis im Ernstfall tatsächlich davor bewahrt, diesen Anteilen zu verfallen.

Doch müsste dieser Gedanke im Austausch mit entsprechenden humanwissenschaftlichen, vor allem sozial- und tiefenpsychologischen Konzepten und Erfahrungen genauer diskutiert und einer möglichen Gestaltung mit der Nennung der entsprechenden sozialen Bedingungen zugeführt werden. Hier wäre auch über jene Prozesse der Identifikation nachzudenken, die in der Rezeption von Theaterstücken und Romanen in entsprechenden Identifikationen und Gegenidentifikationen abläuft. Die diesbezügliche Rezeptionsästhetik hat eigene Erfahrungen und könnte zusätzliche Erweiterungen und Präzisierungen konzipieren, wenn es um die versuchsweise Identifikation des Publikums mit unterschiedlichen erzählten oder dargestellten Figuren geht und was sie dabei erfahren und wie sie sich darin modellieren. Solche Identifikationen bezögen sich dann nicht nur auf die "guten" Figuren, sondern im Austausch auch auf alle anderen. Interessant wäre sicher auch, Schauspieler und Schauspielerinnen zu befragen, wie sie sich in diesen Rollen erfahren und was dabei in ihnen geschieht. Von daher wird aber nochmals um so mehr deutlich, dass es soziale

Bildungskontexte geben muss, in denen solche Erfahrungen eingebettet sind und derart ermöglicht und besprochen werden können.

All diese versuchsweisen Identifikationen mit den Tätern im Kontext der persönlichen Haltung bzw. des sozialen Zusammenhangs, die auf das Erschrecken [81] angelegt sind, könnten Hemmungen dafür bereithalten, wenn wieder einmal eine Situation eintreten sollte, in denen das Böse und die Zerstörung anderer Menschen nicht mehr mit Sanktionen belegt, sondern womöglich noch ideologisch legitimiert sein sollte. Denn das ist ja das erschreckende Grundproblem der Menschheitsgeschichte, dass immer dann, wenn Menschen erlaubtermaßen böse sein können, dieses Böse mit einer ungeheuren Vitalität und Kraft durchschlägt, so sehr, dass es nicht mehr "nur" um die Vernichtung der Gegner geht, sondern um ihre abgrundtiefe Qual, die als solche sogar die Rationalität des Bösen unterläuft. Dass das Irrationale des monströsen Bösen nicht ausbricht, dafür braucht es wohl vorsichtige therapeutische und kathartische Prozesse, wie ich sie im Komplex der Identifikation mit den Tätern anzudeuten versucht habe. Sie könnten Hemmschwellen hochlegen, die auch beim Einbruch der dünnen Zivilisationsdecken noch wirksam sind.

Aus der Perspektive potentieller Tatschuld im Eschaton

Die Frage nach der Identifikation mit den Tätern beinhaltet noch einen weiteren Aspekt, den ich hier den eschatologischen nennen will. "Versteht" man/frau Gott als die Summe aller denkbaren und nicht denkbaren Möglichkeiten, nicht nur alles in allem Wirklichen, sondern alles in allem Möglichen, [82] dann lässt sich diese Annahme auf der Seite der Menschen folgendermaßen rekonstruieren:

Wenn Gott in dieser Weise im Gericht auf uns zukommt, erfüllt sich die Gerechtigkeit nochmals in einer anderen, zusätzlichen Weise: nämlich nicht nur mit dem Gericht über die wirklichen Taten, sondern mit der Entwirklichung des gewordenen "Zufalls", insofern auch etwas anderes hätte wirklich werden können: [83] durch andere Kontexte, Erfahrungen usw. Es gab und gibt

---

[81] Zur Kategorie des Erschreckens in diesem Zusammenhang vgl. Johann Baptist Metz, Im Eingedenken fremden Leids, in: Ders./J. Reikerstorfer/J. Werbick, Gottesrede, Münster 1996, 3–20, 16; Ottmar Fuchs, Es wird uns leid tun! Plädoyer für eine Schärfung des Glaubens im Horizont der Solidarität, in: N. Mette/L. Weckel/A. Wintels Hgg.), Brücken und Gräben, Münster 1999, 191–204.

[82] Vgl. dazu Michael Welker, Universalität Gottes und Relativität der Welt, Neukirchen-Vluyn 1981; Rainer Bucher, Nietzsches Mensch und Nietzsches Gott. Das Spätwerk als philosophisch-theologisches Programm, Frankfurt ²1993, 268 ff.

[83] Diese Entwirklichung trifft nicht die Tat. Denn was getan wurde, wurde getan und was nicht getan wurde, wurde nicht getan. Sie bezieht sich vielmehr strikt auf den diesbezüglich irrealen Konjunktiv von Menschen, die möglicherweise anders gehandelt hätten, wenn sie aus

gläubige Menschen, auch offizielle Heilige, die sich nicht nur mit den Leidenden identifizieren, sondern auch mit den Tätern, insofern sie, sensibel genug, von sich selber sagen: Sie hätten, unter anderen mit denen der Täter vergleichbaren Umständen möglicherweise ebenfalls Schlimmes bis Schlimmstes getan. Jedenfalls erschreckt sie die Vorstellung, dass sie nicht ganz sicher sein können, nicht entsprechend anfällig gewesen zu sein. So steht den Menschen ein Erschrecken vor den eigenen dunklen Möglichkeiten an, deren Realisierung ihnen aus bestimmten Gründen "erspart" blieb: Weil es keine kontextuellen Zwänge oder Versuchungen gegeben hat, die die Realisierung aktiviert hätten.

Unser Gedankengang hat noch einen anderen Aspekt: Gerade wenn sich Menschen in die Solidarität, Barmherzigkeit und Diakonie hineinbegeben, gelangen sie eben darin in die Gefahr gesteigerter Schuldfähigkeit. Die Betroffenen kennen zutiefst diese Ambivalenzerfahrungen. Sich der Diakonie aussetzen bringt eine erhöhte Sündenpotentialität,[84] zum Beispiel gegen aggressive Dauerkranke in der eigenen Wohnung usw. Wer mit schwierigen Menschen leben muss, kommt gesteigert in die Gefahr der Schuld bis hinein in die geheimsten Vernichtungswünsche. Insofern sie es einem schwer machen, gut zu sein: Dieser Gedanke gilt nicht als Defensive, nicht als Entschuldigung der Untaten, sondern soll die wirkliche Belastung in den Blick bringen, jenes aufreibende Dauergemisch von Mitleid und Aggression! Dann erst wird das erbsündliche Dilemma in seiner ganzen Tiefe ausgelotet, nämlich in jener Bereitschaft zum Bösen, der alle ausgeliefert sind. Gerade in diesem Horizont darf man umso weniger die vergessen, die in widrigen Situationen gut bleiben bzw. werden. Sie aber wissen gerade dann, was dies kostet, so sehr, dass sie es umso mehr im Horizont Gottes als Gnade erfahren, so "stark" im Guten gewesen zu sein.

Andere Menschen haben es dagegen leicht, nämlich von ihrer behüteten Situation und von guten und unkomplizierten Mitmenschen her, gut zu sein. Dieser Tatbestand muss als Integral in die ethische Beurteilung einfließen. Allerdings ohne die Tatebene zu relativieren. Denn der Schmerz der Opfer wird

---

anderen Kontexten gekommen wären (was aber definitiv nicht der Fall war). Im Eschaton hat dieser Konjunktiv allerdings eine eigene Wirklichkeitsmacht, nämlich die des Einbezugs aller Faktoren, die einen Täter zum Täter haben werden lassen bzw. einen anderen davor bewahrt haben. Übrigens: Auch Opfer sind prinzipiell von dieser Potentialität nicht ausgenommen, als wäre es ihre moralische Leistung, Opfer geworden zu sein. Wer das Opfersein an die Unschuldsunterstellung knüpft, ist immer in der Gefahr, nicht unschuldige Menschen dem Opferstatus auszusetzen. Vielmehr bestehen die Überlebenden der Opfer vehement darauf, dass sie weder vorher noch nachher unschuldig waren bzw. sind. Auch das Leid hat sie in der Regel nicht besser gemacht. Es müsste ja sonst als Besserungsanstalt dienen dürfen. Unschuldig sind sie indes in Bezug auf das Leid, das ihnen zugefügt wurde. Das haben sie in keiner Kategorie verdient.

[84] Denn wer das diesseitige Elend nicht bekämpft, kommt in die Gefahrenzone der Gerechtigkeit Gottes. Und wer es bekämpft, bleibt auch darin nicht unschuldig. Die Täterpotentialitäten hören in diesem Aeon niemals auf.

nicht leichter dadurch, dass die Täter böse werden "mussten". Dennoch muss die angesprochene Potentialität um der Gerechtigkeit willen in den Blick kommen. Denn es ist eine Frage der Gerechtigkeit, dass die Guten nicht über die Täter triumphieren (parallel dazu, dass die Täter nicht über die Opfer triumphieren). Dazwischen steht der erschreckende Konjunktiv, der den Indikativ wackeln lässt, ihn um seinen Selbstruhm bringt. Siegerbewusstsein der Guten ist nicht am Platze. Als potentielle Täter werden sie wohl für die Rettung der faktischen Täter eintreten: Dass es bei ihnen Gnade ante factum war und dass die Täter jetzt diese Gnade post factum nicht vorenthalten bekommen.

So gibt es gerade bei den Heiligen immer wieder die Einstellung: Lieber selbst, obgleich relativ unschuldig, als Schuldige verdammt sein, als dass Täter verdammt sein müssen. So weit geht dann im Eschaton die Sym-pathie, das Mitgefühl mit den Tätern, nicht um sie zu verharmlosen und sie zu therapeutisieren, sondern um in der eigenen Existenz die abgrundtiefe Macht des Bösen zu erspüren. Ein solcher Vorgang besitzt wohl auch eine christologische Tiefe, nämlich in dem karsamstäglichen Abstieg in die Hölle der Täter, der Verlorensten. "Denn er hat den, der von keiner Sünde wusste, für uns zur Sünde gemacht ... " (2 Kor 5,21). Derart ist er, selbst zwar ohne Sünde, dennoch wie der letzte Sünder, an die Seite der letzten Sünder in die dunkelste Tiefe abgestiegen, um ihnen erfahrbar zu machen, dass auch der Verlorenste noch von Christi Solidarität überholt wird.[85]

An dieser Identifikation Christi mit den sündigsten Menschen wird zudem deutlich, dass es sich in keiner Weise um eine Angleichung, sondern um eine Solidarisierung handelt, jedoch in den existentiellen Konsequenzen so verwechselbar, wie es der zweite Korintherbrief formuliert, nämlich dass er so weit in die Hölle absteigt, wie der letzte Sünder absteigen musste, ja als wäre er noch ein darüber hinausgehend schlimmerer Sünder, weil er auch diesen letzten nochmals nach unten zu überholt. Was hier nur eine äußere Verwechselbarkeit bei gleichzeitiger innerer Sündenfreiheit ist, konterkariert der "unschuldige" Mensch zu einer (angeblichen) äußeren Sündenfreiheit bei gleichzeitiger innerer Sündenfähigkeit und Sündenpotentialität. Als wirkliche und potentielle SünderInnen identifizieren sich dagegen die Gläubigen mit den schlimmsten Tätern der Geschichte, weil sie letztlich nicht wissen, ob sie diese nicht in anderen Situationen noch überholt hätten und weil sie deshalb nicht haben wollen, dass diese verdammt sein sollten. Auch darin folgen sie Christus. Denn er ist es, der zu Tode Betroffene, der bei Lukas die Täter in Schutz nimmt, wenn

---

[85] Vgl. dazu Hans Urs von Balthasar, Theologische Besinnung auf das Mysterium des Höllenabstiegs, in: ders. Hgg.), Hinabgestiegen in das Reich des Todes, Freiburg i.B. 1982, 84–98, 96.

er bittet: "Vater, vergib ihnen! Denn sie wissen nicht, was sie tun!" (Lk 23,34): obgleich *er* der Versuchung (dreifach) nicht erlag (vgl. Mt 4,1 – 11).

"Es gibt keine Lehren von Auschwitz".

Elie Wiesels Beitrag zu einer anamnetischen Kultur mit Blick auf die Subjekte der Erinnerung

Reinhold Boschki

Zur Einführung

"Was in Auschwitz oder in Buchenwald getan wurde, kann nicht vergessen oder gar 'bewältigt' werden. Wie die Henker weiterleben können, weiß niemand. Wahrscheinlich leichter als die Opfer, die überlebten. ... Elie Wiesel ... wäre, unter anderen Umständen, vielleicht ein chassidischer Geschichtenerzähler geworden. Jetzt macht er als Opfer und als Zeuge eine Aussage. Aber er gibt keinen Bericht. Seine Aussage ist immer nach oben gerichtet, zu den Toten, die seine Zukunft mit sich genommen haben ... Für diesen Überlebenden sind Gott und die Welt in Verlust geraten. Er kann sich kein Bild mehr machen. Und schon gar keine Chiffre. Das teilt er uns mit. Und vor dieser Mitteilung erlischt jene spielerische Freiheit, die wir dem Stilisten gegenüber haben. Versagt wird uns jenes feine Vergnügen, alle Wirklichkeit im Stil aufgehoben zu sehen. Literatur als Mitteilung ist keine kulinarische Literatur. Sie ist aber, glaube ich, die einzige Literatur, die notwendig ist.
(Martin Walser in seinem Vorwort zur ersten deutschen Ausgabe von Elie Wiesel "Nacht", 1962, S. 5 – 8)

Dieses Vorwort zu einem der wichtigsten Zeugenaussagen des zwanzigsten Jahrhunderts, Elie Wiesels Bericht über seine Zeit in den Todeslagern des Nationalsozialismus (Wiesel [1956, 1958] 1996), erstaunt erst seit 1998, vergleicht man es mit den Unter- und Obertönen von Walsers im negativen Sinn berühmt gewordener Rede anlässlich der Verleihung des Friedenspreises des deutschen Buchhandels. Fast vier Jahrzehnte nach dem Vorwort scheinen sich – im Duktus von Walsers Rede – die Zeugnisse der Opfer und Überlebenden in "Moralkeulen" verwandelt zu haben, scheint die einzig notwendige Literatur unablässig an die eine "Schande" zu erinnern, die "wir" von "Intellektuellen" vorgehalten bekommen, und wurde die Mitteilung der Opfer zu einem Fanal, bei dem man "nirgends mehr hinschauen kann, ohne von einer Beschuldigung attackiert zu werden" (Walser 1998). Das Vorwort von 1962 hingegen lässt eine Sensibilität der Zeugenliteratur und der "Mitteilung" der Überlebenden gegenüber erkennen, die dem Diskurs um Erinnerung heutzutage mangelt. In dieser Hinsicht könnte Walsers Vorwort von damals – einer Zeit, die noch tief im "Verdrängungswettbewerb" der Nachkriegsjahre und der Adenauerära gefangen war – retrospektiv als Vorreiter gelten, wäre nicht die Rede von 1998 dazwischen gekommen. Im Vorwort wird wahrgenommen, hingehört, aufgemerkt auf das, was "nicht vergessen oder gar bewältigt werden" kann: "Verzeihen, bewältigen, das ganze sozialhygienische Vokabular einer auf säuberliche Erledigung bedachten Gesellschaft wirkt grotesk ... " angesichts des Zeugnisses der Überlebenden. "Das Opfer bleibt an Auschwitz gekettet. An den Tod." Wer die Grauen der Lager mit- und überlebt hat "... wird ein Opfer und ein Zeuge. Wenn er schreibt, wird das, was er schreibt, eine Aussage." (alle Zitate: Walser 1962, S. 7 f.)

Es wäre ein leichtes, das Walser-Vorwort von 1962 gegen die Walser-Rede von 1998 Wort für Wort auszuspielen, doch soll und will hier nicht dem Psychogramm eines Schriftstellers nachgegangen werden und Mutmaßungen über dessen Perspektivenwechsel nach 36 Jahren (einer Generation?) Vorschub geleistet werden. Vielmehr geht es mir im folgenden um etwas, das sich in der Walser-Debatte in aller Deutlichkeit abzeichnete: *Das Vergessen der Adressaten bzw. deren Herabstufung zum passiven Empfänger.* Erinnerungskultur benötigt Träger der Erinnerung. Die ersten Träger sind die Überlebenden mit ihrem Zeugnis selbst. Die Berichte der Augenzeugen, werden als *ein* Moment der Erinnerungskultur verstanden, neben historiographischer Dokumentation und Interpretation der Ereignisse, sowie vielfältige Weisen des Umgangs mit Vergangenheit: Ausstellungen, Denkmale, Gedenkstätten, Aufarbeitung der lokalen und regionalen Vorkommnisse in Städten und Gemeinden, künstlerische, literarische, filmische und weitere Formen der Verarbeitung, sowie philosophische, theologische und schließlich pädagogische Reflexion der Bedeutung des Holocaust für Gegenwart und Zukunft.

Doch die Berichte der Zeugen, die "Literatur als Mitteilung" braucht Zuhörer und Rezipienten. In den gängigen Diskussionen wird die Existenz letzterer unreflektiert vorausgesetzt. Wer von dem Vermächtnis der Vergangenheit spricht, hat die junge Generation im Blick. Die Jungen sind – in den öffentlichen Diskursen – die Adressaten der Lehren, die die Historiker, Schriftsteller, Politiker und Lehrer für sie gezogen haben. Was aber wollen junge Menschen in Deutschland im Gegensatz zu erhobenen historischen Zeigefingern?

Im vorliegenden Aufsatz gehe ich zunächst auf die Subjekte der Erinnerung ein, die junge Generation in Deutschland in ihrem Verhältnis zur Shoah,[1]

---

[1] Die Begriffe "Holocaust", "Shoah" und "Auschwitz" werden im folgenden in reflektierter Weise synonym verwendet, da sie in den verschiedensten Kontexten der Sekundärlitera-

um danach das Werk des Auschwitz-Überlebenden Elie Wiesels vorzustellen und zu interpretieren. Schließlich wird danach gefragt, welchen Beitrag ein Zeugnis wie das von Elie Wiesel für eine Kultur und Ethik der Erinnerung (in Deutschland) – wiederum in Blick auf die Adressaten – zu leisten imstande ist.

Die Subjekte der Erinnerung: passive Adressaten oder kompetente Akteure?

Die Diskussionswellen um die Erinnerung in Deutschland – Ähnliches gilt für Österreich und die Schweiz –, die sich gegen Ende des soeben vergangenen Jahrhunderts mehr und mehr überschlugen, hatten und haben zumindest eines gemein: Sie blieben weitgehend Diskurse der "Senioren", derer, die aus unterschiedlichen Motiven heraus sich sehr besorgt um die Rezeption der historischen Last durch die jetzt junge Generation geben. "Geschlossene Gesellschaft. Bei den Diskussionen um die NS-Vergangenheit bleiben die Senioren unter sich" lautet denn auch der Aufschrei eines 23jährigen Studenten, der – an der Walser-Bubis-Kontroverse festgemacht – den "Seniorentreff" der Feuilletons aufs Heftigste kritisiert (Podszun 1999). Er stört sich an dem "Wachsfiguren-Kabinett der moralischen Größen" (ebd. S. 27), die eine "ehrenwerte Runde grauer Herren" bildet (ebd. S. 28) und die, von Rudolf Augstein über Marcel Reich-Ranicki, Ralph Giordano bis hin zu den Vermittlern Roman Herzog und Richard von Weizsäcker, mit allen reden, nur nicht mit der Generation, auf die hin der Diskurs wesentlich geführt wird, zumindest den eigenen Aussagen nach: der jungen, der dritten Generation nach dem Holocaust, die in wenigen Jahren die Geschicke des Landes in ihren Händen halten wird.

"Walser, Bubis und ihre Kollegen maßen sich an, den einzigen Zugang zur Geschichte gefunden zu haben. Einen Zugang zu den nachfolgenden Generationen haben sie nicht entdeckt. Ihre Nachfahren kommen als Argumentationsobjekte vor: Allenthalben wurde beteuert, beim Holocaust-Mahnmal gehe es darum, den zukünftigen Deutschen die Erinnerung weiterzugeben. In den Verfahren aber spielte die jüngere Generation keine Rolle. ... Junge Berater? Fehlanzeige ... " (ebd. S. 31)

Die Kritik ist berechtigt, gar nötig. Zu häufig werden gerade junge Menschen zu passiven Adressaten einer Botschaft gemacht, die von den Vorgängergenerationen um jeden Preis weitergegeben werden will. Indes, was Podszun in seiner Kritik an den geschlossenen Diskussionzirkeln der Alten verpasst, ist,

---

tur (USA, Israel, Europa) aus je unterschiedlicher Perspektive in Gebrauch sind und jeder Verwendungszusammenhang seine eigene plausible Logik aber auch seine Aporien enthält. Vgl. Anm. 1 im Beitrag von Franz-Michael Konrad in Neue Sammlung 40 (2000) Heft 4; zur Ambivalenz der Begriffe "Holocaust" und "Shoah" vgl. Münz 1995, S. 100–110 (Lit.!).

wichtige Differenzierungen im Kreis der Senioren vorzunehmen: Zeitzeuge ist nicht gleich Zeitzeuge. Die Reichspogromnacht wurde hinter den Fenstern jüdischer und nichtjüdischer Häuser äußerst unterschiedlich erlebt. Der junge Autor hält Zeitzeugen für "gefährliche Historiker. Ihre Schicksale sind eng verwoben mit der Geschichte. Sie haben den unbefangenen, objektiven Blick der Jugend verloren. Sie sehen den Wald vor lauter Bäumen nicht mehr." (ebd. S. 29) Unter diesen Zeitzeugen versteht er so unterschiedliche Menschen wie Walser, Bubis und Klaus von Dohnanyi.

Doch gerade hier unterscheiden viele andere Jugendliche und junge Erwachsene sehr genau: Zeitzeugen, die unter den vielfältigen Unterdrückungsmechanismen des Unrechtsstaates zu leiden hatten, sind Menschen, die man beachtet, denen man zuhört, weil man vielfach spürt, dass gerade sie das Gespräch mit den Jungen suchen, dass gerade sie, die Überlebenden der Lager, nicht über die Köpfe der Jugendlichen hinweg diskutieren, sondern auf sie zugehen. Unzählige solcher Zeitzeugen haben bereits vor Hunderten von Schulklassen ihre Geschichte erzählt. Die Reaktionen von Zehntausenden von Schülerinnen und Schülern ist in den allermeisten Fällen gleich: Sie sind aufmerksam, lassen sich persönlich betreffen, gehen mit bleibender Sensibilisierung für das Thema aus dem Klassenzimmer oder der Aula. Ignatz Bubis gehörte zu denen, die unermüdlich von Schule zu Schule reisten und im direkten Gespräch mit Jugendlichen die Erinnerung an Vergangenes mit der Gegenwart zu verknüpfen wusste – unprätentiös, ohne Moralkeulen und erhobene Zeigefinger und dennoch klar in der Sprache und klar in Blick auf Konsequenzen für heute. Erfahrungen mit Zeitzeugen im Unterricht oder in außerschulischen Lernprozessen zeigen, "... dass vor allem die 'originale Begegnung' mit Betroffenen wohl der wirksamste Weg ist, wirkliches Lernen in Gang zu setzen, Veränderungen zu bewirken." (Lohrbächer, in Lohrbächer et al. 1999, S. 121).

In derlei Erfahrungen wird deutlich: Die junge Generation in Deutschland ist – zumindest zu einem nicht unwesentlichen Teil – auf der Suche nach einer für sie bedeutsamen Auseinandersetzung mit der deutschen Vergangenheit und vor allem, sie ist *fähig* dazu. Sie lässt sich ihren Umgang mit Geschichte nicht verordnen sondern will, wenn Fragen aufbrechen, diese dialogisch bearbeitet wissen. Junge Menschen *haben* Fragen, stellen sie ungeniert, wenn man ihnen die Gelegenheit dazu gewährt, suchen das Gespräch und die Diskussion, wozu allerdings Voraussetzungen nötig sind, die ich weiter unten im Gespräch mit dem Werk Elie Wiesels untersuche. Ein erstaunliches Phänomen war beispielsweise das Interesse junger Menschen an Steven Spielbergs "Schindlers Liste", wobei in zahlreichen Schulen die Schülerschaft gegen Bedenken der Schulleitung und mancher Lehrer den Gang ins Kino und anschließende Diskussionen forderte.²

Auch die Forschungen von Bodo von Borries über das Geschichtsbewusstsein junger Deutscher bestätigen, dass das Thema NS-Vergangenheit heutige Jugendliche umtreibt und keineswegs einfach erledigt ist (Borries 1995, S. 72–79). Jungendliche spüren sehr deutlich, wie sehr Öffentlichkeit, Medien, Elternhäuser und Schule dieser "Sache" äußerste Bedeutung zumessen – positive wie negative. Sie wissen z.B.: Tauchen Hakenkreuze auf dem Schulhof auf, wird die Lehrerschaft und Direktion in hellste Aufregung versetzt und die Polizei alarmiert. Sehr viele Jugendliche berichten von Erfahrungen, dass sie sich im Ausland – wenn auch noch so subtil – als Deutsche herabgesetzt fühlten (Hardtmann 1997, S. 114 ff.) oder zumindest als Deutsche aufgrund ihres Deutschseins angefragt werden: "What do you think about Hitler?" war eine Frage, die ein 27jähriger Student im Ausland immer wieder hören musste, wurde er nach seiner Herkunft befragt (Kern 1999, S. 107). Solche Begebenheiten können zu Schlüsselerlebnissen werden, die "zu einer vertieften Wahrnehmung und Beschäftigung mit dem Holocaust" führen (Hardtmann 1997, S. 114) und welche die von Jugendlichen oft als defizient erlebte schulische, familiäre und öffentliche Aufarbeitung der Vergangenheit erweitern.

Zu den Grundfragen von Pubertierenden und Adoleszenten "Wo stehe ich?", "Wo gehöre ich dazu?" gesellt sich notwendig die Frage: "Woher komme ich?", "Was war meine, unsere (familiäre und gesellschaftliche) Geschichte?" Damit ist im günstigsten Fall – so meine These – eine Auseinandersetzung gesucht und provoziert, die die Jugendlichen und jungen Erwachsenen aktiv, als gesellschaftlich handlungsfähige Subjekte gestalten.

Bevor diese *These der Subjekthaftigkeit in Blick auf die Vergangenheitsaufarbeitung* kurz erläutert wird, muss jedoch ein scheinbares Gegenargument aus der neueren Forschung zur Identitätssuche von Jugendlichen im Schatten des Holocaust diskutiert werden. Dan Bar-On und sein israelisches Team zusammen mit Konrad Brendler und dessen Wuppertaler Forschergruppe vermuten

---

² Hier ist nicht der Ort, um über die gelungene oder mißlunge Form des Films "Schindlers Liste" zu reflektieren, den Holocaust "in Szene zu setzen", auch nicht über die Frage, ob der Film in Deutschland deshalb eine derartige Wirkungsgeschichte hatte, weil ein nichtjüdischer Deutscher und NSDAP-Mitglied die Hauptrolle spielt (Motto: "Nicht alle Deutschen waren so schlimm, wie immer behauptet wird."). Es geht vielmehr um eine Detailbeobachtung: Die Tatsache, dass die Initiative zum gemeinsamen Anschauen des Films – nicht immer – aber häufig von Schülerinnen und Schülern ausging. Dabei kam es bisweilen zu grotesken Situationen, die den Lehr-Lernprozess auf den Kopf stellten: An einer Schule beispielsweise fand sich keine Lehrkraft, die die Schüler ins Kino begleiten wollte, an einer anderen Schule war keiner der fünfzig Lehrer bereit, die anschließende Diskussion mit Oberstufenschülern über den Film zu leiten. Die Schüler suchten sich daraufhin einen Experten von außen.

aufgrund der Ergebnisse ihrer Studien, dass in Deutschland "... eine konstruktive, persönlichkeitsbildende Auseinandersetzung mit der NS-Geschichte in Familie und Schule nur selten gelingt" (Brendler 1997, S. 54; insgesamt: Bar-On 1997).[3] Im Wege stehen zumeist gesellschaftlich vorgeprägte Muster der Verdrängung und des Verschweigens, irrationale Schuldgefühle (irrational, weil nicht auf eigenes Verhalten rückführbar; Brendler 1997, S. 55) und die Bedingungen familialer Abwehrmechanismen seit der unmittelbar betroffenen Generation, die aufgrund von Familienmythen und Familiengeheimnissen eine Aufarbeitung der NS-Vergangenheit für Kinder und Enkel verunmöglichen (zu letzterem vgl. insbesondere die Forschungen von Rosenthal 1997; 1998). Die Untersuchungen bestätigen einen negativen Befund im Blick auf das Verhältnis der dritten Generation zum Holocaust und weisen nach, wie ambivalent dieses Verhältnis sein kann. Auch machen sie darauf aufmerksam, dass es "die" dritte Generation ebenso wenig gibt wie "die" Jugendlichen. Die Muster der Aufarbeitung oder Verdrängung bleiben vielfältig und sind abhängig von ebenso vielfältigen Faktoren.

Doch die Befunde widerlegen keineswegs die aufgestellte These. Denn geht man zusammen mit der neueren Sozialisationsforschung davon aus, dass Sozialisationsprozesse aus aktiven Interaktionen zwischen Individuum und Umwelt bestehen und nicht nur einen Vorgang darstellen, bei welchem bestimmte "... zunächst objektiv (und heteronom) vorgegebene gesellschaftliche Normen 'verinnerlicht', also gewissermaßen in die Persönlichkeit eingepflanzt werden" (Geulen 1999, S. 41), so gilt dies auch für den Prozess der Aufarbeitung, genauer der Aneignung von Vergangenheit. Auch hier ist von einem Subjekt-Begriff auszugehen, der die Eigenaktivität des Individuums in den Mittelpunkt stellt. Der Subjektbegriff wird in der Sozialisationsforschung aufgrund neuerer empirischer Forschungsergebnisse derzeit wieder entdeckt und prozessorientiert beschrieben: "Als Subjekt wird nicht mehr nur das Ergebnis verstanden, sondern schon im Sozialisationsprozess selbst verhält sich das Individuum im gewissen Sinne als Subjekt, das seine Sozialisation nicht nur passiv hinnimmt, sondern durch eigene Aktivität mitbestimmt." (ebd. S. 42; insgesamt zum Subjektbegriff: Leu/Krappmann 1999). Ein solcher Subjektbegriff gilt für alle menschlichen Wesen, vorzugsweise für Jugendliche, die insbesondere ihre Interaktionen aktiv selbst gestalten (vgl. Krappmann 1999) und in ihrer moralischen Entwicklung weitaus weniger als bislang angenommen durch internalisierte Gewissensvorschriften (im Kontext psychoanalytischer Theoriebildung) oder durch pragmatische Normbefolgung (behavioristische Ansätze) heteronom bestimmt sind, sondern durch Selbstbindungspro-

---

[3] Die Situation in Israel weist aufgrund anderer Voraussetzungen nur zum Teil Parallelitäten, zum Teil erhebliche Differenzen auf (vgl. Bar-On 1997).

zesse eigenaktiv am Aufbau moralischer Motivation beteiligt sind (Nunner-Winkler 1992, 1999). Bereits die Kindheitsforschung der neunziger Jahre des 20. Jahrhunderts geht entgegen ihrer Vorläuferin in den siebziger Jahren, die noch ganz vom Entwicklungsparadigma geprägt war, von der Kompetenz von Kindern aus (zum Überblick: Baacke 1999), versteht Kinder als Autoren ihrer eigenen Entwicklung, die nicht nur passive Empfänger sozialisatorischer und erziehungsbedingter Einflüsse sind, sondern "Teilnehmer", "kompetente soziale Akteuere", die "aktiv an ihrer sozialen und persönlichen Lebensführung mitwirken" (Honig 1999, S. 157).

Die erwähnten Forschungen berechtigen zu der Annahme, dass Kinder und Jugendliche auch den Aufbau eines historischen Bewusstseins entscheidend aktiv gestalten und aufgrund gesellschaftlicher Veränderungen immer weniger bereit sind, vorgegebene historische Deutekategorien ungefragt zu übernehmen (vgl. Rüsen 2001). Junge Menschen machen sich ihr eigenes Bild von Geschichte. Es ist wesentlich mitbestimmt durch den sozialen Kontext, in dem sie leben, doch gehen sie mit den Vorgaben eigenständig um. Insbesondere reagieren sie auf moralische Apelle und einen Zwang zur "political correctness" aus- und abweichend, meist gar ablehnend. Ein Beispiel mag das Gemeinte illustrieren: Gottfried Kößler berichtet von dem Besuch einer Gruppe Jugendlicher in der Gedenkstätte Buchenwald:

"Bei dieser Führung wurde deutlich, dass eine Form des Berichtes über die Geschichte des Lagers und die Geschichte der Gedenkstätte, die z.B. konservatorische Fragen und den Wechsel der Präsentation des Ortes im Lauf der vergangenen 50 Jahre thematisiert, von Jugendichen mit großer Bereitschaft aufgenommen wird. Sobald in die Führung auch nur der Subtext einer moralischen Lehre einfließt, reagieren sie dagegen mit schroffer Ablehnung." (Kößler 1996, S. 315).

Genau letzeres wird jedoch in den bundesrepublikanischen Diskussionen um Erinnerung (ob Historikerstreit, Goldhagen-, Mahnmal-, Wehrmachtsausstellungs- oder Walser-Debatte etc.), in wohlmeinenden und inhaltlich hervorragenden Präsidentenreden zur Sache (Weizsäcker, Herzog, Rau), in zahlreichen Unterrichtsempfehlungen bis in jüngste Zeit kaum berücksichtigt: Die Adressaten der Erinnerung – vornehmlich die jungen Menschen – werden als eigenständig denkende und handelnde Subjekte ihres Geschichtsverständnisses selten wahr- und ernstgenommen. Damit zusammen hängt die mangelnde Bereitschaft, ihnen die Möglichkeit und den Raum zu lassen, kontrovers, vielleicht auch abweichend, ohne Moralisierung und indirekte Schuldzuweisung und doch mit emotionaler Beteiligung, sich ein Geschichtskonzept anzueignen, das sich aus eigener Einsicht der Verantwortung stellt, die die historische Last den Nachgeborenen auferlegt, ohne dass derlei Einsichten durch belehrende Appelle oktroyiert werden. Statt aktive Auseinandersetzung zu fördern, wird passive Übernahme erwartet. Doch junge Menschen sind keine Objekte und wollen zurecht nicht als solche behandelt werden. Sie sind Subjekte ihrer Lebensvollzüge.

Indizien für die Bereitschaft zur eigenaktiven Auseinandersetzung sehe ich in der oben bereits angesprochenen beobachtbaren Suche nach persönlicher Begegnung mit Zeitzeugen, bei welchen Jugendliche in einen echten Dialog einbezogen werden. Ob im Gespräch mit Überlebenden in Dachau, Buchenwald oder Auschwitz (Beispiel bei Kößler 1996, Wittmeier 1997, Knigge 1998), ob im Klassenraum oder beispielsweise bei einer von der Jugendinitiative "Erinnerung und Begegnen" organisierten Veranstaltung im Rahmen des Katholikentags in Karlsruhe, als 1500 junge Leute dem anwesenden Elie Wiesel durch Kleingruppen und via Zettel hunderte – auch kritische – Fragen stellten, die er bereitwillig und mit spürbarem Respekt vor den Jugendlichen beantwortete; ob bei Jugendcamps in der Nähe von Gedenkstätten, bei der Lektüre von Zeitzeugenberichten im Unterricht, in Briefen von Schulklassen an Überlebende der Shoah, ob bei lokalen Geschichtsprojekten in der eigenen Stadt etc. etc. – stets finden sich junge Deutsche, die sich aktiv der Vergangenheit stellen. Die Verweigerer, Verdränger, Sympathisanten rechtsradikaler Geschichtsumdeutung sind kein Gegenargument gegen die Potentialität und Realität eigenverantwortlicher Bearbeitung des Vermächtnisses des Holocaust durch Jugendliche und junge Erwachsene.

Für die Subjekte der Erinnerung sind die Zeitzeugen von besonderer Bedeutung. Noch besteht die Möglichkeit, sie von Angesicht zu Angesicht zu erleben und mit ihnen ins Gespräch zu kommen. In nicht allzu langer Zeit wird durch den Tod des letzten diese Möglichkeit versagt bleiben. Dann kann ihnen nur noch durch ihre Schriften, durch Tonband- und Video-Aufzeichnungen "zugehört" werden. Am Beispiel des Werks von Elie Wiesel wird im folgenden die Bedeutung schriftlicher Zeugnisse hervorgehoben, und untersucht, wie es ihnen gelingt, beim Leser persönliche Auseinandersetzung zu provozieren. Dazu wird das Gesamtwerk Wiesels zunächst vorgestellt und die zentralen Punkte in Blick auf die Fragestellung – die Frage nach der Rezeptionsmöglichkeit durch die Subjekte der Erinnerung – herausgearbeitet.

Leitmotive im Werk von Elie Wiesel

Biographische Notizen

Der im Jahre 1928 in Sighet, Siebenbürgen, geborene Elie Wiesel, wuchs im Schnittpunkt der Tradition des osteuropäischen Chassidismus auf, den er wesentlich von seinen Großeltern, insbesondere von seinem Großvater erbte, und des beginnenden mehr oder weniger säkularen Kulturjudentums, das sein Vater für ihn repräsentierte. Tief gläubig, versunken in die Welt heiliger Texte und Gebetbücher, wurde er durch die späte deutsche Besetzung des faschistisch gewordenen Ungarns im Sommer 1944 aus einer scheinbar heilen Kindheit und Jugendzeit gerissen. Kurz nach der Ankunft der Deutschen in seiner Heimatstadt begann die Ghettoisierung und wenig später die Deportation direkt in das Todeslager Auschwitz. Die Vernichtungsmaschinerie der Nationalsozialisten machte auch angesichts verlorener Schlachten an allen Fronten des Krieges keinen Halt. Der "Endsieg" war längst verpaßt, die "Endlösung" wurde mit unnachgiebiger Härte und Präzision weiter betrieben.

Wer lebend in Birkenau ankam, war völlig erschöpft, ausgehungert und halb verdurstet. An der berüchtigten Rampe sah Wiesel seine Mutter und seine geliebte siebenjährige Schwester Tsiporah zum letzten Mal. Sie wurden mit den Frauen, Alten und Kindern sofort in die Gaskammern geschickt. Der knapp Sechzehnjährige gab sich als Achtzehnjähriger, klammerte sich an seinen Vater und wurde mit ihm den Arbeitskommandos zugestellt. "Nie werde ich diese Nacht vergessen, die erste Nacht im Lager, die aus meinem Leben eine siebenmal verriegelte lange Nacht gemacht hat. Nie werde ich diesen Rauch vergessen." (Wiesel 1996, S. 56) Mit knapper Not überlebten er und sein Vater den Todesmarsch im bitterkalten Winter 1944/45 von Auschwitz nach Buchenwald, als die Nazis Auschwitz angesichts der näher rückenden "Roten Armee" aufgaben und die Häftlinge ins "Reichsinnere" deportierten – eine wahnwitzige Aktion der Todestechnokraten. Der Vater starb an Erschöpfung, Krankheit und Schlägen in Buchenwald. Elie wurde im April 1945 befreit, kam mit Kinderhilfswerken nach Frankreich, studierte an der Sorbonne, begann journalistische Arbeiten für französische und israelische Zeitungen, bevor er 1956 in die USA auswanderte. Als Schriftsteller, Menschenrechtskämpfer und "Professor in the Humanities" an der Boston University lebt er mit seiner Familie in New York.

Werk

Das mittlerweile ca. 40 Bücher umfassende Gesamtwerk Wiesels kreist um jenes "verwünschte, verdammte, unmenschliche Reich ..., wo der Tod am laufenden Band fabriziert wurde wie in anderen Fabriken Zahnpasta" (Wiesel 1988a, S. 251; Überblick und Einführung zum Werk, sowie Sekundärliteratur in: Boschki ²1995; Mensink/Boschki 1995; Boschki/Mensink 1998). Er habe die Literatur durch Schweigen betreten, bekundet Wiesel später, denn nach seiner Befreiung sprach und schrieb er zehn Jahre lang nichts über seine Erfahrungen in den Todeslagern. 1956 erscheint sein erster Bericht in jiddisch (Un di Welt hot geschwign), 1958 gekürzt in französisch (La Nuit), seiner zweiten "Muttersprache". Danach entfaltet sich ein reichhaltiges Werk, das sich neben seinen Autobiographien (außer dem autobiographischen Bericht "Nacht": Wiesel 1995; 1997) in vier Teile strukturieren lässt: Romane, Dramen, biblisch-talmudisch-chassidische Schriften und Essaysammlungen. Nach "Nacht" hat keines der weiteren Genres mehr Auschwitz und die Lagererfahrung direkt zum Thema. Streng genommen schreibt Wiesel keine Holocaustliteratur, etwa fiktive oder halbfiktive Schilderungen der Greuel der Lager. In allen Erzählungen und Abhandlungen bleibt der Holocaust leidvolle *Erinnerung*, mit der die Überlebenden und Nachgeborenen in irgend einer Weise auskommen müssen. Entweder gelingt es den Romanfiguren und tragischen Helden der Dramen, oder sie scheitern darin.

Die Hauptpersonen aller bislang elf *Romane* sind Überlebende der Shoah oder eines Pogroms gegen Juden früherer Jahrhunderte – oder es sind deren Kinder. Auf den Personen liegt die Last der Erinnerung an ihre eigenen Erfahrungen oder die ihrer Eltern (zweite Generation!). Sie versuchen verzweifelt am Leben wieder anzuknüpfen, sich in alltäglichen Daseinsvollzügen zurechtzufinden. Bisweilen wollen sie die Botschaft der Erinnerung weiter geben und es mißlingt, andere versuchen es erst gar nicht und wollen darüber schweigen, was ebenfalls mißlingt. Die Einsamkeit der Überlebenden, die "ein Friedhof für die unbestatteten Toten" geworden sind (Wiesel 1962a, S. 314), deren Lebenswille und Lebenslust "amputiert" wurde (ebd. S. 347), kann an manchen Stellen aufgebrochen werden: durch Freundschaft, durch Beziehung zu einem anderen Menschen, der versteht, ohne je ganz verstehen zu können, der die Erinnerung des einen zu einem Teil seines eigenen Lebens macht. "In all meinen Romanen versuche ich, einen Weg nicht zum Heil (gibt es das überhaupt?), aber zur Begegnung mit dem anderen und mit sich selbst zu ebnen oder wenigstens zu weisen." (Wiesel 1997, S. 587) Die Begegnung mit den Überlebenden jedoch ist gefährlich für die, die nicht im – wie Wiesel es vielfach nennt – "Reich der Nacht" gewesen waren: "Ich bin ein Erzähler" sagt eine der Figuren in Wiesels frühem Roman "Tag". "Meine Legenden lassen sich nur in der Abenddämmerung erzählen. Wer sie hört, stellt sein Leben in Frage." (Wiesel 1962a, S. 344)

Die *Dramen* und die *biblisch-talmudisch-chassidischen Schriften* sind stark religiös geprägt. Seit den siebziger Jahren setzen sich Wiesels Veröffentlichungen verstärkt mit der jüdisch-religiösen Überlieferung auseinander. Mittlerweile entstanden aus dieser Beschäftigung mehr als ein Dutzend Bücher. Er versucht, seine Erfahrungen der Todeslager mit der religiösen Tradition zu konfrontieren. Denn zu sehr war und bleibt er verwurzelt in den Geschichten und Legenden des Chassidsimus, den Erzählungen der Bibel und den Liedern seiner Vorfahren:

"Mein Vater, ein Aufgeklärter, glaubte an den Menschen.
Mein Großvater, ein begeisterter Chassid, glaubte an Gott.
Der eine lehrte mich sprechen, der andere singen.
Beide liebten sie Geschichten. Oft, wenn ich selbst erzähle, höre ich ihre Stimmen.
Ihr Flüstern ist nichts anderes als der Versuch, den Überlebenden zu bewegen, an ihre Erinnerung anzuknüpfen, über die Zeit der Qualen hinweg."
(Wiesel 1988b, S. 6)

In der Nacherzählung biblischer Geschichten, talmudischer Biographien und chassidischer Überlieferungen zeigt sich, wie der Autor sich einerseits von diesen Traditionen anrühren, ja begeistern lässt, wie er aber gleichzeitig zu ihnen in Distanz tritt. Ein Abgrund aus Blut und Tränen verweigern ihm die bruchlose Rezeption religiöser Vorgaben. Wiesel nimmt zahllose theologische Motive auf, um sie angesichts der Todeserfahrung von Auschwitz zu brechen, zu verändern. Ein Beispiel für die Radikalität, mit der er diese Auseinandersetzung mit der Tradition betreibt, ohne die Tradition zu verwerfen, ist etwa das Motiv des Messias. Der seit Jahrtausenden erhoffte Heil- und Friedensbringer verwandelt sich "im Schatten der Flammen" in einen gefürchteten Messias, der "aus der Nacht auftauchen [wird], der Messias des Schreckens, der Messias des Todes" (ebd. S. 164). Im literarischen Werk stehen solche und zahlreiche andere – auch positive – Messiasmotive spannungsreich nebeneinander. Auch in den Dramen radikalisiert Wiesel Motive aus der jüdischen Tradition – hier insbesondere das Hiob-Motiv des Protests gegen Gott – auf die Ereignisse der Vernichtung hin.

Die *Essaysammlungen* sind nachträgliche Kompositionen ursprünglich als Reden gehaltener oder als Aufsätze für Zeitschriften und Sammelwerke verfaßter Beiträge zu gesellschaftlich relevanten Fragen. Die Bandbreite der Themen ist groß und entspricht der Breite des Engagements des Überlebenden in Menschenrechtsfragen seit den siebziger Jahren: Kambodscha, Sowjetunion, Südafrika, Hunger in der "Armen Welt", Boat People und andere Flüchtlingsdramen, Asyl, Rassismus, atomare Gefahr bis hin zu Vermittlungsversuchen in Bosnien und im Kosovo-Konflikt. Für dieses Engagement erhielt er 1986 den Friedensnobelpreis, was erneut eine Fülle von Veröffentlichungen nach sich zog. Die Folie, auf der Wiesel schreibt, ist stets die Ausgrenzung, Vertreibung und Ermordung der Juden 1933 – 1945, die vielfach nur implizit in den Texten präsent ist. Darin zeichnet sich ein Muster ab, das sich durch die Essays wie durch andere Schriften des Überlebenden zieht: Von Auschwitz zu reden, heißt nicht immer, Auschwitz zu erwähnen. Engagement für eine Welt mit menschlichem Antlitz braucht keine "Moral von der Geschichte", wobei Geschichte in beiderlei Bedeutung des Wortes zu verstehen ist. Wer sich zu Menschenrechtsfragen äußert, wird sich durch historische Ereignisse sensibilisiert haben, um

Vorgänge in der Gegenwart beurteilen zu können. Dabei braucht er keineswegs Analogien zu konstruieren.

Leitmotiv Erinnerung

Genau hier zeichnen sich Konturen von Wiesels Ethik ab, die narrativ und essayistisch bleibt – der Autor versteht sich als Schriftsteller und Erzähler, nicht als Philosoph -, und deren Kern mit *ethischer Sensibilisierung aufgrund der Konfrontation mit Leiden der Vergangenheit* umschrieben werden kann. Im Werk des Auschwitz-Überlebenden liegt eine "anamnetische Ethik" in narrativer Weise vor, die bestimmt ist von der Erinnerung, dem Hauptmotiv aller seiner Äußerungen. Das Gedenken der Leidensgeschichte der Menschen, in seinem Fall des jüdischen Volkes und der weiteren Opfer von Auschwitz, bestimmt auf subtile Weise Denken und Handeln im Hier und Jetzt. Durch *bewusste* Rückbesinnung auf Vergangenes wird ethische Orientierung möglich. In Wiesels Konzentration auf Erinnerung und gleichzeitig, untrennbar davon, auf ethische Implikation, entbirgt sich ein tiefer Zusammenhang zwischen beidem: Der Erinnerung wohnt eine ethische Dimension inne, welche dem Vergessen vergangener Leiden widersteht und darin – so ist zu hoffen – zukünftige Leiden zu verhindern weiß. Nicht das Prinzip Hoffnung oder das Prinzip Verantwortung ist für Wiesels Ethik tragend, sondern das *Prinzip Erinnerung*.

"Erinnerung" aber ist ein vieldeutiger Begriff. Sie kann sich realisieren als individuelle, kollektive, historisch exakte, ungenaue, bewusst geschichtsverfälschende Erinnerung usw. Zur genaueren Klärung des Begriffs ist eine Unterscheidung zu machen, die sich im Werk Wiesels widerspiegelt. Erinnerung weist eine Doppelstruktur auf. Sie ist zum einen *historiographische Erinnerung*, welche an geschichtlichen Fakten und an sorgfältiger Offenlegung der "Tatsachen" eines historischen Vorgangs – hier: Auschwitz, und alles, wofür dieses Wort steht – interessiert ist. Bei Wiesel macht sich diese Form der Erinnerung vor allem in seinen historischen Essays fest. Auf der anderen Seite steht die *Erinnerung als Eingedenken*, als individuelles und kollektives Gedächtnis der Leiden der Geschichte aber auch der Geschichte der Befreiung. Diese Erinnerung zieht die Frage nach dem Sinnzusammenhang der Geschichte der historischen Genauigkeit vor. Sie ist selektiv und subjektiv; erinnert wird, was in den Augen des oder der Erinnernden erinnert werden muss. Diese Seite des Gedächtnisses ist vor allem im Romanwerk Wiesels, in seinen biblischen und chassidischen Schriften, wie in den Dramen repräsentiert. Hier geht es um die Leidensgeschichte des jüdischen Volkes, nach deren Sinn gefragt wird – unfähig eine Antwort zu geben; hier geht es aber auch um den prophetischen und befreienden Protest gegen das Leiden, welcher sich in biblischer, rabbinischer, mystischer und chassidischer Tradition zeigt und selbst in der Nachbarschaft des Todes in den Ghettos und Lagern erfahrbar wurde.

Eine solche Zweiteilung der Erinnerung findet sich auch in der Geschichtserkenntnis Benjamins und Adornos, die bemüht sind, Erinnerung von purem Historizismus scharf zu unterscheiden. Adornos "produktives Gedächtnis" steht gegen die Haltung, welche Vergangenes nur als Vergangenes, als bloß historisch und damit abgeschlossen konstatiert, ohne Belang für Gegenwart und Zukunft. Die Dichotomie von Erinnerung und Geschichtsschreibung liegt ebenso bestimmten geschichtswissenschaftlichen Ansätzen zugrunde, etwa bei dem amerikanischen Historiker Yoseph Hayim Yerushalmi (1988, S. 10, 17ff und 99 ff.). Für ihn war in der Geschichte der Juden beides – jüdisches Gedächtnis und Historiographie – stets getrennt, genauer gesagt, Erinnerung dominierte Geschichtsschreibung; letztere war kaum vorhanden. Auch wenn diese Entwicklung in unserer Zeit zu Ende ist, bleibt die Doppelstruktur der Erinnerung offenkundig.

In Wiesels Werk sind beide Formen der Erinnerung dialektisch vermittelt. Die implizite anamnetische Ethik, die seine Schriften durchzieht, interessiert sich für beides, zum einen für die selektive, wertende, bisweilen "einseitige" Erinnerung der Zeugen, Überlebenden und deren Nachfahren, weil sie deren Bedeutung für die Gegenwart ausloten will. Sie interessiert sich andererseits – als Korrektiv – für die historischen Gegebenheiten, die Gründe, welche eine geschichtliche Situation heraufbeschworen haben, die Details, die Folgen. Aus beidem lernt die Erinnerungsethik, die auch "memorative Ethik" genannt werden kann, und bewahrt sich vor gefährlichen Schlagseiten: einer historischen Forschung, die zum Historizismus wird, weil ihr eine "anamnetische Kultur des Geistes fehlt" (Metz 1989, S. 736) und einer Erinnerung, die sich "falsch" erinnert, weil sie historische Tatsachen verdreht, um einem bestimmten Zweck zu dienen.

In diesem Punkt kommt Wiesels Ethik der impliziten Ethik bei Theodor W. Adorno nicht zufällig nahe, der – nach Auschwitz – einen neuen kategorischen Imperativ formuliert, geschichtlich eingebunden und an das Gedenken rückgebunden: "Hitler hat den Menschen im Stande ihrer Unfreiheit einen neuen kategorischen Imperativ aufgezwungen: Ihr Denken und Handeln so einzurichten, dass Auschwitz sich nicht wiederhole, nichts Ähnliches geschehe." (Adorno [1966], [8]1994, S. 358). Eine solche "negative Ethik" (Wolfgang Bender), die sich an einen geschichtlich verankerten Imperativ anschließt, will durch die Erinnerung an das Grauen ein geistiges, kulturelles und gesellschaftliches Klima schaffen, das eine Wiederholung nie wieder zulässt, was Adorno zu seinen – im gleichen Jahr veröffentlichten – Thesen zur Erziehung nach Auschwitz führte.

Ein Beispiel, wie die Konzentration auf Erinnerung bei Wiesel literarisch verarbeitet wird, findet sich in einem seiner späten Romane: "Der Vergessene" (Wiesel 1990). Die tragische Hauptfigur Elchanan, ein Überlebender der Lager, spürt, wie sein Gedächtnis im Alter nach und nach schwindet. Er leidet an der Alzheimerschen Krankheit: Gedächtnisschwund und Verlust der erinnerten Biographie. Voll Unruhe und panischer Angst will er alles, an das er sich noch erinnern kann, seinem Sohn Malkiel weitergeben, jede Kleinigkeit, jedes Detail. Nichts darf verloren gehen, wenn schon das authentische Zeugnis durch den Überlebenden verloren geht.

"Ich glaube, ich habe Dir schon alles erzählt. Hast du's vergessen?"
Vergessen. Das Wort traf Malkiel wie ein heftiger, fast körperlicher Schmerz. Es stimmt also, dachte er, dass es Worte gibt, die weh tun, die eine tiefe Wunde reißen.
"Nein, Vater, ich habe nichts vergessen."
Er stand auf und gab ihm einen zärtlichen Schlag auf die Schulter.
"Und ich verspreche dir, nichts zu vergessen."
(Wiesel 1990, S. 69)

In seinen Memoiren reflektiert der Autor die Entstehungsgeschichte dieses Romans. Der Vater (erste Generation) steht in einem schwierigen Verhältnis zu seinem Sohn (zweite Generation): "Da fiel mir plötzlich die Lösung ein: Ich sollte eine Art Gedächtnisübertragung vornehmen. Was Elchanan an Erinnerungen verliert, gewinnt Malkiel hinzu. ... Ich liebe jetzt das Wort 'Übertragung'." (Wiesel 1997, S. 587 f.) Übertragung als Weitergabe des Zeugnisses ohne damit "Lehren" zu verbinden; Überlieferung des Berichts als Bericht, nicht als Unterweisung; Erinnerung als "Mitteilung", zweckfrei, allein zum Gedenken der Opfer, frei von Instrumentalisierung – das ist die Obsession des Überlebenden Elie Wiesel.

Aporie des Mitteilens und Verstehens: Keine "Lehren von Auschwitz"

Indes, in der Übertragung und Mitteilung liegt eine Aporie, die nicht aufgebrochen werden kann. Unzählige Überlebende werden nicht müde zu beteuern, dass das, was sie erduldet und mit eigenen Augen gesehen hatten, nicht mitteilbar ist. Ein Beispiel: In seinem zehnstündigen Dokumentarfilm *Shoah* reiht der Franzose Claude Lanzmann eine Befragung von Zeugen an die andere. Einen der Überlebenden, Simon Srebnik, führt Lanzmann auf das Gelände des ehemaligen Vernichtungslagers Treblinka. Srebnik erinnert sich an alles, was geschah, er weiß aber nicht, wie er es in Worte fassen, wie er es verstehbar machen kann. Mit starkem jiddischen Akzent sagt er:

"Es ist schwer zu erkennen, aber das war hier.
Ja. Da waren gebrennt Leute.

Viel Leute waren hier verbrannt.
Ja, das ist das Platz.
Die Gaswagen sind hier reingekommen,
da hier waren zwei große Öfen,
und nachher haben die hier die
reingeschmissen,
in die, in den Ofen, und das Feuer ist
gegangen zum Himmel.
Ja. Ja.
Das war furchtbar.
Das... das... das kann man nicht erzählen.
Niemand kann das nicht bringen zum Besinnen,
was war so was da hier war.
Unmöglich. Und keiner kann das nicht verstehen."
(Lanzmann 1986, S. 20)

Auch durch Elie Wiesels Werk zieht sich als Leitmotiv die Nichtverstehbarkeit von Auschwitz. Wer glaubt, Auschwitz verstanden zu haben, hat überhaupt nichts verstanden. Bereits in seinem frühen Essay "Plädoyer für die Toten" aus dem Jahr 1966 wehrt er sich gegen geschwätzige Verstehensbehauptungen mancher "Psychiater, Schauspieler und Romanciers": "Alle haben sie eine Meinung, jeder ist imstande, alle Antworten zu geben und alle Geschehnisse zu erhellen: die kalte Grausamkeit des Henkers und den Schrei seines Opfers, sogar das Schicksal, das sie zusammengeführt hat ... " (Wiesel 1987a, S. 158). Indem Wiesel für die Toten plädiert, will er sie schützen. Die Erinnerung an die Opfer darf nicht verwässert werden durch Interpretation. Auschwitz und das, wofür dieser Ortsname steht, kann – so ein roter Faden durch Wiesels Werk bis in jüngste Veröffentlichungen hinein – niemals verstanden werden, trotz der Notwendigkeit historiographischer, politischer, sozialpsychologischer Erforschung der Gründe für den Vernichtungsantisemitismus der Nazis und ihrer Realisierung der Vernichtung. Diese "negative Hermeneutik" (vgl. Boschki 1995, S. 20–39) ist sich ihrer Paradoxie und Aporie bewusst. Es bleibt dem Autor nur, "die Unmöglichkeit der Vermittlung mitzuteilen" (Wiesel 1977, S. 8).

Die literarische Bearbeitung der "negativen Hermeneutik" im Blick auf die Massenvernichtung geschieht in Wiesels Werk durch die vielfältige Variation des Motivs des Schweigens, das er der jüdischen religiösen und mystischen Tradition entnimmt. Stumme Boten, die ihre Botschaft nicht weitergeben können, Figuren, denen es weder gelingt zu schweigen noch zu sprechen, Erzähler, die ihre Geschichte abbrechen, kaum haben sie zu reden begonnen – sie alle sind der stilistische Ausdruck der Nichtverstehbarkeit und Nichtmitteilbarkeit der Schreckensereignisse. Der Grund für diese Obsession Überlebender liegt in der Abwehr jeglicher rückwärtigen Deuteversuche des Holocaust, die – wenn auch latent und noch so subtil – immer in Gefahr stehen, Sinngebungsversuche darzustellen. Insbesondere wehrt sich Wiesel gegen eine Pädagogisierung und Moralisierung der Shoah, denn auch diese instrumentalisieren den Mord an Millionen von Menschen zu einem höheren Zweck, hier der Erziehung des Menschengeschlechts. Eine Passage aus einem Essay aus den achtziger Jahren ist in diesem Zusammenhang aufschlussreich:

"Diese ganzen Reden über die 'Lehren' von Auschwitz, über die 'Botschaft' von Treblinka sind moralische Lehren und politisch-theologische Botschaften, die mit dem Gegenstand selbst nichts zu tun haben.

Am Morgen nach dem Todessturm konnten die Überlebenden angesichts einer entsetzten Welt immer nur wiederholen: 'Ihr könnt es nicht verstehen, ihr könnt es einfach nicht verstehen.' Später haben sie es aus meist edlen und immer humanitären Beweggründen versucht, weil es notwendig war, die Menschen zu sensibilisieren ... Und jedesmal war es von vornherein verlorene Mühe. Der Zuhörer verstand überhaupt nicht oder nur schlecht und falsch." (Wiesel 1986, S. 21 f.)

Sinngebungsversuche, auch diejenigen moralischer oder pädagogischer Art, haben "mit dem Gegenstand selbst nichts zu tun"; Mitteilungsversuche scheitern. Wenige Zeilen weiter spannt der Autor sein Dilemma auf: "Aber ich glaube, dass ich nicht das Recht habe, es zu verschweigen." (ebd. S. 22) Reden ist ebenso unmöglich, wie das Schweigen und damit Verschweigen verboten ist. In dieser Spannung entrollt sich das gesamte Werk des Auschwitz-Überlebenden Wiesel. Und genau in dieser Spannung entbirgt sich die ethische Dimension des Zeugnisses, die sich – analog zu Adorno – nur als negative Ethik artikulieren kann.

Negative Ethik: Kampf gegen Gleichgültigkeit aus Erinnerung

Die Antwortlosigkeit, der uns die Shoah überlässt, betrifft Worte, Verstehensbemühungen und Sinnkonstruktionen. Dennoch ist für Elie Wiesel klar, dass Schweigen seine Grenze hat (Wiesel, 1987a, S. 157), dass es zutiefst ambivalent ist. Es kann in gefährliche Nähe zum Schweigen des passiven Zuschauers gelangen, der zu Unterdrückung und Mord schweigt. Schweigen "kann zum Instrument der Folter und des Todes werden" (Wiesel 1987b, S. 142), dann, wenn es aus Gleichgültigkeit gegenüber dem Leiden anderer entspringt. Der Kampf gegen Gleichgültigkeit wird darum zum Schlüsselwort in Wiesels Biographie und Werk (vgl. Schwencke 1987, S. 157). Ist bei Emmanuel Lévinas der Gedanke der Nicht-Indifferenz der innerste Kern einer Philosophie, die implizit (und nur an ganz spärlichen Stellen explizit gemacht) als Gegenentwurf zur Barbarei des 20. Jahrhunderts gelesen werden muss, gilt dies analog für Wiesel – allerdings von vorne herein explizit. Die Vernichtung konnte in die Tat umgesetzt werden, weil Vernichtungswille der einen und Gleichgültigkeit der anderen kollaborierten. Wiesel klagt die unzähligen Zu- und Wegschauer an, die stillen Mitmacher, die gegen alle Ahnung nicht wissen wollten, was mit den in Viehwaggons Deportierten geschieht, die (relative) Gleichgültigkeit der Alliierten gegenüber dem Vernichtungsprozess, der spätestens seit 1943 in Regierungskreisen Londons und Washingtons bekannt war etc. etc. – denn durch all sie konnten die Henker bis zum letzten Tag des Krieges morden.

Die Beschäftigung mit der Erinnerung, die Lektüre der Zeugnisse der Opfer, die Wiesel einklagt, und die geschichtswissenschaftliche Erhellung der Tatsachen haben nicht zum Ziel, moralische Lehren hervorzubringen, die den Menschen heteronom verordnet werden können. In der Auseinandersetzung mit Vergangenem, so Wiesels Ansatz, geschieht – autonom – eine ethische Sensibilisierung des einzelnen Subjekts.

"Um die Gleichgültigkeit zu durchbrechen, müssen wir uns nur an Auschwitz erinnern. ...
Auschwitz und Hiroshima: Diese Namen machen angst. Und das ist gut so. Sie sollen angst machen.
Denn diese Angst wird uns retten.
Vielleicht."
(Wiesel 1997, S. 158)

Bedeutung für eine Erinnerungskultur im Land der Täter

Erinnerung wirkt nicht per se sensibilisierend auf die Individuen. Erst, wenn gewisse Voraussetzungen erfüllt sind, können – insbesondere Jugendliche – sich in einem aktiven Prozess der Erinnerung stellen, sie sich aneignen und darin "lernen". In der Beschäftigung mit Wiesels Werk kristallisieren sich wesentliche Punkte heraus, die für eine subjektorientierte Erinnerungsarbeit wichtig sind.

Auschwitz darf zum einen nicht moralisiert oder pädagogisiert werden. Dies verbietet die Pietät gegenüber den Opfern und die Gefahr einer Sinnzuschreibung ebenso wie die eingangs erarbeitete pädagogische Einsicht, dass Moralisierungen im Blick auf Vergangenheitsbewältigung in den meisten Fällen das Gegenteil von dem bewirken, was sie ursprünglich gutgemeint beabsichtigten. Sicher kann die Beschäftigung mit dem nationalsozialistischen Unrecht nicht so tun, als geschehe sie zweckfrei, um ihrer selbst willen. Didaktische und pädagogische Prozesse sind stets zielorientiert. Doch die Zielformulierung und die Arrangements von Lernprozessen sollte nicht moralorientiert sondern subjektorientiert geschehen und den Betreffenden aktive, selbstgesteuerte Auseinandersetzungen zulassen. Ethische Sensibilisierung ist nicht delegierbar, sie muss von dem Subjekt selbst geleistet werden.

Daran knüpft ein zweiter Punkt an: Wiesels Konzentration auf die Zeugnisse der Opfer und Überlebenden (keineswegs nur sein eigenes, vgl. Wiesel 1979), ruft die Bedeutung primärer Beschäftigung ins Bewusstsein. Zu häufig werden Lernvorgänge von sekundären, geschichtswissenschaftlichen Erkenntnissen sowie Täterprotokollen und -akten dominiert, wobei die Perspektive der Opfer vernachlässigt wird. Opfer kommen in Historiographie und Didaktik meist nur als Opfer, sprich als Objekte der Vernichtungsentscheidungen vor. Doch die Diskussion um die "oral history" zeigte nicht nur den Erkenntnisgewinn für historische Forschung auf, sondern auch deren Bedeutung für einen emotionalen Zugang. Letzterer ist für Lernvorgänge, die zu gesicherter, historischer "Lebensbildung" führen sollen, unumgänglich.

Zum dritten ist der Horizont, in dem historisches Lernen geschieht, die Frage nach dem Humanum. Die Erfahrungen in schulischem Unterricht und in Jugendbildung zeigen, dass man jungen Menschen durchaus zutrauen kann, Konsequenzen aus der Auseinandersetzung mit Geschichte zu ziehen. Nicht-Indifferenz gegenüber der Lage der Menschenrechte in unserer Zeit – Kern des Werks Wiesels – kommt durch die Beschäftigung mit vergangenen Unrechtssituationen zur Sprache, ohne dass moralisierende Appelle notwendig sind. Entscheidend ist, dass die Perspektive der Opfer die leitende Hermeneutik der Lernprozesse bildet.

Schließlich ist an die wesentlichste Blockade zu denken, die eine offene Beschäftigung mit Auschwitz von deutschen Jugendlichen verhindert. Es sind diffuse Schuldgefühle, die Jugendliche aufgrund eines fehlgeleiteten öffentlichen Umgangs oder Nichtumgangs mit der NS-Vergangenheit mit sich tragen. Die öffentlichen Diskussionen können bei Jugendlichen – wohlgemerkt: es geht nicht um siebzigjährige Schriftsteller! – in der Tat als "Moralkeulen", die von allen Seiten auf sie einprasseln, interpretiert werden, die jeweils ein Geflecht an Assoziationen wecken. Familiäre Schweigegebote werden von jungen Menschen im Kontrast zu schulischer Konfrontation mit dem Thema Nationalsozialismus wahrgenommen. Unaufgearbeitete Schuldgefühle der ersten Generation übertragen sich auf die zweite und dritte, die ebensowenig damit zurecht kommen wie die erste. Tatsächliche oder scheinbare Diffamierung Deutscher im Ausland und die prinzipielle Unabgeschlossenheit von Wiedergutmachungsforderungen der Opfer werden von Jugendlichen als Diskussionsfetzen aus Schlagzeilen der Printmedien oder aus Fernsehmeldungen aufgenommen. Je verzerrter und irrationaler der öffentliche Umgang mit der Zeit des Nationalsozialismus in Deutschland ist, desto irrationaler ist die Reaktion junger Menschen, die dann vor allem durch Abwehr gekennzeichnet ist. Wiesel schreibt an

Walser nach dessen Frankfurter Rede: "Sie scheinen um jeden Preis die deutsche Jugend schützen zu wollen, indem Sie sie von Schuld freisprechen. Doch wer hat jemals gesagt, dass sie schuldig sei?" (Wiesel 1998) Schuldgefühle der Jüngeren sind wohl eher Reduplikationen des verqueren Schuldverhältnisses auf seiten der Älteren. Würde es gelingen, wie Wiesel an gleicher Stelle fordert, das Verhältnis der jungen Menschen in Deutschland zum Holocaust nicht in der Terminologie und nicht im Kontext von "Schuld", "Scham" und "Schande" sondern von Verantwortung für Gegenwart und Zukunft zu definieren und würde man der jungen Generation eigene Möglichkeiten der Auseinandersetzung mit den Taten der Täter und den Zeugnissen der Opfer eröffnen, könnte jene Erinnerungskultur entstehen, die bislang noch auf sich warten lässt.

Literatur

Adorno, Theodor W.: Negative Dialektik, Frankfurt/M. [1966], ^{8}1994.
Baacke, Dieter: Die 0 – 5jährigen. Einführung in die Probleme früher Kindheit, Weinheim/Basel 1999.
Bar-On, Dan/Brendler, Konrad/ Hare, A. Paul Hgg.): "Da ist etwas kaputt gegangen an den Wurzeln" Identitätsformen deutscher und israelischer Jugendlicher im Schatten des Holocaust, Frankfurt/M.,New York 1997.
Borries, Bodo von: Das Geschichtsbewusstsein Jugendlicher. Erste repräsentative Untersuchung über Vergangenheitsdeutungen, Gegenwartswahrnehmungen und Zukunftserwartungen von Schülerinnen und Schülern in Ost- und Westdeutschland, Weinheim, München 1995.
Boschki, Reinhold: Der Schrei. Gott und Mensch im Werk von Elie Wiesel, Mainz ^{2}1995.
Boschki, Reinhold/Mensink, Dagmar: "Kultur allein ist nicht genug." Das Werk von Elie Wiesel – Herausforderung für Religion und Gesellschaft, Münster 1998.
Brendler, Konrad: Die NS-Geschichte als Sozialisationsfaktor und Identitätsballast der Enkelgeneration, in: Bar-On et al. 1997, S. 53 – 104.
Geulen, Dieter: Subjekt-Begriff und Sozialisationstheorie, in: Leu/Krappmann 1999, S. 21 – 48.
Hardtmann, Gertrud: Auf der Suche nach einer unbeschädigten Identität. Die Dritte Generation in Deutschland, in: Bar-On et al. 1997, S. 105 – 136.
Honig, Michael Sebastian: Entwurf einer Theorie der Kindheit, Frankfurt/M. 1999.
Kern, Timm: Zachor! Persönliche Erfahrungen, in: Was bleibt von der Vergangenheit? 1999, S. 107 – 118.
Knigge, Volkhard: Erinnerungsarbeit in der Gedenkstätte Buchenwald, in: Boschki/Mensink 1998, S. 368 – 387.
Kößler, Gottfried: Auschwitz als Ziel von Bildungsreisen? Zur Funktion des authentischen Ortes in pädagogischen Prozessen, in: Fritz Bauer Institut Hgg.): Auschwitz, Geschichte, Rezeption und Wirkung (Jahrbuch 1996 zur Geschichte und Wirkung des Holocaust), Frankfurt/M. 1996.

Krappmann, Lothar/Kleineidam, Veronika: Interationspragmatische Herausforderungen des Subjekts. Beobachtungen der Interaktionen zehnjähriger Kinder, in: Leu/Krappmann 1999, S. 241–265.

Lanzmann, Claude: Shoah, Düsseldorf 1986.

Leu, Hans Rudolf/Krappmann, Lothar: Zwischen Autonomie und Verbundenheit. Bedingungen und Formen der Behauptung von Subjektivität, Frankfurt/M. 1999.

Lohrbächer, Albrecht/Ruppel, Helmut/Schmidt, Ingrid/Thierfelder, Jörg Hgg.): Schoa. Schweigen ist unmöglich. Erinnern, Lernen, Gedenken, Stuttgart 1999.

Mensink, Dagmar/Boschki, Reinhold Hgg.): Das Gegenteil von Gleichgültigkeit ist Erinnerung. Versuche zu Elie Wiesel, Mainz 1995.

Metz, Johann Baptist: Anamnetische Vernunft, in: Axel Honneth et al. Hgg.): Zwischenbetrachtungen im Prozess der Aufklärung. Jürgen Habermas zum 60. Geburtstag, Frankfurt/M. 1989, S. 733–738.

Münz, Christoph: Der Welt ein Gedächtnis geben. Geschichtstheologisches Denken im Judentum nach Auschwitz, München, Gütersloh 1995

Nunner-Winkler, Gertrud: Zur moralischen Sozialisation, in: Kölner Zeitschrift für Soziologie und Sozialpsychologie 44 (1992), S. 252–272.

Nunner-Winkler, Gertrud: Sozialisationsbedingungen moralischer Motivation, in: Leu/Krappmann 1999, S. 299–329.

Podszun, Rupprecht: Geschlossene Gesellschaft. Bei den Diskussionen um die NS-Vergangenheit bleiben die Senioren unter sich, in: Was bleibt von der Vergangenheit? 1999, S. 27–32.

Rosenthal, Gabriele Hgg.): Der Holocaust im Leben von drei Generationen. Familien von Überlebenden der Shoah und von Nazi-Tätern, Giessen ²1997.

Rosenthal, Gabriele: Transgenerationelle Spätfolgen einer nationalsozialistischen Familien-Vergangenheit, in: Die Psychotherapeutin 9 (1998), S. 71–87.

Rüsen, Jörn Hgg.): Geschichtsbewusstsein. Psychologische Grundlagen, Entwicklungskonzepte, empirische Befunde, Köln, Weimar, Wien 2001.

Schwencke, Olaf Hgg.): Erinnerung als Gegenwart. Elie Wiesel in Loccum, Loccum 1987.

Walser, Martin: Erfahrungen beim Verfassen einer Sonntagsrede. Rede anlässlich der Verleihung des Friedenspreises des Deutschen Buchhandels, Frankfurt/M. 1998.

Walser, Martin: Vorwort, zu: Wiesel, Elie: Nacht, in: Die Nacht zu begraben, Elischa, Trilogie, München und Esslingen 1962, S. 5–8 (seitengleich wiederabgedruckt in: Die Nacht. Erinnerung und Zeugnis, Freiburg 1996).

Was bleibt von der Vergangenheit? Die junge Generation im Dialog über den Holocaust (hg. Stiftung für die Rechte zukünftiger Generationen), Berlin 1999.

Wiesel, Elie: Nacht (Originalausgabe in jiddischer Sprache: Un di Welt hot geschwign, Buenos Aires 1956; überarbeitete und gekürzte Fassung: La Nuit 1958), in: Die Nacht zu begraben, Elischa, Trilogie, München und Esslingen 1962 (1962a), S. 17–153; Einzelausgabe: Wiesel 1996)

Wiesel, Elie: Tag (Le jour, 1961), in: Die Nacht zu begraben, Elischa, Trilogie, München und Esslingen 1962 (1962a), S. 263–400.

Wiesel, Elie et al. (ed.): Dimensions of the Holocaust, Evantson 1977.

Wiesel, Elie: Die Massenvernichtung als literarische Inspiration, in: Kogon, Eugen/Metz, Johann Baptist Hgg.): Gott nach Auschwitz. Dimensionen des Massenmords am jüdischen Volk, Freiburg, 1979, S. 21–49.

Wiesel, Elie: Macht Gebete aus meinen Geschichten (ausgewählte Essays aus: Paroles d'étranger, Paris 1982, und: Signes d'exode, Paris 1985), Freiburg 1986.

Wiesel, Elie: Gesang der Toten (Chants des morts, 1966), Freiburg 1987a.

Wiesel, Elie: Geschichten gegen die Melancholie (Auswahl aus: Célébration hassidique II, Paris 1981), Freiburg 1987b.

Wiesel, Elie: Abenddämmerung in der Ferne (Le crépuscule, au loin, 1987), Freiburg 1988a.

Wiesel, Elie: Chassidische Feier (Célébration hassidique, 1972), Freiburg 1988b.

Wiesel, Elie: Der Vergessene (L'oublié, 1989), Freiburg 1990.

Wiesel, Elie: Alle Flüsse fließen ins Meer. Autobiographie (Tous les fleuves vont à la mer, 1994), Hamburg 1995.

Wiesel, Elie: Die Nacht. Erinnerung und Zeugnis (La Nuit, 1958), Freiburg 1996.

Wiesel, Elie: ... und das Meer wird niemals voll. Autobiographie 1969–1996 (... et la mer n'est pas remplie. Mémoires 2, 1996), Hamburg 1997.

Wiesel, Elie: Ohne Schande. Offener Brief von Elie Wiesel an Martin Walser, in: DIE ZEIT Nr. 52, 10.12.1998, S. 4.

Wittmeier, Manfred: Internationale Jugendbegegnungsstätte Auschwitz. Zur Pädagogik der Erinnerung in der politischen Bildung, Frankfurt/M. 1997.

Yerushalmi, Yosef Hayim: Zachor: Erinnere Dich! Jüdische Geschichte und jüdisches Gedächtnis, Berlin 1988.

Religionspädagogik im Kontext jüdisch-christlicher Lernprozesse

Stephan Leimgruber

Eine religionspädagogische Bilanz der vergangenen vierzig Jahre jüdisch-christlichen Lernens kann einerseits vom Zweiten Vatikanischen Konzil und der dort erfolgten Neubeurteilung des Judentums ausgehen (Kapitel 2) und andererseits von der Bereitschaftserklärung zum kontinuierlichen Dialog durch die Vollversammlung des jüdischen Weltkongresses im Jahre 1986[1]. Die wiederentdeckte Geschwisterlichkeit hat sich nicht nur auf die Gestaltung der Lehrpläne, auf die Richtlinien und Unterrichtsmedien zusehends deutlicher ausgewirkt (Kapitel 4); sie ist zum durchgängigen Prinzip gegenseitiger Wahrnehmung geworden und hat ebenso sehr zu mehreren jüdisch-christlichen Forschungsprojekten in religionspädagogischer Absicht (Kapitel 3) geführt und ein Lernen in lebendiger Begegnung und dialogischer Kommunikation angestoßen. Aus einem von "Blindheit" und "Verstocktheit" geschlagenen Volk auf dem "Irrweg", wie Christen das Judentum über Jahrhunderte taxierten und vergeblich missionierten, ist eine eigenständige Weltreligion als unvergeßbarer Wurzelgrund des Christentums geworden, deren Angehörige von Gott unwiderruflich geliebt sind. In zwar noch zögerlicher aber in gegenseitigem Respekt wachsender, solidarischer Weggefährtenschaft sind Juden und Christen unterwegs zum endgültigen "rettenden Erbarmen Gottes"[2] (Kapitel 5).

Eine Religionspädagogik "nach Auschwitz"[3] darf die verfinsterte Beurteilung des Judentums, ihren unreflexen und schuldhaften Umgang mit an-

---

[1] Paul Neuenzeit, Juden und Christen auf neuen Wegen zum Gespräch. Ziele, Themen, Lernprozesse, Würzburg 1990, 17. Vgl. Michael Langer, Von den 'Gottesmördern' zu den 'älteren Brüdern', in: Eugen Biser u.a.Hgg.), Der Glaube der Christen. Ein ökumenisches Handbuch, München/Stuttgart 1999, 332 – 356 (Lit.).

[2] Clemens Thoma, Das Messiasprojekt. Theologie jüdisch-christlicher Begegnung, Augsburg 1994, 18.

[3] Vgl. Theodor Adorno, Erziehung nach Auschwitz, in: ders., Erziehung zur Mündigkeit, Frankfurt 1971, 88 – 104; Jürgen Manemann, Johann Baptist Metz Hgg.), Christologie nach Auschwitz, Münster 1998.

tijudaistischen Vorurteilen nicht einfach verdrängen, sondern soll sie in ihre Erinnerungskultur integrieren. Das Aufarbeiten von Fehlern und das explizite Schuldbekenntnis machen erst den Weg frei für zukunftsfähiges interreligiöses Lernen in vertrauender Dialogpartnerschaft. Dies sind die Gründe für das *erste Kapitel*, welches gleichsam das frühere katechetische Paradigma darstellt und auf die verschiedenen Revisionen desselben zu sprechen kommt.

Die Last der Tradition und Signale des Neubeginns

Vom 16. bis weit ins 20. Jahrhundert hinein partizipierte die christliche Katechese in ihren didaktischen Varianten und in ihren Lehrmitteln, den Katechismen, am traditionellen Bild vom Judentum. Sie fasste zusammen und vereinfachte, was Theologie und Kirche des Mittelalters lehrten, welche sich ihrerseits auf das Erbe der Kirchenväter (z.B. Barnabasbrief, Melito von Sardes, Origenes, Chrysostomus, Ambrosius und Augustinus) abstützten. Sie goß in Fragen und Antworten, um das Memorieren zu erleichtern und bei allen Getauften ein Minimalwissen zu garantieren. Nicht selten untermauerte und illustrierte sie ihre Aussagen in bezug auf die Juden mit biblischen Stellen, etwa mit dem Ruf "Kreuzige ihn" (Joh 19,15), mit dem Blutwort (Mt 27,25), mit dem Wort vom Teufel als Vater der Juden (Joh 8,44) und weiteren neutestamentlichen Stellen (z.B. 1 Thess 2,15; Hebr 10,9; Apostelgeschichte).

Folgende *klassische Topoi* machten das herkömmliche christliche Bild vom Judentum aus und wurden über Jahrhunderte den nachwachsenden Generationen weitergegeben: "Die Juden", repräsentiert in "den Pharisäern", sind ein heuchlerisches, geldgieriges (Judas) Volk ohne echte Frömmigkeit und haben mit dem Kommen Jesu ausgespielt. Denn dieser überwand zwar nicht den Dekalog, wohl aber viel Beiwerk des mosaischen Gesetzes und machte selbst einen radikalen Neuanfang der Zuwendung Gottes zu den Menschen, welcher dann in das neue Israel, die Kirche, einmündete. An die Stelle des Alten Bundes trat die Kirche (*Substitutionstheorie*). Obwohl die Juden in Jesus (und seinen Wundern) "Beweise" für die Erfüllung der prophetischen Weissagungen gehabt hätten, blieben sie verstockt und verblendet. Statt dessen betrieben sie, unterstützt von den Römern, den Tod Jesu. Jesus nahm ihn freiwillig auf sich zur Sühne für die Sünden der ganzen Menschheit. Darauf antwortete Gott mit der Verwerfung des jüdischen Volkes (*Verwerfungstheorie*), mit der Zerstörung des Jerusalemer Tempels und mit der Zerstreuung der Juden. Jesus setzte die Kirche durch die 12 Apostel ein, welche die 12 Stämme Israels repräsentierten und zum neuen Volk Gottes wurden (*Enterbungstheorie*). Weil die Juden Jesus Christus nicht als wahren Gott anerkannten und sich einer Konversion widersetzten, bleiben sie als Ungläubige ("infideles") vom Leib Christi abgeschnitten und bar jeder Heilschance. Zusammen mit den "Mohammedanern" und Häretikern sind sie "zu verurteilen und innerlich zu verabscheuen" (Petrus Canisius)[4]. Seither sind die Juden Zeugen für die Wahrheit des Christentums. Allein die göttliche Barmherzigkeit wird ihre endzeitliche Bekehrung erwirken.

Diese Fundamentalinterpretamente wurden im *19. Jahrhundert* in Katechese (Konrad Martin, Joseph Deharbe) und Volksbildung (Alban Stolz) weitertransportiert und flossen selbst in Reiseberichte von Palästinapilgern ein. Freilich sind sie im historischen Zusammenhang der Judenemanzipation und bürgerlichen Gleichstellung in Mitteleuropa (1780–1871) einerseits zu sehen und andererseits im Kontext von Säkularisierung, Kulturkampf, katholischem Milieu, Ultramontanismus, wo die Juden in die lange Reihe der "Feinde" eingereiht wurden und im Streite gegen den Zeitgeist oft einfach als Sündenböcke fungierten. Nach Michael Langer[5] führt jedenfalls kein gerader Weg von den religiös und theologisch motivierten Antijudaismen in Katechese und Volksbildung des 19. Jahrhunderts zum rassistischen Antisemitismus des 3. Reiches. Die Geschichte darf nicht von der Schoa her interpretiert werden, sondern muss Kontinuität und Diskontinuität der komplexen Motivstrukturen geschichtlich je neu bestimmen.

Seit dem Zweiten Weltkrieg, insbesondere durch die "hermeneutische Funktion von Auschwitz" (Franz Mussner[6]), bewirkten verschiedene Vorgänge und *Signale* eine Revision des dargestellten Paradigmas, bis das Zweite Vatikanische Konzil ein neues, positiveres Judenbild konfirmierte und im Nachgang religionspädagogische "Hinweise und Richtlinien" veröffentlicht wurden.

Hirtenworte der Kölner und Paderborner Kirchenprovinz (29. Juni 1945), der Fuldaer Bischofskonferenz (23. August 1945) und selbst von Papst Johannes XXIII., nicht aber das Vatikanum II, gestanden Verantwortung und Mitschuld der Kirche an der Schoa ein und baten um Vergebung[7]. Internationale Konferenzen mit Juden, Katholiken und evangelischen Christen verfassten einschlägige Resolutionen wie die Seelisberger Thesen (1947)[8]. Die Weiterbildung der Religionslehrer setzte in diesem Themenbereich ein und brachte bedeutsame Memoranden für die Erneuerung des Religionsunterrichtes hervor

---

[4] Ausführlich: Stephan Leimgruber, Von der Verketzerung zum Dialog. Darstellung und Behandlung der Juden im christlichen Religionsunterricht, in: ZKTh 112 (1990) 288–303.

[5] Michael Langer, Zwischen Vorurteil und Aggression. Zum Judenbild in der deutschsprachigen katholischen Volksbildung des 19. Jahrhunderts (Lernprozeß Christen Juden, Bd 9), Freiburg 1994.

[6] Franz Mussner, Traktat über die Juden, München ²1988, 16.

[7] Vgl. Rolf Rendtorff/Hans H. Henrix Hgg.), Die Kirchen und das Judentum, Paderborn ²1989, 232.

[8] Ebd., 646–647.

(Schwalbacher Thesen, 1948, überarbeitet 1960 in Bergneustadt)[9]. Der Kirchengeschichtsunterricht berücksichtigte die Weltgeschichte bis in die jüngste Vergangenheit. Die Gründung des Ökumenischen Rates der Kirchen (1948), der eine Öffnung der Christen auf die Juden hin brachte, fiel mit der Gründung des Staates Israel zusammen, was ebenfalls neue Perspektiven eröffnete. Und vor Ort bemühten sich Gründungen der "Gesellschaft für Christlich-Jüdische Zusammenarbeit" um einen Dialog, den markante Vertreter des Judentums wie Schalom Ben Chorin, David Flusser, Pinchas Lapide, Jakob Petuchowski und Ernst Ludwig Ehrlich trotz erlittener Wunden aufgriffen. Erwähnt seien noch die auf Gertrud Luckner zurückreichende Herausgabe des "Freiburger Rundbriefes" (seit 1948) und die Thematisierung (ab 1948) des Problemfeldes an den deutschen Katholikentagen.

Vor dem Konzil hörten diese Signale auch Lehrmittelkommissionen und Verfasser von Religionsbüchern. Der "Katholische Katechismus für die Bistümer Deutschlands" (1955) spricht erstmals vom "auserwählten Volk", und Alfred Läpple/Fritz Bauer kontextualisieren das Judentum neu in den Weltreligionen (1960), ohne aber das Stufenmodell (nach dem das Judentum eine Vorbereitung auf das Christentum sei) und Christus als absolute Wahrheit preiszugeben. In dieser Zeit wurde schließlich die Karfreitagsliturgie mit der missverständlichen Fürbitte ("für die treulosen Juden") abgeändert.

Die Konzilsaussagen zum Judentum als kopernikanische Wende in der katholischen Judenwahrnehmung und ihre religionspädagogische Relevanz

Zweifellos stehen die Äußerungen des Konzils über das Judentum in ihrer kirchen- und theologiegeschichtlichen Dynamik einzigartig da[10] und markieren das Ende der Verketzerungen der Juden. Sie sind selbst Ergebnis eines langwierigen Lernprozesses der katholischen Kirche. Trotz ihrer Vorläufigkeit dürfen sie als "Durchbruch" und "Wende" der katholischen Kirche in der Beurteilung des Judentums betrachtet werden. Auch für die Religionspädagogik sind sie als Markstein zu werten, denn sie haben für den diesbezüglichen Religionsunterricht, für Predigt und Erwachsenenbildung neue Maßstäbe gesetzt und den jüdisch-katholischen Dialog entscheidend vorangebracht.

Bereits die *Kirchenkonstitution "Lumen gentium"* bezieht Israel als "Vorbereitung und Vorausbild des neuen und vollkommenen Bundes in Christus"

---

[9] Ebd., 647–650.
[10] Dazu Johannes Oesterreicher, in: LThK, Freiburg (^{2}1967); 1986, XIII, 406–478; Karl Rahner/Herbert Vorgrimler, Kleines Konzilskompendium, Freiburg 1968, 349–353, Karl-Josef Kuschel, Die Kirchen und das Judentum, in: StZ 117 (1992) 147–162; Otto-Hermann Pesch, Das Zweite Vatikanische Konzil, Würzburg 1993.

(Nr.9) konstitutiv in die Beschreibung der Kirche mit ein. Ohne sich stets aus ihrem Wurzelgrund zu nähren, würde sie, die aus Juden und Heiden gebildet ist, an Lebendigkeit verlieren.

Nr. 4 der *"Erklärung über das Verhältnis der Kirche zu den nichtchristlichen Religionen" "Nostra aetate"* artikuliert die neue Sicht in sechs Abschnitten. Sie stellt insofern einen Kompromiss dar, als sie – ursprünglich von Johannes XXIII. als eigene Erklärung über die Juden gedacht - – dann als 4. Kapitel bzw. Anhang des Ökumenismusdekretes – neu in einem interreligiösen *Kontext* steht, nachdem für alle Weltreligionen die religiöse Erfahrung anerkannt wird und sie alle dem universalen Heilswillen Gottes unterstellt sind.

Die wichtigsten Konzilsaussagen erinnern an das geistliche Band zwischen Christen und dem Stamm Abrahams und deshalb an den unvergeßbaren Glaubensbeginn der Kirche im Glauben und in der Erwählung der Patriarchen und der Propheten; sie verdeutlichen das Judesein Jesu, der Apostel, Marias und der ersten Jünger; sie betonen die Unwiderruflichkeit der Berufung und der Gnadengaben, obwohl die Juden das Evangelium nicht annehmen konnten, und sie halten Ausschau auf den gemeinsamen eschatologischen Lobpreis Gottes "Schulter an Schulter" (Zef 3,9) von allen Völkern, also auch von Juden und Christen. Ferner postulieren sie die Förderung der gegenseitigen Kenntnisnahme und Achtung durch biblische und theologische Studien sowie durch das brüderliche Gespräch und "beklagen" Verfolgungen, Hassausbrüche und Manifestationen des Antisemitismus (Nostra aetate, Nr. 4).

Katechese und Predigt bedürfen eines klärenden Wortes in der Schuldfrage am Tod Jesu, womit der Verwerfungstheologie und der Verfluchungsthese unmissverständliche Absagen erteilt werden.

Kritisch wurde gegen diese Konzilsaussagen eingewandt, am schärfsten von Herbert Vorgrimler formuliert[11], daß das Judentum unstatthaft auf eine Ebene mit den Weltreligionen gestellt werde, daß es bloß als Vorbereitung auf das Christentum, nicht als eigenständige Religion gesehen würde, daß die katholische Kirche, auf die andere religiöse Erfahrungen hingeordnet seien (Lumen gentium Nr. 8 und Nr. 16), im Vergleich zum Gleichnis vom Ölbaum, viel zu sehr im Zentrum stünde und daß ein klares Schuldbekenntnis der Kirche gegenüber den Juden ebenso fehle wie eine Verzichtserklärung auf Missionierung der Juden.

Einschlägig für die Religionspädagogik ist nicht nur der vom Pastoralkonzil geforderte neue Ton bei der Behandlung des Judentums, sondern auch die Einladung, das Gemeinsame von Judentum und Christentum zu entdecken, zu erforschen und den älteren Geschwistern mit einer positiven, offenen und dialogischen Grundhaltung entgegenzugehen.

---

[11] Herbert Vorgrimler, Israel und Kirche vor dem gemeinsamen Bundesgott, in: rhs 35 (1992) 36–47; ders., Zum Gespräch mit dem Judentum, in: Ders., Wegsuche, Bd.I, Altenberge 1997, 471–551.

Die ersten Ausführungsbestimmungen von "Nostra aetate" vom 3. Januar 1975[12] heben auf ein *besseres Verständnis der religiösen Tradition des Judentums* durch die Katholiken ab, in der Predigt auf eine gerechte Erklärung und formulieren den Wunsch nach einem offenen *Dialog auf der Basis gegenseitiger Hochschätzung*, allenfalls die gemeinsame Begegnung vor Gott im Gebet. Für Lehre und Erziehung gilt es zu beachten, daß das Judentum zur Zeit Jesu eine komplexe Wirklichkeit darstellte und das NT bzw. die Botschaft Jesu durch ihre Beziehung zum AT geprägt sind. Schließlich plädiert das Dokument in handlungsorientierter Weise für *gemeinsame soziale Aktionen* "zur Förderung von Gerechtigkeit und Frieden im örtlichen, nationalen und internationalen Bereich".

Die zweiten Ausführungsbestimmungen vom *24. Juni 1985* zielen auf eine *"richtige Darstellung von Juden und Judentum in der Predigt und in der Katechese* der katholischen Kirche"[13], um die "peinliche Unkenntnis der Geschichte der Traditionen des Judentums" oder "negative und verzerrte Aspekte" desselben zu vermeiden. Neu sind hier die liturgiewissenschaftlichen Hinweise auf alttestamentliche Wurzeln christlicher Gebete (Stundengebet, Vaterunser, Hochgebet) und Feste (Pascha, Gedächtnis). *Erziehung und Katechese* müssen sich mit der *jüngsten Geschichte* des Judentums befassen und dürfen die *verschiedenen Formen des Rassismus und Antisemitismus nicht verschweigen.*

In der Tat zeigten die Konzilsaussagen zum Judentum, wenn man von den jüngsten schmerzvollen antijüdischen Gewalttaten, Schmierereien und Friedhofsschändungen absieht, erstaunliche Wirkungen:

Die *theologischen Disziplinen*, angefangen von der Exegese über die historische und systematische Theologie bis hin zur praktischen Theologie inklusive Liturgiewissenschaft, nahmen eine sich selbst korrigierende *Neubeurteilung des Judentums* vor und in der Folge eine *veränderte Verhältnisbestimmung von Christen und Juden*[14]. Nach einer Jahrhunderte langen Geschichte der Entfremdung und Feindschaft mit dem unfassbaren Abgrund in der Schoa begann die christliche Theologie das Judentum, dessen Erwählung der gemeinsame Bundesgott nie widerrufen hat, als Wurzelgrund des Christentums ernst zu nehmen. Die Anerkennung Israels durch den Vatikan vom 30. Dezember 1993, die Pastoralreisen der Päpste nach Jerusalem und das Schuldbekenntnis 2000 sind weitere ermutigende Zeichen für eine neue Verhältnisbestimmung.

Die *Religionspädagogik* als "praxisbezogene und interdisziplinär orientierte theologische Disziplin"[15] nahm an dieser Wende teil und setzt seither in der

---

[12] Ebd. (Anm. 7), 48–53.
[13] Ebd. (Anm. 7), 92–103.
[14] Erich Zenger, Das Erste Testament. Die jüdische Bibel und die Christen, Düsseldorf ³1993; Art., Antisemitismus, in: TRE, Berlin 1978, III. 113–168; Hubert Frankemölle, Jüdisch-christlicher Dialog, in: Catholica 46 (1992) 114–139; Marcel Marcus Hgg.), Israel und Kirche heute (FS E.L. Ehrlich), Freiburg 1991; Klemens Richter, Jüdische Wurzeln christlicher Liturgie ... in: FS E.L. Ehrlich (op.cit.), 135–147.
[15] Rudolf Englert, Art., Wissenschaftstheorie der Religionspädagogik, in: Gottfried Bitter/ Ga-

Gesamtheit religiöser Lern- und Bildungsprozesse neue Akzente. Sie beginnt die Erkenntnisse der alt- und neutestamentlichen Exegese, der Judaistik und der Kirchengeschichte zu assimilieren, bedenkt die veränderten Sehweisen und Positionen der systematischen Theologie und versucht, Lernvorgänge mit Berücksichtigung des hermeneutischen Prinzips von Röm 9 – 11 zu verantworten. Als interdisziplinär und elementarisierend arbeitende Wissenschaft erkundet sie die soziologischen, psychologischen und epistemologischen Bedingungen und Gesetzlichkeiten jüdisch-christlicher Bildungs- und Erziehungsprozesse bzw. deren Behinderungen durch antijudaistische Vorurteile, und als praxisorientierte Wissenschaft, die im Dienst religionspädagogischen Handelns in Kirche, Schule und Öffentlichkeit steht, richtet sie ihr Augenmerk auf zukunftsfähige Lernwege im Leben und Glauben der Christen und Juden. Ihr Anspruch zielt daraufhin, künftige christlich-jüdische Begegnungen und Interaktionen entlang des Lebenslaufes (Elementarerziehung, schulischer RU, gemeindliche Katechese, Erwachsenenbildung und Seniorenbegleitung) so zu gestalten, zu begleiten und zu reflektieren, dass Christen und Juden sich vor dem Horizont der Weltgeschichte gegenseitig achten, anerkennen und in Weggenossenschaft voneinander lernen können.

Religionspädagogische Projekte christlich-jüdischer Lernprozesse

Im Bewußtsein von der Dringlichkeit, die Neueinschätzung des Judentums der Jugend in Schule und Religionsunterricht weiterzugeben, initiierten in den 70er und 80er Jahren mehrere universitäre Forschungsgruppen interreligiöse Lernprojekte, nachdem Theodor Filthaut, Werner Trutwin und Edgar Korherr bahnbrechende Monographien vorgelegt hatten [16].

Als *erste* bildet sich an der Universität *Duisburg* eine interdisziplinäre Forschungsgruppe, die sich eine kritische Bestandsaufnahme und Analyse der *evangelischen Religionsbücher und Unterrichtsmaterialien* zum Ziele setzte. In jährlichen Schulbuchtagungen, exemplarischen Studien zu Spezialthemen und in bestimmten Publikationen gelangten ihre Ergebnisse an die Öffentlichkeit [17].

Eine *zweite Forschungsgruppe* formierte sich an der Katholisch-Theologischen Fakultät der *Universität Freiburg i.Br.* um Günter Biemer mit

---

  briele Miller Hgg.), Handbuch religionspädagogischer Grundbegriffe, München 1986, II, 424 – 432.

[16] Theodor Filthaut, Die Erneuerung des Religionsunterrichtes aus dem Geist des Zweiten Vatikanischen Konzils, Freiburg 1968, 147 – 164 (Christen und Juden); Werner Trutwin, Gesetz und Propheten, Düsseldorf 1967.

[17] Herbert Jochum/Heinz Kremers Hgg.), Juden, Judentum und Staat Israel im christlichen Unterricht in der Bundesrepublik Deutschland, Paderborn 1979 (Lit.).

dem ebenfalls interdisziplinären Projekt *"Lernprozeß Christen-Juden"* (1977 – 1982). Angestoßen vom Gesprächskreis "Juden und Christen" des Zentralkomitees der deutschen Katholiken und inspiriert von der damaligen Curriculumsdiskussion, inszenierte er einen Lernvorgang, der über die Inhalte hinaus auf neue Leitlinien, Lernziele und im Lebenslauf (Curriculum) zu erwerbende Qualifikationen und Einstellungen abhob. Als Religionspädagoge mit fundamental-theologischem Impetus und zugleich mit Praxisorientierung wollte er Lernprozesse bis auf die Ebene der Lehrerbildung, der Erwachsenenbildung in der Gemeinde und im schulischen Religionsunterricht anzetteln. Dabei profitierten er und sein Team am pädagogisch-katechetischen Seminar in Freiburg von der Kompetenz und Unterstützung der Fachkollegen: Alfons Deisler (AT); Anton Vögtle (NT); Bernhard Casper (Religionsphilosophie); Karl Lehmann (Dogmatik) und Suso Frank (Kirchengeschichte).

Die aus dem Projekt hervorgegangenen vier Bände "Lernprozeß Christen Juden" bieten umfassende Grundlagenarbeit. In *Band 1* [18] legte Peter Fiedler eine umfassende Inhaltsanalyse der damals verwendeten Unterrichtslehrbücher, Bibeln und Lehrpläne bis zum Zielfelderplan vor und deckte so manche Einseitigkeiten, Klischeevorstellungen, Vorurteilsbildungen und Irrtümer auf. *Band 2* [19] – ein Gemeinschaftswerk – formulierte die Freiburger Leitlinien zum Lernprozeß Christen Juden, wobei inhaltlich-theologische Überlegungen in didaktischer Perspektive auf die verschiedenen Lernphasen von der Früherziehung über die Eucharistie-, Buß- und Firmkatechese bis hin zu den Sekundarbereichen I und II sowie der Erwachsenenbildung und Predigt konkretisiert werden.

Band 3 [20], ebenfalls ein Gemeinschaftswerk, bietet konkret ausgearbeitete Lehr- und Lerneinheiten mit Vorüberlegungen für die Sekundarstufen, und *Band 4* [21] ist ein "Lesebuch" zum Lernprozeß Christen Juden mit einschlägigen Texten aus dem jüdischen Leben und Glauben, sowie von Vorurteilen und Zukunftsaufgaben. (Der 1991 erschienene *Band 6 von Helga Kohler-Spiegel* studiert das Thema auf Lernplanebene und gibt Impulse für die Erarbeitung eines Gesamtkonzeptes. Diachronisch und vertiefend ist entlang der Biographie an Grundbegriffen [basic concepts] wie Gott, Bund, Land, Zukunft aus jüdischer und christlicher Sicht zu lernen. [22])

---

[18] Peter Fiedler, Das Judentum im katholischen Religionsunterricht (Lernprozeß Christen Juden 1, hg. von Günter Biemer und Ernst Ludwig Ehrlich), Düsseldorf 1980 (Störend wirkt die Unübersichtlichkeit der Darstellung!). Fortgeführt und mit einer empirischen Befragung im Erzbistum Freiburg erhärtet, wurde diese Studie von Ursula Reck, Das Judentum im katholischen Religionsunterricht. Wandel und Neuentwicklung, Freiburg 1990.

[19] Günter Biemer, Freiburger Leitlinien zum Lernprozeß Christen Juden, Düsseldorf 1981.

[20] Günter Biemer/Albert Biesinger/Peter Fiedler Hgg.), Was Juden und Judentum für Christen bedeuten. Lehr- und Lerneinheiten für die Sekundarstufen, Freiburg i. Br. 1984; [2]1986.

[21] Peter Fiedler/Ursula Reck/Karl-Heinz Minz Hgg.), Lernprozeß Christen Juden. Ein Lesebuch, Freiburg 1984.

[22] Helga Kohler-Spiegel, Juden und Christen. Geschwister im Glauben. Ein Beitrag zur Lehrplantheorie am Beispiel Verhältnis Christentum Judentum, Freiburg 1991.

Für den Religionsunterricht stellte die Freiburger Gruppe folgende *allgemeine Lernziele* auf:

- durch die Entdeckung von Elementen des christlichen Glaubens im jüdischen Glauben sollen Schülerinnen und Schüler für das Judentum aufgeschlossen werden und ihr eigenes Christsein tiefer verstehen;
- sie sollen aufgrund der Verwandtschaft des christlichen mit dem jüdischen Glauben Achtung und Empathie für die Juden entwickeln und ihren Glauben als echt und legitim anerkennen;
- sie sollen auf der Basis der heilsgeschichtlichen Teleologie mit den Juden partnerschaftlich Weltverantwortung wahrnehmen lernen;
- sie sollen die Jesusgeschichte ohne antijüdische Vorurteile vor dem Horizont des Judentums kennenlernen;
- durch dialogische Begegnungen mit Vertretern des Judentums und durch Identifikation mit Einzelschicksalen sollen sie prägende Glaubenserfahrungen machen;
- ab Sekundarstufe I bis ins Erwachsenenalter sollen eine persönliche Auseinandersetzung mit dem und eine fundierte Information über das Judentum einsetzen.

Während in den vier ersten Bänden die theologisch inhaltlichen Vergewisserungen und die Klärungen von Spezialfragen Vorrang haben, werden doch auch Lernmöglichkeiten durch Reisen, Synagogenbesuche, Israelaufenthalte und vor allem konkrete Begegnungen und Seminare erwähnt. Globalziel für Christen soll ein "lernender Umgang mit dem jüdischen Glauben und seiner Tradition" werden [23]. Weiterführend sind u.a. die epistemologischen und sozialpsychologischen Erhellungen der Vorurteilsbildung und die daraus gezogenen Konsequenzen: a) Klärung der Beziehung zur Lerngruppe, b) Information, c) Überprüfen der Erziehungs- und Leitungsverhalten sowie d) der Identifikationsmöglichkeiten [24].

Ein *dritte Forschungsgruppe* bildete sich im Jahre 1987 am Lehrstuhl für Religionspädagogik der *Universität Würzburg* unter der Leitung von Paul Neuenzeit [25]. In der Lernform eines "Kooperationsseminars" verbrachten 16 jüdische und christliche Studenten mehrere Studienwochen gemeinsam. Sie lernten miteinander und voneinander, teilten das Leben und feierten auch jüdische und christliche Feste. Lothar Schöppner unternahm den Versuch, das "Würzburger Lernmodell" "empirisch" zu analysieren, um daraus "Modellstrukturen" für künftige Lernprojekte zu gewinnen [26].

Nach diesen intensiven und aufwendigen Forschungsprojekten formulierte

---

[23] AaO. (Anm. 19), 23.
[24] Ebd., 97–99.
[25] Paul Neuenzeit, Juden und Christen. Auf neuen Wegen zum Gespräch, Würzburg 1990.
[26] Lothar Schöppner, Begegnungsmodell für den jüdisch-christlichen Dialog. Empirische Analyse des Würzburger Lernprojektes Juden Christen (Band 8 Lernprozess Christen Juden), Freiburg 1993. Die weiteren Bände von Lernprozess Christen Juden: Michael Langer, Zwischen Vorurteil und Aggression, Freiburg 1994 (Band 9) und Martin Rothgangel, Antisemitismus als religionspädagogische Herausforderung, Freiburg 1995 (Band 10).

Günter Biemer 1988 gleichsam als Früchte der jahrelangen Bemühungen einen *Kanon zentraler Inhalte* für künftige jüdisch-christliche Lernvorhaben [27]:
- das gemeinsame Band: Gott als Schöpfer und Herr der Geschichte;
- die je verschiedenen und doch analogen Heilsgeschichten der Juden und der Christen mit den Leitideen "werdende Gottesherrschaft" und "werdende Gottesherrschaft durch werdende Christusherrschaft";
- Jesu Judesein und sein Umgang mit Gesetz bzw. Pharisäern;
- Interpretation vom Kreuzestod Jesu inklusive Blutwort;
- die gemeinsame ethische Basis des Dekalogs und die "Überbietungsproblematik" der Bergpredigt;
- die Geschichte des Judentums als einer religiösen Minderheit bis zur Gegenwart;
- Antijüdische und antisemitische Vorurteile;
- Gemeinsame Zukunftsaufgaben von Juden und Christen.

Schließlich sei Band 8 [28] der Reihe "Lernprozeß Christen Juden" erwähnt, in dem Gabriele Niekamp eine "*Christologie nach Auschwitz*" entwirft, d.h. eine von antijudaistischen Vorurteilen freie Christologie im Hinblick auf Religionsdidaktik.

Auswirkungen auf katechetische Schriften

Im Vergleich zum Dialog Christen-Muslime ist der Dialog Christen-Juden – zumal in offiziellen Dokumenten – weiter vorangeschritten. Die Neubeurteilung des Judentums in "Nostra aetate" ist zwar noch nicht von allen Gläubigen, aber von zahlreichen Synoden, Bischofskonferenzen und vom Papst selber in erfreulichem Maße rezipiert worden. Trotzdem sind noch einige Mängel festzustellen.

Das "*Allgemeine katechetische Direktorium*" (1971) und die Enzyklika "*Catechesi tradendae*" (1979) sind beide trinitarisch und christozentrisch angelegt und setzen den Schwerpunkt der Glaubensvermittlung auf die Hinführung zu Gott durch Jesus Christus, den Sohn Gottes, den Lehrer und Meister des Glaubens, doch fehlen jegliche Hinweise auf den alttestamentlichen Wurzelboden des Evangeliums und das Judesein Jesu. Unbewußt steht damit das Trennende zum Judentum in der Katechese im Zentrum, während das geistliche Band und die zahlreichen Gemeinsamkeiten in den Hintergrund treten.

---

[27] Günter Biemer, Religionsdidaktische Wende im "Lernprozeß Christen Juden", in: KatBl 113 (1988) 629–637.

[28] Gabriele Niekamp, Christologie nach Auschwitz. Kritische Bilanz für die Religionspädagogik aus dem christlich-jüdischen Dialog, Freiburg 1994.

Der *Deutschschweizerischer katechetische Rahmenplan* (1976; revidiert 1982–1984), verbindlich für die schulische Katechese der Klassen 1–9, nicht für den schulischen Bibelunterricht, weist in diesem Bereich schwere Defizite auf [29]. Besser steht es um *österreichische Lehrpläne* [30] für die Volksschule und die allgemeinbildenden Höheren Schulen. In beiden Ländern wird das Judentum am Gymnasium behandelt, allerdings im Rahmen der Weltreligionen [31].

In *Deutschland* spiegeln die Lehrpläne in dieser Hinsicht ein bedeutend stärkeres Problembewußtsein. Der *Zielfelderplan* (1973) [32], der für curricular strukturierten korrelativen Religionsunterricht steht, schlägt das Thema "Judentum-Christentum" für die 7. Jahrgangsstufe vor. Durch die Auseinandersetzung mit anderen Religionen soll Schülerinnen und Schülern zu einer eigenen Glaubensentscheidung verholfen und ihr Verständnis wie auch ihre Toleranz gegenüber anderen gefördert werden. In der 6. Jahrgangsstufe sollen ferner im Rahmen des Themas "Religiöses Brauchtum" die jüdischen Feste und Bräuche behandelt werden. – Der revidierte Zielfelderplan, der sogenannte "Grundlagenplan" (1984), der als Orientierungsrahmen für die Lehrplanentwicklung in den einzelnen Bundesländern gilt, sieht bereits für das sechste Schuljahr das verbindliche Kernthema vor: "Aus einer Wurzel: Juden und Christen." [33] Lehr- und Lernintentionen sind dabei: Die Erwählung durch Gott als gemeinsames Fundament; Gemeinsamkeiten und Unterschiede zwischen Juden und Christen und Erziehung zu größerem Verständnis und Toleranz.

Am überzeugendsten von den verschiedenen Lehrplänen in den Bundesländern scheint der Lehrplan für die katholische Religionslehre in der Realschule in *Nordrhein-Westfalen* (1994) zu sein. Denn dort soll die Beschäftigung mit dem Judentum nicht mehr bloß in vereinzelten Unterrichtsreihen stattfinden, sondern vielmehr zum *durchgängigen Prinzip des Unterrichtes* werden. Heute verantwortliches Sprechen über Juden und Judentum erfolgt "*im Angesicht von Auschwitz*"; es soll zur Aufarbeitung der jüngsten Vergangenheit beitragen und die gemeinsame christlich-jüdische Ethik verständlich machen.

Die erwünschten Auswirkungen der neuen Sicht des Judentums und der Verhältnisbestimmung zum Christentum zeichnen sich in den zugelassenen *Religionsbüchern* seit der zweiten Hälfte der 80er Jahre deutlich ab: So nehmen in den Werken für die *Grundschule* alttestamentliche Stoffe und Leitthemen (z.B. Exodus) zu, nachdem die

---

[29] Vgl. Helga Kohler-Spiegel, Juden und Christen, 310–316.
[30] Ebd., 274–284.
[31] Für den katholischen Religionsunterricht an Gymnasien und Lehrerseminaren in der Schweiz gibt es von der Kirche aus keinen verbindlichen Lehrplan.
[32] Zielfelderplan für den katholischen Religionsunterricht der Schuljahre 5–10. Grundlegung, München 1973; dazu: Ursula Reck, Das Judentum im katholischen Religionsunterricht, 111–119.
[33] Zentralstelle Bildung der Deutschen Bischofskonferenz Hgg.), Grundlagenplan für den katholischen Religionsunterricht im 5.–10. Schuljahr, München 1984, 36.

Erzählungen über Schöpfung, Paradies, Kain und Abel in den späten 60er Jahren zurückgedrängt wurden. Der korrelative, der symboldidaktische und der narrative Ansatz in der Religionspädagogik wissen um die didaktischen Möglichkeiten und den Reichtum dieser Geschichten. Die Patriarchen, v.a. Abraham und Mose, Jakob und Josef, sind beliebte Topoi der gemeinsamen Heilsgeschichte von Juden und Christen geworden, weniger leider die Propheten, mit Ausnahme von Jesaja, Hiob und Jona.[34] Für die Katechese zur Hinführung auf die Eucharistie und zu deren Vertiefung sind die Bezüge zum Pessach und zum Manna in der Wüste sowie zur heutigen jüdischen Sabbatfeier selbstverständlich geworden, speziell bei der Interpretation der neutamentlichen Abendmahlsberichte. Eine weiterführende Bußerziehung nach der Erstbeichte unter Einbezug des "prophetischen Potentials" steht ebenso noch aus wie alttestamentlich fundiertes Sprechen vom Geist in der Firmkatechese. Das aufbauende Lernen im Unterrichtswerk von Hubertus Halbfas versucht in die biblische Sprache und in das biblische Umfeld[35] einzuführen; seine Sehschule lehrt biblische Symbole erfahrungsorientiert zu erschließen. Sehr häufig dienen Chagalls biblische Bilder (z.B. die weiße Kreuzigung) als Lernanstöße.

Auf der *Sekundarstufe I* erfolgen thematische Behandlungen des Judentums als selbständiger Religion, das Judesein Jesu und die engen Beziehungen zwischen Judentum und Christentum. Während Halbfas für die Lehrer eine umfassende thematische Einleitung gibt,[36] strukturiert der Lehrerkommentar des Buches "Wege des Glaubens" von Werner Trutwin, Klaus Breuning und Roman Mensing "Das Judentum – Gottes Minderheit" nach Lernzielen, Inhalten und gibt Querverweise für das 6. Schuljahr, und Theodor Eggers geht das Thema unter dem Leitmotiv "Erinnern" für das 9. Schuljahr mit vorherrschendem Bezug zur Schoa an.

Ferner stehen wertvolle polyfunktionale *Medien* zu den Themenbereichen "Das Judentum"[37], "Der Jude Jesus und die Christen"[38], "Wie Juden leben"[39], "Juden leben unter uns"[40] und "Was Christen vom Judentum lernen können"[41] zur Verfügung.

---

[34] Ein eigenes Kapitel über Propheten weist Theodor Eggers, Gott und die Welt. Ein Lesebuch, Düsseldorf 1987, 50–73, auf.

[35] Unnötig, weil strittig, ist die ausgrenzende Verbindung von "Pharisäern" und "Abgesonderten" (Hubertus Halbfas, Religionsbuch für das 4. Schuljahr, Düsseldorf 1986, 111).

[36] Hubertus Halbfas, Religionsunterricht in Sekundarschulen. Lehrerhandbuch 5, Düsseldorf 1992, 217–316 (Judentum); 317–341 (Judesein Jesu).

[37] Religionspädagogisches Seminar der Diözese Regensburg Hgg.), Das Judentum. Folien und Texte, Regensburg 1993 (Reinhold Then); Ingrid Grill, Das Judentum. Zugänge – Herausforderungen – Gespräche (Studienbuch Religionsunterricht 1) Göttingen 1992; Monika und Udo Tworuschka, Judentum – Islam. Vorlesebuch für Kinder von 8–14, Lahr/Düsseldorf 1988.

[38] Frauke Büchner, Der Jude Jesus und die Christen (Studienbuch Religionsunterricht 3), Göttingen 1993; Nathan P. Levinson/Frauke Büchner, 77 Fragen zwischen Christen und Juden. Göttingen 2000; L'Chaim! Jüdische Gebete Und Segenssprüche für jeden Tag, Berlin 2000.

[39] Fest und Feier im Judentum (Videofilm), mit Begleitheft von E. Röhm, Stuttgart (Calwer Verlag) 1987.

[40] ADAS Hgg.), Juden leben unter uns (Tonbild von Christian Keller), Zürich 1984; ²1992.

[41] Albrecht Lohrbächer Hgg.), Was Christen vom Judentum lernen können. Modelle und Materialien für den Unterricht (Vorwort Ernst Ludwig Ehrlich), Freiburg i. Br. 1994 (Lit.).

Weitere Überlegungen zum Umgang mit Zeugnissen fremder Religionen stellte Karlo Meyer (1999) an.[42]

Zu recht wird heute neu überlegt, wie und wann Schülerinnen und Schüler mit der Leidensgeschichte Jesu, besonders mit den antijudaistisch durchsetzten Versionen von Matthäus und Johannes zu konfrontieren sind, um die Entstehung von Haß auf die "Feinde Jesu" und auf "Die Juden" und "Die Pharisäer und Schriftgelehrten" zu vermeiden. Zusehends wird die markinische Fassung bevorzugt, während Johannes, Matthäus und Paulus der eingehenden Interpretation bedürfen.

Weiterführende Perspektiven – Anamnetische Religionspädagogik

Jüdisch-christliche Lernprozesse von Schülern und Erwachsenen tragen seit dem Zweiten Weltkrieg und der Schoa unweigerlich die Signatur "*nach Auschwitz*", so sehr sie gleichzeitig von Hoffnung auf eine gute Zukunft im gemeinsamen Europa und im Horizont der Einen Welt getragen sind. "Auschwitz" steht für die fast 6 Millionen jüdischen Opfer, darunter 1 Million Kinder, und ist ein Name für jene Katastrophenereignisse, welche die gesamte Kultur von der Literatur über die bildende Kunst bis hin zur Theologie erschüttert haben und die nicht einfach ad acta gelegt werden können. Antijüdische Gewalttaten wie der Brandanschlag auf die Lübecker Synagoge in der Nacht zum 25. März 1994 werden fortgesetzt. Die Schoa im Zweiten Weltkrieg hat eine so gravierende Dezimierung und bei den Überlebenden so tiefe Traumata bewirkt, dass in den meisten Ländern nur mehr asymmetrische christlich-jüdische Dialogbegegnungen zustande kommen. Richtigerweise, so hat Johann Baptist Metz angemahnt, sollte das Gesprächsangebot von den Opfern ausgehen. Deshalb liegt es zunächst an den Christen, durch eine "anamnetische Kultur"[43] nachdenklich und veränderungswillig zu werden.

Eine anamnetische Religionspädagogik[44] kann gerade in dieser Hinsicht

---

[42] Karlo Meyer, Zeugnisse fremder Religionen im Unterricht. Weltreligionen im deutschen und englischen Religionsunterricht, Neukirchen-Vluyn 1999.

[43] Johann Baptist Metz, Kirche nach Auschwitz, in: Marcel Marcus u.a., Hgg.), Israel und Kirche heute (FS E.L. Ehrlich) Freiburg 1989, 110–122; 110. Vgl. Reinhold Boschki/Dagmar Mensink, "Kultur allein ist nicht genug". Das Werk von Elie Wiesel. Herausforderung für Religion und Gesellschaft, Münster 1998.

[44] Michael Langer, Auschwitz lehren? Prolegomena zu einer anamnetischen Religionspädagogik, in: Manfred Görg/Michael Langer Hgg.), Als Gott weinte. Theologie nach Auschwitz, Regensburg 1997, 203–217; Stephan Leimgruber/Michael Langer, Erinnerungsgeleitetes (anamnetisches) Lernen, in: MThZ 51 (2000) 231–240 (Lit.); Astrid Greve, Erinnern lernen. Didaktische Entdeckungen in der jüdischen Kultur des Erinnerns, Neukirchen-Vluyn 1999; Christoph Münz, Der Welt ein Gedächtnis geben. Geschichtstheologisches Denken im Judentum nach Auschwitz, Gütersloh 1996.

viel von den Juden und ihrem *Geist der Erinnerung*, einem gedächtnisgeleiteten Geist, lernen. Im Glaubensbekenntnis der Juden (Sch'ma Jissrael) gedenken sie des einen Gottes, den sie mit ganzem Herzen und ganzer Seele lieben; im Achtzehngebet erinnern sie sich an den Gott Abrahams, Isaaks und Jakobs; im Heiliggebet (Quaddisch) lobpreisen sie den friedenstiftenden Gott und erbitten von ihm Leben in Fülle, und beim Pessachfest gedenken sie der Befreiung aus der Knechtschaft Ägyptens. Elie Wiesel hat jüdischen Geist mit "Hoffnung aus Erinnerung" umschrieben. Er lebe aus den Quellen der biblischen Schriften, aus dem Gedächtnis an Hiob, die Propheten und die rabbinischen Meister [45]. Wannsee (1942) bedeutet für ihn, daß die Erinnerung stärker als die Widersacher ist und daß die Hoffnung die Angst besiegt hat. [46]

Damit verweisen die Juden die Christen auf ihre Fortsetzung der anamnetischen Kultur in der *memoria passionis et resurrectionis* in der Eucharistiefeier. Sie verweisen auf ein erinnerndes Erzählen und Gedenken, das Gemeinschaft und Hoffnung in der Anfechtung stiftet. Die christliche Erinnerung ist deshalb gefährlich, weil sie nicht als Opiat die Vergangenheit verklärt, sondern als Impuls zur Umkehr und zur befreienden Veränderung wirkt. [47]

So kann eine erinnerungsgeleitete Religionspädagogik dazu beitragen, aus eigenen Quellen zu schöpfen: Lernen nach Auschwitz bedeutet für Christen, die jüdischen Wurzeln nicht zu vergessen und die Schoa nicht zu verdrängen. Durch die Bildung von Erzählgemeinschaften werden Erinnerungen an das Humane wachgehalten und neue Wege gefunden. Dabei können Beispiele aus Literatur, bildender Kunst und Liturgie einbezogen werden.

Von jüdischen Denkern lernen

Das Judentum hat eine Reihe bedeutender Denker hervorgebracht, welche die abendländische Geistesgeschichte maßgeblich beeinflußt haben. Für die jüdisch-christliche Begegnung könnten die beiden Religionsphilosphen: Martin Buber (1878 – 1965) und Emmanuel Levinas (1906 – 1995)) weiterführen. Gemeinsam ist ihnen eine große Achtung vor jedem Menschen, die sie sowohl in einer Dialogik als auch in einer Philosophie des Andern unter Beweis

---

[45] Ekkehard Schuster/Reinhold Boschert-Kimmig Hg.), Trotzdem hoffen. Mit Johann Baptist Metz und Elie Wiesel im Gespräch, Mainz 1993, 63 – 68.

[46] Johann Baptist Metz, Kirche nach Auschwitz. Mit einem Anhang für eine anamnetische Kultur, Hamburg 1993, 17.

[47] Vgl. Johann Baptist Metz, Zukunft aus dem Gedächtnis des Leidens, in: Concilium 8 (1972) 399 – 407; ders., Kleine Apologie des Erzählens, in: Concilium 9 (1973) 334 – 341; ders., Im Angesicht der Juden. Christliche Theologie nach Auschwitz, in: Concilium 20 (1984) 382 – 389. Vgl. ferner: Ingrid Schoberth, Erinnerung als Praxis des Glaubens, München 1992; Helmut Schreier/Matthias Heyl Hgg.), Das Echo des Holocaust. Pädagogische Aspekte des Erinnerns, Hamburg 1992.

gestellt haben. Buber charakterisiert die menschliche Person als Beziehungswesen, offen für die Welt, die Menschen und das ewige Du und sieht in der Begegnung die *"Urkategorie der menschlichen Wirklichkeit"* [48]. Levinas versteht jede Person als einzig, letztlich als Geheimnis; erfahrbar wird der Andere über das Antlitz, das gleichsam eine Epiphanie und einen ethischen Anruf zum Ausdruck bringt. – Ferner ist das "Prinzip Verantwortung" von Hans Jonas für die Religionspädagogik im Hinblick auf jüdisch-christliche Lernprozesse fruchtbar zu machen [49].

---

[48] Martin Buber, Ich und Du, in: Werke I, München 1962, 408; vgl. Wolfgang G. Esser, Gott reift in uns. Lebensphasen und religiöse Entwicklung, München 1991.

[49] Hans Jonas, Das Prinzip Verantwortung. Versuch einer Ethik für die technologische Zivilisation, Frankfurt/M. 1979; ³1993; ders. Der Gottesbegriff nach Auschwitz, Tübingen 1987.

Katholische Tradition des Schuldbekenntnisses und der Vergebung vor neuen Herausforderungen.

Die Notwendigkeit einer historischen Tiefenschärfung

Lydia Bendel-Maidl

Die Erinnerung an Versagen und Schuld in der Geschichte hat in der jüngsten Vergangenheit Repräsentanten von Politik und Kirche zu Schritten der Versöhnung in der Geste von Schuldbekenntnissen bewegt. In der katholischen Kirche wurde der Umgang mit den dunklen Seiten ihrer eigenen Geschichte von Papst Johannes Paul II. vor allem anläßlich der Zäsur der Jahrtausendwende und des ausgerufenen Jubeljahres in das Blickfeld gerückt. Der vorliegende Beitrag fragt, in welchem Kontext die in der Fastenzeit (12. März) 2000 formulierten Vergebungsbitten der Versöhnung und dem Aufbau einer Erinnerungskultur dienen können. In der Rückbesinnung auf einen Grundauftrag des Evangeliums wird als konstitutive Aufgabe von Theologie und Kirche ein Beitrag zu einer Kultur der Trauer und Versöhnung als integralem Teil einer Erinnerungskultur aufgezeigt.

Fragestellung

"Wenn du darum deine Gabe auf dem Altar opfern läßt und dich dort erinnerst, daß dein Bruder etwas gegen dich hat, so laß deine Gabe dort vor dem Altar und geh. Zuerst versöhne dich mit deinem Bruder und dann komm und opfere deine Gabe." (Mt 5, 23 f.) In seiner Auslegung dieser Aussage Jesu im Kontext der Bergpredigt Mt 5,23f hält Joachim Gnilka die Weisung Jesu für eine grundsätzliche. Sie gelte für jedes Opfer, für jeden Gottesdienst. "Dem Unversöhnlichen wird die Berechtigung abgesprochen, einen sinnvollen Gottesdienst zu feiern." (Gnilka 1988, 156). Um sinnvoll die Kulthandlung vollziehen zu können, wird eine aktive Versöhnung mit dem Bruder vorausgesetzt. Wie gehen Katholikinnen und Katholiken, wie geht die katholische Kirche mit dieser Weisung Jesu um? Wie sind sie umgegangen? Wie stellten sich deutsche Katholiken ihrer Vergangenheit des 20. Jahrhunderts, vor allem der des Dritten Reiches? Wie erinnert die Kirche die dunklen Seiten ihrer eigenen Vergangenheit, was vor allem anläßlich der Zäsur der Jahrtausendwende und des ausgerufenen Jubeljahres aktuell wurde? Auf politischer Ebene haben in den vergangenen Jahren vielfach Politiker feierliche Bitten um Vergebung ausgesprochen. Sie richteten sich an die Opfer der großen Unmenschlichkeiten des zwanzigsten Jahrhunderts. Kirchlich gab es im Vorfeld und im Jahr 2000 selbst eine Reihe von Anläufen, sich den Fehlern der Vergangenheit zu stellen bis hin zum Schuldbekenntnis und der Vergebungsbitte des Papstes am Aschermittwoch 2000, dem weitere teils konkretisierende und vertiefende Schuldbekenntnisse von deutschen Bischöfen folgten.

Katholische Liturgie hat die Forderung, Schuld zu bekennen, sich vor dem Opfer mit dem Bruder zu versöhnen, in gewisser Weise immer ernst genommen: Sie hat mehrere Orte des Schuldbekenntnisses in der Meßfeier, gleich zu Beginn das ausführlichste, in dem die Gläubigen ihr Schuldigsein vor Gott und vor den Schwestern und Brüdern bekennen. Ist dieses Bekenntnis wirklich so konkret und damit auch die Erinnerung strapazierend, wie Jesus es gefordert hat? Wie stark evoziert es die Initiativkraft des einzelnen, die Hände auszustrecken und auf den anderen zuzugehen? Konkretisiert auf die öffentlichen Vergebungsbitten heißt dies: Sind sie ein ausreichendes Medium nach den Ketzerverbrennungen und vor allem nach den Verbrechen unvorstellbaren Ausmaßes im Dritten Reich, der Schoah? So wichtig und teils auch mutig die exemplarisch genannten Bitten sein mögen, so bleibt doch zu fragen, ob sie an die *Wurzel* der Leiden rühren. Können sie der uns aufgetragenen Verantwortung gerecht werden bzw. in welchem Kontext können sie dies?

In der ersten Bitte des päpstlichen Schuldbekenntnisses wurde von Kardinal-Dekan Bernardin Gantin als zentrales Ziel die Reinigung des Gedächtnisses genannt: *la purificazione della memoria*. Entsprechend hat die Internationale Theologische Kommission, die mit der Reflexion der Gründe und Bedingungen sowie der Form von Bitten um Vergebung der Verfehlungen aus der Vergangenheit betraut wurde, als Leitbegriffe die Themen "Erinnern und Versöhnen" gewählt (vgl. Internationale theologische Kommission 2000). In welcher Weise also dienen die Bitten um Vergebung unserer Aufgabe der Erinnerung und Versöhnung? Stellen wir Christen uns wirklich unserer Vergangenheit und stehen zu ihr mit all den Konsequenzen, die sie uns auflädt, oder lassen wir sie schnell aufgehoben sein im vergegenwärtigten christologischen Ereignis?

Eindringliche symbolische Akte, wie der Besuch von Papst Johannes Paul II. in Israel vom 21. bis 26. März 2000 (vgl. Henrix 2000), können weiter sein als die Theologie und konkretes Handeln von Kirche und Christen. Doch muß die Symbolik durch Theologie und Handeln eingelöst werden.

Die Skizze der kirchenamtlichen Dokumente, die sich mit der Schuld aus der Geschichte auseinandersetzen, im vorliegenden Band macht bereits deutlich, wie schwer es den Bischöfen fiel, die eigene Schuld wahrzunehmen, aus der Beschränkung auf die Leiden und Opfer unter Christen den Blick zu weiten für die Opfer der Juden, anderer Religionen und Nationen. Diese Dokumente machen auch besonders sensibel dafür, welche Sprache gewählt wird angesichts des Grauens, das sprachlos macht. Allgemeine Formulierungen, feste Rezepte, ein imperativer und vetativer Ton erscheinen unangemessen. Nähern kann sich in der Sprachnot wohl eher eine abwägende Sprache, die auch ganz konkret zu werden vermag, wie es insbesondere Johann Baptist Metz in dem Beschluß "Unsere Hoffnung" gelang.

Konsequenzen wurden meist primär in gesellschaftskritischer Ausrichtung eingefordert. Die Suche nach den Wurzeln des Versagens von Christen blieb meist oberflächlich in der Schuldzuweisung an die Säkularisierung hängen, entsprechend als Aufgabe eine Rechristianisierung gesehen. Eine Aufnahme der Auseinandersetzung mit den innerkirchlichen Faktoren, die der Bensberger Kreis 1979 als prägend für das Bewußtsein und die Haltung deutscher Katholiken aufzeigte, blieb leider auch in den Folgedokumenten aus. Die Erklärung dieses Kreises leistet die radikalste Analyse in der Wahrnehmung der Schuld und der Suche nach den Ursachen, radikal, weil sie die Verantwortung und Schuld nicht nur punktuell festmacht, sondern tiefer in "Wurzelsünden", in Fehlhaltungen und Strukturen verankert und notwendige Konsequenzen in diesen Bereichen fordert.

Anthropologische Grundlegung: Erinnern – Vergessen – Verzeihen – Versöhnen

Erinnern und Vergessen bzw. Verdrängen

Erinnern steht nicht in unserem Belieben. Es ist konstitutiv für unser Menschsein. Unser Erinnern verhilft uns zur Identitätsfindung und Subjektwerdung. Ricœur warnt vor der Tendenz, die auch die Tendenz unserer Sprache sei, "die Vergangenheit als eine Entität, als einen Ort zu behandeln, an dem die vergessenen Erinnerungen zurückbleiben und von wo aus die ἀνάμνησις [Anamnesis] sie zutage fördert." (Ricœur 1998, 23). Vielmehr unterstreicht er die Gleichursprünglichkeit der drei Dimensionen der Zeitlichkeit, wie es Augustinus als die "distentio animi" eindrucksvoll beschrieben hat (Ricœur 1998, 41 – 54). In der Dialektik zwischen Erfahrungsraum und Erwartungshorizont ereignet sich "lebendige Gegenwart" (Ricœur 1998, 84 – 87). Geschichtliches Bewußtsein entspringt der Intentionalität des Menschen, der Erfahrung des Ausgespanntseins in die Zeit und der Fähigkeit und Notwendigkeit, ja der Freiheit, das eigene Leben zu gestalten, zu entwerfen. Erinnerung an die Vergangenheit gehört zu unserem Bemühen um Orientierung in der Gegenwart und für die Zukunft wie auch zur Aufgabe der "Bewältigung" von Schuld aus der Vergangenheit. Die Fähigkeit, eine "Erinnerung" heraufzuholen, hängt immer mit der Fähigkeit, zukunftsbezogene Konzepte zu entwickeln, zusammen. Die moderne Gedächtnisforschung betont, daß unsere Fähigkeiten des Erinnerns sowohl von der affektiven Intensität, in der sich die Spur eines Erlebnisses einprägt, abhängt, wie auch von der gegenwärtigen Situation, in der die Erinnerung stattfindet, von den aktuellen Anliegen, Sorgen, Problemen (vgl. Schacter 1999).

Unsere je persönlichen Erinnerungen fügen sich in kollektive Erzählungen ein, die ihrerseits durch Gedenkfeiern gesteuert und unterstützt werden. Das Selbstverständnis vieler Menschen und die Identität als Gruppe soll geprägt und gesichert werden. Unsere Identität als Christen lebt von der kollektiven Erinnerung, dem Gedächtnis an Leben, Leiden, Tod und Auferstehung Jesu Christi.

Menschen sind immer wieder versucht, das Bild ihrer Taten, die Wirkungen ihres Verhaltens zu manipulieren. Dies gilt insbesondere für die begangene Schuld. Dabei darf "Schuld, eine Last in jedem Leben, [darf] nicht verdinglicht werden nach dem Muster finanzieller Schulden oder eines Strafpunkts in der Kartei der Verkehrssünder. Sie ist Ergebnis einer Stellungnahme zu einem Ereignis oder zu einer Phase im eigenen Leben, oder wird durch andere zugeschrieben – mit der Möglichkeit von Irrtum und Ungerechtigkeit. So entspricht die Qualifikation 'Schuld' einem komplizierten inneren und interaktionalen Vorgang, den am ehesten das Gespräch spiegelt – das Gespräch zwischen Menschen, das Selbstgespräch und das 'Gespräch' mit Gott." (Wachinger 1988, 19).

Wo aufgrund der Zerbrechlichkeit der personalen wie auch der kollektiven Identität Schuld verdrängt wird, ist der Mensch gezwungen – so Sigmund Freud in einem Aufsatz "Erinnern, Wiederholen und Durcharbeiten" von 1914 –, das Unbewältigte immer wieder aufs neue im Handeln zu wiederholen – ein Kampf mit den Schatten, mit dem Zwiemöglichen der eigenen Geschichte. Überfällt uns die Vergangenheit also urplötzlich im hereinbrechenden Dunkel in Absetzungsbewegungen und Auseinandersetzungen wie der Dämon oder ein Engel Jakob an der Furt des Jabbok überfiel? Verfolgt sie uns, hängt sie uns wie ein Mühlstein an den Beinen? Oder legitimiert und stiftet sie Identität, gibt Sicherheit und Zuversicht, ja vielleicht sogar Heilssicherheit? Heilung ist nur dort möglich, wo die Lebensgeschichte neu gedeutet werden kann, wo Wunden nicht übertüncht werden, wo verzerrte Kommunikation durchbrochen wird. Erinnern und durcharbeiten der Lebensgeschichte, der individuellen und der von Gemeinschaften, können entscheidende Schritte zur Befreiung sein.

Die Bitte um Verzeihung als eine Art aktives Vergessen

Auch die Bitte um Verzeihung ist ein Versuch, aufzudecken, Heilung, Versöhnung zu erlangen. Sie richtet sich gegen das Vergessen und Verdrängen und verlangt einen zusätzlichen Aufwand an "Erinnerungs*arbeit*". Sie sucht aber auch ein Vergessen herbeizuführen. Das Vergessen betrifft dann allerdings, wie Paul Ricœur betont, "nicht die Ereignisse selbst, deren Spur im Gegenteil sorgsam zu bewahren ist, sondern die *Schuld*, deren Last das Gedächtnis und folglich auch das Vermögen lähmt, sich in schöpferischer Weise auf die Zukunft zu entwerfen." Auch bleibt das Verzeihen nicht in einem narzißtischen Selbstverhältnis befangen; es setzt die Vermittlung durch das Bewußtsein des Opfers voraus, welches allein befugt ist, zu verzeihen.

Das "schwere Verzeihen" (Paul Ricœur)

Der Urheber des Unrechts kann nur um Verzeihung bitten. Ricœur schärft ein, daß der Akteur sich bei dieser Bitte auch dem Risiko der Zurückweisung aussetzt. "Insofern muß das Verzeihen zunächst auf das Unverzeihliche gestoßen sein." Diese Konfrontation ist nach Ricœur das wesentliche Moment einer Haltung, die er als ein "schweres Verzeihen" bezeichnet. Nur wenn der Schuldner durch das Wagnis einer Zurückweisung hindurchgegangen ist und dadurch die Tiefe seiner Schuld erkannt hat, kann ihm auch die gewährte Verzeihung Heilung von der Wurzel her schenken (vgl. Ricœur 1998, 142).

Die zeitlich-geschichtliche Dimension von Schuld

Was meint also "Vergebung der Schuld", um die wir bei jedem Vaterunser bitten und für die wir uns bereit zeigen? Mit der Frage nach einem rechten Verzeihen und einer entsprechenden Bitte darum steht das Verständnis von Schuld, genauer der zeitlich-geschichtlichen Dimension von Schuld auf dem Spiel. Denn ein Schuldigwerden hat eine Vorgeschichte in der Biographie und Persönlichkeitsstruktur von Einzelnen, im Handeln, in der Politik von Völkern. Sie hat einen konkreten Kontext, in dem sie erfolgt. Und: sie hinterläßt Spuren, bei den Opfern, den Tätern, auch den Zuschauern, Zuhörern, Mitläufern etc. und nicht zu vergessen, auch bei ihren Kindern und Kindeskindern. Wie kann ein Verzeihen/Vergeben diesen komplexen Prozeß ernst nehmen, einbeziehen?

Vergebung von Schuld: "Vergeben und Vergessen"

Denke ich Vergebung der Schuld in den Kategorien einer Bilanz von Soll und Haben, so daß durch die Vergebung die Spalte des Solls wie durch Zauberei gelöscht würde?

Ein solches Denken verbleibt in der Logik der Vergeltung, die an der Problematik des ungerechten Leidens, wie man es im Buch Hiob beobachten kann, zerbrochen ist. Und: Es zielt auf ein Auslöschen der zeitlichen Spuren dieses Geschehens. Ein solches Verzeihen will dem Erinnern ein Ende machen: Vergeben und Vergessen! Dies wird dem geschichtlichen Geschehen nicht gerecht. Wer meinte durch ein Wort der Verzeihung die Opfer und Leiden von Auschwitz und die grauenhaften Taten auslöschen zu können? An dieser Schuld wird evident, was grundlegend für all unser Schuldigwerden aneinander gilt.

Vergebung von Schuld: Vergeben und Erinnern

Ricœur fordert daher ein neues Verhältnis zur Schuld und entsprechend eine Weise des "schweren Verzeihens" (vgl. Ricœur, 1998, 153 – 156). Das schwere Verzeihen zielt auf die Voraussetzungen des Handelns, auf die Quelle der Konflikte und der Verfehlungen, die der Vergebung bedürfen. "Es handelt sich nicht darum, auf der Ebene einer berechenbaren Bilanz ein Sollsaldo zu löschen. Es handelt sich darum, Knoten zu entwirren." (Ricœur, 1998, 153).

Auf der Suche nach den Quellen für Konflikte und Schuld

Als ersten Knoten nennt Ricœur den Knoten der unauflöslichen Konflikte, der unhintergehbaren Auseinandersetzungen – Antigone als das klassische Beispiel dafür. Dies gilt es anzunehmen und dabei den anderen nicht zum Feind werden zu lassen, sondern zu einer "Versöhnung" in der Weise einer gegenseitigen Anerkennung zu kommen.

Der zweite Knoten, den Ricœur aufzeigt, ist "der Knoten der nicht wiedergutzumachenden Schäden und Verbrechen". Es gelte, die ungetilgte Schuld zu akzeptieren. Es gelte, "an der Schuld selbst Trauerarbeit zu leisten".

Sigmund Freud bestimmte Trauern als einen seelischen Prozeß, durch den das Individuum einen Verlust verarbeitet, sei es an Besitz oder den eines Angehörigen, sei es Verlust an Selbstwertgefühl oder an Stolz, zum Beispiel wegen einer begangenen Schuld. Ziel ist, daß der Mensch nachher wieder frei ist. "Die Erinnerung richtet sich nicht nur auf die Zeit: sie erfordert auch Zeit – eine Zeit der Trauer." (Ricœur, 1998, 108).

Konsequenzen und Aufgaben für Kirche und Theologie

Die Prozeßhaftigkeit des Umgangs mit Schuld

Um diese Entwirrung von Knoten, um den Kampf gegen das Vergessen und Verdrängen von Schuld muß es gerade uns Christinnen und Christen gehen, für die im Mittelpunkt die Frage nach Sünde und Erlösungsbedürftigkeit steht.

Es muß uns darum auch gerade angesichts der Infragestellung christlicher Erlösungsbotschaft von jüdischer Seite gehen. Wie glaubwürdig ist das Zeugnis unseres Glaubens, glaubwürdig in Wort und Tat? Wir müssen nach den Quellen für unser Schuldigwerden suchen, aber auch nach den Motiven dafür, daß wir als Einzelne und als Gemeinschaft diese Schuld vergessen und verdrängt haben und es vielleicht weiterhin tun. Schuld entsteht geschichtlich, erwächst aus einem Kontext und hat Wirkungen. Sie kann daher auch nicht punktuell gelöscht werden. Es gibt eine Zeit zu trauern und eine Zeit zu vergeben. Es braucht Vergebung als einen Prozeß. Ich möchte dazu kurz fünf Aspekte andeuten:

Schuld-fähig werden: Die Zusage unbedingten Angenommenseins

Die Psychotherapie zeigt, daß es oft Voraussetzung ist, jemanden erst schuldfähig zu machen. Psychische Abwehrmechanismen, Folgen der Angst, müssen abgebaut werden. Dafür darf man nicht vorschnell moralisch urteilen. Im Gegenüber zu einem anderen Menschen muß ein Raum des Vertrauens, der Annahme geschaffen werden; nichts und niemand wird vorschnell objektiviert und kategorisiert (vgl. Wachinger 1988, 54–56). Die Kirche mit ihrer Grundbotschaft eines unbedingten Angenommenseins jedes Menschen vor Gott müßte diesen Raum ihren Mitgliedern, anderen, und sich selbst als Gemeinschaft, als Kollektiv zugestehen. Die Botschaft von der rechtfertigenden Gnade für die Sünder und Sünderinnen, noch bevor sie sich verändert haben, könnte es uns ersparen, "die eigenen dunklen Seiten nicht sehen zu wollen und der Identifikation mit den Tätern zu fliehen" (Fuchs 2001, 343). Peter Eicher konstatierte einen "Konflikt zwischen der im kirchlichen Handeln *verkündeten* Intentionalität des barmherzigen, treuen und gerechten Handelns Gottes und der sich *geschichtlich auswirkenden* Intentionalität der kirchlich Handelnden selbst." (Eicher 1981, 259).

Korrektur durch die Stimme der Anderen, der Opfer

Um die Verzerrung und den Bruch in der Kommunikation aufzulösen, ist in der Regel der andere, der fremde Blick nötig. Der naheliegendste Weg zur Korrektur dessen, was das kollektive Gedächtnis ausblendet, ist eine kritische Historiographie, die die eigene Geschichte "anders erzählt". Herausfordernder, ja das Schwierigste ist und bleibt jedoch, sich die eigene Geschichte von den Anderen erzählen zu lassen (vgl. Ricœur 1998, 124). In der Frage der Aufdeckung der eigenen Schuld muß dies insbesondere die Begegnung mit der Erzählung der Opfer sein, insbesondere auch mit ihren Hinweisen auf Ursachen für das Versagen von Christen. Erst dann werden die Opfer als gleichwertig anerkannt.

Von der Asymmetrie der Gabe und Vergebung zur Gegenseitigkeit des Gebens und Nehmens, zur Versöhnung

Wenn Ricœur den Akt des "schweren Verzeihens" von einem tiefen Verständnis der Gabe her zu erschließen sucht, so betont er die Logik der Überfülle jenseits aller Logik kommerzieller Gegenseitigkeit. Jesu Gebot der Feindesliebe unterstreicht er als das "absolute Maß der Gabe". Es werde dadurch zunächst mit der Regel der Gegenseitigkeit gebrochen; "gemäß der hyperbolischen Rhetorik des Evangeliums soll nur die dem Feind gegebene Gabe gerechtfertigt sein, für die man der Hypothese nach nichts zurückzuerhalten erwartet. Aber diese Hypothese ist gerade falsch: Was man von der Liebe erwartet, ist, daß sie den Feind in einen Freund verwandelt." (Ricœur 1998, 151). Angezielt ist also die Wiederherstellung eines Bandes der Gegenseitigkeit, das von einer ganz anderen Qualität ist als das des kommerziellen Austausches. Kehrt der Schuldige in der Bitte um Verzeihung die Asymmetrie der vorausgehenden Unterordnung des Opfers unter den Täter um, indem er sich an die Gabe der Vergebung des Opfers verwiesen zeigt, so liegt es am Opfer, ob es mit seiner Gabe der Vergebung diese Asymmetrie beläßt oder eine neue Gegenseitigkeit auf einer nicht-kommerziellen, personalen Ebene entstehen läßt – durch eine Haltung, die den Bittenden achtet. In diesen Prozessen der Umkehrung der Asymmetrie hin zu einer neuen Gegenseitigkeit kann Versöhnung wachsen. Gerade für das Verhältnis von Christinnen und Christen zu Jüdinnen und Juden dürften dies wichtige Schritte sein. Sie gelten auch gegenüber anderen Konfessionen und Religionen. Sie gelten auch gegenüber der sogenannten säkularen Moderne, die vielfach verurteilt wurde, wie auch gegenüber Kulturen außerhalb unserer westlich-europäischen Zentriertheit.

Trauer und Klage gegen die "Unfähigkeit zu trauern" (A.u.M. Mitscherlich)

Alexander und Margarete Mitscherlich machten 1967 den nicht unproblematischen Versuch das, was Freud für das Individuum formulierte, auf ein Volk zu übertragen – auf die Deutschen nach 1945 und sie sprachen von der "Unfähigkeit zu trauern". Inwieweit geht die "Unfähigkeit zu trauern" auf das Konto des Christentums? Wurde durch die Ausstellung von sogenannten Persilscheinen nicht manche Schuld verdrängt? Wurde und wird Vergebung nicht zu oft als ein Auslöschen, als ein Freispruch verstanden, so daß der Trauerprozeß suspendiert wird? Braucht dieser Trauerprozeß nicht auch die Möglichkeit der Klage und Anklage Gottes, daß er uns so fehlbar geschaffen, daß er dieses Vergehen "zugelassen" hat? Es scheint mir kein Zufall zu sein, daß im Christentum beides, Erinnerung und Trauer bzw. ihre Form der Klage, gerade als Ergebnis einer Absetzbewegung vom Judentum verkürzt wurden und nun "nach Auschwitz" von Philosophien und Theologien, die in bewußter Auseinandersetzung mit jüdischem Denken konzipiert wurden und werden, neu eingebracht werden. Ernst zu nehmen sind daher Anfragen, die sich aus dem Vergleich des Erinnerungsverständnisses im Judentum und Christentum, wie ihn z.B. Christoph Münz – selbst Christ, engagiert im jüdisch-christlichen Dialog – vornahm, ergeben (vgl. Münz 1998, 307). So sehr Münz in seiner Gegenüberstellung zuspitzt und gerade viele neuere theologische Entwürfe nicht trifft, ist doch zu fragen, ob nicht Grundhaltungen des Denkens und Verhaltens, Mentalitäten, die über lange Zeit geformt wurden, getroffen sind. Aus Münz' Analysen ergeben sich folgende Anfragen: Absorbierte die Zentrierung auf das Christusgedächtnis alle Erinnerung an konkrete Geschehnisse, an die Opfer und Leiden in der Geschichte? Und weiter: Absorbierte auch die Passionsfrömmigkeit, das Hineinnehmen des eigenen Leidens in das Leid Christi und damit immer (vor)schnell auch in die Auferstehungsperspektive, alle Trauerfähigkeit? Wurde christliche Theologie auf diese Weise oft unfähig zur konkreten Erinnerung und Trauer? Hat die auffallende Wahrnehmungsschwierigkeit des konkreten, fremden Leides, wie es sich etwa in einigen analysierten Texten der Bischöfe zeigte, auch darin eine Ursache? Dies sind keine rhetorischen, sondern wirklich offene Fragen.

Zusammenfassend möchte ich noch den fünften Aspekt andeuten:

Die Opfer, deren Leben ausgelöscht sind, können nicht mehr verzeihen. Letzte Verzeihung steht aus: Daher rührt ein tiefer Sinn, diese Bitte an Gott, unseren gemeinsamen Vater, zu richten, und auf diese Weise auch bleibend an die Opfer, deren Leben bei Gott bewahrt ist.

Dies reicht aber nicht aus: Schuld steht in einem vielfältigen Entstehungs- und Wirkungsgeflecht. Die Bitte muß sich daher auch an die Opfer bzw. deren Nachfahren richten. Ein Bitten, das den Weg des schweren Verzeihens geht, setzt sich dem Risiko aus, dem Risiko der schmerzenden Einsicht in das Unverzeihliche und Unauslöschliche des eigenen Tuns, dem Risiko aber auch, sich verändern zu müssen.

Bereitschaft zu Umkehr und Genugtuung

Die biblische Botschaft, wie etwa der Ruf der Propheten im Exil, verbindet die Erinnerung "mit einer ganz spezifischen, nämlich schuldsensiblen Täteridentifizierung, um für die Zukunft eine solche Täterschaft durch Prozesse der Umkehr und der Buße einzudämmen bzw. nicht mehr aufkommen zu lassen." Es wird die eigene Tätergefahr aufgedeckt und davor gewarnt. "Die Selbstverdächtigung als Sünder provoziert die Umkehr und die Umkehr vermittelt handlungsbezogen zwischen Erinnerung und Zukunft. [...] Wer nicht prinzipiell umkehrwillig in die jüdisch-christliche Erinnerung einsteigt, hat nichts mit ihr zu tun, weil er sie sonst zur Ästhetisierung oder Stabilisierung seiner eigenen unangefochtenen 'Gutheit' missbraucht." (Fuchs, 2001, 333). In Bezug auf die Schoa – ähnlich aber auch z.B. auf die Opfer europäischer Kultur in Afrika und Lateinamerika – ist, wie Jan Assmann herausarbeitete, die spezifische Situation, daß die Toten tot sind und es niemanden gibt, der "in ihrem Namen einen Schlussstrich ziehen und die Täter und ihre Rechtsnachfolger aus ihrer Schuld entlassen kann".

Ottmar Fuchs verweist in diesem Kontext auf die besondere Brisanz des Begriffs der Sühne. Es gehe "nicht darum, den Nachgeborenen irgendeine mehr oder weniger kollektive Schuld am Geschehen zuzuschreiben, sondern darum, dass sie sich in die Sühneverantwortung hinein begeben, die darin besteht, dass vergangenes Leiden niemals ungeschehen gemacht werden kann und dass jedes Handeln, das in irgendeiner Weise wieder etwas 'gut' machen will, sich nicht mehr auf die ursprünglichen Opfer beziehen kann, sondern sich neue gefährdete Adressaten und Adressatinnen sucht. [...] Die Sühne verbindet so die solidarische Erinnerung der Vergangenheit mit dem solidarischen Handeln in der Gegenwart. Und der Handlungsdruck für die Gegenwart zeigt sich um so stärker und bekommt um so mehr Schubkraft, als dahinter das Leiden daran steht, dass den vergangenen Opfern endgültig nicht mehr geholfen werden kann." (Fuchs 2001, 335f). Ein solches Erinnern, das die eigene Tätergefahr ernst nimmt und sich um Genugtuung, satisfactio, bemüht, ist auch sensibel für das Schuldigwerden durch Unterlassen und Versäumen, das Menschen in einer unheilvollen Verstrickung von Umständen oft erst zu Tätern werden läßt. (vgl. Fuchs 2001, 340f).

Auf der Suche nach Konsequenzen und konkreten Ausdrucksformen

Zur Bitte um Vergebung gehört daher notwendig das ernste Bemühen um Konsequenzen, die Frage nach notwendigen Veränderungen, Veränderungen in doppelter Hinsicht, um ein Schuldigwerden zu verhindern, Veränderungen aber auch hinsichtlich konkreter Formen für die Verarbeitung von vergangener und je neuer Schuld.

Die Suche nach Veränderungen von der Wurzel her umfaßt, nehmen wir die Anfragen aus der Geschichte des Christentums ernst, *alle Bereiche vom Theologieverständnis bis zu Fragen der Verfassung der Kirche.*

Nur eine kurze Andeutung für das Traditionsverständnis:

Zu den drängendsten Fragen im Prozeß des Überlieferungsgeschehens gehört die Spannung von Kontinuität und Innovation.[1] Wie Ricœur generell für

---
[1] Für den kirchlichen Kontext hat Bernhard Fresacher diese Problematik unter der fruchtbaren Frage nach der Bedeutung und der Verarbeitung von Traditionsbrüchen in einer systematisch-theologischen Studie bedacht; vgl. dazu Fresacher 1996.

die Traditionsbildung aufzeigt, sucht diese in der Erfahrung der Zeitlichkeit Identität durch Kontinuität zu konstituieren. Ähnlich dem individuellen Gedächtnis – und Ricœur versteht die Tradition als eine Form des kollektiven Gedächtnisses [2] – wird trotz der Erfahrungen von Abbrüchen der Eindruck der Kontinuität sinuiert (Ricœur 1998, 76f). In der katholischen Theologie und Kirchenlehre erhielt die Betonung der Kontinuität als Sicherung der Identität sowohl auf der institutionellen wie auf der doktrinären Ebene in der strukturellen Frontstellung gegen Reformation und Moderne eine besondere Aufladung mit Wirkungen bis hinein in die Gegenwartstheologie (vgl. dazu Wiedenhofer 1994, 55–58; ders. 1990; ders. 1992). Denn auch die Debatten über Tradition auf dem Zweiten Vatikanischen Konzil erreichten kein zufriedenstellendes Ergebnis, blieben im nachtridentinischen Klima gefangen (vgl. Delgado 1997; Ruggieri 1999, 9; Ratzinger 1967. Zur nachkonziliaren Diskussion vgl. Buckenmaier 1996).

Die Tradition wird in diesem Kontinuitätskonzept zur Festschreibung der Sieges- und Herrschaftsgeschichte; die siegreichen Tendenzen werden als die kontinuierlichen und identitätsstiftenden in Erinnerung behalten, anderes wird vergessen. Ricœur weist darauf hin, daß dabei – in Analogie zum individuellen Gedächtnis – Prozesse der Verdrängung vorliegen. [3] Das Verständnis von Tradition als linearer Kontinuität mit den institutionellen und doktrinären Sicherungsgrößen widerspricht, wie Siegfried Wiedenhofer aufzeigte, zutiefst der dialektischen Grundstruktur christlichen Glaubens (und aller religiösen Erfahrung): Es hat weder "Raum" für das je Neue und Andere, die bleibende Differenz Gottes zur Welt noch für die Diskontinuität gegenüber der Treue Gottes, die das Schuldigwerden des Menschen schafft (vgl. Wiedenhofer 1994), 59 f.). Was für alle Religionen gilt, verstärkt sich durch die zutiefst geschichtliche Struktur des Christentums – wie des Judentums: Nicht nur der Diskontinuität aufgrund begrenzter Erfahrung und menschlicher Schuld, sondern auch aufgrund der jeweiligen Neuheit von geschichtlichen Situationen ist Rechnung zu tragen. Christliche Theologie muß daher gerade zur "Heimstätte" der Diskontinuitäten werden (vgl. Metz [5]1992, 27 f.)

– Der Betonung der Kontinuität der eigenen Tradition korrespondiert oft eine Frontstellung, die Herausstellung der Diskontinuität gegenüber dem Anderen. Dies gilt insbesondere für das Verhältnis zum Judentum. Historiographie in Form der historisch-kritischen Exegese wirkt(e) dem entschieden

---

[2] Vgl. Ricœur 1998, 65–67, 78 und öfters. Vgl. auch Metz, der das Dogma als kollektives Gedächtnis sieht; vgl. ders., [5]1992, 194.

[3] Vgl. Ricœur, 1998, 66, 137–139. Er verweist besonders auf die Problematik der Konstitution von Gründungsereignissen im kollektiven Bewußtsein und der überaus großen Schwierigkeit, diese durch ein "anders Erzählen" mit Hilfe der Historiographie zu korrigieren; vgl. ebd., 124–130.

entgegen: Entgegen einer Betonung der Diskontinuität, des Neuen der Geschichte Jesu, wie sie christliches Geschichtsbild lange prägte, werden die Kontinuitäten deutlich. Der Antijudaismus im Christentum muß daher auch im Interesse einer Kritik des eigenen Geschichtsbildes aufgearbeitet werden.
– Wesentlich ist dafür die seit Johann Baptist Metz verstärkte Sensibilität auch für die eschatologische Dimension, die nicht ein Schließen der Geschichte anhand eines linearen teleologischen Konzeptes von Geschichte meint, das alle Dramatik in einer Sinntotalität beruhigt, sondern ein sehnsuchtsvolles Offenhalten, das nicht schon jetzt eine eventuelle zukünftige Zweiteilung der Menschheit vorwegnimmt, sondern die Geschichte offenhält auf das Gericht Gottes hin, in Hoffnung auf Gottes Gerechtigkeit und Barmherzigkeit. "Erst im Gang von der Erfahrung zur Erwartung Gottes kann dann womöglich ganz neu negative Theologie gelernt werden, nämlich das Vermissen Gottes, die Neugierde auf ihn und das Erschrecken vor dem Hintergrund des Schreis nach Gott in der Gebetsgeschichte." (Fuchs 1999, 268 f.

Für *konkrete Formen des Umgangs mit Schuld* ist sicher ein wichtiger erster Schritt, daß sich Repräsentanten der Kirche ihrem eigenen Schuldigwerden, demjenigen ihrer Vorgänger und demjenigen der Kirche als ganzer, als Institution in ihren führenden Repräsentanten und in ihren Gliedern, stellen. Schuldbekenntnisse können Signale sein; von einigen deutschen Bischöfen wurde das päpstliche Bekenntnis aufgegriffen und erweitert.

Notwendig dürfte ein neues Verständnis unserer Bußzeiten und des Bußsakramentes sein: Schuld darf nicht nur individualisiert werden, sondern die Beziehungsgeflechte müssen auch als Verstrickungen in Schuld und Versagen, in Unheiles aufgedeckt werden und von der jeweiligen Gemeinschaft bekannt werden. Wie das Aussprechen und erneute Herstellen des Kommunikationszusammenhanges für den Einzelnen in seiner persönlichen Schuld nötig ist, so auch für das Kollektiv. Auch gilt es die Konsequenzen zu bedenken, die die Gemeinschaft der Glaubenden im Fall der sakramentalen Absolution eines Mörders gegenüber den Opfern und ihren Nachkommen zu tragen hat (vgl. Wohlmuth 2002). Die Bußtheologie und -praxis erweist sich damit nicht als ein Randphänomen, sondern zielt in das Zentrum christlicher Glaubwürdigkeit. Doch tut sie dies nur, wenn es dabei nicht zu einem legalistischen Moralisieren kommt, sondern wenn es um die konkreten, je singulären Lebenswirklichkeiten und die Komplexität ihrer tragischen Knoten geht. Die gemeinsamen Formen dürfen nicht hohl werden, sondern müssen immer wieder an die Konkretheit individueller Schuld zurückgebunden, gefüllt werden (vgl. Fuchs 1999, 285–288).

Identität konstituiert sich im Erzählen. Es gilt hier, den Mut zu finden, über die Erzählung der Ursprungsereignisse des christlichen Glaubens hinaus stärker auch die Ereignisse der folgenden Geschichte im gemeinschaftlichen Gedenken zu erzählen, der Hoffnungszeichen und der Schuldsituationen (vgl. Gafus 1997, 218–224). Dabei darf nicht allein die eigene Perspektive zum Tragen kommen, sondern es müssen die Erzählungen der anderen, insbesondere auch der Opfer gehört werden. Es werden "narrative Erzählkontexte in überschaubaren Sozialgestalten" notwendig sein, in denen eine Begegnung mit den Erzählungen der anderen möglich ist (Fuchs 2001, 344).

Gerade der Generationenwechsel und damit die Notwendigkeit der Transformation von "individueller Erfahrungsverarbeitung" des Dritten Reiches in "kulturelle Gerinnung", wie es der Historiker Lutz Niethammer formulierte (Niethammer 1989, 43), macht deutlich, wie wichtig die Ausbildung von Grundhaltungen einer Erinnerungskultur ist, einer Erinnerungskultur, deren integrativer Teil eine Kultur der Trauer und eine Kultur der Vergebung ist (vgl. Ricœur 1992, 108–120). Darin liegt eine immense Aufgabe für die christlichen Konfessionen. Die Beobachtung von Johann Baptist Metz, ausgesprochen in einem Aufsatz aus dem Jahr 1992, ist ernst zu nehmen: "Offensichtlich kennt das gegenwärtige Christentum zwar eine kultische Anamnese, aber nur eine sehr schwach entwickelte anamnetische Kultur." (Metz 1992, 39). Dieses Defizit gewinnt für das Christentum seinen besonderen Ernst im Umgang mit der Schuld in der eigenen Geschichte, insbesondere der Schoa. Wir gehen hinkend aus dem Ringen des schweren Bittens um Verzeihung hervor, aber gesegnet – geöffnet für die Versöhnung mit dem Bruder, befreit aus der Kette endloser Schuldzuweisung von Generation zu Generation, wie sie uns bis in die letzten Tage des vergangenen Jahrhunderts so grausam begegnete.

Literatur:

Assmann, Jan (1997): Re-Membering – Kollektives Gedächtnis und jüdisches Erinnerungsgebot, in: Michael Wermke, Die Gegenwart des Holocaust. "Erinnerung" als religionspädagogische Herausforderung, Münster, 23–46.

Bendel-Maidl, Lydia / Bendel, Rainer (2002): Schlaglichter auf den Umgang der deutschen Bischöfe mit der nationalsozialistischen Vergangenheit, in: Rainer Bendel Hgg.), Kirche der Sünder – sündige Kirche? Beispiele für den Umgang mit Schuld nach 1945, Münster.

Buckenmaier, Achim (1996): "Schrift und Tradition" seit dem Vatikanum II. Vorgeschichte und Rezeption, Paderborn.

Delgado, Mariano (1997): Kontinuität und Innovation. Überlegungen zur Dialektik des Überlieferungsprozesses, in: Lebendiges Zeugnis 52, 287–304.

Eicher, Peter (1981): Zur Ideologiekritik der Kirchengeschichte, in: Kairos. Zeitschrift für Religionswissenschaft und Theologie 23, 244–260.

Fresacher, Bernhard (1996): Gedächtnis im Wandel. Zur Verarbeitung von Traditionsbrüchen in der Kirche (Salzburger Theologische Studien Bd. 2), Innsbruck – Wien.
Freud, Sigmund (1946): Erinnern, Wiederholen und Durcharbeiten, in: ders., Gesammelte Werke, Bd. 10: Werke aus den Jahren 1913 – 1917, herausgegeben von Anna Freud, London 1946, 125 – 136.
Fuchs, Ottmar (1999): Neue Wege einer eschatologischen Pastoral, in: Theologische Quartalschrift 179, 260 – 288.
Fuchs, Ottmar (2001): Doppelte Subjektorientierung in der Memoria Passionis. Elemente einer Pastoraltheologie nach Auschwitz, in: ders. /Reinhold Boschki / Britta Frede-Wenger (Hg), Zugänge zur Erinnerung. Bedingungen anamnetischer Erfahrung. Studien zur subjektorientierten Erinnerungsarbeit (Tübinger Perspektiven zur Pastoraltheologie und Religionspädagogik Bd. 5), Münster, 309 – 345.
Gafus, Georg (1997): Liturgiewissenschaftliche und praktisch-liturgische Dimensionen einer Theologie nach Auschwitz. Plädoyer für einen kirchlichen Gedenktag, in: Manfred Görg / Michael Langer Hgg.). Als Gott weinte. Theologie nach Auschwitz, Regensburg, 218 – 224.
Gnilka, Joachim (1988): Das Matthäus-Evangelium, 1. Teil, Kommentar zu Kapitel 1.1 bis 13.58. Freiburg/Basel/Wien.
Henrix, Hans Hermann (2000): Die katholische Kirche und das jüdische Volk. Neuere Entwicklungen nach der Vergebungsbitte und der Israelreise des Papstes, in: Stimmen der Zeit 125, 375 – 389.
Internationale Theologische Kommission (2000): Erinnern und Versöhnen. Die Kirche und ihre Verfehlungen in ihrer Vergangenheit. Ins Deutsche übertragen und hg. von Gerhard Ludwig Müller (Neue Kriterien 2), Einsiedeln – Freiburg.
Metz, Johann Baptist (^{5}1992): Glaube in Geschichte und Gesellschaft. Studien zu einer praktischen Fundamentaltheologie, Mainz.
Metz, Johann Baptist (1992): Für eine anamnetische Kultur, in: H. Loewy Hgg.), Holocaust. Die Grenzen des Verstehens. Eine Debatte über die Besetzung der Geschichte, Reinbek 1992, 35 – 42.
Mitscherlich, Alexander und Margarete (^{1}1967): Die Unfähigkeit zu trauern. Grundlagen kollektiven Verhaltens, München (^{1}1967) ^{15}1998.
Münz, Christoph (1998): Erinnerung und Gedächtnis als Grenzscheide zwischen Judentum und Christentum. Thesen zu Geschichtsinsensibilität und Gedächtnisarmut des Christentums und der christlich geprägten Kulturen, in: Reinhold Boschki, Dagmar Mensink Hgg.) Kultur allein ist nicht genug. Das Werk von Elie Wiesel - Herausforderung für Religion und Gesellschaft (Religion – Geschichte – Gesellschaft. Fundamentaltheologische Sudien, Band 10), Münster, 306 – 319.
Niethammer, Lutz (1989): Jenninger. Vorzeitiges Exposé zur Erforschung eines ungewöhnlich schnellen Rücktritts, in: Babylon 5, 40 – 46.
Ratzinger, Joseph (1967): Kommentar zur Dogmatischen Konstitution über die göttliche Offenbarung "Dei Verbum", in: LThK^2 Bd. 13: Das Zweite Vatikanische Konzil Bd. 2, Freiburg im Breisgau – Basel – Wien, 498 – 528.
Ricœur, Paul (1992): Welches neue Ethos für Europa, in: Peter Koslowski Hgg.), Europa imaginieren. Der europäische Binnenmarkt als kulturelle und wirtschaftliche Aufgabe (Studies in Economic Ethics and Philosophy), 108 – 120.

Ricœur, Paul (1998): Das Rätsel der Vergangenheit. Erinnern – Vergessen – Verzeihen (Essener Kulturwissenschaftliche Vorträge 2), Göttingen.

Ruggieri, Giuseppe (1999): Zu einer Hermeneutik des Zweiten Vatikanischen Konzils, in: Concilium 35, 4 – 17.

Schacter, Daniel L. (1999): Wir sind Erinnerung. Gedächtnis und Persönlichkeit, Reinbek bei Hamburg.

Schneider, Theodor (1976): Einleitung zum Beschluß "Unsere Hoffnung", in: Gemeinsame Synode der Bistümer in der Bundesrepublik Deutschland, Beschlüsse der Vollversammlung, Offizielle Gesamtausgabe I, Freiburg – Basel – Wien, 71 – 84.

Wachinger, Lorenz (1988): Gespräche über Schuld. Die Sprache der Versöhnung suchen, Mainz 1988.

Wiedenhofer, Siegfried (1990): Grundprobleme des theologischen Traditionsbegriffs, in: Zeitschrift für katholische Theologie 112, 18 – 29.

Wiedenhofer, Siegfried (1990): Tradition, Traditionalismus, in: Geschichtliche Grundbegriffe, hg. von O. Brunner und W. Conze, Bd. 6, 607 – 650.

Wiedenhofer, Siegfried (1992): Der abendländische theologische Traditionsbegriff in interkultureller und interreligiöser Perspektive. Eine methodologische Vorüberlegung, in: Michael Kessler / Wolfhart Pannenberg / Hermann-Josef Pottmeyer (Hgg.), Fides quaerens intellectum. Beiträge zur Fundamentaltheologie (FS Max Seckler), Tübingen, 495 – 507.

Wiedenhofer, Siegfried (1994): Traditionsbrüche – Traditionsabbruch? Zur Identität des Glaubens, in: Michael von Brück / Jürgen Werbick (Hgg.), Traditionsabbruch – Ende des Christentums? Würzburg, 55 – 76.

Wohlmuth, Josef (2002): Christliche Sprache des Schuldeingeständnisses – Die katholische Kirche und die Shoah, in: ders., Die Tora spricht die Sprache der Menschen. Theologische Aufsätze und Meditationen zur Beziehung von Judentum und Christentum, Paderborn u.a., S. 112 – 122.

Abdrucknachweise

- Konrad Repgen, "Judenpogrom, Rassenideologie und katholische Kirche 1938" Kirche und Gesellschaft, hg. v.d. Kath. Soz.wiss. Zentralstelle Mönchengladbach Nr. 152/153, Köln 1988.
- Ludwig Volk (+), "Nationalsozialistischer Kirchenkampf und deutscher Episkopat", in: Konrad Repgen/Klaus Gotto Hgg.) Die Katholiken und das Dritte Reich, Mainz 1980, 79–91.
- Rudolf Morsey, Die katholische Volksminderheit und der Aufstieg des Nationalsozialismus 1930–1933
  In: Konrad Repgen/Klaus Gotto Hgg.) Die Katholiken und das Dritte Reich, Mainz 1980, 9–24.
- Ernst-Wolfgang Böckenförde, Der Deutsche Katholizismus im Jahre 1933. Eine kritische Betrachtung
  In: Hochland 53 (1960/61) 215–239; wieder abgedr. In: Ernst-Wolfgang Böckenförde, Der deutsche Katholizismus im Jahre 1933. Kirche und demokratisches Ethos, Freiburg 1988, 39–69.
- Rainer Ilgner, Der Entschädigungsfonds und der Versöhnungsfonds der katholischen Kirche
  In: Klaus Barwig/Dieter Bauer/Karl-Joseph Hummel Hgg.) Zwangsarbeit in der Kirche. Entschädigung, Versöhnung und historische Aufarbeitung, Stuttgart 2001, 79–87.
- Lydia Bendel-Maidl und Rainer Bendel, Schlaglichter auf den Umgang der deutschen Bischöfe mit der nationalsozialistischen Vergangenheit,
  In: Rainer Bendel Hgg.) Kirche der Sünder – sündige Kirche? Beispiele für den Umgang mit Schuld nach 1945, Münster 2002, 137–161.
- Johann Baptist Metz, Kirche nach Auschwitz,
  In: M. Marcus u.a. Hgg.), Israel und Kirche heute. Beiträge zum christlich-jüdischen Gespräch, Freiburg 1991, 110–122.
- Johann Baptist Metz, Unsere Hoffnung. Ein Bekenntnis zum Glauben in dieser Zeit. Für ein neues Verhältnis zur Glaubensgeschichte des jüdischen Volkes
  In: Gemeinsame Synode der Bistümer in der Bundesrepublik Deutschland. Beschlüsse der Vollversammlung. Offizielle Gesamtausgabe I, Freiburg, Basel, Wien 1976, 108 f.
- Ottmar Fuchs, Schuldbewußtsein als praktisch-hermeneutische Kategorie zwischen Geschichte und Verantwortung,
  erw. und veränd. von: Doppelte Subjektorientierung in der Memoria Passionis. Elemente einer Pastoraltheologie nach Auschwitz, in: Ottmar Fuchs/Reinhold Boschki, Britta Frede-Wenger Hgg.) Zugänge zur Erinnerung. Bedingungen anamnetischer Erfahrung Studien zur subjektorientierten Erinnerungsarbeit, Münster 2001, 309–345.
- Reinhold Boschki, "Es gibt keine Lehren von Auschwitz". Elie Wiesels Beitrag zu einer anamnetischen Kultur mit Blick auf die Subjekte der Erinnerung
  In: Neue Sammlung. Vierteljahres-Zeitschrift für Erziehung und Gesellschaft 40 (2000) 519–536.
- Stephan Leimgruber, Religionspädagogik im Kontext jüdisch-christlicher Lernpro-

zesse
In: H.-G. Ziebertz/W. Simon Hgg.), Bilanz der Religionspädagogik, Düsseldorf 1995, 193–203.

Verzeichnis der Autorinnen und Autoren

Lydia Bendel-Maidl, Dr. theol., Privatdozentin für Fundamentaltheologie an der Katholisch-Theologischen Fakultät der Universität München.
Rainer Bendel, Dr. phil, Dr. theol habil., Privatdozent für Kirchengeschichte an der Katholisch-Theologischen Fakultät der Universität Tübingen.
Gerhard Besier, Dr.theol., Dr. phil, Dipl.Psych., Professor für Kirchengeschichte an der Universität Heidelberg, Hg. der Zeitschrift Kirchliche Zeitgeschichte.
Ernst Wolfgang Böckenförde, Dr. iur., Dr. phil., em. Professor an der Universität Freiburg, ehem. Richter am Bundesverfassungsgericht.
Reinhold Boschki, Dr. theol. Dipl. Päd. Wissenschaftlicher Assistent für Religionspädagogik an der Katholisch-Theologischen Fakultät der Universität Tübingen.
Ottmar Fuchs, Dr. theol., Professor für Praktische Theologie an der Katholisch-Theologischen Fakultät der Universität Tübingen.
Heinz Hürten, Dr. phil. em. Professor für Neue und Neueste Geschichte an der Katholischen Universität Eichstätt.
Rainer Ilgner, Dr., Stellvertreter des Sekretärs der Deutschen Bischofskonferenz, Bonn.
Joachim Köhler, Dr. theol., em. Professor für Kirchengeschichte an der Katholisch-Theologischen Fakultät der Universität Tübingen.
Christoph Kösters, Dr. theol., Kommission für Zeitgeschichte, Bonn.
Stephan Leimgruber, Dr. theol., Professor für Religionspädagogik an der Katholisch-Theologischen Fakultät der Universität München.
Antonia Lengers, Dr. theol., Kirchenhistorikerin, München
Johann Baptist Metz, Dr. theol., em Prof. für Fundamentaltheologie an der Katholisch-Theologischen Fakultät der Universität Münster.
Rudolf Morsey, Dr. phil., em. Professor für Neuere Geschichte an der Hochschule für Verwaltungswissenschaften, Speyer, Vorsitzender der Kommission für Geschichte des Parlamentarismus und der politischen Parteien.
Konrad Repgen, Dr. phil., em. Professor für Mittelalterliche und Neuere Geschichte an der Universität Bonn.
Lucia Scherzberg, Dr. theol., Privatdozentin für Dogmatische Theologie an der Katholisch-Theologischen Fakultät der Universität Tübingen.
Ludwig Volk (+), SJ, war Mitarbeiter der Kommission für Zeitgeschichte, Herausgeber der Akten deutscher Bischöfe über die Lage der Kirche 1933–1945, IV.

Hinweise zur Literatur

Grundsätzlich sei für die weiter führende Literatur zu den spezifischen Themenbereichen auf die in den einzelnen Beiträgen des vorliegenden Bandes in den Anmerkungen und teils auch in Literaturverzeichnissen zusammengestellten und nachgewiesenen Titel hingewiesen.

Die neueste Literatur wird v.a. im Forschungsüberblick von Christoph Kösters in einem kommentierenden und einordnenden Überblick geboten.

Bendel, Rainer Hgg.): Kirche der Sünder – sündige Kirche? Beispiele für den Umgang mit Schuld nach 1945, Münster 2002.

Gotto, Klaus/Repgen, Konrad Hgg.): Die Katholiken und das Dritte Reich, 3. Erw. und überarb. Auflage Mainz 1990.

Hehl, Ulrich von: Kirche und Nationalsozialismus. Ein Forschungsbericht, in: Rottenburger Jahrbuch für Kirchengeschichte 2 (1983) 11–29.

Hürten, Heinz: Deutsche Katholiken 1918 bis 1945, Paderborn u.a. 1992.

Luks, Leonid Hgg.): Das Christentum und die totalitären Herausforderungen des 20. Jahrhunderts. Rußland, Deutschland, Italien und Polen im Vergleich, Köln 2002.

Mehlhausen, Joachim: Nationalsozialismus und Kirchen, in Theologische Realenzyklopädie Band 24 (1994) 43–78.

Meier, Kurt Hgg.): Die Geschichte des Christentums. Religion, Politik, Kultur. Band 12: Erster und Zweiter Weltkrieg. Demokratie und totalitäre Systeme (1914–1958), Freiburg, Basel, Wien 1995.

Moll, Helmut Hgg.): Zeugen für Christus. Das deutsche Martyrologium des 20. Jahrhunderts, hg. von der Deutschen Bischofskonferenz, 2 Bde, Paderborn 2001.

Scholder, Klaus: Die Kirchen und das Dritte Reich, Bd. 1: Vorgeschichte und Zeit der Illusionen, Bd. 2: Das Jahr der Ernüchterung. 1934. Barmen und Rom, Frankfurt a. Main 1986 (TB-Ausg.); fortgesetzt von Gerhard Besier: Die Kirchen und das Dritte Reich. Spaltungen und Abwehrkämpfe. 1934–1937, München 2001.

Vertriebene – Integration – Verständigung
Themen & Impulse
hrsg. von Prof. Dr. Rainer Bendel

Rainer Bendel (Hg.)
Die mittel-osteuropäischen Nationalstaaten nach 1918
Transformationen nach dem Zusammenbruch der Kaiserreiche
„Nation" trat in den neuen Staaten, die nach dem Ersten Weltkrieg entstanden, durchweg als exklusive Klammer an die Stelle von Dynastien, Feudalismus, sozialen Klassen, Religion. Der Nationalismus als spaltende Kraft sorgte selbst innerhalb ethnischer Gemeinschaften für tiefe Brüche. Nationale Verwerfungen kreierten auch zwischenstaatliches Konfliktpotential, wie das Beispiel des neu und wieder entstandenen eigenständigen polnischen Staates im Verhältnis zur Tschechoslowakei und der Ukraine im vorliegenden Band zeigt.
Die Beiträge sind im Rahmen unterschiedlicher Veranstaltungen geschrieben worden, die sämtlich unter dem Thema „Transformation nach dem Zusammenbruch der Kaiserreiche" standen: beim Historisch-Politischen Arbeitskreis des Heimatwerkes schlesischer Katholiken mit dem Fokus auf Polen und seine Nachbarn, bei der Ackermann-Gemeinde und dem Hilfsbund Karpatendeutscher Katholiken auf der Tschechoslowakei und beim Gerhardsforum und dem Gerhardswerk in Kooperation mit dem Haus der Donauschwaben in Sindelfingen auf dem Donauraum.
Bd. 8, 2019, ca. 288 S., ca. 24,90 €, br., ISBN 978-3-643-14317-4

Maria Meiners
Heimatsuche
Autobiographisches Nachdenken eines 1938 geborenen Kriegskindes
Bd. 7, 2018, 240 S., 24,90 €, br., ISBN 978-3-643-13984-9

Margarete Knödler-Pasch (Hg.)
Spuren der Erinnerung
Anthologie autobiographischer Texte. Schreibwerkstätten Tübingen 2016/2017
Bd. 6, 2017, 128 S., 19,90 €, br., ISBN 978-3-643-13830-9

Rainer Bendel; Robert Pech (Hg.)
Geschichtsschreibung und Erinnerungskultur im europäischen Kontext
Bd. 5, 2017, 196 S., 24,90 €, br., ISBN 978-3-643-13788-3

Margarete Knödler-Pasch (Hg.)
Unterwegs
Anthologie autobiographischer Texte. Schreibwerkstatt
Bd. 4, 2015, 118 S., 19,90 €, br., ISBN 978-3-643-13293-2

Rainer Bendel (Hg.)
Vertrieben – Ankommen – Integration – damals und heute …
Drei Unterrichtsentwürfe
Bd. 3, 2017, 102 S., 19,90 €, br., ISBN 978-3-643-13153-9

Joachim Köhler; Franz Machilek
Gewissen und Reform
Das Konstanzer Konzil und Jan Hus in ihrer aktuellen Bedeutung. Herausgegeben von Rainer Bendel
Bd. 2, 2015, 118 S., 14,90 €, br., ISBN 978-3-643-13079-2

Rainer Bendel (Hg.)
Europa – Utopie – Vision
Zwischen Regionalismus, Nationalismus und Supranationalismus. Symposium zu Ehren von Erzbischof em. Dr. Robert Zollitsch zum 9. August am 22. September 2018 in Rottenburg-Bad Niedernau
Bd. 1, 2019, 128 S., 14,90 €, br., ISBN 978-3-643-13078-5

LIT Verlag Berlin – Münster – Wien – Zürich – London
Auslieferung Deutschland / Österreich / Schweiz: siehe Impressumsseite

Beiträge zu Theologie, Kirche und Gesellschaft im 20. Jahrhundert
hrsg. von Rainer Bendel, Lydia Bendel-Maidl und Joachim Köhler (Tübingen)

Klaus Baumann; Rainer Bendel; Déogratias Maruhukiro (Hg.)
Flucht, Trauma, Integration
Nachkriegseuropa und Ruanda/Burundi im Vergleich
Bd. 30, 2018, 224 S., 34,90 €, br., ISBN 3-643-13980-1

Lothar Schlegel
Menschen in zerbrechenden Welten
Fundamentalpastorale und historische Analysen zur Arbeit mit Vertriebenen aus dem Ermland nach 1945
Bd. 29, 2017, 224 S., 34,90 €, br., ISBN 978-3-643-13706-7

Rainer Bendel; Josef Nolte (Hg.)
Befreite Erinnerung
Teilband 2: Region – Religion – Identität: Tübinger Wege
Bd. 28, 2017, 272 S., 29,90 €, br., ISBN 978-3-643-13311-3

Georg Denzler; Heinz-Jürgen Vogels; Hans-Urs Wili (Hg.)
Internationale Bibliographie zum Priesterzölibat (1520 – 2014)
Ein Findbuch für Recherche und Diskussion
Bd. 27, 2016, 302 S., 34,90 €, br., ISBN 978-3-643-13276-5

Rainer Bendel; Josef Nolte (Hg.)
Befreite Erinnerung
Teilband 1: Region – Religion – Identität: Schlesische Prägungen
Bd. 26, 2017, 252 S., 34,90 €, br., ISBN 978-3-643-13126-3

Inge Steinsträßer
Im Exil 1940 – 1945 – die Benediktinerinnen von Kellenried während des „Dritten Reichs"
Bd. 25, 2. Aufl. 2019, 336 S., 29,90 €, gb., ISBN 978-3-643-13090-7

Christoph Hübner
Die Rechtskatholiken, die Zentrumspartei und die katholische Kirche in Deutschland bis zum Reichskonkordat von 1933
Ein Beitrag zur Geschichte des Scheiterns der Weimarer Republik
Bd. 24, 2014, 880 S., 89,90 €, br., ISBN 978-3-643-12710-5

Unterwegs in Heimaten
Lebenswege und Lehrtätigkeit von Alfred Brückner. Herausgegeben und eingeleitet im Auftrag der Ackermann-Gemeinde e. V. Stuttgart von Otfrid Pustejovsky und Karl Sommer
Bd. 23, 2013, 512 S., 49,90 €, gb., ISBN 978-3-643-12320-6

Evelyne A. Adenauer
Das christliche Schlesien 1945/46
Wie die Erzdiözese Breslau und die Kirchenprovinz Schlesien der Evangelischen Kirche der altpreußischen Union endeten und in Schlesien polnische katholische Apostolische Administraturen eingerichtet wurden
Bd. 22, 2014, 520 S., 49,90 €, br., ISBN 978-3-643-11822-6

Gregor Ploch
Clemens Riedel (1914 – 2003) und die katholischen deutschen Vertriebenenorganisationen
Motor oder Hemmschuh des deutsch-polnischen Verständigungsprozesses?
Bd. 21, 2011, 328 S., 29,90 €, br., ISBN 978-3-643-11364-1

LIT Verlag Berlin – Münster – Wien – Zürich – London
Auslieferung Deutschland / Österreich / Schweiz: siehe Impressumsseite

Theologie: Forschung und Wissenschaft

John Corrigan; Frank Hinkelmann (eds.)
Return to Sender
American Evangelical Missions to Europe in the 20th Century
vol. 63, , 152 pp., 29,90 €, pb., ISBN 978-3-643-91083-7

Ida Raming
55 Jahre Kampf für Frauenordination in der katholischen Kirche
Eine Pionierin hält Rückschau: Personen – Dokumente – Ereignisse – Bewegungen
Bd. 62, 2018, 138 S., 19,90 €, br., ISBN 978-3-643-14031-9

Josef Nolte
Savonarola – Michelangelo – Luther
Ergänzungen zur Reformationsgeschichte und weiterreichende Fragen
Bd. 61, 2018, 240 S., 34,90 €, br., ISBN 978-3-643-13857-6

Cloe Taddei-Ferretti
Even the Dogs
The Ordination of Women in the Catholic Church
vol. 60, 2017, 276 pp., 34,90 €, pb., ISBN 978-3-643-90927-5

Michael Hoelzl
Theorie vom guten Hirten
Eine kurze Geschichte pastoralen Herrschaftswissens
Bd. 59, 2017, 324 S., 39,90 €, br., ISBN 978-3-643-90863-6

Tomislav Ivančić
Jesus aus Nazareth – geschichtliche Person
Zugänge im Blick auf fundamentale Rückfragen aus Theologie, Geschichts-, Literatur- und Kulturwissenschaft
Bd. 58, 2018, 184 S., 29,90 €, gb., ISBN 978-3-643-13617-6

A. J. M. Herman van de Spijker
Auf der Suche nach der Geschlechtlichkeit
Zugänge, damit Frauen Frau, Männer Mann und Menschen miteinander Mensch werden
Bd. 57, 2017, 88 S., 19,90 €, br., ISBN 978-3-643-90787-5

Elisabeth Hense
Early Christian Discernment of Spirits
The Pauline Epistles. The Didache. The Epistle of Clement. The Epistle of Barnabas. The Shepherd of Hermas. The First Epistle of John. De principiis of Origen. Vita Antonii. Conferences of Cassian. The Fifty Spiritual Homilies and the Great Letter of Macarius. Moralia in Job and Dialogi of Gregory the Great.
vol. 56, 2016, 194 pp., 39,90 €, pb., ISBN 978-3-643-90752-3

Tomislav Ivančić
Erneuerungen der Kirche für die Welt von heute
Impulse aus dem Zweiten Vatikanischen Konzil
Bd. 55, 2016, 236 S., 29,90 €, gb., ISBN 978-3-643-13304-5

Fadi Daou; Nayla Tabbara
Göttliche Gastfreundschaft
Der Andere – Christliche und muslimische Theologien im Dialog. Übersetzt aus dem Französischen und mit einer Einführung von Uta Andrée, Werner Kahl und Harald Suermann
Bd. 54, 2017, 176 S., 24,90 €, br., ISBN 978-3-643-13278-9

LIT Verlag Berlin – Münster – Wien – Zürich – London
Auslieferung Deutschland / Österreich / Schweiz: siehe Impressumsseite

Jahrbuch Politische Theologie
hrsg. von Torsten Habbel, Hans-Gerd Janßen, Ottmar John, Jürgen Manemann,
Michael J. Rainer, Claus Urban, Bernd Wacker und José A. Zamora

Henning Klingen; Peter Zeillinger;
Michael Hölzl (Hg.)
Extra ecclesiam ... : Zur Institution und Kritik von Kirche
Der Doppelband 6/7 des Jahrbuchs POLITISCHE THEOLOGIE fragt nach dem Kirchenverständnis der Neuen Politischen Theologie. Wenn Theologie keine frei schwebende Disziplin der Geisteswissenschaften sein möchte, braucht sie die ekklesiologische Erdung. Zugleich hat die Neue Politische Theologie immer Einspruch gegen ein zu enges Kirchenverständnis erhoben und angeregt, Kirche als „Institution gesellschaftskritischer Freiheit" (J.B. Metz) zu verstehen und weiterzuentwickeln. Auf dieser Basis sucht der vorliegende Band nach neuen politisch-theologischen Ansätzen und Grundlagen für ein zeitgemäßes Kirchenverständnis.
Bd. 6–7, 2013, 392 S., 39,90 €, br., ISBN 978-3-643-50431-9

Jürgen Manemann; Bernd Wacker (Hg.)
Politische Theologie – gegengelesen
Der 5. Band „Politische Theologie – gegengelesen" fragt nach der Aktualität der Politischen Theologie. „Gegenlesen" steht für Relecturen, Korrekturen, Kritiken, Erweiterungen. Dieses Jahrbuch arbeitet an Problemverschärfungen, nicht zuletzt im Blick auf die Neue Politische Theologie selbst.
Bd. 5, 2008, 304 S., 24,90 €, br., ISBN 978-3-8258-9096-4

Jürgen Manemann (Hg.)
Monotheismus
Dieser Band schaltet sich in den gegenwärtigen Diskurs über den Monotheismus ein. Mit dieser Thematik steht das Zentrum politisch-theologischen Denkens zur Debatte. Das Jahrbuch setzt an mit der Frage nach dem Zusammenhang von Ethik und Monotheismus und fokussiert die Kritik des ethischen Monotheismus im ausgehenden 20. Jahrhundert. Der Band enthält Analysen gegenwärtiger Anti-Monotheismen in der (post-)modernen Gesellschaft und in christlichen trinitätstheologischen Auslegungen. Zur Debatte steht im besonderen das Monotheismus-Verständnis, das Jan Assmann in seinen Studien entworfen hat, und sein Versuch, die dem Monotheismus inhärenten Feindbilder, nämlich Ägypten und den Polytheismus, zu rehabilitieren. Neben einer ausführlichen Rezension über populärwissenschaftliche Angriffe gegen den biblischen Monotheismus werden Projekte vorgestellt, die hier angeriessene Problemzusammenhänge gesellschaftspolitisch umzusetzen versuchen.
AutorInnen dieses Bandes sind u. a.: Jan Assmann, Richard Faber, Thomas Freyer, Alois Halbmayr, Ottmar John, Otto Kallscheuer, Daniel Krochmalnik, Gottfried Küenzlen, Jürgen Manemann, David Patterson, Johann Reikerstorfer, Thomas Ruster, Dieter Schellong, Heinz-Günther Stobbe, Marie-Theres Wacker, Erich Zenger.
Bd. 4, 2. Aufl. 2005, 200 S., 20,90 €, br., ISBN 3-8258-4426-9

Jürgen Manemann (Hg.)
Befristete Zeit
Bd. 3, 1999, 280 S., 20,90 €, br., ISBN 3-8258-3957-5

Michael J. Rainer; Hans-Gerd Janßen (Hg.)
Bilderverbot
Bd. 2/1997, 1997, 344 S., 20,90 €, br., ISBN 3-8258-2795-x

Jürgen Manemann (Hrsg.)
Demokratiefähigkeit
Bd. 1, 2. Aufl. 2000, 272 S., 17,90 €, br., ISBN 3-8258-2227-3

LIT Verlag Berlin – Münster – Wien – Zürich – London
Auslieferung Deutschland / Österreich / Schweiz: siehe Impressumsseite

Religion – Geschichte – Gesellschaft
Fundamentaltheologische Studien
hrsg. von Johann Baptist Metz (Münster / Wien), Johann Reikerstorfer (Wien) und Jürgen Werbick (Münster)

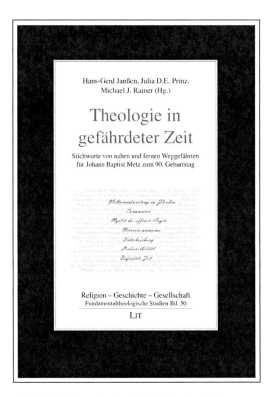

Hans-Gerd Janßen; Julia D. E. Prinz; Michael J. Rainer (Hg..)
Theologie in gefährdeter Zeit
Stichworte von nahen und fernen Weggefährten für Johann Baptist Metz zum 90. Geburtstag

Johann Baptist Metz (* 5. August 1928) hat seine Theologie im intensiven Austausch mit Philosophie, Geschichte, Rechts-, Politik- und Sozialtheorie, Jüdischem Denken und Welt-Literatur & Kunst gewonnen und entfaltet – und so nicht nur in der theologischen Diskussion prägende Spuren hinterlassen. Seine Gottesrede lässt sich nicht aus den Katastrophen in Geschichte und Gesellschaft herauslösen, sondern bleibt im Kern herausgefordert angesichts der weltweit steigenden Gefährdungen: interkulturell, sozial, politisch, ökonomisch, ökologisch … !
Dieser Band führt 150 kompakte Stellungnahmen zusammen, die Zeit-Zeichen setzen: die Beiträger_innen loten aus, in wieweit sie der Neuen Politischen Theologie und J.B. Metz als Person prägende Inspirationen und bleibende Impulse für ihre eigene Sicht auf Philosophie, Theologie, Geschichte, Gesellschaft, Recht, Politik, Bildung und Kunst verdanken: eine ungewöhnliche Festschrift voller Überraschungen und weiterführender Anstöße.
Bd. 50, 2. Aufl. , 600 S., 39,90 €, br., ISBN 978-3-643-14106-4

LIT Verlag Berlin – Münster – Wien – Zürich – London
Auslieferung Deutschland / Österreich / Schweiz: siehe Impressumsseite